中国语言资源保护工程

中国语言资源集·辽宁 编委会

主 任
宋升勇 侯长余

主 编
夏中华 原新梅

副主编
赵建军 安拴军 欧阳国亮

编 委
（按姓名音序排列）

安拴军	曹 起	迟永长	崔 蒙	洪 飏
李薇薇	马丽娟	欧阳国亮	王功龙	王 虎
夏 历	夏中华	杨春宇	原新梅	张明辉
赵建军	朱 红			

秘 书
辛海春

教育部语言文字信息管理司
辽 宁 省 教 育 厅　　指导

中国语言资源保护研究中心　　统筹

中国语言资源集

辽宁 词汇卷

夏中华　原新梅 ◎ 主编

中国社会科学出版社

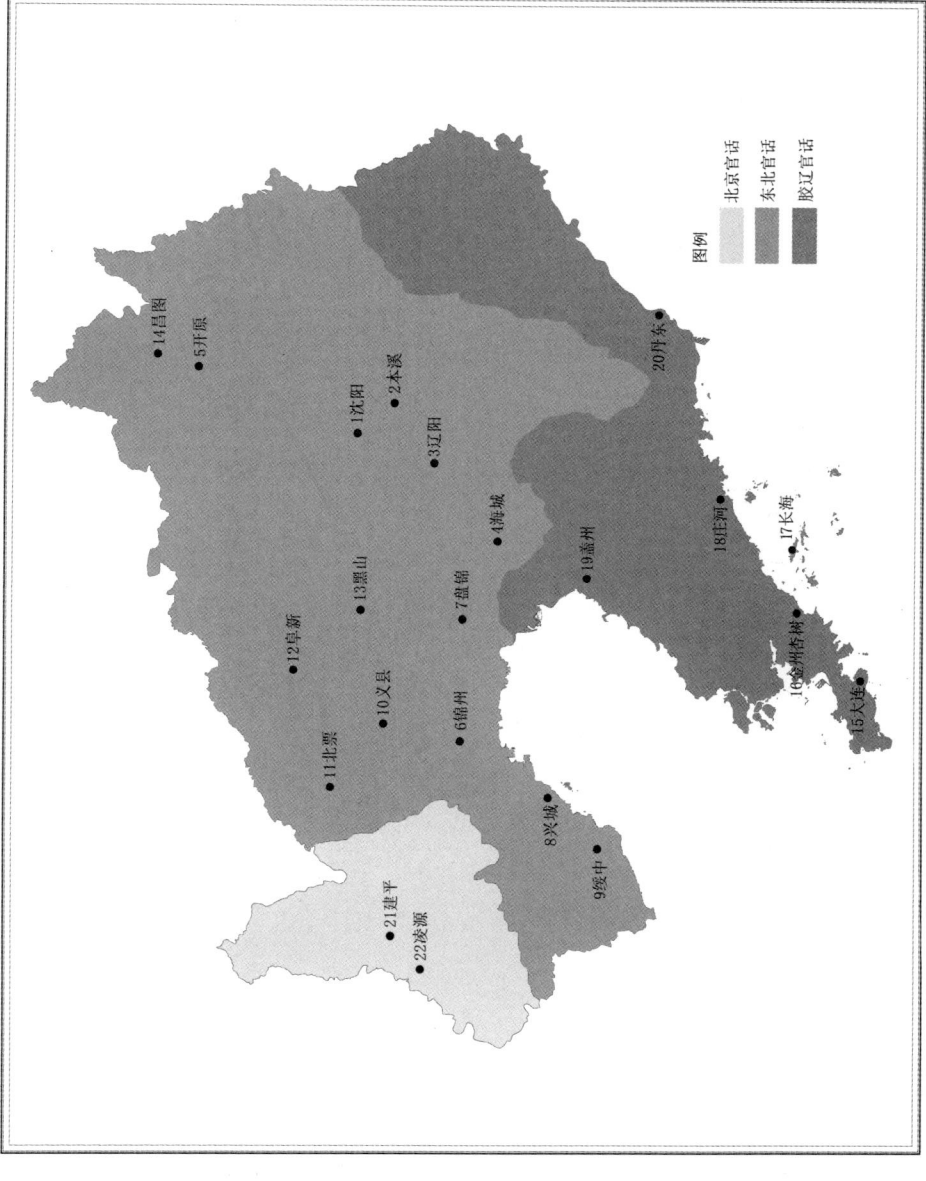

总 目 录

总序
序
调查点分布图

语 音 卷

概述	1
第一章　各地音系	4
第二章　字音对照	156
参考文献	281
后记	282

词 汇 卷

概述	1
词汇对照	2
参考文献	402
后记	403

语法与口头文化卷

语法卷

概述	1
语法例句对照	2

口头文化卷

概述	73
沈阳	75
本溪	82
辽阳	90
海城	95
开原	104
锦州	120

盘锦	126
兴城	133
绥中	151
义县	157
北票	163
阜新	170
黑山	177
昌图	183
长海	192
庄河	198
盖州	206
丹东	218
建平	225
凌源	231
参考文献	238
后记	239

目　　录

概述 …………………………………………………………… 1
词汇对照 ……………………………………………………… 2
参考文献 …………………………………………………… 402
后记 ………………………………………………………… 403

总　　序

　　教育部、国家语言文字工作委员会于 2015 年 5 月发布《教育部 国家语委关于启动中国语言资源保护工程的通知》（教语信司〔2015〕2 号），启动中国语言资源保护工程（以下简称语保工程），在全国范围开展以语言资源调查、保存、展示和开发利用等为核心的各项工作。

　　在教育部、国家语委统一领导下，经各地行政主管部门、专业机构、专家学者和社会各界人士共同努力，至 2019 年底，语保工程超额完成总体规划的调查任务。调查范围涵盖包括港澳台在内的全国所有省份、123 个语种及其主要方言。汇聚语言和方言原始语料文件数据 1000 多万条，其中音视频数据各 500 多万条，总物理容量达 100TB，建成世界上最大规模的语言资源库和展示平台。

　　语保工程所获得的第一手原始语料具有原创性、抢救性、可比性和唯一性，是无价之宝，亟待开展科学系统的整理加工和开发应用，使之发挥应有的重要作用。编写《中国语言资源集（分省）》（以下简称资源集）是其中的一项重要工作。

　　早在 2016 年，教育部语言文字信息管理司（以下简称语信司）就委托中国语言资源保护研究中心（以下简称语保中心）编写了《中国语言资源集（分省）编写出版规范（试行）》。2017 年 1 月，语信司印发《关于推进中国语言资源集编写的通知》（教语信司函〔2017〕6 号），要求"各地按照工程总体要求和本地区进展情况，在资金筹措、成果设计等方面早设计、早谋划、早实施，积极推进分省资源集编写出版工作。""努力在第一个'百年'到来之际，打造标志性的精品成果。" 2018 年 5 月，又印发了《关于启动中国语言资源集（分省）编写出版试点工作的通知》（教语信司函〔2018〕27 号），部署在北京、上海、山西等地率先开展资源集编写出版试点工作，并明确"中国语言资源集（分省）编写出版工作将于 2019 年在全国范围内全面铺开。"2019 年 3 月，教育部办公厅印发《关于部署中国语言资源保护工程 2019 年度汉语方言调查及中国语言资源集编制工作的通知》（教语信厅函〔2019〕2 号），要求"在试点基础上，在全国范围内开展资源集编制工作。"

　　为科学有效开展资源集编写工作，语信司和语保中心通过试点、工作会、研讨会等形式，广泛收集意见建议，不断完善工作方案和编写规范。语信司于 2019 年 7 月印发了修订后的《中国语言资源集（分省）实施方案》和《中国语言资源集（分省）编写出版规范》（教语信司函〔2019〕30 号）。按规定，资源集收入本地区所有调查点的全部字词句语料，并列表对照排列。该方案和规范既对全国作出统一要求，保证了一致性和可比性，也兼顾各地具体情况，保持了一定的灵活性。

各省（区、市）语言文字管理部门高度重视本地区资源集的编写出版工作，在组织领导、管理监督和经费保障等方面做了大量工作，给予大力支持。各位主编认真负责，严格要求，专家团队团结合作，协同作战，保证了资源集的高水准和高质量。我们有信心期待《中国语言资源集》将成为继《中国语言文化典藏》《中国濒危语言志》之后语保工程的又一重大标志性成果。

语保工程最重要的成果就是语言资源数据。各省（区、市）的语言资源按照国家统一规划规范汇集出版，这在我国历史上尚属首次。而资源集所收调查点数之多，材料之全面丰富，编排之统一规范，在全世界范围内亦未见出其右者。从历史的眼光来看，本系列资源集的出版无疑具有重大意义和宝贵价值。我本人作为语保工程首席专家，在此谨向多年来奋战在语保工作战线上的各位领导和专家学者致以崇高的敬意！

曹志耘

2020 年 10 月 5 日

序

本书是国家语委"中国语言资源保护工程·辽宁汉语方言调查"系列项目的基础性成果之一。

教育部、国家语委于 2015 年启动了"中国语言资源保护工程",这是继 1956 年开展全国汉语方言和少数民族语言普查以来,我国语言规划领域又一个由政府组织的,地方和专家共同实施,鼓励社会参与的大型语言文化国家工程。其目的是利用现代化技术手段,收集记录汉语方言、少数民族语言和口头文化的实态语料,进行科学整理和加工,建成大规模、可持续增长的多媒体语言资源库,并开展语言资源保护研究工作,形成系统的基础性成果,进行深度开发应用,全面提升我国语言资源保护和利用的水平,为科学有效保护语言文化资源、传承中华民族优秀传统文化、维护社会稳定、保障国家安全,以及推进语言文字信息化建设服务。

辽宁省语言资源比较丰富,境内汉语方言分属北京官话、东北官话、胶辽官话,同时残存着满语、蒙古语等少数民族语言的底层。作为中国语言资源有声数据库首批试点省份之一,2011 年 11 月,国家语委启动了辽宁库建设试点工作,由辽宁师范大学迟永长、王功龙两位教授任首席专家,在登连片大连市开展了两个方言点(大连市区,金州区杏树街道)的调查工作,并于 2012 年年底顺利通过国家语委组织的专家验收。

2016 年初,"中国语言资源保护工程·辽宁汉语方言调查"全面启动。根据语保中心的安排,通过与相关专家讨论,结合辽宁汉语方言的分布情况,自 2016 年至 2019 年,四年共确定并调查了 20 个方言点。其中首次报批的 10 个点于 2016、2017 两年完成。2016 年 6 个:丹东、建平、锦州、兴城、辽阳、沈阳,分别由辽宁师范大学的原新梅、杨春宇,渤海大学的夏中华、朱红,中国刑事警察学院的欧阳国亮、崔蒙担任课题负责人。2017 年 4 个:庄河、盖州、开原、阜新,分别由辽宁师范大学的原新梅、张明辉,渤海大学的朱红、李薇薇担任课题负责人。

辽宁曾是关内移民迁居东北的第一站,省内多种官话方言交汇融合,辽西走廊和辽宁东南部地区分别形成两条官话方言的融合演变路线:冀鲁官话向东北官话的演变和胶辽官话向东北官话的演变。前期 10 个布点重视区域方言的调查,包括辽宁省西南部地区、中部地区和辽西地区。为全面掌握我省方言的接触融合与演变,经征求我省语言文字专家和各市语委办对我省语保工程设点布局的建议,2017 年 10 月,辽宁省申请再增设 10 个方言调查点。再次报批的 10 个点于 2018、

2019 两年完成。2018 年 5 个：义县、凌源、海城、长海、绥中，分别由渤海大学的曹起、安拴军，辽宁师范大学的王虎、赵建军，辽宁工程技术大学的马丽娟担任课题负责人。2019 年 5 个：盘锦、本溪、昌图、黑山、北票，分别由辽宁师范大学的洪飏、赵建军，沈阳师范大学的夏历，渤海大学的曹起、安拴军担任课题负责人。

  2016 年 4 月 22-23 日，中国语言资源保护工程培训（第十二期）在北京语言大学举行，课题负责人及骨干成员参加了此次培训。培训内容包括调查总体要求、《中国语言资源调查手册（汉语方言）》的音像技术规范、摄录方法、专用摄录软件的使用方法、语料整理规范、语保工程系列管理办法和工作规范解读等。

  2016 年 5 月 27 日，中国语言资源保护工程·辽宁汉语方言调查项目在沈阳正式启动，在辽宁省语委的组织下，各市教育局分管领导、语委办负责人、各市（县、区）教育局分管领导、语委办负责人、有关高校分管领导、科研处处长、项目负责人等人员参加了此次会议，会议制订了实施方案，各课题组与相关市（县、区）语委办完成了对接。

  随后，6 月-9 月，六个调查团队陆续完成了遴选发音人、纸笔调查和音像录制等工作。10 月 14 日-18 日，"首届东北方言学术研讨会暨语保工程中检、培训会"在大连举行。会议分为语保工程中检、学术研讨和语保工作培训三个阶段。首先由语保工程项目组专家对东北三省及内蒙古（东部）方言调查项目进行中期检查，指出了项目调查时出现的问题及解决方法。接着，语保工程核心专家、中国社会科学院沈明研究员和北京语言大学赵日新教授在辽宁师范大学西山湖校区做了国际音标以及音韵学培训讲座。与此同时，东北方言学术研讨会在大连市仲夏花园酒店召开。12 月中旬，项目验收会议在沈阳中国刑事警察学院举行，六个调查团队顺利通过了验收。

  此后的三年，调查的方言点不同，但每个项目都经过 2016 年的这些程序：立项、培训、启动会、遴选发音人、纸笔调查、录音录像、中检、预验收、验收。只是地点不同，比如，2017 年，培训会在牡丹江师范学院，启动会在渤海大学，中检会在辽宁师范大学，预验收会在牡丹江师范学院召开，验收会在沈阳。2018 年，培训会在云南财经大学，启动会在辽宁工程技术大学召开，中检会在辽宁师范大学，预验收会在长春师范大学，验收会在沈阳。2019 年，培训会在北京语言大学，中检会在渤海大学，预验收会在沈阳师范大学，验收会在辽宁师范大学。

  为落实工程总体规划，促进语保工程成果的整理、开发和应用，打造标志性的精品成果，按照教育部语信司的安排，2019 年语保工程的主要任务除了继续方言调查外，还开始着手《中国语言资源集·辽宁》的编写出版工作。此前，这项工作已经在北京、上海和山西试点。

  语保工作很辛苦，各个课题组都以十分严谨的态度工作。每年从 4 月批准立项开始一直要忙到年底验收，特别是暑假期间的录制工作更是辛苦劳累。炎炎酷暑，在封闭的录音室，各团队坚持了二十多天甚至一个多月，要赶在暑假结束前完成方言调查、音频视频的录制工作。在调研录制过程中，各方言点大都有重选发音人重录，或原有发音人对个别字词句的重录，甚至是全部内容重做。

　　回顾五年的语保工程建设，在语保中心精心指导、省语委办统一协调、各调查团队的通力合作下取得了令人满意的成果，20个方言点顺利通过了验收。2016年处于摸索阶段，课题组在调查过程中遇到了很多困难，比如合适的发音人难以寻找，词汇、语法的调查不够深入，关于声韵调的说明不够全面、准确、规范，词汇、语法中的音变现象与音系说明不一致，纸笔记录与音视频不一致，音频背景噪音不达标，视频总比特率不达标，背景布的颜色、大小不合标准，闪屏、灯光、音画不同步、光线不均匀等，有的问题容易解决，有的问题要通过咨询语保中心的专家或不断地实验摸索方可解决。与2016年相比，之后几年的工作顺利了很多，在工作安排上和质量方面也随之有了较大提高。各调查点能够严格按照规范要求，保质保量地完成了纸笔调查和音像摄录工作，符合验收入库标准。有几个调查点在纸笔记录、音像视频质量方面达到了优秀标准。

　　语言本身是文化，同时又是文化的载体，是国家和民族珍贵的非物质文化资源。一种语言或方言的消亡也就意味着它所代表的漫长时间内所形成的文化资源即将消失。随着社会形势的发展变化，特别是全球经济一体化、文化多元化以及城市化进程的加快，人员流动的增加，语言（方言）间相互接触与影响频率加强，一些语言和方言的使用人口正在日益减少，正在以前所未有的速度发生着变化，濒危、衰亡加剧，传承面临威胁，语言文字保护成为当务之急。作为目前世界上最大规模的语言资源保护项目，语保工程对汉语方言、少数民族语言和口头语言文化的收集与整理，功在当下，利在千秋，它所留下的不仅仅是乡音，更是民族的文化基因和血脉。对促进我国语言资源的开发与保护，共同构建和谐的语言生活有着非常重要的作用。我们能加入语保工程，既感到责任重大又感到荣幸。《中国语言资源集·辽宁》的编写是对几年来辽宁各个方言点的成果展示和工作总结，也是新阶段开始的标志，希望以此为契机，有力推动辽宁的方言研究和语言资源的保护与传承。

夏中华
2020年11月20日

概　　述

一　本卷内容

本卷主要是词汇对照，列表展示 22 个调查点方言老男的 1200 条词语。

二　编排方式

每页横排词目，竖排调查点。词目以《调查手册》"叁　词汇"为序。
调查点排列方式同语音卷。
释例较简单时，直接以小字列在音标之后。

三　凡例

本卷使用比较普遍的一些符号说明如下：
ʰ　送气符号。例如：pʰ tʰ tsʰ等。
=（上标）　表示前面的字是同音替代而不是本字。例如：夹咕⁼儿 tɕia²¹kur⁰｜上边儿拉⁼ʂaŋ⁵³piɐr⁰la²¹³｜毛嗑⁼儿 mao³¹kʰər⁵¹。

四　轻声音变

单元音韵母 ɤ 在轻声音节中，有的方言点弱化成央 ə，有的方言点仍然是后 ɤ，根据实际发音记为央 ə 或者后 ɤ。

词汇对照

	0001 太阳~下山了	0002 月亮~出来了	0003 星星
沈阳	日头 i⁴¹tʰou⁰	月亮 yɛ⁴¹liaŋ⁰	星星 ɕiŋ³³ɕiŋ⁰
本溪	日头 ʐɿ⁵¹tʰou⁰	月亮 yɛ⁵¹liaŋ⁰	星星儿 ɕiŋ³¹ɕiə̃r⁰
辽阳	日头 i⁵¹tʰou⁰	月亮 yɛ⁵¹liaŋ⁰	星星儿 ɕiŋ⁴⁴ɕiə̃r⁰
海城	日头 i⁵¹tʰou⁰	月亮 yɛ⁵¹liaŋ⁰	星星 ɕiŋ⁴⁴ɕiŋ⁰
开原	日头 ʐɿ⁵³tʰou⁰ 太阳 tʰai⁵³iaŋ⁰	月亮 yɛ⁵³liaŋ⁰	星星儿 ɕiŋ⁴⁴ɕiə̃r⁰
锦州	日头 ʐɿ⁵¹tʰou⁰	月亮 yɛ⁵¹liaŋ⁰	星星 ɕiŋ⁵⁵ɕiŋ⁰
盘锦	日头 i⁵¹tʰou⁰ 太阳 tʰai⁵³iaŋ³⁵	月亮 yɛ⁵¹liaŋ⁰	星星 ɕiəŋ⁵⁵ɕiəŋ⁰
兴城	日头 ʐɿ⁵¹tʰou⁰	月亮 yɛ⁵¹liaŋ⁵¹	星星 ɕiŋ⁴⁴ɕiŋ⁰
绥中	日头 ʐɿ⁵¹tʰou⁰	月亮 yɛ⁵¹liaŋ⁰	星星儿 ɕiəŋ⁵⁵ɕiə̃r⁰
义县	日头 ʐɿ⁵¹tʰou⁰	月亮 yɛ⁵¹liaŋ⁰	星星儿 ɕiŋ⁴⁴ɕiə̃r⁰
北票	老爷儿 lau²¹ier³⁵ 日头 ʐɿ⁵¹tʰou⁰	月亮 yɛ⁵¹liaŋ⁰	星星儿 ɕiəŋ⁴⁴ɕiə̃r⁰
阜新	老爷儿 lau²¹ier³⁵ 日头 ʐɿ⁵¹tʰou⁰	月亮 yɛ⁵¹liaŋ⁰	星星 ɕiŋ⁵⁵ɕiŋ⁰
黑山	日头 ʐɿ⁵¹tʰou⁰	月亮 yɛ⁵¹liaŋ⁰	星星 ɕiəŋ⁴⁴ɕiəŋ⁰
昌图	老爷儿 lau²¹ier⁰ 日头 ʐɿ⁵¹tʰou⁰	月亮 yɛ⁵¹liaŋ⁰	星星儿 ɕiəŋ³³ɕiə̃r⁰
大连	日头 i⁵²tʰəu⁰	月亮 yɛ⁵²liaŋ⁰	星星 ɕiŋ³¹ɕiŋ⁰
金州 杏树	日头儿 i²¹tʰəur³¹²	月亮 yɛ⁵²liaŋ⁰	星儿 ɕiə̃r³¹²
长海	日头 i⁵³tʰou⁰	月亮 yɛ⁵³liaŋ⁰	星星 ʃəŋ³¹ʃəŋ⁰
庄河	日头儿 i⁵¹tʰəur⁰	月亮 yɛ⁵¹liaŋ⁰	星星 ɕiŋ³¹ɕiŋ⁰
盖州	日头 i⁵¹tʰou⁰	月亮 yɛ⁵¹liaŋ⁰	星星儿 ɕiŋ⁴¹²ɕiə̃r⁰
丹东	日头 i⁵¹tʰou⁰	月亮 yɛ⁵¹liaŋ⁰	星星 ɕiŋ⁴¹¹ɕiŋ⁰
建平	老爷儿 lɔ²¹ier⁰	月牙 yɛ⁵³ia³⁵	星星 ɕiŋ⁴⁴ɕiŋ⁰
凌源	老爷儿 lau²¹ier⁰ 日头 ʐɿ⁵¹tʰou⁰	月亮 yɛ⁵¹liaŋ⁰	星星 ɕiŋ⁵⁵ɕiŋ⁰

	0004 云	0005 风	0006 台风
沈阳	云彩 yn³⁵tsʰai⁰	风 fəŋ³³	台风 tʰai³⁵fəŋ³³
本溪	云彩 yn³⁵tsʰai⁰	风 fəŋ⁴⁴	台风 tʰai³⁵fəŋ⁰
辽阳	云彩 yn³⁵tʂʰai⁰	风 fəŋ⁴⁴	台风 tʰai³⁵fəŋ⁴⁴
海城	云彩 yn³⁵tʂʰai⁰	风 fəŋ⁴⁴	台风 tʰai³⁵fəŋ⁴⁴
开原	云彩 yn³⁵tʂʰai⁰	风 fəŋ⁴⁴	台风 tʰai³⁵fəŋ⁴⁴
锦州	云彩 yn³⁵tʂʰai⁰	风 fəŋ⁵⁵	台风 tʰai³⁵fəŋ⁵⁵
盘锦	云彩 yən³⁵tsʰai⁰	风 fəŋ⁵⁵	台风 tʰai³⁵fəŋ⁵⁵
兴城	云 yn³⁵	风 fəŋ⁴⁴	台风 tʰai³⁵fəŋ⁴⁴
绥中	云彩 yn³⁵tʂʰai⁰	风 fəŋ⁵⁵	台风 tʰai³⁵fəŋ⁵⁵
义县	云彩 yn³⁵tʂʰai⁰	风 fəŋ⁴⁴	台风 tʰai³⁵fəŋ⁴⁴
北票	云彩 yən³⁵tsʰai⁰	风 fəŋ⁴⁴	台风 tʰai³⁵fəŋ⁴⁴
阜新	云彩 yn³⁵tsʰai⁰	风 fəŋ⁵⁵	台风 tʰai³⁵fəŋ⁵⁵
黑山	云彩 yən³⁵tʂʰai⁰	风 fəŋ⁴⁴	台风 tʰai³⁵fəŋ⁴⁴
昌图	云 yən³⁵	风 fəŋ³³	台风 tʰai³⁵fəŋ³³
大连	云彩 ỹ³⁴tsʰɛ⁰	风 fəŋ³¹²	台风 tʰɛ³⁴fəŋ³¹²
金州杏树	云 ỹ³¹²	风 fəŋ³¹²	台风 tʰɛ³⁴fəŋ³¹²
长海	云彩 yn³¹tsʰai⁰	风 fəŋ³¹	台风 tʰai⁵³fəŋ³¹
庄河	云 yn³¹	风 fəŋ³¹	台风 tʰai⁵¹fəŋ³¹
盖州	云彩 yn²⁴tsʰai⁰	风 fəŋ⁴¹²	台风 tʰai²⁴fəŋ⁴¹²
丹东	云 yn²⁴	风 fəŋ⁴¹¹	台风 tʰai²⁴fəŋ⁴¹¹
建平	云彩 ỹ³⁵tsʰɛ⁰	刮风 kua²¹fəŋ⁴⁴	台风 tʰɛ³⁵fəŋ⁴⁴
凌源	云彩 yn³⁵tsʰai⁰	风 fəŋ⁵⁵	台风 tʰai³⁵fəŋ⁵⁵

	0007 闪电 名词	0008 雷	0009 雨
沈阳	闪电 san²¹tian⁴¹	雷 lei³⁵	雨 y²¹³
本溪	闪电 ʂan²¹tian⁵¹	雷 lei³⁵	雨 y²²⁴
辽阳	闪 ʂan²¹³	雷 lei³⁵	雨 y²¹³
海城	闪电 ʂan²¹tian⁵¹	雷 lei³⁵	雨 y²¹⁴
开原	打闪 ta³⁵ʂan²¹³（只说"打闪"）	打雷 lei³⁵（只说"打雷"）	雨 y²¹³
锦州	打闪 ta³⁵ʂan²¹³（只说"打闪"）	雷 lei³⁵	雨 y²¹³
盘锦	闪 ʂan²¹³	雷 lei³⁵	雨 y²¹³
兴城	打闪 ta³⁵ʂan²¹³（只说"打闪"）	雷 lei³⁵	雨 y²¹³
绥中	闪 ʂan²¹³	雷 lei³⁵	雨 y²¹³
义县	打闪 ta³⁵ʂan²¹³（只说"打闪"）	雷 lei³⁵	雨 y²¹³
北票	打闪 ta³⁵ʂan²¹³（只说"打闪"）	雷 lei³⁵	雨 y²¹³
阜新	打闪 ta³⁵ʂan²¹（只说"打闪"）	雷 lei³⁵	雨 y²¹³
黑山	打闪 ta³⁵ʂan²¹³（只说"打闪"）	雷 lei³⁵	雨 y²¹³
昌图	闪电 san²¹tian⁵¹	雷公 lei³⁵kuəŋ³³	雨 y²¹³
大连	打闪 ta³⁴sã²¹³（只说"打闪"）	打雷 ta²¹le³⁴（只说"打雷"）	雨 y²¹³
金州杏树	打闪 ta³⁴sã²¹³（只说"打闪"）	雷 le³¹²	雨 y²¹³
长海	打闪 ta⁵⁵ʃan²¹⁴（只说"打闪"）	雷 lei³¹	雨 y²¹⁴
庄河	打闪 ta²⁴san²¹³（只说"打闪"）	雷 lei³¹	雨 y²¹³
盖州	闪电 san²¹tian⁵¹	雷 lei²⁴	雨 y²¹³
丹东	打闪 ta²⁴ʂan²¹³（只说"打闪"）	雷 lei²⁴	雨 y²¹³
建平	打闪 ta³⁵ʂã²¹³（只说"打闪"）	打雷 ta²¹lei³⁵（只说"打雷"）	雨 y²¹³
凌源	打闪 ta³⁵ʂan²¹³（只说"打闪"）	雷 lei³⁵	雨 y²¹⁴

	0010 下雨	0011 淋衣服被雨~湿了	0012 晒~粮食
沈阳	下雨 ɕia⁴¹y²¹	浇 tɕiau³³	晒 sai⁴¹
本溪	下雨 ɕia⁵¹y²²⁴	淋 lin³⁵	晒 sai⁵¹
辽阳	下雨 ɕia⁵¹y²¹³	浇 tɕiau⁴⁴	晾 liaŋ⁵¹
海城	下雨 ɕia⁵¹y²¹⁴	浇 tɕiau⁴⁴	晾 liaŋ⁵¹
开原	下雨 ɕia⁵³y²¹³	浇 tɕiau⁴⁴	晾 liaŋ⁵¹
锦州	下雨 ɕia⁵³y²¹³	浇 tɕiau⁵⁵	晒 ʂai⁵¹ 晾 liaŋ⁵¹
盘锦	来雨了 lai³⁵y²¹lə⁰ 下雨 ɕia⁵¹y²¹³	浇 tɕiau⁵⁵	晾 liaŋ⁵¹ 晒 sai⁵¹
兴城	下雨 ɕia⁵¹y²¹³	浇 tɕiau⁴⁴	晒 ʂai⁵¹
绥中	下雨 ɕia⁵¹y²¹³	浇 tɕiau⁵⁵	晾 liaŋ⁵¹
义县	下雨 ɕia⁵³y²¹³	浇 tɕiau⁴⁴ 淋 lin³⁵	晒 ʂai⁵¹ 晾 liaŋ⁵¹
北票	下雨 ɕia⁵³y²¹³	浇 tɕiau⁴⁴ 淋 luən³⁵	晒 sai⁵¹ 晾 liaŋ⁵¹
阜新	来雨了 lai³⁵y²¹lə⁰ 掉雨点儿了 tiau⁵³y³⁵tiɚ²¹lə⁰	浇 tɕiau⁵⁵	晾 liaŋ⁵¹ 晒 ʂai⁵¹
黑山	下雨 ɕia⁵³y²¹³	浇 tɕiau⁴⁴	晾 liaŋ⁵¹ 晒 sai⁵¹
昌图	下雨 ɕia⁵¹y²¹³	浇 tɕiau³³	晒 sai⁵¹
大连	下雨 ɕia⁵²y²¹³	淋 lĩ³⁴	晾 liaŋ⁵²
金州 杏树	下雨 ɕia⁵²y²¹³	淋 lĩ³¹²	晒 sɛ⁵²
长海	下雨 ɕia⁵³y²¹⁴	淋 liən³¹	晒 sai⁵³
庄河	下雨 ɕia⁵¹y²¹³	淋 lin³¹	晒 sai⁵¹
盖州	下雨 ɕia⁵¹y²¹³ 掉雨点儿 tiau⁵¹y²⁴tiɚ²¹³	浇 tɕiau⁴¹²	晾 liaŋ⁵¹
丹东	下雨 ɕia⁵¹y²¹³	淋 lin²⁴	晒 ʂai⁵¹
建平	下雨 ɕia⁵³y²¹³	浇 tɕiɔ⁴⁴	晾 liã⁵³
凌源	下雨 ɕia⁵³y²¹	浇 tɕiau⁵⁵	晒 ʂai⁵¹ 晾 liaŋ⁵¹

	0013 雪	0014 冰	0015 冰雹
沈阳	雪 ɕye²¹³	冰 piŋ³³	雹子 pau³⁵tʂɿ⁰
本溪	雪 ɕyɛ²²⁴	冰 piŋ⁴⁴	雹子 pau³⁵tʂɿ⁰
辽阳	雪 ɕye²¹³	冰 piŋ⁴⁴	雹子 pau³⁵tʂɿ⁰
海城	雪 ɕye²¹⁴	冰 piŋ⁴⁴	雹子 pau³⁵tʂɿ⁰
开原	雪 ɕye²¹³	冰 piŋ⁴⁴	雹子 pau³⁵tʂɿ⁰
锦州	雪 ɕye²¹³	冰 piŋ⁵⁵	雹子 pau³⁵tʂə⁰
盘锦	雪 ɕye²¹³	冰 piəŋ⁵⁵	雹子 pau³⁵tsə⁰
兴城	雪 ɕye²¹³	冰 piŋ⁴⁴	雹子 pau³⁵tʂɿ⁰ 冰雹 piŋ⁴⁴pau³⁵
绥中	雪 ɕye²¹³	冰 piəŋ⁵⁵	雹子 pau³⁵tsɿ⁰
义县	雪 ɕye²¹³	冰 piŋ⁴⁴	雹子 pau³⁵tʂɿ⁰
北票	雪 ɕye²¹³	冰 piəŋ⁴⁴	雹子 pau³⁵tʂɿ⁰
阜新	雪 ɕye²¹³	冰 piŋ⁵⁵	雹子 pau³⁵tsa⁰
黑山	雪 ɕye²¹³	冰 piəŋ⁴⁴	雹子 pau³⁵tʂɿ⁰
昌图	雪 ɕye²¹³	冰 piəŋ³³	雹子 pau³⁵tʂə⁰
大连	雪 ɕye²¹³	冰 piŋ³¹²	雹子 pa³⁴ʁ⁰
金州 杏树	雪 ɕye²¹³	冰 piŋ³¹²	雹子 pa⁵²ʁ⁰
长海	雪 ʃye²¹⁴	冰 piŋ³¹	雹子 pa⁵³ə⁰
庄河	雪 ɕye²¹³	冰 piŋ³¹	下雹子 ɕia⁵³pao⁵¹ə⁰
盖州	雪 ɕye²¹³	冰 piŋ⁴¹²	雹子 pa²⁴tsɿ⁰
丹东	雪 ɕye²¹³	冰 piŋ⁴¹¹	雹子 pa²⁴tsɿ⁰
建平	下雪 ɕia⁵³ɕye²¹³	冰冰 piŋ⁴⁴piŋ⁰	雹子 pɔ³⁵tsɿ⁰
凌源	雪 ɕye²¹⁴	冰 piŋ⁵⁵	雹子 pau³⁵tsɿ⁰

	0016 霜	0017 雾	0018 露
沈阳	霜 ʂuaŋ³³	雾 u⁴¹	露水 lu⁴¹ʂuei⁰
本溪	霜 ʂuaŋ⁴⁴	雾 u⁵¹	露水 lu⁵¹ʂuei⁰
辽阳	霜 ʂuaŋ⁴⁴	雾 u⁵¹	露水 lu⁵¹ʂuei⁰
海城	霜 ʂuaŋ⁴⁴	雾 u⁵¹	露水 lu⁵¹ʂuei⁰
开原	霜 ʂuaŋ⁴⁴	雾 u⁵¹	露水 lu⁵³ʂuei⁰
锦州	霜 ʂuaŋ⁵⁵	雾 u⁵¹	露水 lu⁵¹ʂuei⁰
盘锦	霜 ʂuaŋ⁵⁵	雾 u⁵¹	露水 lu⁵¹ʂuei⁰
兴城	霜 ʂuaŋ⁴⁴	雾 u⁵¹	露水 lu⁵¹ʂuei⁰
绥中	霜 ʂuaŋ⁵⁵	雾 u⁵¹	露水 lu⁵¹ʂuei⁰
义县	霜 ʂuaŋ⁴⁴	雾 u⁵¹	露水 lu⁵¹ʂuei⁰
北票	霜 ʂuaŋ⁴⁴	雾 u⁵¹	露水 lu⁵¹ʂuei⁰
阜新	霜 ʂuaŋ⁵⁵	雾 u⁵¹	露水 lu⁵¹ʂuei⁰
黑山	霜 ʂuaŋ⁴⁴	雾 u⁵¹	露水 lu⁵¹ʂuei⁰
昌图	霜雪 ʂuaŋ³³ɕye²¹³	雾 u⁵¹	露水 lu⁵¹ʂuei⁰
大连	霜 suaŋ³¹²	下雾 ɕia⁵²u⁵²	下露 ɕia⁵²lu⁵²
金州杏树	霜 suaŋ³¹²	雾 u⁵²	露 lu⁵²
长海	霜 suaŋ³¹	雾 u⁵³	露水 lu⁵³ʂuei²¹⁴
庄河	霜 suaŋ³¹	雾 u⁵¹	露 lu⁵¹
盖州	霜 suaŋ⁴¹²	雾 u⁵¹	露水 lu⁵¹ʂuei⁰
丹东	霜 ʂuaŋ⁴¹¹	雾 u⁵¹	露 lu⁵¹
建平	下霜了 ɕia⁵³ʂuɑ̃⁴⁴lə⁰	下雾了 ɕia⁴²vu⁵³lə⁰	露水 lu⁵³ʂuei⁰
凌源	霜 ʂuaŋ⁵⁵	雾 vu⁵¹	露水 lu⁵¹ʂuei⁰

	0019 虹统称	0020 日食	0021 月食
沈阳	虹 kaŋ⁴¹	日食 i⁴¹sɿ³⁵	月食 yɛ⁴¹sɿ³⁵
本溪	虹 kaŋ⁵¹	日食 zɿ⁵¹sɿ³⁵	月食 yɛ⁵¹sɿ³⁵
辽阳	虹 kaŋ⁵¹	天狗吃日头 tʰian⁴⁴kou²¹tʂʰɿ⁴⁴i⁵¹tʰou⁰	天狗吃月亮 tʰian⁴⁴kou²¹tʂʰɿ⁴⁴yɛ⁵¹liaŋ⁰
海城	彩虹 tsʰai²¹xuŋ³⁵	天狗吃日头 tʰian⁴⁴kəu²¹tʂʰɿ³⁵i⁵¹tʰəu⁰	天狗吃月亮 tʰian⁴⁴kəu²¹tʂʰɿ³⁵yɛ⁵¹liaŋ⁰
开原	虹 kaŋ⁵¹	天狗吃日头 tʰian⁴⁴kou²¹³tʂʰɿ⁴⁴zɿ⁵³tʰou⁰ 日食 zɿ⁵³sɿ³⁵	月食 yɛ⁵³sɿ³⁵
锦州	虹 kaŋ⁵¹	日食 zɿ⁵³sɿ³⁵	月食 yɛ⁵³sɿ³⁵
盘锦	彩虹 tsʰai²¹xuəŋ³⁵ 虹 xuəŋ³⁵	天狗吃日头了 tʰian⁵⁵kou²¹tʂʰɿ⁵⁵i⁵¹tʰou⁰lə⁰	天狗吃月儿 tʰian⁵⁵kou²¹tʂʰɿ⁵⁵yər⁵¹
兴城	虹 kaŋ⁵¹	日食 zɿ⁵¹sɿ³⁵	月食 yɛ⁵¹sɿ³⁵
绥中	虹 kaŋ⁵¹	日食 zɿ⁵¹sɿ³⁵	月食 yɛ⁵¹sɿ³⁵
义县	虹 kaŋ⁵¹	日食 zɿ⁵³sɿ³⁵	月食 yɛ⁵³sɿ³⁵
北票	虹 tɕian⁵¹	日食 zɿ⁵³sɿ³⁵	月食 yɛ⁵³sɿ³⁵
阜新	虹 kaŋ⁵¹	日头被遮住了 zɿ⁵¹tʰou⁰pei⁵³tʂɤ⁵⁵tʂu⁵¹lə⁰	天狗吃月亮 tʰian⁵⁵kou²¹tʂʰɿ⁵⁵yɛ⁵¹liaŋ⁰
黑山	虹 kaŋ⁵¹	日食 zɿ⁵³sɿ³⁵	月食 yɛ⁵³sɿ³⁵
昌图	虹 kaŋ⁵¹	天狗吃太阳 tʰian³³kou²¹³tʂʰɿ³³tʰai⁵¹iaŋ⁰	天狗吃月亮 tʰian³³kou²¹tʂʰɿ³³yɛ⁵¹liaŋ⁰
大连	虹 xuŋ³⁴	日缺 i⁵²tɕʰyɛ²¹³	月缺 yɛ⁵²tɕʰyɛ²¹³
金州杏树	虹 xuŋ⁵²	日食 i⁵²ɕi⁵²	月食 yɛ⁵²ɕi⁵²
长海	虹 tʃaŋ⁵³	日食 i⁵³ʃɿ⁵³	月食 yɛ⁵³ʃɿ⁵³
庄河	虹 tɕian⁵¹	日食 zɿ⁵³ɕi⁵¹	月食 yɛ⁵³ɕi⁵¹
盖州	彩虹 tsʰai²¹xuŋ²⁴	日全食 i⁵¹tɕʰyan²⁴sɿ²⁴ 日食 i⁵¹sɿ²⁴	月食 yɛ⁵¹sɿ²⁴
丹东	虹 tɕian⁵¹	日食 i⁵¹sɿ²⁴	月食 yɛ⁵¹sɿ²⁴
建平	虹 tɕiã⁵³	天狗吃老爷儿 tʰiẽ⁴⁴kəu²¹tʂʰɿ⁴⁴lɔ⁵¹ier³⁵	天狗吃月亮 tʰiẽ⁴⁴kəu²¹ʂɿ⁴⁴yɛ⁵³liã⁰
凌源	虹 tɕian⁵¹	日食 zɿ⁵³sɿ³⁵	月食 yɛ⁵³sɿ³⁵

	0022 天气	0023 晴 天~	0024 阴 天~
沈阳	天气 tʰian³³tɕʰi⁴¹	晴 tɕʰiŋ³⁵	阴 in³³
本溪	天气 tʰian⁴⁴tɕʰi⁵¹	晴 tɕʰiŋ³⁵	阴 in⁴⁴
辽阳	天儿 tʰiar⁴⁴	晴 tɕʰiŋ³⁵	阴 in⁴⁴
海城	天头儿 tʰian⁴⁴tʰəur⁰	晴 tɕʰiŋ³⁵	阴 in⁴⁴
开原	天头 tʰian⁴⁴tʰou⁰ 天晴儿 tʰian⁴⁴tɕʰiə̃r³⁵	晴 tɕʰiŋ³⁵	阴 in⁴⁴
锦州	天头 tʰian⁵⁵tʰou⁰	晴 tɕʰiŋ³⁵	阴 in⁵⁵
盘锦	天头 tʰian⁵⁵tʰou⁰	晴 tɕʰiəŋ³⁵	阴 iən⁵⁵
兴城	天气 tʰian⁴⁴tɕʰi⁵¹	晴 tɕʰiŋ³⁵	阴 in⁴⁴
绥中	天头 tʰian⁵⁵tʰou⁰	晴 tɕʰiəŋ³⁵	阴 in⁵⁵
义县	天头 tʰian⁴⁴tʰou⁰	晴 tɕʰiŋ³⁵	阴 in⁴⁴
北票	天儿 tʰiɛr⁴⁴ 天头 tʰian⁴⁴tʰou⁰	晴 tɕʰiəŋ³⁵	阴 iən⁴⁴
阜新	天头 tʰian⁵⁵tʰou⁰	晴 tɕʰiŋ³⁵	阴 in⁵⁵
黑山	天儿 tʰiɐr⁴⁴ 天头 tʰian⁴⁴tʰou⁰	晴亮儿 tɕʰiəŋ³⁵liãr⁰	阴亮儿 iən⁴⁴liãr⁰
昌图	天儿 tʰiɐr³³	大晴天儿 ta⁼⁵¹tɕʰiəŋ³⁵tʰiɛr³³ 放晴 faŋ⁵¹tɕʰiəŋ³⁵	阴呼拉的 iən³³xu³³la³³ti⁰ 阴沉沉 iən³³tsʰən³⁵tsʰən³⁵
大连	天气 tʰiɛ̃³¹tɕʰi⁵²	晴 tɕʰiŋ³⁴	阴 ĩ³¹²
金州 杏树	天气 tʰiɛ̃³¹tɕʰi⁰	晴 tɕʰiŋ⁵²	阴 ĩ³¹²
长海	天儿 tʰiɛr³¹	晴 tʃʰiŋ⁵³	阴 iən³¹
庄河	天气 tʰian³¹tɕʰi⁰	晴 tɕʰiŋ⁵¹	阴 in³¹
盖州	天头 tʰian⁴¹²tʰəu⁰	晴天 tɕʰiŋ²⁴tʰian⁴¹²	阴天 in²⁴tʰian⁴¹²
丹东	天气 tʰian⁴¹¹tɕʰi⁵¹	晴 tɕʰiŋ²⁴	阴 in⁴¹¹
建平	天头 tʰiɛ̃⁴⁴tʰəu⁰	响晴儿 ɕiã̃²¹tɕʰiə̃r³⁵	阴呼拉 ĩ⁼⁴⁴xu⁰la⁰
凌源	天头 tʰiɛn⁵⁵tʰou⁰	晴 tɕʰiŋ³⁵	阴 in⁵⁵

	0025 旱天~	0026 涝天~	0027 天亮
沈阳	旱 xan⁴¹	涝 lau⁴¹	天亮 tʰian³³liaŋ⁴¹
本溪	旱 xan⁵¹	涝 lau⁵¹	天亮 tʰian⁴⁴liaŋ⁵¹
辽阳	旱 xan⁵¹	涝 lau⁵¹	亮天儿 liaŋ⁵¹tʰiaɹ⁴⁴
海城	旱 xan⁵¹	涝 lau⁵¹	亮天儿 liaŋ⁵¹tʰiɐɹ⁴⁴
开原	旱 xan⁵¹	涝 lau⁵¹	亮天儿 liaŋ⁵³tʰiɐɹ⁴⁴
锦州	旱 xan⁵¹	涝 lau⁵¹	天亮 tʰian⁵⁵liaŋ⁵¹
盘锦	旱 xan⁵¹	涝 lau⁵¹	亮天儿 liaŋ⁵¹tʰiɐɹ⁵⁵
兴城	旱 xan⁵¹	涝 lau⁵¹	天亮 tʰian⁴⁴liaŋ⁵¹
绥中	旱 xan⁵¹	涝 lau⁵¹	亮天儿 liaŋ⁵¹tʰiɐɹ⁵⁵
义县	旱 xan⁵¹	涝 lau⁵¹	天亮 tʰian⁴⁴liaŋ⁵¹
北票	旱 xan⁵¹	涝 lau⁵¹	天亮 tʰian⁴⁴liaŋ⁵¹ 天明 tʰian⁴⁴miəŋ³⁵
阜新	旱 xan⁵¹	涝 lau⁵¹	天头亮了 tʰian⁵⁵tʰou⁰liaŋ⁵¹lə⁰
黑山	旱 xan⁵¹	涝 lau⁵¹	亮天儿 liaŋ⁵³tʰiɐɹ⁴⁴
昌图	旱 xan⁵¹	涝 lau⁵¹	放亮儿 faŋ⁵³liãɹ⁵¹
大连	天干了 tʰiɛ̃³⁴kã³¹lə⁰	涝 lɔ⁵²	天亮 tʰiɛ̃³¹liaŋ⁵²
金州杏树	干 kã³¹²	涝 lɔ⁵²	天亮 tʰiɛ̃³¹liaŋ⁵²
长海	旱 xan⁵³	涝 lau⁵³	天亮 tʰian³¹liaŋ⁵³
庄河	干 kan³¹	涝 lao⁵¹	天亮 tʰian³¹liaŋ⁵¹
盖州	旱 xan⁵¹	涝 lau⁵¹	天亮 tʰian⁴¹²liaŋ⁵¹
丹东	旱 xan⁵¹	涝 lau⁵¹	天亮 tʰian⁴¹¹liaŋ⁵¹
建平	天头旱 tʰiɛ̃⁴⁴tʰəu⁰xã⁵³	天头涝 tʰiɛ̃⁴⁴tʰəu⁰lɔ⁵³	放亮了 fã⁴²liɔ̃⁵³lə⁰
凌源	旱 xan⁵¹	涝 lau⁵¹	亮天 liaŋ⁵³tʰiɛn⁵⁵

	0028 水田	0029 旱地_{浇不上水的耕地}	0030 田埂
沈阳	水田 suei²¹tʰian³⁵	旱地 xan⁴¹ti⁴¹	田埂儿 tʰian³⁵kɚr²¹
本溪	稻田 tau⁵¹tʰian³⁵	大田 ta⁵¹tʰian⁰	田埂儿 tʰian³⁵kɚr²²⁴
辽阳	稻田 tau⁵¹tʰian³⁵	旱田 xan⁵¹tʰian³⁵	坝埂子 pa⁵¹kəŋ²¹tʂʅ⁰ 稻田梗 tau⁵¹tʰian³⁵kəŋ²¹³
海城	稻田 tau⁵¹tʰian³⁵	大地儿 ta⁵³tiər⁵¹	地埂儿 ti⁵¹kɚr²¹⁴ 坝埂儿 pa⁵¹kɚr²¹⁴
开原	稻田 tau⁵³tʰian³⁵	大田 ta⁵³tʰian³⁵	池埂子 tʂʰʅ³⁵kəŋ²¹tʂə⁰
锦州	（无）	大田 ta⁵³tʰian³⁵	（无）
盘锦	稻田 tau⁵³tʰian³⁵	旱田 xan⁵³tʰian³⁵	坝楞子 pa⁵³ləŋ³⁵tsə⁰
兴城	水田 ʂuei²¹tʰian³⁵	大田 ta⁵¹tʰian³⁵	（无）
绥中	稻田 tau⁵¹tʰian³⁵	大田 ta⁵¹tʰian³⁵	垄台儿 luəŋ²¹tʰɚr³⁵
义县	稻田 tau⁵³tʰian³⁵	山坡儿地 ʂan⁴⁴pʰɤr⁴⁴ti⁵¹	田埂儿 tʰian³⁵kɚr²¹³
北票	稻田 tau⁵³tʰian³⁵	旱田 xan⁵³tʰian³⁵	田埂儿 tʰian³⁵kɚr²¹³
阜新	水田 ʂuei³²¹tʰian³⁵	大田 ta⁵¹tʰian³⁵	池梗子 tʂʰʅ³⁵kəŋ²¹tsa⁰
黑山	稻田 tau⁵³tʰian³⁵	大地 ta⁵³ti⁵¹ 大田 ta⁵³tʰian³⁵	田埂儿 tʰian³⁵kɚr²¹³
昌图	稻子地 tau⁵¹tsʅ⁰ti⁵¹	旱地 xan⁵¹ti⁵¹	田埂儿 tʰian³⁵kɚr²¹³
大连	水田 sue²¹tʰiɛ̃³⁴	旱地 xã⁵²ti⁵²	田埂 tʰiɛ̃³⁴kəŋ²¹³
金州 杏树	水田 sue²¹tʰiɛ̃⁵²	旱地 xã⁵²ti⁵²	坝埂 pa⁵²kaŋ²¹³
长海	水田 suei²¹tʰian⁵³	旱地 xan⁵³ti⁵³	地格子 ti⁵³kɤ²⁴ə⁰
庄河	粳地 tɕiŋ³¹ti⁵¹	旱地 xan⁵³ti⁵¹	坝埂儿 pa⁵¹kɚr²¹³
盖州	稻田地 tau⁵¹tʰian²⁴ti⁵¹ 稻田 tau⁵¹tʰian²⁴	大地 ta⁵¹ti⁵¹ 旱田 xan⁵¹tʰian²⁴	地埂儿 ti⁵¹kɚr²¹³ 田埂儿 tʰian²⁴kɚr²¹³
丹东	粳田 tɕiŋ⁴¹¹tʰian²⁴	旱地 xan⁵³ti⁵¹	田埂儿 tʰian²⁴kɚr²¹³
建平	水浇地 ʂuei²¹tɕiɔ⁴⁴ti⁵³	二坡地 ər⁵³pʰɤ⁴⁴ti⁵³	坝堰 pa³⁵iɛ̃⁵³
凌源	稻田 tau⁵³tʰiɛn³⁵	山坡地 ʂan⁵⁵pʰɤ⁵⁵ti⁵¹	垄背儿 luŋ²¹pər⁵¹

	0031 路野外的	0032 山	0033 山谷
沈阳	道儿 taur^{41}	山 san^{33}	山谷 san^{33}ku^{21}
本溪	路 lu^{51}	山 san^{44}	山谷 san^{44}ku^{224}
辽阳	小道儿 ɕiau^{21}taur^{51}	山 san^{44}	沟桶子 kou^{44}tʰuŋ^{21}tsʅ^{0}
海城	小道儿 ɕiau^{21}taur^{51}	山丘子 ʂan^{44}tɕʰiəu^{44}tsʅ^{0}	山沟子 ʂan^{44}kəu^{44}tsʅ^{0}
开原	道儿 taur^{51}	山 ʂan^{44}	山沟儿 ʂan^{44}kour^{44}
锦州	道儿 taur^{51}	山 ʂan^{55}	（无）
盘锦	毛毛道儿 mau^{35}mau^{0}taur^{51}	山 ʂan^{55}	山沟子 ʂan^{55}kou^{55}tsə^{0}
兴城	道儿 taur^{51}	山 ʂan^{44}	山沟儿 ʂan^{44}kour^{44}
绥中	道儿 taor^{51}	山 ʂan^{55}	山沟儿 ʂan^{55}kour^{55}
义县	道 tau^{51}	山 ʂan^{44}	山沟儿 ʂan^{44}kour^{44}
北票	道儿 taur^{51}	山 ʂan^{44}	山旮旯儿 ʂan^{44}kɤ^{44}lar^{51} 山沟子 ʂan^{44}kou^{44}tsʅ^{0}
阜新	毛道儿 mau^{35}taur^{51}	山 ʂan^{55}	山洼 ʂan^{55}ua^{51}
黑山	土道儿 tʰu^{21}taur^{51}	山 ʂan^{44}	山沟儿 ʂan^{44}kour^{44} 山洼儿 ʂan^{44}uar^{44}
昌图	荒郊 xuaŋ^{33}tɕiau^{33}	山 san^{33}	山沟儿 san^{33}kour^{33}
大连	小道儿 ɕiɔ^{21}tɔr^{52}	山 sã^{312}	山沟儿 sã^{34}kəur^{312}
金州杏树	道 tɔ^{52}	山 sã^{312}	山谷 sã^{31}ku^{213}
长海	路 lu^{53}	山 san^{31}	山底 san^{31}ti^{214}
庄河	外边儿大道 uai^{51}piɚ^{31}ta^{53}tao^{51}	山 san^{31}	山沟儿 san^{33}kəur^{31}
盖州	小道儿 ɕiau^{21}taur^{51}	山 san^{412}	大山沟儿 ta^{51}san^{24}kəur^{412}
丹东	路 lu^{51}	山 ʂan^{411}	山谷 ʂan^{411}ku^{213}
建平	道儿 tɔr^{53}	大山涧 ta^{53}sã^{44}tɕiɛ̃^{53}	山沟儿 sã^{44}kəur^{44}
凌源	道 tau^{51}	山 ʂan^{55}	山沟子 ʂan^{55}kou^{55}tsʅ^{0}

	0034 江 大的河	0035 溪 小的河	0036 水沟儿 较小的水道
沈阳	河 xɤ³⁵	小溪 ɕiau²¹ɕi³³	水沟儿 suei²¹kour³³
本溪	江 tɕiaŋ⁴⁴	溪 ɕi⁴⁴	水沟儿 suei³⁵kour⁰
辽阳	江 tɕiaŋ⁴⁴	小河儿 ɕiau²¹xɤr³⁵	水沟儿 suei²¹kour⁴⁴
海城	江 tɕiaŋ⁴⁴	小河儿沟子 ɕiau²¹xɤr³⁵kəu⁴⁴tʂʅ⁰	水道沟子 ʂuei²¹tau⁵¹kəu⁴⁴tʂʅ⁰
开原	河 xɤ³⁵	河沟儿 xɤ³⁵kour⁴⁴	水沟子 ʂuei²¹kou⁴⁴tʂə⁰
锦州	河 xɤ³⁵	小河儿沟儿 ɕiau²¹xɤr³⁵kour⁵⁵	小水沟儿 ɕiau³⁵ʂuei⁵⁵kour⁵⁵
盘锦	河 xɤ³⁵	水溜儿 suei²¹liour⁵¹	水沟儿 suei²¹kour⁵⁵
兴城	河 xɤ³⁵	小河儿 ɕiau²¹xɤr³⁵	水沟子 ʂuei²¹kou⁴⁴tʂʅ⁰
绥中	河 xɤ³⁵	小河儿 ɕiau²¹xər⁵⁵	小河沟儿 ɕiau²¹xɤr³⁵kour⁵⁵
义县	河 xɤ³⁵ 大河套 ta⁵³xɤ³⁵tʰau⁵¹	小河沟子 ɕiau²¹xɤr³⁵kou⁴⁴tʂʅ⁰ 小河套 ɕiau²¹xɤr³⁵tʰau⁵¹	水沟子 ʂuei²¹kou⁴⁴tʂʅ⁰
北票	大河套 ta⁵³xɤ³⁵tʰau⁵¹ 河 xɤ³⁵	小河了˚沟儿 ɕiau²¹xɤr³⁵lɤ⁰kour⁴⁴ 小河套 ɕiau²¹xɤr³⁵tʰau⁵¹	水沟子 ʂuei²¹kou⁴⁴tʂʅ⁰
阜新	河 xɤ³⁵	河套 xɤr³⁵tʰau⁵¹ 河叉子 xɤr³⁵tʂʰa⁵¹tsa⁰ 河了˚沟子 xɤr³⁵lə⁰kou⁵⁵tsa⁰	水沟子 ʂuei²¹kou⁵⁵tsa⁰
黑山	大河 ta⁵³xɤ³⁵	小河 ɕiau²¹xɤr³⁵ 河套 xɤr³⁵tʰau⁵¹	水沟儿 ʂuei²¹kour⁴⁴ 水沟子 ʂuei²¹kou⁴⁴tʂʅ⁰
昌图	江 tɕiaŋ³⁵	小河儿 ɕiau²¹xɤr³⁵	水沟儿 sei²¹kour³³
大连	大河 ta⁵²xɤ³⁴	小河 ɕio²¹xɤ³⁴	水沟儿 sue³⁴kəur³¹²
金州 杏树	江 tɕiaŋ³¹²	河 xuə⁵²	水沟儿 sue³⁴kəur³¹²
长海	江 ɕiaŋ³¹	小河溜儿 ʃiau²⁴xuə⁵³liəur⁵³	水沟儿 suei²⁴kəur³¹
庄河	江 tɕiaŋ³¹	溪 ɕi³¹	水沟儿 suei²⁴kəur³¹
盖州	江 tɕiaŋ⁴¹²	小溪 ɕiau²⁴ɕi⁴¹²	河儿沟儿 xɤr²⁴kəur⁴¹² 小河儿 ɕiau²¹xɤr²⁴
丹东	江 tɕiaŋ⁴¹¹	小河沟儿 ɕiau²¹xɤr²⁴kour⁴¹¹	水沟儿 ʂuei²⁴kour⁴¹¹
建平	大河 ta⁵³xɤ³⁵	小河叉儿 ɕiɔ²¹xɤr³⁵tʂʰar⁵³	水洋沟 ʂuei²¹iã³⁵kəu⁴⁴
凌源	河 xɤ³⁵ 大河套 ta⁵³xɤ³⁵tʰau⁵¹	小河叉子 ɕiau²¹xɤr³⁵tʂʰa⁵¹tsʅ⁰ 小河套子 ɕiau²¹xɤr³⁵tʰau⁵¹tsʅ⁰	水沟子 ʂuei²¹kou⁵⁵tsʅ⁰

	0037 湖	0038 池塘	0039 水坑儿 地面上有积水的小洼儿
沈阳	湖 xu³⁵	池塘 tʂʰʅ³⁵tʰaŋ³⁵	水坑儿 suei²¹kʰɚr³³
本溪	湖 xu³⁵	水泡子 suei³⁵pʰau³¹tsʅ⁰	水坑儿 suei³⁵kʰɚr⁰
辽阳	大水泡子 ta⁵¹suei²¹pʰau²¹tʂʅ⁰	水泡子 suei³⁵pʰau²¹tʂʅ⁰	水坑 suei²¹kʰəŋ⁴⁴
海城	大水泡子 ta⁵¹ʂuei³⁵pʰau²¹⁴tʂʅ⁰	水泡子 ʂuei³⁵pʰau²¹⁴tʂʅ⁰ 河坑子 xɤ³⁵kʰəŋ⁴⁴tʂʅ⁰	小水洼子 ɕiau³⁵ʂuei³⁵ua⁴⁴tʂʅ⁰
开原	湖 xu³⁵	水泡子 ʂuei³⁵pʰau²¹tsə⁰	水坑儿 suei²¹kʰɚr⁴⁴
锦州	湖 xu³⁵	水坑子 ʂuei²¹kʰəŋ⁵⁵tsə⁰	凹兜儿 ua⁵⁵tour⁵⁵
盘锦	湖 xu³⁵	水泡子 suei²¹pʰau⁵⁵tsə⁰ 水泡子 suei³⁵pʰau²¹tsə⁰	水坑儿 suei²¹kʰɚr⁵⁵
兴城	湖 xu³⁵	水泡子 ʂuei²¹pʰau⁴⁴tsʅ⁰	水坑子 suei²¹kʰəŋ⁴⁴tʂʅ⁰
绥中	河 xɤ³⁵	水泡子 ʂuei²¹pʰau⁵⁵tsɤ⁰	水坑儿 suei²¹kʰɚr⁵⁵
义县	湖 xu³⁵	水泡子 ʂuei³⁵pʰau²¹tʂʅ⁰ 方塘 faŋ⁴⁴tʰaŋ³⁵	水坑 ʂuei²¹kʰəŋ⁴⁴
北票	湖 xu³⁵	水泡子 ʂuei²¹pʰau⁴⁴tsʅ⁰	水坑子 suei²¹kʰəŋ⁴⁴tsʅ⁴⁴
阜新	湖 xu³⁵	水泡子 ʂuei³⁵pʰau²¹tsa⁰ 水泡子 ʂuei²¹pʰau⁵⁵tsa⁰	水坑儿 ʂuei²¹kʰɚr⁵⁵
黑山	湖 xu³⁵	方塘 faŋ⁴⁴tʰaŋ³⁵ 水泡子 ʂuei²¹pʰau⁴⁴tʂʅ⁰	洼兜儿 ua⁴⁴tour⁴⁴ 洼坑儿 ua⁴⁴kʰɚr⁴⁴
昌图	湖 xu³⁵	鱼塘 y³⁵tʰaŋ³⁵	水泡子 sei³⁵pʰau²¹tsə⁰
大连	湖 xu³⁴	水湾儿 sue³⁴uɐr³¹²	水坑儿 sue³⁴kʰɚr³¹²
金州杏树	湖 xu⁵²	水库 sue²¹kʰu⁵²	小水湾儿 ɕiɔ²¹sue³⁴uɐr³¹²
长海	泡子 pʰau³¹ə⁰	泡子 pʰau³¹ə⁰	水湾子 suei²⁴uan³¹ə⁰
庄河	湖 xu⁵¹	水泡子 suei²⁴pʰao³¹ə⁰	水湾儿 suei²⁴uɐr³¹
盖州	湖 xu²⁴	大水坑儿 ta⁵¹suei²⁴kʰɚr⁴¹² 大坑儿 ta⁵¹kʰɚr⁴¹²	小水坑儿 ɕiau²¹suei²⁴kʰɚr⁴¹²
丹东	湖 xu²⁴	水泡子 ʂuei²⁴pʰau⁴¹¹tsʅ⁰	水坑儿 ʂuei²⁴kʰɚr⁴¹¹
建平	湖 xu³⁵	池塘 tʂʰʅ³⁵tʰã³⁵	水坑儿 ʂuei²¹kʰɚr⁴⁴ 水泡儿 ʂuei²¹pʰɔ⁴⁴tsʅ⁰
凌源	湖 xu³⁵	水泡子 ʂuei²¹pʰau⁵⁵tsʅ⁰	水坑儿 ʂuei²¹kʰɚr⁵⁵

	0040 洪水	0041 淹 被水~了	0042 河岸
沈阳	洪水 xuŋ³⁵ṣuei²¹	淹 ian³³	河岸 xɤ³⁵an⁴¹
本溪	洪水 xuŋ³⁵ṣuei²²⁴	淹 ian⁴⁴	河岸 xɤ³⁵an⁵¹
辽阳	涨水 tsaŋ³⁵ṣuei²¹³	淹 ian⁴⁴	岸边儿 an⁵¹piɐr⁴⁴
海城	大水 ta⁵¹ṣuei²¹⁴	淹 ian⁴⁴ 没 mɤ⁵¹	岸边儿 an⁵¹piɐr⁴⁴
开原	大水 ta⁵³ṣuei²¹³	淹 ian⁴⁴	河沿儿 xɤ³⁵iɐr⁵¹
锦州	大水 ta⁵¹ṣuei⁰	淹 ian⁵⁵	河儿边儿 xɤr³⁵piɐr⁵⁵
盘锦	大水 ta⁵¹ṣuei²¹³	淹 ian⁵⁵ 泡 pʰau⁵¹	河沿儿 xɤ³⁵iɐr⁵¹ 河边儿 xɤ³⁵piɐr⁵⁵
兴城	大水 ta⁵¹ṣuei²¹³	淹 ian⁴⁴	河边儿 xɤ³⁵piɐr⁴⁴
绥中	洪水 xuəŋ³⁵ṣuei²¹³	淹 ian⁵⁵ 泡 pʰau⁵¹	河边儿 xɤ³⁵piɐr⁵⁵
义县	大水 ta⁵³ṣuei²¹³	淹 ian⁴⁴	河边儿 xɤ³⁵piɐr⁴⁴ 河套边儿 xɤ³⁵tʰau⁵³piɐr⁴⁴
北票	大水 ta⁵³ṣuei²¹³	淹 ian⁴⁴	河套边儿 xɤ³⁵tʰau⁵³piɐr⁴⁴ 河边儿 xɤ³⁵piɐr⁴⁴
阜新	大水 ta⁵³ṣuei²¹³	淹 ian⁵⁵ 灌 kuan⁵¹	河沿儿 xɤ³⁵iɐr⁵¹（有水） 沟沿儿 kou⁵⁵iɐr⁵¹（无水）
黑山	大水 ta⁵³ṣuei²¹³	灌 kuan⁵¹ 淹 ian⁴⁴	河边儿 xɤ³⁵piɐr⁴⁴ 河沿儿 xɤ³⁵iɐr⁵¹
昌图	发水 fa³³ṣei⁰	淹 ian³³	河沿儿 xɤ³⁵iɐr⁵¹
大连	大水 ta⁵²sue²¹³	淹 iɛ̃³¹²	河沿儿 xɤ³⁴iɐr⁵²
金州杏树	发大水 fa²¹ta⁵²sue²¹³	淹 iɛ̃³¹²	河岸 xuə⁵²ã⁵²
长海	大水 ta⁵³ṣuei²¹⁴	淹 ian³¹	河边儿 xɤ²⁴piɐr³¹
庄河	发水 fa²⁴ṣuei²¹³	淹 ian³¹	河边儿 xuə⁵¹piɐr³¹
盖州	大水 ta⁵¹ṣuei²¹³	秃 tʰu²¹³	岸边儿 an⁵¹piɐr⁴¹²
丹东	洪水 xuŋ²⁴ṣuei²¹³	淹 ian⁴¹¹	河边儿 xɤ²⁴piɐr⁴¹¹
建平	发大水 fa⁴⁴ta⁵³ṣuei²¹³	淹 iɛ̃⁴⁴	河套沿儿 xɤ³⁵tʰɔ⁵³iɐr⁵³
凌源	大水 ta⁵³ṣuei²¹³	淹 iɛn⁵⁵ 泡 pʰau⁵¹	河边儿 xɤ³⁵piɐr⁵⁵ 河套边儿 xɤ³⁵tʰau⁵³piɐr⁵⁵

	0043 坝 拦河修筑拦水的	**0044 地震**	**0045 窟窿**小的
沈阳	坝 pa⁴¹	地震 ti⁴¹tsən⁴¹	窟窿 kʰu³³luŋ⁰
本溪	坝 pa⁵¹	地震 ti⁵³tsən⁵¹	窟窿 kʰu⁴⁴luŋ⁰
辽阳	大坝 ta⁵¹pa⁵¹	地震 ti⁵¹tsən⁵¹	窟窿眼儿 kʰu⁴⁴luŋ⁴⁴iɐr²¹³
海城	大坝 ta⁵³pa⁵¹	地震 ti⁵³tsən⁵¹	窟窿眼儿 kʰu⁴⁴luŋ⁰iɐr²¹⁴
开原	坝 pa⁵¹	地动 ti⁵³tuŋ⁵¹ 地震 ti⁵³tsən⁵¹	窟窿眼儿 kʰu⁴⁴luŋ⁰iɐr²¹³
锦州	大坝 ta⁵³pa⁵¹	地震 ti⁵³tsən⁵¹	窟窿 kʰu⁵⁵luŋ⁰
盘锦	大坝 ta⁵³pa⁵¹ 大堤 ta⁵³tʰi³⁵	地动 ti⁵³tuəŋ⁵¹	窟窿眼儿 kʰu⁵⁵lu⁰iɐr²¹³
兴城	坝 pa⁵¹	地动 ti⁵¹tuŋ⁵¹	窟窿 kʰu⁴⁴luŋ⁰
绥中	大坝 ta⁵¹pa⁵¹	地震 ti⁵¹tsən⁵¹	窟窿眼儿 kʰu⁵⁵lou⁰iɐr²¹³
义县	大坝 ta⁵³pa⁵¹	地动 ti⁵³tuŋ⁵¹ 地震 ti⁵³tsən⁵¹	窟窿 kʰu⁴⁴luŋ⁰
北票	大坝 ta⁵³pa⁵¹	地震 ti⁵³tsən⁵¹	窟窿眼儿 kʰu⁴⁴luəŋ⁰iɐr²¹³ 窟窿眼子 kʰu⁴⁴luəŋ⁰ian²¹tsʅ⁰
阜新	大坝 ta⁵³pa⁵¹ 大堤 ta⁵³tʰi³⁵	鳌鱼翻身 nau⁵¹y³⁵fan⁵⁵ʂən⁵⁵ 地动 ti⁵³tuŋ⁵¹	眼子 ian²¹tsa⁰
黑山	大坝 ta⁵³pa⁵¹ 河堤 xɤ³⁵tʰi³⁵	地震 ti⁵³tsən⁵¹	窟窿眼儿 kʰu⁴⁴ləŋ⁰iɐr²¹³ 窟窿眼子 kʰu⁴⁴ləŋ⁰ian²¹tsʅ⁰
昌图	大坝 ta⁵³pa⁵¹ 拦水坝 lan³⁵suei²¹³pa⁵¹	地震 ti⁵³tsən⁵¹	眼儿 iɐr²¹³
大连	大坝 ta⁵²pa⁵²	地震 ti⁵²tʃə⁵²	窟窿眼儿 kʰu³¹luŋ⁰iɐr²¹³
金州 杏树	坝 pa⁵²	地震 ti⁵²tsə̃⁵²	窟窿 kʰu³¹luŋ⁰
长海	坝 pa⁵³	地震 ti⁵³tʃən⁵³	小眼儿 ʃiau²⁴iɐr²¹⁴
庄河	坝 pa⁵¹	地震 ti⁵³tsən⁵¹	窟窿眼儿 kʰu³¹luŋ⁰iɐr²¹³
盖州	大坝 ta⁵¹pa⁵¹	震了 tsən⁵¹lɤ⁰ 地震 ti⁵¹tsən⁵¹	小眼儿 ɕiau²⁴iɐr²¹³ 窟窿眼儿 kʰu⁴¹²luŋ⁰iɐr²¹³
丹东	坝 pa⁵¹	地震 ti⁵³tʂən⁵¹	窟窿 kʰu⁴¹¹luŋ⁰
建平	大坝 ta⁵³pa⁵³	地震 ti⁵³tʂə⁵³	窟窿眼子 ku⁴⁴luŋ⁴⁴iɛ̃²¹tsʅ⁰ 窟窿眼儿 kʰu⁴⁴luŋ⁰iɐr²¹³
凌源	大坝 ta⁵³pa⁵¹	地动 ti⁵³tuŋ⁵¹ 地震 ti⁵³tsən⁵¹	窟窿 kʰu⁵⁵luŋ⁰

	0046 缝儿统称	0047 石头统称	0048 土统称
沈阳	缝儿 fɚr⁴¹	石头 ʂɿ³⁵tʰou⁰	土 tʰu²¹³
本溪	缝儿 fɚr⁵¹	石头 ʂɿ³⁵tʰou⁰	土 tʰu²²⁴
辽阳	缝儿 fɚr⁵¹	石头 ʂɿ³⁵tʰou⁴⁴ 石头 ʂɿ³⁵tʰou⁰	土 tʰu²¹³
海城	缝儿 fɚr⁵¹ 夹缝儿 tɕia³⁵fɚr⁵¹	石头 ʂɿ³⁵tʰəu⁰	土 tʰu²¹⁴
开原	缝儿 fɚr⁵¹	石头 ʂɿ³⁵tʰou⁴⁴ 石头 ʂɿ³⁵tʰou⁰	土 tʰu²¹³
锦州	缝儿 fɚr⁵¹	石头 ʂɿ³⁵tʰou⁵⁵	土 tʰu²¹³
盘锦	缝儿 fɚr⁵¹	石头 ʂɿ³⁵tʰou⁰	土 tʰu²¹³
兴城	缝儿 fɚr⁵¹	石头 ʂɿ³⁵tʰou⁴⁴	土 tʰu²¹³
绥中	缝儿 fɚr⁵¹	石头 ʂɿ³⁵tʰou⁵⁵	土 tʰu²¹³
义县	缝儿 fɚr⁵¹	石头 ʂɿ³⁵tʰou⁰	土 tʰu²¹³
北票	缝儿 fɚr⁵¹	石头 ʂɿ³⁵tʰou⁰	土 tʰu²¹³
阜新	缝儿 fɚr⁵¹	石头 ʂɿ³⁵tʰou⁰	土 tʰu²¹³
黑山	缝儿 fɚr⁵¹	石头儿 ʂɿ³⁵tʰour⁴⁴	土 tʰu²¹³
昌图	缝儿 fɚr⁵¹	石头 ʂɿ³⁵tʰou⁰	土 tʰu²¹³
大连	缝儿 fɚr⁵²	把石头 pa³¹ʂɿ³⁴tʰəu⁰	泥 mi³⁴
金州 杏树	缝儿 fɚr⁵²	石头 ɕi⁵²tʰəu⁰	泥 mi³¹²
长海	缝儿 fɚr⁵³	石头 ʃɿ⁵³tʰəu⁰	泥 mi³¹
庄河	缝儿 fɚr⁵¹	石头 ɕi⁵¹tʰəu⁰	泥 mi³¹
盖州	缝儿 fɚr⁵¹	石头 ʂɿ²⁴tʰəu⁰	土 tʰu²¹³
丹东	缝儿 fɚr⁵¹	石头 ʂɿ²⁴tʰou⁰	土 tʰu²¹³
建平	缝儿 fɚr⁵³	石头 ʂɿ³⁵tʰəu⁰	土 tʰu²¹³
凌源	缝儿 fɚr⁵¹	石头 ʂɿ³⁵tʰou⁰	土 tʰu²¹⁴

	0049 泥湿的	0050 水泥旧称	0051 沙子
沈阳	泥 ȵi³⁵	洋灰 iaŋ³⁵xuei³³	沙子 sa³³tsɿ⁰
本溪	泥 ȵi³⁵	洋灰 iaŋ³⁵xuei⁴⁴	沙子 sa³¹tsɿ⁰
辽阳	泥 mi³⁵	洋灰 iaŋ³⁵xuei⁴⁴	沙子 sa⁴⁴tsɿ⁰
海城	稀泥儿 ɕi⁴⁴ȵiər³⁵	洋灰儿 iaŋ³⁵xuər⁴⁴	沙子 ʂa⁴⁴tsɿ⁰
开原	泥 ȵi³⁵	水泥 ʂuei²¹ȵi³⁵	沙子 ʂa⁴⁴tsɿ⁰
锦州	泥 ȵi³⁵	洋灰 iaŋ³⁵xuei⁵⁵	沙子 ʂa⁵⁵tʂə⁰
盘锦	泥 ȵi³⁵	洋灰 iaŋ³⁵xuei⁵⁵	沙子 ʂa⁵⁵tsə⁰
兴城	泥 ȵi³⁵	洋灰 iaŋ³⁵xuei⁴⁴	沙子 ʂa⁴⁴tsɿ⁰
绥中	泥 ȵi³⁵	水泥 ʂuei²¹ȵi³⁵	沙子 ʂa⁵⁵tʂɤ⁰
义县	泥 ȵi³⁵	洋灰 iaŋ³⁵xuei⁴⁴	沙子 ʂa⁴⁴tsɿ⁰
北票	泥 ȵi³⁵	洋灰儿 iaŋ³⁵xuər⁴⁴	沙子 ʂa⁴⁴tsɿ⁰
阜新	泥 ȵi³⁵	洋灰 iaŋ³⁵xuei⁵⁵	沙子 ʂa⁵⁵tsa⁰
黑山	泥 ȵi³⁵	洋灰 iaŋ³⁵xuei⁴⁴	沙子 ʂa⁴⁴tsɿ⁰
昌图	泥 ȵi³⁵ 大泥 ta⁵¹ȵi³⁵	洋灰 iaŋ³⁵xuei³³	沙子 sa³³tsɿ⁰
大连	稀巴泥 ɕi³¹pa⁰mi³⁴	洋灰 iaŋ³⁴xue³¹²	沙子 sa³¹ɐ⁰
金州杏树	稀溜儿泥 ɕi³¹liəur⁰mi³¹²	洋灰 iaŋ³⁴xue³¹²	沙子 sa³¹ɐ⁰
长海	泥 mi³¹	水泥 suei²⁴mi³¹	沙子 sa³¹ə⁰
庄河	泥 mi³¹	水泥 suei²⁴mi³¹	沙子 sa³¹ə⁰
盖州	泥 mi²⁴	水泥 suei²¹ȵi²⁴	沙子 sa⁴¹²tsɿ⁰
丹东	泥 mi²⁴	水泥 ʂuei²¹ȵi²⁴	沙子 ʂa⁴¹¹tsɿ⁰
建平	稀泥 ɕi⁴⁴ȵi³⁵	水泥 ʂuei²¹³ȵi³⁵ 洋灰 iã³⁵xuei⁴⁴	沙子 ʂa⁴⁴tsɿ⁰
凌源	泥 ȵi³⁵	洋灰 iaŋ³⁵xuei⁵⁵	沙子 ʂa⁵⁵tsɿ⁰

词汇对照

	0052 砖 整块的	0053 瓦 整块的	0054 煤
沈阳	砖 tsuan³³	瓦 va²¹³	煤 mei³⁵
本溪	砖 tʂuan⁴⁴	瓦 ua²²⁴	煤 mei³⁵
辽阳	砖 tʂuan⁴⁴	瓦 ua²¹³	煤 mei³⁵
海城	砖块儿 tʂuan⁴⁴kʰuɐr⁵¹	瓦块儿 ua²¹kʰuɐr⁵¹	煤 mei³⁵
开原	砖 tʂuan⁴⁴	瓦 ua²¹³	煤 mei³⁵
锦州	砖 tʂuan⁵⁵	瓦 ua²¹³	砟子 tʂa²¹tʂə⁰
盘锦	砖 tʂuan⁵⁵	瓦 ua²¹³	煤 mei³⁵
兴城	砖 tʂuan⁴⁴	瓦 ua²¹³	煤 mei³⁵
绥中	砖 tʂuan⁵⁵	瓦 va²¹³	煤 mei³⁵
义县	砖 tʂuan⁴⁴	瓦 ua²¹³	砟子 tʂa²¹tʂʅ⁰ 煤 mei³⁵
北票	砖 tʂuan⁴⁴	瓦 ua²¹³	煤 mei³⁵
阜新	砖 tʂuan⁵⁵	瓦 ua²¹³	砟子 tʂa²¹tsa⁰
黑山	砖 tʂuan⁴⁴	瓦 ua²¹³	煤 mei³⁵
昌图	砖 tʂuan³³	瓦 ua²¹³	煤 mei³⁵
大连	砖头 tsuã³¹tʰəu³⁴	瓦 ua²¹³	煤 me³⁴
金州杏树	砖 tsuã³¹²	瓦 ua²¹³	煤 me⁵²
长海	砖 tuan³¹	瓦 ua²¹⁴	煤 mei⁵³
庄河	砖 tsuan³¹	瓦 ua²¹³	煤 mei⁵¹
盖州	砖 tsuan⁴¹²	瓦 ua²¹³	煤 mei²⁴
丹东	砖 tʂuan⁴¹¹	瓦 ua²¹³	煤 mei²⁴
建平	砖 tʂuã⁴⁴	瓦 va²¹³	煤 mei³⁵
凌源	砖 tʂuan⁵⁵	瓦 va²¹⁴	煤 mei³⁵

	0055 煤油	0056 炭 木~	0057 灰 烧成的
沈阳	洋油 iaŋ³⁵iou³⁵	炭 tʰan⁴¹	灰 xuei³³
本溪	洋油 iaŋ³⁵iou³⁵	炭 tʰan⁵¹	灰 xuei⁴⁴
辽阳	洋油 iaŋ³⁵iou³⁵	炭 tʰan⁵¹	小灰 ɕiau²¹xuei⁴⁴
海城	煤油儿 mei³⁵iəur³⁵	炭 tʰan⁵¹	小灰 ɕiau²¹xuei⁴⁴ 炉灰 lu³⁵xuei⁴⁴
开原	煤油 mei³⁵iou³⁵	炭 tʰan⁵¹	灰 xuei⁴⁴
锦州	洋油 iaŋ³⁵iou³⁵	木炭 mu⁵³tʰan⁵¹	灰 xuei⁵⁵
盘锦	洋油 iaŋ³⁵iou⁰	炭 tʰan⁵¹	灰 xuei⁵⁵
兴城	洋油 iaŋ³⁵iou³⁵	炭 tʰan⁵¹	灰 xuei⁴⁴
绥中	洋油 iaŋ³⁵iou³⁵ 煤油 mei³⁵iou³⁵	炭 tʰan⁵¹	灰 xuei⁵⁵
义县	洋油 iaŋ³⁵iou³⁵	炭 tʰan⁵¹	灰 xuei⁴⁴
北票	洋油儿 iaŋ³⁵iour³⁵	炭 tʰan⁵¹	灰 xuei⁴⁴
阜新	洋油 iaŋ³⁵iou³⁵	焦子 tɕiau⁵⁵tsa⁰ 炭 tʰan⁵¹	灰 xuei⁵⁵
黑山	洋油 iaŋ³⁵iou³⁵	炭 tʰan⁵¹	灰 xuei⁴⁴
昌图	洋油 iaŋ³⁵iou³⁵ 煤油 mei³⁵iou³⁵	炭 tʰan⁵¹	灰 xuei³³
大连	火油 xuə²¹iəu³⁴	炭 tʰã⁵²	烟灰儿 iɛ³⁴xuər³¹²
金州杏树	煤油 me³⁴iəu³¹²	炭 tʰã⁵²	灰 xue³¹²
长海	火油 xuə²⁴iəu³¹	炭 tʰan⁵³	灰 xuei³¹
庄河	煤油 mei⁵¹iəu³¹	炭 tʰan⁵¹	灰 xuei³¹
盖州	火油 xuɤ²¹iəu²⁴	炭 tʰan⁵¹	小灰 ɕiau²⁴xuei⁴¹²
丹东	煤油 mei²⁴iou²⁴	炭 tʰan⁵¹	灰 xuei⁴¹¹
建平	火油 xuə²¹iəu³⁵	炭 tʰã⁵³	灰 xuei⁴⁴
凌源	洋油 iaŋ³⁵iou³⁵	炭 tʰan⁵¹	灰 xuei⁵⁵

	0058 灰尘桌面上的	0059 火	0060 烟烧火形成的
沈阳	灰 xuei³³	火 xuo²¹³	烟 ian³³
本溪	灰 xuei⁴⁴	火 xuo²²⁴	烟 ian⁴⁴
辽阳	灰 xuei⁴⁴	火 xuo²¹³	烟儿 iar⁴⁴
海城	浮灰 fu³⁵xuei⁴⁴	火儿 xuɤr²¹⁴	烟 ian⁴⁴
开原	灰 xuei⁴⁴	火 xuɤ²¹³	烟 ian⁴⁴
锦州	尘土 tʂʰən³⁵tʰu⁰	火 xuo²¹³	烟 ian⁵⁵
盘锦	尘土 tʂʰən³⁵tʰu⁰	火 xuo²¹³	烟儿 iɐr⁵⁵
兴城	尘土 tʂʰən³⁵tʰu⁰	火 xuo²¹³	烟 ian⁴⁴
绥中	塌灰 tʰa³⁵xuei⁵⁵	火 xuo²¹³	烟 ian⁵⁵
义县	灰 xuei⁴⁴	火 xuo²¹³	烟 ian⁴⁴
北票	暴土儿 pau⁵¹tʰur⁰	火 xuo²¹³	烟 ian⁴⁴
阜新	暴土 pau⁵¹tʰu⁰	火 xuo²¹³	烟 ian⁵⁵
黑山	灰土 xuei⁴⁴tʰu⁰	火 xuo²¹³	烟 ian⁴⁴
昌图	灰儿 xuər³³	火 xuo²¹³	烟 ian³³
大连	灰儿 xuər³¹²	火 xuə²¹³	烟 iɛ̃³¹²
金州杏树	灰尘 xue³¹tsʰə̃³¹²	火 xuə²¹³	烟 iɛ̃³¹²
长海	灰 xuei³¹	火 xuə²¹⁴	烟 ian³¹
庄河	灰 xuei³¹	火 xuə²¹³	烟 ian³¹
盖州	灰 xuei⁴¹²	火 xuɤ²¹³	烟 ian⁴¹²
丹东	灰尘 xuei⁴¹¹tʂʰən²⁴	火 xuo²¹³	烟 ian⁴¹¹
建平	暴土 pɔ⁵³tʰu⁰	火 xuə²¹³	烟 iɛ̃⁴⁴
凌源	灰 xuei⁵⁵ 暴土 pau⁵¹tʰu⁰	火 xuo²¹⁴	烟 iɛn⁵⁵

	0061 失火	0062 水	0063 凉水
沈阳	着火 tṣau³⁵xuɤ²¹	水 ṣuei²¹³	凉水 liaŋ³⁵ṣuei²¹
本溪	着火 tṣau³⁵xuo²²⁴	水 ṣuei²²⁴	凉水 liaŋ³⁵ṣuei²²⁴
辽阳	着火 tṣau³⁵xuo²¹³	水 ṣuei²¹³	凉水 liaŋ³⁵ṣuei²¹³
海城	着儿火儿 tṣaur³⁵xuɤr²¹⁴	水 ṣuei²¹⁴	凉水儿 liaŋ³⁵ṣuər²¹⁴
开原	着火 tṣau³⁵xuɤ²¹³	水 ṣuei²¹³	凉水 liaŋ³⁵ṣuei²¹³
锦州	失火 ʂʅ⁵⁵xuo²¹³	水 ṣuei²¹³	凉水 liaŋ³⁵ṣuei²¹³
盘锦	着火 tṣau³⁵xuo²¹³	水 suei²¹³	凉水 liaŋ³⁵ṣuei⁰
兴城	着火 tṣau³⁵xuo²¹³	水 ṣuei²¹³	凉水 liaŋ³⁵ṣuei²¹³
绥中	着火 tṣau³⁵xuo²¹³	水 ṣuei²¹³	凉水 liaŋ³⁵ṣuei²¹³
义县	着火 tṣau³⁵xuo²¹³	水 ṣuei²¹³	凉水 liaŋ³⁵ṣuei²¹³
北票	着火 tṣau³⁵xuo²¹³	水 ṣuei²¹³	凉水 liaŋ³⁵ṣuei⁰
阜新	着火 tṣau³⁵xuo²¹³	水 ṣuei²¹³	凉水 liaŋ³⁵ṣuei²¹³
黑山	着火 tṣau³⁵xuo²¹³	水 ṣuei²¹³	凉水 liaŋ³⁵ṣuei²¹³
昌图	着火 tṣau³⁵xuo²¹³	水 suei²¹³	凉水 liaŋ³⁵ṣuei²¹³
大连	着火 tʃɔ³⁴xuə²¹³ 起火 tɕʰi³⁴xuə²¹³	水 sue²¹³	凉水 liaŋ³⁴sue²¹³
金州 杏树	起火 tɕʰi³⁴xuə²¹³	水 sue²¹³	凉水 liaŋ³¹sue²¹³
长海	起火 cʰi²⁴xuə²¹⁴ 着火 tʃau⁵³xuə²¹⁴	水 suei²¹⁴	凉水 liaŋ⁵³suei⁰
庄河	起火 tɕʰi²⁴xuə²¹³	水 suei²¹³	凉水 liaŋ⁵¹suei²¹³
盖州	着火 tsau²⁴xuɤ²¹³	水 suei²¹³	凉水 liaŋ²⁴suei²¹³
丹东	着火 tsau²⁴xuo²¹³	水 ṣuei²¹³	凉水 liaŋ²⁴suei²¹³
建平	失火 ʂʅ⁴⁴xuə²¹³	水 ṣuei²¹³	凉水 liã³⁵ṣuei²¹³
凌源	失火 ʂʅ⁵⁵xuo²¹ 着火 tṣau³⁵xuo²¹	水 ṣuei²¹⁴	凉水 liaŋ³⁵ṣuei²¹

	0064 热水 如洗脸的热水，不是指喝的开水	0065 开水 喝的	0066 磁铁
沈阳	热水 ie⁴¹suei²¹	开水 kʰai³³suei²¹	吸铁石 ɕi⁴¹tʰiɛ²¹ʂʅ³⁵
本溪	热水 zɤ⁵¹suei²²⁴	开水 kʰai³¹suei⁰	吸铁石 ɕi³¹tʰiɛ²¹ʂʅ³⁵
辽阳	热乎水 iɛ⁵¹xu⁰suei²¹³	热水 iɛ⁵¹suei²¹³	吸铁石 ɕi⁴⁴tʰiɛ²¹ʂʅ³⁵
海城	热乎水儿 iɛ⁵¹xu⁰suər²¹⁴	开水 kʰai⁴⁴suei²¹⁴	吸铁石 ɕi⁵¹tʰiɛ²¹ʂʅ³⁵
开原	热水 iɛ⁵³suei²¹³ 热水 zɤ⁵³ʂuei²¹³	开水 kʰai⁴⁴suei²¹³	吸铁石 ɕi⁵³tʰiɛ²¹ʂʅ³⁵
锦州	热水 zɤ⁵³ʂuei²¹³	开水 kʰai⁵⁵suei²¹³	吸铁石 ɕi⁵³tʰiɛ²¹ʂʅ³⁵
盘锦	热水 zɤ⁵¹suei⁰	开水 kʰai⁵⁵suei⁰	吸铁石 ɕi⁵⁵tʰiɛ²¹ʂʅ³⁵
兴城	热水 zɤ⁵¹ʂuei²¹³	开水 kʰai⁴⁴suei²¹³	吸铁石 ɕi⁵¹tʰiɛ²¹ʂʅ³⁵
绥中	热水 zɤ⁵¹ʂuei²¹³	开水 kʰai⁵⁵suei²¹³	磁铁 tʂʰʅ³⁵tʰiɛ²¹³
义县	热水 zɤ⁵³ʂuei²¹³	开水 kʰai⁴⁴suei²¹³	吸铁石 ɕi⁵³tʰiɛ⁰ʂʅ³⁵
北票	热水 zɤ⁵¹ʂuei⁰	开水 kʰai⁴⁴suei⁰	吸铁石 ɕi⁴⁴tʰiɛ²¹ʂʅ³⁵
阜新	热水 zɤ⁵³ʂuei²¹³	开水 kʰai⁵⁵suei²¹³	吸铁石 ɕi⁵³tʰiɛ²¹ʂʅ³⁵
黑山	热水 zɤ⁵³ʂuei²¹³	开水 kʰai⁴⁴suei²¹³	吸铁石 ɕi⁵³tʰiɛ²¹ʂʅ³⁵
昌图	热水 zɤ⁵¹suei²¹³	开水 kʰai³³suei²¹³	吸铁石 ɕi⁵¹tʰiɛ²¹³ʂʅ³⁵
大连	热水 iɛ⁵²sue²¹³	开水 kʰɛ³¹sue²¹³	吸铁石 ɕi³⁴tʰiɛ²¹ʃʅ³⁴
金州杏树	热水 iɛ³⁴sue²¹³	开水 kʰɛ³¹sue²¹³	吸铁石 ɕy³⁴tʰiɛ²¹ɕi⁵²
长海	热水 iɛ⁵³suei⁰	开水 kʰai³¹suei⁰	吸铁石 ɕy³³tʰiɛ²¹ʃʅ⁵³
庄河	热水 iɛ⁵¹suei²¹³	开水 kʰai³¹suei²¹³	吸铁石 ɕy³¹tʰiɛ²¹ɕi⁵¹
盖州	热水 iɛ⁵¹suei²¹³	开水 kʰai⁴¹²suei²¹³	吸铁石 ɕi⁵¹tʰiɛ²¹ʂʅ²⁴
丹东	热水 iɛ⁵¹suei²¹³	开水 kʰai⁴¹¹suei²¹³	吸铁石 ɕi⁴¹¹tʰiɛ²¹ʂʅ²⁴
建平	温乎水 və̃⁴⁴xu⁰ʂuei²¹³	白开水 pɛ³⁵kʰɛ⁴⁴ʂuei²¹³	吸铁石 ɕi⁵³tʰiɛ²¹³ʂʅ³⁵
凌源	热水 zɤ⁵³ʂuei²¹	开水 kʰai⁵⁵ʂuei²¹	吸铁石 ɕi⁵⁵tʰiɛ²¹ʂʅ³⁵

	0067 时候吃饭的~	0068 什么时候	0069 现在
沈阳	前儿 tɕʰier³⁵	啥前儿 sa³⁵tɕʰier³⁵	现在 ɕian⁴¹tsai⁴¹
本溪	时候儿 ʂʅ³⁵xour⁰	啥时候儿 sa³⁵ʂʅ³⁵xour⁰	现在 ɕian⁵³tsai⁵¹
辽阳	前儿 tɕʰiar³⁵	多儿 tuo³⁵ər²¹³	现在 ɕian⁵¹tsai⁵¹
海城	前儿 tɕʰier³⁵	啥前儿 ʂa³⁵tɕʰier³⁵	眼目前儿 ian²¹⁴mɤ⁰tɕʰier³⁵
开原	工夫 kuŋ⁴⁴fu⁰ 那会儿 nei⁵³xuər²¹³	多暂 tuɤ⁴⁴tʂan²¹³ 啥前儿 ʂa³⁵tɕʰier³⁵	这会儿 tsei⁵³xuər²¹³
锦州	那晚儿 na⁵³uer²¹³ 前儿 tɕʰier³⁵	啥前儿 ʂa³⁵tɕʰier³⁵	这晚儿 tʂən⁵³uer²¹³
盘锦	前儿 tɕʰier³⁵ 时候儿 ʂʅ³⁵xour⁵¹	啥前儿 ʂa³⁵tɕʰier³⁵ 啥时候儿 ʂa³⁵ʂʅ³⁵xour⁰	这前儿 tʂɤ⁵³tɕʰier³⁵
兴城	时候儿 ʂʅ³⁵xour⁰	啥时候儿 ʂa³⁵ʂʅ³⁵xour⁰	现在 ɕian⁵¹tsai⁵¹
绥中	时候 ʂʅ³⁵xou⁰	啥前儿 ʂa³⁵tɕʰier³⁵	现在 ɕian⁵¹tsai⁵¹
义县	前儿 tɕʰier³⁵ 时候儿 ʂʅ³⁵xour⁰	啥前儿 ʂa³⁵tɕʰier³⁵ 啥时候儿 ʂa³⁵ʂʅ³⁵xour⁰	这前儿 tʂɤ⁵³tɕʰier³⁵ 现在 ɕian⁵³tsai⁵¹
北票	前儿 tɕʰier³⁵ 时候儿 ʂʅ³⁵xour⁰	啥前儿 ʂa³⁵tɕʰier³⁵ 啥时候儿 ʂa³⁵ʂʅ³⁵xour⁰	这前儿 tʂɤ⁵³tɕʰier³⁵ 现在 ɕian⁵³tsai⁵¹
阜新	前儿 tɕʰier³⁵ 时候儿 ʂʅ³⁵ou⁰	啥前儿 ʂa³⁵tɕʰier³⁵ 啥时候儿 ʂa³⁵ʂʅ³⁵ou⁰	这前儿 tʂɤ⁵³tɕʰier²¹³
黑山	前儿 tɕʰier³⁵ 时候儿 ʂʅ³⁵xour⁰	啥前儿 ʂa³⁵tɕʰier³⁵ 啥时候儿 ʂa³⁵ʂʅ³⁵xour⁰	这前儿 tʂɤ⁵³tɕʰier³⁵ 这时候儿 tʂɤ⁵³ʂʅ³⁵xour⁰
昌图	前儿 tɕʰier³⁵	啥前儿 sa³⁵tɕʰier³⁵	今儿个儿 tɕiər³³kɤr⁰
大连	时候儿 ʂʅ³⁴xəur⁰	什么时候儿 ʃə³¹mə⁰ʂʅ³⁴xəur⁰	现在 ɕiẽ⁵²tsɛ⁵²
金州 杏树	时候儿 ʂʅ⁵²xəur⁰	什么时候儿 sə̃⁵²mə⁰ʂʅ⁵²xəur⁰	现在 ɕiẽ⁵²tsɛ⁵²
长海	时候儿 ʂʅ⁵³xəur⁰	什么时候儿 sən³¹mə⁰ʂʅ⁵³xəur⁰	现在 ɕian⁵³tsai⁵³
庄河	时候儿 ʂʅ⁵¹xəur⁰	什么时候儿 sən⁵¹mə⁰ʂʅ⁵¹xəur⁰	现在 ɕian⁵³tsai⁵¹
盖州	前儿 tɕʰier²⁴	什么前儿 sən²⁴mɤ⁰tɕʰier²⁴ 多前儿 tuɤ⁴¹²tɕʰier²⁴	现在 ɕian⁵¹tsai⁵¹
丹东	时候 ʂʅ²⁴xou⁰	什么前儿 sən²⁴mə⁰tɕʰier²⁴	现在 ɕian⁵³tsai⁵¹
建平	前儿 tɕʰier³⁵	啥前儿 ʂa³⁵tɕʰier³⁵	眼目前儿 iẽ²¹mə⁰tɕʰier³⁵
凌源	前儿 tɕʰier³⁵ 时候 ʂʅ³⁵xou⁰	啥前儿 ʂa³⁵tɕʰier³⁵ 啥时候儿 ʂa³⁵ʂʅ³⁵xour⁰	这会儿 tsei⁵³xuər²¹ 现在 ɕien⁵³tsai⁵¹

	0070 以前十年~	0071 以后十年~	0072 一辈子
沈阳	以前 i²¹tɕʰian³⁵	以后 i²¹xou⁴¹	一辈子 i³⁵pei⁴¹tsʅ⁰
本溪	以前 i²¹tɕʰian³⁵	以后 i²¹xou⁵¹	一辈子 i³⁵pei⁵¹tsʅ⁰
辽阳	前 tɕʰian³⁵	后 xou⁵¹	这辈子 tsei⁵¹pei⁵¹tʂʅ⁰
海城	前 tɕʰian³⁵	后 xəu⁵¹	一辈子 i³⁵pei⁵¹tʂʅ⁰
开原	以前 i²¹tɕʰian³⁵	以后 i²¹xou⁵¹	一辈子 i³⁵pei⁵³tʂə⁰
锦州	以前 i²¹tɕʰian³⁵	以后 i²¹xou⁵¹	一辈子 i³⁵pei⁵¹tʂə⁰
盘锦	前 tɕʰian³⁵	后 xou⁵¹	一辈子 i³⁵pei⁵¹tsə⁰
兴城	前 tɕʰian³⁵	以后 i²¹xou⁵¹	一辈子 i³⁵pei⁵¹tʂʅ⁰
绥中	头儿个儿 tʰour³⁵kər⁰	往后 vaŋ²¹xou⁵¹	一辈子 i³⁵pei⁵¹tʂʅ⁰
义县	前 tɕʰian³⁵	后 xou⁵¹	一辈子 i³⁵pei⁵³tʂʅ⁰
北票	前 tɕʰian³⁵ 以前 i²¹tɕʰian³⁵	后 xou⁵¹ 以后 i²¹xou⁵¹	一辈子 i³⁵pei⁵¹tʂʅ⁰
阜新	前 tɕʰian³⁵	后 xou⁵¹	一辈子 i³⁵pei⁵¹tsa⁰
黑山	前 tɕʰian³⁵ 以前 i²¹tɕʰian³⁵	后 xou⁵¹ 以后 i²¹xou⁵¹	一辈子 i³⁵pei⁵¹tʂʅ⁰
昌图	前 tɕʰian³⁵	后 xou⁵¹	一世 i³⁵sʅ⁵¹
大连	在早 tsɛ⁵²tsɔ²¹³ 从前 tsʰuŋ³⁴tɕʰiɛ³⁴	以后 i²¹xəu⁵²	一辈子 i²¹pe⁵²ə⁰
金州杏树	在早 tsɛ⁵²tsɔ²¹³	以后 i²¹xəu⁵²	一辈子 i²¹pe⁵²ə⁰
长海	以前 i²¹tʃʰian⁵³	以后 i²¹xəu⁵³	一辈子 i²¹pei⁵³ə⁰
庄河	以前 i²¹tɕʰian⁵¹	以后 i²¹xəu⁵¹	一辈子 i²¹pei⁵¹ə⁰
盖州	前 tɕʰian²⁴	后 xəu⁵¹	一辈子 i²⁴pei⁵¹tsʅ⁰
丹东	以前 i²¹tɕʰian²⁴	以后 i²¹xou⁵¹	一辈子 i²¹pei⁵¹tsʅ⁰
建平	以前 i²¹tɕʰiɛ³⁵	以后 i²¹xəu⁵³	这辈子 tʂei⁴²pei⁵³tsʅ⁰
凌源	前 tɕʰiɛn³⁵	后 xou⁵¹	一辈子 i³⁵pei⁵¹tsʅ⁰

	0073 今年	0074 明年	0075 后年
沈阳	今年 tɕin³³ȵian³⁵	明年 miŋ³⁵ȵian³⁵	后年 xou⁴¹ȵian³⁵
本溪	今年 tɕin⁴⁴ȵian³⁵	明年 miŋ³⁵ȵian⁰	后年 xou⁵¹ȵian⁰
辽阳	今年 tɕin⁴⁴ȵian³⁵	来年 lai³⁵ȵian³⁵	后年 xou⁵¹ȵian³⁵
海城	今年儿 tɕin⁴⁴ȵiɐr⁰	过年 kuɤ⁵¹ȵian³⁵ 来年 lai³⁵ȵian³⁵	后年 xəu⁵¹ȵian³⁵
开原	今年 tɕin⁴⁴ȵian⁰	过年 kuɤ⁵³ȵian⁰ 明年 miŋ³⁵ȵian⁰	后年 xou⁵³ȵian⁰
锦州	今年 tɕin⁵⁵ȵian³⁵	过年 kuo⁵³ȵian³⁵	后年 xou⁵³ȵian³⁵
盘锦	今年 tɕiən⁵⁵ȵian⁰	过年 kuo⁵¹ȵian⁰ 来年儿 lai³⁵ȵiɐr³⁵	后年 xou⁵¹ȵian⁰
兴城	今年 tɕin⁴⁴⁴ȵian³⁵	明年 miŋ³⁵⁴ȵian³⁵	后年 xou⁵¹⁴ȵian³⁵
绥中	今年 tɕin⁵⁵ȵian³⁵	明年 miəŋ³⁵ȵian³⁵	隔年 kɤ³⁵ȵian³⁵
义县	今年 tɕin⁴⁴ȵian³⁵	过年 kuo⁵¹ȵian⁰ 明年 miŋ³⁵ȵian³⁵ 来年 lai³⁵ȵian³⁵	后年 xou⁵³ȵian³⁵
北票	今年 tɕiən⁴⁴ȵian³⁵	过年 kuo⁵³ȵian³⁵ 明年 miəŋ³⁵ȵian³⁵ 来年 lai³⁵ȵian³⁵	大过年 ta⁵³kuo⁵³ȵian³⁵ 后年 xou⁵³ȵian³⁵
阜新	今年 tɕin⁵⁵ȵian⁰	过年 kuo⁵¹ȵian⁰	转年 tʂuan²¹ȵian³⁵
黑山	今年 tɕiən⁴⁴ȵian³⁵	过年 kuo⁵³ȵian³⁵	后年 xou⁵³ȵian³⁵
昌图	今年 tɕiən³³ȵian⁰	来年 lai³⁵ȵian³⁵ 过年 kuo⁵¹ȵian⁰	后年 xou⁵¹ȵian⁰
大连	今年 tɕĩ³¹ȵiɛ̃³⁴	明年 miŋ³⁴ȵiɛ̃³⁴	后年 xəu⁵²ȵiɛ̃³⁴
金州杏树	今年 tɕĩ³¹ȵiɛ̃⁰	来年 lɛ⁵²ȵiɛ̃³¹²	后年 xəu⁵²ȵiɛ̃³¹²
长海	今年 ciən³³ȵian³¹	明年 miŋ²⁴ȵian³¹	后年 xəu⁵³ȵian³¹
庄河	今年 tɕin³³ȵian³¹	过年 kuə⁵¹ȵian³¹	后年 xəu⁵¹ȵian³¹
盖州	今年 tɕin⁴¹²ȵian²⁴	过年 kuɤ⁵¹ȵian⁰	后年 xəu⁵¹ȵian⁰
丹东	今年 tɕin⁴¹¹ȵian²⁴	明年 miŋ²⁴ȵian²⁴	后年 xou⁵¹ȵian²⁴
建平	今年 tɕĩ⁴⁴ȵiɛ̃⁰	过年 kuə⁵³ȵiɛ̃⁰	转年 tʂuã²¹ȵiɛ̃³⁵
凌源	今年 tɕin⁵⁵ȵiɛn³⁵	过年 kuo⁵¹ȵiɛn⁰ 明年 miŋ³⁵ȵiɛn³⁵ 来年 lai³⁵ȵiɛn³⁵	后年 xou⁵³ȵiɛn³⁵

	0076 去年	0077 前年	0078 往年过去的年份
沈阳	去年 tɕʰy⁴¹ȵian³⁵	前年 tɕʰian³⁵ȵian³⁵	往年 vaŋ²¹ȵian³⁵
本溪	去年 tɕʰy⁵¹ȵian⁰	前年 tɕʰian³⁵ȵian⁰	往年 uaŋ²¹ȵian³⁵
辽阳	去年 tɕʰy⁵¹ȵian³⁵	前年 tɕʰian³⁵ȵian⁰	往年 uaŋ²¹ȵian³⁵
海城	去年儿 tɕʰy⁵¹ȵier⁰	前年儿 tɕʰian³⁵ȵier³⁵	往年 uaŋ²¹ȵian³⁵ 老老年 lau³⁵lau²¹ȵian³⁵
开原	去年 tɕʰy⁵³ȵian⁰	前年 tɕʰian³⁵ȵian⁰	往年 uaŋ²¹ȵian³⁵ 前些年 tɕʰian³⁵ɕiɛ⁰ȵian³⁵
锦州	头年 tʰou³⁵ȵian³⁵	前年 tɕʰian³⁵ȵian³⁵	往年 uaŋ²¹ȵian³⁵
盘锦	头年儿 tʰou³⁵ȵier³⁵	前年 tɕʰian³⁵ȵian⁰	往年 uaŋ²¹ȵian³⁵ 以前 i²¹tɕʰian³⁵
兴城	去年 tɕʰy⁵¹ȵian³⁵ 头年 tʰou³⁵ȵian³⁵	前年 tɕʰian³⁵ȵian³⁵	往年 uaŋ²¹ȵian³⁵
绥中	去年 tɕʰy⁵¹ȵian³⁵	前年 tɕʰian⁵¹ȵian³⁵	过去 kuo⁵¹tɕʰy⁵¹
义县	头年 tʰou³⁵ȵian³⁵ 去年 tɕʰy⁵³ȵian³⁵	前年 tɕʰian³⁵ȵian³⁵	往年 uaŋ²¹ȵian³⁵
北票	头年 tʰou³⁵ȵian³⁵ 去年 tɕʰy⁵³ȵian³⁵	前年 tɕʰian³⁵ȵian³⁵	往年 uaŋ²¹ȵian³⁵
阜新	头年 tʰou³⁵ȵian⁰	前年 tɕʰian³⁵ȵian⁰	以前 i²¹tɕʰian³⁵
黑山	头年 tʰou³⁵ȵian³⁵	前年 tɕʰian³⁵ȵian⁰	往年 uaŋ²¹ȵian³⁵
昌图	头年 tʰou³⁵ȵian⁰	前年 tɕʰian³⁵ȵian⁰	往年 uaŋ²¹ȵian³⁵
大连	头年 tʰəu³⁴ȵiɛ̃³⁴	前年 tɕʰiɛ̃³⁴ȵiɛ̃³⁴	头些年 tʰəu³⁴ɕiɛ³¹ȵiɛ̃³⁴
金州 杏树	年上儿 ȵiɛ³¹sãr⁵²	前年 tɕʰiɛ⁵²ȵiɛ³¹²	往年 uaŋ²¹ȵiɛ³¹²
长海	前一年 tʃʰian⁵³i³³ȵian³¹	前二年 tʃʰian⁵³ər⁵³ȵian³¹	前几年 tʃʰian⁵³ɕi²¹ȵian³¹
庄河	年上儿 ȵian³¹sãr⁵¹	前年 tɕʰian⁵¹ȵian³¹	往年 uaŋ²¹ȵian³¹
盖州	头年 tʰəu²⁴ȵian⁰ 去年 tɕʰy⁵¹ȵian⁰	前年 tɕʰian²⁴ȵian⁰	往年 uaŋ²¹³ȵian⁰
丹东	去年 tɕʰy⁵¹ȵian²⁴	前年 tɕʰian²⁴ȵian²⁴	往年 uaŋ²¹ȵian²⁴
建平	头年 tʰəu³⁵ȵiɛ³⁵ 头年 tʰəu³⁵ȵiɛ⁰	前年 tɕʰiɛ³⁵ȵiɛ⁰	头些年儿 tʰəu³⁵ɕiɛ⁴⁴ȵier³⁵
凌源	头年 tʰou³⁵ȵien³⁵ 去年 tɕʰy⁵³ȵien³⁵	前年 tɕʰien³⁵ȵien³⁵	往年 vaŋ²¹ȵien³⁵

	0079 年初	0080 年底	0081 今天
沈阳	年初 ȵian³⁵tsʰu³³	年底 ȵian³⁵ti²¹	今个儿 tɕie³³kər⁰
本溪	年初 ȵian³⁵tʂʰu⁴⁴	年底 ȵian³⁵ti²²⁴	今儿个 tɕin⁴⁴ər⁰kɤ⁰
辽阳	年初 ȵian³⁵tʂʰu⁴⁴	年末 ȵian³⁵mɤ⁵¹	今儿个 tɕiər⁴⁴kɤ⁰
海城	刚过完年儿 kaŋ⁴⁴kuɤ⁵¹uan³⁵ȵiɐr³⁵	年末 ȵian³⁵mɤ⁵¹ 年根儿 ȵian³⁵kər⁴⁴	今儿个儿 tɕiɐr⁴⁴kɤr⁰
开原	年开头儿 ȵian³⁵kʰai⁴⁴tʰour³⁵	年根儿底下 ȵian³⁵kər⁴⁴ti²¹ɕiɛ⁰	今儿个 tɕiɐr⁴⁴kə⁰
锦州	年初 ȵian³⁵tʂʰu⁵⁵	年根儿底下 ȵian³⁵kər⁵⁵ti²¹ɕia⁰	今儿个 tɕiɐr⁵⁵kə⁰
盘锦	开年儿 kʰai⁵⁵ȵiɐr³⁵ 年儿初 ȵiɐr³⁵tʂʰu⁵⁵	年儿末 ȵiɐr³⁵mɤ⁵¹	今儿个 tɕiɐr⁵⁵kə⁰
兴城	刚过完年 kaŋ⁴⁴kuo⁵¹uan³⁵ȵian³⁵	年底 ȵian³⁵ti²¹³ 年根儿 ȵian³⁵kər⁴⁴	今天 tɕin⁴⁴tʰian⁴⁴ 今儿个 tɕiɐr⁴⁴kə⁰
绥中	年初 ȵian³⁵tʂʰu⁵⁵	年底 ȵian³⁵ti²¹³	今儿个 tɕiɐr⁵⁵kɤ⁰
义县	开年 kʰai⁴⁴ȵian³⁵	年根儿底下 ȵian³⁵kər⁴⁴ti²¹ɕia⁰ 年底 ȵian³⁵ti²¹³	今儿个 tɕiɐr⁴⁴kɤ⁰
北票	年初 ȵian³⁵tʂʰu⁴⁴	年根儿底下 ȵian³⁵kər⁴⁴ti²¹ɕia⁰	今个儿 tɕian⁴⁴kɤr⁰
阜新	开年 kʰai⁵⁵ȵian³⁵	年根儿底下 ȵian³⁵kər⁵⁵ti²¹ɕia⁰	今儿个 tɕiɐr⁵⁵kə⁰
黑山	年初 ȵian³⁵tʂʰu⁴⁴	年根儿底 ȵian³⁵kər⁴⁴ti²¹³	今儿个 tɕiɐr⁴⁴kɤ⁰
昌图	年初 ȵian³⁵tʂʰu³³	年末 ȵian³⁵mɤ⁵¹	今儿个儿 tɕiɐr³³kɤr⁰
大连	年头 ȵiɛ̃³⁴tʰəu³⁴	年根儿 ȵiɛ̃³⁴kər³¹² 年尾儿 ȵiɛ̃³⁴uər²¹³	今儿个 tɕiɐr³¹kə⁰
金州杏树	年初儿 ȵiɛ̃³⁴tsʰur³¹²	年底 ȵiɛ̃³¹tiər²¹³	今天 tɕĩ³⁴tʰiɛ̃³¹²
长海	年初儿 ȵian²⁴tʰur³¹	年底 ȵian³¹ti²¹⁴	今儿 ɕiər³¹
庄河	年初儿 ȵian²⁴tsʰur³¹	年底儿 ȵian³¹tiər²¹³	今儿 tɕiər³¹
盖州	年初 ȵian²⁴tʂʰu⁴¹²	年末 ȵian²⁴mɤ⁵¹ 年底 ȵian²⁴ti²¹³ 年根儿 ȵian²⁴kər⁴¹²	今儿个儿 tɕiɐr⁴¹²kər⁰
丹东	年初儿 ȵian²⁴tʂʰu⁴¹¹	年底儿 ȵian²⁴tiər²¹³	今天 tɕin⁴⁴tʰian⁴¹¹
建平	年开头 ȵiɛ̃³⁵kʰɛ⁴⁴tʰəu³⁵ 年初 ȵiɛ̃³⁵tʂʰu⁴⁴	年根儿 ȵiɛ̃³⁵kər⁴⁴	今个儿 tɕĩ⁴⁴kər⁰
凌源	年初 ȵien³⁵tʂʰu⁵⁵	年底 ȵien³⁵ti²¹	今儿个 tɕiɐr⁵⁵kɤ⁰

	0082 明天	0083 后天	0084 大后天
沈阳	明个儿 mie³⁵kər⁰	后儿个儿 xour⁴¹kər⁰	大后儿个儿 ta⁴¹xour⁴¹kər⁰
本溪	明儿个 miŋ³⁵ər⁰kɤ⁰	后儿个 xou⁵¹ər⁰kɤ⁰	大后儿个 ta⁵³xour⁵¹kɤ⁰
辽阳	明儿个 miər³⁵kɤ⁰	后儿个 xour⁵¹kɤ⁰	大后儿个 ta⁵¹xour⁵¹kɤ⁰
海城	明儿个儿 miɛr³⁵kɤr⁰	后儿个儿 xəur⁵¹kɤr⁰	大后儿个儿 ta⁵³xəur⁵¹kɤr⁰
开原	明儿个 miər³⁵kə⁰	后儿个儿 xour⁵³kər⁰	大后儿个儿 ta⁵¹xour⁵³kər⁰
锦州	明儿个 miər³⁵kə⁰	后儿个 xour⁵¹kə⁰	大后儿个 ta⁵³xour⁵¹kə⁰
盘锦	明儿个 miər³⁵kə⁰	后儿个 xour⁵¹kə⁰	大后儿个 ta⁵³xour⁵¹kə⁰
兴城	明天 miŋ³⁵tʰian⁴⁴ 明儿个 miər³⁵kə⁰	后天 xou⁵¹tʰian⁴⁴ 后儿个 xour⁵¹kə⁰	大后天 ta⁵¹xou⁵¹tʰian⁴⁴ 大后儿个 ta⁵¹xour⁵¹kə⁰
绥中	明天 miəŋ³⁵tʰian⁵⁵	后儿个儿 xour⁵¹kər⁰	大后儿个儿 ta⁵¹xour⁵¹kər⁰
义县	明儿个 miər³⁵kɤ⁰	后儿个 xour⁵¹kɤ⁰	大后儿个 ta⁵³xour⁵¹kɤ⁰
北票	明儿个儿 miər³⁵kɤr⁰	后儿个儿 xour⁵¹kɤr⁰	大后儿个儿 ta⁵³xour⁵¹kɤr⁰ 外儿后儿个儿 uɐr⁵³xour⁵¹kɤr⁰
阜新	明儿个 miər³⁵kə⁰	后儿个 xour⁵¹kə⁰	大后儿个 ta⁵³xour⁵¹kə⁰
黑山	明儿个 miər³⁵kɤ⁰	后儿个 xour⁵¹kɤ⁰	大后儿个 ta⁵³xour⁵¹kɤ⁰
昌图	明个儿 miəŋ³⁵kɤr⁰	后天 xou⁵¹tʰian³³	大后儿个儿 ta⁵³xour⁵¹kɤr⁰
大连	明个儿 miər³⁴kə⁰	后儿个 xəur⁵²kə⁰	大后儿个 ta⁵²xəur⁵²kə⁰
金州杏树	明天 miŋ³⁴tʰiɛ̃³¹²	后儿 xəur⁵²	大后儿 ta⁵²xəur⁵²
长海	明儿 miər⁵³	后儿 xəur⁵³	大后儿 ta⁵³xəur⁵³
庄河	明儿 miər⁵¹	后儿 xəur⁵¹	大后儿 ta⁵³xəur⁵¹
盖州	明儿个儿 miɛr²⁴kər⁰	后儿个儿 xəur⁵¹kɤr⁰	大后儿个儿 ta⁵¹xəur⁵¹kɤr⁰
丹东	明天 miŋ²⁴tʰian⁴¹¹	后天 xou⁵¹tʰian⁴¹¹	大后天 ta⁵¹xou⁵¹tʰian⁴¹¹
建平	明个儿 miŋ³⁵kər⁰	后儿个儿 xəur⁵³kər⁰	大后儿个儿 ta⁴²xəur⁵³kər⁰ 外后儿个儿 vɛ⁴²xəur⁵³kər⁰
凌源	明儿个儿 miər³⁵kɤr⁰	后儿个儿 xour⁵¹kɤr⁰	大后儿个儿 ta⁵³xour⁵¹kɤr⁰

	0085 昨天	0086 前天	0087 大前天
沈阳	昨个儿 tsuo^{35}kər^0	前儿个 tɕhier^{35}kə^0	大前儿个 ta^{41}tɕhier^{35}kə^0
本溪	昨儿个 tsuo^{35}ər^{0}kɤ^0	前儿个 tɕhier^{35}kɤ^0	大前儿个 ta^{51}tɕhier^{35}kɤ^0
辽阳	昨儿个 tʂuor^{35}kɤ^0	前儿个 tɕhiar^{35}kɤ^0	大前儿个 ta^{51}tɕhiar^{35}kɤ^0
海城	昨儿个儿 tʂuɤr^{35}kɤr^0	前儿个 tɕhier^{35}kɤ^0	大前儿个 ta^{51}tɕhier^{35}kɤ^0
开原	昨儿个儿 tʂuɤr^{35}kər^0	前儿个 tɕhier^{35}kə^0	大前儿个 ta^{51}tɕhier^{35}kə^0
锦州	昨儿个 tʂuor^{35}kə^0	前儿个 tɕhier^{35}kə^0	大前儿个 ta^{53}tɕhier^{35}kə^0
盘锦	昨儿个 tsuor^{35}kə^0	前儿个 tɕhier^{35}kə^0	大前儿个 ta^{53}tɕhier^{35}kə^0
兴城	昨天 tsuo^{35}thian^{44} 昨儿个 tʂuor^{35}kə^0	前天 tɕhian^{35}thian^{44} 前儿个 tɕhier^{35}kə^0	大前天 ta^{51}tɕhian^{35}thian^{44} 大前儿个 ta^{51}tɕhier^{35}kə^0
绥中	昨儿个儿 tʂuər^{35}kər^0	前儿个 tɕhier^{35}kɤ^0	大前儿个 ta^{51}tɕhier^{35}kɤ^0
义县	昨儿个 tʂuor^{35}kɤ^0	前儿个 tɕhier^{35}kɤ^0	大前儿个 ta^{53}tɕhier^{35}kɤ^0
北票	昨儿个儿 tsuor^{35}kɤr^0	前儿个儿 tɕhier^{35}kɤr^0	大前儿个儿 ta^{53}tɕhier^{35}kɤr^0
阜新	昨儿个 tsuor^{35}kə^0	前儿个 tɕhier^{35}kə^0	大前儿个 ta^{53}tɕhier^{35}kə^0
黑山	昨儿个 tʂuor^{35}kɤ^0	前儿个 tɕhier^{35}kɤ^0	大前儿个 ta^{53}tɕhier^{35}kɤ^0
昌图	夜儿个儿 iɛr^{51}kɤr^0 昨儿个儿 tʂuor^{35}kɤr^0	前儿个儿 tɕhier^{35}kɤr^0	大前儿个儿 ta^{51}tɕhier^{35}kɤr^0
大连	昨儿个 tsuər^{34}kə^0	前儿个 tɕhier^{34}kə^0	大前儿个 ta^{52}tɕhier^{34}kə^0
金州 杏树	夜儿 iɛr^{52}	前儿 tɕhier^{52}	大前儿 ta^{52}tɕhier^{52}
长海	昨儿 tuər^{53}	前儿 tʃhier^{53}	大前儿 ta^{53}tʃhier^{53}
庄河	夜里儿 iɛ^{51}lər^0	前天 tɕhian^{51}thian^{31}	大前天 ta^{53}tɕhian^{51}thian^{31}
盖州	昨儿个儿 tsuɤr^{24}kɤr^0	前儿个儿 tɕhier^{24}kɤr^0	大前儿个儿 ta^{51}tɕhier^{24}kɤr^0
丹东	昨天 tsuo^{24}thian^{411}	前天 tɕhian^{24}thian^{411}	大前天 ta^{51}tɕhian^{24}thian^{411}
建平	夜儿了个儿 iɛr^{53}lə^{0}kər^0	前儿个 tɕhier^{35}kər^0	大前儿个儿 ta^{53}tɕhier^{35}kər^0
凌源	夜儿个儿 iɛr^{51}kɤr^0 昨儿个儿 tʂuor^{35}kɤr^0	前儿个儿 tɕhier^{35}kɤr^0	大前儿个儿 ta^{53}tɕhier^{35}kɤr^0

	0088 整天	0089 每天	0090 早晨
沈阳	整天 tsəŋ²¹tʰian³³	天天 tʰian³³tʰian³³	早晨 tsau²¹tsʰən⁰
本溪	整天 tʂəŋ³⁵tʰian⁰	每天 mei²¹tʰian⁴⁴	早晨 tsau²¹ʂən³⁵
辽阳	整天儿 tsəŋ²¹tʰiar⁴⁴	天天 tʰian⁴⁴tian⁴⁴	清早儿 tɕʰiŋ⁴⁴tʂaur²¹³
海城	一整天儿 i⁵¹tʂəŋ³⁵tʰiɐr⁰	天天儿 tʰian⁴⁴tʰiɐr⁰	早上 tsau²¹⁴ʂaŋ⁰ 清早儿 tɕʰiŋ⁴⁴tʂaur²¹⁴
开原	一天 i⁵³tʰian⁴⁴	天天 tʰian⁴⁴tʰian⁴⁴	早上 tsau²¹ʂaŋ⁰
锦州	全天 tɕʰyan³⁵tʰian⁵⁵	天天儿 tʰian⁵⁵tʰiɐr⁵⁵	清早儿 tɕʰiŋ⁵⁵tʂaur²¹³ 早上 tsau²¹ʂaŋ⁰
盘锦	成天儿 tʂʰəŋ³⁵tʰiɐr⁵⁵	天天儿 tʰian⁵⁵tʰiɐr⁰	早上 tsau²¹ʂaŋ⁰ 早晨 tsau²¹tsʰən⁰
兴城	一天 i⁴⁴tʰian⁴⁴ 天天 tʰian⁴⁴tʰian⁴⁴	天天 tʰian⁴⁴tʰian⁴⁴	早上 tsau²¹ʂaŋ⁵¹
绥中	一天 i²¹tʰian⁵⁵	天天儿 tʰian⁵⁵tʰiɐr⁵⁵	早起来 tsau³⁵tɕʰiɛ²¹lai⁰
义县	整天 tʂəŋ²¹tʰian⁴⁴	成天 tʂʰəŋ³⁵tʰian⁴⁴ 见天 tɕian⁵³tʰian⁴⁴ 天天 tʰian⁴⁴tʰian⁴⁴	早晨 tsau²¹tsʰən⁰
北票	整天 tʂəŋ²¹tʰian⁴⁴	成天 tʂʰəŋ³⁵tʰian⁴⁴ 天天 tʰian⁴⁴tʰian⁴⁴	清早 tɕʰiəŋ⁴⁴tsau²¹³ 早晨 tsau²¹tsʰən³⁵
阜新	成天 tʂʰəŋ³⁵tʰian⁵⁵	天天儿 tʰian⁵⁵tʰiɐr⁵⁵ 见天儿 tɕian⁵³tʰiɐr⁵⁵	早晨 tsau²¹tɕʰin⁰
黑山	全天 tɕʰyan³⁵tʰian⁴⁴ 整天 tʂəŋ²¹tʰian⁴⁴	天天 tʰian⁴⁴tʰian⁴⁴ 成天 tʂʰəŋ³⁵tʰian⁴⁴	清早 tɕʰiəŋ⁴⁴tsau²¹³ 早上 tsau²¹ʂaŋ⁰
昌图	成天 tʂʰəŋ³⁵tʰian³³	天天 tʰian³³tʰian³³	早起 tsau³⁵tɕʰi²¹³
大连	整天 tʃəŋ³⁴tʰiɛ̃³¹²	天天 tʰiɛ̃³⁴tʰiɛ̃³¹²	清早 tɕʰiŋ³¹tsɔ²¹³
金州 杏树	一天 i³⁴tʰiɛ̃³¹²	见天儿 tɕiɛ̃⁵²tʰiɐr³¹²	清早 tɕʰiŋ³¹tsɔ²¹³
长海	一天 i²¹tʰian³¹	每天 mei²⁴tʰian³¹	清早 tʃʰəŋ³¹tsau²¹⁴
庄河	一天 i²⁴tʰian³¹	每天 mei²⁴tʰian³¹	清早儿 tɕʰiŋ³¹tsaor²¹³
盖州	成天 tʂʰəŋ²⁴tʰian⁴¹²	天天 tʰian²⁴tʰian⁴¹² 每天 mei²⁴tʰian⁴¹²	早上 tsau²¹saŋ⁰
丹东	整天 tʂəŋ²⁴tʰian⁴¹¹	每天 mei²⁴tʰian⁴¹¹	早晨 tsau²¹tsʰən²⁴
建平	成天家 tʂʰəŋ³⁵tʰiɛ̃⁴⁴tɕie⁰	天儿天儿 tʰiɐr⁴⁴tʰiɐr⁴⁴	早晨 tsɔ³⁵ɕĩ⁴⁴
凌源	整天 tʂʰəŋ²¹tʰiɛn⁵⁵	成天 tʂʰəŋ³⁵tʰiɛn⁵⁵ 天天 tʰiɛn⁵⁵tʰiɛn⁵⁵ 见天 tɕiɛn⁵³tʰiɛn⁵⁵	早上 tsau²¹ʂaŋ⁵¹

	0091 上午	0092 中午	0093 下午
沈阳	上午 ʂaŋ⁴¹u²¹	晌午 ʂaŋ²¹u⁰	下晌儿 ɕia⁴¹ʂãr²¹
本溪	上午 ʂaŋ⁵¹u⁰	晌午 ʂaŋ²¹u⁰	下半晌儿 ɕia⁵¹pan⁰ʂãr⁰
辽阳	头晌 tʰou³⁵ʂaŋ²¹³	晌午头儿 ʂaŋ²¹xu⁰tʰour³⁵	下晌儿 ɕia⁵¹ʂãr²¹³
海城	头晌儿 tʰəu³⁵ʂãr²¹⁴	晌儿午儿 ʂãr²¹⁴ur⁰	下晌儿 ɕia⁵¹ʂãr²¹⁴
开原	头儿晌儿 tʰour³⁵ʂãr²¹³ 上午 ʂaŋ⁵³u²¹³	晌午 ʂaŋ²¹xu⁰	下晌儿 ɕia⁵³ʂãr²¹³ 下午 ɕia⁵³u²¹³
锦州	头晌儿 tʰou³⁵ʂãr²¹³	晌午 ʂaŋ²¹xuŋ⁰	下晌儿 ɕia⁵³ʂãr²¹³
盘锦	前晌儿 tɕʰian³⁵ʂãr⁰ 头晌儿 tʰou³⁵ʂãr⁰	晌午 ʂaŋ²¹u⁰	下晌儿 ɕia⁵¹ʂãr⁰
兴城	前半晌儿 tɕʰian³⁵pan⁵¹ʂãr²¹³	晌午 ʂaŋ²¹xu⁰	后半晌儿 xou⁵¹pan⁵¹ʂãr²¹³
绥中	上午 ʂaŋ⁵¹u⁰	晌午 ʂaŋ²¹xuo⁰	过午 kuo⁵¹u²¹³
义县	头晌儿 tʰou³⁵ʂãr²¹³	晌午 ʂaŋ²¹xu⁰	下晌儿 ɕia⁵³ʂãr²¹³ 过晌儿 kuo⁵³ʂãr²¹³
北票	头晌 tʰou³⁵ʂaŋ²¹³ 头午 tʰou³⁵u²¹³	晌午 ʂaŋ²¹xu⁰	后半晌儿 xou⁵³pan⁵³ʂãr²¹³ 过晌儿 kuo⁵³ʂãr²¹³
阜新	头晌儿 tʰou³⁵ʂãr²¹³	晌午 ʂaŋ²¹xuŋ⁰	下晌儿 ɕia⁵³ʂãr²¹³ 过晌儿 kuo⁵³ʂãr²¹³
黑山	头午 tʰou³⁵u²¹³ 头晌儿 tʰou³⁵ʂãr²¹³	晌午 ʂaŋ²¹xu⁰	过晌儿 kuo⁵³ʂãr²¹³
昌图	头午 tʰou³⁵u⁰	晌午 ʂaŋ³⁵u⁰	下午 ɕia⁵¹u⁰
大连	头晌儿 tʰəu³⁴ʃãr²¹³	晌午儿 ʃaŋ²¹ur⁰	下晌儿 ɕia⁵²ʃãr²¹³
金州杏树	头晌儿 tʰəu⁵²ʂãr²¹³	晌午儿 saŋ²¹uər³¹²	过晌儿 kuə⁵²sãr²¹³
长海	头晌儿 tʰəu⁵³ʃãr²¹⁴	晌头儿 ʃaŋ²¹tʰəur⁵³	过晌儿 kuə⁵³ʃãr²¹⁴
庄河	头晌儿 tʰəu⁵¹sãr⁰	晌午头儿 ʂaŋ²⁴u⁰tʰəur⁵¹	过晌儿 kuə⁵¹ʂãr⁰
盖州	头午 tʰəu²⁴u²¹³ 头晌儿 tʰəu²⁴ʂãr²¹³	晌儿午 ʂãr²¹³u⁰	下晌儿 ɕia⁵¹ʂãr²¹³
丹东	上午 ʂaŋ⁵¹u⁰	中午 tʂuŋ⁴¹¹u⁰	下午 ɕia⁵¹u⁰
建平	头晌 tʰəu³⁵ʂɑ̃⁰	晌乎头 ʂɑ̃²¹xu⁰tʰəu³⁵ 晌乎 ʂɑ̃²¹xu⁰	过晌 kuə⁵³ʂɑ̃²¹³
凌源	头晌儿 tʰou³⁵ʂãr²¹ 头午 tʰou³⁵vu²¹	晌午 ʂaŋ²¹xuo⁰ 晌午头子 ʂaŋ²¹xuo⁰tʰou³⁵tsɿ⁰	下半晌 ɕia⁵³pan⁵³ʂaŋ²¹ 过晌 kuo⁵³ʂaŋ²¹

	0094 傍晚	**0095 白天**	**0096 夜晚** 与白天相对，统称
沈阳	下晚儿 ɕia⁴¹vɐr²¹	白天 pai³⁵tʰian³³	晚上 van²¹ʂaŋ⁰
本溪	下晚儿 ɕia⁵¹uɐr²²⁴	白天 pai³⁵tʰian⁴⁴	下晚儿黑 ɕia⁵¹uɐr²¹xei⁰
辽阳	眼擦黑 ian²¹tʂʰa³⁵xei⁴⁴	白天 pai³⁵tʰian⁴⁴	下晚儿黑 ɕia⁵¹uar²¹xei⁴⁴
海城	下晚儿 ɕia⁵¹uɐr²¹⁴	白天儿 pai³⁵tʰiɐr⁴⁴	黑天儿 xei³⁵tʰiɐr⁴⁴
开原	下晚儿 ɕia⁵³uɐr²¹³	白天 pai³⁵tʰian⁰	下晚儿 ɕia⁵³uɐr²¹³ 下晚儿黑儿 ɕia⁵³uɐr²¹xər⁴⁴
锦州	下黑 ɕia⁵³xei⁵⁵	白天 pai³⁵tʰian⁰	晚上 uan²¹ʂaŋ⁰
盘锦	傍黑儿 paŋ⁵¹xər⁵⁵	白天 pai³⁵tʰian⁵⁵	下晚儿 ɕia⁵¹uɐr²¹³ 晚上 uan²¹ʂaŋ⁰
兴城	眼前黑儿 ian²¹tɕʰian³⁵xər⁴⁴	白天 pai³⁵tʰian⁰	黑夜 xei⁴⁴tɕie⁰
绥中	眼前儿黑 ian²¹tɕʰiɐr³⁵xei⁵⁵	白天 pai³⁵tʰian⁰	晚上 van²¹ʂaŋ⁰
义县	下晚儿 ɕia⁵³uɐr²¹³	白天 pai³⁵tʰian⁴⁴	黑天 xei⁴⁴tʰian⁴⁴
北票	傍黑儿 paŋ⁵³xər⁴⁴	白天 pai³⁵tʰian⁴⁴	黑天 xei⁴⁴tʰian⁴⁴
阜新	下晚儿 ɕia⁵³uɐr²¹³	白些⁼ pai³⁵ɕiɛ⁰	黑些⁼ xei⁵⁵ɕiɛ⁰
黑山	下晚儿 ɕia⁵³uɐr²¹³ 下黑 ɕia⁵³xei⁴⁴	白介 pai³⁵tɕiɛ⁰	黑天 xei⁴⁴tʰian⁴⁴
昌图	眼擦黑儿 ian²¹³tʂʰa³³xər³³	白天 pai³⁵tʰian⁰	晚上 uan²¹ʂaŋ⁰
大连	傍黑儿 paŋ³¹xɤr²¹³	白天 pɛ³⁴tʰiɛ³¹²	晚上 uã²¹ʃaŋ⁰
金州 杏树	傍黑儿 paŋ⁵²xɤr²¹³	白天儿 pɛ⁵²tʰiɐr³¹²	下晚儿 ɕia⁵²uɐr²¹³
长海	下晚儿 ɕia⁵³uɐr²¹⁴	白天 pɤ²⁴tʰian³¹	一宿 i⁵³ʃy²¹⁴
庄河	傍黑儿 paŋ⁵¹xər²¹³	白天 pə⁵¹tʰian³¹	一宿 i⁵¹ɕy²¹³
盖州	傍下黑儿 paŋ⁵¹ɕia⁵¹xɤr²¹³	白天 pai²⁴tʰian⁴¹²	黑天 xei²⁴tʰian⁴¹²
丹东	傍黑儿 paŋ⁵¹xər²¹³	白天 pai²⁴tʰian⁴¹¹	晚上 uan²¹ʂaŋ⁰
建平	后晌 xun⁵³ʂã²¹³	白天 pɛ³⁵tʰiɛ⁰	黑家儿 xei⁴⁴ɕier⁰
凌源	傍黑天儿 paŋ⁵³xei⁵⁵tʰiɐr⁵⁵	白天 pai³⁵tʰiɛn⁰	黑天 xei⁵⁵tʰiɛn⁰

	0097 半夜	0098 正月 农历	0099 大年初一 农历
沈阳	晚上 van²¹saŋ⁰	正月儿 tsəŋ³³yer⁴¹	大年初一 ta⁴¹ɲian³⁵tʂʰu³³i³³
本溪	半夜 pan⁵³iɛ⁵¹	正月儿 tsəŋ⁴⁴yer⁵¹	初一 tʂʰu⁴⁴i⁴⁴
辽阳	半夜 pan⁵¹iɛ⁵¹	正月儿 tsəŋ⁴⁴yer⁵¹	正月初一 tsəŋ⁴⁴ye⁵¹tʂʰu⁴⁴i⁴⁴
海城	半夜儿 pan⁵³iɛr⁵¹	正月儿 tsəŋ⁴⁴yer⁰	大年初一儿 ta⁵³ɲian³⁵tʂʰu⁴⁴iər⁴⁴
开原	半夜 pan⁵³iɛ⁵¹	正月儿 tsəŋ⁴⁴yer⁰	大年初一 ta⁵³ɲian³⁵tʂʰu⁴⁴i⁴⁴ 正月儿初一 tsəŋ⁴⁴yer⁰tʂʰu⁴⁴i⁴⁴
锦州	半夜 pan⁵³iɛ⁵¹	正月儿 tsəŋ⁵⁵yer⁰	大年初一 ta⁵³ɲian³⁵tʂʰu⁵⁵i⁵⁵
盘锦	半夜 pan⁵³iɛ⁵¹	正月儿 tsəŋ³⁵yər⁵¹ 正月儿 tsəŋ⁵⁵yər⁵¹	大年初一 ta⁵³ɲian³⁵tʂʰu⁵⁵i⁵⁵
兴城	半夜 pan⁵¹iɛ⁵¹	正月儿 tsəŋ⁴⁴yer⁰	正月儿初一 tsəŋ⁴⁴yer⁰tʂʰu⁴⁴i⁴⁴
绥中	半夜 pan⁵¹iɛ⁵¹	正月儿 tsəŋ⁵⁵yer⁰	大年初一 ta⁵¹ɲian³⁵tʂʰu⁵⁵i⁵⁵
义县	半夜 pan⁵³iɛ⁵¹	正月儿 tsəŋ⁴⁴yer⁰	大年初一 ta⁵³ɲian³⁵tʂʰu⁴⁴i⁴⁴
北票	半夜 pan⁵³iɛ⁵¹	正月儿 tsəŋ⁴⁴yɛr⁵¹	正月儿初一 tsəŋ⁴⁴yer⁵³tʂʰu⁴⁴i⁴⁴ 大年初一 ta⁵³ɲian³⁵tʂʰu⁴⁴i⁴⁴
阜新	深更半夜 ʂən⁵⁵kəŋ⁵⁵pan⁵³iɛ⁵¹	正月儿 tsəŋ⁵⁵yɛr⁰	大年初一 ta⁵³ɲian³⁵tʂʰu⁵⁵i⁵⁵
黑山	半夜 pan⁵³iɛ⁵¹	正月儿 tsəŋ⁴⁴yɛr⁰	正月儿初一 tsəŋ⁴⁴yer⁰tʂʰu⁴⁴i⁴⁴
昌图	半夜 pan⁵³iɛ⁵¹	正月儿 tsəŋ³³yɛr⁵¹	大年初一 ta⁵¹ɲian³⁵tʂʰu³³i³³
大连	半夜 pã⁵²iɛ⁵²	正月 tʃəŋ³¹yɛ⁰	大年初一 ta⁵²ɲiɛ̃³⁴tʂʰu³¹i²¹³
金州 杏树	半夜 pã⁵²iɛ⁵²	正月儿 tsəŋ³¹yer⁰	大年初一 ta³⁴ɲiɛ̃³¹tʂʰu³¹i²¹³
长海	半夜 pan⁵³iɛ⁵³	正月儿 tʃəŋ⁵³yer⁰	大年初一 ta⁵³ɲian³¹tʰu³¹i²¹⁴
庄河	半夜 pan⁵³iɛ⁵¹	过年 kuə⁵¹ɲian³¹	正月儿初一 tsəŋ³¹yer⁵¹tʂʰu³¹i²¹³
盖州	半夜 pan⁵¹iɛ⁵¹ 深更半夜 sən²⁴kəŋ⁴¹²pan⁵¹iɛ⁵¹	正月儿 tsəŋ⁴¹²yer⁰	正月儿初一 tsəŋ⁴¹²yer⁰tʂʰu²⁴i⁴¹² 大年初一 ta⁵¹ɲian²⁴tʂʰu²⁴i⁴¹²
丹东	半夜 pan⁵³iɛ⁵¹	正月 tsəŋ⁴¹¹yɛ⁰	大年初一 ta⁵¹ɲian²⁴tʂʰu⁴¹¹i²¹³
建平	半夜 pã⁴²iɛ⁵³	正月 tsəŋ⁴⁴ye⁵³	大年初一 ta⁵³ɲiɛ̃³⁵tʂʰu⁴⁴i⁴⁴
凌源	半夜 pan⁵³iɛ⁵¹	正月 tsəŋ⁵⁵ye⁵¹	大年初一 ta⁵³ɲiɛn³⁵tʂʰu⁵⁵i⁵⁵

词汇对照

	0100 元宵节	0101 清明	0102 端午
沈阳	正月节 tsəŋ³³yɛ⁰tɕie²¹	清明节 tɕʰiŋ³³miŋ⁰tɕie²¹	五月儿节 u²¹yɛr⁰tɕie²¹
本溪	正月儿十五 tsəŋ⁴⁴yɛr⁵¹ʂʅ³⁵u²²⁴	清明 tɕʰiŋ⁴⁴miŋ⁰	五月儿节儿 u²¹yɛr⁵¹tɕier³⁵
辽阳	正月十五 tsəŋ⁴⁴yɛ⁵¹ʂʅ³⁵u²¹³	清明 tɕʰiŋ⁴⁴miŋ³⁵	五月节 u²¹yɛ⁵¹tɕie²¹³
海城	正月儿十五儿 tʂəŋ⁴⁴yɛr⁰ʂʅ³⁵ur²¹⁴ 元宵节儿 yan³⁵ɕiau⁴tɕier²¹⁴	清明儿 tɕʰiŋ⁴⁴miə̃r³⁵	五月儿节儿 u²¹⁴yɛr⁰tɕier²¹⁴ 端午 tuan⁴⁴u²¹⁴
开原	正月儿十五 tsəŋ⁴⁴yɛr⁰ʂʅ³⁵u²¹³	清明 tɕʰiŋ⁴⁴miŋ⁰	五月儿节 u²¹yɛr⁵³tɕie²¹³
锦州	正月儿十五 tsəŋ⁵⁵yɛr⁵³ʂʅ³⁵u²¹³	清明 tɕʰiŋ⁵⁵miŋ³⁵	五月节 u²¹yɛ⁵³tɕie²¹³
盘锦	正月儿十五 tsəŋ³⁵yɛr⁵¹ʂʅ³⁵u²¹³ 元宵节 yan³⁵ɕiau⁵⁵tɕie²¹³	清明 tɕʰiəŋ⁵⁵miən³⁵	五月节 u²¹yɛ⁵¹tɕie²¹³
兴城	正月儿十五 tsəŋ⁴⁴yɛr⁰ʂʅ³⁵u²¹³	清明节 tɕʰiŋ⁴⁴miŋ³⁵tɕie²¹³	五月节 u²¹yɛ⁵¹tɕie²¹³
绥中	正月儿十五 tsəŋ⁵⁵yɛr⁵¹ʂʅ³⁵u²¹³	清明 tɕʰiəŋ⁵⁵miən³⁵	五月节 u²¹yɛ⁰tɕie²¹³
义县	正月十五 tʂəŋ⁴⁴yɛ⁵³ʂʅ³⁵u²¹³	清明 tɕʰiŋ⁴⁴miŋ³⁵	五月节 u²¹yɛ⁵³tɕie²¹³
北票	正月儿十五 tʂəŋ⁴⁴yɛr⁵³ʂʅ³⁵u²¹³	阴节 iən⁴⁴tɕie³⁵	五月节 u²¹yɛ⁵³tɕie²¹³
阜新	元宵节 yan³⁵ɕiau⁰tɕie²¹³	清明 tɕʰiŋ⁵⁵miŋ³⁵	五月节 u²¹yɛ⁰tɕie²¹³
黑山	正月儿十五 tsəŋ⁴⁴yɛr⁰ʂʅ³⁵u²¹³	清明 tɕʰiəŋ⁴⁴miən³⁵	五月节 u²¹yɛ⁵³tɕie²¹³
昌图	正月儿十五 tsəŋ³³yɛr⁵¹ʂʅ³⁵u²¹³	清明 tɕʰiəŋ³³miəŋ⁰	五月节 u²¹³yɛ⁵¹tɕie²¹³
大连	正月十五 tʃəŋ³¹yɛ⁰ʃʅ³⁴u²¹³	清明 tɕʰiŋ³¹miŋ⁰	端午 tã³¹u⁰
金州 杏树	正月儿十五 tsəŋ³¹yɛr⁰ɕi⁵²u²¹³	清明 tɕʰiŋ³¹miŋ⁰	端午 tã³¹u⁰
长海	过十五 kuə⁵³ʃʅ²⁴u²¹⁴	清明 tʃʰəŋ³¹miŋ⁰	端午 taŋ³¹u⁰
庄河	正月儿十五 tsəŋ³¹yɛr⁵¹ɕi⁵¹u²¹³	清明 tɕʰiŋ³¹miŋ⁰	五端午 u²⁴taŋ³¹u⁰
盖州	正月儿十五 tsəŋ⁴¹²yɛr⁰ʂʅ²⁴u²¹³	清明 tɕʰiŋ⁴¹²miŋ²⁴	五端午儿 u²⁴taŋ⁴¹²ur²¹³ 五节 u²⁴tɕie²¹³
丹东	元宵节 yan²⁴ɕiau⁴¹¹tɕie²⁴	清明 tɕʰiŋ⁴¹¹miŋ⁰	端午 tuan⁴¹¹u⁰
建平	正月十五 tsəŋ⁴⁴yɛ⁵³ʂʅ³⁵vu²¹³	清明 tɕʰiŋ⁴⁴miŋ³⁵	五月节 vu²¹yɛ⁵³tɕie²¹³
凌源	正月儿十五 tsəŋ⁵⁵yɛr⁵³ʂʅ³⁵vu²¹	清明 tɕʰiŋ⁵⁵miŋ³⁵	五月节 vu²¹yɛ⁵³tɕie²¹

	0103 七月十五农历，节日名	0104 中秋	0105 冬至
沈阳	七月儿十五 tɕʰi³⁵yer⁰ʂʅ³⁵u²¹	八月儿节 pa³⁵yer⁰tɕie²¹	冬至 tuŋ³³tsʅ⁴¹
本溪	七月十五 tɕʰi³⁵yɛ⁵¹ʂʅ³⁵u²²⁴	八月十五 pa³⁵yɛ⁵¹ʂʅ³⁵u²²⁴	冬至 tuŋ⁴⁴tsʅ⁵¹
辽阳	鬼节 kuei³⁵tɕie²¹³	八月十五 pa³⁵yɛ⁵¹ʂʅ³⁵u²¹³	冬至 tuŋ⁴⁴tʂʅ⁵¹
海城	鬼节 kuei³⁵tɕie²¹⁴	八月儿十五儿 pa³⁵yɛr⁰ʂʅ³⁵ur²¹⁴	冬至 tuŋ⁴⁴tsʅ⁵¹
开原	鬼节 kuei³⁵tɕie²¹³	八月节 pa³⁵yɛ⁵³tɕie²¹³	冬至 tuŋ⁴⁴tsʅ⁵¹
锦州	麻果节 ma³⁵ku⁰tɕie²¹³	八月节 pa³⁵yɛ⁵³tɕie²¹³	冬至 tuŋ⁵⁵tsʅ⁵¹
盘锦	鬼节 kuei³⁵tɕie²¹³	八月节 pa³⁵yɛ⁵¹tɕie²¹³ 八月十五 pa³⁵yɛ⁵¹ʂʅ³⁵u²¹³	冬至 tuəŋ⁵⁵tsʅ⁵¹
兴城	麻果节 ma³⁵ku⁰tɕie²¹³	八月节 pa³⁵yɛ⁵¹tɕie²¹³	冬至 tuŋ⁴⁴tsʅ⁵¹
绥中	七月儿十五 tɕʰi⁵⁵yɛ⁵¹ʂʅ³⁵u²¹³	八月节 pa³⁵yɛ⁰tɕie²¹³	冬至 tuəŋ⁵⁵tsʅ⁵¹
义县	鬼节 kuei³⁵tɕie²¹³	八月节 pa³⁵yɛ⁵³tɕie²¹³	冬至 tuŋ⁴⁴tsʅ⁵¹
北票	鬼节 kuei²¹tɕie³⁵	八月节 pa³⁵yɛ⁵³tɕie²¹³	冬至 tuəŋ⁴⁴tsʅ⁵¹
阜新	鬼节 kuei³⁵tɕie²¹³	八月节 pa³⁵yɛ⁰tɕie²¹³	冬至 tuŋ⁵⁵tsʅ⁵¹
黑山	鬼节 kuei³⁵tɕie²¹³	八月节 pa³⁵yɛ⁵³tɕie²¹³	冬至 tuəŋ⁴⁴tsʅ⁵¹
昌图	鬼节 kuei³⁵tɕie²¹³	八月十五 pa³⁵yɛ⁵¹ʂʅ³⁵u²¹³ 八月节 pa³⁵yɛ⁵¹tɕie²¹³	冬至 tuŋ³³tsʅ⁵¹
大连	七月十五 tɕʰi²¹yɛ⁰ʃʅ³⁴u²¹³	八月十五 pa²¹yɛ⁰ʃʅ³⁴u²¹³	冬至 tuŋ³¹tʃʅ⁵²
金州 杏树	七月儿十五 tɕʰi²¹yer⁵²ɕi⁵²u²¹³	八月儿十五 pa²¹yer⁵²ɕi⁵²u²¹³	冬至 tuŋ³¹tsʅ⁵²
长海	七月儿十五 tʃʰʅ²⁴yer⁵³ʃʅ²⁴u²¹⁴	中秋 tsuŋ³³tʃʰiəu³¹	过冬 kuə⁵³tuŋ³¹
庄河	七月儿十五 tɕʰi²¹yer⁵¹ɕi⁵¹u²¹³	八月儿十五 pa²¹yer⁵¹ɕi⁵¹u²¹³	冬至 tuŋ³¹tsʅ⁵¹
盖州	七月十五儿 tɕʰi²¹yɛ⁰ʂʅ²⁴ur²¹³	八月十五儿 pa²¹yɛ⁰ʂʅ²⁴ur²¹³ 中秋 tsuŋ²⁴tɕʰiəu⁵¹	冬至 tuŋ⁴¹²tsʅ⁵¹
丹东	七月十五 tɕʰi²¹yɛ⁵¹ʂʅ²⁴u²¹³	中秋 tʂuŋ⁴⁴tɕʰiou⁴¹¹	冬至 tuŋ⁴¹¹tsʅ⁵¹
建平	鬼节 kuei³⁵tɕie²¹³	八月节 pa³⁵yɛ⁵³tɕie²¹³	冬至 tuŋ⁴⁴tsʅ⁵³
凌源	鬼节 kuei³⁵tɕie²¹	八月节 pa³⁵yɛ⁵³tɕie²¹	冬至 tuŋ⁵⁵tsʅ⁵¹

	0106 腊月 农历十二月	0107 除夕 农历	0108 历书
沈阳	腊月儿 la⁴¹yɛr⁰	三十儿 san³³sər³⁵	皇历 xuaŋ³⁵li⁰
本溪	腊月儿 la⁵¹yɛr⁰	三十儿 san³¹ʂər³⁵	皇历 xuaŋ³⁵li⁰
辽阳	腊月儿 la⁵¹yɛr⁰	三十儿 san⁴⁴ʂər³⁵	洋皇历 iaŋ³⁵xuaŋ³⁵li⁰
海城	腊月儿 la⁵¹yɛr⁰	大年三十儿 ta⁵¹ȵian³⁵san⁴⁴ʂər³⁵	洋皇历 iaŋ³⁵xuaŋ³⁵li⁰
开原	腊月儿 la⁵³yɛr⁰	三十儿 san⁴⁴ʂər³⁵	皇历 xuaŋ³⁵li⁰
锦州	腊月 la⁵¹yɛ⁰	大年三十儿 ta⁵³ȵian³⁵san⁵⁵ʂər³⁵	皇历 xuaŋ³⁵li⁰
盘锦	十冬腊月儿 ʂʅ³⁵tuəŋ⁵⁵la⁵¹yɛr⁰	大年儿三十儿 ta⁵³ȵiɐr³⁵san⁵⁵ʂər³⁵	皇历 xuaŋ³⁵li⁵¹
兴城	腊月儿 la⁵¹yɛr⁰	过年 kuo⁵¹ȵian³⁵	皇历 xuaŋ³⁵li⁵¹
绥中	腊月儿 la⁵¹yɛr⁰	三十儿 ʂan⁵⁵ʂər³⁵	日历疙瘩 zʅ⁵¹li⁰ka⁵⁵tei⁰
义县	腊月儿 la⁵¹yɛr⁰	三十儿晚上 ʂan⁴⁴ʂər³⁵uan²¹ʂaŋ⁰	皇历 xuaŋ³⁵li⁵¹
北票	腊月 la⁵¹yɛ⁰	大年三十儿 ta³⁵ȵian³⁵san⁴⁴ʂər³⁵ 三十儿晚上 san⁴⁴ʂər³⁵uan²¹xaŋ⁰	皇历 xuaŋ³⁵li⁵¹
阜新	腊月 la⁵¹yɛ⁰	年午后晌 ȵian³⁵u²¹xou⁵¹ʂaŋ⁰	洋皇历 iaŋ³⁵xuaŋ³⁵li⁰
黑山	腊月儿 la⁵³yɛr⁵¹	三黑介 ʂan⁴⁴xei⁴⁴tɕiɛ⁰ 大年三十儿 ta⁵³ȵian³⁵san⁴⁴ʂər³⁵	洋皇历 iaŋ³⁵xuaŋ³⁵li⁵¹
昌图	腊月儿 la⁵¹yɛr⁰	三十儿 san³³sər³⁵ 年三十儿 ȵian³⁵san³³sər³⁵	洋皇历 iaŋ³⁵xuaŋ³⁵li⁰
大连	腊月儿 la⁵²yɛr⁰	年三十儿 ȵiɛ̃³⁴sã³¹ʃr³⁴	皇历 xuaŋ³⁴le⁰
金州杏树	腊月儿 la²¹yɛr⁵²	三十儿 sã³¹ɕiər⁵²	皇历 xuaŋ⁵²le⁰
长海	腊月儿 la²⁴yɛr⁰	过年 kuə⁵³ȵian³¹	月记片儿 yɛ⁵³tɕʅ⁰pʰiɐr⁵³
庄河	腊月儿 la⁵¹yɛr⁰	过年 kuə⁵¹ȵian³¹	日历牌儿 i⁵¹lei⁰pʰɐr⁵¹
盖州	腊月儿 la⁵¹yɛr⁰	三十儿 san⁴¹²sər²⁴	阳历牌儿 iaŋ²⁴li⁵¹pʰɐr²⁴ 日历牌儿 i⁵¹li⁵¹pʰɐr²⁴
丹东	腊月 la⁵¹yɛ⁰	除夕 tʂʰu²⁴ɕi⁴¹¹	历书 li⁵¹ʂu⁴¹¹
建平	腊月 la⁵³yɛ⁰	年午后晌 ȵiɛ̃³⁵vu²¹xuŋ⁵³ʂã⁰	皇历 xuɑ̃³⁵li⁵³
凌源	腊月 la⁵¹yɛ⁰	年三十儿 ȵiɛn³⁵san⁵⁵sər³⁵	皇历 xuaŋ³⁵li⁵¹

	0109 阴历	0110 阳历	0111 星期天
沈阳	阴历 in^{33}li^0	阳历 iaŋ^{35}li^0	礼拜天儿 li^{21}pai^{0}t^{h}ier^{33}
本溪	阴历 in^{31}li^0	阳历 iaŋ^{35}li^0	礼拜天儿 li^{21}pai^{51}t^{h}ier^0
辽阳	阴历 in^{44}li^0	阳历 iaŋ^{35}li^0	礼拜天儿 li^{21}pai^{51}t^{h}iar^{44}
海城	阴历 in^{44}li^0	阳历 iaŋ^{35}li^0	礼拜天儿 li^{21}pai^{51}t^{h}ier^{44}
开原	阴历 in^{44}li^0	阳历 iaŋ^{35}li^0	礼拜天儿 li^{21}pai^{51}t^{h}ier^{44} 星期天儿 ɕin^{44}tɕ^{h}i^{44}t^{h}ier^{44} 礼拜 li^{21}pai^{51}
锦州	阴历 in^{55}li^0	阳历 iaŋ^{35}li^0	礼拜天儿 li^{21}pai^{53}t^{h}ier^{55}
盘锦	农历 nəŋ^{35}li^{51}	阳历 iaŋ^{35}li^{51}	礼拜天儿 li^{21}pai^{51}t^{h}ier^{55}
兴城	阴历 in^{44}li^{51} 农历 nuŋ^{35}li^{51}	阳历 iaŋ^{35}li^{51}	礼拜天儿 li^{21}pai^{51}t^{h}ier^{44}
绥中	阴历 in^{55}li^{51}	阳历 iaŋ^{35}li^{51}	礼拜天儿 li^{21}pai^{51}t^{h}ier^{55}
义县	阴历 in^{44}li^{51}	阳历 iaŋ^{35}li^{51}	礼拜天儿 li^{21}pai^{53}t^{h}ier^{44}
北票	农历 nuəŋ^{35}li^{51} 阴历 iən^{44}li^{51}	阳历 iaŋ^{35}li^{51}	礼拜天儿 li^{21}pai^{53}t^{h}ier^{44} 星期天儿 ɕiən^{44}tɕ^{h}i^{44}t^{h}ier^{44}
阜新	农历 nuŋ^{35}li^0	阳历 iaŋ^{35}li^0	礼拜天儿 li^{21}pai^{53}t^{h}ier^{55}
黑山	旧历 tɕiou^{53}li^{51} 农历 nuəŋ^{35}li^{51}	阳历 iaŋ^{35}li^{51}	礼拜天儿 li^{21}pai^{53}t^{h}ier^{44}
昌图	阴历 iən^{33}li^0	阳历 iaŋ^{35}li^0	礼拜天儿 li^{21}pai^{51}t^{h}ier^{33}
大连	阴历 ĩ^{31}le^0	阳历 iaŋ^{34}le^0	礼拜天儿 le^{21}pɛ^{52}t^{h}ier^{312}
金州杏树	阴历 ĩ^{31}le^0	阳历 iaŋ^{52}le^0	礼拜天 le^{21}pɛ^{52}t^{h}iɛ̃^{312}
长海	阴日历 iən^{31}ər^{0}li^0	阳历 iaŋ^{53}li^0	礼拜天儿 li^{21}pai^{53}t^{h}ier^{31}
庄河	阴历 in^{31}lei^0	阳历 iaŋ^{51}lei^0	礼拜天儿 li^{21}pai^{51}t^{h}ier^{31}
盖州	阴历 in^{412}li^0	阳历 iaŋ^{24}li^0	礼拜天儿 li^{21}pai^{51}t^{h}ier^{412}
丹东	阴历 in^{411}li^{51}	阳历 iaŋ^{24}li^{51}	星期天 ɕiŋ^{44}tɕ^{h}i^{0}t^{h}ian^{411}
建平	阴历 ĩ^{44}li^{53}	阳历 iã^{35}li^{53}	礼拜天儿 li^{21}pɛ^{53}t^{h}ier^{44}
凌源	阴历 in^{55}li^{51}	阳历 iaŋ^{35}li^{51}	礼拜天儿 li^{21}pai^{53}t^{h}ier^{55}

	0112 地方	0113 什么地方	0114 家里
沈阳	地方儿 ti⁴¹fãr⁰	啥地方儿 sa³⁵ti⁴¹fãr⁰	家里 tɕia³³li⁰
本溪	地方儿 ti⁵¹fãr⁰	啥地方儿 sa³⁵ti⁵¹fãr⁰	屋儿里 ur⁴⁴li⁰
辽阳	地场 ti⁵¹tʂʰaŋ⁰	哪场 na³⁵tʂʰaŋ²¹³	家里 tɕia⁴⁴li⁰
海城	地方儿 ti⁵¹fãr⁰ 疙瘩 ka⁴⁴ta⁰	什么地方儿 ʂən³⁵mɤ⁰ti⁵¹fãr⁰ 哪疙瘩儿 na³⁵ka⁴⁴tar⁰	家 tɕia⁴⁴ 家里 tɕia⁴⁴li²¹⁴
开原	疙瘩儿 ka⁴⁴tar⁰	哪疙瘩 nei²¹³ka⁴⁴tə⁰	家 tɕia⁴⁴
锦州	疙瘩 ka⁵⁵ta⁰ 块儿 kʰuɐr⁵¹	哪疙瘩 nai²¹ka⁵⁵ta⁰	家 tɕia⁵⁵
盘锦	疙瘩 ka⁵⁵ta⁰ 地儿 tiər⁵¹	哪疙瘩 na²¹ka⁵⁵ta⁰ 啥地儿 ʂa³⁵tiər⁵¹	家里 tɕia⁵⁵li⁰
兴城	地方儿 ti⁵¹fãr⁰	啥地方儿 ʂa³⁵ti⁵¹fãr⁰	家里 tɕia⁴⁴li⁰
绥中	地儿 tiər⁵¹	啥地儿 ʂa³⁵tiər⁵¹	家里儿 tɕia⁵⁵lər⁰
义县	疙瘩 ka⁴⁴ta⁰ 块儿 kʰuɐr⁵¹ 地方儿 ti⁵¹fãr⁰	哪疙瘩 nai²¹ka⁴⁴ta⁰ 哪块儿 nai²¹kʰuɐr⁵¹ 啥地方儿 ʂa³⁵ti⁵¹fãr⁰	家里 tɕia⁴⁴li⁰
北票	疙瘩 ka⁴⁴ta⁰ 地方儿 ti⁵¹fãr⁰	哪疙瘩儿 nei²¹ka⁴⁴tar⁰ 啥地方 ʂa³⁵ti⁵¹faŋ⁰	家里 tɕia⁴⁴li⁰
阜新	块儿 kʰuɐr⁵¹	哪疙瘩 nai²¹ka⁵⁵ta⁰ 啥地方 ʂa³⁵ti⁵¹faŋ⁰	家里 tɕia⁵⁵lə⁰
黑山	疙瘩 ka⁴⁴ta⁰ 地方儿 ti⁵¹fãr⁰	哪疙瘩 nai²¹ka⁴⁴ta⁰ 啥地方儿 ʂa³⁵ti⁵¹fãr⁰	家里 tɕia⁴⁴li⁰
昌图	疙瘩 ka³³ta⁰ 块儿 kʰuɐr⁵¹	哪儿疙瘩 nɐr²¹³ka³³ta⁰	咱家里的 tsan³⁵tɕia³³li²¹³tiɛ⁰
大连	地场儿 ti⁵²tɕʰiar⁰	哪个地场儿 na²¹kə⁰ti⁵²tɕʰiar⁰	屋儿里 ur³¹le⁰
金州杏树	地场 ti⁵²saŋ	什么地场儿 sə̃⁵²mə⁰ti⁵²sar⁰	家里 tɕia³¹le⁰
长海	场儿 tʃʰãr²¹⁴	什么场儿 ʃən³¹mə⁰tʃʰãr²¹⁴ 哪场儿 na²⁴tʃʰãr²¹⁴	家里 ɕia³¹li⁰
庄河	夹咕⁼儿 tɕia²¹kur⁰ 旮旯儿 ka³¹lar⁰	哪旮旯儿 na²¹kalar⁰	家里 tɕia³¹lei⁰
盖州	地方儿 ti⁵¹fãr⁰	什么地方儿 sən²⁴mɤ⁰ti⁵¹fãr⁰	屋里 u⁴¹²li²¹³ 家 tɕia⁴¹²
丹东	地场 ti⁵¹tʂʰaŋ⁰	横么地方 xən²⁴mə⁰ti⁵¹faŋ⁰	家里 tɕia⁴¹¹li⁰
建平	地方 ti⁵³fɑ̃⁰	啥地方 ʂa³⁵ti⁵³fɑ̃⁰	家里 tɕia⁴⁴li²¹³
凌源	疙瘩 ka⁵⁵ta⁰ 地方 ti⁵¹faŋ⁰	哪疙瘩 nai²¹ka⁵⁵ta⁰ 啥地方 ʂa³⁵ti⁵¹faŋ⁰	家里 tɕia⁵⁵li²¹

	0115 城里	0116 乡下	0117 上面 从～滚下来
沈阳	城里 tʂʰəŋ³⁵li²¹	乡下 ɕiaŋ³³ɕia⁰	上面儿 ʂaŋ⁴¹mier⁰
本溪	城里 tʂʰəŋ³⁵li²²⁴	乡下 ɕiaŋ³¹ɕia⁵¹	上面儿 ʂaŋ⁵¹mier⁰
辽阳	城里 tʂʰəŋ³⁵li⁰	乡下 ɕiaŋ⁴⁴ɕia⁰	上边儿 ʂaŋ⁵¹piər⁴⁴
海城	城里 tʂʰəŋ³⁵li²¹⁴	农村儿 nəŋ³⁵tʂʰuər⁴⁴	上面儿 ʂaŋ⁵¹mier⁰ 上顶儿 ʂaŋ⁵¹tiə̃r²¹⁴
开原	城里 tʂʰəŋ³⁵li²¹³	堡子 pʰu²¹tsə⁰ 屯部儿 tʰuən³⁵pur⁵¹	上边儿 ʂaŋ⁵³piɐr⁰ 上边儿拉 ʂaŋ⁵³piɐr⁰la²¹³
锦州	市里 ʂʅ⁵³li²¹³	农村 nuŋ³⁵tsʰuən⁵⁵	上边儿 ʂaŋ⁵¹piɐr⁰ 上边儿拉 ʂaŋ⁵¹piɐr⁰la²¹³
盘锦	街里 kai⁵⁵li⁰	屯子 tʰuən³⁵tsə⁰	上边儿 ʂaŋ⁵¹piɐr⁰ 上边儿拉 ʂaŋ⁵¹piɐr⁰la²¹³
兴城	城里 tʂʰəŋ³⁵li²¹³	农村 nuŋ³⁵tsʰuən⁴⁴	上边儿 ʂaŋ⁵¹piɐr⁰ 上边儿拉 ʂaŋ⁵¹piɐr⁰la²¹³
绥中	城里 tʂʰəŋ³⁵li²¹³	农村 nəŋ³⁵tsʰuən⁵⁵	上面儿 ʂaŋ⁵¹mier⁰
义县	城里 tʂʰəŋ³⁵li⁰	屯子 tʰuən³⁵tsʅ⁰	上边儿拉 ʂaŋ⁵¹piɐr⁰la²¹³ 上边儿 ʂaŋ⁵¹piɐr⁰ 上头 ʂaŋ⁵¹tʰou⁰
北票	城里 tʂʰəŋ³⁵li⁰	农村 nuən³⁵tsʰuən⁴⁴	上边儿拉 ʂaŋ⁵¹piɐr⁰la²¹³ 上头儿 ʂaŋ⁵¹tʰour⁰ 上边儿 ʂaŋ⁵³piɐr⁴⁴
阜新	市里 ʂʅ⁵¹li²¹³	屯子 tʰuən³⁵tsa⁰ 营子 iŋ³⁵tsa⁰ 家子 tɕia⁵⁵tsa⁰	上头儿 ʂaŋ⁵¹tʰour⁰ 上边儿 ʂaŋ⁵¹piɐr⁰ 上边儿拉=儿 ʂaŋ⁵¹piɐr⁰la²¹³
黑山	城里 tʂʰəŋ³⁵li⁰	农村 nuən³⁵tsʰuən⁴⁴	上头 ʂaŋ⁵¹tʰou⁰ 上边 ʂaŋ⁵³pian⁴⁴ 上边儿拉 ʂaŋ⁵³piɐr⁴⁴la²¹³
昌图	城里 tʂʰəŋ³⁵li⁰	农村 nəŋ³⁵tsʰuən⁰	上头 ʂaŋ⁵¹tʰou⁰ 上边儿 ʂaŋ⁵¹piɐr⁰
大连	城里 tʃʰəŋ³⁴le²¹³	乡下 ɕiaŋ³¹ɕia⁰	上面 ʃaŋ⁵²miẽ⁰
金州 杏树	城里 tsʰəŋ⁵²le⁰	农村 nu³⁴tsʰə̃³¹²	上面儿 saŋ⁵²mier⁰
长海	城里 tsʰəŋ⁵³li⁰	农村 nuŋ²⁴tsʰuən³¹	上面儿 ʃaŋ⁵³mier⁵³
庄河	街里 tɕiɛ³¹lei⁰	屯子 tʰuən⁵¹ən⁰	上边儿 ʂaŋ⁵¹piɐr⁰
盖州	城里 tʂʰəŋ²⁴li²¹³	农村 nuŋ²⁴tsʰuən⁴¹²	上面儿 ʂaŋ⁵¹mier⁰ 上边儿 ʂaŋ⁵¹piɐr⁰
丹东	城里 tʂʰəŋ²⁴li⁰	农村 nuŋ²⁴tsʰuən⁴¹¹	上面儿 ʂaŋ⁵¹mier⁰
建平	街里 tɕiɛ⁴⁴li²¹³	农村 nuŋ³⁵tsuə̃⁴⁴	上边儿 ʂã⁵³piɐr⁴⁴
凌源	城里 tʂʰəŋ³⁵li²¹	农村 nəŋ³⁵tsʰuən⁵⁵	上面儿拉 ʂaŋ⁵¹mier⁰la²¹ 上边儿 ʂaŋ⁵¹piɐr⁰ 上头 ʂaŋ⁵¹tʰou⁰

	0118 下面 从~爬上去	0119 左边	0120 右边
沈阳	下面儿 ɕia⁴¹miɐr⁰	左边儿 tsuo²¹piɐr⁰	右边儿 iou⁴¹piɐr⁰
本溪	下面儿 ɕia⁵¹miɐr⁰	左边儿 tsuo²¹piɐr⁰	右边儿 iou⁵¹piɐr⁰
辽阳	下边儿 ɕia⁵¹piar⁴⁴	左边儿 tʂuo³⁵piar⁴⁴	右边儿 iou⁵¹piar⁴⁴
海城	下面儿 ɕia⁵¹miɐr⁰	左面儿 tʂuɤ²¹⁴miɐr⁰	右面儿 iəu⁵¹miɐr⁰
开原	下边儿 ɕia⁵³piɐr⁰ 下边儿拉 ɕia⁵³piɐr⁰la²¹³	左边儿 tʂuɤ²¹piɐr⁰ 左边儿拉 tʂuɤ²¹piɐr⁰la²¹³	右边儿 iou⁵³piɐr⁰ 右边儿拉 iou⁵³piɐr⁰la²¹³
锦州	下边儿 ɕia⁵¹piɐr⁰ 下边儿拉 ɕia⁵¹piɐr⁰la²¹³	左边儿 tʂuo²¹piɐr⁰ 左边儿拉 tʂuo²¹piɐr⁰la²¹³	右边儿 iou⁵¹piɐr⁰ 右边儿拉 iou⁵¹piɐr⁰la²¹³
盘锦	下边儿 ɕia⁵¹piɐr⁰ 下边儿拉 ɕia⁵¹piɐr⁰la²¹³	左边儿 tsuo²¹piɐr⁰ 左边儿拉 tsuo²¹piɐr⁰la²¹³	右边儿 iou⁵¹piɐr⁰ 右边儿拉 iou⁵¹piɐr⁰la²¹³
兴城	下边儿 ɕia⁵¹piɐr⁰ 下边儿拉 ɕia⁵¹piɐr⁰la²¹³	左边儿 tʂuo²¹piɐr⁰ 左边儿拉 tʂuo²¹piɐr⁰la²¹³	右边儿 iou⁵¹piɐr⁰ 右边儿拉 iou⁵¹piɐr⁰la²¹³
绥中	下面儿 ɕia⁵¹miɐr⁰	左边儿 tsuo²¹piɐr⁰	右边儿 iou⁵¹piɐr⁰
义县	下边儿拉 ɕia⁵¹piɐr⁰la²¹³ 下边儿 ɕia⁵¹piɐr⁰ 下头 ɕia⁵¹tʰou⁰	左边儿拉 tʂuo²¹piɐr⁰la²¹³ 左边儿 tʂuo²¹piɐr⁰	右边儿拉 iou⁵¹piɐr⁰la²¹³ 右边儿 iou⁵¹piɐr⁰
北票	下边儿拉 ɕia⁵¹piɐr⁰la²¹³ 下头儿 ɕia⁵¹tʰour⁰ 下边儿 ɕia⁵³piɐr⁴⁴	左边儿拉 tsuo²¹piɐr⁰la²¹³ 左边儿 tsuo²¹piɐr⁴⁴	右边儿拉 iou⁵¹piɐr⁰la²¹³ 右边儿 iou⁵³piɐr⁴⁴
阜新	下边儿 ɕia⁵¹piɐr⁰ 下边儿拉 ɕia⁵¹piɐr⁰la²¹³	左边儿 tsuo²¹piɐr⁰ 左边儿拉 tsuo²¹piɐr⁰la²¹³	右边儿 iou⁵¹piɐr⁰ 右边儿拉 iou⁵¹piɐr⁰la²¹³
黑山	下头 ɕia⁵¹tʰou⁰ 下边 ɕia⁵³pian⁴⁴ 下边儿拉 ɕia⁵³piɐr⁴⁴la²¹³	左边儿 tʂuo²¹piɐr⁴⁴ 左边儿拉 tʂuo²¹piɐr⁴⁴la²¹³	右边儿 iou⁵³piɐr⁴⁴ 右边儿拉 iou⁵³piɐr⁴⁴la²¹³
昌图	下头 ɕia⁵¹tʰou⁰ 下边儿 ɕia⁵¹piɐr⁰	左边儿拉 tʂuo²¹piɐr³³la²¹³	右边儿拉 iou⁵¹piɐr³³la²¹³
大连	下面 ɕia⁵²miɛ̃⁰	左边儿 tsuə³⁴piɐr³¹²	右边儿 iəu⁵²piɐr³¹²
金州杏树	下面儿 ɕia⁵²miɐr⁰	左边儿 tsuə⁵²piɐr⁰	右边儿 iəu⁵²piɐr⁰
长海	下面儿 ɕia⁵³miɐr⁵³	左边儿 tsuə²¹piɐr³¹	右边儿 iəu⁵³piɐr³¹
庄河	下边儿 ɕia⁵¹piɐr⁰	左面儿 tsuə²¹miɐr⁰	右面儿 iəu⁵¹miɐr⁰
盖州	下面儿 ɕia⁵¹miɐr⁰ 下边儿 ɕia⁵¹piɐr⁰	左面儿 tsuɤ²¹³miɐr⁰ 左边儿 tsuɤ²¹³piɐr⁰	右面儿 iəu⁵¹miɐr⁰ 右边儿 iəu⁵¹piɐr⁰
丹东	下面儿 ɕia⁵¹miɐr⁰	左边儿 tsuo²¹piɐr⁰	右边儿 iou⁵¹piɐr⁰
建平	下边儿 ɕia⁵³piɐr⁴⁴	左边儿 tsuə²¹piɐr⁴⁴	右边儿 iəu⁵³piɐr⁴⁴
凌源	下边儿拉 ɕia⁵¹piɐr⁰la²¹ 下边儿 ɕia⁵¹piɐr⁰ 下头 ɕia⁵¹tʰou⁰	左边儿拉 tsuo²¹piɐr⁰la²¹ 左边儿 tsuo²¹piɐr⁰	右边儿拉 iou⁵¹piɐr⁰la²¹ 右边儿 iou⁵¹piɐr⁰

	0121 中间排队排在~	0122 前面排队排在~	0123 后面排队排在~
沈阳	中间儿 tsuŋ³³tɕier⁴¹	前面儿 tɕʰian³⁵mier⁰	后面儿 xou⁴¹mier⁰
本溪	中间儿 tʂuŋ⁴⁴tɕier⁴⁴	前边儿 tɕʰian³⁵pier⁰	后面儿 xou⁵¹mier⁰
辽阳	中间 tsuŋ⁴⁴tɕian⁴⁴	前边儿 tɕʰian³⁵piar⁴⁴	后边儿 xou⁵¹piar⁴⁴
海城	当间儿 taŋ⁴⁴tɕier⁵¹	头前儿 tʰəu³⁵tɕʰier³⁵ 前儿面儿 tɕʰier³⁵mier⁰	后边儿 xəu⁵¹pier⁰ 后面儿 xəu⁵¹mier⁰
开原	当腰儿 taŋ⁴⁴iaur⁴⁴ 中间 tʂuŋ⁴⁴tɕian⁵¹	前边儿 tɕʰian³⁵pier⁰ 前面儿 tɕʰian³⁵mier⁵¹	后边儿 xou⁵³pier⁴⁴ 后面儿 xou⁵³mier⁵¹
锦州	当腰儿 taŋ⁵⁵iaur⁵⁵	前边儿 tɕʰian³⁵pier⁰ 前边儿拉 tɕʰian³⁵pier⁰la²¹³	后边儿 xou⁵¹pier⁰ 后边儿拉 xou⁵¹pier⁰la²¹³
盘锦	当间儿 taŋ⁵⁵tɕier⁵⁵ 当腰儿 taŋ⁵⁵iaur⁵⁵	前面儿 tɕʰian³⁵mier⁰ 前头 tɕʰian³⁵tʰou⁰	后面儿 xou⁵¹mier⁰ 后头儿 xou⁵³tʰour³⁵
兴城	中间儿 tʂuŋ⁴⁴tɕier⁵¹ 当间儿 taŋ⁴⁴tɕier⁵¹	前边儿 tɕʰian³⁵pier⁰ 前边儿拉 tɕʰian³⁵pier⁰la²¹³	后边儿 xou⁵¹pier⁰ 后边儿拉 xou⁵¹pier⁰la²¹³
绥中	当腰儿 taŋ⁵⁵iaor⁵⁵	头前儿 tʰou³⁵tɕʰier³⁵	后尾儿 xou⁵¹yər²¹³
义县	当间儿 taŋ⁴⁴tɕier⁵¹ 当腰儿 taŋ⁴⁴iaur⁴⁴	前边儿拉 tɕʰian³⁵pier⁰la²¹³ 前边儿 tɕʰian³⁵pier⁰	后边儿拉 xou⁵¹pier⁰la²¹³ 后边儿 xou⁵¹pier⁰
北票	当巴腰儿 taŋ⁴⁴pa⁰iaur⁴⁴	前边儿拉 tɕʰian³⁵pier⁰la²¹³ 前边儿 tɕʰian³⁵pier⁴⁴	后儿边儿拉 xour⁵¹per⁰la²¹³ 后儿边儿 xour⁵¹per⁰
阜新	半当腰儿 pan⁵³taŋ⁵¹iaur⁵⁵	前面儿 tɕʰian³⁵mier⁰ 前边儿拉 tɕʰian³⁵pier⁰la²¹³	后边儿 xou⁵¹pier⁰ 后边儿拉 xou⁵¹pier⁰la²¹³
黑山	当腰儿 taŋ⁴⁴iaur⁴⁴ 当间儿 taŋ⁴⁴tɕier⁵¹	前头 tɕʰian³⁵tʰou⁰ 前边儿 tɕʰian³⁵pier⁴⁴ 前边儿拉 tɕʰian³⁵pier⁴⁴la²¹³	后头 xou⁵¹tʰou⁰ 后边儿 xou⁵¹pier⁴⁴ 后边儿拉 xou⁵³pier⁴⁴la²¹³
昌图	中间 tʂuaŋ³³tɕian³³	前头 tɕʰian³⁵tʰou⁰ 前边儿 tɕʰian³⁵pier³³	后头 xou⁵¹tʰou⁰ 后边儿 xou⁵¹pier⁰
大连	当央儿 taŋ³¹iãr³⁴	头儿喽 tʰəur³⁴ləu⁰	后头 xəu⁵²tʰəu⁰
金州杏树	当央儿 taŋ³¹iãr³¹²	前面儿 tɕiɛ̃⁵²mier⁰	后面儿 xəu⁵²mier⁰
长海	当央儿 taŋ³¹iãr⁵³	前面儿 tʃʰian⁵³mier⁵³	后面儿 xəu⁵³mier⁵³
庄河	当央儿 taŋ³¹iãr⁵¹	前头儿 tɕʰian⁵¹tʰəur⁰	身后儿 sən³¹xəur⁵¹
盖州	当间儿 taŋ⁴¹²tɕier⁵¹	前面儿 tɕʰian²⁴mier⁰	后面儿 xəu⁵¹mier⁰
丹东	中间 tʂuŋ⁴¹¹tɕian⁵¹	前面儿 tɕʰian²⁴mier⁰	后面儿 xou⁵¹mier⁰
建平	当间儿 tã⁴⁴tɕier⁵³	前边儿 tɕiɛ³⁵pier⁰	后边儿 xəu⁵³pier⁰
凌源	当中腰儿 taŋ⁵⁵tʂuŋ⁵⁵iaur⁵⁵ 中间 tʂuŋ⁵⁵tɕien⁵⁵	前面儿拉 tɕʰien³⁵mier⁰la²¹ 前面儿 tɕʰian³⁵mier⁰	后儿面儿拉 xour⁵¹mier⁰la²¹ 后儿边儿 xour⁵¹pier⁰

词汇对照

	0124 末尾 排队排在~	0125 对面	0126 面前
沈阳	末尾儿 mɤ⁴¹vər²¹	对面儿 tuei⁴¹mier⁴¹	面前 mian⁴¹tɕʰian³⁵
本溪	后尾儿 xou⁵¹uər²²⁴	对面儿 tuei⁵¹mier⁵¹	前面儿 tɕʰian³⁵mier⁰
辽阳	紧后边儿 tɕin²¹xou⁵¹piar⁴⁴	对个儿 tuei⁵¹kɤr⁵¹	前面儿 tɕʰian³⁵miar⁵¹
海城	后儿 xəu⁵¹ər²¹⁴	对个儿 tuei⁵³kɤr⁵¹	眼前儿 ian²¹tɕʰier³⁵
开原	末兜儿 mɤ⁵³tour⁴⁴	对面儿 tuei⁵³mier⁵¹	眼前 ian²¹tɕʰian³⁵
锦州	后尾儿 xou⁵³yər²¹³	对个儿 tuei⁵¹kɤr⁰	眼前儿 ian²¹tɕʰier³⁵
盘锦	老末儿 lau²¹mɤr⁵⁵	对面儿 tuei⁵³mier⁵¹	眼前 ian²¹tɕʰian³⁵
兴城	最末尾儿 tʂuei⁵¹mɤ⁵¹yər²¹³ 最后尾儿 tʂuei⁵¹xou⁵¹yər²¹³ 大后边儿 ta⁵¹xou⁵¹pier⁴⁴	对面儿 tuei⁵¹mier⁵¹ 对过儿 tuei⁵¹kuor⁵¹	对面儿 tuei⁵¹mier⁵¹ 眼跟前儿 ian²¹kən⁴⁴tɕʰier²¹³
绥中	尾巴 i²¹pa⁰	对个儿 tuei⁵¹kər⁵¹	眼前儿 ian²¹tɕʰier³⁵
义县	大后尾儿 ta⁵³xou⁵³uər²¹³	对个儿 tuei⁵¹kɤr⁰	眼巴前儿 ian²¹pa⁰tɕʰier³⁵
北票	大后尾儿 ta⁵³xou⁵³yər²¹³ 老末儿 lau²¹mɤr⁵¹	对面儿 tuei⁵³mier⁵¹ 对个儿 tuei⁵³kɤr⁵¹	眼巴前儿 ian²¹pa⁰tɕʰier³⁵
阜新	末后了儿 mɤ⁵¹xou⁰liaur²¹³	那边儿 nai⁵¹pier⁰	跟前儿 kən⁵⁵tɕʰier²¹³
黑山	最后头 tʂuei⁵³xou⁵¹tʰou⁰ 最后边儿 tʂuei⁵³xou⁵¹pier⁴⁴ 大后尾儿 ta⁵³xou⁵³zuər²¹³	对个儿 tuei⁵³kɤr⁵¹	跟前儿 kən⁴⁴tɕʰier²¹³
昌图	最后面儿的 tsuei⁵¹xou⁵³mier⁵¹tiɛ⁰	对面儿 tuei⁵³mier⁵¹ 对个儿 tuei⁵³kɤr⁵¹	眼么前儿 ian²¹³mə⁰tɕʰier³⁵
大连	落八儿 la³⁴par³¹²	对个儿 te⁵²kɤr⁵²	跟前儿 kə̃³¹tɕʰier²¹³
金州杏树	落不了儿 la⁵²pu⁰liər²¹³	对个儿 te⁵²kɤr⁵²	眼前儿 iɛ̃²¹tɕʰier⁵²
长海	末尾儿 mɤ⁵³uər²¹⁴	对面儿 tei⁵³mier⁵³	眼前儿 ian²¹tʃʰier⁵³
庄河	大后尾儿 ta⁵³xəu⁵¹ier²¹³	对面儿 tei⁵³mier⁵¹	眼前 ian²¹tɕʰian⁵¹
盖州	最后头儿 tsuei⁵¹xəu⁵¹tʰəur⁰	对面儿 tuei⁵¹mier⁵¹	眼前儿 ian²¹tɕʰier²⁴
丹东	末尾 mɤ⁵¹uei²¹³	对面儿 tei⁵³mier⁵¹	面前 mian⁵¹tɕʰian²⁴
建平	打后尾儿 ta²¹xəu⁵³iər²¹³ 紧后尾儿 tɕĩ²¹xəu⁵³iər²¹³	对过儿 tuei⁴²kuər⁵³ 对面儿 tuei⁴²mier⁵³	眼前儿 iɛ̃²¹tɕʰier³⁵
凌源	后尾儿 xou⁵³iər²¹ 老末儿 lau²¹mɤr⁵¹	对个儿 tei⁵³kɤr⁵¹	跟前儿 kən⁵⁵tɕʰier²¹

	0127 背后	0128 里面躲在~	0129 外面衣服晒在~
沈阳	背后儿 pei⁴¹xour⁴¹	里面儿 li²¹miɚ⁰	外头 vai⁴¹tʰou⁰
本溪	背后儿 pei⁵³xour⁵¹	里面儿 li²¹miɚ⁵¹	外头 uai⁵¹tʰou⁰
辽阳	后边儿 xou⁵¹piɚ⁴⁴	里面儿 li²¹miɚ⁰ 里头 li²¹tʰou⁰	外面儿 uai⁵¹miɚ⁰ 外头 uai⁵¹tʰou⁰
海城	背后儿 pei⁵³xɚur⁵¹	里边儿 li²¹⁴piɚ⁰	外边儿 uai⁵¹piɚ⁰
开原	后面儿 xou⁵³miɚ⁰	里头 li²¹tʰou⁰	外头 uai⁵³tʰou⁰
锦州	后边儿 xou⁵¹piɚ⁰ 后边儿拉⁼xou⁵¹piɚ⁰la²¹³	里边儿 li²¹piɚ⁰	外边儿 uai⁵¹piɚ⁰
盘锦	后边儿 xou⁵¹piɚ⁰	里头 li²¹tʰou⁰	外头 uai⁵¹tʰou⁰
兴城	背后儿 pei⁵¹xour⁵¹ 后边儿 xou⁵¹piɚ⁴⁴	里边儿 li²¹piɚ⁴⁴	外边儿 uai⁵¹piɚ⁴⁴
绥中	后面 xou⁵¹mian⁰	里面儿 li²¹miɚ⁰	外头 vai⁵¹tʰou⁰
义县	后边儿拉⁼xou⁵¹piɚ⁰la²¹³ 后边儿 xou⁵¹piɚ⁰	里边儿拉⁼li²¹piɚ⁰la²¹³ 里边儿 li²¹piɚ⁰ 里头儿 li²¹tʰour⁰	外边儿拉⁼uai⁵¹piɚ⁰la²¹³ 外边儿 uai⁵¹piɚ⁰ 外头儿 uai⁵¹tʰour⁰
北票	后儿边儿拉⁼xour⁵¹pɚ⁰la²¹³ 后儿边儿 xour⁵¹piɚ⁰	里边儿拉⁼li²¹pɚ⁰la²¹³ 里头 li²¹tʰou⁰	外儿边儿拉⁼uɚ⁵¹pɚ⁰la²¹³ 外头 uai⁵¹tʰou⁰
阜新	紧脊后儿 tɕin²¹tɕi⁵⁵xour⁵¹ 后边儿拉⁼xou⁵¹piɚ⁰la²¹³	里头 li²¹tʰou⁰	外头 uai⁵¹tʰou⁰
黑山	后头 xou⁵¹tʰou⁰ 后边儿 xou⁵³piɚ⁴⁴ 后边儿拉⁼xou⁵³piɚ⁴⁴la²¹³	里头 li²¹tʰou⁰ 里边儿 li²¹piɚ⁴⁴ 里边儿拉⁼li²¹piɚ⁴⁴la²¹³	外头 uai⁵¹tʰou⁰ 外边儿 uai⁵¹piɚ⁴⁴ 外边儿拉⁼uai⁵³piɚ⁴⁴la²¹³
昌图	背后儿 pei⁵³xour⁵¹	里头 li²¹tʰou⁰	外头 uai⁵¹tʰou⁰ 外边儿 uai⁵¹piɚ⁰
大连	身后儿 ʃə³¹xɚur⁵²	里头 le²¹tʰəu⁰	外头 uɛ⁵²tʰəu⁰
金州杏树	背后儿 pe⁵²xɚur⁵²	里面儿 le²¹miɚ⁰	外面儿 uɛ⁵²miɚ⁰
长海	后面儿 xəu⁵³miɚ⁵³	里面儿 li²¹miɚ⁵³	外面儿 uai⁵³miɚ⁵³
庄河	后面儿 xəu⁵¹miɚ⁰	里面儿 li²¹miɚ⁰	外头 uai⁵¹tʰəu⁰
盖州	背后儿 pei⁵¹xɚur⁵¹	里面儿 li²¹³miɚ⁰	外面儿 uai⁵¹miɚ⁰
丹东	背后儿 pei⁵³xour⁵¹	里面儿 li²¹miɚ⁰	外面儿 uai⁵¹miɚ⁰
建平	身后儿 ʂə⁴⁴xɚur⁵³ 后面儿 xəu⁵³miɚ⁵³	里面儿 li²¹miɚ⁵³ 里边儿 li²¹piɚ⁴⁴	外面儿 vɛ⁵³miɚ⁵³ 外头 vɛ⁵³tʰou⁰
凌源	跟前儿 kən⁵⁵tɕʰiɚ²¹	后儿面儿拉 ⁼xour⁵¹miɚ⁰la²¹ 后儿边儿 xour⁵¹piɚ⁰	里面儿拉⁼li²¹miɚ⁰la²¹ 里头 li²¹tʰou⁰

	0130 旁边	0131 上 碗在桌子~	0132 下 凳子在桌子~
沈阳	旁边儿 pʰaŋ³⁵pieɻ³³	上头 ʂaŋ⁴¹tʰou⁰	底下 ti²¹ɕia⁰
本溪	旁边儿 pʰaŋ³⁵pieɻ⁰	上头 ʂaŋ⁵¹tʰou⁰	底下 ti²¹ɕia⁵¹
辽阳	边儿上 pieɻ⁴⁴ʂaŋ⁰	上 ʂaŋ⁵¹	下 ɕia⁵¹
海城	旁边儿 pʰaŋ³⁵pieɻ⁰	上顶儿 ʂaŋ⁵¹tiə̃ɻ²¹⁴	下边儿 ɕia⁵¹pieɻ⁰
开原	边儿拉 pieɻ⁼la²¹³	上 ʂaŋ⁰	下边儿 ɕia⁵³pieɻ⁰
锦州	旁边儿 pʰaŋ³⁵pieɻ⁰ 旁边儿拉 pʰaŋ³⁵pieɻ⁰la²¹³	上边儿 ʂaŋ⁵¹pieɻ⁰	底下 ti²¹ɕia⁰
盘锦	边儿拉子 pieɻ⁵⁵la²¹tsə⁰	上面儿 ʂaŋ⁵¹mieɻ⁰	底下 ti²¹ɕia⁰
兴城	旁边儿 pʰaŋ³⁵pieɻ⁴⁴ 旁边儿拉 pʰaŋ³⁵pieɻ⁴⁴la²¹³	上边儿 ʂaŋ⁵¹pieɻ⁰	下边儿 ɕia⁵¹pieɻ⁴⁴ 底下 ti²¹ɕia⁰
绥中	旁边儿 pʰaŋ³⁵pieɻ⁵⁵	上边儿 ʂaŋ⁵¹pieɻ⁰	下边儿 ɕia⁵¹pieɻ⁰
义县	旁边儿拉 pʰaŋ³⁵pieɻ⁰la²¹³ 旁边儿 pʰaŋ³⁵pieɻ⁰	上边儿拉 ʂaŋ⁵¹pieɻ⁰la²¹³ 上边儿 ʂaŋ⁵¹pieɻ⁰	下边儿拉 ɕia⁵¹pieɻ⁰la²¹³ 下边儿 ɕia⁵¹pieɻ⁰
北票	旁边儿拉 pʰaŋ³⁵peɻ⁴⁴la²¹³ 旁边儿 pʰaŋ³⁵pieɻ⁴⁴	上头 ʂaŋ⁵¹tʰou⁰ 上边儿 ʂaŋ⁵³pieɻ⁴⁴	下头 ɕia⁵¹tʰou⁰ 下边儿 ɕia⁵³pieɻ⁴⁴ 底下 ti²¹ɕia⁰
阜新	旁边儿拉 pʰaŋ³⁵pieɻ⁵⁵la²¹³	上边儿拉 ʂaŋ⁵³pieɻ⁰la²¹³ 上面儿 ʂaŋ⁵³mieɻ⁰	下边儿拉 ɕia⁵³pieɻ⁵⁵la²¹³ 下边儿 ɕia⁵¹pieɻ⁰
黑山	旁边儿 pʰaŋ³⁵pieɻ⁴⁴ 旁边儿拉 pʰaŋ³⁵pieɻ⁴⁴la²¹³	上头 ʂaŋ⁵¹tʰou⁰ 上边儿 ʂaŋ⁵³pieɻ⁴⁴ 上边儿拉 ʂaŋ⁵³pieɻ⁴⁴la²¹³	下头 ɕia⁵¹tʰou⁰ 下边儿 ɕia⁵³pieɻ⁴⁴ 下边儿拉 ɕia⁵³pieɻ⁴⁴la²¹³
昌图	旁边儿 pʰaŋ³⁵pieɻ³³ 边儿上 pieɻ³³ʂaŋ⁰	上 ʂaŋ⁵¹	下 ɕia⁵¹
大连	旁边儿拉 pʰaŋ³⁴peɻ⁰la²¹³	上 ʃaŋ⁵²	底下 ti²¹ɕia⁰
金州 杏树	旁边儿 pʰaŋ³⁴pieɻ³¹²	上 ʂaŋ⁵²	下 ɕia⁵²
长海	旁边儿 pʰaŋ²⁴pieɻ³¹	上 ʃaŋ⁵³	下 ɕia⁵³
庄河	旁边儿 pʰaŋ⁵¹pieɻ⁰	上 ʂaŋ⁵¹	下 ɕia⁵¹
盖州	旁边儿 pʰaŋ²⁴pieɻ⁴¹²	上 ʂaŋ⁵¹	下面儿 ɕia⁵¹mieɻ⁰
丹东	旁边儿 pʰaŋ²⁴pieɻ⁰	上 ʂaŋ⁵¹	下 ɕia⁵¹
建平	旁边儿 pʰã³⁵pieɻ⁴⁴	上面儿 ʂã⁵³mieɻ⁰ 上边儿 ʂã⁵³pieɻ⁰	下面儿 ɕia⁵³mieɻ⁰ 下边儿 ɕia⁵³pieɻ⁰
凌源	旁边儿拉 pʰaŋ³⁵pieɻ⁵⁵la²¹ 旁边儿 pʰaŋ³⁵pieɻ⁵⁵	上边儿拉 ʂaŋ⁵¹pieɻ⁰la²¹ 上边儿 ʂaŋ⁵¹pieɻ⁰ 上头 ʂaŋ⁵¹tʰou⁰	下边儿拉 ɕia⁵¹pieɻ⁰la²¹ 下边儿 ɕia⁵¹pieɻ⁰ 下头 ɕia⁵¹tʰou⁰

	0133 边儿桌子的~	0134 角儿桌子的~	0135 上去他~了
沈阳	边儿 piɚ³³	角儿 tɕiaur²¹	上去 saŋ⁴¹tɕʰy⁰
本溪	边儿 piɚ³¹	角儿 tɕiaur²²⁴	上去 saŋ⁵¹tɕʰi⁰
辽阳	边儿 piar⁴⁴	角子儿 tɕia²¹tʂər⁰	上去 saŋ⁵¹tɕʰy⁰
海城	边儿 piɚ⁴⁴	角儿 tɕiaur²¹⁴	上去 ʂaŋ⁵¹tɕʰy⁰
开原	棱儿 lɚr³⁵	角 tɕia²¹³	上去 ʂaŋ⁵³tɕʰy⁰
锦州	边儿 piɚ⁵⁵	犄角儿 tɕi⁵⁵tɕiaur²¹³	上去 saŋ⁵¹tɕʰi⁰
盘锦	边儿 piɚ⁵⁵	角儿 tɕiar²¹³	上去 saŋ⁵¹tɕʰi⁰
兴城	边儿 piɚ⁴⁴	犄角儿 tɕi⁴⁴tɕiaur⁰	上去 saŋ⁵¹tɕʰy⁰
绥中	边儿 piɚ⁵⁵	角儿 tɕiaor²¹³	上去 saŋ⁵¹tɕʰy⁰
义县	边儿 piɚ⁴⁴	犄角儿 tɕi⁴⁴tɕiaur⁰	上去 saŋ⁵¹tɕʰi⁰
北票	边儿 piɚ⁴⁴	角儿 tɕiar²¹³	上去 ʂaŋ⁵¹tɕʰi⁰
阜新	边儿 piɚ⁵⁵	角儿 tɕiar²¹³	上去 ʂaŋ⁵¹tɕʰi⁰
黑山	边儿 piɚ⁴⁴	角儿 tɕiar²¹³ 犄角儿 tɕi⁴⁴tɕiaur²¹³	上去 ʂaŋ⁵¹tɕʰy⁰
昌图	边儿 piɚ³³	角儿 tɕiaur²¹³	上去 ʂaŋ⁵¹tɕʰy⁰
大连	边儿 piɚ³¹²	角儿 tɕiar²¹³	上去 ʃaŋ⁵²tɕʰy⁰
金州杏树	边儿 piɚ³¹²	角儿 tɕiar²¹³	上去 saŋ⁵²tɕʰy⁰
长海	边儿 piɚ³¹	角儿 ciaur²¹⁴	上 ʃaŋ⁵³
庄河	边儿 piɚ³¹	角儿 tɕiar²¹³	上去 saŋ⁵¹tɕʰy⁰
盖州	沿儿 iɚr²⁴	角儿 tɕiaur²¹³	上去 saŋ⁵¹tɕʰy⁰
丹东	边儿 piɚ⁴¹¹	角儿 tɕiar²¹³	上去 ʂaŋ⁵¹tɕʰy⁰
建平	沿儿 iɚr⁵³	角儿 tɕiar²¹³ 角儿 tɕiɔr²¹³	上去 ʂã⁵³tɕʰy⁰ 上去了 ʂã⁵³tɕʰy⁰lə⁰
凌源	边儿 piɚ⁵⁵	角 tɕia²¹⁴	上去 saŋ⁵¹tɕʰi⁰

	0136 下来他~了	**0137 进去**他~了	**0138 出来**他~了
沈阳	下来 ɕia⁴¹lai⁰	进去 tɕin⁴¹tɕʰy⁰	出来 tʂʰu³⁵lai⁰
本溪	下来 ɕia⁵¹lai⁰	进去 tɕin⁵¹tɕʰi⁰	出来 tʂʰu⁴⁴lai⁰
辽阳	下来 ɕia⁵¹lai⁰	进去 tɕin⁵¹tɕʰy⁰	出来 tʂʰu³⁵lai⁰
海城	下来 ɕia⁵¹lai⁰	进去 tɕin⁵¹tɕʰy⁰	出来 tʂʰu³⁵lai⁰
开原	下来 ɕia⁵³lai⁰	进去 tɕin⁵³tɕʰy⁰	出来 tʂʰu⁴⁴lai⁰
锦州	下来 ɕia⁵¹lai⁰	进去 tɕin⁵¹tɕʰi⁰	出来 tʂʰu⁵⁵lai⁰
盘锦	下来 ɕia⁵¹lai⁰	进去 tɕiən⁵¹tɕʰi⁰	出来 tʂʰu⁵⁵lai⁰
兴城	下来 ɕia⁵¹lai⁰	进去 tɕin⁵¹tɕʰy⁰	出来 tʂʰu⁴⁴lai⁰
绥中	下来 ɕia⁵¹lai⁰	进去 tɕin⁵¹tɕʰy⁰	出来 tʂʰu⁵⁵lai⁰
义县	下来 ɕia⁵¹lai⁰	进去 tɕin⁵¹tɕʰi⁰	出来 tʂʰu⁴⁴lai⁰
北票	下来 ɕia⁵¹lai⁰	进去 tɕiən⁵¹tɕʰi⁰	出来 tʂʰu³⁵lai⁰
阜新	下来 ɕia⁵¹lai⁰	进去 tɕin⁵¹tɕʰy⁰	出来 tʂʰu³⁵lai⁰
黑山	下来 ɕia⁵¹lai⁰	进去 tɕiən⁵¹tɕʰy⁰	出来 tʂʰu⁴⁴lai⁰
昌图	下来 ɕia⁵¹lai⁰	进去 tɕiən⁵¹tɕʰy⁰	出来 tʂʰu²²⁴lai⁰
大连	下来 ɕia⁵²lɛ⁰	进去 tɕī⁵²tɕʰy⁰	出来 tʃʰu²¹lɛ⁰
金州杏树	下来 ɕia⁵²lɛ⁰	进去 tɕī⁵²tɕʰy⁰	出来 tɕʰy²¹lɛ³¹²
长海	下来 ɕia⁵³lai⁰	进 tʃiən⁵³	出来 tʃʰu²¹lai⁰
庄河	下来 ɕia⁵¹lai⁰	进去 tɕin⁵¹tɕʰy⁰	出来 tɕʰy²⁴lai⁰
盖州	下来 ɕia⁵¹lai⁰	进去 tɕin⁵¹tɕʰy⁰	出来 tʂʰu²⁴lai⁰
丹东	下来 ɕia⁵¹lai⁰	进去 tɕin⁵¹tɕʰy⁰	出来 tʂʰu⁴¹¹lai⁰
建平	下来 ɕia⁵³lɛ⁰ 下去了 ɕia⁵³tɕʰy⁰lə⁰	进去 tɕī⁵³tɕʰy⁰ 进去了 tɕī⁵³tɕʰy⁰lə⁰	出来 tʂʰu⁴⁴lɛ⁰
凌源	下来 ɕia⁵¹lai⁰	进去 tɕin⁵¹tɕʰi⁰	出来 tʂʰu³⁵lai⁰

	0139 出去他~了	0140 回来他~了	0141 起来天冷~了
沈阳	出去 tʂʰu³⁵tɕʰy⁰	回来 xuei³⁵lai⁰	起来 tɕʰi²¹lai⁰
本溪	出去 tʂʰu³⁵tɕʰy⁰	回来 xuei³⁵lai⁰	起来 tɕʰi²¹lai⁰
辽阳	出去 tʂʰu³⁵tɕʰy⁰	回来 xuei³⁵lai⁰	（无）
海城	出去 tʂʰu³⁵tɕʰy⁰	回来 xuei³⁵lai⁰	起来 tɕʰi²¹⁴lai⁰
开原	出去 tʂʰu⁴⁴tɕʰy⁰	回来 xuei³⁵lai⁰	起来 tɕʰi²¹lai⁰
锦州	出去 tʂʰu⁵⁵tɕʰy⁰	回来 xuei³⁵lai⁰	起来 tɕʰiɛ²¹lai⁰
盘锦	出去 tʂʰu⁵⁵tɕʰi⁰	回来 xuei³⁵lai⁰	见 tɕian⁵¹
兴城	出去 tʂʰu⁴⁴tɕʰy⁰	回来 xuei³⁵lai⁰	起来 tɕʰi²¹lai⁰
绥中	出去 tʂʰu⁵⁵tɕʰy⁰	回来 xuei³⁵lai⁰	起来 tɕʰiɛ²¹lai⁰
义县	出去 tʂʰu⁴⁴tɕʰi⁰	回来 xuei³⁵lai⁰	起来 tɕʰi²¹lai⁰
北票	出去 tʂʰu³⁵tɕʰi⁰	回来 xuei³⁵lai⁰	起来 tɕʰi²¹lai⁰
阜新	出去 tʂʰu³⁵tɕʰy⁰	回来 xuei³⁵lai⁰	（无）
黑山	出去 tʂʰu⁴⁴tɕʰy⁰	回来 xuei³⁵lai⁰	起来 tɕʰiɛ²¹lai⁰
昌图	出去 tʂʰu²²⁴tɕʰiɛ⁰	回来 xuei³⁵lai⁰	起来 tɕʰiɛ²¹lai⁰
大连	出去 tʃʰu²¹tɕʰy⁰	回来 xue³⁴lɛ⁰	起来 tɕʰi²¹lɛ⁰
金州杏树	出去 tɕʰy²¹tɕʰy⁵²	回来 xue⁵²lɛ³¹²	起来 tɕʰiɛ²¹lɛ³¹²
长海	出去 tʃʰy²⁴ɕʰy⁰	来 lai³¹	（无）
庄河	出去 tɕʰy²¹tɕʰy⁰	回来 xuei⁵¹lai⁰	起来 tɕʰi²¹lai⁰
盖州	出去 tʂʰu²⁴tɕʰy⁰	回来 xuei²⁴lai⁰	起来 tɕʰi²¹³lai⁰
丹东	出去 tʂʰu⁴¹¹tɕʰy⁰	回来 xuei²⁴lai⁰	起来 tɕʰi²¹lai⁰
建平	出去 tʂʰu⁴⁴tɕʰy⁰ 出去了 tʂʰu⁴⁴tɕʰy⁰lə⁰	回来 xuei³⁵lɛ⁰	起来 tɕʰiɛ²¹lɛ⁰
凌源	出去 tʂʰu³⁵tɕʰi⁰	回来 xuei³⁵lai⁰	起来 tɕʰi²¹lai⁰

	0142 树	0143 木头	0144 松树 统称
沈阳	树 ʂu⁴¹	木头 mu⁴¹tʰou⁰	松树 suŋ³³ʂu⁴¹
本溪	树 ʂu⁵¹	木头 mu⁵¹tʰou⁰	松树 suŋ⁴⁴ʂu⁵¹
辽阳	树 ʂu⁵¹	木头 mu⁵¹tʰou⁰	松树 suŋ⁴⁴ʂu⁵¹
海城	树 ʂu⁵¹	木头 mu⁵¹tʰou⁰	松树 suŋ⁴⁴ʂu⁵¹
开原	树 ʂu⁵¹	木头 mu⁵³tʰou⁰	松树 suŋ⁴⁴ʂu⁵¹
锦州	树 ʂu⁵¹	木头 mu⁵¹tʰou⁰	松树 suŋ⁵⁵ʂu⁵¹
盘锦	树 ʂu⁵¹	木头 m̩⁵¹tʰou⁰	松树 suəŋ⁵⁵ʂu⁵¹
兴城	树 ʂu⁵¹	木头 mu⁵¹tʰou⁰	松树 suŋ⁴⁴ʂu⁵¹
绥中	树 ʂu⁵¹	木头 mu⁵¹tʰou⁰	松树 suəŋ⁵⁵ʂu⁵¹
义县	树 ʂu⁵¹	木头 mu⁵¹tʰou⁰	松树 suŋ⁴⁴ʂu⁵¹
北票	树 ʂu⁵¹	木头 mu⁵¹tʰou⁰	松树 suəŋ⁴⁴ʂu⁵¹
阜新	树 ʂu⁵¹	木头 mu⁵¹tʰou⁰	松树 suŋ⁵⁵ʂu⁵¹
黑山	树 ʂu⁵¹	木头 mu⁵¹tʰou⁰	松树 suəŋ⁴⁴ʂu⁵¹
昌图	树 ʂu⁵¹	木头 mu⁵¹tʰou⁰	松树 suəŋ³³ʂu⁵¹
大连	树 ʃu⁵²	木头 m̩⁵²tʰou⁰	松树 ɕyŋ³¹ʃu⁵²
金州 杏树	树 ɕy⁵²	木头 mu²¹tʰəu³¹²	松树 suŋ³¹ɕy⁵²
长海	树 ʃy⁵³	木头 mu²¹tʰou⁰	松树 suŋ³¹ʃy⁵³
庄河	树 ɕy⁵¹	木头 m̩⁵¹tʰəu⁰	松树 ɕyŋ³¹ɕy⁵¹
盖州	树 ʂu⁵¹	木头 mu⁵¹tʰou⁰	松树 suŋ⁴¹²ʂu⁵¹
丹东	树 ʂu⁵¹	木头 mu⁵¹tʰou⁰	松树 suŋ⁴¹¹ʂu⁵¹
建平	树 ʂu⁵³	木头 mu⁵³tʰou⁰	松树 suŋ⁴⁴ʂu⁵³
凌源	树 ʂu⁵¹	木头 mu⁵¹tʰou⁰	松树 suŋ⁵⁵ʂu⁵¹

	0145 柏树 统称	0146 杉树	0147 柳树
沈阳	柏树 pai²¹ʂu⁴¹	杉树 ʂan³³ʂu⁴¹	柳树 liou²¹ʂu⁴¹
本溪	柏树 pai²¹ʂu⁵¹	杉树 ʂan⁴⁴ʂu⁵¹	柳树 liou²¹ʂu⁵¹
辽阳	柏树 pai²¹ʂu⁵¹	（无）	柳树 liou²¹ʂu⁵¹
海城	柏树 pai²¹ʂu⁵¹	杉树 ʂan⁴⁴ʂu⁵¹	柳树 liəu²¹ʂu⁵¹
开原	柏树 pai²¹ʂu⁵¹	杉树 ʂan⁴⁴ʂu⁵¹	柳树 liou²¹ʂu⁵¹
锦州	柏树 pai²¹ʂu⁵¹	（无）	柳树 liou²¹ʂu⁵¹
盘锦	柏树 pai²¹ʂu⁵¹	杉树 san⁵⁵ʂu⁵¹	柳树 liou²¹ʂu⁵¹
兴城	柏树 pai²¹ʂu⁵¹	（无）	柳树 liou²¹ʂu⁵¹
绥中	柏树 pai²¹ʂu⁵¹	杉树 ʂan⁵⁵ʂu⁵¹	柳树 liou²¹ʂu⁵¹
义县	柏树 pai²¹ʂu⁵¹	杉树 ʂan⁴⁴ʂu⁵¹	柳树 liou²¹ʂu⁵¹
北票	柏树 pai²¹ʂu⁵¹	杉树 ʂan⁴⁴ʂu⁵¹	柳树 liou²¹ʂu⁵¹
阜新	柏树 pai²¹ʂu⁵¹	杉树 ʂan⁵⁵ʂu⁵¹	柳树 liou²¹ʂu⁵¹
黑山	柏树 pai²¹ʂu⁵¹	杉树 ʂan⁴⁴ʂu⁵¹	柳树 liou²¹ʂu⁵¹
昌图	柏树 pai²¹ʂu⁵¹	杉树 ʂan³³ʂu⁵¹	柳树 liou²¹ʂu⁵¹
大连	片儿松 pʰiɐr⁵²ɕyŋ³¹²	杉树 sã³¹ʃu⁵²	柳树 liəu²¹ʃu⁵²
金州 杏树	柏树 pɤ⁵²ɕy⁵²	杉树 sã³¹ɕy⁵²	柳树 liəu²¹ɕy⁵²
长海	（无）	（无）	柳树 liəu⁵³ʃy⁵³
庄河	片儿松 pʰiɐr⁵¹ɕyŋ³¹	落叶松 luə⁵³iɛ²¹ɕyŋ³¹	柳树 liəu²¹ɕy⁵¹
盖州	柏树 pai²¹ʂu⁵¹	杉树 san⁴¹²ʂu⁵¹	柳树 liəu²¹ʂu⁵¹
丹东	柏树 pai²¹ʂu⁵¹	杉树 ʂan⁴¹¹ʂu⁵¹	柳树 liəu²¹ʂu⁵¹
建平	柏树 pɛ²¹ʂu⁵³	（无）	柳树 liəu²¹ʂu⁵³
凌源	柏树 pai²¹ʂu⁵¹	杉树 ʂan⁵⁵ʂu⁵¹	柳树 liou²¹ʂu⁵¹

	0148 竹子统称	0149 笋	0150 叶子
沈阳	竹子 tʂu³⁵tʂʅ⁰	笋 suən²¹³	叶儿 iɛr⁴¹
本溪	竹子 tʂu³⁵tʂʅ⁰	笋 suən²²⁴	叶子 iɛ⁵¹tʂʅ⁰
辽阳	竹子 tʂu³⁵tʂʅ⁰	笋 suən²¹³	叶儿 iɛr⁵¹
海城	竹子 tʂu³⁵tʂʅ⁰	竹笋 tʂu³⁵ʂuən²¹⁴	叶儿 iɛr⁵¹
开原	竹子 tʂu³⁵tʂə⁰	笋 ʂuən²¹³	叶儿 iɛr⁵¹
锦州	竹子 tʂu³⁵tʂə⁰	笋 ʂuən²¹³	叶子 iɛ⁵¹tʂə⁰
盘锦	竹子 tʂu³⁵tsə⁰	笋 suən²¹³	叶子 iɛ⁵¹tsə⁰
兴城	竹子 tʂu³⁵tʂʅ⁰	笋 suən²¹³	叶儿 iɛr⁵¹
绥中	竹子 tʂu³⁵tʂʅ⁰	竹笋 tʂu³⁵ʂuən²¹³	叶子 iɛ⁵¹tʂʅ⁰
义县	竹子 tʂu³⁵tʂʅ⁰	笋 suən²¹³	叶儿 iɛr⁰
北票	竹子 tʂu³⁵tsʅ⁰	笋 suən²¹³	叶儿 iɛr⁵¹
阜新	竹子 tʂu³⁵tsa⁰	笋 suən²¹³	叶子 iɛ⁵¹tsa⁰ 叶儿 iɛr⁵¹
黑山	竹子 tʂu³⁵tʂʅ⁰	笋 ʂuən²¹³	叶儿 iɛr⁵¹ 叶子 iɛ⁵¹tʂʅ⁰
昌图	竹子 tʂu³⁵tʂʅ⁰	笋 suən²¹³	树叶儿 ʂu⁵³iɛr⁵¹
大连	竹子 tsu²¹ə⁰	笋 sə̃²¹³	叶子 iɛ⁵²ɐ⁰
金州杏树	竹子 tsu²¹ə⁰	笋 sə̃²¹³	叶子 iɛ²¹ɐ⁰
长海	竹子 tu²¹tsə⁰	笋 sən²¹⁴	叶子 iɛ²¹tsə⁰
庄河	竹子 tsu²¹ə⁰	（无）	叶儿 iɛr⁵¹
盖州	竹子 tsu²⁴tsʅ⁰	笋 suən²¹³	叶子 iɛ⁵¹tsʅ⁰
丹东	竹子 tʂu²¹tsʅ⁰	笋 suən²¹³	叶子 iɛ⁵¹tsʅ⁰
建平	竹子 tʂu³⁵tsʅ⁰	笋 suə̃²¹³	叶儿 iɛr⁵³
凌源	竹子 tʂu³⁵tsʅ⁰	笋 suən²¹⁴	叶儿 iɛr⁵¹

	0151 花	0152 花蕾 花骨朵	0153 梅花
沈阳	花儿 xuar^{33}	花骨朵儿 xua^{33}ku^{33}tour^0	梅花儿 mei^{35}xuar^{33}
本溪	花儿 xuar^{44}	花骨朵儿 xua^{44}ku^{31}təur^0	梅花儿 mei^{35}xuar^0
辽阳	花儿 xuar^{44}	花骨朵 xua^{44}ku^{44}tuo^0	梅花 mei^{35}xua^{44}
海城	花儿 xuar^{44}	花骨儿朵儿 xua^{35}kur^{44}təur^0	梅花儿 mei^{35}xuar^{44}
开原	花儿 xuar^{44}	花骨朵儿 xua^{44}ku^{0}tour^{44}	梅花儿 mei^{35}xuar^{44}
锦州	花儿 xuar^{55}	花骨朵 xua^{55}ku^{55}tou^0	梅花儿 mei^{35}xuar^{55}
盘锦	花儿 xuar^{55}	花骨朵儿 xua^{55}ku^{55}tuor^0	梅花儿 mei^{35}xuar^{55}
兴城	花儿 xuar^{44}	花骨朵 xua^{44}ku^{44}tou^0	梅花儿 mei^{35}xuar^{44}
绥中	花儿 xuar^{55}	花骨朵儿 xua^{55}ku^{55}tur^0	梅花儿 mei^{35}xuar^{55}
义县	花儿 xuar^{44}	花骨朵儿 xua^{44}ku^{44}tour^0	梅花儿 mei^{35}xuar^{44}
北票	花儿 xuar^{44}	花骨朵儿 xua^{44}ku^{44}tur^0	梅花儿 mei^{35}xuar^{44}
阜新	花儿 xuar^{55}	花骨朵儿 xua^{55}ku^{55}tur^0	梅花儿 mei^{35}xuar^{55}
黑山	花儿 xuar^{44}	花骨朵儿 xua^{44}ku^{44}tur^0	梅花 mei^{35}xua^{44}
昌图	花儿 xuar^{33}	花骨朵儿 xua^{33}ku^{33}tuor^0	梅花儿 mei^{35}xuar^{33}
大连	花儿 xuar^{312}	花骨朵儿 xua^{34}ku^{31}tur^0	梅花儿 me^{34}xuar^{312}
金州 杏树	花儿 xuar^{312}	花儿骨朵儿 xuar^{31}ku^{21}tuɤr^0	梅花儿 me^{34}xuar^{312}
长海	花儿 xuar^{31}	花儿骨朵儿 xuar^{31}ku^{24}tuər^{214}	梅花儿 mei^{53}xuar^{31}
庄河	花儿 xuar^{31}	花骨头儿 xua^{33}ku^{21}tʰəur^0	干枝梅 kan^{33}tsʅ^{33}mei^{51}
盖州	花儿 xuar^{412}	花骨朵儿 xua^{24}ku^{412}təur^0	梅花儿 mei^{24}xuar^0
丹东	花 xua^{411}	花骨朵 xua^{411}ku^{21}tuo^0	梅花 mei^{24}xua^{411}
建平	花儿 xuar^{44}	花骨朵儿 xua^{44}ku^{44}tur^0	梅花儿 mei^{35}xuar^{44}
凌源	花儿 xuar^{55}	花骨朵儿 xua^{55}ku^{55}tur^0	梅花儿 mei^{35}xuar^{55}

	0154 牡丹	0155 荷花	0156 草
沈阳	牡丹 mu²¹tan³³	荷花儿 xɤ³⁵xuar³³	草 tsʰau²¹³
本溪	牡丹 mu²¹tan⁰	荷花儿 xɤ³⁵xuar⁰	草儿 tsʰaur²²⁴
辽阳	牡丹 mu²¹tan⁴⁴	荷花 xɤ³⁵xua⁴⁴	草 tsʰau²¹³
海城	牡丹花儿 mu²¹tan⁴⁴xuar⁴⁴	荷儿花儿 xɤr³⁵xuar⁴⁴	草 tsʰau²¹⁴
开原	牡丹 mu²¹tan⁴⁴	荷花 xɤ³⁵xua⁴⁴	草 tsʰau²¹³
锦州	牡丹 mu²¹tan⁵⁵	荷花儿 xɤ³⁵xuar⁵⁵	草 tsʰau²¹³
盘锦	牡丹 m²¹tan⁵⁵	荷儿花儿 xɤr³⁵xuar⁵⁵	草 tsʰau²¹³
兴城	牡丹花儿 mu²¹tan⁴⁴xuar⁴⁴	荷花儿 xɤ³⁵xuar⁴⁴	草 tsʰau²¹³
绥中	牡丹花儿 mu²¹tan⁵⁵xuar⁵⁵	莲花 lian³⁵xua⁵⁵	草 tsʰau²¹³
义县	牡丹 mu²¹tan⁴⁴	荷花儿 xɤ³⁵xuar⁴⁴	草 tsʰau²¹³
北票	牡丹花儿 mu²¹tan⁴⁴xuar⁴⁴	荷儿花儿 xɤr³⁵xuar⁴⁴	草儿 tsʰaur²¹³
阜新	牡丹 mu²¹tan⁵⁵	荷花儿 xɤ³⁵xuar⁵⁵	草 tsʰau²¹³
黑山	牡丹 mu²¹tan⁴⁴	荷花儿 xɤ³⁵xuar⁴⁴	草 tsʰau²¹³
昌图	牡丹 mu²¹tan⁰	荷花 xɤ³⁵xua³³	草 tsʰau²¹³
大连	牡丹 m²¹tã⁰	荷花儿 xɤ³⁴xuar³¹²	草 tsʰɔ²¹³
金州杏树	牡丹 mu²¹tã⁵²	荷花儿 xɤ³⁴xuar³¹²	草 tsʰɔ²¹³
长海	牡丹 mu²¹tan⁰	荷花儿 xɤ⁵⁵xuar³¹	草 tsʰau²¹⁴
庄河	牡丹 m²¹tan⁰	荷花儿 xə⁵¹xuar³¹	草 tsʰao²¹³
盖州	牡丹 mu²¹tan⁰	荷儿花儿 xɤr²⁴xuar⁰	小草儿 ɕiau²⁴tsʰaur²¹³
丹东	牡丹 mu²¹tan⁰	荷花 xɤ²⁴xua⁰	草 tsʰau²¹³
建平	牡丹 mu²¹tã⁴⁴	荷花 xɤ³⁵xua⁴⁴	草 tsʰɔ²¹³
凌源	牡丹 mu²¹tan⁵⁵	荷花儿 xɤ³⁵xuar⁵⁵	草 tsʰau²¹⁴

	0157 藤	0158 刺 名词	0159 水果
沈阳	藤子 tʰəŋ³⁵tsʐ⁰	刺儿 tsʰər⁴¹	水果儿 suei³⁵kuor²¹
本溪	藤子 tʰəŋ³⁵tsʐ⁰	刺儿 tsʰʐ⁵¹ər⁰	水果儿 ʂuei³⁵kuor²²⁴
辽阳	藤子 tʰəŋ³⁵tsʐ⁰	刺儿 tsʰər⁵¹	水果儿 suei³⁵kuor²¹³
海城	藤儿 tʰə̃r³⁵	刺儿 tsʰər⁵¹	水果儿 ʂuei³⁵kuɣr²¹⁴
开原	藤子 tʰəŋ³⁵tsə⁰	刺儿 tsʰər⁵¹	水果 suei³⁵kuɣr²¹³
锦州	藤 tʰəŋ³⁵	刺 tsʰʐ⁵¹	水果儿 ʂuei³⁵kuor²¹³
盘锦	蔓儿 uɐr⁵¹	刺儿 tsʰər⁵¹	水果儿 suei³⁵kuor²¹³
兴城	藤子 tʰəŋ³⁵tsʐ⁰	刺儿 tsʰər⁵¹	水果儿 ʂuei³⁵kuor²¹³
绥中	藤 tʰəŋ³⁵	刺儿 tsʰər⁵¹	水果儿 ʂuei³⁵kuər²¹³
义县	蔓儿 uɐr⁵¹	刺儿 tsʰər⁵¹	水果儿 ʂuei³⁵kuor²¹³
北票	藤儿 tʰə̃r³⁵ 蔓儿 uɐr⁵¹	刺儿 tsʰər⁵¹	果木儿 kuo²¹mur⁰ 水果儿 ʂuei³⁵kuor²¹³
阜新	蔓子 uan⁵¹tsa⁰	刺儿 tsʰər⁵¹	水果儿 ʂuei³⁵kuor²¹³
黑山	藤 tʰəŋ³⁵	刺儿 tsʰər⁵¹	果木儿 kuo²¹mur⁰ 水果儿 ʂuei³⁵kuor²¹³
昌图	藤 tʰəŋ³⁵	刺儿 tsʰər⁵¹	水果儿 suei³⁵kuor²¹³
大连	藤子 tʰəŋ³⁴ə⁰	刺儿 tsʰər⁵²	水果儿 sue³⁴kuɣr²¹³
金州 杏树	蔓儿 mɐr⁵²	刺儿 tsʰər⁵²	水果儿 sue³⁴kuɣr²¹³
长海	蔓子 an⁵³ə⁰	刺 tsʰʐ⁵³	水果儿 suei²⁴kuər²¹⁴
庄河	藤 tʰəŋ⁵¹	刺儿 tsʰər⁵¹	水果儿 suei²⁴kuər²¹³
盖州	藤儿 tʰə̃r²⁴ 蔓儿 mɐr⁵¹	刺儿 tsʰər⁵¹	水果儿 suei²⁴kuɣr⁰
丹东	藤 tʰəŋ²⁴	刺 tsʰʐ⁵¹	水果 ʂuei²⁴kuo²¹³
建平	蔓儿 vɐr⁵³	刺儿 tsʰər⁵³	果木 kuə²¹³mu⁰
凌源	蔓儿 vɐr⁵¹	刺儿 tsʰər⁵¹	果木 kuo²¹mɣ⁰ 水果儿 ʂuei³⁵kuor²¹

	0160 苹果	0161 桃子	0162 梨
沈阳	苹果 pʰiŋ³⁵kuo²¹	桃儿 tʰaur³⁵	梨 li³⁵
本溪	苹果 pʰiŋ³⁵kuo⁰	桃儿 tʰaur³⁵	梨 li³⁵
辽阳	苹果 pʰiŋ³⁵kuo²¹³	桃儿 tʰaur³⁵	梨 li³⁵
海城	苹果 pʰiŋ³⁵kuɤ²¹⁴	桃儿 tʰaur³⁵	梨 li³⁵
开原	苹果 pʰiŋ³⁵kuɤ²¹³	桃儿 tʰaur³⁵	梨 li³⁵
锦州	苹果 pʰiŋ³⁵kuo²¹³	桃子 tʰau³⁵tʂə⁰	梨 li³⁵
盘锦	苹果儿 pʰiəŋ³⁵kuor²¹³	桃儿 tʰaur³⁵	梨 li³⁵
兴城	苹果 pʰiŋ³⁵kuo²¹³	桃子 tʰau³⁵tʂɻ⁰	梨 li³⁵
绥中	苹果 pʰiəŋ³⁵kuo²¹³	桃儿 tʰaor³⁵	梨 li³⁵
义县	苹果 pʰiŋ³⁵kuo²¹³	桃儿 tʰaur³⁵	梨 li³⁵
北票	苹果 pʰiəŋ³⁵kuo²¹³	桃儿 tʰaur³⁵	梨 li³⁵
阜新	苹果 pʰiŋ³⁵kuo²¹³	桃儿 tʰaur³⁵	梨 li³⁵
黑山	苹果 pʰiəŋ³⁵kuo²¹³	桃儿 tʰaur³⁵	梨 li³⁵
昌图	苹果 pʰiəŋ³⁵kuo²¹³	桃儿 tʰaur³⁵	梨 li³⁵
大连	苹果 pʰiŋ³⁴kuə²¹³	桃子 tʰɔ³⁴ʅ⁰	梨 le³⁴
金州杏树	苹果 pʰiŋ⁵²kuə²¹³	桃子 tʰɔ⁵²ʅ⁰	梨 le⁵²
长海	苹果 pʰiŋ⁵³kuə²¹⁴	桃子 tʰau⁵³ə⁰	梨 li⁵³
庄河	苹果 pʰiŋ⁵¹kuə²¹³	桃子 tʰao⁵¹ə⁰	梨 lei³¹
盖州	苹果 pʰiŋ²⁴kuɤ⁰	桃儿 tʰaur²⁴	梨 li²⁴
丹东	苹果 pʰiŋ²⁴kuo²¹³	桃子 tʰau²⁴tsɻ⁰	梨 li²⁴
建平	苹果 pʰiŋ³⁵kuə²¹³	桃儿 tʰɔr³⁵	梨 li³⁵
凌源	苹果 pʰiŋ³⁵kuo²¹	桃儿 tʰaur³⁵	梨 li³⁵

	0163 李子	0164 杏	0165 橘子
沈阳	李子 li^{21}tʂʅ^0	杏儿 ɕiər^{41}	橘子 tɕy^{35}tʂʅ^0
本溪	李子 li^{21}tʂʅ^0	杏儿 ɕiər^{51}	橘子 tɕy^{35}tʂʅ^0
辽阳	李子 li^{21}tʂʅ^0	杏 ɕiŋ^{51}	橘子 tɕy^{35}tʂʅ^0
海城	李子 li^{214}tʂʅ^0	杏儿 ɕiər^{51}	橘子 tɕy^{35}tʂʅ^0
开原	李子 li^{21}tʂə^0	杏儿 ɕiər^{51}	橘子 tɕy^{35}tʂə^0
锦州	李子 li^{21}tʂə^0	杏儿 ɕiər^{51}	橘子 tɕy^{35}tʂə^0
盘锦	李子 li^{21}tsə^0	杏儿 ɕiər^{51}	橘子 tɕy^{35}tsə^0
兴城	李子 li^{21}tʂʅ^0	杏儿 ɕiər^{51}	橘子 tɕy^{35}tʂʅ^0
绥中	李子 li^{21}tʂʅ^0	杏儿 ɕiər^{51}	橘子 tɕy^{35}tʂʅ^0
义县	李子 li^{21}tʂʅ^0	杏儿 ɕiər^{51}	橘子 tɕy^{35}tʂʅ^0
北票	李子 li^{21}tsʅ^0	杏儿 ɕiər^{51}	橘子 tɕy^{35}tsʅ^0
阜新	李子 li^{21}ts^0	杏儿 ɕiər^{51}	橘子 tɕy^{35}tsa^0
黑山	李子 li^{21}tʂʅ^0	杏儿 ɕiər^{51}	橘子 tɕy^{35}tʂʅ^0
昌图	李子 li^{213}tsə^0	杏儿 ɕiər^{51}	橘子 tɕy^{35}tsə^0
大连	李子 le^{21}ə^0	杏子 ɕiŋ^{52}ə^0	橘子 tɕy^{34}ə^0
金州 杏树	李子 le^{21}ə^0	杏 ɕiŋ^{52}	橘子 tɕy^{52}ə^0
长海	李子 li^{21}tʂʅ^0	杏子 ɕiə̃^{53}ə^0	橘子 cy^{53}tʂʅ^0
庄河	李子 lei^{21}ə^0	杏子 ɕiə̃^{51}ə^0	橘子 tɕy^{51}ə^0
盖州	李子 li^{213}tʂʅ^0	杏儿 ɕiər^{51}	橘子 tɕy^{213}tʂʅ^0
丹东	李子 li^{21}tʂʅ^0	杏 ɕiŋ^{51}	橘子 tɕy^{21}tʂʅ^0
建平	李子 li^{21}tʂʅ^0	杏儿 ɕiər^{53}	橘子 tɕy^{35}tʂʅ^0
凌源	李子 li^{21}tʂʅ^0	杏儿 ɕiər^{51}	橘子 tɕy^{35}tʂʅ^0

	0166 柚子	0167 柿子	0168 石榴
沈阳	柚子 iou⁴¹tsɿ⁰	柿子 ʂɿ⁴¹tsɿ⁰	石榴儿 ʂɿ³⁵liour⁰
本溪	柚子 iou⁵¹tsɿ⁰	柿子 ʂɿ⁵¹tsɿ⁰	石榴儿 ʂɿ³⁵liour⁰
辽阳	柚子 iou⁵¹tsɿ⁰	柿子 ʂɿ⁵¹tsɿ⁰	石榴 ʂɿ³⁵liou⁰
海城	柚子 iəu⁵¹tsɿ⁰	柿子 ʂɿ⁵¹tsɿ⁰	石榴儿 ʂɿ³⁵liəur⁰
开原	柚子 iou⁵³tʂə⁰	柿子 ʂɿ⁵³tsɿ⁰	石榴儿 ʂɿ³⁵liour⁰
锦州	柚子 iou⁵¹tʂə⁰	柿子 ʂɿ⁵¹tʂə⁰	石榴 ʂɿ³⁵liou⁰
盘锦	柚子 iou⁵¹tsə⁰	柿子 ʂɿ⁵¹tsə⁰	石榴儿 ʂɿ³⁵liour⁰
兴城	柚子 iou⁵¹tsɿ⁰	柿子 ʂɿ⁵¹tsɿ⁰	石榴儿 ʂɿ³⁵liour⁰
绥中	柚子 iou⁵¹tsɿ⁰	柿子 ʂɿ⁵¹tsɿ⁰	石榴儿 ʂɿ³⁵liour⁰
义县	柚子 iou⁵¹tsɿ⁰	柿子 ʂɿ⁵¹tsɿ⁰	石榴儿 ʂɿ³⁵liour⁰
北票	柚子 iou⁵¹tsɿ⁰	柿子 ʂɿ⁵¹tsɿ⁰	石榴儿 ʂɿ³⁵liour⁰
阜新	柚子 iou⁵¹tsa⁰	柿子 ʂɿ⁵¹tsa⁰	石榴 ʂɿ³⁵liou⁰
黑山	柚子 iou⁵¹tsɿ⁰	柿子 ʂɿ⁵¹tsɿ⁰	石榴儿 ʂɿ³⁵liour⁰
昌图	柚子 iou⁵¹tsɿ⁰	柿子 ʂɿ⁵¹tsɿ⁰	石榴儿 ʂɿ³⁵liour⁰
大连	柚子 iəu⁵²ə⁰	柿子 ʂɿ⁵²ə⁰	石榴 ʃɿ³⁴liəu⁰
金州杏树	柚子 iəu⁵²ə⁰	柿子 ʂɿ⁵²ə⁰	石榴儿 ɕi⁵²liəur⁰
长海	柚子 iəu⁵³tsɿ⁰	柿子 ʂɿ⁵³tsɿ⁰	石榴儿 ʃɿ²⁴liəur³¹
庄河	柚子 iəu⁵¹ə⁰	柿子 ʂɿ⁵¹ə⁰	石榴儿 ɕi⁵¹liəur⁰
盖州	柚子 iəu⁵¹tsɿ⁰	柿子 ʂɿ⁵¹tsɿ⁰	石榴 ʂɿ²⁴liəur⁰
丹东	柚子 iou⁵¹tsɿ⁰	柿子 ʂɿ⁵¹tsɿ⁰	石榴 ʂɿ²⁴liou⁰
建平	柚子 iəu⁵³tsɿ⁰	柿子 ʂɿ⁵³tsɿ⁰	石榴 ʂɿ³⁵liəu⁰
凌源	柚子 iou⁵¹tsɿ⁰	柿子 ʂɿ⁵¹tsɿ⁰	石榴 ʂɿ³⁵liou⁰

	0169 枣	0170 栗子	0171 核桃
沈阳	枣儿 tsaur²¹	栗子 li⁴¹tʂʅ⁰	核桃 xɤ³⁵tʰau⁰
本溪	枣儿 tʂaur²²⁴	栗子 li⁵¹tʂʅ⁰	核桃 xɤ³⁵tʰau⁰
辽阳	枣儿 tʂaur²¹³	栗子 li⁵¹tʂʅ⁰	核桃 xɤ³⁵tʰau⁰
海城	枣儿 tʂaur²¹⁴	栗子 li⁵¹tʂʅ⁰	核桃 xɤ³⁵tʰəu⁰
开原	枣儿 tʂaur²¹³	栗子 li⁵³tʂə⁰	核桃 xɤ³⁵tʰau⁰
锦州	枣儿 tʂaur²¹³	栗子 li⁵¹tʂə⁰	核桃 xɤ³⁵tʰau⁰
盘锦	枣儿 tʂaur²¹³	栗子 li⁵¹tsə⁰	核桃 xɤ³⁵tʰau⁰
兴城	枣儿 tʂaur²¹³	栗子 li⁵¹tʂʅ⁰	核桃 xɤ³⁵tʰau⁰
绥中	大枣儿 ta⁵¹tʂaor²¹³	栗子 li⁵¹tʂʅ⁰	核桃 xɤ³⁵tʰau⁰
义县	枣儿 tʂaur²¹³	栗子 li⁵¹tʂʅ⁰	核桃 xɤ³⁵tʰau⁰
北票	枣儿 tʂaur²¹³	栗子 li⁵¹tʂʅ⁰	核桃 xɤ³⁵tʰau⁰
阜新	枣儿 tʂaur²¹³	栗子 li⁵¹tsa⁰	核桃 xɤ³⁵tʰau⁰
黑山	枣儿 tʂaur²¹³	栗子 li⁵¹tʂʅ⁰	核桃 xɤ³⁵tʰau⁰
昌图	枣儿 tʂaur²¹³	栗子 li⁵¹tsʅ⁰	核桃 xɤ³⁵tʰau⁰
大连	枣儿 tsɔr²¹³	栗蓬 le⁵²pʰəŋ⁰	核桃 xɤ³⁴tʰɔ⁰
金州杏树	枣儿 tsɔr²¹³	栗蓬 le⁵²pʰəŋ⁰	核桃 xɤ⁵²tʰɔ⁰
长海	枣儿 tsaur²¹⁴	栗子 li⁵³tsʅ⁰	核桃 xɤ⁵³tʰau⁰
庄河	枣儿 tsaor²¹³	栗蓬 li⁵¹pʰəŋ⁰	核桃 xə⁵¹tʰao⁰
盖州	枣儿 tsaur²¹³	栗子 li⁵¹tsʅ⁰	核桃 xɤ²⁴tʰau⁰
丹东	枣儿 tsaur²¹³	栗蓬 li⁵¹pʰəŋ⁰	核桃 xɤ²⁴tʰau⁰
建平	枣儿 tsɔr²¹³	栗子 li⁵³tsʅ⁰	核桃 xɤ³⁵tʰɔ⁰
凌源	枣儿 tsaur²¹⁴	栗子 li⁵¹tsʅ⁰	核桃 xɤ³⁵tʰau⁰

	0172 银杏 白果	0173 甘蔗	0174 木耳
沈阳	白果儿 pai³⁵kuɚr²¹	甘蔗 kan³³tʂɤ³⁵	木耳 mu⁴¹ər²¹
本溪	白果儿 pai³⁵kuɚr²²⁴	甘蔗 kan⁴⁴tʂɤ³⁵	木耳 mu⁵¹ər²²⁴
辽阳	（无）	甘蔗 kan⁴⁴tʂɤ³⁵	木耳 mɤ³⁵ər²¹³
海城	银杏儿 in³⁵ɕiə̃r⁵¹	甘蔗 kan⁴⁴tʂɤ³⁵	木耳 mɤ³⁵ər²¹⁴
开原	（无）	甘蔗 kan⁴⁴tʂɤ³⁵	木耳 mu⁵³ər²¹³
锦州	银杏儿 in³⁵ɕiə̃r⁵¹	甘蔗 kan⁵⁵tʂə⁰	木耳 mu⁵³ər²¹³
盘锦	银杏儿 iən³⁵ɕiə̃r⁵¹	甜秆儿 tʰian³⁵kɐr²¹³	木耳 mu⁵¹ər²¹³
兴城	银杏儿 in³⁵ɕiə̃r⁵¹	甘蔗 kan⁴⁴tʂɤ³⁵	木耳 mu⁵¹ər²¹³
绥中	白果儿 pai³⁵kuər²¹³	甘蔗 kan⁵⁵tʂɤ³⁵	木耳 mu⁵¹ər²¹³
义县	银杏儿 in³⁵ɕiə̃r⁵¹	甘蔗 kan⁴⁴tʂɤ³⁵	木耳 mu⁵³ər²¹³
北票	银杏儿 iən³⁵ɕiə̃r⁵¹	甜棒儿 tʰian³⁵pãr⁵¹ 甘蔗 kan⁴⁴tʂɤ³⁵	木耳 mu⁵³ər²¹³
阜新	银杏儿 in³⁵ɕiə̃r⁵¹	甘蔗 kan⁵⁵tʂɤ⁵¹	木耳 mɤ³⁵ər²¹³
黑山	银杏儿 iən³⁵ɕiə̃r⁵¹	甘蔗 kan⁴⁴tʂɤ³⁵	木耳 mu⁵³ər²¹³
昌图	银杏儿 iən³⁵ɕiə̃r⁵¹	甘蔗 kan³³tʂə⁰	木耳 mu⁵¹ər²¹³
大连	白果 pɤ³⁴kuə²¹³	甜秆儿 tʰiẽ³⁴kɐr³¹²	木耳 m̩⁵²ər²¹³
金州 杏树	白果儿 pɤ⁵²kuɤr²¹³	甘蔗儿 kã³¹tɕiɛr⁵²	木耳 mu³⁴ər²¹³
长海	银杏儿 iən⁵³ɕiə̃r⁰	甘蔗 kan³¹tʂɤ⁰	木耳 mu⁵³ər²¹⁴
庄河	银杏儿 in⁵³ɕiə̃r⁵¹	甘蔗 kan³¹tʂə⁰	木耳 mu⁵¹ər²¹³
盖州	银杏儿 in²⁴ɕiə̃r⁵¹	甜秆儿 tʰian²⁴kɐr²¹³	木耳 mɤ²⁴ər²¹³
丹东	白果儿 pai²⁴kuor²¹³	甜秆儿 tʰian²⁴kɐr⁴¹¹	木耳 mu⁵¹ər²¹³
建平	（无）	甘蔗 kã⁴⁴tʂə⁰	木耳 mu⁵³ər²¹³
凌源	银杏儿 in³⁵ɕiə̃r⁵¹	甜棒儿 tʰiɛn³⁵pãr⁰ 甘蔗 kan⁵⁵tʂɤ³⁵	木耳 mu⁵³ər²¹

	0175 蘑菇野生的	0176 香菇	0177 稻子指植物
沈阳	蘑菇 muo³⁵ku⁰	香菇 ɕiaŋ³³ku³³	稻子 tau⁴¹tsʅ⁰
本溪	蘑菇 muo³⁵ku⁰	香菇 ɕiaŋ⁴⁴ku⁴⁴	水稻 ʂuei²¹tau⁵¹
辽阳	蘑菇 mɤ³⁵ku⁰	香菇蘑 ɕiaŋ⁴⁴ku⁴⁴mɤ³⁵	水稻 ʂuei²¹tau⁵¹
海城	蘑菇 mɤ³⁵ku⁰	香菇 ɕiaŋ⁴⁴ku⁴⁴	水稻 ʂuei²¹tau⁵¹
开原	蘑菇 mɤ³⁵ku⁰	香菇 ɕiaŋ⁴⁴ku⁴⁴	水稻 ʂuei²¹tau⁵¹
锦州	蘑菇 mɤ³⁵ku⁰	香菇 ɕiaŋ⁵⁵ku⁵⁵	水稻 ʂuei²¹tau⁵¹
盘锦	蘑菇 mɤ³⁵ku⁰	香菇 ɕiaŋ⁵⁵ku⁵⁵	稻子 tau⁵¹tsə⁰
兴城	蘑菇 mɤ³⁵ku⁰	香菇 ɕiaŋ⁴⁴ku⁴⁴	水稻 ʂuei²¹tau⁵¹
绥中	蘑菇 muo³⁵ku⁰	香菇 ɕiaŋ⁵⁵ku⁵⁵	稻子 tau⁵¹tsʅ⁰
义县	蘑菇 mɤ³⁵ku⁰	香菇 ɕiaŋ⁴⁴ku⁴⁴	稻子 tau⁵¹tsʅ⁰
北票	蘑菇 mɤ³⁵ku⁰	香菇 ɕiaŋ⁴⁴ku⁴⁴	稻子 tau⁵¹tsʅ⁰
阜新	蘑菇 mɤ³⁵ku⁰	香菇 ɕiaŋ⁵⁵ku⁵⁵	稻子 tau⁵¹tsa⁰
黑山	蘑菇 mɤ³⁵ku⁰	香菇 ɕiaŋ⁴⁴ku⁴⁴	水稻 ʂuei²¹tau⁵¹
昌图	蘑菇 mɤ³⁵ku⁰	香菇 ɕiaŋ³³ku³³	稻子 tau⁵¹tsʅ⁰
大连	蘑菇 mɤ³⁴ku⁰	香菇 ɕiaŋ³⁴ku³¹²	稻子 tɔ⁵²ɚ⁰
金州杏树	蘑菇 mɤ⁵²ku⁰	香菇 ɕiaŋ³¹ku⁰	粳子 tɕiŋ³¹ə⁰
长海	蘑菇 mɤ⁵³ku⁰	香菇 ɕiaŋ²⁴ku³¹	（无）
庄河	蘑菇 mə⁵¹ku⁰	香菇 ɕiaŋ³³ku³¹	粳子 tɕiə̃³¹ə⁰
盖州	蘑菇 mɤ²⁴ku⁰	香菇 ɕiaŋ²⁴ku⁰	水稻 suei²¹tau⁵¹
丹东	蘑菇 mɤ²⁴ku⁰	香菇 ɕiaŋ⁴⁴ku⁴¹¹	粳子 tɕiŋ⁴¹¹tsʅ⁰
建平	蘑菇 mɤ³⁵ku⁰	香菇 ɕiã⁴⁴ku⁴⁴	稻子 tɔ⁵³tsʅ⁰
凌源	蘑菇 mɤ³⁵ku⁰	香菇 ɕiaŋ⁵⁵ku⁵⁵	稻子 tau⁵¹tsʅ⁰

词汇对照

	0178 稻谷 指子实（脱粒后是大米）	0179 稻草 脱粒后的	0180 大麦 指植物
沈阳	稻谷 tau⁴¹ku²¹	稻草 tau⁴¹tsʰau²¹	大麦 ta⁴¹mai⁴¹
本溪	粳子 tɕiŋ⁴⁴tsʅ⁰	稻草 tau⁵¹tʂʰau²²⁴	大麦 ta⁵³mai⁵¹
辽阳	稻子 tau⁵¹sʅ⁰	稻草 tau⁵¹tʂʰau²¹³	麦 mai⁵¹
海城	稻子 tau⁵¹tsʅ⁰	稻草 tau⁵¹tʂʰau²¹⁴	大麦 ta⁵³mai⁵¹
开原	稻子 tau⁵³tʂə⁰	稻草 tau⁵³tʂʰau²¹³	（无）
锦州	稻子 tau⁵¹tʂə⁰	稻草 tau⁵³tʂʰau²¹³	（无）
盘锦	稻子 tau⁵¹tsə⁰	稻乱子 tau⁵³lan⁵¹tsə⁰	大麦 ta⁵³mai⁵¹
兴城	稻子 tau⁵¹tsʅ⁰	稻草 tau⁵¹tsʰau²¹³	（无）
绥中	大米 ta⁵¹mi²¹³	稻草 tau⁵¹tsʰau²¹³	大麦 ta⁵¹mai⁵¹
义县	稻子 tau⁵¹tsʅ⁰	稻草 tau⁵³tʂʰau²¹³	大麦 ta⁵³mai⁵¹
北票	稻子 tau⁵¹tsʅ⁰	稻草 tau⁵¹tsʰau⁰	大麦 ta⁵³mai⁵¹
阜新	稻子 tau⁵¹tsa⁰	稻秸儿 tau⁵¹kɐr⁵⁵	稻秸儿 tau⁵¹kɐr⁵⁵
黑山	水稻 ʂuei²¹tau⁵¹	稻秸子 tau⁵³kai⁴⁴tsʅ⁰	大麦 ta⁵³mai⁵¹
昌图	谷子 ku²¹tʂə⁰	稻草 tau⁵¹tʂʰau²¹³	大麦 ta⁵³mai⁵¹
大连	大米 ta⁵²mi²¹³	稻草 tɔ⁵²tsʰɔ²¹³	大麦 ta⁵²mɛ⁵²
金州杏树	大米 ta⁵²mi²¹³	粳秧草 tɕiŋ³¹iaŋ⁵²tsʰɔ²¹³	大麦 ta⁵²mɛ⁰
长海	粳子 ɕiŋ³¹tsʅ⁰	粳草 ɕiŋ³¹tsʰau²¹⁴	大麦 ta⁵³mɤ²¹⁴
庄河	粳子 tɕiɑ̃³¹ə⁰	粳草 tɕiŋ³¹tsʰao²¹³	麦子 mə²¹ə⁰
盖州	稻子 tau⁵¹tsʅ⁰	稻草 tau⁵¹tsʰau²¹³	大麦 ta⁵¹mai⁵¹
丹东	稻谷 tau⁵¹ku²¹³	粳草 tɕiŋ⁴¹¹tsʰau²¹³	大麦 ta⁵³mai⁵¹
建平	稻谷 tɔ⁵³ku²¹³	稻草 tɔ⁵³tsʰɔ²¹³	大麦 ta⁴²mɛ⁵³
凌源	稻子 tau⁵¹tsʅ⁰	稻草 tau⁵³tsʰau²¹	大麦 ta⁵³mai⁵¹

	0181 小麦 指植物	0182 麦秸 脱粒后的	0183 谷子 指植物（子实脱粒后是小米）
沈阳	小麦 ɕiau²¹mai⁴¹	麦秆儿 mai⁴¹kɐr²¹	谷子 ku²¹tʂʅ⁰
本溪	小麦 ɕiau²¹mai⁵¹	麦秆儿 mai⁵¹kɐr²²⁴	谷子 ku²¹tʂʅ⁰
辽阳	麦 mai⁵¹	（无）	谷子 ku²¹tʂʅ⁰
海城	小麦 ɕiau²¹mai⁵¹	麦秆儿 mai⁵¹kɐr²¹⁴	谷子 ku²¹⁴tʂʅ⁰
开原	小麦 ɕiau²¹mai⁵¹	麦秸儿 mai⁵³kɐr²¹³	谷子 ku²¹tsə⁰
锦州	麦子 mai⁵¹tʂə⁰	麦秸子 mai⁵³kai⁵⁵tsə⁰	谷子 ku²¹tsə⁰
盘锦	小麦 ɕiau²¹mai⁵¹	麦秆儿 mai⁵¹kɐr²¹³	谷子 ku²¹tsə⁰
兴城	麦子 mai⁵¹tʂʅ⁰	麦秸儿 mai⁵¹tɕier⁴⁴ 麦秸 mai⁵¹kai⁴⁴	谷子 ku²¹tʂʅ⁰
绥中	小麦 ɕiau²¹mai⁵¹	麦秸儿 mai⁵¹tɕier⁵⁵	谷子 ku²¹tʂʅ⁰
义县	小麦 ɕiau²¹mai⁵¹	麦秸儿 mai⁵³kɐr⁴⁴	谷子 ku²¹tʂʅ⁰
北票	小麦 ɕiau²¹mai⁵¹	麦秸子 mai⁵³tɕiɛ⁴⁴tsʅ⁰	谷子 ku²¹tʂʅ⁰
阜新	麦子 mai⁵¹tsa⁰ 小麦 ɕiau²¹mai⁵¹	麦秸儿 mai⁵³kɐr⁵⁵	谷子 ku²¹tsa⁰
黑山	小麦 ɕiau²¹mai⁵¹	麦秸子 mai⁵³kai⁴⁴tʂʅ⁰	谷子 ku²¹tʂʅ⁰
昌图	小麦 ɕiau²¹³mai⁵¹	麦秆儿 mai⁵¹kɐr²¹³	谷子 ku²¹tʂə⁰
大连	麦子 mɤ²¹ə⁰	麦秸儿 mɤ³⁴tɕier³¹²	谷子 ku²¹ə⁰
金州杏树	麦子 mɤ²¹ə⁰	麦秸 mɤ²¹tɕiɛ³¹²	谷子 ku²¹ə⁰
长海	小麦 ʃiau²⁴mɤ²¹⁴	麦秸子 mɤ²¹ɕiɛ³¹tsʅ⁰	谷子 ku²⁴tsʅ⁰
庄河	麦子 mə²¹ə⁰	麦秸子 mai⁵¹tɕiɛ³¹ə⁰	谷子 ku²¹ə⁰
盖州	小麦 ɕiau²¹mai⁵¹	麦秆儿 mai⁵¹kɐr²¹³	谷子 ku²¹tʂʅ⁰
丹东	小麦 ɕiau²¹mai⁵¹	麦秸儿 mai⁵¹tɕier⁴¹¹	谷子 ku²¹tʂʅ⁰
建平	小麦 ɕiɔ²¹mɛ⁵³ 麦子 mɛ⁵³tsʅ⁰	麦秸秆儿 mɛ⁵³tɕie³⁵kɐr⁰ 麦秸子 mɛ⁵³tɕie³⁵tsʅ⁰	谷子 ku²¹tsʅ⁰
凌源	麦子 mai⁵¹tsʅ⁰ 小麦 ɕiau²¹mai⁵¹	麦秸子 mai⁵³tɕie⁵⁵tsʅ⁰	谷子 ku²¹tsʅ⁰

	0184 高粱指植物	0185 玉米指成株的植物	0186 棉花指植物
沈阳	高粱 kau³³liaŋ⁰	苞米 pau³³mi²¹	棉花 mian³⁵xua³³
本溪	粟米 ʂu³⁵mi²²⁴	苞米 pau⁴⁴mi⁰	棉花 mian³⁵xua⁴⁴
辽阳	高粱 kau⁴⁴liaŋ⁰	苞米 pau⁴⁴mi²¹³	棉花 mian³⁵xua⁰
海城	高粱 kau⁴⁴liaŋ⁰	苞米 pau⁴⁴mi²¹⁴	棉花 ȵiau³⁵xuɤ⁰
开原	高粱 kau⁴⁴liaŋ⁰	苞米 pau⁴⁴mi²¹³	棉花 ȵiau³⁵xuɤ⁰
锦州	高粱 kau⁵⁵liaŋ⁰	苞米 pau⁵⁵mi²¹³	棉花 ȵiau³⁵xuo⁰
盘锦	高粱 kau⁵⁵liaŋ⁰	苞米 pau⁵⁵mi²¹³	棉花 ȵiau³⁵xuo⁰
兴城	高粱 kau⁴⁴liaŋ⁰	苞米 pau⁴⁴mi²¹³	棉花 ȵiau³⁵xuo⁰
绥中	高粱 kau⁵⁵liaŋ⁰	苞米 pau⁵⁵mi²¹³	棉花 ȵiau³⁵xuo⁰
义县	高粱 kau⁴⁴liaŋ⁰	苞米 pau⁴⁴mi²¹³	棉花 ȵiau³⁵xua⁰
北票	高粱 kau⁴⁴liaŋ⁰	苞米 pau⁴⁴mi²¹³	棉花 ȵian³⁵xua⁰
阜新	高粱 kau⁵⁵liaŋ³⁵	棒子 paŋ⁵¹tsa⁰ 苞米 pau⁵⁵mi²¹³	棉花 ȵiau³⁵xuo⁰
黑山	高粱 kau⁴⁴liaŋ³⁵	苞米 pau⁴⁴mi²¹³	棉花 ȵiau³⁵xuo⁰
昌图	高粱 kau³³liaŋ³⁵	苞米 pau³³mi²¹³	棉花 mian³⁵xua⁰
大连	高粱 kɔ³¹liaŋ⁰	苞米 pɔ³¹mi²¹³	棉花 miɛ̃³⁴xua³¹²
金州 杏树	高粱 kɔ³¹liaŋ⁰	苞米 pɔ⁵²mi²¹³	棉花 miɛ̃³⁴xua³¹²
长海	高粱 kau³¹liaŋ⁰	苞米 pau³¹mi²¹⁴	棉花 mian²⁴xua³¹
庄河	高粱 kao³¹liaŋ⁰	苞米 pao³¹mi²¹³	棉花 mian²⁴xua³¹
盖州	高粱 kau⁴¹²liaŋ²⁴	苞米 pau⁴¹²mi²¹³	棉花 ȵiau²⁴xuən⁰
丹东	高粱 kau⁴¹¹liaŋ⁰	苞米 pau⁴¹¹mi²¹³	棉花 mian²⁴xua⁰
建平	高粱 kɔ⁴⁴liã³⁵	棒子 pɑ̃⁵³tsɿ⁰	棉花 ȵiɛ̃³⁵xua⁰
凌源	高粱 kau⁵⁵liaŋ³⁵	棒子 paŋ⁵¹tsɿ⁰ 苞米 pau⁵⁵mi²¹	棉花 ȵiɛn³⁵xua⁰

	0187 油菜 油料作物，不是蔬菜	0188 芝麻	0189 向日葵 指植物
沈阳	油菜 iou^{35}tʂʰai^{41}	芝麻 tʂʅ^{33}ma^{0}	向日葵 ɕiaŋ^{41}ʐʅ^{0}kʰuei^{35}
本溪	油菜 iou^{35}tʂʰai^{51}	芝麻 tʂʅ^{31}ma^{0}	毛嗑⁼儿 mau^{35}kʰɤr^{51}
辽阳	油菜 iou^{35}tʂʰai^{0}	芝麻 tʂʅ^{44}ma^{0}	毛嗑⁼儿 mau^{35}kʰɤr^{51}
海城	油菜 iəu^{35}tʂʰai^{51}	芝麻 tʂʅ^{44}mɤ^{0}	向日葵 ɕiaŋ^{53}ʐʅ^{51}kʰuei^{35}
开原	（无）	芝麻 tʂʅ^{44}ma^{0}	葵花儿 kʰuei^{35}xuar^{44}
锦州	油菜 iou^{35}tʂʰai^{51}	芝麻 tʂʅ^{55}ma^{0}	毛嗑⁼儿 mau^{35}kʰɤr^{51}
盘锦	油菜 iou^{35}tʂʰai^{51}	芝麻 tʂʅ^{55}ma^{0}	向日葵 ɕiaŋ^{53}ʐʅ^{53}kʰuei^{35}
兴城	油菜 iou^{35}tʂʰai^{51}	芝麻 tʂʅ^{44}ma^{0}	毛儿嗑⁼儿 maur^{35}kʰɤr^{51}
绥中	油菜 iou^{35}tʂʰai^{0}	芝麻 tʂʅ^{55}ma^{0}	毛嗑⁼儿 mau^{35}kʰər^{51}
义县	油菜 iou^{35}tʂʰai^{0}	芝麻 tʂʅ^{44}ma^{0}	毛嗑⁼儿 mau^{35}kʰɤr^{51}
北票	油菜 iou^{35}tʂʰai^{51}	芝麻 tʂʅ^{44}ma^{0}	葵花 kʰuei^{35}xua^{44} 向日葵 ɕiaŋ^{53}ʐʅ^{53}kʰuei^{35}
阜新	油菜 iou^{35}tʂʰai^{51}	芝麻 tʂʅ^{55}ma^{0}	毛嗑⁼儿 mau^{35}kʰɤr^{51}
黑山	油菜 iou^{35}tʂʰai^{0}	芝麻 tʂʅ^{44}ma^{0}	毛嗑⁼儿 mau^{35}kʰɤr^{51}
昌图	油菜 iou^{35}tʂʰai^{51}	芝麻 tʂʅ^{33}ma^{0}	葵瓜子儿 kʰuei^{35}kua^{33}tsər^{213} 洋瓜子儿 iaŋ^{35}kua^{33}tsər^{213}
大连	油菜 iəu^{34}tʂʰɛ^{52}	芝麻 tʂʅ^{31}ma^{0}	转日莲 tsuã^{52}i^{0}liẽ^{34}
金州杏树	油菜 iəu^{31}tʂʰɛ^{52}	芝麻 tʂʅ^{31}mɤ̃^{0}	转日莲 tsuã^{52}i^{0}liẽ^{52}
长海	油菜 iəu^{31}tʂʰai^{0}	芝麻 tʂʅ^{31}ma^{0}	插⁼莲 tsʰa^{33}lian^{53}
庄河	油菜 iəu^{31}tʂʰai^{51}	芝麻 tʂʅ^{31}ma^{0}	毛嗑⁼儿 mao^{31}kʰər^{51}
盖州	油菜籽儿 iəu^{24}tʂʰai^{51}tsər^{213}	芝麻 tʂʅ^{412}ma^{0}	毛嗑⁼儿 mau^{24}kʰɤr^{51}
丹东	油菜 iou^{24}tʂʰai^{51}	芝麻 tʂʅ^{411}ma^{0}	转脸儿 tʂuan^{24}liɐr^{213}
建平	油菜 iəu^{35}tʂʰɛ^{53}	芝麻 tʂʅ^{44}ma^{0}	转金莲 tsuã^{53}tɕi^{0}liẽ^{35}
凌源	油菜 iou^{35}tʂʰai^{51}	芝麻 tʂʅ^{55}ma^{0}	葵花 kʰuei^{35}xua^{55}

	0190 蚕豆	0191 豌豆	0192 花生 指果实，注意婉称
沈阳	蚕豆 tsʰan³⁵tou⁴¹	豌豆 van³³tou⁴¹	花生 xua³³səŋ³³
本溪	蚕豆儿 tsʰan³⁵tour⁵¹	豌豆 uan²¹tou⁵¹	花生 xua⁴⁴səŋ⁴⁴
辽阳	（无）	豌豆儿 uan⁴⁴tour⁵¹	花生 xua⁴⁴səŋ⁴⁴
海城	蚕豆儿 tʂʰan³⁵təur⁵¹	豌豆 uan⁴⁴təu⁵¹	花生 xua³⁵səŋ⁴⁴
开原	（无）	（无）	花生豆儿 xua⁴⁴ʂəŋ⁴⁴tour⁵¹
锦州	蚕豆 tʂʰan³⁵tou⁵¹	豌豆 uan⁵⁵tou⁵¹	花生儿 xua⁵⁵ʂɚr⁵⁵
盘锦	蚕豆 tʂʰan³⁵tou⁵¹	豌豆 uan³⁵tou⁵¹	花生 xua⁵⁵ʂəŋ⁵⁵
兴城	蚕豆 tʂʰan³⁵tou⁵¹	豌豆 uan⁴⁴tou⁵¹	花生 xua⁴⁴ʂəŋ⁴⁴
绥中	蚕豆 tʂʰan³⁵tou⁵¹	豌豆 uan⁵⁵tou⁵¹	花生 xua⁵⁵ʂəŋ⁵⁵
义县	蚕豆 tʂʰan³⁵tou⁵¹	豌豆 uan⁴⁴tou⁵¹	花生 xua⁴⁴ʂəŋ⁴⁴
北票	蚕豆 tʂʰan³⁵tou⁵¹	豌豆 uan⁴⁴tou⁵¹	花生 xua⁴⁴ʂəŋ⁴⁴
阜新	蚕豆 tʂʰan³⁵tou⁵¹	豌豆 uan⁵⁵tou⁵¹	花生 xua⁵⁵ʂəŋ⁵⁵
黑山	蚕豆 tʂʰan³⁵tou⁵¹	豌豆 uan⁴⁴tou⁵¹	花生 xua⁴⁴ʂəŋ⁴⁴
昌图	蚕豆 tʂʰan³⁵tou⁵¹	豌豆 uan³³tou⁵¹	花生 xua³³ʂəŋ³³
大连	蚕豆 tsʰã³⁴təu⁵²	豌豆 uã³¹təu⁵²	花生 xua³⁴səŋ³¹²
金州 杏树	蚕豆 tsʰã³¹təu⁵²	豌豆 uã³¹təu⁵²	果子 kuə²¹ə⁰
长海	（无）	豌豆 uan³³təu⁵³	长果儿 tʃʰaŋ⁵³kuər²¹⁴
庄河	（无）	豌豆 uan³¹təu⁵¹	果子 kuə²¹ə⁰
盖州	蚕豆 tsʰan²⁴təu⁵¹	豌豆 uan⁴¹²təu⁵¹	花生 xua²⁴səŋ⁴¹²
丹东	蚕豆 tsʰan²⁴tou⁵¹	豌豆 uan⁴¹¹tou⁵¹	花生 xua⁴¹¹ʂəŋ⁰
建平	树豆 ʂu⁴²təu⁵³	（无）	落花生 lɔ³⁵xu²¹ʂəŋ⁴⁴
凌源	蚕豆 tsʰan³⁵tou⁵¹	豌豆 van⁵⁵tou⁵¹	花生 xua⁵⁵ʂəŋ⁵⁵

	0193 黄豆	0194 绿豆	0195 豇豆 长条形的
沈阳	黄豆 xuaŋ³⁵tou⁴¹	绿豆 ly⁴¹tou⁴¹	豇豆 tɕiaŋ³³tou⁴¹
本溪	黄豆 xuaŋ³⁵tou⁵¹	绿豆 ly⁵¹tou⁰	豇豆 tɕiaŋ³¹tou⁵¹
辽阳	黄豆 xuaŋ³⁵tou⁰	绿豆 ly⁵¹tou⁰	长豆 tsʰaŋ³⁵tou⁰
海城	大豆儿 ta⁵³təur⁵¹	绿豆儿 ly⁵³təur⁵¹	长豆儿 tʂʰaŋ³⁵təur⁵¹
开原	大豆 ta⁵³tou⁰	绿豆 ly⁵³tou⁰	豇豆 tɕiaŋ⁴⁴tou⁰
锦州	大豆 ta⁵³tou⁵¹	绿豆 ly⁵³tou⁵¹	豇豆角儿 tɕiaŋ⁵⁵tou⁵³tɕiaur²¹³
盘锦	黄豆儿 xuaŋ³⁵tour⁵¹	绿豆儿 ly⁵³tour⁵¹	豇豆儿 tɕiaŋ⁵⁵tour⁵¹
兴城	黄豆 xuaŋ³⁵tou⁵¹	绿豆 ly⁵¹tou⁵¹	豇豆角儿 tɕiaŋ⁴⁴tou⁵¹tɕiaur²¹³
绥中	大豆 ta⁵¹tou⁵¹	绿豆 ly⁵¹tou⁵¹	长豆角儿 tʂʰaŋ³⁵tou⁵¹tɕiaor²¹³
义县	大豆 ta⁵³tou⁵¹	绿豆 ly⁵³tou⁵¹	线豆 ɕian⁵³tou⁵¹
北票	大豆 ta⁵³tou⁵¹	绿豆 ly⁵³tou⁵¹	长豆角儿 tʂʰaŋ³⁵tou⁵³tɕiaur²¹³ 长豆角子 tʂʰaŋ³⁵tou⁵³tɕiau²¹tsʅ⁰
阜新	黄豆 xuaŋ³⁵tou⁵¹	绿豆 ly⁵³tou⁵¹	豇豆 tɕiaŋ⁵⁵tou⁵¹
黑山	大豆 ta⁵³tou⁵¹	绿豆 luei⁵³tou⁵¹	豇豆 tɕiaŋ⁴⁴tou⁵¹
昌图	大豆 ta⁵³tou⁵¹	绿豆 ly⁵³tou⁵¹	豇豆 tɕiaŋ³³tou⁵¹
大连	黄豆 xuaŋ³⁴təu⁵²	绿豆 ly⁵²təu⁵²	豇豆 tɕiaŋ³¹təu⁵²
金州杏树	黄豆 xuaŋ³¹təu⁵²	绿豆 ly²¹təu⁵²	豇豆 xuŋ⁵²təu⁵²
长海	黄豆 xuaŋ⁵³təu⁵³	绿豆 ly²¹təu⁵³	线儿豆 ʃier⁵³təu⁵³
庄河	黄豆 xuaŋ⁵³təu⁵¹	绿豆 ly²¹təu⁵¹	菜豆 tsʰai⁵³təu⁵¹
盖州	黄豆儿 xuaŋ²⁴təur⁵¹	绿豆 ly⁵¹təu⁵¹	长豆儿 tsʰaŋ²⁴təur⁵¹
丹东	黄豆 xuaŋ²⁴tou⁵¹	绿豆 ly⁵³tou⁵¹	菜豆 tsʰai⁵³tou⁵¹
建平	黄豆 xuã³⁵təu⁵³	绿豆 ly⁴²təu⁵³	豇豆 tɕiã⁴⁴təu⁵³
凌源	黄豆 xuaŋ³⁵tou⁵¹	绿豆 ly⁵³tou⁵¹	长豆角儿 tʂʰaŋ³⁵tou⁵³tɕiaur²¹

词汇对照

	0196 大白菜 东北~	0197 包心菜 卷心菜, 圆白菜, 球形的	0198 菠菜
沈阳	大白菜 ta⁴¹pai³⁵tsʰai⁰	疙瘩白 ka³³ta⁰pai³⁵	菠菜 puo³³tsʰai⁰
本溪	大白菜 ta⁵¹pai³⁵tsʰai⁵¹	疙瘩白 ka⁴⁴ta⁰pai³⁵	菠菜 puo⁴⁴tsʰai⁵¹
辽阳	大白菜 ta⁵¹pai³⁵tsʰai⁵¹	大头菜 ta⁵¹tʰou³⁵tsʰai⁵¹ 疙瘩白 ka⁴⁴ta⁴⁴pai³⁵	菠菜 pɤ⁴⁴tsʰai⁵¹
海城	大白菜 ta⁵¹pai³⁵tsʰai⁰	疙瘩白 ka⁴⁴ta⁰pai³⁵	菠菜 pɤ⁴⁴tsʰai⁰
开原	白菜 pai³⁵tsʰai⁰	疙瘩白 ka⁴⁴ta⁰pai³⁵ 大头儿菜 ta⁵³tʰour³⁵tsʰai⁰	菠菜 pɤ⁴⁴tsʰai⁰
锦州	白菜 pai³⁵tsʰai⁵¹	大头菜 ta⁵³tʰou³⁵tsʰai⁵¹ 疙瘩白 ka⁵⁵ta⁰pai³⁵	菠菜 pɤ⁵⁵tsʰai⁵¹
盘锦	大白菜 ta⁵³pai³⁵tsʰai⁵¹	疙瘩白 ka⁵⁵ta⁰pai³⁵	菠菜 pɤ⁵⁵tsʰai⁰
兴城	大白菜 ta⁵¹pai³⁵tsʰai⁵¹	大头菜 ta⁵¹tʰou³⁵tsʰai⁵¹	菠菜 pɤ⁴⁴tsʰai⁵¹
绥中	白菜 pai³⁵tsʰai⁰	疙瘩白 ka⁵⁵ta⁰pai³⁵	菠菜 puo⁵⁵tsʰai⁰
义县	大白菜 ta⁵³pai³⁵tsʰai⁰	大头菜 ta⁵³tʰou³⁵tsʰai⁵¹ 疙瘩白 ka⁴⁴ta⁰pai³⁵	菠菜 pɤ⁴⁴tsʰai⁵¹
北票	大白菜 ta⁵³pai³⁵tsʰai⁰	疙瘩白 ka⁴⁴ta⁰pai³⁵	菠菜 pɤ⁴⁴tsʰai⁵¹
阜新	大白菜 ta⁵³pai³⁵tsʰai⁰	疙瘩白 ka⁵⁵ta⁰pai³⁵ 甘蓝 kan⁵⁵lan³⁵	菠菜 pɤ⁵⁵tsʰai⁰
黑山	大白菜 ta⁵³pai³⁵tsʰai⁰	疙瘩白 ka⁴⁴ta⁰pai³⁵ 大头菜 ta⁵³tʰou³⁵tsʰai⁵¹	菠菜 pɤ⁴⁴tsʰai⁵¹
昌图	大白菜 ta⁵¹pai³⁵tsʰai⁵¹	疙瘩白 ka³³ta⁰pai³⁵	菠菜 pɤ³³tsʰai⁵¹
大连	大白菜 ta⁵²pɤ³⁴tsʰɛ⁵²	大头菜 ta⁵²tʰəu³⁴tsʰɛ⁵²	菠菜 pɤ³¹tsʰɛ⁰
金州杏树	大白菜 ta⁵²pɤ³¹tsʰɛ⁵²	大头儿菜 ta⁵²tʰəur³¹tsʰɛ⁵²	菠菜 pɤ³¹tsʰɛ⁰
长海	大白菜 ta⁵³pɤ²⁴tsʰai⁵³	大头儿菜 ta⁵³tʰəur⁰tsʰai⁵³	菠菜 pɤ³¹tsʰai⁵³
庄河	白菜 pai⁵¹tsʰai⁰	大头儿菜 ta⁵¹tʰəur⁰tsʰai⁵¹	菠菜 pə³¹tsʰai⁰
盖州	白菜 pai²⁴tsʰai⁵¹	疙瘩白 ka⁴¹²ta⁰pai²⁴	菠菜 pɤ⁴¹²tsʰai⁰
丹东	大白菜 ta⁵¹pai²⁴tsʰai⁵¹	疙瘩白 ka⁴¹¹ta⁰pai²⁴	菠菜 pɤ⁴¹¹tsʰai⁵¹
建平	白菜 pɛ³⁵tsʰɛ⁰	疙瘩白 ka⁴⁴ta⁰pɛ³⁵	菠菜 pɤ⁴⁴tsʰɛ⁰
凌源	大白菜 ta⁵³pai³⁵tsʰai⁵¹	疙瘩白 ka⁵⁵ta⁰pai³⁵ 大头菜 ta⁵³tʰou³⁵tsʰai⁵¹	菠菜 pɤ⁵⁵tsʰai⁵¹

	0199 芹菜	0200 莴笋	0201 韭菜
沈阳	芹菜 tɕʰin³⁵tsʰai⁰	莴笋 uo³³suən²¹	韭菜 tɕiou²¹tsʰai⁰
本溪	芹菜 tɕʰin³⁵tsʰai⁵¹	莴笋 uo⁴⁴suən²²⁴	韭菜 tɕiou²¹tsʰai⁵¹
辽阳	芹菜 tɕʰin³⁵tʂʰai⁰	笋 suən²¹³	韭菜 tɕiou²¹tʂʰai⁵¹
海城	芹菜 tɕʰin³⁵tʂʰai⁰	莴笋 uɤ⁴⁴ʂuən²¹⁴	韭菜 tɕiəu²¹⁴tʂʰai⁰
开原	芹菜 tɕʰin³⁵tʂʰai⁰	青笋 tɕʰiŋ⁴⁴ʂuən²¹³	韭菜 tɕiou²¹tʂʰai⁰
锦州	芹菜 tɕʰin³⁵tʂʰai⁵¹	（无）	韭菜 tɕiou²¹tʂʰai⁵¹
盘锦	芹菜 tɕʰiən³⁵tʂʰai⁰	莴笋 uo⁵⁵suən²¹³	韭菜 tɕiou²¹tʂʰai⁵¹
兴城	芹菜 tɕʰin³⁵tʂʰai⁵¹	（无）	韭菜 tɕiou²¹tʂʰai⁵¹
绥中	芹菜 tɕʰin³⁵tʂʰai⁰	莴儿笋 uər⁵⁵ʂuən²¹³	韭菜 tɕiou²¹tʂʰai⁰
义县	芹菜 tɕʰin³⁵tʂʰai⁵¹	莴笋 uo⁴⁴ʂuən²¹³	韭菜 tɕiou²¹tʂʰai⁵¹
北票	芹菜 tɕʰiən³⁵tʂʰai⁵¹	莴笋 uo⁴⁴suən⁰	韭菜 tɕiou²¹tʂʰai⁰
阜新	芹菜 tɕʰin³⁵tʂʰai⁰	莴笋 uo⁵⁵suən²¹³	韭菜 tɕiou²¹tʂʰai⁰
黑山	芹菜 tɕʰiən³⁵tʂʰai⁵¹	莴笋 uo⁴⁴ʂuən²¹³	韭菜 tɕiou²¹tʂʰai⁵¹
昌图	芹菜 tɕʰiən³⁵tʂʰai⁵¹	莴笋 uo³³suən²¹³	韭菜 tɕiou²¹tʂʰai⁵¹
大连	芹菜 tɕʰĩ³⁴tsʰɛ̃⁰	莴笋 uə³¹sə̃²¹³	韭菜 tɕiəu²¹tsʰɛ̃⁰
金州杏树	芹菜 tɕʰĩ⁵²tsʰɛ̃⁰	莴笋 uə³¹sə̃²¹³	韭菜 tɕiəu²¹tsʰɛ̃⁵²
长海	芹菜 cʰiən⁵³tsʰai⁵³	（无）	韭菜 ciəu²¹tsʰai⁵³
庄河	芹菜 tɕʰin⁵¹tsʰai⁰	（无）	韭菜 tɕiəu²¹tsʰai⁰
盖州	芹菜 tɕʰin²⁴tsʰai⁰	莴笋 uɤ⁴¹²suən²¹³	韭菜 tɕiəu²¹tsʰai⁰
丹东	芹菜 tɕʰin²⁴tsʰai⁵¹	莴笋 uo⁴¹¹suən²¹³	韭菜 tɕiou²¹tsʰai⁵¹
建平	芹菜 tɕʰĩ³⁵tsʰɛ̃⁰	（无）	韭菜 tɕiəu²¹tsʰɛ̃⁵³
凌源	芹菜 tɕʰin³⁵tsʰai⁵¹	莴笋 vɤ⁵⁵suən²¹	韭菜 tɕiou²¹tsʰai⁵¹

	0202 香菜芫荽	0203 葱	0204 蒜
沈阳	香菜 ɕiaŋ³³tsʰai⁰	葱 tsʰuŋ³³	蒜 suan⁴¹
本溪	香菜 ɕiaŋ⁴⁴tsʰai⁵¹	葱 tʂʰuŋ⁴⁴	蒜 ʂuan⁵¹
辽阳	香菜 ɕiaŋ⁴⁴tʂʰai⁰	葱 tʂʰuŋ⁴⁴	蒜 ʂuan⁵¹
海城	香菜 ɕiaŋ⁴⁴tʂʰai⁰	大葱 ta⁵¹tʂʰuŋ⁴⁴	大蒜 ta⁵³ʂuan⁵¹
开原	香菜 ɕiaŋ⁴⁴tʂʰai⁰	葱 tʂʰuŋ⁴⁴	蒜 ʂuan⁵¹
锦州	香菜 ɕiaŋ⁵⁵tʂʰai⁵¹	大葱 ta⁵³tʂʰuŋ⁵⁵	大蒜 ta⁵³ʂuan⁵¹
盘锦	香菜 ɕiaŋ⁵⁵tʂʰai⁰	葱 tsʰuəŋ⁵⁵	蒜 suan⁵¹
兴城	香菜 ɕiaŋ⁴⁴tʂʰai⁵¹	葱 tʂʰuŋ⁴⁴	蒜 ʂuan⁵¹
绥中	香菜 ɕiaŋ⁵⁵tʂʰai⁰	大葱 ta⁵¹tʂʰuəŋ⁵⁵	大蒜 ta⁵¹ʂuan⁵¹
义县	香菜 ɕiaŋ⁴⁴tsʰai⁵¹	葱 tsʰuŋ⁴⁴	蒜 ʂuan⁵¹
北票	香菜 ɕiaŋ⁴⁴tʂʰai⁰	葱 tʂʰuəŋ⁴⁴	蒜 suan⁵¹
阜新	香菜 ɕiaŋ⁵⁵tʂʰai⁰	葱 tsʰuŋ⁵⁵	蒜 suan⁵¹
黑山	香菜 ɕiaŋ⁴⁴tʂʰai⁵¹	葱 tsʰuəŋ⁴⁴	蒜 ʂuan⁵¹
昌图	香菜 ɕiaŋ³³tʂʰai⁵¹	葱 tʂʰuəŋ³³	蒜 suan⁵¹
大连	香菜 ɕiaŋ³¹tsʰɛ⁰	葱 tsʰuŋ³¹²	蒜 sã⁵²
金州杏树	香菜 ɕiaŋ³¹tsʰɛ⁰	葱 tsʰuŋ³¹²	蒜 sã⁵²
长海	香菜 ɕiaŋ³¹tsʰai⁰	葱 tsʰuŋ³¹	大蒜 ta⁵³suan⁰
庄河	香菜 ɕiaŋ³¹tsʰai⁰	葱 tsʰuŋ³¹	蒜 san⁵¹
盖州	香菜 ɕiaŋ⁴¹²tsʰai⁰	葱 tsʰuŋ⁴¹²	蒜 suan⁵¹
丹东	香菜 ɕiaŋ⁴¹¹tsʰai⁵¹	葱 tsʰuŋ⁴¹¹	蒜 suan⁵¹
建平	芫荽 iɛ³⁵suei⁰	葱 tsʰuŋ⁴⁴	蒜 suã⁵³
凌源	芫荽 iɛn³⁵suei⁰	葱 tsʰuŋ⁵⁵	蒜 suan⁵¹

	0205 姜	0206 洋葱	0207 辣椒统称
沈阳	姜 tɕiaŋ³³	洋葱 iaŋ³⁵tsʰuŋ³³	辣椒 la⁴¹tɕiau³³
本溪	姜 tɕiaŋ⁴⁴	洋葱 iaŋ³⁵tʂʰuŋ⁴⁴	辣椒 la⁵¹tɕiau⁴⁴
辽阳	姜 tɕiaŋ⁴⁴	洋葱 iaŋ³⁵tʂʰuŋ⁴⁴	辣椒 la⁵¹tɕiau⁴⁴
海城	姜 tɕiaŋ⁴⁴	洋葱 iaŋ³⁵tʂʰuŋ⁴⁴	辣椒 la⁵¹tɕiau⁴⁴
开原	姜 tɕiaŋ⁴⁴	洋葱 iaŋ³⁵tʂʰuŋ⁴⁴ 圆葱 yan³⁵tʂʰuŋ⁴⁴	辣椒 la⁵³tɕiau⁴⁴
锦州	姜 tɕiaŋ⁵⁵	洋葱 iaŋ³⁵tʂʰuŋ⁵⁵	辣椒 la⁵³tɕiau⁵⁵
盘锦	姜 tɕiaŋ⁵⁵	圆葱 yan³⁵tsʰuəŋ⁵⁵	辣椒 la⁵¹tɕiau⁵⁵
兴城	姜 tɕiaŋ⁴⁴	红葱 xuŋ³⁵tsʰuŋ⁴⁴	辣椒 la⁵¹tɕiau⁴⁴
绥中	姜 tɕiaŋ⁵⁵	葱头 tʂʰuəŋ⁵⁵tʰou³⁵	辣椒 la⁵¹tɕiau⁵⁵
义县	姜 tɕiaŋ⁴⁴	洋葱 iaŋ³⁵tʂʰuŋ⁴⁴	辣椒 la⁵³tɕiau⁴⁴
北票	姜 tɕiaŋ⁴⁴	洋葱 iaŋ³⁵tsʰuəŋ⁴⁴	辣椒 la⁵³tɕiau⁴⁴
阜新	姜 tɕiaŋ⁵⁵	洋葱 iaŋ³⁵tʂʰuŋ⁵⁵	辣椒 la⁵³tɕiau⁵⁵
黑山	姜 tɕiaŋ⁴⁴	圆葱 yan³⁵tsʰuəŋ⁴⁴	辣椒 la⁵³tɕiau⁴⁴
昌图	姜 tɕiaŋ³³	圆葱 yan³⁵tsʰuəŋ³³	辣椒 la⁵¹tɕiau³³
大连	姜 tɕiaŋ³¹²	洋葱 iaŋ³⁴tsʰuŋ³¹²	辣椒 la³⁴tɕiɔ³¹²
金州杏树	姜 tɕiaŋ³¹²	洋葱 iaŋ³⁴tsʰuŋ³¹²	辣椒 la²¹tɕiɔ³¹²
长海	姜 ɕiaŋ³¹	圆葱 yan²⁴tsʰuŋ³¹	辣椒 la²⁴tsau³¹
庄河	姜 tɕiaŋ³¹	洋葱 iaŋ⁵¹tsʰuŋ³¹	辣椒 la²⁴tɕiao³¹
盖州	姜 tɕiaŋ⁴¹²	圆葱 yan²⁴tsʰuŋ⁴¹²	辣椒 la⁵¹tɕiau⁴¹²
丹东	姜 tɕiaŋ⁴¹¹	洋葱 iaŋ²⁴tsʰuŋ⁴¹¹	辣椒 la⁵¹tɕiau⁴¹¹
建平	姜 tɕiã⁴⁴	圆葱 yɛ̃³⁵tsʰuŋ⁴⁴	辣椒 la⁵³tɕiɔ⁴⁴
凌源	姜 tɕiaŋ⁵⁵	洋葱 iaŋ³⁵tsʰuŋ⁵⁵ 圆葱 yan³⁵tsʰuŋ⁵⁵	辣椒 la⁵³tɕiau⁵⁵

	0208 茄子 统称	0209 西红柿	0210 萝卜 统称
沈阳	茄子 tɕʰiɛ³⁵tsʅ⁰	洋柿子 iaŋ³⁵ʂʅ⁴¹tsʅ⁰	萝卜 luo³⁵pʰə⁰
本溪	茄子 tɕʰiɛ³⁵tʂʅ⁰	洋柿子 iaŋ³⁵ʂʅ⁵¹tsʅ⁰	萝卜 luo³⁵puo⁰
辽阳	茄子 tɕʰiɛ³⁵tʂʅ⁰	洋柿子 iaŋ³⁵ʂʅ⁵¹tsʅ⁰	萝卜 luo³⁵pɤ⁰
海城	茄子 tɕʰiɛ³⁵tʂʅ⁰	洋柿子 iaŋ³⁵ʂʅ⁵¹tʂʅ⁰	萝卜 luɤ³⁵pɤ⁰
开原	茄子 tɕʰiɛ³⁵tʂə⁰	洋柿子 iaŋ³⁵ʂʅ⁵³tʂə⁰ 柿子 ʂʅ⁵³tsʅ⁰ 西红柿 ɕi⁴⁴xuŋ³⁵ʂʅ⁵¹	萝卜 luɤ³⁵pʰə⁰
锦州	茄子 tɕʰiɛ³⁵tʂə⁰	洋柿子 iaŋ³⁵ʂʅ⁵¹tʂə⁰	萝卜 luo³⁵pu⁰
盘锦	茄子 tɕʰiɛ³⁵tsə⁰	洋柿子 iaŋ³⁵ʂʅ⁵¹tsə⁰	萝卜 luo³⁵pə⁰
兴城	茄子 tɕʰiɛ³⁵tʂʅ⁰	洋柿子 iaŋ³⁵ʂʅ⁵¹tʂʅ⁰	萝卜 luo³⁵pə⁰
绥中	茄子 tɕʰiɛ³⁵tʂʅ⁰	洋柿子 iaŋ³⁵ʂʅ⁵¹tʂɤ⁰	萝卜 luo³⁵pu⁰
义县	茄子 tɕʰiɛ³⁵tʂʅ⁰	洋柿子 iaŋ³⁵ʂʅ⁵¹tʂʅ⁰	萝卜 luo³⁵pɤ⁰
北票	茄子 tɕʰiɛ³⁵tʂʅ⁰	洋柿子 iaŋ³⁵ʂʅ⁵¹tʂʅ⁰ 西红柿 ɕi⁴⁴xuəŋ³⁵ʂʅ⁵¹	萝卜 luo³⁵pu⁰
阜新	茄子 tɕʰiɛ³⁵tsa⁰	柿子 ʂʅ⁵¹tsa⁰	萝卜 luo³⁵pə⁰
黑山	茄子 tɕʰiɛ³⁵tʂʅ⁰	柿子 ʂʅ⁵¹tʂʅ⁰ 洋柿子 iaŋ³⁵ʂʅ⁵¹tʂʅ⁰	萝卜 luo³⁵pɤ⁰
昌图	茄子 tɕʰiɛ³⁵tsʅ⁰	洋柿子 iaŋ³⁵ʂʅ⁵¹tsʅ⁰	萝卜 luo³⁵pə⁰
大连	茄子 tɕʰiɛ³⁴ʐɑ⁰	洋柿子 iaŋ³⁴ʂʅ⁵²ə⁰	萝卜 luə³⁴pe⁰
金州杏树	茄子 tɕʰiɛ⁵²ʐɑ⁰	洋柿子 iaŋ³¹ʂʅ⁵²ə⁰	萝卜 luə⁵²pe⁰
长海	茄子 cʰiɛ⁵³ə⁰	洋柿子 iaŋ⁵³ʂʅ⁵³ə⁰	萝卜 luə³¹puə⁰
庄河	茄子 tɕʰiɛ⁵¹ə⁰	洋柿子 iaŋ⁵³ʂʅ⁵¹ə⁰	萝卜 luə³¹pei⁰
盖州	茄子 tɕʰiɛ²⁴tsʅ⁰	洋柿子 iaŋ²⁴ʂʅ⁵¹tsʅ⁰	萝卜 luɤ²⁴pɤ⁰
丹东	茄子 tɕʰiɛ²⁴tsʅ⁰	洋柿子 iaŋ²⁴ʂʅ⁵¹tsʅ⁰	萝卜 luo²⁴pɛ⁰
建平	茄子 tɕʰiɛ³⁵tsʅ⁰	柿子 ʂʅ⁵³tsʅ⁰	萝卜 luə³⁵pei⁰
凌源	茄子 tɕʰiɛ³⁵tsʅ⁰	柿子 ʂʅ⁵¹tsʅ⁰	萝卜 luo³⁵pai⁰

	0211 胡萝卜	0212 黄瓜	0213 丝瓜无棱的
沈阳	胡萝卜 xu³⁵luo³⁵pʰə⁰	黄瓜 xuaŋ³⁵kua⁰	丝瓜 sɿ³³kua³³
本溪	胡萝卜 xu³⁵luo³⁵pɛ⁰	黄瓜 xuaŋ³⁵kua⁰	丝瓜 sɿ³¹kua⁰
辽阳	胡萝卜 xu³⁵luo³⁵pɤ⁰	黄瓜 xuaŋ³⁵kua⁰	丝瓜 sɿ⁴⁴kua⁴⁴
海城	胡萝卜 xu³⁵luɤ³⁵pɤ⁰	黄瓜 xuaŋ³⁵kuɤ⁰	丝瓜 sɿ⁴⁴kuɤ⁰
开原	胡萝卜 xu³⁵luɤ³⁵pə⁰ 胡萝卜 xu³⁵luɤ³⁵pei⁵¹	黄瓜 xuaŋ³⁵kuɤ⁰	丝瓜 sɿ⁴⁴kua⁰
锦州	胡萝卜 xu³⁵luo³⁵pu²¹³	黄瓜 xuaŋ³⁵kua⁰	丝瓜 sɿ⁵⁵kua⁰
盘锦	胡萝卜 xu³⁵luo⁰pei⁵¹	黄瓜 xuaŋ³⁵kuo⁰	丝瓜 sɿ⁵⁵kua⁰
兴城	胡萝卜 xu³⁵luo³⁵pei⁵¹	黄瓜 xuaŋ³⁵kua⁰	丝瓜 sɿ⁴⁴kua⁰
绥中	胡萝卜 xu³⁵luo³⁵pu⁰	黄瓜 xuaŋ³⁵kua⁰	丝瓜 sɿ⁵⁵kua⁵⁵
义县	胡萝卜 xu³⁵luo³⁵pɤ⁰	黄瓜 xuaŋ³⁵kua⁰	丝瓜 sɿ⁴⁴kua⁰
北票	胡萝卜 xu³⁵luo³⁵pu⁰	黄瓜 xuaŋ³⁵kua⁰	丝瓜 sɿ⁴⁴kua⁰
阜新	胡萝卜 xu³⁵luo³⁵pei⁰	黄瓜 xuaŋ³⁵kuo⁰	丝瓜 sɿ⁵⁵kua⁰
黑山	胡萝卜 xu³⁵luo³⁵pei⁵¹ 胡萝卜 xu³⁵luo³⁵pu²¹³	黄瓜 xuaŋ³⁵kua⁰	丝瓜 sɿ⁴⁴kua⁰
昌图	胡萝卜 xu³⁵luo³⁵pə⁰	黄瓜 xuaŋ³⁵kua⁰	丝瓜 sɿ³³kua⁰
大连	胡萝卜 xu³⁴luə³⁴pe⁵²	黄瓜 xuaŋ³⁴kua³¹²	丝瓜 sɿ³⁴kua³¹²
金州 杏树	胡萝卜 xu³⁴luə³¹pe⁵²	黄瓜 xuaŋ⁵²kua⁰	丝瓜 sɿ³¹kua⁰
长海	胡萝卜 xu²⁴luə³¹pei⁰	黄瓜 xuaŋ⁵³kua³¹	丝瓜 sɿ³³kua³¹
庄河	胡萝卜 xu³³luə³³pei⁵¹	黄瓜 xuaŋ⁵¹ku⁰	丝瓜 sɿ³¹kua⁰
盖州	胡萝卜 xu²⁴luɤ²⁴pɤ⁰	黄瓜 xuaŋ²⁴kuɤ⁰	丝瓜 sɿ⁴¹²kuɤ⁰
丹东	胡萝卜 xu²⁴luo²⁴pei⁵¹	黄瓜 xuaŋ²⁴kua⁰	丝瓜 sɿ⁴¹¹kua⁰
建平	胡萝卜 xu³⁵luə³⁵pei⁰	黄瓜 xuã³⁵kua⁰	丝瓜 sɿ⁴⁴kua⁰
凌源	胡萝卜 xu³⁵luo³⁵pai⁰	黄瓜 xuaŋ³⁵kua⁰	丝瓜 sɿ⁵⁵kua⁰

词汇对照

	0214 南瓜 扁圆形或梨形，成熟时赤褐色	0215 荸荠	0216 红薯 统称
沈阳	倭瓜 uo³³kua⁰	荸荠 pi³⁵tɕʰi⁰	地瓜 ti⁴¹kua³³
本溪	倭瓜 uo⁴⁴kua⁰	（无）	地瓜 ti⁵¹kua⁴⁴
辽阳	倭瓜 uo⁴⁴kua⁰	（无）	地瓜 ti⁵¹kua⁴⁴
海城	南瓜 nan³⁵kuɤ⁰	（无）	地瓜儿 ti⁵¹kuar⁴⁴
开原	倭瓜 uɤ⁴⁴kuɤ⁰ 南瓜 nan³⁵kuɤ⁰	（无）	地瓜 ti⁵³kua⁴⁴
锦州	南瓜 nan³⁵kua⁰	（无）	地瓜 ti⁵³kua⁵⁵
盘锦	倭瓜 uo⁵⁵kua⁰	荸荠 pi³⁵tɕʰi⁰	地瓜 ti⁵¹kua⁵⁵
兴城	南瓜 nan³⁵kua⁰	（无）	地瓜 ti⁵¹kua⁴⁴
绥中	南瓜 nan³⁵kua⁵⁵	荸荠 pi⁵¹tɕʰi⁰	地瓜 ti⁵¹kua⁵⁵
义县	倭瓜 uo⁴⁴kua⁰	（无）	地瓜 ti⁵³kua⁴⁴
北票	倭瓜 uo⁴⁴kua⁰	（无）	地瓜 ti⁵³kua⁴⁴
阜新	倭瓜 uo⁵⁵kuo⁰	（无）	地瓜 ti⁵³kua⁵⁵
黑山	倭瓜 uo⁴⁴kua⁰	（无）	地瓜 ti⁵³kua⁴⁴
昌图	倭瓜 uo³³kua⁰	荸荠 pi³⁵tɕʰi⁰	地瓜 ti⁵¹kua³³
大连	倭瓜 uə³¹kua⁰	荸荠 pi³⁴tɕʰi⁰	地瓜 ti⁵²kua³¹²
金州 杏树	饭瓜 fã⁵²kua³¹²	荸荠 pi⁵²tɕʰi⁰	地瓜 ti⁵²kua³¹²
长海	南瓜 nan²⁴kua³¹	（无）	地瓜 ti⁵³kua³¹
庄河	南瓜 nan²⁴kua³¹	（无）	地瓜 ti⁵¹kua³¹
盖州	倭瓜 uɤ⁴¹²kuɤ⁰	（无）	地瓜 ti⁵¹kua⁴¹²
丹东	南瓜 nan²⁴kua⁰	荸荠 pi²⁴tɕʰi⁰	地瓜 ti⁵¹kua⁴¹¹
建平	倭瓜 vɤ⁴⁴kua⁰	（无）	地瓜 ti⁵³kua⁴⁴
凌源	倭瓜 vɤ⁵⁵kua⁰	（无）	地瓜 ti⁵³kua⁵⁵

73

	0217 马铃薯	0218 芋头	0219 山药 圆柱形的
沈阳	土豆儿 tʰu²¹tour⁴¹	芋头 y⁴¹tʰou⁰	山药 ʂan³³iau⁰
本溪	土豆儿 tʰu²¹tour⁵¹	芋头 y⁵¹tʰou⁰	山药 ʂan⁴⁴iau⁵¹
辽阳	土豆儿 tʰu²¹tour⁵¹	芋头 y⁵¹tʰou⁰	山药 ʂan⁴⁴iau⁰
海城	土豆儿 tʰu²¹təur⁵¹	芋头 y⁵¹tʰəu⁰	山药 ʂã⁴⁴iau⁰
开原	地蛋 ti⁵³tan⁵¹ 土豆子 tʰu²¹tou⁵³tʂə⁰	芋头 y⁵³tʰou⁰	山药 ʂan⁴⁴iau⁰
锦州	土豆儿 tʰu²¹tour⁵¹	芋头 y⁵¹tʰou⁰	山药 ʂan⁵⁵iau⁵¹
盘锦	土豆儿 tʰu²¹tour⁵¹	芋头 y⁵¹tʰou⁰	山药 ʂan⁵⁵iau⁵¹
兴城	土豆儿 tʰu²¹tour⁵¹	芋头 y⁵¹tʰou⁰	山药 ʂan⁴⁴iau⁵¹
绥中	土豆儿 tʰu²¹tour⁵¹	芋头 y⁵¹tʰou⁰	山药 ʂan⁵⁵iau⁰
义县	土豆儿 tʰu²¹tour⁵¹	芋头 y⁵¹tʰou⁰	山药 ʂan⁴⁴iau⁵¹
北票	山药蛋 ʂan⁴⁴iau⁰tan⁵¹ 土豆子 tʰu²¹tou⁵¹tsʅ⁰	芋头 y⁵¹tʰou⁰	山药 ʂan⁴⁴iau⁵¹
阜新	山药蛋 ʂan⁵⁵iau⁰tan⁵¹ 土豆儿 tʰu²¹tour⁵¹	芋头 y⁵¹tʰou⁰	山药 ʂan⁵⁵iau⁰
黑山	土豆儿 tʰu²¹tour⁵¹ 土豆子 tʰu²¹tou⁵¹tsʅ⁰	芋头 y⁵¹tʰou⁰	山药 ʂan⁴⁴iau⁵¹
昌图	土豆儿 tʰu²¹tour⁵¹	芋头 y⁵¹tʰou⁰	山药 ʂan³³iau⁵¹
大连	土豆儿 tʰu²¹təur⁵² 地豆子 ti⁵²təu⁵²ə⁰	芋头 y⁵²tʰəu⁰	山药 sã³¹yɛ⁵²
金州 杏树	地蛋 ti⁵²tã⁵²	芋头 y⁵²tʰəu⁰	山药儿 sã³¹yɛr⁵²
长海	地豆子 ti⁵³təu⁵³ə⁰	芋头 y⁵³tʰəu⁰	山药 san³¹yɛ²¹⁴
庄河	地蛋 ti⁵³tan⁵¹	芋头 y⁵¹tʰəu⁰	山药 san³¹yɛ⁵¹
盖州	土豆儿 tʰu²¹təur⁵¹	芋头 y⁵¹tʰəu⁰	山药 san⁴¹²iau⁵¹
丹东	地豆儿 ti⁵³tour⁵¹	芋头 y⁵¹tʰou⁰	山药 ʂan⁴¹¹iau⁵¹
建平	土豆儿 tʰu²¹təur⁵³ 土豆子 tʰu²¹təu⁵³tsʅ⁰	(无)	山药 ʂã⁴⁴iɔ⁵³
凌源	土豆儿 tʰu²¹tour⁵¹ 山药蛋子 ʂan³⁵iau⁰tan⁵¹tsʅ⁰	芋头 y⁵¹tʰou⁰	山药 ʂan³⁵iau⁰

	0220 藕	0221 老虎	0222 猴子
沈阳	藕 ou²¹³	老虎 lau³⁵xu²¹	猴儿 xour³⁵
本溪	藕 ou²²⁴	老虎 lau³⁵xu⁰	猴子 xou³⁵tʂʅ⁰
辽阳	藕 ou²¹³	老虎 lau³⁵xu²¹³	猴儿 xour³⁵
海城	藕 əu²¹⁴	老虎 lau³⁵xu²¹⁴	猴子 xəu³⁵tʂʅ⁰
开原	藕 nou²¹³ 藕 ou²¹³	老虎马=子 lau³⁵xu²¹³ma⁴⁴tʂə⁰ 老虎 lau³⁵xu²¹³	猴儿 xour³⁵
锦州	藕 ou²¹³	老虎 lau³⁵xu²¹³	猴子 xou³⁵tʂə⁰
盘锦	藕 ou²¹³	老虎 lau³⁵xu²¹³	猴儿 xour³⁵
兴城	藕 ou²¹³	老虎 lau³⁵xu²¹³	猴子 xou³⁵tʂʅ⁰
绥中	藕 nou²¹³	老虎 lau³⁵xu²¹³	猴子 xou³⁵tʂɤ⁰
义县	藕 ou²¹³	老虎 lau³⁵xu²¹³	猴子 xou³⁵tʂʅ⁰
北票	藕 ou²¹³	老虎 lau³⁵xu²¹³	猴子 xou³⁵tʂʅ⁰
阜新	藕 ou²¹³	老虎 lau³⁵xu²¹³	猴子 xou³⁵tsa⁰
黑山	藕 ou²¹³	老虎 lau³⁵xu²¹³	猴子 xou³⁵tʂʅ⁰
昌图	藕 ou²¹³	老虎 lau²¹xu²¹³	猴子 xou³⁵tsə⁰
大连	藕 əu²¹³	老虎 lɔ³⁴xu²¹³	猴子 xəu³⁴ə⁰
金州杏树	藕 əu²¹³	老虎 lɔ³⁴xu²¹³	猴子 xəu⁵²ə⁰
长海	藕 əu²¹⁴	老虎 lau⁵⁵xu²¹⁴	猴子 xəu⁵³ə⁰
庄河	（无）	老虎 lao²⁴xu²¹³	猴子 xəu⁵¹ə⁰
盖州	藕 əu²¹³	老虎 lau²⁴xu²¹³	猴子 xəu²⁴tʂʅ⁰
丹东	藕 ou²¹³	老虎 lau²⁴xu²¹³	猴子 xou²⁴tʂʅ⁰
建平	藕 əu²¹³	老虎 lɔ³⁵xu²¹³	猴子 xəu³⁵tʂʅ⁰
凌源	藕 nou²¹⁴ 藕 ou²¹⁴	老虎 lau³⁵xu²¹	猴子 xou³⁵tʂʅ⁰

	0223 蛇 统称	0224 老鼠 家里的	0225 蝙蝠
沈阳	长虫 tsʰaŋ³⁵tsuŋ⁰	耗子 xau⁴¹tsɿ⁰	燕蝙蝠儿 ian⁴¹piɛ³⁵fur⁰
本溪	长虫 tʂʰaŋ³⁵tʂʰuŋ³⁵	耗子 xau⁵¹tʂɿ⁰	燕蝙蝠 ian⁵¹piɛ³⁵ku⁰
辽阳	长虫 tʂʰaŋ³⁵tʂʰuŋ⁰	耗子 xau⁵¹tʂɿ⁰	燕蝙蝠 ian⁵¹piɛ³⁵ku⁰
海城	长虫 tʂʰaŋ³⁵tʂʰuŋ⁰	耗子 xau⁵¹tʂɿ⁰	燕蝙蝠儿 ian⁵¹piɛ³⁵kur⁰
开原	长虫 tʂʰaŋ³⁵tʂʰuŋ⁰	耗子 xau⁵³tʂə⁰ 老鼠 lau³⁵ʂu²¹³	燕蝙蝠儿 ian⁵³piɛ³⁵fur⁰
锦州	长虫 tʂʰaŋ³⁵tʂʰuŋ⁰	耗子 xau⁵¹tʂə⁰	燕蝙蝠儿 ian⁵³piɛ³⁵xur⁰
盘锦	长虫 tʂʰaŋ³⁵tʂʰuəŋ⁰	耗子 xau⁵¹tsə⁰	燕蝙儿蝠 ian⁵¹piɐr³⁵xu⁰
兴城	长虫 tʂʰaŋ³⁵tʂʰuŋ⁰	耗子 xau⁵¹tʂɿ⁰	燕蝙蝠儿 ian⁵¹piɛ³⁵xur⁰
绥中	长虫 tʂʰaŋ³⁵tʂʰuəŋ⁰	耗子 xau⁵¹tʂɤ⁰	燕蝙蝠 ian⁵⁵piɛ³⁵xu⁰
义县	长虫 tʂʰaŋ³⁵tʂʰuŋ⁰	耗子 xau⁵¹tʂɿ⁰	燕蝙蝠儿 ian⁵³piɛ³⁵xur⁰
北票	长虫 tʂʰaŋ³⁵tʂʰuəŋ⁰	耗子 xau⁵¹tsɿ⁰	燕蝙蝠儿 iɛ⁵³pʰiɛ⁴⁴xur⁰
阜新	长虫 tʂʰaŋ³⁵tʂʰuŋ⁰	耗子 xau⁵¹tsa⁰	燕蝙蝠儿 ian⁵³piɐr³⁵xu⁰
黑山	长虫 tʂʰaŋ³⁵tʂʰuəŋ⁰	耗子 xau⁵¹tʂɿ⁰	燕蝙蝠儿 ian⁵³piɛ³⁵xur⁰
昌图	长虫 tʂʰaŋ³⁵tʂʰuəŋ⁰	耗子 xau⁵¹ə⁰	燕蝙蝠 ian⁵¹piɛ³⁵ku⁰
大连	长虫 tʃʰaŋ³⁴tsʰuŋ⁰	耗子 xɔ⁵²ɐ⁰	蝙蝠儿 piɛ²¹fur⁰
金州杏树	长虫 tsʰaŋ⁵²tsʰuŋ⁰	耗子 xɔ⁵²ə⁰	蝙蝠儿 pʰiɛ̃³⁴fur³¹²
长海	长虫 tʃʰaŋ⁵³tsʰuŋ⁵³	耗子 xau⁵³ə⁰	蝙蝠 pʰian²⁴fu⁰
庄河	长虫 tsʰaŋ⁵¹tsʰuŋ⁰	耗子 xao⁵¹ə⁰	蝙蝠儿 piɛ²¹fur⁰
盖州	长虫 tsʰaŋ²⁴tsʰuŋ⁰	耗子 xau⁵¹tsɿ⁰	燕蝙蝠儿 ian⁵¹piɛ²¹xur⁰
丹东	长虫 tʂʰaŋ²⁴tʂʰuŋ⁰	耗子 xau⁵¹tsɿ⁰	蝙蝠儿 piɛ²¹fur⁰
建平	长虫 tʂʰã³⁵tʂʰuŋ⁰	耗子 xɔ⁵³tsɿ⁰	燕蝙蝠 yɛ̃³⁵pʰã⁴⁴fur⁰
凌源	长虫 tʂʰaŋ³⁵tʂʰuŋ⁰	耗子 xau⁵¹tsɿ⁰	燕蝙蝠 iaŋ³⁵pʰiɛn⁵⁵xu²¹

	0226 鸟儿 飞鸟，统称	0227 麻雀	0228 喜鹊
沈阳	雀儿 tɕʰiaur²¹	家雀儿 tɕia³³tɕʰiaur²¹	喜鹊 ɕi²¹tɕʰiau⁰
本溪	雀儿 tɕʰiaur²²⁴	家雀儿 tɕia⁴⁴tɕʰiaur⁰	喜鹊 ɕi²¹tɕʰyɛ⁵¹
辽阳	雀儿 tɕʰiaur²¹³	家雀 tɕia⁴⁴tɕʰiau²¹³ 老家贼 lau²¹tɕia⁴⁴tʂei³⁵	喜鹊 ɕi²¹tɕʰiou⁰
海城	雀儿 tɕʰiaur²¹⁴	家贼 tɕia⁴⁴tʂei³⁵ 家雀儿 tɕia⁴⁴tɕʰiaur²¹⁴	喜鹊 ɕi²¹tɕʰyɛ⁵¹
开原	雀儿 tɕʰiaur²¹³	家雀儿 tɕia⁴⁴tɕʰiaur²¹³	喜鹊 ɕi²¹tɕʰyɛ⁵¹
锦州	雀儿 tɕʰiaur²¹³	家雀儿 tɕia⁵⁵tɕʰiaur²¹³	喜鹊儿 tɕʰi³⁵tɕʰiaur⁰
盘锦	鸟儿 ȵiaur²¹³	家雀儿 tɕia⁵⁵tɕʰiaur²¹³	喜鹊 ɕi²¹tɕʰyɛ⁵¹
兴城	雀儿 tɕʰiaur²¹³	家贼子 tɕia⁴⁴tʂei³⁵tʂʅ⁰	老咕嘎 lau²¹ku²¹ka⁴⁴
绥中	雀儿 tɕʰiaor²¹³	家雀子 tɕia⁵⁵tɕʰiau²¹tʂɤ⁰	喜鹊 tɕʰi²¹tɕʰiau⁰
义县	雀儿 tɕʰiaur²¹³	家雀儿 tɕia⁴⁴tɕʰiaur²¹³	喜鹊儿 tɕʰi²¹tɕʰiaur⁰
北票	雀儿 tɕʰiaur²¹³	家雀儿 tɕia⁴⁴tɕʰiaur²¹³	喜鹊 tɕʰi²¹tɕʰiau⁵¹
阜新	雀儿 tɕʰiaur²¹³	家雀儿 tɕia⁵⁵tɕʰiaur²¹³	喜鹊 tɕʰi²¹tɕʰiau⁰
黑山	雀儿 tɕʰiaur²¹³	大老家 ta⁵³lau²¹tɕia⁴⁴ 家雀儿 tɕia⁴⁴tɕʰiaur²¹³	喜鹊 tɕʰi²¹tɕʰiau⁵¹
昌图	鸟儿 ȵiaur²¹³	家雀儿 tɕia³³tɕʰiaur²¹³	喜鹊 ɕi²¹tɕʰyɛ⁵¹
大连	鸟儿 ȵiɔr²¹³	家雀儿 tɕia³¹tɕʰyɛr²¹³	老鸦鹊 lɔ²¹ia⁵²tɕʰyɛ⁰
金州杏树	雀儿 tɕʰyɛr²¹³	家雀儿 tɕia³¹tɕʰyɛr²¹³	老鸦鹊儿 lɔ²¹ia⁵²tɕʰyɛr⁰
长海	雀儿 tʃʰyɜr²¹⁴	家雀儿 ɕia³¹tʃʰyɜr²¹⁴	大鸦鹊儿 ta⁵³ia³³tʃʰyɜr⁰
庄河	鸟儿 ȵiaor²¹³	家雀儿 tɕia³¹tɕʰyɛr²¹³	鸦鹊 ia³¹tɕʰiəu⁰
盖州	雀儿 tɕʰiaur²¹³	家雀儿 tɕia⁴¹²tɕʰiaur²¹³	喜鹊儿 ɕi²¹tɕʰyɛr⁵¹
丹东	雀儿 tɕʰiaur²¹³	家雀儿 tɕia⁴¹¹tɕʰiaur²¹³	喜鹊 ɕi²¹tɕʰyɛ⁵¹
建平	雀鸟儿 tɕʰiɔ²¹ȵiɔr⁰	家雀儿 tɕia⁴⁴tɕʰiɔr²¹³	喜鹊儿 tɕʰi²¹tɕʰiɔr⁰
凌源	雀儿 tɕʰiaur²¹⁴	家雀子 tɕia⁵⁵tɕʰiau²¹tʂʅ⁰	喜鹊 tɕʰi²¹tɕʰiau⁵¹

	0229 乌鸦	0230 鸽子	0231 翅膀 鸟的，统称
沈阳	老鸹 lau²¹kua⁰	鸽子 kɤ³³tsʅ⁰	翅膀儿 tsʰʅ⁴¹pãr²¹
本溪	老鸹 lau²¹uo⁰	鹁鸽儿 pu³⁵kɤr⁰	翅膀儿 tsʰʅ⁵¹pãr²²⁴
辽阳	乌鸦 u⁴⁴ia⁴⁴	鹁鸽儿 pu⁵¹kɤr⁴⁴	鸟膀子 ȵiau³⁵paŋ²¹tʂʅ⁰
海城	老鸹 lau²¹⁴kuɤ⁰	鹁鸽子 pu²¹kɤ⁴⁴tʂʅ⁰	翅膀儿 tsʰʅ⁵¹pãr²¹⁴
开原	老鸹 lau²¹kuɤ⁰	鹁鸽儿 pu²¹kɤr⁴⁴ 鸽子 kɤ⁴⁴tʂə⁰	翅膀子 tʂʰʅ⁵³paŋ²¹tʂə⁰
锦州	老鸹 lau²¹kua⁰	鸽子 kɤ⁵⁵tʂə⁰	膀子 paŋ²¹tʂə⁰
盘锦	老鸹 lau²¹uo⁰	鸽子 kɤ⁵⁵tsə⁰	膀子 paŋ²¹tsə⁰
兴城	乞=嘎=子 tɕʰi³⁵ka²¹tʂʅ⁰	鸽子 kɤ⁴⁴tʂʅ⁰	翅膀儿 tʂʰʅ⁵¹pãr²¹³
绥中	老鸹 lau²¹kuo⁰	鸽子 kɤ⁵⁵tʂʅ⁰	翅膀儿 tʂʰʅ⁵¹pãr²¹³
义县	老鸹 lau²¹kuo⁰	鸽子 kɤ⁴⁴tʂʅ⁰	膀子 paŋ²¹tʂʅ⁰
北票	老鸹 lau²¹kuo⁰	鸽子 kɤ⁴⁴tʂʅ⁰	翅膀子 tʂʰʅ⁵³paŋ²¹tʂʅ⁰
阜新	老鸹 lau²¹kuo⁰	鸽子 kɤ⁵⁵tsa⁰	膀子 paŋ²¹tsa⁰
黑山	老鸹 lau²¹kua⁰	鸽子 kɤ⁴⁴tʂʅ⁰	膀子 paŋ²¹tʂʅ⁰
昌图	老鸹 lau²¹kua⁰	鹁鸽儿 pu²¹kɤr³³	翅膀儿 tsʰʅ⁵¹pãr²¹³
大连	黑老鸹子 xɤ²¹lɔ²¹ua⁵²ɐ⁰	鹁鸽儿 pu³⁴kɤr³¹²	翅膀儿 tsʰʅ⁵²pãr²¹³
金州 杏树	黑老鸹子 xɤ³⁴lɔ²¹ua⁵²ɐ⁰	鸽子 kɤ³¹²ə⁰	翅膀儿 tsʰʅ⁵²pãr²¹³
长海	黑老鸹 xei³³lau²¹ua⁵³	鹁鸽儿 pu⁵³kɤr³¹	翅膀儿 tsʰʅ⁵³pãr²¹⁴
庄河	乌鸦 u³³ia³¹	鹁鸽儿 pu⁵¹kər⁰	翅膀儿 tsʰʅ⁵¹pãr²¹³
盖州	乌鸦 u⁴¹²ia²¹³	鹁鸽儿 pu⁵¹kɤr²⁴	翅膀 tsʰʅ⁵¹paŋ²¹³
丹东	老鸹子 lau²¹ua⁵¹tsʅ⁰	鹁鸽子 pu⁵¹kɤ²¹tsʅ⁰	翅膀儿 tsʰʅ⁵¹pãr⁰
建平	老鸹 lɔ²¹kuə⁰	鸽子 kɤ⁴⁴tsʅ⁰	翅巴=郎= tʂʰʅ⁵³pa⁰lã²¹³
凌源	老鸹 lau²¹kua⁰	鸽子 kɤ⁵⁵tsʅ⁰	翅膀儿 tʂʰʅ⁵³pãr²¹ 翅膀子 tʂʰʅ⁵³paŋ²¹tsʅ⁰

	0232 爪子_{鸟的，统称}	0233 尾巴	0234 窝_{鸟的}
沈阳	爪子 tʂua²¹tʂɿ⁰	尾巴 i²¹pa⁰	窝 uo³³
本溪	爪子 tʂua²¹tʂɿ⁰	尾巴 i²¹pa⁰	窝儿 uor⁴⁴
辽阳	爪子 tʂua²¹tʂɿ⁰	尾巴 i²¹pa⁰	窝 uo⁴⁴
海城	爪子 tʂua²¹⁴tʂɿ⁰	尾巴 i²¹⁴pa⁰	窝儿 uɤr⁴⁴
开原	爪子 tʂua²¹tʂə⁰	尾巴 uei²¹pa⁰	窝 uɤ⁴⁴
锦州	爪子 tʂua²¹tʂə⁰	尾巴 i²¹pa⁰	窝 uo⁵⁵
盘锦	爪子 tsua²¹tsə⁰	尾巴 i²¹pa⁰	窝儿 uor⁵⁵
兴城	爪子 tʂua²¹tʂɿ⁰	尾巴 i²¹pa⁰	窝 uo⁴⁴
绥中	爪子 tʂua²¹tʂɿ⁰	尾巴 i²¹pa⁰	窝儿 uər⁵⁵
义县	爪子 tʂua²¹tʂɿ⁰	尾巴 i²¹pa⁰	窝儿 uor⁴⁴
北票	爪子 tʂua²¹tʂɿ⁰	尾巴 i²¹pa⁰	窝儿 uor⁴⁴
阜新	爪子 tʂua²¹tsa⁰	尾巴 i²¹pa⁰	窝儿 uor⁵⁵
黑山	爪子 tʂua²¹tʂɿ⁰	尾巴 i²¹pa⁰	窝 uo⁴⁴
昌图	爪子 tʂua²¹tsə⁰	尾巴 i²¹pa⁰	窝 uo³³
大连	爪子 tsua²¹ɚ⁰	尾巴 i²¹pa⁰	窝 uə³¹²
金州杏树	爪子 tsua²¹ɚ⁰	尾巴 i²¹pa⁰	窝 uə³¹²
长海	爪子 tsua²¹ə⁰	尾巴 i²⁴pa⁰	窝 uə³¹
庄河	爪子 tsua²¹ə⁰	尾巴 i²¹pa⁰	窝 uə³¹
盖州	爪子 tʂua²¹tʂɿ⁰	尾巴 i²¹pa⁰	巢儿 tsʰaur²⁴
丹东	爪子 tʂua²¹tʂɿ⁰	尾巴 i²¹pa⁰	窝 uo⁴¹¹
建平	爪子 tʂua²¹tʂɿ⁰	尾巴 i²¹pa⁰	窝儿 vər⁴⁴
凌源	爪子 tʂua²¹tʂɿ⁰	尾巴 i²¹pa⁰	窝儿 vɤr⁵⁵

	0235 虫子 统称	0236 蝴蝶 统称	0237 蜻蜓 统称
沈阳	虫子 tsʰuŋ³⁵tsʅ⁰	蝴蝶儿 xu³⁵tʰier²¹	蚂螂儿 ma³³lɚr⁰
本溪	虫子 tsʰuŋ³⁵tsʅ⁰	大马燕儿 ta⁵¹ma²¹iɐr⁵¹ 蝴蝶儿 xu³⁵tier³⁵	蚂螂儿 ma³¹liɚr⁰
辽阳	虫子 tsʰuŋ³⁵tsʅ⁰	蝴蝶 xu³⁵tʰie²¹³	水蜻蜓 suei²¹tʰiŋ⁴⁴tʰiŋ⁰
海城	虫子 tsʰuŋ³⁵tsʅ⁰	蝴蝶儿 xu³⁵tʰier²¹⁴	蚂螂 ma⁴⁴liŋ⁰
开原	虫子 tsʰuŋ³⁵tsə⁰	蝴蝶儿 xu³⁵tier²¹³ 蝴蝶儿 xu³⁵tier³⁵	蚂螂儿 ma⁴⁴lɚr⁰
锦州	虫子 tsʰuŋ³⁵tsə⁰	蝴蝶儿 xu³⁵tʰier²¹³	蚂螂 ma⁵⁵liŋ⁰
盘锦	虫子 tsʰuaŋ³⁵tsə⁰	蝴蝶儿 xu³⁵tʰiɚr⁰	蚂螂 ma⁵⁵ləŋ⁰
兴城	虫子 tsʰuŋ³⁵tsʅ⁰	蝴蝶儿 xu³⁵tʰier²¹³	蚂螂 ma⁴⁴ləŋ⁰
绥中	虫子 tsʰuaŋ³⁵tsʅ⁰	蝴蝶儿 xu³⁵tʰier²¹³	蚂螂 ma⁵⁵ləŋ⁰
义县	虫子 tsʰuŋ³⁵tsʅ⁰	蝴蝶儿 xu³⁵tʰier²¹³	蚂螂 ma⁴⁴liŋ⁰
北票	虫子 tsʰuaŋ³⁵tsʅ⁰	蝴蝶儿落˭落˭ xu³⁵tʰier²¹lau⁵¹lau⁰	蚂螂哥 ma⁴⁴ləŋ⁰kɤ⁴⁴
阜新	虫子 tsʰuŋ³⁵tsa⁰	蝴蝶儿 xu³⁵tʰier²¹³	蚂螂 ma⁵⁵ləŋ⁰
黑山	虫子 tsʰuaŋ³⁵tsʅ⁰	蝴蝶儿 xu³⁵tʰier²¹³	蚂螂 ma⁴⁴ləŋ⁰
昌图	虫子 tsʰuaŋ³⁵tsə⁰	蝴蝶儿 xu³⁵tʰier²¹³	蚂螂 ma³³liəŋ⁰
大连	虫子 tsʰuŋ³⁴ə⁰	蝴蝶儿 xu³⁴tʰier²¹³	蜓儿蜓儿 tʰiɚr³¹tʰiɚr⁰
金州 杏树	虫子 tsʰuŋ⁵²ə⁰	蛾儿蛾儿 uɤr³¹uɤr⁰	蜓儿蜓儿 tʰiɚr⁵²tʰiɚr⁰
长海	虫子 tsʰū⁵³ə⁰	小蛾儿 ʃiau²¹uər³¹	蜻蜓儿 tʰiŋ⁵³tʰiɚr⁰
庄河	虫子 tsʰū²⁴ə⁰	蛾儿 uər³¹	蜻蜓儿 tʰiŋ⁵¹tʰiɚr⁰
盖州	虫子 tsʰuŋ²⁴tsʅ⁰	蝴蝶儿 xu²⁴tier²¹³	蚂螂儿 ma⁴¹²lɚr⁰
丹东	虫子 tsʰuŋ²⁴tsʅ⁰	蝴蝶儿 xu²⁴tier²¹³	蜻蜓儿 tʰiŋ⁴¹¹tʰiɚr⁰
建平	虫子 tsʰuŋ³⁵tsʅ⁰	蝴蝶落˭落˭ xu³⁵tʰie²¹lɔ⁵³lɔ⁰	蚂螂 ma⁴⁴ləŋ⁰
凌源	虫子 tsʰuŋ³⁵tsʅ⁰	蝴蝶儿 xu³⁵tʰier²¹ 蝴蝶儿落˭落˭ xu³⁵tʰier²¹lau⁵¹lau⁰	蚂螂 ma⁵⁵ləŋ⁰

词汇对照

	0238 蜜蜂	0239 蜂蜜	0240 知了 统称
沈阳	蜜蜂儿 mi⁴¹fɚr³³	蜂蜜 fəŋ³³mi⁴¹	知了 tsʅ³³liau⁰
本溪	蜂子 fəŋ⁴⁴tsʅ⁰	蜂蜜 fəŋ⁴⁴mi⁵¹	知了 tsʅ³¹liou⁰
辽阳	蜜蜂 mi⁵¹fəŋ⁴⁴	蜂蜜 fəŋ⁴⁴mi⁵¹	知了 tsʅ⁴⁴liau⁰
海城	蜜蜂儿 mi⁵¹fɚr⁴⁴	蜂蜜 fəŋ⁴⁴mi⁵¹	知了儿 tsʅ⁴⁴liəur⁰
开原	蜂子 fəŋ⁴⁴tsʅ⁰ 蜜蜂儿 mi⁵³fɚr⁴⁴	蜂蜜 fəŋ⁴⁴mi⁵¹	知了儿 tsʅ⁴⁴liaur⁰
锦州	蜜蜂儿 mi⁵³fɚr⁵⁵	蜂蜜 fəŋ⁵⁵mi⁵¹	伏凉儿 fu³⁵liãr³⁵ 秋凉儿 tɕʰiou⁵⁵liãr³⁵
盘锦	蜂子 fəŋ⁵⁵tsə⁰	蜂蜜 fəŋ⁵⁵mi⁵¹	树牛子 ʂu⁵³niou³⁵tsə⁰
兴城	蜜蜂儿 mi⁵¹fɚr⁴⁴	蜂蜜 fəŋ⁴⁴mi⁵¹	二胡咧 ər⁵¹xu³⁵lie⁴⁴
绥中	蜜蜂 mi⁵¹fəŋ⁵⁵	蜂蜜 fəŋ⁴⁴mi⁵¹	热⁼儿 zɚr⁵¹
义县	蜜蜂儿 mi⁵³fɚr⁴⁴	蜂蜜 fəŋ⁴⁴mi⁵¹	秋凉儿 tɕʰiou⁴⁴liãr³⁵
北票	蜜蜂儿 mi⁵³fɚr⁴⁴	蜂蜜 fəŋ⁴⁴mi⁵¹	叫拉⁼子 tɕiau⁵³la³⁵tsʅ⁰ 知了 tsʅ⁴⁴liau⁰
阜新	蜜蜂 mi⁵¹fəŋ⁵⁵	蜂蜜 fəŋ⁵⁵mi⁵¹	树牛子 ʂu⁵³niou³⁵tsa⁰
黑山	蜜蜂儿 mi⁵³fɚr⁴⁴	蜂蜜 fəŋ⁴⁴mi⁵¹	秋凉儿 tɕʰiou⁴⁴liãr³⁵
昌图	蜂子 fəŋ³³tsa⁰	蜂蜜 fəŋ³³mi⁵¹	知了 tsʅ³³liau⁰
大连	蜜蜂儿 mi⁵²fɚr³¹²	蜂蜜 fəŋ³¹mi⁵²	呜呜嘎儿 miŋ⁵²miŋ⁰kar³⁴
金州 杏树	蜜蜂儿 mi⁵²fɚr³¹²	蜂蜜 fəŋ³¹mi⁵²	知了鸣 tɕiɛ̃³¹lə⁰miŋ⁵²
长海	蜂子 fɚ³¹ən⁰	蜂蜜 fəŋ³¹mi⁵³	知了鸣 tʃʅ³¹lə⁰miŋ⁵³
庄河	蜜蜂儿 mi⁵¹fɚr⁰	蜂蜜 fəŋ³¹mi⁵¹	知了鸣 tɕiɛ̃³¹lə⁰miŋ⁵¹
盖州	蜜蜂儿 mi⁵¹fɚr⁴¹²	蜂蜜 fəŋ⁴¹²mi⁵¹	蝉 tsʰan²⁴ 伏蛉⁼儿 fu²⁴liɚr²⁴
丹东	蜜蜂儿 mi⁵¹fɚr⁰	蜂蜜 fəŋ⁴¹¹mi⁵¹	知了 tsʅ⁴¹¹liau⁰
建平	蜂子 fəŋ⁴⁴tsʅ⁰	蜂蜜 fəŋ⁴⁴mi⁵³	知了 tsʅ⁴⁴liɔ⁰
凌源	蜜蜂 mi⁵³fəŋ⁵⁵	蜂蜜 fəŋ⁵⁵mi⁵¹	知了 tsʅ⁵⁵liau⁰

	0241 蚂蚁	0242 蚯蚓	0243 蚕
沈阳	蚂蚁 ma^{35}i^0	蜊虫 tʂʰʅ^{35}tʂʰuŋ^0	蚕 tsʰan^{35}
本溪	蚂蚁 ma^{35}i^{224}	蜊虫 tʂʰʅ^{35}tʂʰuŋ^0	茧蛹儿 tɕian^{35}yɚr^{224}
辽阳	蚂蚁 ma^{35}i^{213}	蜊虫 tʂʰʅ^{35}tʂʰuŋ^0	蚕 tsʰan^{35}
海城	蚂蚁 ma^{35}i^0	蜊虫 tʂʰʅ^{214}tʂʰuŋ^0	蚕 tsʰan^{35}
开原	蚂蚁 ma^{35}i^{51}	蜊虫 tʂʰʅ^{35}tʂʰuŋ^0	蚕 tsʰan^{35}
锦州	蚂蚁 ma^{35}i^0	地蚰虫 ti^{53}tɕʰy^{21}tʂʰuŋ^0	蚕 tsʰan^{35}
盘锦	蚂蚁 ma^{35}i^{213}	地蚕 ti^{53}tʂʰan^{35}	蚕 tsʰan^{35}
兴城	蚂蚁 ma^{35}i^{51}	地蛐蚓儿 ti^{51}tɕʰi^{21}tɕʰiour^0	蚕 tsʰan^{35}
绥中	蚂蚁 ma^{35}i^0	地蛐蚓 ti^{51}tɕʰi^{21}tɕʰiau^0	蚕 tsʰan^{35}
义县	蚂蚁 ma^{35}i^{213}	地蛐蚓儿 ti^{53}tɕʰi^{21}tɕʰiour^0	蚕 tsʰan^{35}
北票	蚂蚁 ma^{35}i^{213}	地蛐蚓 ti^{53}tɕʰi^{21}tɕʰiau^0	蚕 tsʰan^{35}
阜新	蚂蚁 ma^{35}i^{213}	地蛐蚓 ti^{53}tɕʰi^{21}tɕʰiou^0	蚕 tsʰan^{35}
黑山	蚂蚁 ma^{35}i^{51}	地蛐蚓 ti^{53}tɕʰi^{21}tɕʰiou^0	蚕 tsʰan^{35}
昌图	蚂蚁 ma^{35}i^{213}	蜊虫 tʂʰʅ^{35}tʂʰuəŋ^0	蚕 tsʰan^{35}
大连	蚂蚁 ma^{34}i^{213}	蛐蟮子 tɕʰy^{21}ʃa^{52}ɐ^0	蚕 tsʰã^{34}
金州杏树	蚂蚱子 ma^{21}iaŋ^{52}ə^0	蛐蛇子 tɕʰy^{21}ɕiɛ^{52}ɐ^0	蚕 tsʰã^{52}
长海	蚂蚂唧 ma^{33}ma^{0}ci^{214}	蛐蛇子 cʰy^{21}ʃiɛ^{53}ə^0	茧儿 ciɐr^{214}
庄河	蚂西匠 ma^{24}ɕi^{31}tɕiaŋ^{51}	蛐蟮 tɕʰy^{21}ɕiɛ^{51}	蚕 tsʰan^{51}
盖州	蚂蚁 ma^{24}i^0	地蚰儿蚰儿 ti^{51}tɕʰyɚ^{412}tɕʰyɚ^0	蚕 tsʰan^{24}
丹东	蚂唧蚱子 ma^{24}tɕi^{21}iaŋ^{24}tsʅ^0	蛐鳝 tɕʰy^{21}ʂan^{51}	蚕 tsʰan^{24}
建平	蚂蚂蚁 ma^{21}ma^{0}i^{213}	蛐叉儿 tɕʰy^{21}tʂʰar^0	蚕 tsʰã^{35}
凌源	蚂蚁 ma^{35}i^{21}	蛐蚓 tɕʰi^{21}tɕʰiou^0	蚕 tsʰan^{35}

	0244 蜘蛛_(会结网的)	0245 蚊子_(统称)	0246 苍蝇_(统称)
沈阳	癞癞蛛儿 lai⁴¹lai⁰tsur³³	蚊子 vən³⁵tsʅ⁰	苍蝇 tsʰaŋ³³iŋ⁰
本溪	癞癞蛛儿 lai⁵¹lai⁰tsur⁴⁴	蚊子 uən³⁵tsʅ⁰	苍蝇 tsʰaŋ³¹iŋ⁰
辽阳	癞癞蛛 lai⁵¹lai⁵¹tsu⁴⁴	蚊子 uən³⁵tsʅ⁰	苍蝇 tsʰaŋ⁴⁴iŋ⁰
海城	癞蛛子 lai⁵¹tsu⁴⁴tsʅ⁰	蚊子 uən³⁵tsʅ⁰	苍蝇 tsʰaŋ⁴⁴iŋ⁰
开原	蛛蛛儿 tsu³⁵tsur⁰	蚊子 uən³⁵tsʅ⁰	苍蝇 tsʰaŋ⁴⁴iŋ⁰
锦州	蛛儿蛛儿 tsur³⁵tsur⁰	蚊子 uən³⁵tsə⁰	蝇子 iŋ³⁵tsə⁰
盘锦	蛛儿蛛儿 tsur³⁵tsur⁰	蚊子 uən³⁵tsə⁰	蝇子 iəŋ³⁵tsə⁰
兴城	蛛蛛儿 tsu³⁵tsur⁰	蚊子 uən³⁵tsʅ⁰	蝇子 iŋ³⁵tsʅ⁰
绥中	蛛蛛儿 tsu³⁵tsur⁰	蚊子 uən³⁵tsʅ⁰	蝇子 iəŋ³⁵tsɤ⁰
义县	蛛儿蛛儿 tsur³⁵tsur⁰	蚊子 uən³⁵tsʅ⁰	蝇子 iŋ³⁵tsʅ⁰
北票	蛛儿蛛儿 tsur³⁵tsur⁰	蚊子 uən³⁵tsʅ⁰	蝇子 iəŋ³⁵tsʅ⁰
阜新	蛛蛛儿 tsu³⁵tsur⁰	蚊子 uən³⁵tsa⁰	蝇子 iŋ³⁵tsa⁰
黑山	蛛儿蛛儿 tsur³⁵tsur⁰	蚊子 uən³⁵tsʅ⁰	蝇子 iəŋ³⁵tsʅ⁰
昌图	蛛蛛儿 tsu³⁵tsur⁰	蚊子 uən³⁵tsʅ⁰	蝇子 iəŋ³⁵tsʅ⁰
大连	癞癞蛛子 lɛ⁵²lɛ⁰tʃu³¹ə⁰	蚊子 uə̃³⁴ə⁰	苍蝇 tsʰaŋ³¹iŋ⁰
金州 杏树	癞癞蛛子 lɛ²¹lə⁰tɕy³¹ə⁰	蚊 uə̃³¹²	苍蝇 tsʰaŋ³¹iŋ⁰
长海	癞癞蛛 lə³³lə⁰tʃy³¹	蚊子 uən³¹ə⁰	苍蝇 tsʰaŋ³¹iŋ⁰
庄河	癞癞蛛子 lə²⁴lə⁰tɕy³¹ə⁰	蚊子 uən⁵¹nə⁰	苍蝇 tsʰaŋ³¹iŋ⁰
盖州	癞癞蛛儿 lai⁵¹lai⁰tsur⁴¹²	蚊子 uən²⁴tsʅ⁰	苍蝇 tsʰaŋ⁴¹²iŋ⁰
丹东	蜘蛛 tsʅ⁴⁴tsu⁴¹¹	蚊子 uən²⁴tsʅ⁰	苍蝇 tsʰaŋ⁴¹¹iŋ⁰
建平	蛛蛛 tsu³⁵tsu⁰	蚊子 və̃³⁵tsʅ⁰	蝇子 iŋ³⁵tsʅ⁰
凌源	蛛蛛 tsu³⁵tsu⁰	蚊子 vən³⁵tsʅ⁰	蝇子 iŋ³⁵tsʅ⁰

	0247 跳蚤咬人的	0248 虱子	0249 鱼
沈阳	虼蚤 kɤ³⁵tsau⁰	虱子 sʅ³⁵tsʅ⁰	鱼 y³⁵
本溪	虼蚤 kɤ³⁵tsau⁰	虱子 sʅ³¹tsʅ⁰	鱼 y³⁵
辽阳	虼蚤 kɤ²¹tsau⁰	虱子 sʅ⁴⁴tsʅ⁰	鱼 y³⁵
海城	跳蚤 tʰiau⁵¹tsəu⁰	虱子 sʅ⁴⁴tsʅ⁰	鱼 y³⁵
开原	虼蚤 kɤ³⁵tsau⁰ 跳蚤 tʰiau⁵³tsau⁰	虱子 sʅ⁴⁴tsʅ⁰	鱼 y³⁵
锦州	狗虫 kou²¹tʂʰuŋ⁰	虱子 sʅ⁵⁵tsə⁰	鱼 y³⁵
盘锦	狗蹦子 kou²¹pəŋ⁵¹tsə⁰	虱子 sʅ⁵⁵tsə⁰	鱼 y³⁵
兴城	狗蹦子 kou²¹pəŋ⁵¹tsʅ⁰	虱子 sʅ⁴⁴tsʅ⁰	鱼 y³⁵
绥中	狗虫 kou²¹tʂʰuəŋ⁰	虱子 sʅ⁵⁵tsɤ⁰	鱼 y³⁵
义县	狗虫 kou²¹tʂʰuŋ⁰	虱子 sʅ⁴⁴tsʅ⁰	鱼 y³⁵
北票	跳子 tʰiau⁵¹tsʅ⁰	虱子 sʅ⁴⁴tsʅ⁰	鱼 y³⁵
阜新	跳子 tʰiau⁵¹tsa⁰	虱子 sʅ⁵⁵tsa⁰	鱼 y³⁵
黑山	狗蹦子 kou²¹pəŋ⁵¹tsʅ⁰ 跳虫 tʰiau⁵¹tʂʰuəŋ⁰	虱子 sʅ⁴⁴tsʅ⁰	鱼 y³⁵
昌图	狗蹦子 kou²¹pəŋ⁵¹tsʅ⁰	虱子 sʅ³³tsʅ⁰	鱼 y³⁵
大连	小咬儿 ɕiɔ³⁴iɔr²¹³	虱子 sʅ²¹ə⁰	鱼 y³⁴
金州 杏树	虼子 kɤ²¹ə⁰	虱子 sʅ²¹ə⁰	鱼 y³¹²
长海	虼子 kɤ²¹tsə⁰	虱子 sʅ²¹ə⁰	鱼 y³¹
庄河	虼子 kə²¹ə⁰	虱子 sʅ²¹ə⁰	鱼 y⁵¹
盖州	虼蚤 kɤ²¹tsau⁰ 跳蚤 tʰiau⁵¹tsau⁰	虱子 sʅ²¹tsʅ⁰	鱼 y²⁴
丹东	虼子 kɤ²¹tsʅ⁰	虱子 sʅ²¹tsʅ⁰	鱼 y²⁴
建平	跳子 tʰiɔ⁵³tsʅ⁰	虱子 sʅ⁴⁴tsʅ⁰	鱼 y³⁵
凌源	跳子 tʰiau⁵¹tsʅ⁰	虱子 sʅ⁵⁵tsʅ⁰	鱼 y³⁵

	0250 鲤鱼	0251 鳙鱼 胖头鱼	0252 鲫鱼
沈阳	鲤鱼 li²¹y³⁵	胖头鱼 pʰaŋ³³tʰou⁰y³⁵	鲫鱼 tɕi²¹y³⁵
本溪	鲤鱼 li²¹y³⁵	胖头鱼 pʰaŋ⁴⁴tʰou⁰y³⁵	鲫鱼 tɕi²¹y³⁵
辽阳	鲤子 li²¹tʂʅ⁰	胖头 pʰaŋ⁴⁴tʰou⁰	鲫鱼壳子 tɕi²¹y³⁵kʰɤ³⁵tʂʅ⁰
海城	鲤子 li²¹⁴tʂʅ⁰	胖头 pʰaŋ⁴⁴tʰəu⁰	鲫鱼 tɕi²¹y³⁵
开原	鲤子 li²¹tʂə⁰	大胖头 ta⁵¹pʰaŋ⁴⁴tʰou⁰	鲫鱼瓜子 tɕi²¹y³⁵kua⁴⁴tʂə⁰
锦州	鲤子 li²¹tʂə⁰	胖头 pʰaŋ⁵⁵tʰou⁰	鲫鱼瓜子 tɕi²¹y³⁵kua⁵⁵tʂə⁰
盘锦	鲤子 li²¹tsə⁰	胖头 pʰaŋ⁵⁵tʰou⁰	鲫鱼瓜子 tɕi²¹y³⁵kua⁵⁵tsə⁰
兴城	鲤子 li²¹tʂʅ⁰	胖头鱼 pʰaŋ⁴⁴tʰou⁰y³⁵	鲫鱼瓜子 tɕi²¹y³⁵kua⁴⁴tʂʅ⁰
绥中	鲤鱼 li²¹y³⁵	胖头 pʰaŋ⁵⁵tʰou⁰	鲫鱼 tɕi²¹y³⁵
义县	鲤子 li²¹tʂʅ⁰	胖头 pʰaŋ⁴⁴tʰou⁰	鲫鱼壳子 tɕi²¹y³⁵kʰɤ³⁵tʂʅ⁰
北票	鲤子 li²¹tʂʅ⁰	胖头 pʰaŋ⁴⁴tʰou⁰	鲫鱼瓜子 tɕi²¹y³⁵kua⁴⁴tʂʅ⁰
阜新	鲤子 li²¹tsa⁰	胖头 pʰaŋ⁵⁵tʰou⁰	鲫鱼 tɕi²¹y³⁵
黑山	鲤子 li²¹tʂʅ⁰	胖头 pʰaŋ⁴⁴tʰou⁰	鲫鱼 tɕi²¹y³⁵ 鲫鱼壳子 tɕi²¹y³⁵kʰɤ³⁵tʂʅ⁰
昌图	鲤鱼 li²¹y³⁵	胖头鱼 pʰaŋ³³tʰou⁰y³⁵	鲫鱼 tɕi²¹³y³⁵
大连	鲤鱼 le²¹y³⁴	胖头鱼 pʰaŋ⁵²tʰəu³⁴y³⁴	鲫鱼 tɕi²¹y³⁴
金州杏树	鲤鱼 le²¹y³¹²	胖头鱼 pʰaŋ⁵²tʰəu⁰y³¹²	鲫鱼 tɕi²¹y³¹² 鲫瓜子 tɕi²¹kua³¹ɐ⁰
长海	鲤鱼 li²⁴y³¹	（无）	鲫鱼 tʃʅ²⁴y³¹
庄河	鲤鱼 li²¹y⁵¹	胖头鱼 pʰaŋ³¹tʰəu⁰y⁵¹	鲫鱼 tɕi⁵³y⁵¹
盖州	鲤子 li²¹tʂʅ⁰	胖头鱼 pʰaŋ⁴¹²tʰəu⁰y²⁴	鲫鱼 tɕi²¹y²⁴
丹东	鲤鱼 li²¹y²⁴	胖头鱼 pʰaŋ⁴¹¹tʰou²⁴y²⁴	鲫鱼 tɕi²¹y²⁴
建平	鲤鱼 li²¹y³⁵	（无）	鲫鱼瓜子 tɕi²¹y³⁵kua⁴⁴tʂʅ⁰
凌源	鲤子 li²¹tʂʅ⁰	胖头 pʰaŋ⁵⁵tʰou⁰	鲫鱼瓜子 tɕi²¹y³⁵kua⁵⁵tʂʅ⁰

	0253 甲鱼	0254 鳞鱼的	0255 虾统称
沈阳	王八 vaŋ³⁵pa⁰	鳞 lin³⁵	虾 ɕia³³
本溪	老鳖 lau²¹piɛ⁴⁴ 王八 uaŋ³⁵pa⁰	鳞 lin³⁵	虾 ɕia⁴⁴
辽阳	王八 uaŋ³⁵pa⁰	鳞 lin³⁵	虾 ɕia⁴⁴
海城	王八 uaŋ³⁵pa⁰ 老鳖 lau³⁵piɛ²¹⁴	鳞 lin³⁵	虾 ɕia⁴⁴
开原	王八 uaŋ³⁵pa⁰	鳞 lin³⁵	虾 ɕia⁴⁴
锦州	王八 uaŋ³⁵pa⁰	鱼鳞 y³⁵lin³⁵	虾 ɕia⁵⁵
盘锦	王八 uaŋ³⁵pa⁰	鳞 liən³⁵	虾 ɕia⁵⁵
兴城	王八 uaŋ³⁵pa⁰	鳞 lin³⁵	虾 ɕia⁴⁴
绥中	王八 vaŋ³⁵pa⁰	鳞 lin³⁵	虾 ɕia⁵⁵
义县	王八 uaŋ³⁵pa⁰ 鼋鱼 yan³⁵y³⁵	鳞 lin³⁵	虾 ɕia⁴⁴
北票	王八 uaŋ³⁵pa⁰	鳞 liən³⁵	虾 ɕia⁴⁴
阜新	王八 uaŋ³⁵pa⁰	鳞 lin³⁵	虾 ɕia⁵⁵
黑山	王八 uaŋ³⁵pa⁰	鱼鳞 y³⁵liən³⁵	虾 ɕia⁴⁴
昌图	王八 uaŋ³⁵pa⁰	鳞 liən³⁵	虾 ɕia³³
大连	老鳖 lɔ³⁴piɛ²¹³ 王八 uaŋ³⁴pa⁰	鳞 li³⁴	虾 ɕia³¹²
金州 杏树	鳖 piɛ²¹³	鳞 li³¹²	虾 ɕia³¹²
长海	鳖 piɛ²¹⁴	鱼鳞 y³³liən⁵³	虾 ɕia³¹
庄河	鳖 piɛ²¹³	鳞 lin³¹	虾 ɕia³¹
盖州	老鳖 lau²⁴piɛ²¹³ 乌龟 u²⁴kuei⁴¹²	鳞 lin²⁴	虾 ɕia⁴¹²
丹东	鳖 piɛ²¹³	鳞 lin²⁴	虾 ɕia⁴¹¹
建平	王八 vã³⁵pa⁰	鱼鳞 y³⁵lĩ³⁵	虾 ɕia⁴⁴
凌源	王八 vaŋ³⁵ma⁰	鳞 lin³⁵	虾 ɕia⁵⁵

	0256 螃蟹统称	**0257 青蛙**统称	**0258 癞蛤蟆**表皮多疙瘩
沈阳	螃蟹 pʰaŋ³⁵ɕiɛ⁰	蛤蟆 xa³⁵ma⁰	癞蛤蟆 lai⁴¹xa³⁵ma⁰
本溪	蟹子 ɕiɛ⁵¹tʂʅ⁰	蛤蟆 xa³⁵ma⁰	癞蛤蟆 lai⁵¹xa³⁵ma⁰
辽阳	蟹子 ɕiɛ⁵¹tʂʅ⁰	蛤蟆 xa³⁵ma⁰	癞蛤蟆 lai⁵¹xa³⁵ma⁰
海城	螃蟹 pʰaŋ³⁵ɕiɛ⁰	青蛙子 tɕʰiŋ⁴⁴kuai²¹⁴tʂʅ⁰	癞蛤蟆 lai⁵¹xa³⁵mɤ⁰
开原	螃蟹 pʰaŋ³⁵ɕiɛ⁰	蛤蟆 xa³⁵ma⁰	癞蛤蟆 lai⁵¹xa³⁵ma⁰
锦州	螃蟹 pʰaŋ³⁵kai⁰	蛤蟆 xa³⁵ma⁰	癞巴子 lai⁵³pa⁵⁵tʂə⁰
盘锦	螃蟹 pʰaŋ³⁵kai⁰	蛤蟆 xa³⁵ma⁰	癞巴子 lai⁵¹pa⁵⁵tsə⁰
兴城	螃蟹 pʰaŋ³⁵kʰai⁰	青刚腿儿 tɕʰiŋ⁴⁴kaŋ⁴⁴tuər²¹³	癞蛤蟆 lai⁵¹xa³⁵ma⁰
绥中	螃蟹 pʰaŋ³⁵ɕiɛ⁰	青蛙 tɕʰiəŋ⁵⁵va⁵⁵	癞癞嘟 lai⁵¹lai⁵¹tu⁵⁵
义县	螃蟹 pʰaŋ³⁵ɕiɛ⁰	青蛙儿 tɕʰiŋ²¹kuɐr⁴⁴	癞巴子 lai⁵³pa⁴⁴tʂʅ⁰
北票	螃蟹 pʰaŋ³⁵ɕiɛ⁰	蛤蟆 xa³⁵ma⁰	癞蛤蟆 lai⁵³xa³⁵ma⁰
阜新	螃蟹 pʰaŋ³⁵xai⁰	青蛙儿 tɕʰiŋ⁵⁵kuɐr⁵⁵	癞巴子 lai⁵¹pa⁵⁵tsa⁰
黑山	螃蟹 pʰaŋ³⁵ɕiɛ⁰	青蛤蟆 tɕʰiəŋ²¹xa³⁵ma⁰	癞巴子 lai⁵³pa⁴⁴tʂʅ⁰
昌图	螃蟹 pʰaŋ³⁵ɕiɛ⁰	蛤蟆 xa³⁵ma⁰ 青蛙儿 tɕʰiəŋ²¹kuɐr⁰	癞巴子 lai⁵¹pa²¹³tʂʅ⁰
大连	蟹子 ɕiɛ⁵²ɐ⁰	青蛙儿 tɕʰiŋ³¹uar³⁴	癞蛤儿蟆儿 lɛ⁵²xar³⁴mar⁰
金州杏树	蟹子 ɕiɛ⁵²ɐ⁰	青蛙子 tɕʰiŋ³¹uɛ²¹ɐ⁰	烂疥巴子 lã⁵²tɕiɛ²¹pa³¹ɐ⁰
长海	蟹子 ɕiɛ⁵³ə⁰	青蛙子 tʃʰiŋ³¹uai²¹ə⁰	癞疥巴 lai⁵³ɕiɛ²¹pa³¹
庄河	蟹子 ɕiɛ⁵¹ə⁰	青蛙 tɕʰiŋ³³ua³¹	疥巴子 tɕiɛ⁵¹pa³¹ə⁰
盖州	螃蟹 pʰaŋ²⁴kʰai⁰	青蛙子 tɕʰiŋ⁴¹²kuai²¹tʂʅ⁰	癞疥巴子 lai⁵¹tɕi²⁴pa⁴¹²tʂʅ⁰
丹东	蟹子 ɕiɛ⁵¹tʂʅ⁰	蛤蟆 xa²⁴ma⁰	癞蛤蟆 lai⁵¹xa²⁴ma⁰
建平	螃蟹 pʰã³⁵ɕiɛ⁰	蛤蟆 xa³⁵ma⁰	癞蛤蟆 lɛ⁵³xa³⁵ma⁰
凌源	螃蟹 pʰaŋ³⁵ɕiɛ⁵¹	蛤蟆 xa³⁵ma⁰	癞蛤蟆 lai⁵³xa³⁵ma⁰

	0259 马	0260 驴	0261 骡
沈阳	马 ma²¹³	驴 ly³⁵	骡子 luo³⁵tʂɿ⁰
本溪	马 ma²²⁴	驴 ly³⁵	骡子 luo³⁵tʂɿ⁰
辽阳	马 ma²¹³	毛驴子 mau³⁵ly³⁵tʂɿ⁰	骡子 luo³⁵tʂɿ⁰
海城	马 ma²¹⁴	驴 ly³⁵	骡子 luɤ³⁵tʂɿ⁰
开原	马 ma²¹³	毛驴子 mau⁴⁴ly³⁵tʂə⁰ 驴 ly³⁵	骡子 luɤ³⁵tʂə⁰
锦州	马 ma²¹³	毛驴子 mau³⁵ly³⁵tʂə⁰	骡子 luo³⁵tʂə⁰
盘锦	马 ma²¹³	毛驴儿 mau³⁵luər³⁵	骡子 luo³⁵tsə⁰
兴城	马 ma²¹³	驴 ly³⁵	骡子 luo³⁵tʂɿ⁰
绥中	马 ma²¹³	驴 ly³⁵	骡子 luo³⁵tʂɿ⁰
义县	马 ma²¹³	驴 ly³⁵ 毛驴子 mau³⁵ly³⁵tʂɿ⁰	骡子 luo³⁵tʂɿ⁰
北票	马 ma²¹³	驴 ly³⁵ 毛驴子 mau⁴⁴ly³⁵tsɿ⁰	骡子 luo³⁵tsɿ⁰
阜新	马 ma²¹³	驴 ly³⁵	骡子 luo³⁵tsa⁰
黑山	马 ma²¹³	驴 luei³⁵ 毛驴儿 mau³⁵luər³⁵ 毛驴子 mau³⁵luei³⁵tʂɿ⁰	骡子 luo³⁵tʂɿ⁰
昌图	马 ma²¹³	驴 ly³⁵	骡儿 luor³⁵
大连	马 ma²¹³	驴 ly³⁴	骡子 luə³⁴ə⁰
金州杏树	马 ma²¹³	驴 ly³¹²	骡子 luə⁵²ə⁰
长海	马 ma²¹⁴	驴 ly⁵³	骡 luə⁵³
庄河	马 ma²¹³	驴 ly³¹	骡子 luə⁵¹ə⁰
盖州	马 ma²¹³	驴 ly²⁴	骡子 luɤ²⁴tsɿ⁰
丹东	马 ma²¹³	驴 ly²⁴	骡 luo²⁴
建平	马 ma²¹³	毛驴子 mɔ³⁵ly³⁵tsɿ⁰	骡子 luə³⁵tsɿ⁰
凌源	马 ma²¹⁴	驴 ly³⁵ 毛驴子 mau³⁵ly²¹tsɿ⁰	骡子 luo³⁵tsɿ⁰

	0262 牛	0263 公牛 统称	0264 母牛 统称
沈阳	牛 ȵiou³⁵	公牛 kuŋ³³ȵiou³⁵	母牛 mu²¹ȵiou³⁵
本溪	牛 ȵiou³⁵	公牛 kuŋ⁴⁴ȵiou⁰	乳牛 ẓu²¹ȵiou³⁵
辽阳	牛 ȵiou³⁵	牤牛 maŋ⁴⁴ȵiou³⁵	乳牛 ẓu²¹ȵiou³⁵
海城	牛 ȵiəu³⁵	牤牛子 maŋ⁴⁴ȵiəu³⁵tsʅ⁰	乳牛 ẓu²¹ȵiəu³⁵
开原	牛 ȵiou³⁵	牤牛 maŋ⁴⁴ȵiou³⁵	乳牛 ẓu²¹ȵiou³⁵
锦州	牛 ȵiou³⁵	牤子 maŋ⁵⁵tʂə⁰	乳牛 ẓŋ⁵⁵ȵiou³⁵
盘锦	牛 ȵiou³⁵	牤子 maŋ⁵⁵tsə⁰	母牛 m̩²¹ȵiou³⁵
兴城	牛 ȵiou³⁵	牤牛 maŋ⁴⁴ȵiou³⁵	母牛 mu²¹ȵiou³⁵
绥中	牛 ȵiou³⁵	牤子 maŋ⁵⁵tʂɤ⁰	乳牛 ẓu²¹ȵiou³⁵
义县	牛 ȵiou³⁵	牤子 maŋ⁴⁴tsʅ⁰	乳牛 ẓu²¹ȵiou³⁵
北票	牛 ȵiou³⁵	牤牛 maŋ⁴⁴ȵiou³⁵ 牤牛蛋子 maŋ⁴⁴ȵiou³⁵tan⁵¹tsʅ⁰	乳牛 ẓu²¹ȵiou³⁵
阜新	牛 ȵiou³⁵	牤牛 maŋ⁵⁵ȵiou³⁵ 牤子 maŋ⁵⁵tsa⁰	乳牛 ẓu²¹ȵiou³⁵
黑山	牛 ȵiou³⁵	牤牛 maŋ⁴⁴ȵiou³⁵	母牛 mu²¹ȵiou³⁵
昌图	牛 ȵiou³⁵	牤子 maŋ³³tsʅ⁰	乳牛 ẓu²¹ȵiou³⁵
大连	牛 ȵiəu³⁴	公牛 kuŋ³¹ȵiəu³⁴	母牛 m̩²¹ȵiəu³⁴
金州杏树	牛 ȵiəu³¹²	蛋犍子 tã⁵²tɕiẽ³¹ɐ⁰	乳牛 ẓu²¹ȵiəu³¹²
长海	牛 ȵiəu³¹	犍子 cian⁵³ən⁰	乳牛 ẓu²⁴ȵiəu³¹
庄河	牛 ȵiəu³¹	公牛 kuŋ³³ȵiəu³¹	母牛 mu²⁴ȵiəu³¹
盖州	牛 ȵiəu²⁴	牤子 maŋ⁴¹²tsʅ⁰	乳牛 ẓu²¹ȵiəu²⁴
丹东	牛 ȵiou²⁴	公牛 kuŋ⁴¹¹ȵiou²⁴	母牛 mu²¹ȵiou²⁴
建平	牛 ȵiəu³⁵	牤牛蛋子 mã³⁵ȵiəu³⁵tã⁵³tsʅ⁰	乳牛 ẓu²¹ȵiəu³⁵
凌源	牛 ȵiou³⁵	牤牛蛋子 maŋ³⁵ȵiou³⁵tan⁵¹tsʅ⁰	母牛 mu²¹ȵiou³⁵

	0265 放牛	0266 羊	0267 猪
沈阳	放牛 faŋ⁴¹ȵiou³⁵	羊 iaŋ³⁵	猪 tʂu³³
本溪	放牛 faŋ⁵¹ȵiou³⁵	羊 iaŋ³⁵	猪 tʂu⁴⁴
辽阳	放牛 faŋ⁵¹ȵiou³⁵	羊 iaŋ³⁵	猪 tʂu⁴⁴
海城	放牛 faŋ⁵¹ȵiəu³⁵	羊 iaŋ³⁵	猪 tʂu⁴⁴
开原	放牛 faŋ⁵³ȵiou³⁵	羊 iaŋ³⁵	猪 tʂu⁴⁴
锦州	放牛 faŋ⁵³ȵiou³⁵	羊 iaŋ³⁵	猪 tʂu⁵⁵
盘锦	放牛 faŋ⁵³ȵiou³⁵	羊 iaŋ³⁵	猪 tʂu⁵⁵
兴城	放牛 faŋ⁵¹ȵiou³⁵	羊 iaŋ³⁵	猪 tʂu⁴⁴
绥中	放牛 faŋ⁵¹ȵiou³⁵	羊 iaŋ³⁵	猪 tʂu⁵⁵
义县	放牛 faŋ⁵³ȵiou³⁵	羊 iaŋ³⁵	猪 tʂu⁴⁴
北票	放牛 faŋ⁵³ȵiou³⁵	羊 iaŋ³⁵	猪 tʂu⁴⁴
阜新	放牛 faŋ⁵³ȵiou³⁵	羊 iaŋ³⁵	猪 tʂu⁵⁵
黑山	放牛 faŋ⁵³ȵiou³⁵	羊 iaŋ³⁵	猪 tʂu⁴⁴
昌图	放牛 faŋ⁵¹ȵiou³⁵	羊 iaŋ³⁵	猪 tʂu³³
大连	放牛 faŋ⁵²ȵiəu³⁴	羊 iaŋ³⁴	猪 tʃu³¹²
金州杏树	放牛 faŋ⁵²ȵiəu³¹²	羊 iaŋ³¹²	猪 tɕy³¹²
长海	放牛 faŋ⁵³ȵiəu³¹	羊 iaŋ³¹	猪 tʃy³¹
庄河	放牛 faŋ⁵¹ȵiəu³¹	羊 iaŋ⁵¹	猪 tɕy³¹
盖州	放牛 faŋ⁵¹ȵiəu²⁴	羊 iaŋ²⁴	猪 tʂu⁴¹²
丹东	放牛 faŋ⁵¹ȵiou²⁴	羊 iaŋ²⁴	猪 tʂu⁴¹¹
建平	放牛 fã⁵³ȵiəu³⁵	羊 iã³⁵	猪 tʂu⁴⁴
凌源	放牛 faŋ⁵³ȵiou³⁵	羊 iaŋ³⁵	猪 tʂu⁵⁵

词汇对照

	0268 种猪 配种用的公猪	0269 公猪 成年的，已阉的	0270 母猪 成年的，未阉的
沈阳	种猪 tsuŋ²¹tṣu³³	公猪 kuŋ³³tṣu³³	母猪 mu²¹tṣu³³
本溪	种猪 tṣuŋ²¹tṣu⁴⁴	脟卵子 pʰau³¹lan²¹tṣʅ⁰	母猪 mu²¹tṣu⁴⁴
辽阳	种猪 tṣuŋ²¹tṣu⁴⁴	脟卵子 pʰau³⁵lan²¹tṣʅ⁰	母猪 mu²¹tṣu⁴⁴
海城	骚脟子 ṣau⁴⁴pʰau³⁵tṣʅ⁰	老公猪 lau²¹kuŋ⁴⁴tṣu⁴⁴	老母猪 lau³⁵mu³⁵tṣu⁴⁴
开原	脟卵子 pʰau³⁵lan⁰tṣə⁰	壳郎 kʰɤ³⁵laŋ⁰	老母猪 lau³⁵mu²¹tṣu⁴⁴
锦州	脟卵子 pʰau³⁵lan²¹tṣə⁰	壳郎 kʰɤ³⁵laŋ⁰ 老劁儿 lau²¹tɕʰiaur⁵⁵	老母猪 lau³⁵mu²¹tṣu⁵⁵
盘锦	脟卵子 pʰau⁵⁵lan²¹tsə⁰	老劁儿 lau²¹tɕʰiaur⁵⁵	老母猪 laŋ³⁵m²¹tṣu⁵⁵
兴城	脟卵子 pʰau³⁵lan²¹tṣʅ⁰	壳郎 kʰɤ³⁵la⁰	老母猪 lau³⁵mu²¹tṣu⁴⁴
绥中	大公猪 ta⁵¹kuəŋ⁵⁵tṣu⁵⁵	肥猪 fei³⁵tṣu⁵⁵	老母猪 lau³⁵mu²¹tṣu⁵⁵
义县	脟卵子 pʰau³⁵lan²¹tṣʅ⁰	老劁儿 lau²¹tɕʰiaur⁴⁴	老母猪 lau³⁵mu²¹tṣu⁴⁴
北票	脟卵子 pʰau⁵³lan²¹tṣʅ⁰	老劁儿 lau²¹tɕʰiaur⁴⁴	老母猪 lau²¹mɤ⁰tṣu⁴⁴
阜新	脟卵子 pʰau⁵⁵lan²¹tsa⁰	壳郎 kʰɤ⁵⁵laŋ⁰	老母猪 laŋ³⁵mu⁰tṣu⁵⁵
黑山	脟卵子 pʰau⁵³luan²¹tṣʅ⁰	肥猪 fei³⁵tṣu⁴⁴ 老劁儿 lau²¹tɕʰiaur⁴⁴	老母猪 lau³⁵mu²¹tṣu⁴⁴
昌图	脟卵子 pʰau³⁵laŋ³³tṣʅ⁰	公猪 kuəŋ³³tṣu³³	母猪 mu²¹tṣu³³
大连	种猪 tsuŋ³⁴tʃu³¹²	公猪 kuŋ³⁴tʃu³¹²	老母猪 lɔ²¹mɛ̃⁰tʃu³¹²
金州杏树	脟卵子 pʰɔ⁵²lã²¹ɚ⁰	种子 tsən⁵²ə⁰	老母子 lɔ³⁴mu²¹ə⁰
长海	脟卵子 pʰau³¹lan²¹ən⁰	粽子 tsũ⁵³ən⁰	老母猪 lau²¹mu²⁴tʃy³¹
庄河	脟卵子 pʰao³¹lan²¹nə⁰	公猪 kuŋ³³tɕy³¹	老母猪 lao²¹mu²⁴tɕy³¹
盖州	种猪 tsuŋ²⁴tṣu⁴¹²	公猪 kuŋ²⁴tṣu⁴¹²	老母猪 lau²¹mu²⁴tṣu⁴¹²
丹东	脟卵子 pʰau⁴¹¹lan²¹tṣʅ⁰	公猪 kuŋ⁴⁴tṣu⁴¹¹	母猪 mu²⁴tṣu⁴¹¹
建平	脟卵子 pʰɔ⁴⁴lã²¹tṣʅ⁰	壳郎 kʰɤ⁴⁴lã⁰	母猪 mu²¹tṣʰu⁴⁴
凌源	脟卵子 pʰau⁵³lan²¹tṣʅ⁰	公猪 kuŋ⁵⁵tṣu⁵⁵	老母猪 lau³⁵mu²¹tṣu⁵⁵

	0271 猪崽	0272 猪圈	0273 养猪
沈阳	猪崽儿 tsu³³tsɐr²¹	猪圈 tsu³³tɕyan⁴¹	养猪 iaŋ²¹tsu³³
本溪	猪羔子 tʂu⁴⁴kau³¹tsʅ⁰	猪圈 tʂu⁴⁴tɕyan⁵¹	养猪 iaŋ²¹tʂu⁴⁴
辽阳	猪崽子 tʂu⁴⁴tsai²¹tsʅ⁰	猪圈 tʂʰu⁴⁴tɕyan⁵¹	养活猪 iaŋ²¹xuo⁰tʂu⁴⁴
海城	猪崽儿 tʂu⁴⁴tsɐr²¹⁴	猪圈 tʂu⁴⁴tɕyan⁵¹	养猪 iaŋ³⁵tʂu⁴⁴
开原	猪羔子 tʂu⁴⁴kau⁵³tsə⁰ 猪崽儿 tʂu⁴⁴tsɐr²¹³	猪圈 tʂu⁴⁴tɕyan⁵¹	养猪 iaŋ²¹tʂu⁴⁴
锦州	猪羔子 tʂu⁵⁵kau⁵¹tsə⁰	猪圈 tʂu⁵⁵tsuan⁵¹	养猪 iaŋ²¹tʂu⁵⁵
盘锦	猪羔子 tʂu⁵⁵kau⁵¹tsə⁰	猪窝 tʂu⁵⁵uo⁵⁵ 猪栏子 tʂu⁵⁵lan³⁵tsə⁰	养猪 iaŋ²¹tʂu⁵⁵
兴城	猪羔儿 tʂu⁴⁴kaur⁵¹	猪圈 tʂu⁴⁴tsuan⁵¹	养猪 iaŋ²¹tʂu⁴⁴
绥中	猪羔子 tʂu⁵⁵kau⁵¹tsʅ⁰	猪圈 tʂu⁵⁵tɕyan⁵¹	养猪 iaŋ²¹tʂu⁵⁵
义县	猪羔子 tʂu⁴⁴kau⁵¹tsʅ⁰	猪圈 tʂu⁴⁴tɕyan⁵¹	养猪 iaŋ²¹tʂu⁴⁴
北票	猪嘎=儿嘎=儿 tʂu⁴⁴kar⁵¹kar⁰ 猪羔子 tʂu⁴⁴kau⁵¹tsʅ⁰	猪圈 tʂu⁴⁴tɕyan⁵¹	养猪 iaŋ²¹tʂu⁴⁴
阜新	猪羔子 tʂu⁵⁵kau⁵¹tsa⁰	猪圈 tʂu⁵⁵tɕyan⁵¹	养猪 iaŋ²¹tʂu⁵⁵
黑山	猪羔子 tʂu⁴⁴kau⁵¹tsʅ⁰	猪圈 tʂu⁴⁴tɕyan⁵¹	养猪 iaŋ²¹tʂu⁴⁴
昌图	猪羔儿 tʂu³³kaur³³	猪圈 tʂu³³tɕyan⁵¹	养猪 iaŋ²¹tʂu³³
大连	猪崽子 tʃu³¹tsɛ²¹ɐ⁰	猪圈 tʃu³¹tɕyɛ̃⁵²	养猪 iaŋ²¹tʃu³¹²
金州杏树	猪崽子 tɕy³¹tsɛ²¹ɐ⁰	猪圈 tɕy³¹tɕyɛ̃⁵²	养猪 iaŋ²¹tɕy³¹²
长海	小猪崽儿 ɕiau²¹tʃy³¹tsɐr²¹⁴	猪圈 tʃy³¹ɕyan⁵³	养猪 iaŋ²⁴tʃy³¹
庄河	猪崽儿 tɕy³¹tsɐr²¹³	猪圈 tɕy³¹tɕyan⁵¹	养猪 iaŋ²⁴tɕy³¹
盖州	猪崽儿 tʂu⁴¹²tsɐr²¹³	猪圈 tʂu⁴¹²tɕyan⁵¹	养猪 iaŋ²⁴tʂu⁴¹²
丹东	猪崽儿 tʂu⁴¹¹tsɐr²¹³	猪圈 tʂu⁴¹¹tɕyan⁵¹	养猪 iaŋ²⁴tʂu⁴¹¹
建平	小嘎=嘎= ɕiɔ²¹ka³⁵ka⁰	猪圈 tʂu⁴⁴tɕyɛ̃⁵³	养活猪 iã²¹xuə³⁵tʂu⁴⁴
凌源	猪羔子 tʂu⁵⁵kau⁵⁵tsʅ⁰ 猪崽子 tʂu⁵⁵tsai²¹tsʅ⁰	猪圈 tʂu⁵⁵tɕyan⁵¹	养猪 iaŋ²¹tʂu⁵⁵

	0274 猫	0275 公猫	0276 母猫
沈阳	猫 mau^{33}	公猫 kuŋ^{33}mau^{33}	母猫 mu^{21}mau^{33}
本溪	猫 mau^{44}	狸猫 li^{35}mau^{44}	乳猫 y^{21}mau^{44}
辽阳	猫 mau^{44}	郎猫 laŋ^{35}mau^{44}	乳猫 y^{21}mau^{44}
海城	猫 mau^{44}	郎猫 laŋ^{35}mau^{44}	乳猫 y^{35}mau^{44}
开原	猫 mau^{44}	郎猫 laŋ^{35}mau^{44}	乳猫 y^{21}mau^{44}
锦州	猫 mau^{55}	郎猫 laŋ^{35}mau^{55}	女猫 ly^{21}mau^{55}
盘锦	猫 mau^{55}	郎猫 laŋ^{35}mau^{55}	母猫 m^{21}mau^{55}
兴城	猫 mau^{44}	山狸子 ʂan^{44}li^{35}tsʅ^{0}	母猫 mu^{21}mau^{44}
绥中	猫 mau^{55}	郎猫 laŋ^{35}mau^{55}	狸猫 li^{35}mau^{55}
义县	猫 mau^{44}	郎猫 laŋ^{35}mau^{44}	女猫 ly^{21}mau^{44}
北票	猫 mau^{44}	郎猫儿 laŋ^{35}maur^{44}	乳猫儿 y^{21}maur^{44}
阜新	猫 mau^{55}	郎猫 laŋ^{35}mau^{55}	乳猫 zu^{21}mau^{55} 乳猫 y^{21}mau^{55}
黑山	猫 mau^{44}	郎猫 laŋ^{35}mau^{44}	女猫 luei^{21}mau^{44}
昌图	猫 mau^{33}	公猫 kuəŋ^{33}mau^{33}	母猫 mu^{21}mau^{33}
大连	猫 mɔ^{34}	公猫 kuŋ^{31}mɔ^{34}	母猫 m^{21}mɔ^{34}
金州 杏树	猫 mɔ^{312}	牙猫 ia^{21}mɔ^{312}	女猫 ny^{21}mɔ^{312}
长海	猫 mau^{31}	公猫 kuŋ^{33}mau^{31}	母猫 mu^{24}mau^{31}
庄河	猫 mao^{31}	公猫 kuŋ^{33}mao^{31}	母猫 mu^{24}mao^{31}
盖州	猫 mau^{412}	郎猫 laŋ^{24}mau^{412} 公猫 kuŋ^{24}mau^{412}	乳猫 y^{24}mau^{412} 母猫 mu^{24}mau^{412}
丹东	猫 mau^{24}	公猫 kuŋ^{411}mau^{24}	母猫 mu^{21}mau^{24}
建平	猫 mɔ^{44}	郎猫蛋子 lã^{35}mɔ^{44}tã^{53}tsʅ^{0}	女猫 ny^{21}mɔ^{44}
凌源	猫 mau^{55}	郎猫儿 laŋ^{35}maur^{55}	女猫儿 ny^{21}maur^{55}

	0277 狗 统称	0278 公狗	0279 母狗
沈阳	狗 kou²¹³	公狗 kuŋ³³kou²¹	母狗 mu²¹kou²¹
本溪	狗 kou²²⁴	公狗 kuŋ⁴⁴kou²²⁴	母狗 mu³⁵kou²²⁴
辽阳	狗 kou²¹³	牙狗 ia³⁵kou⁰	母狗 mu³⁵kou²¹³
海城	狗 kəu²¹⁴	公狗 kuŋ⁴⁴kəu²¹⁴	母狗 mu³⁵kəu²¹⁴
开原	狗 kou²¹³	牙狗 ia³⁵kou²¹³	母狗 mu³⁵kou²¹³
锦州	狗 kou²¹³	牙狗 ia³⁵kou²¹³	母狗 mu³⁵kou²¹³
盘锦	狗 kou²¹³	牙狗 ia³⁵kou²¹³	母狗 m̩³⁵kou²¹³
兴城	狗 kou²¹³	牙狗 ia³⁵kou²¹³	母狗 mu³⁵kou²¹³
绥中	狗 kou²¹³	公狗 kuəŋ⁵⁵kou²¹³	母狗 mu³⁵kou²¹³
义县	狗 kou²¹³	牙狗 ia³⁵kou²¹³	母狗 mu³⁵kou²¹³
北票	狗 kou²¹³	牙狗子 ia³⁵kou²¹tsʅ⁰	母狗 mu³⁵kou²¹³
阜新	狗 kou²¹³	牙狗 ia³⁵kou²¹³	母狗 mu³⁵kou²¹³
黑山	狗 kou²¹³	牙狗 ia³⁵kou²¹³	母狗 mu³⁵kou²¹³
昌图	狗 kou²¹³	牙狗 ia³⁵kou²¹³	母狗 mu³⁵kou²¹³
大连	狗 kəu²¹³	公狗 kuŋ³¹kəu²¹³	母狗 m̩³⁴kəu²¹³
金州杏树	狗 kəu²¹³	牙狗 ia⁵²kəu²¹³	母狗 mu³⁴kəu²¹³
长海	狗 kəu²¹⁴	公狗 kuŋ³¹kəu²¹⁴	母狗 mu²⁴kəu²¹⁴
庄河	狗 kəu²¹³	公狗 kuŋ³¹kəu²¹³	母狗 mu²⁴kəu²¹³
盖州	狗 kəu²¹³	公狗 kuŋ⁴¹²kəu²¹³	母狗 mu²⁴kəu²¹³
丹东	狗 kou²¹³	牙狗 ia²⁴kou²¹³	母狗 mu²⁴kou²¹³
建平	狗 kəu²¹³	牙狗子 ia³⁵kəu²¹tsʅ⁰	母狗子 mu³⁵kəu²¹tsʅ⁰
凌源	狗 kou²¹⁴	牙狗 ia³⁵kou²¹	母狗 mu³⁵kou²¹

	0280 叫~狗	0281 兔子	0282 鸡
沈阳	叫 tɕiau⁴¹	兔子 tʰu⁴¹tsʅ⁰	鸡 tɕi³³
本溪	叫 tɕiau⁵¹	兔子 tʰu⁵¹tsʅ⁰	鸡 tɕi⁴⁴
辽阳	叫 tɕiau⁵¹	兔子 tʰu⁵¹tsʅ⁰	鸡 tɕi⁴⁴
海城	汪汪 uaŋ⁵¹uaŋ⁰	兔子 tʰu⁵¹tsʅ⁰	鸡 tɕi⁴⁴
开原	叫 tɕiau⁵¹	兔子 tʰu⁵³tsə⁰	鸡 tɕi⁴⁴
锦州	汪儿汪儿 tʂãr⁵¹tʂãr⁰ 嚎 xau³⁵	鼠儿 ʂur²¹³	小鸡子 ɕiau²¹tɕi⁵⁵tʂə⁰
盘锦	汪汪 tʂaŋ⁵¹tʂaŋ⁰	兔儿 tʰur⁵¹	鸡 tɕi⁵⁵
兴城	叫 tɕiau⁵¹	兔子 tʰu⁵¹tsʅ⁰	鸡 tɕi⁴⁴
绥中	汪汪 vaŋ⁵¹vaŋ⁰	兔子 tʰu⁵¹tsɤ⁰	鸡 tɕi⁵⁵
义县	叫 tɕiau⁵¹	兔子 tʰu⁵¹tsʅ⁰	鸡 tɕi⁴⁴
北票	叫唤 tɕiau⁵¹xuo⁰	兔子 tʰu⁵¹tsʅ⁰	鸡 tɕi⁴⁴
阜新	汪汪 tsaŋ⁵¹tsaŋ⁰	鼠儿 ʂur²¹³ 兔子 tʰu⁵¹tsa⁰	小鸡子 ɕiau²¹tɕi⁵⁵tsa⁰
黑山	叫唤 tɕiau⁵¹xuan⁰	兔子 tʰu⁵¹tsʅ⁰	鸡 tɕi⁴⁴
昌图	叫 tɕiau⁵¹	兔子 tʰu⁵¹tsʅ⁰	鸡 tɕi³³
大连	叫 tɕiɔ⁵²	兔子 tʰu⁵²ə⁰	鸡 tɕi³¹²
金州杏树	叫 tɕiɔ⁵²	兔子 tʰu⁵²ə⁰	鸡 tɕi³¹²
长海	叫唤 ɕiau⁵³xuan⁰	兔子 tʰu⁵³ə⁰	鸡 ɕi³¹
庄河	汪汪 uaŋ⁵¹uaŋ⁰	兔子 tʰu⁵¹ə⁰	鸡 tɕi³¹
盖州	咬 iau²¹³ 汪儿汪儿 uãr⁵¹uãr⁵¹	兔子 tʰu⁵¹tsʅ⁰	鸡 tɕi⁴¹²
丹东	叫 tɕiau⁵¹	兔子 tʰu⁵¹tsʅ⁰	鸡 tɕi⁴¹¹
建平	汪汪 vã⁵³vã⁰	兔儿 tur⁵³ 猫儿 mɔr⁴⁴	小鸡儿 ɕiɔ²¹tɕiər⁴⁴
凌源	叫 tɕiau⁵¹	兔猫子 tʰu⁵¹mau⁵⁵tsʅ⁰	鸡 tɕi⁵⁵

	0283 公鸡成年的，未阉的	0284 母鸡已下过蛋的	0285 叫公鸡~（即打鸣儿）
沈阳	公鸡 kuŋ³³tɕi³³	母鸡 mu²¹tɕi³³	打鸣儿 ta²¹miə̃r³⁵
本溪	公鸡 kuŋ⁴⁴tɕi⁴⁴	母鸡 mu²¹tɕi⁴⁴	打鸣儿 ta²¹miə̃r³⁵
辽阳	公鸡 kuŋ⁴⁴tɕi⁴⁴	母鸡 mu²¹tɕi⁴⁴	打鸣儿 ta²¹miə̃r³⁵
海城	老公鸡儿 lau²¹kuŋ⁴⁴tɕiər⁴⁴	老母鸡儿 lau³⁵mu²¹tɕiər⁴⁴	打鸣儿 ta²¹miə̃r³⁵ 啼鸣儿 tʰi³⁵miə̃r³⁵
开原	公鸡 kuŋ⁴⁴tɕi⁴⁴	母鸡 mu²¹tɕi⁴⁴	打鸣儿 ta²¹miə̃r³⁵
锦州	公鸡头 kuŋ⁵⁵tɕi⁵⁵tʰou³⁵	母鸡 mu²¹tɕi⁵⁵	打鸣 ta²¹miŋ³⁵
盘锦	公鸡 kuəŋ⁵⁵tɕi⁵⁵	母鸡 m̩²¹tɕi⁵⁵	嘎咯儿 ka²¹kər⁵⁵ 打鸣儿 ta²¹miə̃r³⁵
兴城	公鸡 kuŋ⁴⁴tɕi⁴⁴	母鸡 mu²¹tɕi⁴⁴	打鸣儿 ta²¹miə̃r³⁵ 嘎咯儿 ka⁵¹kər⁴⁴
绥中	公鸡 kuəŋ⁵⁵tɕi⁵⁵	母鸡 mu²¹tɕi⁵⁵	打鸣 ta²¹miəŋ³⁵
义县	公鸡 kuŋ⁴⁴tɕi⁴⁴	老母鸡 lau³⁵mu²¹tɕi⁴⁴	打鸣儿 ta²¹miə̃r³⁵
北票	公鸡 kuəŋ⁴⁴tɕi⁴⁴	母鸡 mu²¹tɕi⁴⁴	打鸣儿 ta²¹miə̃r³⁵
阜新	公鸡 kuŋ⁵⁵tɕi⁵⁵	老母鸡 lau³⁵mu²¹tɕi⁵⁵	打鸣儿 ta²¹miə̃r³⁵
黑山	公鸡 kuəŋ⁴⁴tɕi⁴⁴	母鸡 mu²¹tɕi⁴⁴	打鸣儿 ta²¹miə̃r³⁵
昌图	公鸡 kuəŋ³³tɕi³³	母鸡 mu²¹tɕi³³	打鸣儿 ta²¹miə̃r³⁵
大连	公鸡 kuŋ³⁴tɕi³¹²	母鸡 m̩³⁴tɕi³¹²	打鸣儿 ta²¹miə̃r³⁴
金州杏树	公鸡 kuŋ⁵²tɕi⁰	母鸡 mu²¹tɕi³¹²	打鸣儿 ta³⁴miə̃r³¹²
长海	公鸡 kuŋ³³ɕi³¹	母鸡 mu²⁴ɕi³¹	打鸣儿 ta²¹miə̃r⁵³
庄河	公鸡 kuŋ³³tɕi³¹	母鸡 mu²⁴tɕi³¹	打鸣 ta²⁴mə̃⁵¹
盖州	公鸡 kuŋ²⁴tɕi⁴¹²	老母鸡 lau²¹mu²⁴tɕi⁴¹²	打鸣儿 ta²¹miə̃r²⁴
丹东	公鸡 kuŋ⁴⁴tɕi⁴¹¹	母鸡 mu²⁴tɕi⁴¹¹	打鸣儿 ta²¹miə̃r²⁴
建平	公鸡 kuŋ⁴⁴tɕi⁴⁴	母鸡 mu²¹tɕi⁴⁴	打鸣儿 ta²¹miə̃r³⁵
凌源	公鸡 kuŋ⁵⁵tɕi⁵⁵	母鸡 mu²¹tɕi⁵⁵	打鸣儿 ta²¹miə̃r³⁵

词汇对照

	0286 下~鸡蛋	0287 孵~小鸡	0288 鸭
沈阳	下 ɕia^{41}	菢 pau^{41}	鸭子 ia^{35}tsʅ^{0}
本溪	下 ɕia^{51}	菢 pau^{51}	鸭 ia^{35}
辽阳	下 ɕia^{51}	菢窝 pau^{51}uo^{44}	鸭子 ia^{35}tsʅ^{0}
海城	下 ɕia^{51}	菢 pau^{51}	鸭子 ia^{44}tsʅ^{0}
开原	下 ɕia^{51}	菢 pau^{51}	鸭子 ia^{44}tsʅ^{0}
锦州	下 ɕia^{51}	菢窝 pau^{53}uo^{55}	鸭子 ia^{55}tsə^{0}
盘锦	下 ɕia^{51}	菢窝 pau^{51}uo^{55}	鸭子 ia^{35}tsə^{0}
兴城	下 ɕia^{51}	菢窝 pau^{51}uo^{44}	鸭 ia^{44}
绥中	下 ɕia^{51}	孵 fu^{55}	鸭 ia^{55}
义县	下 ɕia^{51}	菢窝 pau^{53}uo^{44}	鸭子 ia^{44}tsʅ^{0}
北票	下 ɕia^{51}	菢 pau^{51}	鸭子 ia^{44}tsʅ^{0}
阜新	下 ɕia^{5}	菢窝 pau^{53}uo^{55} 菢 pau^{51}	鸭子 ia^{55}tsa^{0}
黑山	下 ɕia^{51}	菢 pau^{51}	鸭子 ia^{44}tsʅ^{0}
昌图	下 ɕia^{51}	孵 fu^{35}	鸭 ia^{33}
大连	下 ɕia^{52}	菢 pɔ^{52}	鸭巴子 ia^{34}pa^{31}ɚ^{0}
金州 杏树	下 ɕia^{52}	菢 pɔ^{52}	鸭 ia^{213}
长海	下 ɕia^{53}	菢 pau^{53}	鸭 ia^{214}
庄河	下 ɕia^{51}	菢 pao^{51}	鸭 ia^{213}
盖州	下 ɕia^{51}	菢 pau^{51}	鸭子 ia^{21}tsʅ^{0}
丹东	下 ɕia^{51}	菢 pau^{51}	鸭 ia^{213}
建平	下 ɕia^{53} 产 tʂʰã^{213}	菢 pɔ^{53}	鸭子 ia^{44}tsʅ^{0}
凌源	下 ɕia^{51}	孵 fu^{55}	鸭子 ia^{55}tsʅ^{0}

	0289 鹅	0290 阉~公的猪	0291 阉~母的猪
沈阳	鹅 ɤ³⁵	劁 tɕʰiau³³	劁 tɕʰiau³³
本溪	鹅 ɤ³⁵	劁 tɕʰiau⁴⁴	劁 tɕʰiau⁴⁴
辽阳	鹅 ɤ³⁵	劁 tɕʰiau⁴⁴	劁 tɕʰiau⁴⁴
海城	鹅 ɤ³⁵	劁 tɕʰiau⁴⁴	劁 tɕʰiau⁴⁴
开原	大鹅 ta⁵³nɤ³⁵	劁 tɕʰiau⁴⁴	劁 tɕʰiau⁴⁴
锦州	鹅 nɤ³⁵	劁 tɕʰiau⁵⁵	劁 tɕʰiau⁵⁵
盘锦	鹅 nɤ³⁵	劁 tɕʰiau⁵⁵	劁 tɕʰiau⁵⁵
兴城	鹅 nɤ³⁵	劁 tɕʰiau⁴⁴	劁 tɕʰiau⁴⁴
绥中	鹅 nɤ³⁵	劁 tɕʰiau⁵⁵	劁 tɕʰiau⁵⁵
义县	鹅 nɤ³⁵ 鹅 ɤ³⁵	劁 tɕʰiau⁴⁴	劁 tɕʰiau⁴⁴
北票	鹅 nɤ³⁵ 鹅 ɤ³⁵	劁 tɕʰiau⁴⁴	劁 tɕʰiau⁴⁴
阜新	鹅子 nɤ³⁵tsa⁰	劁 tɕʰiau⁵⁵	劁 tɕʰiau⁵⁵
黑山	鹅 nɤ³⁵ 鹅 ɤ³⁵	劁 tɕʰiau⁴⁴	劁 tɕʰiau⁴⁴
昌图	鹅 nɤ³⁵	劁 tɕʰiau³³	劁 tɕʰiau³³
大连	鹅 ɤ³⁴	骟 ʃã⁵²	骟 ʃã⁵²
金州杏树	鹅 uə³¹²	骟 sã⁵²	劁 tɕʰiɔ³¹²
长海	鹅 uə³¹	骟 ʃan⁵³	骟 ʃan⁵³
庄河	鹅 uə³¹	骟 san⁵¹	骟 san⁵¹
盖州	鹅 ɤ²⁴	劁 tɕʰiau⁴¹²	劁 tɕʰiau⁴¹²
丹东	鹅 ɤ²⁴	阉 ian⁴¹¹	阉 ian⁴¹¹
建平	鹅子 nɤ³⁵tsʅ⁰	劁 tɕʰiɔ⁴⁴	劁 tɕʰiɔ⁴⁴
凌源	鹅 nɤ³⁵ 鹅 ɤ³⁵	劁 tɕʰiau⁵⁵	劁 tɕʰiau⁵⁵

	0292 阉~鸡	0293 喂~猪	0294 杀猪 统称，注意婉称
沈阳	劁 tɕʰiau³³	喂 vei⁴¹	杀猪 sa³³tsu³³
本溪	劁 tɕʰiau⁴⁴	喂 uei⁵¹	杀猪 sa⁴⁴tʂu⁴⁴
辽阳	劁 tɕʰiau⁴⁴	喂 uei⁵¹	宰猪 tsai²¹tʂu⁴⁴
海城	（无）	喂 uei⁵¹	杀猪 ʂa⁴⁴tʂu⁴⁴
开原	（无）	喂 uei⁵¹	杀猪 ʂa⁴⁴tʂu⁴⁴
锦州	（无）	喂 uei⁵¹	杀猪 ʂa⁵⁵tʂu⁵⁵ 宰猪 tʂai²¹tʂu⁵⁵
盘锦	阉 ian⁵⁵	喂 uei⁵¹	宰猪 tsai²¹tʂu⁵⁵
兴城	（无）	喂 uei⁵¹	杀猪 ʂa⁴⁴tʂu⁴⁴
绥中	阉 ian⁵⁵	喂 uei⁵¹	杀猪 ʂa⁵⁵tʂu⁵⁵
义县	（无）	喂 uei⁵¹	杀猪 ʂa⁴⁴tʂu⁴⁴
北票	（无）	喂 uei⁵¹	杀猪 ʂa⁴⁴tʂu⁴⁴
阜新	（无）	喂 uei⁵¹	杀猪 ʂa⁵⁵tʂu⁵⁵
黑山	（无）	喂 uei⁵¹	杀猪 ʂa⁴⁴tʂu⁴⁴
昌图	阉 ian³³	喂 uei⁵¹	杀猪 ʂa³³tʂu³³
大连	骟 ʃã⁵²	喂 ue⁵²	杀猪 sa³⁴tʃu³¹²
金州 杏树	骟 sã⁵²	喂 ue⁵²	杀猪 sa³⁴tɕy³¹²
长海	骟 ʃan⁵³	喂 uei⁵³	杀猪 sa²⁴tʃy³¹
庄河	骟 san⁵¹	喂 uei⁵¹	杀猪 sa²⁴tɕy³¹
盖州	（无）	喂 uei⁵¹	宰猪 tsai²⁴tsu⁴¹² 杀猪 sa²⁴tsu⁴¹²
丹东	阉 ian⁴¹¹	喂 uei⁵¹	宰猪 tsai²⁴tʂu⁴¹¹
建平	（无）	喂 vei⁵³	杀猪 ʂa⁴⁴tʂu⁴⁴
凌源	（无）	喂 vei⁵¹	杀猪 ʂa⁵⁵tʂu⁵⁵

	0295 杀~鱼	0296 村庄—个~	0297 胡同 统称：一条~
沈阳	杀 sa³³	村儿 tsʰuɐr³³	胡同儿 xu³⁵tʰũr⁴¹
本溪	收拾 ʂou³⁵ʂʅ⁰	村子 tsʰuən⁴⁴tsʅ⁰	胡同儿 xu³⁵tʰũr⁵¹
辽阳	收拾 ʂou³⁵ʂʅ⁰	堡子 pʰu²¹tʂʅ⁰	胡同 xu³⁵tʰuŋ⁰
海城	收拾 ʂəu³⁵ʂʅ⁰	堡子 pʰu²¹⁴tʂʅ⁰	胡同儿 xu³⁵tʰũr⁵¹
开原	收拾 ʂou³⁵ʂʅ⁰	屯堡儿 tʰuən³⁵pur⁵¹ 堡子 pʰu²¹tʂə⁰	胡同儿 xu³⁵tʰuə̃r⁵¹
锦州	收拾 ʂou⁵⁵ʂʅ⁰	屯子 tʰuən³⁵tʂə⁰	胡同儿 xu³⁵tʰuə̃r⁵¹ 窄道儿 tʂai²¹taur⁵¹
盘锦	收拾 ʂou³⁵ʂʅ⁰	村子 tsʰuən⁵⁵tsə⁰	胡同儿 xu³⁵tʰũr⁵¹
兴城	收拾 ʂou⁴⁴ʂʅ⁰	屯子 tʰuən³⁵tsʅ⁰	胡同儿 xu³⁵tʰuə̃r⁵¹
绥中	收拾 ʂou⁵⁵ʂʅ⁰	村儿 tʂʰuər⁵⁵	胡同儿 xu³⁵tʰuə̃r⁵¹
义县	收拾 ʂou³⁵ʂʅ⁰	屯子 tʰuən³⁵tsʅ⁰	胡同儿 xu³⁵tʰuə̃r⁵¹
北票	拾掇 ʂʅ³⁵tau⁰ 收拾 ʂou⁴⁴ʂʅ⁰	营子 iəŋ³⁵tsʅ⁰ 村子 tsʰuən⁴⁴tsʅ⁰	胡同儿 xu³⁵tʰuə̃r⁵¹
阜新	拾掇 ʂʅ³⁵tou⁰	村儿 tsuər⁵⁵ 屯子 tʰuən³⁵tsa⁰ 营子 iŋ³⁵tsa⁰	胡同儿 xu³⁵tʰuə̃r⁵¹ 窄道儿 tʂai²¹taur⁵¹
黑山	收拾 ʂou³⁵ʂʅ⁰	屯儿 tʰuər³⁵	屯儿 tʰuər³⁵
昌图	收拾 ʂou³⁵ʂʅ⁰	村庄儿 tsʰuən³³tʂuãr³³	胡同儿 xu³⁵tʰũr⁵¹
大连	摘 tsɤ³⁴ 收拾 ʃəu³¹ʃʅ⁰	村子 tsʰə̃³¹ə⁰	胡同儿 xu³⁴tʰũr⁵²
金州 杏树	敠 kʰuə³¹²	村庄 tsʰə̃³⁴tsuaŋ³¹²	胡同儿 xu²¹tʰũr⁵²
长海	敠 kʰuə³¹	村子 tsʰuən³¹tsʅ⁰	胡同儿 xu²⁴tʰũr⁵³
庄河	杀 sa²¹³	屯子 tʰuən⁵¹ən⁰	胡同儿 xu²¹tʰũr⁵¹
盖州	收拾 səu⁴¹²ʂʅ⁰	堡子 pʰu²¹tsʅ⁰	小巷儿 ɕiau²¹ɕiãr⁵¹
丹东	杀 ʂa²¹³	村子 tsʰuən⁴¹¹tsʅ⁰	胡同儿 xu²⁴tʰũr⁵¹
建平	杀 ʂa⁴⁴	营子 iŋ³⁵tsʅ⁰	胡同 xu³⁵tʰuŋ⁵³
凌源	收拾 ʂou³⁵ʂʅ⁰	营子 iŋ³⁵tsʅ⁰ 村儿 tsʰuər⁵⁵	胡同儿 xu³⁵tʰũr⁵¹

	0298 街道	0299 盖房子	0300 房子 整座的，不包括院子
沈阳	街 kai³³	盖房子 kai⁴¹faŋ³⁵tsʅ⁰	房子 faŋ³⁵tsʅ⁰
本溪	街道 tɕiɛ⁴⁴tau⁵¹	盖房子 kai⁵¹faŋ³⁵tsʅ⁰	房子 faŋ³⁵tsʅ⁰
辽阳	道儿 taur⁵¹	盖房子 kai⁵¹faŋ³⁵tʂʅ⁰	房子 faŋ³⁵tʂʅ⁰
海城	大街 ta⁵¹kai⁴⁴	盖房子 kai⁵¹faŋ³⁵tʂʅ⁰ 上梁 ʂaŋ⁵¹liaŋ³⁵	房子 faŋ³⁵tʂʅ⁰
开原	马路 ma²¹lu⁵¹	盖房儿 kai⁵³fãr³⁵	房子 faŋ³⁵tʂə⁰
锦州	街 kai⁵⁵	建房儿 tɕian⁵³fãr³⁵	房子 faŋ³⁵tʂə⁰
盘锦	大街 ta⁵¹kai⁵⁵	盖房子 kai⁵³faŋ³⁵tsə⁰	房子 faŋ³⁵tsə⁰
兴城	街 kai⁴⁴	盖房子 kai⁵¹faŋ³⁵tsʅ⁰	房子 faŋ³⁵tsʅ⁰
绥中	街 kai⁵⁵	盖房子 kai⁵¹faŋ³⁵tsʅ⁰	房子 faŋ³⁵tsʅ⁰
义县	大街 ta⁵³kai⁴⁴ 大道 ta⁵³tau⁵¹	盖房子 kai⁵³faŋ³⁵tʂʅ⁰	房子 faŋ³⁵tʂʅ⁰
北票	街 kai⁴⁴ 道儿 taur⁵	盖房儿 kai⁵³fãr³⁵	房子 faŋ³⁵tsʅ⁰
阜新	大街 ta⁵³kai⁵⁵ 大道 ta⁵³tau⁵¹	建房子 tɕian⁵³faŋ³⁵tsa⁰	房子 faŋ³⁵tsa⁰
黑山	街 kai⁴⁴	盖房子 kai⁵³faŋ³⁵tsʅ⁰	房子 faŋ³⁵tsʅ⁰
昌图	街 kai³³	盖房子 kai⁵¹faŋ³⁵tsa⁰	房子 faŋ³⁵tsa⁰
大连	街道 tɕiɛ³¹tɔ⁵²	盖房子 kɛ⁵²faŋ³⁴ə⁰	房子 faŋ³⁴ə⁰
金州 杏树	街道 tɕiɛ³¹tɔ⁵²	盖房子 kɛ⁵²faŋ⁵²ə⁰	房子 faŋ⁵²ə⁰
长海	街 ciɛ³¹	盖房 kai⁵³faŋ⁵³	房子 fã⁵³ən⁰
庄河	街道儿 tɕiɛ³¹taor⁵¹	盖房子 kai⁵³fã⁵¹ə⁰	房子 fã⁵¹ə⁰
盖州	街道 kai⁴¹²tau⁵¹	盖房子 kai⁵¹faŋ²⁴tsʅ⁰ 上梁 ʂaŋ⁵¹liaŋ²⁴	房子 faŋ²⁴tsʅ⁰
丹东	街道 tɕiɛ⁴¹¹tau⁵¹	盖房儿 kai⁵¹fãr²⁴	房子 faŋ²⁴tsʅ⁰
建平	大街 ta⁵³tɕiɛ⁴⁴	盖房子 kɛ⁵³fã³⁵tsʅ⁰	房子 fã³⁵tsʅ⁰
凌源	大街 ta⁵³tɕiɛ⁵⁵ 大道 ta⁵³tau⁵¹	盖房子 kai⁵³faŋ³⁵tsʅ⁰	房子 faŋ³⁵tsʅ⁰

	0301 屋子 房子里分隔而成的，统称	0302 卧室	0303 茅屋 茅草等盖的
沈阳	屋儿 ur^{33}	里屋儿 li^{21}ur^{33}	草房 tsʰau^{21}faŋ^{35}
本溪	屋儿 ur^{44}	里屋儿 li^{21}ur^{44}	草房儿 tsʰau^{21}fãr^{35}
辽阳	屋子 u^{44}tʂɿ^{0}	屋子 u^{44}tʂɿ^{0}	草房子 tʂʰau^{21}faŋ^{35}tʂɿ^{0}
海城	屋子 u^{44}tʂɿ^{0}	里屋儿 li^{35}ur^{44}	草房子 tʂʰau^{21}faŋ^{35}tʂɿ^{0}
开原	屋儿 ur^{44}	屋里 u^{44}li^{213} 卧室 uɤ^{53}ʂɿ^{51}	草房 tʂʰau^{21}faŋ^{35}
锦州	屋儿 ur^{55}	卧室 uo^{53}ʂɿ^{213}	茅草房儿 mau^{35}tʂʰau^{21}fãr^{35}
盘锦	屋子 u^{55}tsə^{0}	里屋儿 li^{21}ur^{55}	草房儿 tʂʰau^{21}fãr^{35}
兴城	房子 u^{44}tʂɿ^{0}	卧室 uo^{51}ʂɿ^{51} 屋子 u^{44}tʂɿ^{0}	草房子 tʂʰau^{21}faŋ^{35}tʂɿ^{0}
绥中	屋子 u^{55}tʂɤ^{0}	里屋儿 li^{21}ur^{55}	草房儿 tʂʰau^{21}fãr^{35}
义县	屋子 u^{44}tʂɿ^{0}	里屋 li^{21}u^{44} 卧室 uo^{53}ʂɿ^{213}	茅草房儿 mau^{35}tʂʰau^{21}fãr^{35}
北票	屋儿 ur^{44}	里屋儿 li^{21}ur^{44} 卧室 uo^{53}ʂɿ^{213}	草房儿 tʂʰau^{21}fãr^{35}
阜新	屋子 u^{55}tsa^{0}	屋里 u^{55}li^{213}	破房儿 pʰɤ^{53}fãr^{35}
黑山	屋儿 ur^{44}	卧室 uo^{53}ʂɿ^{213}	草房儿 tʂʰau^{21}fãr^{35}
昌图	屋子 u^{33}tʂə^{0}	东屋儿 tuəŋ^{33}ur^{33} 西屋儿 ɕi^{33}ur^{33}	草房 tʂʰau^{21}faŋ^{35}
大连	屋儿 ur^{312}	睡屋儿 sue^{52}ur^{0}	草房儿 tsʰɔ^{21}fãr^{34}
金州 杏树	屋子 u^{21}ə^{0}	睡屋儿 sue^{52}ur^{213}	窝棚 uə^{31}pʰəŋ^{0}
长海	炕格儿 kʰaŋ^{53}kɤr^{214}	炕格儿 kʰaŋ^{53}kɤr^{214}	草屋 tsʰau^{24}u^{214}
庄河	屋儿 ur^{31}	（无）	草房 tsʰao^{21}faŋ^{51}
盖州	屋儿 ur^{412}	卧室 uɤ^{51}ʂɿ^{51}	茅草儿房儿 mau^{24}tsʰau^{21}fãr^{24} 茅屋儿 mau^{24}ur^{412}
丹东	屋里 u^{411}li^{0}	卧室 uo^{53}ʂɿ^{51}	草房儿 tsʰau^{21}fãr^{24}
建平	屋子 vu^{44}tʂɿ^{0}	里间屋 li^{21}tɕiɛ̃^{0}vu^{44}	偏厦子 pʰiɛ̃^{44}ʂa^{53}tʂɿ^{0}
凌源	屋子 vu^{55}tʂɿ^{0}	套间儿 tʰau^{53}tɕiɐr^{55} 卧室 vɤ^{53}ʂɿ^{51}	草房 tsʰau^{21}faŋ^{35}

	0304 厨房	0305 灶 统称	0306 锅 统称
沈阳	厨房 tʂʰu³⁵faŋ³⁵	锅台 kuo³³tʰai³⁵	锅 kuo³³
本溪	外屋儿地 uai⁵¹urˀ⁴ti⁵¹	炉子 lu³⁵tsʅ⁰	锅 kuo⁴⁴
辽阳	外屋地 uai⁵¹u⁴⁴ti⁵¹	锅台 kuo⁴⁴tʰai³⁵	锅 kuo⁴⁴
海城	外屋儿地 uai⁵¹urˀ⁴ti⁵¹	锅台 kuɤ⁴⁴tʰai³⁵	锅 kuɤ⁴⁴
开原	外屋地 uai⁵¹u³⁵ti⁵¹ 厨房 tʂʰu³⁵faŋ³⁵	灶坑 tʂau⁵³kəŋ⁴⁴ 炉灶儿 lu³⁵tʂaur⁵¹	锅 kuɤ⁴⁴
锦州	厨房 tʂʰu³⁵faŋ³⁵	灶坑 tʂau⁵³kʰəŋ⁵⁵	锅 kuo⁵⁵
盘锦	外地 uai⁵³ti⁵¹ 外屋地儿 uai⁵¹u⁵⁵tiər⁰	锅台 kuo⁵⁵tʰai³⁵	锅 kuo⁵⁵
兴城	厨房 tʂʰu³⁵faŋ³⁵ 窗户地 tʂʰuaŋ⁴⁴xu⁰ti⁵¹	灶 tʂau⁵¹	锅 kuo⁴⁴
绥中	外屋儿地 vai⁵¹ur⁵⁵ti⁵¹	锅台 kuo⁵⁵tʰai³⁵	锅 kuo⁵⁵
义县	外屋儿地 uai⁵³urˀ⁴ti⁵¹ 厨房儿 tʂʰu³⁵fãr³⁵	灶坑 tʂau⁵³kʰəŋ⁴⁴ 锅台 kuo⁴⁴tʰai³⁵	锅 kuo⁴⁴
北票	外屋地 uai⁵³u⁴⁴ti⁵¹ 厨房 tʂʰu³⁵faŋ³⁵	锅台 kuo⁴⁴tʰai³⁵	锅 kuo⁴⁴
阜新	外屋地儿 uai⁵³u⁵⁵tiər⁵¹ 外地 uai⁵³ti⁵¹	锅台 kuo⁵⁵tʰai³⁵	锅 kuo⁵⁵
黑山	灶房儿 tʂau⁵³fãr³⁵	锅台 kuo⁴⁴tʰai³⁵	锅 kuo⁴⁴
昌图	外屋地下 uai⁵¹u³³ti⁵¹ɕia⁰	灶儿 tʂaur⁵¹	锅 kuo³³
大连	厨房 tʃʰu³⁴faŋ³⁴	灶具 tsɔ⁵²tɕy⁵²	锅 kuə³¹²
金州 杏树	厨房 tɕʰy⁵²faŋ⁵²	锅灶 kuə³¹tsɔ⁵²	锅 kuə³¹²
长海	正地 tʃəŋ⁵³ti⁵³	锅台 kuə³¹tʰai⁵³	锅 kuə³¹
庄河	做饭屋儿 tsəu⁵³fan⁵¹ur³¹	锅台 kuə³¹tʰai⁵³	锅 kuə³¹
盖州	外地 uai⁵¹ti⁵¹	锅台 kuɤ⁴¹²tʰai²⁴	锅 kuɤ⁴¹²
丹东	灶间 tsau⁵¹tɕian⁰	锅台 kuo⁴¹¹tʰai²⁴	锅 kuo⁴¹¹
建平	外间屋 vɛ⁵³tɕiẽ⁰vu⁴⁴	灶火 tsɔ⁵³xuə²¹³	锅 kuə⁴⁴
凌源	伙房 xuo²¹faŋ³⁵	锅台 kuo⁵⁵tʰai³⁵	锅 kuo⁵⁵

	0307 饭锅煮饭的	0308 菜锅炒菜的	0309 厕所旧式的，统称
沈阳	饭锅 fan⁴¹kuo³³	菜锅 tsʰai⁴¹kuo³³	茅楼儿 mau³⁵lour³⁵
本溪	饭锅 fan⁵¹kuo⁰	菜锅 tsʰai⁵¹kuo⁴⁴	茅楼儿 mau³⁵lour³⁵
辽阳	饭锅 fan⁵¹kuo⁴⁴	大勺 ta⁵¹sau³⁵	茅楼儿 mau³⁵lour³⁵
海城	大锅儿 ta⁵¹kuɤr⁴⁴	锅 kuɤ⁴⁴	茅房 mau³⁵faŋ³⁵
开原	锅 kuɤ⁴⁴ 电饭锅 tian⁵¹fan⁵³kuɤ⁴⁴	大勺 ta⁵³ʂau³⁵	茅楼儿 mau⁴⁴lour³⁵ 便所儿 pian⁵³ʂuɤr²¹³
锦州	饭锅 fan⁵³kuo⁵⁵	大勺 ta⁵³ʂau³⁵	茅儿楼儿 maur³⁵lour³⁵
盘锦	饭锅 fan⁵¹kuo⁵⁵	马勺儿 ma²¹ʂaur³⁵ 大勺儿 ta⁵³ʂaur³⁵	茅楼儿 mau³⁵lour³⁵
兴城	饭锅 fan⁵¹kuo⁴⁴	大勺 ta⁵¹ʂau³⁵	茅房 mau³⁵faŋ³⁵
绥中	大锅 ta⁵¹kuo⁵⁵	大勺 ta⁵¹ʂau³⁵	茅楼儿 mau³⁵lour³⁵
义县	饭锅 fan⁵³kuo⁴⁴	大勺 ta⁵³ʂau³⁵	茅儿楼儿 maur³⁵lour³⁵ 茅房 mau³⁵faŋ³⁵
北票	饭锅 fan⁵³kuo⁴⁴	大锅 ta⁵³kuo⁴⁴ 大勺 ta⁵³ʂau³⁵ 马勺儿 ma²¹ʂaur³⁵	茅楼儿 mau³⁵lour³⁵ 茅房儿 mau³⁵fãr³⁵
阜新	饭锅 fan⁵³kuo⁵⁵	大勺 ta⁵³ʂau³⁵	茅楼儿 mau³⁵lour³⁵
黑山	饭锅 fan⁵³kuo⁴⁴	马勺 ma²¹ʂau³⁵ 大勺 ta⁵³ʂau³⁵	茅房 mau³⁵faŋ³⁵
昌图	锅 kuo³³	锅 kuo³³	茅楼儿 mau³⁵lour³⁵
大连	饭锅 fã⁵²kuə³¹²	炒勺 tsʰɔ²¹ʃɔ³⁴	茅房 mɔ³⁴faŋ³⁴
金州杏树	饭锅 fã⁵²kuə³¹²	马勺子 ma²¹suə⁵²ə⁰	茅栏子 mɔ³¹lã²¹e⁰
长海	饭锅 fan⁵³kuə³¹	菜锅 tsʰai⁵³kuə³¹	茅坑 mau²⁴kʰə̃³¹ 便所儿 pian⁵³suər²¹⁴
庄河	锅 kuə³¹	锅 kuə³¹	茅栏 mao⁵³lan⁵¹
盖州	锅 kuɤ⁴¹² 电饭锅 tian⁵¹fan⁵¹kuɤ⁴¹²	马勺 ma²¹sau²⁴	茅楼儿 mau²⁴lour²⁴ 厕所儿 tsʰɤ⁵¹suɤr²¹³
丹东	饭锅 fan⁵¹kuo⁴¹¹	菜锅 tsʰai⁵¹kuo⁴¹¹	茅楼儿 mau²⁴lour²⁴
建平	锅 kuə⁴⁴	锅 kuə⁴⁴ 马勺 ma²¹ʂɔ³⁵	大粪窖 ta⁵³fə⁴²tɕio⁵³
凌源	饭锅 fan⁵³kuo⁵⁵	大锅 ta⁵³kuo⁵⁵ 马勺 ma²¹ʂau³⁵	茅楼儿 mau³⁵lour³⁵

词汇对照

	0310 檩 左右方向的	0311 柱子	0312 大门
沈阳	檩子 lin²¹tsʅ⁰	柱子 tʂu⁴¹tsʅ⁰	大门儿 ta⁴¹mər³⁵
本溪	檩子 lin²²⁴tsʅ⁰	柱子 tʂu⁵¹tsʅ⁰	大门 ta⁵¹mən³⁵
辽阳	檩子 lin²¹tsʅ⁰	柱子 tʂu⁵¹tsʅ⁰	大门 ta⁵¹mən³⁵
海城	檩子 lin²¹⁴tsʅ⁰	柱子 tʂu⁵¹tsʅ⁰	大门 ta⁵¹mən³⁵
开原	檩子 lin²¹tsə⁰	柱子 tʂu⁵³tɕə⁰	大门 ta⁵³mən³⁵
锦州	檩子 lin²¹tsə⁰	柱子 tʂu⁵¹tsə⁰	大门 ta⁵³mən³⁵
盘锦	檩子 liən²¹tsə⁰	柱脚 tʂu⁵¹tɕiau²¹³	大门儿 ta⁵³mər³⁵
兴城	檩子 lin²¹tsʅ⁰	柱脚 tʂu⁵¹tɕiau²¹³	大门 ta⁵¹mən³⁵
绥中	檩子 lin²¹tsɤ⁰	柱子 tʂu⁵¹tsʅ⁰	大门 ta⁵¹mən³⁵
义县	檩子 lin²¹tsʅ⁰	柱子 tʂu⁵¹tsʅ⁰	大门 ta⁵³mən³⁵
北票	檩子 liən²¹tsʅ⁰	柱子 tʂu⁵¹tsʅ⁰	大门 ta⁵³mən³⁵
阜新	檩子 lin²¹tsa⁰	柱脚 tʂu⁵³tɕiau²¹³	大门 ta⁵³mən³⁵
黑山	檩子 liən²¹tsʅ⁰	柱脚 tʂu⁵³tɕiau²¹³	大门 ta⁵³mən³⁵
昌图	檩子 liən²¹tsə⁰	柱子 tʂu⁵¹tsʅ⁰	大门 ta⁵¹mən³⁵
大连	檩子 lĩ²¹ə⁰	柱子 tʃu⁵²ə⁰	大门儿 ta⁵²mər³⁴
金州杏树	檩 lĩ²¹³	柱子 tɕy⁵²ə⁰	大门 ta⁵²mẽ⁵²
长海	板巴 pan²⁴pa⁰	柱子 tʃy⁵³ə⁰	大门 ta⁵³mən³¹
庄河	脊檩 tɕi²⁴lin²¹³	柱子 tsu⁵¹ə⁰	大门 ta⁵¹mən⁰
盖州	檩子 lin²¹tsʅ⁰	柱子 tʂu⁵¹tsʅ⁰	大门 ta⁵¹mən²⁴
丹东	檩 lin²¹³	柱子 tʂu⁵¹tsʅ⁰	大门 ta⁵¹mən²⁴
建平	檩子 lĩ²¹tsʅ⁰	柱子 tʂu⁵³tsʅ⁰	大门 ta⁵³mẽ³⁵
凌源	檩子 lin²¹tsʅ⁰	柱子 tʂu⁵¹tsʅ⁰	大门 ta⁵³mən³⁵

	0313 门槛儿	0314 窗旧式的	0315 梯子可移动的
沈阳	门槛儿 mən³⁵kʰɐr²¹	窗户 tʂʰuaŋ³³xu⁰	梯子 tʰi³³tsʅ⁰
本溪	门槛儿 mən³⁵kʰɐr²²⁴	窗户 tʂʰuaŋ³¹xu⁰	梯子 tʰi³¹tsʅ⁰
辽阳	门槛儿 mən³⁵kʰar²¹³	窗户 tʂʰuaŋ⁴⁴xu⁰	梯子 tʰi⁴⁴tsʅ⁰
海城	门槛儿 mən³⁵kʰɐr²¹⁴	窗户 tʂʰuaŋ⁴⁴xu⁰	梯子 tʰi⁴⁴tsʅ⁰
开原	门槛儿 mən³⁵kɐr²¹³ 门槛子 mən³⁵kan²¹tʂə⁰	窗户 tʂʰuaŋ⁴⁴xu⁰	登高儿的 təŋ⁴⁴kaur⁴⁴ti⁰ 梯子 tʰi⁴⁴tsʅ⁰
锦州	门槛子 mən³⁵kʰan²¹tʂə⁰	窗户 tʂʰuaŋ⁵⁵xuŋ⁰	梯子 tʰi⁵⁵tʂə⁰
盘锦	门槛子 mən³⁵kʰan²¹tsə⁰	窗户 tʂʰuaŋ⁵⁵xu⁰	梯子 tʰi⁵⁵tsə⁰
兴城	门槛子 mən³⁵kʰan²¹tsʅ⁰	窗户 tʂʰuaŋ⁴⁴xu⁰	梯子 tʰi⁴⁴tsʅ⁰
绥中	门槛儿 mən³⁵kʰɐr²¹³	窗户 tʂʰuaŋ⁵⁵xu⁰	梯子 tʰi⁵⁵tsɤ⁰
义县	门槛儿 mən³⁵kʰɐr²¹ 门槛子 mən³⁵kʰan²¹tsʅ⁰	窗户 tʂʰuaŋ⁴⁴xu⁰	梯子 tʰi⁴⁴tsʅ⁰
北票	门槛子 mən³⁵kʰan²¹tsʅ⁰	窗户 tʂʰuaŋ⁴⁴xu⁰	梯子 tʰi⁴⁴tsʅ⁰
阜新	门槛子 mən³⁵kʰan²¹tsa⁰ 门槛儿 mən³⁵kʰɐr²¹³	凳子窗户 təŋ⁵¹tsa⁰tʂʰuaŋ⁵⁵xuŋ⁰	梯子 tʰi⁵⁵tsa⁰
黑山	门槛儿 mən³⁵kʰɐr²¹³ 门槛子 mən³⁵kʰan²¹tsʅ⁰	窗户 tʂʰuaŋ⁴⁴xu⁰	梯子 tʰi⁴⁴tsʅ⁰
昌图	门槛儿 mən³⁵kʰɐr²¹³	窗户 tʂʰuaŋ³³xu⁰	梯子 tʰi³³tsʅ⁰
大连	门槛儿 mɜ̃³⁴kʰɐr²¹³	窗 tsʰuaŋ³¹²	梯子 tʰi³¹ə⁰
金州 杏树	门槛儿 mɜ̃⁵²kʰɐr²¹³	窗 tsʰuaŋ³¹²	梯子 tʰi³¹ə⁰
长海	门槛儿 mən³¹kʰɐr²¹⁴	窗 tʰuaŋ³¹	梯子 tʰi³¹tsʅ⁰
庄河	门槛儿 mən³¹kʰɐr²¹³	窗 tsʰuaŋ³¹	梯子 tʰi³¹ə⁰
盖州	门槛儿 mən²⁴kʰɐr²¹³	窗户 tsʰuaŋ⁴¹²xu⁰	梯子 tʰi⁴¹²tsʅ⁰
丹东	门槛儿 mən²⁴kʰɐr²¹³	窗 tsʰuaŋ⁴¹¹	梯子 tʰi⁴¹¹tsʅ⁰
建平	门槛子 mɜ̃³⁵kʰã²¹tsʅ⁰	挂大嘴子 kua⁴⁴ta⁵³tsuei²¹tsʅ⁰	梯子 tʰi⁴⁴tsʅ⁰
凌源	门槛儿 mən³⁵kʰɐr²¹ 门槛子 mən³⁵kʰan²¹tsʅ⁰	窗户 tʂʰuaŋ⁵⁵xu⁰	梯子 tʰi⁵⁵tsʅ⁰

	0316 扫帚 统称	0317 扫地	0318 垃圾
沈阳	笤帚 tʰiau³⁵sou⁰	扫地 sau²¹ti⁴¹	搁挠 kɤ³³nou⁰
本溪	扫帚 sau⁵¹ʂu⁰ 笤帚 tʰiau³⁵ʂu⁰	扫地 sau²¹ti⁵¹	搁扔 kɤ⁴⁴ləŋ⁰
辽阳	笤帚 tʰiau³⁵tʂou⁰	扫地 sau²¹ti⁵¹	搁扔 kɤ⁴⁴ləŋ⁰
海城	笤帚 tʰiau³⁵ʂəu⁰	扫地 ʂau²¹ti⁵¹	搁挠 kɤ⁴⁴nəŋ⁰
开原	扫帚 ʂau⁵³tʂou⁰ 笤帚 tʰiau³⁵ʂou⁰	扫地 ʂau²¹ti⁵¹	搁挠 kɤ⁴⁴nou⁰
锦州	扫帚 ʂau⁵¹tʂou⁰ 笤帚 tʰiau³⁵tʂou⁰	划拉地 xua³⁵la⁰ti⁵¹	搁拉 kɤ⁵⁵la⁰
盘锦	扫帚 sau⁵¹suo⁰	划拉地儿 xua³⁵la⁰tiər⁵¹	搁挠 kɤ⁵⁵nəŋ⁰
兴城	扫帚 ʂau⁵¹tʂou⁰ 笤帚 tʰiau³⁵tʂou⁰	划拉地儿 xua³⁵la⁰tiər⁵¹	搁扔 kɤ⁴⁴nəŋ⁰
绥中	笤帚 tʰiau³⁵ʂuo⁰	扫地 ʂau²¹ti⁵¹	搁扔 kɤ⁵⁵ləŋ⁰
义县	笤帚 tʰiau³⁵tʂou⁰ 扫帚 ʂau⁵¹tʂou⁰	划拉地 xua³⁵la⁰ti⁵¹ 扫地 ʂau²¹ti⁵¹	垃圾 la⁴⁴tɕi⁴⁴
北票	笤帚 tʰiau³⁵ʂu⁰ 扫帚 sau⁵¹ʂu⁰	划拉地 xua³⁵la⁰ti⁵¹ 扫地 sau²¹ti⁵¹	垃圾 la⁴⁴tɕi⁰
阜新	扫帚 sau⁵¹tʂou⁰	划拉地 xua³⁵la⁰ti⁵¹	破烂儿 pʰɤ⁵³lər⁵¹
黑山	笤帚 tʰiau³⁵tʂou⁰ 扫帚 ʂau⁵¹tʂou⁰	划拉地 xua³⁵la⁰ti⁵¹ 扫地 ʂau²¹ti⁵¹	垃圾 la⁴⁴tɕi⁴⁴
昌图	扫帚 sau⁵¹tʂʰu⁰	扫地 sau²¹ti⁵¹	垃圾 la³³tɕi⁰
大连	扫帚 sɔ⁵²tʃu⁰	扫地 sɔ²¹ti⁵²	脏土 tsaŋ³¹tʰu²¹³
金州 杏树	扫帚 sɔ⁵²tɕy⁰	扫地 sɔ²¹ti⁵²	脏土 tsaŋ³¹tʰu²¹³
长海	笤帚 tʰiau⁵³tʃəu⁰	扫地 sau²¹ti⁵³	脏土 tsaŋ³¹tʰu²¹⁴
庄河	笤帚 tʰiao⁵¹tɕy⁰	扫地 sao²¹ti⁵¹	埋汰 mai⁵¹tʰai⁰
盖州	笤帚 tʰiau²⁴su⁰	扫地 sau²¹ti⁵¹	搁挠 kɤ⁴¹²nau⁰
丹东	笤帚 tʰiau²⁴tsou⁰	扫地 sau²¹ti⁵¹	脏土 tsaŋ⁴¹¹tʰu²¹³
建平	（无）	扫地 sɔ²¹ti⁵³	破烂儿 pʰɤ⁴²lər⁵³
凌源	笤帚 tʰiau³⁵tʂʰu⁰ 扫帚 sau⁵¹tʂʰu⁰	划拉地 xua³⁵la⁰ti⁵¹ 扫地 sau²¹ti⁵¹	垃圾 la⁵⁵tɕi⁰

	0319 家具 统称	0320 东西 我的~	0321 炕 土、砖砌的，睡觉用
沈阳	家具 tɕia³³tɕy⁴¹	东西 tuŋ³³ɕi⁰	炕 kʰaŋ⁴¹
本溪	家具 tɕia⁴⁴tɕy⁵¹	东西 tuŋ³¹ɕi⁰	炕 kʰaŋ⁵¹
辽阳	家具 tɕia⁴⁴tɕy⁵¹	东西 tuŋ⁴⁴ɕi⁰	炕 kʰaŋ⁵¹
海城	家具 tɕia⁴⁴tɕy⁵¹	东西 tuŋ³⁵ɕi⁰	炕 kʰaŋ⁵¹
开原	家具 tɕia⁴⁴tɕy⁵¹	东西 tuŋ⁴⁴ɕi⁰	炕 kʰaŋ⁵¹
锦州	家具 tɕia⁵⁵tɕy⁵¹	东西 tuŋ⁵⁵ɕi⁰	炕 kʰaŋ⁵¹
盘锦	家具 tɕia⁵⁵tɕy⁵¹	玩儿了 uɐr³⁵lə⁰	火炕 xuo²¹kʰaŋ⁵¹
兴城	家具 tɕia⁴⁴tɕy⁵¹	东西 tuŋ⁴⁴ɕi⁰	炕 kʰaŋ⁵¹
绥中	家具 tɕia⁵⁵tɕy⁵¹	东西 tuəŋ⁵⁵ɕi⁰	炕 kʰaŋ⁵¹
义县	家具 tɕia⁴⁴tɕy⁵¹	东西 tuŋ⁴⁴ɕi⁰	炕 kʰaŋ⁵¹
北票	家具 tɕia⁴⁴tɕy⁵¹	东西 tuəŋ⁴⁴ɕi⁰	炕 kʰaŋ⁵¹
阜新	（无）	玩意儿 uan³⁵iər⁰	炕 kʰaŋ⁵¹
黑山	家具 tɕia⁴⁴tɕy⁵¹	东西 tuəŋ⁴⁴ɕi⁰	炕 kʰaŋ⁵¹
昌图	家具 tɕia³³tɕy⁵¹	东西 tuəŋ³³ɕi⁰	炕 kʰaŋ⁵¹
大连	家具 tɕia³¹tɕy⁵²	东西 tuŋ³¹ɕi⁰	炕 kʰaŋ⁵²
金州杏树	家具 tɕia³¹tɕy⁵²	东西 tuŋ³¹ɕi⁰	炕 kʰaŋ⁵²
长海	家具 ɕia³¹ɕy⁵³	东西 tuŋ³¹ʃi⁰	炕 kʰaŋ⁵³
庄河	家具 tɕia³¹tɕy⁵¹	东西 tuŋ³¹ɕi⁰	炕 kʰaŋ⁵¹
盖州	家具 tɕia⁴¹²tɕy⁵¹	东西 tuŋ⁴¹²ɕi⁰	炕 kʰaŋ⁵¹
丹东	家具 tɕia⁴¹¹tɕy⁵¹	东西 tuŋ⁴¹¹ɕi⁰	炕 kʰaŋ⁵¹
建平	摆什儿 pɛ²¹ʂər⁰	玩意儿 vã³⁵iə̃r⁰	炕 kʰã⁵³
凌源	家具 tɕia⁵⁵tɕy⁵¹	东西 tuŋ⁵⁵ɕi⁰	炕 kʰaŋ⁵¹

	0322 床木制的，睡觉用	**0323 枕头**	**0324 被子**
沈阳	床 tṣʰuaŋ³⁵	枕头 tṣən²¹tʰou⁰	被 pei⁴¹
本溪	床 tṣʰuaŋ³⁵	枕头 tṣən²¹tʰou⁰	被子 pei⁵¹tsʅ⁰
辽阳	床 tṣʰuaŋ³⁵	枕头 tṣən²¹tʰou⁰	被窝 pei⁵¹xu⁰
海城	床 tṣʰuaŋ³⁵	枕头 tṣən²¹⁴tʰəu⁰	被子 pei⁵¹tsʅ⁰
开原	床 tṣʰuaŋ³⁵	枕头 tṣən²¹tʰou⁰	被窝 pei⁵³xu⁰
锦州	床 tṣʰuaŋ³⁵	枕头 tṣən²¹tʰou⁰	被窝 pei⁵¹xuŋ⁰
盘锦	床 tṣʰuaŋ³⁵	枕头 tṣən²¹tʰou⁰	被窝 pei⁵¹xuo⁰
兴城	床 tṣʰuaŋ³⁵	枕头 tṣən²¹tʰou⁰	被窝 pei⁵¹xu⁰ 棉被 mian³⁵pei⁵¹
绥中	床 tṣʰuaŋ³⁵	枕头 tṣən²¹tʰou³⁵	被 pei⁵¹
义县	床 tṣʰuaŋ³⁵	枕头 tṣən²¹tʰou⁰	被窝 pei⁵¹xuo⁰ 被子 pei⁵¹tsʅ⁰
北票	床 tṣʰuaŋ³⁵	枕头 tṣən²¹tʰou⁰	被窝儿 pei⁵¹xur⁰
阜新	床 tṣʰuaŋ³⁵	枕头 tṣən²¹tʰou⁰	被窝 pei⁵¹xuo⁰
黑山	床 tṣʰuaŋ³⁵	枕头 tṣən²¹tʰou⁰	被窝 pei⁵¹xuo⁰
昌图	床 tṣʰuaŋ³⁵	枕头 tṣən²¹tʰou⁰	被窝 pei⁵¹xu⁰
大连	床 tṣʰuaŋ³⁴	枕头 tʃɚ²¹tʰəu⁰	被子 pe⁵²ə⁰
金州 杏树	床 tṣʰuaŋ⁵²	枕头 tsɚ²¹tʰəu³¹²	被子 pe⁵²ə⁰
长海	床 tʰuaŋ⁵³	枕头 tʃən²¹tʰəu⁰	被子 pei⁵³tsʅ⁰
庄河	床 tṣʰuaŋ⁵¹	枕头 tsən²¹tʰəu⁵¹	被 pei⁵¹
盖州	床 tṣʰuaŋ²⁴	枕头 tsən²¹³tʰəu⁰	被 pei⁵¹
丹东	床 tṣʰuaŋ²⁴	枕头 tṣən²¹tʰou⁰	被窝 pei⁵¹uo⁰
建平	床 tṣʰuɑ̃³⁵	枕头 tṣɚ̃²¹tʰəu⁰	被窝儿 pei⁵³xuər⁰
凌源	床 tṣʰuaŋ³⁵	枕头 tṣən²¹tʰou⁰	被窝 pei⁵¹xu⁰

	0325 棉絮	0326 床单	0327 褥子
沈阳	棉花 miau³⁵xua⁰	床单儿 tsʰuaŋ³³tɐr³³	褥子 iou⁴¹tsʅ⁰
本溪	被套子 pei⁵³tʰau⁵¹tsʅ⁰	床单儿 tʂʰuaŋ³⁵tɐr⁴⁴	褥子 zu⁵¹tsʅ⁰
辽阳	被胎 pei⁵¹tʰai⁴⁴	床单 tʂʰuaŋ³⁵tan⁴⁴	褥子 y⁵¹tsʅ⁰
海城	棉花套子 ȵiau³⁵xuɤ⁰tʰau⁵¹tsʅ⁰	炕单儿 kʰaŋ⁵¹tɐr⁴⁴	褥子 y⁵¹tsʅ⁰
开原	棉花 ȵiau³⁵xuɤ⁰	褥单子 zu⁵³tan⁴⁴tʂə⁰	褥子 zu⁵¹tʂə⁰
锦州	棉花套子 mian³⁵xua⁰tʰau⁵¹tʂə⁰	床单儿 tʂʰuaŋ³⁵tɐr⁵⁵	褥子 zu⁵¹tʂə⁰
盘锦	棉花套子 ȵiau³⁵xu⁰tʰau⁵¹tsə⁰	床单儿 tʂʰuaŋ³⁵tɐr⁵⁵	褥子 zu⁵¹tsə⁰
兴城	棉花套子 mian³⁵xua⁰tʰau⁵¹tsə⁰	褥单儿 iou⁵¹tɐr⁴⁴	褥子 iou⁵¹tsʅ⁰
绥中	棉花 ȵiau³⁵xuo⁰	床单儿 tʂʰuaŋ³⁵tɐr⁵⁵	褥子 zu⁵¹tʂɤ⁰
义县	棉花 ȵiau³⁵xuo⁰	床单儿 tʂʰuaŋ³⁵tɐr⁴⁴	褥子 zu⁵¹tsʅ⁰
北票	棉花 ȵian³⁵xua⁰	褥单儿 zu⁵³tɐr⁴⁴ 床单儿 tʂʰuaŋ³⁵tɐr⁴⁴	褥子 zu⁵¹tsʅ⁰
阜新	棉花套子 ȵiau³⁵xuo⁰tʰau⁵¹tsa⁰	褥单子 zu⁵³tan⁵⁵tsa⁰	褥子 zu⁵¹tsa⁰
黑山	棉花套子 ȵiau³⁵xua⁰tʰau⁵¹tsʅ⁰	褥单儿 zu⁵³tɐr⁴⁴	褥子 zu⁵¹tsʅ⁰
昌图	被套 pei⁵³tʰau⁵¹	床单儿 tʂʰuaŋ³⁵tɐr³³	褥子 zu⁵¹tʂə⁰
大连	棉花套子 miɛ̃³⁴xua³¹tʰɔ⁵²ɐ⁰	褥单儿 y⁵²tɐr³¹²	褥子 y⁵²ə⁰
金州 杏树	棉花 miɛ̃³⁴xua³¹²	床单儿 tʂʰuaŋ⁵²tɐr³¹²	褥子 y⁵²ə⁰
长海	棉花 mian²⁴xua³¹	床单儿 tʰuaŋ²⁴tɐr³¹	褥子 y⁵³tsʅ⁰
庄河	棉花 mian²⁴xua³¹	床单儿 tsʰuaŋ⁵¹tɐr³¹	褥子 y⁵¹ə⁰
盖州	棉花 ȵiau²⁴xuən⁰	床单儿 tsʰuaŋ²⁴tɐr⁴¹²	褥子 y⁵¹tsʅ⁰
丹东	棉花 mian²⁴xua⁰	褥单儿 y⁵¹tɐr⁰	褥子 y⁵¹tsʅ⁰
建平	棉花 ȵiɛ³⁵xua⁰	床单子 tʂʰuɑ̃³⁵tɑ̃⁴⁴tsʅ⁰	褥子 zu⁵³tsʅ⁰
凌源	棉花 ȵiɛn³⁵xua⁰	床单儿 tʂʰuaŋ³⁵tɐr⁵⁵ 床单子 tʂʰuaŋ³⁵tan⁵⁵tsʅ⁰	褥子 zu⁵¹tsʅ⁰

	0328 席子	**0329 蚊帐**	**0330 桌子**统称
沈阳	席子 ɕi³⁵tsʅ⁰	蚊帐 vən³⁵tsaŋ⁰	桌子 tsuo³³tsʅ⁰
本溪	凉席 liaŋ³⁵ɕi³⁵	蚊帐 uən³⁵tsaŋ⁵¹	桌子 tʂuo³¹tsʅ⁰
辽阳	席子 ɕi³⁵tsʅ⁰	蚊帐 uən³⁵tsaŋ⁵¹	桌子 tʂuo³⁵tsʅ⁰
海城	炕席 kʰaŋ⁵¹ɕi³⁵	蚊帐 uən³⁵tsaŋ⁰	桌子 tʂuɤ⁴⁴tʂʅ⁰
开原	炕席 kʰaŋ⁵³ɕi³⁵	蚊帐 uən³⁵tsaŋ⁵¹	桌子 tʂuɤ⁴⁴tʂə⁰
锦州	炕席 kʰaŋ⁵³ɕi³⁵ 凉席 liaŋ³⁵ɕi³⁵	蚊帐 uən³⁵tsaŋ⁰	桌子 tʂuo⁵⁵tʂə⁰
盘锦	炕席 kʰaŋ⁵³ɕi³⁵	蚊帐 uən³⁵tsaŋ⁵¹	桌子 tʂuo⁵⁵tsə⁰
兴城	炕席 kʰaŋ⁵¹ɕi³⁵	蚊帐 uən³⁵tsaŋ⁵¹	桌子 tʂuo⁴⁴tʂʅ⁰
绥中	炕席 kʰaŋ⁵¹ɕi³⁵	蚊帐 uən³⁵tsaŋ⁵¹	桌子 tʂuo⁵⁵tʂɤ⁰
义县	炕席 kʰaŋ⁵³ɕi³⁵ 凉席 liaŋ³⁵ɕi³⁵	蚊帐 uən³⁵tsaŋ⁰	桌子 tʂuo⁴⁴tʂʅ⁰
北票	炕席 kʰaŋ⁵³ɕi³⁵ 凉席 liaŋ³⁵ɕi³⁵	蚊帐 uən³⁵tsaŋ⁵¹	桌子 tʂuo⁴⁴tʂʅ⁰
阜新	炕席 kʰaŋ⁵³ɕi³⁵ 凉席 liaŋ³⁵ɕi³⁵	蚊帐 uən³⁵tsaŋ⁵¹	桌子 tʂuo⁵⁵tsa⁰
黑山	炕席 kʰaŋ⁵³ɕi³⁵ 凉席 liaŋ³⁵ɕi³⁵	蚊帐 uən³⁵tsaŋ⁰	桌子 tʂuo⁴⁴tʂʅ⁰
昌图	炕席 kʰaŋ⁵¹ɕi³⁵	蚊帐 uən³⁵tsaŋ⁵¹	桌子 tʂuo³³tʂʅ⁰
大连	席子 ɕi³⁴ə⁰	蚊帐 uə̃³⁴tʃaŋ⁵²	桌子 tsuə²¹ə⁰
金州 杏树	席子 ɕi⁵²ə⁰	蚊帐 uə̃³¹tsaŋ⁵²	桌子 tsuə²¹ə⁰
长海	炕席 kʰaŋ⁵³ʃʅ⁵³	蚊帐 uən³³tʃaŋ⁵³	桌子 tuə²⁴tsʅ⁰
庄河	炕席 kʰaŋ⁵³ɕi⁵¹	蚊帐 uən⁵³tsaŋ⁵¹	桌子 tsuə²¹ə⁰
盖州	炕席 kʰaŋ⁵¹ɕi²⁴	蚊帐 uən²⁴tsaŋ⁰	桌子 tsuɤ²¹³tsʅ⁰
丹东	席子 ɕi²⁴tsʅ⁰	蚊帐 uən²⁴tsaŋ⁵¹	桌子 tʂuo²¹tsʅ⁰
建平	炕席 kʰɑ̃⁵³ɕi³⁵	蚊帐 və̃³⁵tʂɑ̃⁵³	桌子 tʂuə⁴⁴tsʅ⁰
凌源	炕席 kʰaŋ⁵³ɕi³⁵	蚊帐 vən³⁵tʂaŋ⁰	桌子 tʂuo⁵⁵tsʅ⁰

	0331 柜子 统称	0332 抽屉 桌子的	0333 案子 长条形的
沈阳	柜儿 kuər⁴¹	抽匣儿 tṣʰou³³ɕiar³⁵	案子 an⁴¹tṣʅ⁰
本溪	柜子 kuei⁵¹tsʅ⁰	抽匣儿 tṣʰou³¹ɕiar³⁵	案子 an⁵¹tṣʅ⁰
辽阳	柜子 kuei⁵¹tṣʅ⁰	抽屉儿 tṣʰou⁴⁴tʰiər⁰	案子 an⁵¹tṣʅ⁰
海城	立柜 li⁵³kuei⁵¹	抽屉儿 tṣʰəu⁴⁴tʰiər⁰	案子 an⁵¹tṣʅ⁰
开原	柜儿 kuər⁵¹	抽匣儿 tṣʰou⁴⁴ɕiar³⁵	案子 an⁵³tṣə⁰
锦州	柜 kuei⁵¹	抽匣 tṣʰou⁵⁵ɕia³⁵	案子 nan⁵¹tṣə⁰
盘锦	柜儿 kuər⁵¹	抽匣儿 tṣʰou⁵⁵ɕiar³⁵	案子 nan⁵¹tsə⁰
兴城	柜 kuei⁵¹	抽匣子 tṣʰou⁴⁴ɕia³⁵tṣə⁰	案子 an⁵¹tṣʅ⁰
绥中	柜子 kuei⁵¹tṣɤ⁰	抽屉 tṣʰou⁵⁵tʰi⁰	案子 an⁵¹tṣɤ⁰
义县	柜子 kuei⁵¹tṣʅ⁰	抽匣儿 tṣʰou⁴⁴ɕiar³⁵ 拉匣儿 la⁴⁴ɕiar³⁵	案子 an⁵¹tṣʅ⁰
北票	柜子 kuei⁵¹tsʅ⁰	拉匣儿 la⁴⁴ɕiar³⁵ 抽匣儿 tṣʰou⁴⁴ɕiar³⁵	案子 nan⁵¹tsʅ⁰
阜新	柜儿 kuər⁵¹	抽匣儿 tṣʰou⁵⁵ɕiar³⁵ 拉匣儿 la⁵⁵ɕiar³⁵	案子 nan⁵¹tsa⁰
黑山	柜儿 kuər⁵¹	抽匣儿 tṣʰou⁴⁴ɕiar³⁵ 拉匣儿 la⁴⁴ɕiar³⁵	案板 an⁵³pan²¹³
昌图	柜子 kuei⁵¹ə⁰	抽匣儿 tṣʰou³³ɕiar³⁵	案子 an⁵¹ə⁰
大连	柜子 kue⁵²ə⁰	抽匣儿 tʃʰəu³¹ɕiar³⁴	案板 a⁵²pã²¹³
金州杏树	柜子 kue⁵²ə⁰	抽屉 tsʰəu³¹tʰi⁰	案子 ã⁵²ɐ⁰
长海	柜子 kuei⁵³tsʅ⁰	抽屉 tʃʰəu³¹tʰi⁵³	案子 an⁵³tsʅ⁰
庄河	柜 kuei⁵¹	抽屉 tsʰəu³¹tʰi⁰	案子 an⁵¹nə⁰
盖州	立柜 li⁵¹kuei⁵¹	抽匣儿 tṣʰəu⁴¹²ɕiar²⁴	案子 an⁵¹tṣʅ⁰
丹东	柜子 kuei⁵¹tsʅ⁰	抽匣儿 tṣʰou⁴¹¹ɕiar²⁴	案子 an⁵¹tsʅ⁰
建平	柜 kuei⁵³	抽匣儿 tṣʰəu⁴⁴ɕiar³⁵	案子 nã⁵³tsʅ⁰
凌源	柜儿 kuər⁵¹	抽匣儿 tṣʰou⁵⁵ɕiar³⁵ 拉匣儿 la⁵⁵ɕiar³⁵	案子 nan⁵¹tsʅ⁰

	0334 椅子_{统称}	0335 凳子_{统称}	0336 马桶_{有盖的}
沈阳	椅子 i²¹tsʅ⁰	凳子 təŋ⁴¹tsʅ⁰	马桶 ma²¹tʰuŋ²¹
本溪	椅子 i²¹tsʅ⁰	凳子 təŋ⁵¹tsʅ⁰	马桶 ma³⁵tʰuŋ²²⁴
辽阳	椅子 i²¹tsʅ⁰	凳子 təŋ⁵¹tsʅ⁰	马桶 ma³⁵tʰuŋ²¹³
海城	椅子儿 i²¹⁴tʂər⁰	凳子儿 təŋ⁵¹tʂər⁰	痰盂儿 tʰan³⁵yər³⁵
开原	椅子 i²¹tsʅ⁰	凳子 təŋ⁵³tsə⁰	坐便 tʂuɤ⁵³piæn⁵¹
锦州	椅子 i²¹tsə⁰	墩子 tuən⁵⁵tsə⁰	坐便 tʂuo⁵³piæn⁵¹
盘锦	椅子 i²¹tsə⁰	凳子 təŋ⁵¹tsə⁰	马桶 ma³⁵tʰuəŋ⁰
兴城	椅子 i²¹tsʅ⁰	凳子 təŋ⁵¹tsʅ⁰	坐便 tʂuo⁵¹piæn⁵¹
绥中	椅子 i²¹tsɤ⁰	凳子 təŋ⁵¹tsɤ⁰	尿盆儿 niau⁵¹pʰər³⁵
义县	椅子 i²¹tsʅ⁰	板凳子 pan²¹təŋ⁵¹tsʅ⁰	坐便 tʂuo⁵³piæn⁵¹
北票	椅子 i²¹tsʅ⁰	凳子 təŋ⁵¹tsʅ⁰	尿桶 niau⁵¹tʰuəŋ
阜新	椅子 i²¹tsa⁰	凳子 tuən⁵⁵tsa⁰	（无）
黑山	椅子 i²¹tsʅ⁰	板凳儿 pan²¹tə̃r⁵¹	粪桶 fən⁵³tʰuəŋ²¹³
昌图	椅子 i²¹tsə⁰	马杌子 ma²¹³zu⁵¹tsə⁰	马桶 ma³⁵tʰuəŋ²¹³
大连	椅子 i²¹ə⁰	凳子 təŋ⁵²ə⁰	马桶 ma³⁴tʰuŋ²¹³
金州杏树	椅子 i²¹ə⁰	凳子 təŋ⁵²ə⁰	马桶 ma³⁴tʰuŋ²¹³
长海	椅子 i²¹tsʅ⁰	凳子 tə̃⁵³tsʅ⁰	（无）
庄河	椅子 i²¹ə⁰	板凳 pan²¹təŋ⁵¹	粪筲 fən⁵¹sao³¹
盖州	椅子 i²¹tsʅ⁰	凳子 təŋ⁵¹tsʅ⁰	尿罐儿 niau⁵¹kuɐr⁵¹
丹东	椅子 i²¹tsʅ⁰	凳子 təŋ⁵¹tsʅ⁰	尿罐儿 niau⁵³kuɐr⁵¹
建平	椅子 i²¹tsʅ⁰	凳子 təŋ⁵³tsʅ⁰	（无）
凌源	椅子 i²¹tsʅ⁰	凳子 təŋ⁵¹tsʅ⁰	坐便 tsuo⁵³piɛn⁵¹

	0337 菜刀	0338 瓢 舀水的	0339 缸
沈阳	菜刀 tsʰai⁴¹tau³³	瓢 pʰiau³⁵	缸 kaŋ³³
本溪	薄刀 pɤ³⁵tau⁴⁴	瓢 pʰiau³⁵	缸 kaŋ⁴⁴
辽阳	薄刀 pɤ³⁵tau⁴⁴	瓢 pʰiau³⁵	大缸 ta⁵¹kaŋ⁴⁴
海城	薄刀 pɤ³⁵tau⁴⁴	水舀子 ʂuei³⁵iau²¹⁴tʂʅ⁰	缸 kaŋ⁴⁴
开原	薄刀 pɤ³⁵tau⁴⁴	瓢 pʰiau³⁵	缸 kaŋ⁴⁴
锦州	薄刀 pɤ³⁵tau⁵⁵	瓢 pʰiau³⁵	缸 kaŋ⁵⁵
盘锦	薄刀 pɤ³⁵tau⁵⁵	水舀子 suei³⁵iau²¹tsə⁰	水缸 suei²¹kaŋ⁵⁵
兴城	薄刀 pɤ³⁵tau⁴⁴	瓢 pʰiau³⁵	缸 kaŋ⁴⁴
绥中	菜刀 tʂʰai⁵¹tau⁵⁵	瓢 pʰiau³⁵	缸 kaŋ⁵⁵
义县	薄刀 pɤ³⁵tau⁴⁴ 菜刀 tʂʰai⁵³tau⁴⁴	瓢 pʰiau³⁵ 水舀子 ʂuei³⁵iau²¹tʂʅ⁰	缸 kaŋ⁴⁴
北票	菜刀 tsʰai⁵³tau⁴⁴	瓢 pʰiau³⁵ 水舀子 ʂuei³⁵iau²¹tʂʅ⁰	缸 kaŋ⁴⁴
阜新	菜刀 tsʰai⁵³tau⁵⁵	瓢 pʰiau³⁵	缸 kaŋ⁵⁵
黑山	薄刀 pɤ³⁵tau⁴⁴	瓢 pʰiau³⁵ 水舀子 ʂuei³⁵iau²¹tʂʅ⁰	缸 kaŋ⁴⁴
昌图	刀 tau³³	瓢 pʰiau³⁵	缸 kaŋ³³
大连	菜刀 tsʰɛ⁵²tɔ³¹²	瓢 pʰiɔ³⁴	缸 kaŋ³¹²
金州 杏树	菜刀 tsʰɛ⁵²tɔ³¹²	瓢 pʰiɔ⁵²	缸 kaŋ³¹²
长海	菜刀 tsʰai⁵³tau³¹	瓢 pʰiau⁵³	缸 kaŋ³¹
庄河	菜刀 tsʰai⁵¹tao³¹	水瓢 suei²¹pʰiao⁵¹	缸 kaŋ³¹
盖州	薄刀 pɤ²⁴tau⁴¹²	瓢 pʰiau²⁴	缸 kaŋ⁴¹²
丹东	菜刀 tsʰai⁵¹tau⁴¹¹	瓢 pʰiau²⁴	缸 kaŋ⁴¹¹
建平	菜刀 tsʰɛ⁵³tɔ⁴⁴	水瓢 ʂuei²¹pʰiɔ³⁵	缸 kɑ̃⁴⁴
凌源	菜刀 tsʰai⁵³tau⁵⁵	瓢 pʰiau³⁵ 水舀子 ʂuei³⁵iau²¹tʂʅ⁰	缸 kaŋ⁵⁵

	0340 坛子装酒的~	0341 瓶子装酒的~	0342 盖子杯子的~
沈阳	坛子 tʰan³⁵tsʅ⁰	瓶儿 pʰiə̃r³⁵	盖儿 kɐr⁴¹
本溪	坛子 tʰan³⁵tsʅ⁰	瓶儿 pʰiə̃r³⁵	盖儿 kɐr⁵¹
辽阳	坛子 tʰan³⁵tsʅ⁰	瓶儿 pʰiə̃r³⁵	盖儿 kar⁵¹
海城	坛子 tʰan³⁵tsʅ⁰	瓶儿 pʰiə̃r³⁵	盖儿 kɐr⁵¹
开原	坛子 tʰan³⁵tʂə⁰	瓶子 pʰiŋ³⁵tʂə⁰	盖儿 kɐr⁵¹
锦州	坛子 tʰan³⁵tʂə⁰	瓶子 pʰiŋ³⁵tʂə⁰	盖儿 kɐr⁵¹
盘锦	坛子 tʰan³⁵tsə⁰	瓶儿 pʰiə̃r³⁵ 瓶子 pʰiəŋ³⁵tsə⁰	盖儿 kɐr⁵¹
兴城	坛子 tʰan³⁵tsʅ⁰	瓶子 pʰiŋ³⁵tsʅ⁰	盖儿 kɐr⁵¹
绥中	坛子 tʰan³⁵tʂɤ⁰	瓶儿 pʰiə̃r³⁵	盖儿 kɐr⁵¹
义县	坛子 tʰan³⁵tsʅ⁰	瓶子 pʰiŋ³⁵tsʅ⁰	盖儿 kɐr⁵¹
北票	坛子 tʰan³⁵tsʅ⁰	瓶子 pʰiəŋ³⁵tsʅ⁰	盖儿 kɐr⁵¹
阜新	瓮 uəŋ⁵¹（大肚小口） 坛子 tʰan³⁵tsa⁰（敞口）	洋棒子 iaŋ³⁵paŋ⁵¹tsa⁰	盖儿 kɐr⁵¹
黑山	坛子 tʰan³⁵tsʅ⁰	瓶儿 pʰiə̃r³⁵	盖儿 kɐr⁵¹
昌图	坛子 tʰan³⁵tsə⁰	瓶儿 pʰiə̃r³⁵ 瓶子 pʰiəŋ³⁵tsə⁰	盖儿 kɐr⁵¹
大连	坛子 tʰã³⁴ɐ⁰	瓶子 pʰiŋ³⁴ə⁰	盖儿 kɐr⁵²
金州 杏树	坛子 tʰã⁵²ɐ⁰	瓶子 pʰiŋ⁵²ə⁰	盖子 kɛ⁵²ɐ⁰
长海	坛子 tʰan⁵³tsʅ⁰	瓶子 pʰiə̃⁵³ən⁰	盖子 kai⁵³ə⁰
庄河	坛子 tʰan⁵¹ən⁰	瓶子 pʰiə̃⁵¹ə⁰	盖儿 kɐr⁵¹
盖州	坛儿 tʰɐr²⁴	瓶儿 pʰiə̃r²⁴	盖儿 kɐr⁵¹
丹东	坛子 tʰan²⁴tsʅ⁰	瓶子 pʰiŋ²⁴tsʅ⁰	盖子 kai⁵¹tsʅ⁰
建平	酒坛子 tɕiəu²¹tʰã³⁵tsʅ⁰	酒瓶子 tɕiəu²¹pʰiŋ³⁵tsʅ⁰	盖儿 kɐr⁵³
凌源	坛子 tʰan³⁵tsʅ⁰	瓶子 pʰiŋ³⁵tsʅ⁰	盖儿 kɐr⁵¹

	0343 碗 统称	0344 筷子	0345 汤匙
沈阳	碗 van²¹³	筷子 kʰuai⁴¹tsɿ⁰	匙儿 tsʰər³⁵
本溪	碗儿 uɐr²²⁴	筷子 kʰuai⁵¹tsɿ⁰	羹匙儿 kəŋ⁴⁴tʂʰər²²⁴
辽阳	碗 uan²¹³	筷子 kʰuai⁵¹tsɿ⁰	羹匙儿 kəŋ⁴⁴tʂʰər³⁵
海城	碗 uan²¹⁴	筷子 kʰuai⁵¹tsɿ⁰	羹匙儿 kəŋ⁴⁴tʂʰər³⁵
开原	碗 uan²¹³	筷子 kʰuai⁵³tsə⁰	羹匙儿 kəŋ⁴⁴tʂʰər³⁵
锦州	碗 uan²¹³	筷子 kʰuai⁵¹tsə⁰	羹匙儿 kəŋ⁵⁵tʂʰər³⁵
盘锦	碗 uan²¹³	筷子 kʰuai⁵¹tsə⁰	羹匙儿 kəŋ⁵⁵tʂʰər³⁵
兴城	碗 uan²¹³	筷子 kʰuai⁵¹tsɿ⁰	匙子 tʂʰɿ³⁵tsɿ⁰ 羹匙儿 kəŋ⁴⁴tʂʰər³⁵
绥中	碗 van²¹³	筷子 kʰuai⁵¹tsɿ⁰	匙子 tʂʰɿ³⁵tsɿ⁰
义县	碗 uan²¹³	筷子 kʰuai⁵¹tsɿ⁰	羹匙儿 kəŋ⁴⁴tʂʰər³⁵
北票	碗 uan²¹³	筷子 kʰuai⁵¹tsɿ⁰	羹匙儿 kəŋ⁴⁴tʂʰər³⁵ 勺子 ʂau³⁵tsɿ⁰
阜新	碗 uan²¹³	筷子 kʰuai⁵¹tsa⁰	羹匙儿 kəŋ⁵⁵tʂʰər³⁵
黑山	碗 uan²¹³	筷子 kʰuai⁵¹tsɿ⁰	羹匙儿 kəŋ⁴⁴tʂʰər³⁵
昌图	碗 uan²¹³	筷子 kʰuai⁵¹tsɿ⁰	羹匙儿 kəŋ³³tʂʰər³⁵
大连	碗 uã²¹³	筷子 kʰuɛ⁵²ɐ⁰	勺子 ʃɔ³⁴ɐ⁰
金州 杏树	碗 uã²¹³	筷子 kʰuɛ⁵²ɐ⁰	小勺儿 ɕiɔ²¹suɤr⁵²
长海	碗 uan²¹⁴	筷子 kʰuai⁵³ə⁰	小勺儿 ʃiau²¹saur⁵³
庄河	碗 uan²¹³	筷子 kʰuai⁵¹ə⁰	匙羹儿 tsʰɿ²⁴kə̃r²¹³
盖州	碗 uan²¹³	筷子 kʰuai⁵¹tsɿ⁰	羹匙儿 kəŋ⁴¹²tʂʰər²⁴ 匙儿 tsʰər²⁴
丹东	碗 uan²¹³	筷子 kʰuai⁵¹tsɿ⁰	调羹儿 tʰiau²⁴kə̃r²¹³
建平	碗 vã²¹³	筷子 kʰuɛ⁵³tsɿ⁰	羹匙儿 kəŋ⁴⁴tʂʰər³⁵
凌源	碗 van²¹⁴	筷子 kʰuai⁵¹tsɿ⁰	羹匙儿 kəŋ⁵⁵tʂʰər³⁵ 勺儿 ʂaur³⁵

	0346 柴火 统称	0347 火柴	0348 锁
沈阳	柴火 tsʰai³⁵xuo⁰	洋火儿 iaŋ³⁵xuor²¹	锁头 ʂuo²¹tʰou⁰
本溪	柴火 tsʰai³⁵xuo⁰	洋火儿 iaŋ³⁵xuor²²⁴	锁头 ʂuo²¹tʰou⁰
辽阳	柴火 tsʰai³⁵xuo⁰	洋火 iaŋ³⁵xuo²¹³	锁 ʂuo²¹³
海城	柴火 tsʰai³⁵xuɤ⁰	洋火儿 iaŋ³⁵xuɤr²¹⁴	锁头 ʂuɤ²¹tʰəu⁰
开原	柴火 tsʰai³⁵xu⁰	取灯儿 tɕʰi²¹tə̃r⁴⁴ 洋儿火儿 iãr³⁵xuɤr²¹³ 火柴 xuɤ²¹tsʰai³⁵	锁头 ʂuɤ²¹tʰou⁰
锦州	柴火 tsʰai³⁵xuo⁰	洋火儿 iaŋ³⁵xuor²¹³	锁头 ʂuo²¹tʰou⁰
盘锦	柴火儿 tsʰai³⁵xuor⁰	洋火儿 iaŋ³⁵xuor²¹³	锁头 suo²¹tʰou⁰
兴城	柴火 tsʰai³⁵xuo⁰	烟火儿 ian⁴⁴xuor²¹³	锁 ʂuo²¹tʰou⁰
绥中	柴火 tsʰai³⁵xuo⁰	洋火儿 iaŋ³⁵xuər²¹³	锁 ʂuo²¹³
义县	柴火 tsʰai³⁵xuo⁰	取灯儿 tɕʰi²¹tə̃r⁴⁴ 洋火儿 iaŋ³⁵xuor²¹³	锁头 ʂuo²¹tʰou⁰
北票	柴火 tsʰai³⁵xuo⁰	洋取灯儿 iaŋ³⁵tɕʰi¹tə̃r⁴⁴ 洋火儿 iaŋ³⁵xuor²¹³	锁头 suo²¹tʰou⁰
阜新	柴火 tsʰai³⁵xuo⁰	洋取灯儿 iaŋ³⁵tɕʰi¹tə̃r⁵⁵ 洋火儿 iaŋ³⁵xuor²¹³	锁头 suo²¹tʰou⁰
黑山	柴火 tsʰai³⁵xuo⁰	洋火儿 iaŋ³⁵xuor²¹³ 取灯儿 tɕʰi²¹tə̃r⁴⁴	锁头 ʂuo²¹tʰou⁰
昌图	柴火 tsʰai³⁵xuo⁰	洋火儿 iaŋ³⁵xuor²¹³ 取灯儿 tɕʰi²¹tə̃r³³	锁 ʂuo²¹³
大连	柴火 tsʰɛ³⁴xuə⁰	洋火儿 iaŋ³⁴xuɤr²¹³	锁头 suə²¹tʰəu³⁴
金州杏树	柴火 tsʰɛ⁵²xuə⁰	洋火儿 iaŋ⁵²xuɤr²¹³	锁头 suə²¹tʰəu³¹²
长海	柴火 tsʰai⁵³xuə⁰	洋火 iaŋ⁵³xuə²¹⁴	锁头 suə²¹tʰəu⁰
庄河	柴火 tsʰai⁵¹xuə⁰	洋火儿 iaŋ⁵¹xuər²¹³	锁头 suə²¹tʰəu⁰
盖州	柴火 tsʰai²⁴xuən⁰	洋火儿 iaŋ²⁴xuɤr²¹³	锁头 suɤ²¹³tʰəu⁰
丹东	柴火 tsʰai²⁴xuo⁰	洋火儿 iaŋ²⁴xuor²¹³	锁 suo²¹³
建平	柴火 tsʰɛ³⁵xuə⁰	洋火 iã³⁵xuə²¹³	锁 suə²¹³
凌源	柴火 tsʰai³⁵xuo⁰	取灯儿 tɕʰi²¹tə̃r⁵⁵ 洋火 iaŋ³⁵xuo²¹	锁头 suo²¹tʰou⁰

	0349 钥匙	**0350 暖水瓶**	**0351 脸盆**
沈阳	钥匙 iau⁴¹ʂɿ⁰	暖壶 nan²¹xu³⁵	洗脸盆儿 ɕi³⁵lian²¹pʰər³⁵
本溪	钥匙 iau⁵¹ʂɿ⁰	暖壶 nan²¹xu³⁵	洗脸盆儿 ɕi³⁵lian²¹pʰər³⁵
辽阳	钥匙 iau⁵¹ʂɿ⁰	暖壶 nan²¹xu³⁵	脸盆儿 lian²¹pʰər³⁵
海城	钥匙 iau⁵¹ʂɿ⁰	暖瓶儿 nan²¹pʰiə̃r³⁵	洗脸盆儿 ɕi³⁵lian²¹pʰər³⁵
开原	钥匙 iau⁵³ʂɿ⁰	暖壶 nan²¹xu³⁵ 暖瓶 nan²¹pʰiŋ³⁵ 暖水瓶 nan³⁵ʂuei²¹pʰiŋ³⁵	洗脸盆儿 ɕi³⁵lian²¹pʰər³⁵
锦州	钥匙 iau⁵¹ʂɿ⁰	暖壶 nan²¹xu³⁵	洗脸盆子 ɕi³⁵lian²¹pʰən³⁵tʂə⁰
盘锦	钥匙 iau⁵¹ʂu⁰	暖瓶 nan²¹pʰiəŋ³⁵	洗脸盆儿 ɕi³⁵lian²¹pʰər³⁵ 洗脸盆子 ɕi³⁵lian²¹pʰən³⁵tsə⁰
兴城	开头儿 kʰai⁴⁴tʰour⁰	热水壶 zɤ⁵¹ʂuei²¹xu³⁵ 暖壶 nuan²¹xu³⁵	脸盆儿 lian²¹pʰər³⁵ 洗脸盆儿 ɕi³⁵lian²¹pʰər³⁵
绥中	钥匙 iau⁵¹ʂɿ⁰	暖壶 nan²¹xu³⁵	脸盆儿 lian²¹pʰər³⁵
义县	钥匙 iau⁵¹ʂɿ⁰	暖壶 nan²¹xu³⁵	洗脸盆儿 ɕi³⁵lian²¹pʰər³⁵
北票	钥匙 iau⁵¹ʂɿ⁰	暖壶 nan²¹xu³⁵	洗脸盆儿 ɕi³⁵lian²¹pʰər³⁵ 洗脸盆子 ɕi³⁵lian²¹pʰən³⁵tʂɿ⁰
阜新	钥匙 iau⁵¹ʂɿ⁰	暖壶 nan²¹xu³⁵	洗脸盆子 ɕi³⁵lian²¹pʰən³⁵tsa⁰
黑山	钥匙 iau⁵¹ʂɿ⁰	暖壶 nau²¹xu³⁵	洗脸盆儿 ɕi³⁵lian²¹pʰər³⁵ 洗脸盆子 ɕi³⁵lian²¹pʰən³⁵tʂɿ⁰
昌图	钥匙 iau⁵¹ʂɿ⁰	暖壶 nan²¹xu³⁵	脸盆儿 lian²¹pʰər³⁵
大连	钥匙 yɛ⁵²ʂɿ⁰	暖瓶 nã²¹pʰiŋ³⁴ 暖壶 nã²¹xu³⁴	洗脸盆儿 ɕi³⁴liɛ̃²¹pʰər³⁴
金州 杏树	钥匙 yɛ²¹ʂɿ⁰	暖壶 nã²¹xu⁵²	脸盆 liɛ²¹pʰə̃⁵²
长海	钥匙 yɛ²⁴ʂɿ⁰	暖壶 nan²¹xu⁵³	洗脸盆儿 ʃi²⁴lian²¹pʰər⁵³
庄河	钥匙棍儿 yɛ⁵¹ʂɿ⁰kuər⁵¹	水壶 suei²¹xu⁵¹	洗脸盆儿 ɕi²⁴lian²¹pʰər⁵¹
盖州	钥匙 iau⁵¹ʂɿ⁰	暖壶 nan²¹xu²⁴	洗脸盆儿 ɕi²⁴lian²¹pʰər²⁴
丹东	钥匙 iau⁵¹ʂɿ⁰	暖壶 nuan²¹xu²⁴	脸盆儿 lian²¹pʰər²⁴
建平	钥匙 iɔ⁵³tʂʰɿ⁰	暖壶 nã²¹xu³⁵	洗脸盆儿 ɕi³⁵liɛ²¹pʰər³⁵
凌源	钥匙 iau⁵¹ʂɿ⁰	暖壶 nan²¹xu³⁵	脸盆儿 liɛn²¹pʰər³⁵ 脸盆子 liɛn²¹pʰən³⁵tʂɿ⁰

	0352 洗脸水	0353 毛巾_{洗脸用}	0354 手绢
沈阳	洗脸水 ɕi³⁵lian²¹suei²¹	手巾 ʂou²¹tɕin⁰	手绢儿 ʂou²¹tɕyɚr⁴¹
本溪	洗脸水 ɕi³⁵lian³⁵suei²²⁴	手巾 ʂou²¹tɕin⁰	手帕儿 ʂou²¹pʰar⁵¹ 手绢儿 ʂou²¹tɕyɚr⁵¹
辽阳	洗脸水 ɕi³⁵lian²¹suei²¹³	手巾 sou²¹tɕin⁴⁴	手绢儿 sou²¹tɕyar⁵¹
海城	洗脸水 ɕi³⁵lian³⁵ʂuei²¹⁴	手巾 ʂəu²¹⁴tɕin⁰	手绢儿 ʂəu²¹tɕyɚr⁵¹
开原	洗脸水 ɕi³⁵lian³⁵ʂuei²¹³	手巾 ʂou²¹tɕin⁰	手绢儿 ʂou²¹tɕyɚr⁵¹
锦州	洗脸水 ɕi³⁵lian³⁵ʂuei²¹³	手巾 ʂou²¹tɕin⁰	手绢儿 ʂou²¹tʂuer⁵¹
盘锦	洗脸水 ɕi³⁵lian²¹ʂuei²¹³	手巾 ʂou²¹tɕiən⁰	手绢儿 ʂou²¹tɕyɚr⁵¹
兴城	洗脸水 ɕi³⁵lian³⁵ʂuei²¹³	手巾 ʂou²¹tɕin⁰	手绢儿 ʂou²¹tɕyɚr⁵¹
绥中	洗脸水 ɕi³⁵lian³⁵ʂuei²¹³	手巾 ʂou²¹tɕin⁰	手绢儿 ʂou²¹tɕyɚr⁵¹
义县	洗脸水 ɕi³⁵lian³⁵ʂuei²¹³	手巾 ʂou²¹tɕin⁰	手绢儿 ʂou²¹tɕyɚr⁵¹
北票	洗脸水 ɕi³⁵lian³⁵ʂuei²¹³	手巾 ʂou²¹tɕiən⁰	手绢儿 ʂou²¹tɕyɚr⁵¹
阜新	洗脸水 ɕi³⁵lian³⁵ʂuei²¹³	手巾 ʂou²¹tɕin⁰	手绢儿 ʂou²¹tɕyɚr⁵¹
黑山	洗脸水 ɕi³⁵lian³⁵ʂuei²¹³	手巾 ʂou²¹tɕiən⁰	手绢儿 ʂou²¹tɕyɚr⁵¹
昌图	洗脸水 ɕi³⁵lian³⁵ʂuei²¹³	手巾 ʂou²¹tɕiən⁰	手绢儿 ʂou²¹tɕyɚr⁵¹
大连	洗脸水 ɕi²¹liẽ³⁴sue²¹³	手巾 ʃəu²¹tɕĩ⁰	手绢儿 ʃəu²¹tɕyɚr⁵²
金州 杏树	洗脸水 ɕi³⁴liẽ³⁴sue²¹³	手巾 sou²¹tɕĩ³¹²	手绢儿 sou²¹tɕyɚr⁵²
长海	洗脸水 ʃĩ²⁴lian²⁴suei²¹⁴	手巾 ʃəu²⁴ɕiən⁰	小手巾 ʃiau²¹ʃəu²⁴ɕiən⁰
庄河	洗脸水 ɕi²⁴lian²⁴suei²¹³	毛巾 mao³¹tɕin⁰	手绢儿 səu²¹tɕyɚr⁵¹
盖州	洗脸水 ɕi²⁴lian²⁴ʂuei²¹³	手巾 səu²¹³tɕin⁰	手绢儿 səu²¹tɕyɚr⁵¹
丹东	洗脸水 ɕi²⁴lian²⁴ʂuei²¹³	毛巾 mau²⁴tɕin⁴¹¹	手绢儿 səu²¹tɕyɚr⁵¹
建平	洗脸水 ɕi³⁵liẽ³⁵ʂuei²¹³	手巾 ʂəu²¹tɕĩ⁰	手绢儿 ʂəu²¹tɕyɚr⁵³
凌源	洗脸水 ɕi³⁵liɛn³⁵ʂuei²¹	手巾 ʂou²¹tɕin⁰	手绢儿 ʂou²¹tɕyɚr⁵¹

	0355 肥皂洗衣服用	0356 梳子旧式的，不是篦子	0357 缝衣针
沈阳	胰子 i³⁵tsʅ⁰	木梳 mu⁴¹su⁰	针 tʂən³³
本溪	胰子 i³⁵tsʅ⁰	梳子 ʂu³¹tsʅ⁰	针 tʂən⁴⁴
辽阳	胰子 i³⁵tsʅ⁰	木梳 mu⁵¹su⁰	针 tʂən⁴⁴
海城	胰子 i³⁵tsʅ⁰	木梳 mu⁵¹ʂu⁰	针 tʂən⁴⁴
开原	胰子 i³⁵tsʅ⁰ 肥皂 fei³⁵tsau⁵¹	木梳 mu⁵³su⁰	针 tʂən⁴⁴
锦州	胰子 i³⁵tsə⁰	拢子 luŋ²¹tsə⁰	针 tʂən⁵⁵
盘锦	胰子 i³⁵tsə⁰	拢子 luəŋ²¹tsə⁰ 梳子 ʂu⁵⁵tsə⁰	针 tʂən⁵⁵
兴城	胰子 i³⁵tsʅ⁰	木梳 mu⁵¹su⁰ 拢子 luŋ²¹tsʅ⁰	针 tʂən⁴⁴
绥中	胰子 i³⁵tsʅ⁰	木梳 mu⁵¹ʂu⁰	针 tʂən⁵⁵
义县	胰子 i³⁵tsʅ⁰	木梳 mu⁵¹ʂu⁰	针 tʂən⁴⁴
北票	胰子 i³⁵tsʅ⁰	拢梳 luəŋ²¹ʂu⁰ 木梳 mu⁵¹su⁰	针 tʂən⁴⁴
阜新	胰子 i³⁵tsa⁰	木梳 mu⁵¹ʂu⁰	针 tʂən⁵⁵
黑山	胰子 i³⁵tsʅ⁰	拢梳 luəŋ²¹ʂu⁰	针 tʂən⁴⁴
昌图	胰子 i³⁵tsʅ⁰	木梳 mu⁵¹ʂu⁰	针 tʂən³³
大连	胰子 i³⁴ə⁰	梳子 su³¹ə⁰	针 tʂə̃³¹²
金州 杏树	胰子 i⁵²ə⁰	梳子 su³¹ə⁰	针 tsə̃³¹²
长海	胰子 i²¹tsʅ⁰	梳子 su³¹tsʅ⁰	补衣针 pu²⁴i³³tʃən³¹
庄河	胰子 i⁵¹ə⁰	梳子 su³¹ə⁰	针 tʂən³¹
盖州	胰子 i²⁴tsʅ⁰	木梳 mu⁵¹su⁰	针 tʂən⁴¹²
丹东	胰子 i²⁴tsʅ⁰	梳子 ʂu⁴¹¹tsʅ⁰	缝衣针 fəŋ²⁴i⁰tʂən⁴¹¹
建平	胰子 i³⁵tsʅ⁰	木梳 mu⁵³ʂu⁰	针 tʂə̃⁴⁴
凌源	胰子 i³⁵tsʅ⁰	拢梳 luŋ²¹ʂu⁰	针 tʂən⁵⁵

	0358 剪子	0359 蜡烛	0360 手电筒
沈阳	剪子 tɕian²¹tsʅ⁰	洋蜡 iaŋ³⁵la⁴¹	电棒儿 tian⁴¹pãr⁴¹
本溪	剪子 tɕian²¹tsʅ⁰	洋蜡 iaŋ³⁵la⁵¹	电棒儿 tian⁵³pãr⁵¹
辽阳	剪子 tɕian²¹tsʅ⁰	洋蜡 iaŋ³⁵la⁵¹	手电 ʂou²¹tian⁵¹
海城	剪子 tɕian²¹⁴tsʅ⁰	蜡 la⁵¹	电棒儿 tian⁵³pãr⁵¹
开原	剪子 tɕian²¹tʂə⁰ 剪刀儿 tɕian²¹taur⁴⁴	洋蜡 iaŋ³⁵la⁵¹ 蜡 la⁵¹	电棒儿 tian⁵³pãr⁵¹ 手电筒 ʂou²¹tian⁵³tʰuŋ²¹³
锦州	剪子 tɕian²¹tʂə⁰	洋蜡 iaŋ³⁵la⁵¹	电棒儿 tian⁵³pãr⁵¹
盘锦	剪子 tɕian²¹tsə⁰	洋蜡 iaŋ³⁵la⁵¹	电棒儿 tian⁵³pãr⁵¹
兴城	剪子 tɕian²¹tsʅ⁰ 剪刀儿 tɕian²¹taur⁴⁴	洋蜡 iaŋ³⁵la⁵¹	电棒儿 tian⁵¹pãr⁵¹
绥中	剪子 tɕian²¹tsʅ⁰	洋蜡 iaŋ³⁵la⁵¹	电棒儿 tian⁵¹pãr⁵¹
义县	剪子 tɕian²¹tsʅ⁰	洋蜡 iaŋ³⁵la⁵¹ 蜡 la⁵¹	电棒儿 tian⁵³pãr⁵¹
北票	剪子 tɕian²¹tsʅ⁰	洋蜡 iaŋ³⁵la⁵¹ 蜡 la⁵¹	电棒儿 tian⁵³pãr⁵¹ 手电 ʂou²¹tian⁵¹
阜新	剪子 tɕian²¹tsa⁰	洋蜡 iaŋ³⁵la⁵¹	电棒儿 tian⁵³pãr⁵¹
黑山	剪子 tɕian²¹tsʅ⁰	洋蜡 iaŋ³⁵la⁵¹	电棒儿 tian⁵³pãr⁵¹
昌图	剪子 tɕian²¹tsə⁰	洋蜡 iaŋ³⁵la⁵¹	电棒儿 tian⁵³pãr⁵¹
大连	剪子 tɕiɛ̃²¹ʁ⁰	洋蜡 iaŋ³⁴la⁵²	电棒儿 tiɛ̃⁵²pãr⁵²
金州 杏树	剪子 tɕiɛ̃²¹ʁ⁰	洋蜡 iaŋ⁵²la²¹³	电棒儿 tiɛ̃⁵²pãr⁵²
长海	剪子 tʃian²¹tsʅ⁰	洋蜡 iaŋ⁵³la²¹⁴	电棒 tian⁵³paŋ⁵³
庄河	剪子 tɕian²¹ən⁰	蜡 la⁵¹	电棒儿 tian⁵³pãr⁵¹
盖州	剪子 tɕian²¹tsʅ⁰	洋蜡 iaŋ²⁴la⁵¹	电棒儿 tian⁵¹pãr⁵¹
丹东	剪子 tɕian²¹tsʅ⁰	洋蜡 iaŋ²⁴la⁵¹	电棒儿 tian⁵³pãr⁵¹
建平	剪子 tɕiɛ̃²¹tsʅ⁰	蜡 la⁵³	电棒 tiɛ̃⁵³pɑ̃⁵³
凌源	剪子 tɕien²¹tsʅ⁰	洋蜡 iaŋ³⁵la⁵¹	手电棒儿 ʂou²¹tien⁵³pãr⁵¹

	0361 雨伞 挡雨的，统称	0362 自行车	0363 衣服 统称
沈阳	伞 ṣan²¹³	自行车儿 tsʅ⁴¹ɕiŋ⁰tʂʰɚr³³	衣服 i³³fu⁰
本溪	伞 ṣan²²⁴	自行车儿 tsʅ⁵¹ɕiŋ³⁵tʂʰɚr⁰	衣服 i⁴⁴fu⁰
辽阳	伞 ṣan²¹³	自行车 tsʅ⁵¹ɕiŋ³⁵tʂʰɤ⁴⁴	衣裳 i⁴⁴ṣaŋ⁰
海城	伞 ṣan²¹⁴	洋车子 iaŋ³⁵tʂʰɤ⁴⁴tsʅ⁰	衣裳 i⁴⁴ṣaŋ⁰
开原	伞 ṣan²¹³	骑车 tɕʰi³⁵tʂʰɤ⁴⁴ 自行车儿 tsʅ⁵³ɕiŋ³⁵tʂʰɚr⁴⁴	衣裳 i⁴⁴ṣaŋ⁰
锦州	伞 ṣan²¹³	洋车子 iaŋ³⁵tʂʰɤ⁵⁵tsə⁰	衣裳 i⁵⁵ṣaŋ⁰
盘锦	雨伞 y³⁵ṣan²¹³	洋车子 iaŋ³⁵tʂʰɤ⁵⁵tsə⁰	衣裳 i⁵⁵ṣaŋ⁰
兴城	伞 ṣan²¹³	洋车子 iaŋ³⁵tʂʰɤ⁴⁴tsʅ⁰	衣裳 i⁴⁴ṣaŋ⁰
绥中	伞 ṣan²¹³	洋车儿 iaŋ³⁵tʂʰər⁵⁵	衣裳 i⁵⁵ṣaŋ⁰
义县	伞 ṣan²¹³	洋车子 iaŋ³⁵tʂʰɤ⁴⁴tsʅ⁰	衣服 i⁴⁴fu⁰
北票	伞 ṣan²¹³	洋驴子 iaŋ³⁵ly³⁵tsʅ⁰ 洋车子 iaŋ³⁵tʂʰɤ⁴⁴tsʅ⁰	衣裳 i⁴⁴ṣaŋ⁰
阜新	雨伞 y³⁵ṣan²¹³	洋驴子 iaŋ³⁵ly³⁵tsa⁰ 洋车子 iaŋ³⁵tʂʰɤ⁵⁵tsa⁰	褂子 kua⁵¹tsa⁰ 衣裳 i⁵⁵ṣaŋ⁰
黑山	伞 ṣan²¹³	洋车子 iaŋ³⁵tʂʰɤ⁴⁴tsʅ⁰	衣裳 i⁴⁴ṣən⁰
昌图	伞 san²¹³	自行车 tsʅ⁵¹ɕiən³⁵tʂʰɤ³³	衣裳 i³³ṣaŋ⁰
大连	伞 sã²¹³	自行车 tsʅ²¹ɕiŋ³⁴tʃʰɤ³¹²	衣服 i³¹fu⁰
金州 杏树	雨伞 y³⁴sã²¹³	自行车儿 tsʅ²¹ɕiŋ³⁴tɕʰiɛr³¹²	衣裳 i³¹saŋ⁰
长海	伞 san²¹⁴	自行车儿 tsʅ⁵³ɕiŋ⁵³tʃʰɤr³¹	衣裳 i³¹ʃaŋ⁰
庄河	雨伞 y²⁴san²¹³	自行车儿 tsʅ⁵¹ɕin²⁴tsʰər³¹	衣裳 i³¹saŋ⁰
盖州	伞 ṣan²¹³	洋车子 iaŋ²⁴tʂʰɤ⁴¹²tsʅ⁰	衣裳 i⁴¹²saŋ⁰
丹东	雨伞 y²⁴san²¹³	自行车 tsʅ⁵¹ɕin²⁴tsʰɤ⁴¹¹	衣裳 i⁴¹¹ṣaŋ⁰
建平	伞 sã²¹³	洋车子 iã³⁵tʂʰɤ⁴⁴tsʅ⁰	衣裳 i⁴⁴ṣã⁰
凌源	伞 san²¹⁴	洋车子 iaŋ³⁵tʂʰɤ⁵⁵tsʅ⁰	衣服 i⁵⁵fu⁰

	0364 穿~衣服	0365 脱~衣服	0366 系~鞋带
沈阳	穿 tʂʰuan³³	脱 tʰuo³³	系 tɕi⁴¹
本溪	穿 tʂʰuan⁴⁴	脱 tʰuo⁴⁴	系 tɕi⁵¹
辽阳	穿 tʂʰuan⁴⁴	脱 tʰuo⁴⁴	系 tɕi⁵¹
海城	穿 tʂʰuan⁴⁴	脱 tʰuɤ³⁵	系 tɕi⁵¹
开原	穿 tʂʰuan⁴⁴	脱 tʰuɤ⁴⁴	系 tɕi⁵¹
锦州	穿 tʂʰuan⁵⁵	脱 tʰuo⁵⁵	系 tɕi⁵¹
盘锦	穿 tʂʰuan⁵⁵	脱 tʰuo⁵⁵	系 tɕi⁵¹
兴城	穿 tʂʰuan⁴⁴	脱 tʰuo⁴⁴	系 tɕi⁵¹
绥中	穿 tʂʰuan⁵⁵	脱 tʰuo⁵⁵	系 tɕi⁵¹
义县	穿 tʂʰuan⁴⁴	脱 tʰuo⁴⁴	系 tɕi⁵¹
北票	穿 tʂʰuan⁴⁴	脱 tʰuo⁴⁴	系 tɕi⁵¹
阜新	穿 tʂʰuan⁵⁵	脱 tʰuo⁵⁵	系 tɕi⁵¹
黑山	穿 tʂʰuan⁴⁴	脱 tʰuo⁴⁴	系 tɕi⁵¹
昌图	穿 tʂʰuan³³	脱 tʰuo³³	系 tɕi⁵¹
大连	穿 tʂʰuã³¹²	脱 tʰɤ²¹³	系 tɕi⁵²
金州杏树	穿 tʂʰuã³¹²	脱 tʰɤ²¹³	系 tɕi⁵²
长海	穿 tʰuan³¹	脱 tʰɤ²¹⁴	系 ci⁵³
庄河	穿 tʂʰuan³¹	脱 tʰə²¹³	系 tɕi⁵¹
盖州	穿 tʂʰuan⁴¹²	脱 tʰuɤ²¹³	绑 paŋ²¹³ 系 tɕi⁵¹
丹东	穿 tʂʰuan⁴¹¹	脱 tʰuo²¹³	系 tɕi⁵¹
建平	穿 tʂʰuã⁴⁴	脱 tʰuə⁴⁴	系 tɕi⁵³
凌源	穿 tʂʰuan⁵⁵	脱 tʰuo⁵⁵	系 tɕi⁵¹

	0367 衬衫	0368 背心 带两条杠的，内衣	0369 毛衣
沈阳	小布衫儿 ɕiau²¹puºsɚr³³	背心儿 pei⁴¹ɕiər³³	毛衣 mau³⁵i³³
本溪	褂子 kua⁵¹tsʅ⁰	背心儿 pei⁵¹ɕiər⁰	毛衣 mau³⁵i⁴⁴
辽阳	布衫儿 pu⁵¹ʂar⁴⁴	背心儿 pei⁵¹ɕiər⁴⁴	毛衣 mau³⁵i⁴⁴
海城	衬衣 tʂʰən⁵¹i⁴⁴	背心 pei⁵¹ɕin⁴⁴	毛衣 mau³⁵i⁴⁴
开原	衬衫儿 tʂʰən⁵³ʂɚr⁴⁴	挎篮儿背心儿 kua⁵³lɚr³⁵pei⁵¹ɕiər⁴⁴	毛衣 mau³⁵i⁴⁴
锦州	汗衫儿 xan⁵³ʂɚr⁵⁵	挎篮儿背心儿 kʰua⁵³lɚr³⁵pei⁵¹ɕiər⁵⁵	毛衣 mau³⁵i⁵⁵
盘锦	汗衫儿 xan⁵¹ʂɚr⁰	挎篮儿背心儿 kʰua⁵³lɚr³⁵pei⁵¹ɕiər⁰	毛衣 mau³⁵i⁵⁵
兴城	衬衫儿 tʂʰən⁵¹ʂɚr⁴⁴	背心儿 pei⁵¹ɕiər⁴⁴ 挎篮背心子 kua⁵¹lan³⁵pei⁵¹ɕin⁴⁴tsʅ⁰	毛衣 mau³⁵i⁴⁴
绥中	衬衫儿 tʂʰən⁵¹ʂɚr⁵⁵	背心儿 pei⁵⁵ɕiər⁵⁵	毛衣 mau³⁵i⁵⁵
义县	汗衫儿 xan⁵³ʂɚr⁴⁴	挎篮儿背心儿 kua⁵³lɚr³⁵pei⁵³ɕiər⁴⁴	毛衣 mau³⁵i⁴⁴
北票	小褂儿 ɕiau²¹kuar⁵¹ 衬衣 tʂʰən⁵³i⁴⁴	挎篮儿背心儿 kʰua⁵³lɚr³⁵pei⁴⁴ɕiər⁴⁴	毛衣 mau³⁵i⁴⁴
阜新	汗衫儿 xan⁵³ʂɚr⁵⁵	背心儿 pei⁵³ɕiər⁵⁵	毛衣 mau³⁵i⁵⁵
黑山	汗衫儿 xan⁵³ʂɚr⁴⁴ 布衫儿 pu⁵³ʂɚr⁴⁴	挎篮儿背心儿 kua⁵³lɚr³⁵pei⁴⁴ɕiər⁴⁴	毛衣 mau³⁵i⁴⁴
昌图	衬衣 tʂʰən⁵¹i³³	背心儿 pei³⁵ɕiər³³	毛衣 mau³⁵i³³
大连	衬衣 tʂʰə̃⁵²i³¹² 挽=霞=子 uã²¹ɕia³⁴ɐ⁰	汗溜儿 xã⁵²liɚur³¹²	毛衣 mɔ³⁴i³¹²
金州 杏树	挽=霞=子 uã²¹ɕia⁵²ɐ⁰	汗溜儿 xã⁵²liɚur³¹²	毛衣 mɔ³⁴i³¹²
长海	挽=霞=子 uan²¹ɕia⁵³ə⁰	两根筋 liaŋ²⁴kən³³ɕiən³¹	毛衣 mau²⁴i³¹
庄河	衬衣 tʂʰən⁵¹i³¹	汗溜儿 xan⁵³liɚur⁵¹	毛衣 mao²⁴i³¹
盖州	衬衣 tʂʰən⁵¹i⁴¹²	背心儿 pei⁵¹ɕiər⁴¹²	毛衣 mau²⁴i⁴¹²
丹东	衬衣 tʂʰən⁵¹i⁰	背心儿 pei⁵¹ɕiər⁴¹¹	毛衣 mau²⁴i⁴¹¹
建平	衬衣 tʂʰə⁵³i⁴⁴ 小褂 ɕiɔ²¹kua⁵³	背心儿 pei⁵³ɕiər⁴⁴	毛衣 mɔ³⁵i⁴⁴
凌源	衬衫儿 tʂʰən⁵³ʂɚr⁵⁵	挎篮儿背心儿 kua⁵³lɚr³⁵pei⁵⁵ɕiər⁵⁵ 背心儿 pei⁵⁵ɕiər⁵⁵	毛衣 mau³⁵i⁵⁵

	0370 棉衣	**0371 袖子**	**0372 口袋**衣服上的
沈阳	棉袄儿 mian³⁵aur²¹	袖子 ɕiou⁴¹tsɿ⁰	兜儿 tour³³
本溪	棉袄 mian³⁵au²²⁴	袖子 ɕiou⁵¹tsɿ⁰	兜儿 tour³¹
辽阳	棉袄 mian³⁵au²¹³	袖子 ɕiou⁵¹tsɿ⁰	兜儿 tour⁴⁴
海城	棉袄 mian³⁵au²¹⁴	袄袖子 au²¹ɕiəu⁵¹tsɿ⁰	挎兜儿 kʰua⁵¹təur⁴⁴
开原	棉袄 mian³⁵au²¹³	袖子 ɕiou⁵³tʂə⁰	兜儿 tour⁴⁴
锦州	棉袄 mian³⁵nau²¹³ 棉裤 mian³⁵kʰu⁵¹	袄袖子 nau²¹ɕiou⁵¹tʂə⁰	挎兜子 kʰua⁵³tou⁵⁵tʂə⁰
盘锦	棉袄 mian³⁵nau²¹³	袄袖儿 nau²¹ɕiour⁵¹	挎兜儿 kʰua⁵¹tour⁵⁵
兴城	棉衣裳 mian³⁵ˑi⁴⁴ʂaŋ⁰	袄袖子 nau²¹ɕiou⁵¹tsɿ⁰	挎兜子 kʰua⁵¹tou⁴⁴tsɿ⁰
绥中	棉袄 mian³⁵nau²¹³	袄袖儿 nau²¹ɕiour⁵¹	挎兜儿 kʰua⁵¹tour⁵⁵
义县	棉衣服 mian³⁵ˑi⁴⁴fu⁰	袖子 ɕiou⁵¹tsɿ⁰（统称） 袄袖子 nau²¹ɕiou⁵¹tsɿ⁰ （限于长袖衣服）	挎兜儿 kʰua⁴⁴tour⁰
北票	棉衣裳 mian³⁵ˑi⁴⁴ʂaŋ⁰	袖子 ɕiou⁵¹tsɿ⁰（统称） 袄袖子 nau²¹ɕiou⁵¹tsɿ⁰ （限于长袖衣服）	挎兜子 kʰua⁵³tou⁴⁴tsɿ⁰
阜新	棉袄 mian³⁵nau²¹³ 棉裤 mian³⁵kʰu⁵¹	袄袖子 nau²¹ɕiou⁵¹tsa⁰	挎兜儿 kʰua⁵³tour⁵⁵
黑山	棉袄棉裤 mian³⁵nau²¹mian³⁵kʰu⁵¹	袖子 ɕiou⁵¹tsɿ⁰（统称） 袄袖儿 nau²¹ɕiour⁵¹ （限于长袖衣服）	挎兜儿 kʰua⁵³tour⁴⁴
昌图	棉衣 mian³⁵ˑi³³	袄袖子 nau²¹³ɕiou⁵¹tsɿ⁰	兜儿 tour³³
大连	棉袄 miɔ³¹²	袖子 ɕiəu⁵²ə⁰	兜儿 təur³¹²
金州 杏树	棉衣 miɛ̃³⁴ˑi³¹²	袖子 ɕiəu⁵²ə⁰	兜儿 təur³¹²
长海	棉衣 mian²⁴ˑi³¹	袖子 ʃiəu⁵³ə⁰	兜儿 təur³¹
庄河	棉衣 mian²⁴ˑi³¹	褂袖 kua⁵³ɕiəu⁵¹	兜儿 təur³¹
盖州	棉袄 mian²⁴au²¹³	袖儿 ɕiəur⁵¹	兜儿 təur⁴¹²
丹东	棉袄 mian²⁴au²¹³	袖子 ɕiou⁵¹tsɿ⁰	兜儿 tour⁴¹¹
建平	棉衣 ȵiɛ̃³⁵ˑi⁴⁴	袄袖子 nɔ²¹ɕiəu⁵³tsɿ⁰	挎兜儿 kʰua⁴⁴təur⁴⁴
凌源	棉衣服 ȵiɛn³⁵ˑi⁵⁵fu⁰	袖子 ɕiou⁵¹tsɿ⁰（统称） 袄袖子 nau²¹ɕiou⁵¹tsɿ⁰ （限于长袖衣服）	挎兜儿 kʰua⁵⁵tour⁵⁵

	0373 裤子	0374 短裤外穿的	0375 裤腿
沈阳	裤子 kʰu⁴¹tʂʅ⁰	大裤衩儿 ta⁴¹kʰu⁴¹tʂʰar²¹	裤腿儿 kʰu⁴¹tʰuər²¹
本溪	裤子 kʰu⁵¹tʂʅ⁰	裤衩儿 kʰu⁵¹tʂʰar²²⁴	裤腿儿 kʰu⁵¹tʰuər²²⁴
辽阳	裤子 kʰu⁵¹tʂʅ⁰	裤衩 kʰu⁵¹tʂʰa²¹³	裤腿儿 kʰu⁵¹tʰuer²¹³
海城	裤子 kʰu⁵¹tʂʅ⁰	大裤衩子 ta⁵³kʰu⁵¹tʂʰa²¹⁴tʂʅ⁰	裤脚子 kʰu⁵¹tɕiau²¹⁴tʂʅ⁰
开原	裤子 kʰu⁵³tʂʅ⁰	大裤衩子 ta⁵³kʰu⁵³tʂʰa²¹tʂə⁰	裤腿儿 kʰu⁵³tʰuər²¹³
锦州	裤子 kʰu⁵¹tʂə⁰	裤衩子 kʰu⁵³tʂʰa²¹tʂə⁰	裤腿子 kʰu⁵³tʰuei²¹tʂə⁰
盘锦	裤子 kʰu⁵¹tsə⁰	大裤衩子 ta⁵³kʰu⁵¹tʂʰa²¹tsə⁰	裤脚儿 kʰu⁵¹tɕiaur²¹³
兴城	裤子 kʰu⁵¹tʂʅ⁰	大裤头子 ta⁵¹kʰu⁵¹tʰou³⁵tʂʅ⁰ 大裤衩子 ta⁵¹kʰu⁵¹tʂʰa²¹tʂʅ⁰	裤腿儿 kʰu⁵¹tʰuər²¹³
绥中	裤子 kʰu⁵¹tʂɤ⁰	大裤衩儿 ta⁵¹kʰu⁵¹tʂʰar²¹³	裤腿儿 kʰu⁵¹tʰuər²¹³
义县	裤子 kʰu⁵¹tʂʅ⁰	大裤衩子 ta⁵³kʰu⁵³tʂʰa²¹tʂʅ⁰	裤腿儿 kʰu⁵³tʰuər²¹³
北票	裤子 kʰu⁵¹tsʅ⁰	裤衩子 kʰu⁵³tʂʰa²¹tsʅ⁰	裤腿子 kʰu⁵³tʰuei²¹tsʅ⁰
阜新	裤子 kʰu⁵¹tsa⁰	裤衩子 kʰu⁵³tʂʰa²¹tsa⁰	裤腿子 kʰu⁵³tʰuei²¹tsa⁰
黑山	裤子 kʰu⁵¹tʂʅ⁰	大裤衩子 ta⁵³kʰu⁵³tʂʰa²¹tʂʅ⁰	裤腿儿 kʰu⁵³tʰuər²¹³ 裤腿子 kʰu⁵³tʰuei²¹tʂʅ⁰
昌图	裤子 kʰu⁵¹tsʅ⁰	裤衩 kʰu⁵¹tʂʰa²¹³	裤腿子 kʰu⁵¹tʰuei²¹tsə⁰
大连	裤子 kʰu⁵²ə⁰	裤衩儿 kʰu⁵²tsʰar²¹³	裤腿儿 kʰu⁵²tʰər²¹³
金州杏树	裤子 kʰu⁵²ə⁰	裤衩儿 kʰu⁵²tsʰar²¹³	裤腿 kʰu⁵²tʰe²¹³
长海	裤子 kʰu⁵³tsʅ⁰	短裤 tuan²¹kʰu⁵³	裤腿儿子 kʰu⁵³tʰər²⁴ə⁰
庄河	裤子 kʰu⁵¹ə⁰	短裤儿 tan²¹kʰur⁵¹	裤腿儿 kʰu⁵¹tʰər²¹³
盖州	裤子 kʰu⁵¹tsʅ⁰	大裤衩儿 ta⁵¹kʰu⁵¹tsʰar²¹³	裤腿儿 kʰu⁵¹tʰuər²¹³
丹东	裤子 kʰu⁵¹tsʅ⁰	裤衩儿 kʰu⁵¹tʂʰar²¹³	裤腿子 kʰu⁵¹tʰei²¹tsʅ⁰
建平	裤子 kʰu⁵³tʂʅ⁰	大裤衩儿 ta⁴²ku⁵³tʂʰar²¹³	裤腿儿 ku⁵³tʰuər²¹³
凌源	裤子 kʰu⁵¹tʂʅ⁰	大裤衩子 ta⁵³kʰu⁵³tʂʰa²¹tʂʅ⁰	裤腿儿 kʰu⁵³tʰuər²¹ 裤腿子 kʰu⁵³tʰuei²¹tʂʅ⁰

	0376 帽子 统称	0377 鞋子	0378 袜子
沈阳	帽子 mau⁴¹tsʅ⁰	鞋 ɕiɛ³⁵	袜子 va⁴¹tsʅ⁰
本溪	帽子 mau⁵¹tsʅ⁰	鞋 ɕiɛ³⁵	袜子 ua⁵¹tsʅ⁰
辽阳	帽子 mau⁵¹tsʅ⁰	鞋 ɕiɛ³⁵	袜子 ua⁵¹tsʅ⁰
海城	帽子 mau⁵¹tsʅ⁰	鞋 ɕiɛ³⁵	袜子 ua⁵¹tsʅ⁰
开原	帽子 mau⁵³tʂə⁰	鞋 ɕiɛ³⁵	袜子 ua⁵³tʂə⁰
锦州	帽子 mau⁵¹tʂə⁰	鞋 ɕiɛ³⁵	袜子 ua⁵¹tʂə⁰
盘锦	帽子 mau⁵¹tsə⁰	鞋 ɕiɛ³⁵	袜子 ua⁵¹tsə⁰
兴城	帽子 mau⁵¹tsʅ⁰	鞋 ɕiɛ³⁵	袜子 ua⁵¹tsʅ⁰
绥中	帽子 mau⁵¹tsʅ⁰	鞋 ɕiɛ³⁵	袜子 va⁵¹tsʅ⁰
义县	帽子 mau⁵¹tsʅ⁰	鞋 ɕiɛ³⁵	袜子 ua⁵¹tsʅ⁰
北票	帽子 mau⁵¹tsʅ⁰	鞋 ɕiɛ³⁵	袜子 ua⁵¹tsʅ⁰
阜新	帽子 mau⁵¹tsa⁰	鞋 ɕiɛ³⁵	袜子 ua⁵¹tsa⁰
黑山	帽子 mau⁵¹tsʅ⁰	鞋 ɕiɛ³⁵	袜子 ua⁵¹tsʅ⁰
昌图	帽子 mau⁵¹tsə⁰	鞋 ɕiɛ³⁵	袜子 ua⁵¹ə⁰
大连	帽子 mɔ⁵²ɐ⁰	鞋 ɕiɛ³⁴	袜子 ua⁵²ɐ⁰
金州杏树	帽子 mɔ⁵²ɐ⁰	鞋 ɕiɛ⁵²	袜子 ua²¹ɐ⁰
长海	帽子 mau⁵³tsʅ⁰	鞋子 ɕiɛ⁵³ə⁰	袜子 ua²⁴tsʅ⁰
庄河	帽子 mao⁵¹ə⁰	鞋 ɕiɛ⁵¹	袜子 ua⁵¹ə⁰
盖州	帽子 mau⁵¹tsʅ⁰	鞋 ɕiɛ²⁴	袜儿 uar⁵¹
丹东	帽子 mau⁵¹tsʅ⁰	鞋子 ɕiɛ²⁴tsʅ⁰	袜子 ua⁵¹tsʅ⁰
建平	帽子 mɔ⁵³tsʅ⁰	鞋 ɕiɛ³⁵	袜子 va⁵³tsʅ⁰
凌源	帽子 mau⁵¹tsʅ⁰	鞋 ɕiɛ³⁵	袜子 va⁵¹tsʅ⁰

	0379 围巾	0380 围裙	0381 尿布
沈阳	围脖儿 vei³⁵puor³⁵	围裙 vei³⁵tɕʰyn⁰	尿裤子 ȵiau⁴¹tɕiɛ⁴¹tsʅ⁰
本溪	围脖儿 uei³⁵pɤr³⁵	围裙 uei³⁵tɕʰyn⁰	尿裤子 ȵiau⁵³tɕiɛ⁵¹tsʅ⁰
辽阳	围脖 uei³⁵pɤ³⁵	围裙 uei³⁵tɕʰyn⁰	尿裤子 ȵiau⁵¹tɕiɛ⁵¹tsʅ⁰
海城	围脖儿 uei³⁵pɤr³⁵	围裙 uei³⁵tɕʰyn⁰	裤子 tɕiɛ⁵¹tsʅ⁰
开原	围脖儿 uei³⁵pɤr³⁵	围裙 uei³⁵tɕʰyn⁰	裤子 tɕiɛ⁵³tsə⁰
锦州	围脖儿 uei³⁵pɤr³⁵	围裙 uei³⁵tɕʰyn⁰	裤子 tɕiɛ⁵¹tsə⁰
盘锦	围脖儿 uei³⁵pɤr³⁵	围裙 uei³⁵tɕʰyən⁰	裤子 tɕiɛ⁵¹tsə⁰
兴城	围巾 uei³⁵tɕin⁴⁴ 围脖儿 uei³⁵pɤr³⁵	围裙 uei³⁵tɕʰyn⁰	裤子 tɕiɛ⁵¹tsʅ⁰
绥中	围脖儿 uei³⁵puər³⁵	围裙儿 uei³⁵tɕʰyər⁰	裤子 tɕiɛ⁵¹tsʅ⁰
义县	围巾 uei³⁵tɕin⁴⁴ 围脖儿 uei³⁵pɤr³⁵	围裙 uei³⁵tɕʰyn⁰	裤子 tɕiɛ⁵¹tsʅ⁰
北票	围脖儿 uei³⁵pɤr³⁵	围裙 uei³⁵tɕʰyən⁰	裤子 tɕiɛ⁵¹tsʅ⁰
阜新	头巾 tʰou³⁵tɕin⁵⁵ 围巾 uei³⁵tɕin⁵⁵	围裙 uei³⁵tɕʰyn⁰	裤子 tɕiɛ⁵¹tsa⁰
黑山	围脖儿 uei³⁵pɤr³⁵ 围巾 uei³⁵tɕiən⁴⁴	围裙 uei³⁵tɕʰiən⁰	裤子 tɕiɛ⁵¹tsʅ⁰
昌图	围脖儿 uei³⁵pər³⁵	围裙 uei³⁵tɕʰyən⁰	裤子 tɕiɛ⁵¹ə⁰
大连	围脖儿 ue³⁴pɤr³⁴	围裙 ue³⁴tɕʰỹ⁰	尿裤子 ȵiɔ⁵²tɕiɛ⁵²ɐ⁰ 屁屁裤子 pa²¹pa⁰tɕiɛ⁵²ɐ⁰
金州杏树	围巾 ue³⁴tɕĩ³¹²	围裙 ue³¹tɕʰỹ⁵²	裤子 tɕiɛ⁵²ɐ⁰
长海	围巾 uei²⁴ɕiən³¹	围兜子 uei²⁴təu³¹ə⁰	尿裤子 ȵiau⁵³tʃiɛ⁵³ə⁰
庄河	围脖儿 uei⁵³pər⁵¹	围裙 uei⁵³tɕʰyn⁵¹	裤子 tɕiɛ⁵¹ə⁰
盖州	围脖儿 uei²⁴pɤr²⁴	围裙 uei²⁴tɕʰyn⁰	裤子 tɕiɛ⁵¹tsʅ⁰
丹东	围脖儿 uei²⁴pɤr²⁴	围裙 uei²⁴tɕʰyn²⁴	裤子 tɕiɛ⁵¹tsʅ⁰
建平	围脖 vei³⁵pɤ³⁵	围裙 vei³⁵tɕʰỹ⁰	裤子 tɕiɛ⁵³tsʅ⁰
凌源	围巾 vei³⁵tɕin⁵⁵	围裙 vei³⁵tɕʰyn⁰	裤子 tɕiɛ⁵¹tsʅ⁰

	0382 扣子	0383 扣~扣子	0384 戒指
沈阳	扣儿 kʰour⁴¹	扣 kou⁴¹	手镏儿 ʂou²¹liour³³
本溪	纽扣儿 ɲiou²¹kʰour⁵¹	扣 kʰou⁵¹	戒指 tɕiɛ⁵¹tʂʅ⁰
辽阳	扣儿 kʰour⁵¹	扣 kʰou⁵¹	手镏子 ʂou²¹liou⁴⁴tʂʅ⁰
海城	纽儿 ɲiəur²¹⁴	扣 kʰəu⁵¹	镏子 liəu⁴⁴tʂʅ⁰
开原	扣儿 kʰour⁵¹ 纽扣儿 ɲiou²¹kʰour⁵¹	系 tɕi⁵¹	手镏儿 ʂou²¹liour³⁵ 戒指 tɕiɛ⁵³tʂə⁰
锦州	扣儿 kʰour⁵¹	扣 kʰou⁵¹	镏子 liou⁵⁵tʂə⁰
盘锦	扣儿 kʰour⁵¹	系 tɕi⁵¹	镏子 liou⁵⁵tsə⁰
兴城	扣儿 kʰour⁵¹	扣 kʰou⁵¹	镏子 liou⁴⁴tʂʅ⁰
绥中	扣儿 kʰour⁵¹	系 tɕi⁵¹	戒指 tɕiɛ⁵¹tʂʅ⁰
义县	扣儿 kʰour⁵¹	系 tɕi⁵¹	镏子 liou⁴⁴tʂʅ⁰
北票	扣儿 kʰour⁵¹	系 tɕi⁵¹	镏子 liou⁴⁴tʂʅ⁰ 戒指儿 tɕiɛ⁵¹tʂər⁰
阜新	扣儿 kʰour⁵¹	系 tɕi⁵¹	镏子 liou⁵⁵tsa⁰
黑山	扣儿 kʰour⁵¹	系 tɕi⁵¹	镏子 liou⁴⁴tʂʅ⁰
昌图	纽儿 ɲiour²¹³	系 tɕi⁵¹	手镏儿 ʂou²¹liour³³ 金镏子 tɕiən³³liou³³tsə⁰
大连	扣儿 kʰəur⁵²	扣 kʰəu⁵²	戒指 tɕiɛ⁵²ʅ⁰
金州杏树	扣儿 kʰəur³¹²	扣 kʰəu³¹²	戒指 tɕiɛ⁵²ʅ⁰
长海	扣儿 kʰəur⁵³	系 ci⁵³	戒指 ciɛ⁵³tʂʅ⁰
庄河	扣儿 kʰəur⁵¹	扣 kʰəu⁵¹	戒指 tɕiɛ⁵¹tʂʅ⁰
盖州	扣儿 kʰəur⁴¹²	扣 kʰəu⁵¹	镏子 liəu⁴¹²tʂʅ⁰
丹东	衣服扣儿 i⁴¹¹fu⁰kʰour⁵¹	扣 kʰou⁵¹	镏子 liou⁴¹¹tʂʅ⁰
建平	扣儿 kʰəur⁵³	系 tɕi⁵³	镏子 liəu⁴⁴tʂʅ⁰
凌源	扣儿 kʰour⁵¹ 扣子 kʰou⁵¹tsʅ⁰	系 tɕi⁵¹	镏子 liou⁵⁵tʂʅ⁰

	0385 手镯	0386 理发	0387 梳头
沈阳	手镯 ʂou²¹tʂuo³⁵	剪头 tɕian²¹tʰou³⁵	梳头 ʂu³³tʰou³⁵
本溪	手镯儿 ʂou²¹tʂuor³⁵	剪头 tɕian²¹tʰou³⁵ 剃头 tʰi⁵¹tʰou³⁵	梳头 ʂu³¹tʰou³⁵
辽阳	镯子 tʂuo³⁵tʂʅ⁰	剃头 tʰi⁵¹tʰou³⁵	梳头 ʂu⁴⁴tʰou³⁵
海城	镯子 tʂuɤ³⁵tʂʅ⁰	剪头 tɕian²¹tʰəu³⁵	梳头 ʂu⁴⁴tʰəu³⁵
开原	手镯儿 ʂou²¹tʂuɤr³⁵ 镯子 tʂuɤ³⁵tʂə⁰	剃头 tʰi⁵³tʰou³⁵ 剪头 tɕian²¹tʰou³⁵	梳头 ʂu⁴⁴tʰou³⁵
锦州	镯子 tʂuo³⁵tʂə⁰	剪头 tɕian²¹tʰou³⁵	梳头 ʂu⁵⁵tʰou³⁵
盘锦	镯子 tʂuo³⁵tsə⁰	剪头 tɕian²¹tʰou³⁵ 剃头 tʰi⁵³tʰou³⁵	梳头 ʂu⁵⁵tʰou³⁵
兴城	镯子 tʂuo³⁵tʂʅ⁰	剪头 tɕian²¹tʰou³⁵	梳头 ʂu⁴⁴tʰou³⁵
绥中	镯子 tʂuo³⁵tʂɤ⁰	剪头 tɕian²¹tʰou³⁵	梳头 ʂu⁵⁵tʰou³⁵
义县	镯子 tʂuo³⁵tʂʅ⁰	剪头 tɕian²¹tʰou³⁵ 剃头 tʰi⁵³tʰou³⁵	梳头 ʂu⁴⁴tʰou³⁵
北票	镯子 tʂuo³⁵tʂʅ⁰	剪头 tɕian²¹tʰou³⁵ 剃头 ti⁵³tʰou³⁵	梳头 ʂu⁴⁴tʰou³⁵
阜新	镯子 tʂuo³⁵tsa⁰	剃头 tʰi⁵³tʰou³⁵ 剪头 tɕian²¹tʰou³⁵	梳头 ʂu⁵⁵tʰou³⁵
黑山	镯子 tʂuo³⁵tʂʅ⁰	剪头 tɕian²¹tʰou³⁵ 铰头 tɕiau²¹tʰou³⁵	梳头 ʂu⁴⁴tʰou³⁵
昌图	镯子 tʂuo³⁵tsə⁰	剃头 tʰi⁵¹tʰou³⁵	梳头 ʂu³³tʰou³⁵
大连	镯子 tsuə³⁴ə⁰	剪头 tɕiɛ̃²¹tʰəu³⁴ 剃头 tʰi⁵²tʰəu³⁴	梳头 su³¹tʰəu³⁴
金州 杏树	手镯 səu²¹tsuə⁵²	剪头 tɕiɛ̃²¹tʰəu⁵²	梳头 su³¹tʰəu⁵²
长海	手镯子 ʃəu²¹tuə⁵³ə⁰	剃头 tʰi⁵³tʰəu⁵³ 剪头 tʃian²¹tʰəu⁵³	梳头 su³¹tʰəu⁵³
庄河	手镯 səu²¹tsuə⁵¹	剪头 tɕian²¹tʰəu⁵¹	梳头 su³¹tʰəu⁵¹
盖州	镯子 tsuɤ²⁴tsʅ⁰	剪头 tɕian²¹tʰəu²⁴	梳头 su⁴¹²tʰəu²⁴
丹东	手镯儿 ʂou²¹tʂuor²⁴	剃头 tʰi⁵¹tʰou²⁴	梳头 ʂu⁴¹¹tʰou²⁴
建平	镯子 tsuə³⁵tsʅ⁰	理发 li²¹fa⁵³ 剪头 tɕiɛ̃²¹tʰəu³⁵ 剪头 tɕiɔ²¹tʰəu³⁵	梳头 ʂu⁴⁴tʰəu³⁵
凌源	镯子 tʂuo³⁵tʂʅ⁰	铰头 tɕiau²¹tʰou³⁵	梳头 ʂu⁵⁵tʰou³⁵

	0388 米饭	0389 稀饭 用米熬的，统称	0390 面粉 麦子磨的，统称
沈阳	米饭 mi²¹fan⁴¹	粥 tʂou³³	面 mian⁴¹
本溪	米饭 mi²¹fan⁵¹	粥 tʂou⁴⁴	面 mian⁵¹
辽阳	米饭 mi²¹fan⁵¹	粥 tʂou⁴⁴	面 mian⁵¹
海城	大米饭 ta⁵¹mi²¹fan⁵¹	粥 tʂəu⁴⁴	白面 pai³⁵mian⁵¹
开原	米饭 mi²¹fan⁵¹	粥 tʂou⁴⁴	白面 pai³⁵mian⁵¹
锦州	米饭 mi²¹fan⁵¹	粥 tʂou⁵⁵	白面 pai³⁵mian⁵¹
盘锦	稻米饭 tau⁵¹mi²¹fan⁵¹	粥 tʂou⁵⁵	白面 pai³⁵mian⁵¹
兴城	米饭 mi²¹fan⁵¹	粥 tʂou⁴⁴	面 mian⁵¹
绥中	米饭 mi²¹fan⁵¹	粥 tʂou⁵⁵	白面 pai³⁵mian⁵¹
义县	米饭 mi²¹fan⁵¹	粥 tʂou⁴⁴	白面 pai³⁵mian⁵¹
北票	米饭 mi²¹fan⁵¹	粥 tʂou⁴⁴ 稀饭 ɕi⁴⁴fan⁵¹	白面 pai³⁵mian⁵¹
阜新	米饭 mi²¹fan⁵¹	稀粥 ɕi⁵⁵tʂou⁵⁵	面 mian⁵¹
黑山	米饭 mi²¹fan⁵¹	稀粥 ɕi⁴⁴tʂou⁴⁴	白面 pai³⁵mian⁵¹
昌图	饭 fan⁵¹	粥 tʂou³³	面 mian⁵¹
大连	米饭 mi²¹fã⁵²	稀饭 ɕi³¹fã⁵²	白面 pɛ³⁴miɛ̃⁵²
金州杏树	米饭 mi²¹fã⁵²	稀饭 ɕi³¹fã⁵²	白面 pɤ³¹miɛ̃⁵²
长海	米饭 mi²¹fan⁵³	稀饭 ɕi³¹fan⁵³	面粉儿 mian⁵³fər²¹⁴
庄河	干饭 kan³¹fan⁵¹	粥 tʂəu³¹	白面 pai⁵³mian⁵¹
盖州	饭 fan⁵¹	粥 tʂəu⁴¹²	面 mian⁵¹
丹东	干饭 kan⁴¹¹fan⁵¹	稀饭 ɕi⁴¹¹fan⁵¹	白面 pai²⁴mian⁵¹
建平	干饭 kã³⁵fã⁰	饭汤 fã⁵³tʰã⁴⁴	面 miɛ̃⁵³
凌源	米饭 mi²¹fan⁵¹	粥 tʂou⁵⁵	白面 pai³⁵miɛn⁵¹

	0391 面条 统称	0392 面儿 玉米~，辣椒~	0393 馒头 无馅的，统称
沈阳	面条儿 mian^{41}t^{h}iaur^{35}	面儿 miɐr^{41}	馒头 man^{35}t^{h}ou^0
本溪	面条儿 mian^{51}t^{h}iaur^{35}	面儿 miɐr^{51}	馒头 man^{35}t^{h}ou^0
辽阳	面条儿 mian^{51}t^{h}iaur^{35}	面儿 miar^{51}	馒头 man^{35}t^{h}ou^0
海城	面条儿 mian^{51}t^{h}iaur^{35}	面儿 miɐr^{51}	馒头 man^{35}t^{h}əu^0
开原	面条儿 mian^{53}t^{h}iaur^{35}	面儿 miɐr^{51}	馒头 man^{35}t^{h}ou^0
锦州	面条儿 mian^{53}t^{h}iaur^{35}	面儿 miɐr^{51}	馒头 man^{35}t^{h}ou^0
盘锦	面条儿 mian^{53}t^{h}iaur^{35}	面儿 miɐr^{51}	饽饽 pɤ^{55}pɤ^0
兴城	面条儿 mian^{51}t^{h}iaur^{35}	面儿 miɐr^{51}	馒头 man^{35}t^{h}ou^0
绥中	面条儿 mian^{51}t^{h}iaor^{35}	面儿 miɐr^{51}	馒头 man^{35}t^{h}ou^0
义县	面条儿 mian^{53}t^{h}iaur^{35}	面儿 miɐr^{51}	馒头 man^{35}t^{h}ou^0
北票	面条儿 mian^{53}t^{h}iaur^{35}	面儿 miɐr^{51}	馒头 man^{35}t^{h}ou^0
阜新	面条儿 mian^{53}t^{h}iaur^{35}	面儿 miɐr^{51}	馒头 man^{35}t^{h}ou^0
黑山	面条儿 mian^{53}t^{h}iaur^{35}	面儿 miɐr^{51}	馒头 man^{35}t^{h}ou^0
昌图	面条儿 mian^{51}t^{h}iaur^{35}	面儿 miɐr^{51}	馒头儿 man^{35}t^{h}our^0
大连	面条儿 miẽ^{52}t^{h}iɔr^{34}	面儿 miɐr^{52}	馒头 mã^{34}t^{h}əu^0
金州 杏树	面条儿 miẽ^{52}t^{h}iɔr^{52}	面儿 miɐr^{52}	饽饽 pɤ^{31}pɤ^0
长海	面条儿 mian^{53}t^{h}iaur^{53}	面儿 miɐr^{53}	饽饽 pɤ^{31}pɤ^0
庄河	面条儿 mian^{53}t^{h}iaor^{51}	面儿 miɐr^{51}	饽饽 pə^{31}pə^0 卷子 tɕyan^{21}nə^0
盖州	面条儿 mian^{51}t^{h}iaur^{24}	面儿 miɐr^{51}	馒头 man^{24}t^{h}əu^0
丹东	面条儿 mian^{51}t^{h}iaur^{24}	面儿 miɐr^{51}	馒头 man^{24}t^{h}ou^0
建平	面条子 miẽ^{53}t^{h}iɔ^{35}tsʅ^0	面儿 miɐr^{53}	馒头 mã^{35}t^{h}əu^0
凌源	面条儿 miɛn^{53}t^{h}iaur^{35}	面儿 miɐr^{51}	馒头 man^{35}t^{h}ou^0

	0394 包子	0395 饺子	0396 馄饨
沈阳	包子 pau³³tʂʅ⁰	饺子 tɕiau²¹tʂʅ⁰	馄饨 xuən³⁵tuən⁰
本溪	包子 pau³¹tʂʅ⁰	饺子 tɕiau²¹tʂʅ⁰	馄饨 xuən³⁵tuən⁰
辽阳	包子 pau⁴⁴tʂʅ⁰	饺子 tɕiau²¹tʂʅ⁰	馄饨 xuən³⁵tuən⁵¹
海城	包子 pau⁴⁴tʂʅ⁰	饺子 tɕiau²¹⁴tʂʅ⁰	馄饨 xuən³⁵tuən⁰
开原	包子 pau⁴⁴tʂə⁰	饺子 tɕiau²¹tʂə⁰	馄饨 xuən³⁵tuən⁰
锦州	包子 pau⁵⁵tʂə⁰	饺子 tɕiau²¹tʂə⁰	馄饨 xuən³⁵tʰuən⁰
盘锦	包子 pau⁵⁵tsə⁰	饺子 tɕiau²¹tsə⁰	馄饨 xuən³⁵tuən⁰
兴城	包子 pau⁴⁴tʂʅ⁰	饺子 tɕiau²¹tʂʅ⁰	馄饨 xuən³⁵tuən⁰
绥中	包子 pau⁵⁵tʂʅ⁰	饺子 tɕiau²¹tʂɤ⁰	馄饨 xuən³⁵tuən⁵¹
义县	包子 pau⁴⁴tʂʅ⁰	饺子 tɕiau²¹tʂʅ⁰	馄饨 xuən³⁵tuən⁰
北票	包子 pau⁴⁴tʂʅ⁰	饺子 tɕiau²¹tsʅ⁰	馄饨 xuən³⁵tuən⁰
阜新	包子 pau⁵⁵tsa⁰	饺子 tɕiau²¹tsa⁰	馄饨 xuən³⁵tuən⁰
黑山	包子 pau⁴⁴tʂʅ⁰	饺子 tɕiau²¹tʂʅ⁰	馄饨 xuən³⁵tuən⁵¹
昌图	包子 pau³³tsʅ⁰	饺子 tɕiau²¹tsə⁰	馄饨 xuən³⁵tuən⁰
大连	包子 pɔ³¹ɚ⁰	饺子 tɕiɔ²¹ɚ⁰	馄饨 xuɛ̃³⁴tɛ̃⁰
金州杏树	大馉子 ta⁵²ku³¹ɚ⁰	小馉子 ɕiɔ²¹ku³¹ɚ⁰	馄饨 xuɛ̃⁵²tɛ̃⁰
长海	菜干子 tsʰai⁵³kan³¹ən⁰	馉子 ku³¹tsʅ⁰	馄饨 xuən⁵³tuən⁰
庄河	菜饼子 tsʰai⁵¹piɛ̃²¹ɚ⁰	饺子 tɕiao²¹ɚ⁰	馄饨 xuən⁵¹tən⁰
盖州	包子 pau⁴¹²tsʅ⁰	饺子 tɕiau²¹tsʅ⁰	馄饨 xuən²⁴tuən⁰
丹东	包子 pau⁴¹¹tsʅ⁰	饺子 tɕiau²¹tsʅ⁰	馄饨 xuən²⁴tuən⁵¹
建平	包子 pɔ⁴⁴tsʅ⁰	饺子 tɕiɔ²¹tsʅ⁰	馄饨 xuə̃³⁵tuə̃⁵³
凌源	包子 pau⁵⁵tsʅ⁰	饺子 tɕiau²¹tsʅ⁰	馄饨 xuən³⁵tuən⁰

	0397 馅儿	0398 油条 长条形的，旧称	0399 豆浆
沈阳	馅儿 ɕieɻ⁴¹	馃子 kuo²¹tsʅ⁰	豆浆 tou⁴¹tɕiaŋ³³
本溪	馅儿 ɕieɻ⁵¹	大馃子 ta⁵¹kuo²¹tsʅ⁰	豆浆 tou⁵¹tɕiaŋ⁴⁴
辽阳	馅儿 ɕiaɻ⁵¹	大馃子 ta⁵¹kuo²¹tsʅ⁰	豆浆 tou⁵¹tɕiaŋ⁴⁴
海城	馅儿 ɕieɻ⁵¹	大馃子 ta⁵¹kuɤ²¹⁴tsʅ⁰	浆子 tɕiaŋ⁴⁴tsʅ⁰
开原	馅儿 ɕieɻ⁵¹	大馃子 ta⁵³kuɤ²¹tsə⁰	浆子 tɕiaŋ⁴⁴tsə⁰
锦州	馅儿 ɕieɻ⁵¹	大馃子 ta⁵³kuo²¹tsə⁰	浆子 tɕiaŋ⁵⁵tsə⁰
盘锦	馅儿 ɕieɻ⁵¹	馃子 kuo²¹tsə⁰	浆子 tɕiaŋ⁵⁵tsə⁰
兴城	馅儿 ɕieɻ⁵¹	油条 iou³⁵tʰiau³⁵	豆浆 tou⁵¹tɕiaŋ⁴⁴
绥中	馅儿 ɕieɻ⁵¹	大馃子 ta⁵¹kuo²¹tsʅ⁰	豆浆 tou⁵¹tɕiaŋ⁵⁵
义县	馅儿 ɕieɻ⁵¹	大馃子 ta⁵³kuo²¹tsʅ⁰ 油条 iou³⁵tʰiau³⁵	浆子 tɕiaŋ⁴⁴tsʅ⁰ 豆浆 tou⁵³tɕiaŋ⁴⁴
北票	馅儿 ɕieɻ⁵¹	馃子 kuo²¹tsʅ⁰	浆子 tɕiaŋ⁴⁴tsʅ⁰
阜新	馅儿 ɕieɻ⁵¹	油条 iou³⁵tʰiau³⁵	豆汁子 tou⁵³tsʅ²¹tsa⁰
黑山	馅儿 ɕieɻ⁵¹	大馃子 ta⁵³kuo²¹tsʅ⁰	浆子 tɕiaŋ⁴⁴tsʅ⁰
昌图	馅儿 ɕieɻ⁵¹	大馃子 ta⁵¹kuo²¹tsə⁰	豆浆 tou⁵¹tɕiaŋ³³
大连	馅儿 ɕieɻ⁵²	炸馃子 tsa³⁴kuə²¹ə⁰	豆浆 təu⁵²tɕiaŋ³¹²
金州杏树	馅儿 ɕieɻ⁵²	大馃子 ta⁵²kuə²¹ə⁰	豆浆 təu⁵²tɕiaŋ³¹²
长海	馅儿 ɕieɻ⁵³	大馃儿 ta⁵³kuəɻ²¹⁴	豆浆 təu⁵³tʃaŋ³¹
庄河	馅儿 ɕieɻ⁵¹	油条 iəu³¹tʰiao⁵¹ 馃子 kuə²¹ə⁰	豆浆 təu⁵¹tɕiaŋ³¹
盖州	馅儿 ɕieɻ⁵¹	大馃子 ta⁵¹kuɤ²¹tsʅ⁰	浆子 tɕiaŋ⁴¹²tsʅ⁰
丹东	馅儿 ɕieɻ⁵¹	大馃子 ta⁵¹kuo²¹tsʅ⁰	豆浆 tou⁵¹tɕiaŋ⁴¹¹
建平	馅儿 ɕieɻ⁵³	油条 iəu³⁵tʰio³⁵	浆子 tɕiã⁴⁴tsʅ⁰
凌源	馅儿 ɕieɻ⁵¹	大馃子 ta⁵³kuo²¹tsʅ⁰ 油条 iou³⁵tʰiau³⁵	浆子 tɕiaŋ⁵⁵tsʅ⁰

	0400 豆腐脑	0401 元宵食品	0402 粽子
沈阳	豆腐脑儿 tou^{41}fu^{0}naur^{21}	元宵 yan^{35}ɕiau^{0}	粽子 tsəŋ^{41}tʂʅ^{0}
本溪	豆腐脑儿 tou^{51}fu^{0}naur^{224}	元宵 yan^{35}ɕiau^{0}	粽子 tsəŋ^{51}tʂʅ^{0}
辽阳	豆腐脑 tou^{51}fu^{0}nau^{213}	元宵 yan^{35}ɕiau^{0}	粽子 tsəŋ^{51}tʂʅ^{0}
海城	豆腐脑儿 təu^{51}fu^{0}naur^{214}	元宵 yan^{35}ɕiau^{0}	粽子 tsəŋ^{51}tʂʅ^{0}
开原	豆腐脑儿 tou^{53}fu^{0}naur^{213}	元宵 yan^{35}ɕiau^{0}	粽子 tsəŋ^{53}tʂə^{0}
锦州	豆儿脑儿 tour^{53}naur^{213}	元宵 yan^{35}ɕiau^{0}	粽子 tsəŋ^{51}tʂə^{0}
盘锦	豆腐脑儿 tou^{53}fu^{0}naur^{213}	元宵 yan^{35}ɕiau^{55}	粽子 tsəŋ^{51}tsə^{0}
兴城	豆腐脑 tou^{51}fu^{0}naur^{213}	元宵 yan^{35}ɕiau^{44}	粽子 tsəŋ^{51}tʂʅ^{0}
绥中	豆腐脑儿 tou^{51}fu^{0}naor^{213}	元宵 yan^{35}ɕiau^{0}	粽子 tsəŋ^{51}tʂɤ^{0}
义县	豆腐脑儿 tou^{51}fu^{0}naur^{213}	元宵 yan^{35}ɕiau^{44}	粽子 tsəŋ^{51}tʂʅ^{0}
北票	豆腐脑儿 tou^{51}fu^{0}naur^{213}	元宵 yan^{35}ɕiau^{44}	粽子 tsəŋ^{51}tʂʅ^{0}
阜新	豆腐脑儿 tour^{51}fu^{0}naur^{213}	元宵 yan^{35}ɕiau^{0}	粽子 tsəŋ^{51}tsa^{0}
黑山	豆腐脑儿 tou^{51}fu^{0}naur^{213}	元宵 yan^{35}ɕiau^{0}	粽子 tsəŋ^{51}tʂʅ^{0}
昌图	豆腐脑儿 tou^{51}f^{0}naur^{213}	元宵 yan^{35}ɕiau^{0}	粽子 tsəŋ^{51}tʂʅ^{0}
大连	豆腐脑儿 təu^{52}fu^{0}nɔr^{213}	元宵 yẽ^{34}ɕiɔ^{312}	粽子 tsəŋ^{52}ə^{0}
金州杏树	豆腐脑儿 təu^{52}fu^{0}nɔr^{213}	元宵 yẽ^{34}ɕiɔ^{312}	粽子 tsəŋ^{52}ə^{0}
长海	豆腐脑儿 təu^{53}fu^{0}naur^{214}	元宵 yan^{24}ɕiau^{31}	粽子 tsũ^{53}tsʅ^{0}
庄河	豆腐脑儿 təu^{51}fu^{0}naor^{213}	元宵 yan^{24}ɕiao^{31}	粽子 tsə̃^{51}ə^{0}
盖州	豆腐脑儿 təu^{51}fu^{0}naur^{213}	元宵 yan^{24}ɕiau^{0}	粽子 tsəŋ^{51}tsʅ^{0}
丹东	豆腐脑 tou^{51}fu^{0}nau^{213}	元宵 yan^{24}ɕiau^{411}	粽子 tsəŋ^{51}tsʅ^{0}
建平	豆腐脑 təu^{53}fu^{0}nɔ^{213}	元宵 yẽ^{35}ɕiɔ^{44}	粽子 tsəŋ^{53}tsʅ^{0}
凌源	豆腐脑儿 tou^{51}fu^{0}naur^{21}	元宵 yan^{35}ɕiau^{55}	粽子 tsəŋ^{51}tsʅ^{0}

	0403 年糕用黏性大的米或米粉做的	0404 点心统称	0405 菜吃饭时吃的，统称
沈阳	年糕 ȵian³⁵kau³³	馃子 kuo²¹tsʅ⁰	菜 tsʰai⁴¹
本溪	切糕 tɕʰiɛ³⁵kau⁴⁴	馃子 kuo²¹tsʅ⁰	菜 tsʰai⁵¹
辽阳	黏火勺 ȵian³⁵xuo²¹ʂau³⁵	馃子 kuo²¹tsʅ⁰	菜 tsʰai⁵¹
海城	年糕儿 ȵian³⁵kaur⁴⁴	糕点 kau⁴⁴tian²¹⁴	菜 tsʰai⁵¹
开原	年糕 ȵian³⁵kau⁴⁴	馃子 kuɤ²¹tʂə⁰	菜 tsʰai⁵¹
锦州	年糕 ȵian³⁵kau⁵⁵	馃子 kuo²¹tʂə⁰	菜 tsʰai⁵¹
盘锦	年糕 ȵian³⁵kau⁵⁵	馃子 kuo²¹tsə⁰	菜 tsʰai⁵¹
兴城	年糕 ȵian³⁵kau⁴⁴	点心 tian²¹ɕin⁴⁴	菜 tsʰai⁵¹
绥中	糖年糕 tʰaŋ³⁵nai⁵¹kau⁵⁵	糕点 kau⁵⁵tian²¹³	菜 tsʰai⁵¹
义县	年糕 ȵian³⁵kau⁴⁴	馃子 kuo²¹tsʅ⁰	菜 tsʰai⁵¹
北票	年糕 ȵian³⁵kau⁴⁴	馃子 kuo²¹tsʅ⁰ 点心 tian²¹ɕiən⁴⁴	菜 tsʰai⁵¹
阜新	年糕 ȵian³⁵kau⁵⁵	馃子 kuo²¹tsa⁰	菜 tsʰai⁵¹
黑山	年糕 ȵian³⁵kau⁴⁴	馃子 kuo²¹tsʅ⁰ 糕点 kau⁴⁴tian²¹³	菜 tsʰai⁵¹
昌图	切糕 tɕʰiɛ³⁵kau³³	点心 tian²¹ɕiən⁰	菜 tsʰai⁵¹
大连	年糕 ȵiẽ³⁴kɔ³¹²	点心 tiẽ²¹ɕĩ⁰	菜 tsʰɛ⁵²
金州 杏树	年糕 ȵiẽ³⁴kɔ³¹²	光头饼子 kuaŋ³¹tʰəu³⁴piŋ²¹ə⁰	菜 tsʰɛ⁵²
长海	年糕 ȵian²⁴kau³¹	点心 tian²¹ʃiən⁰	菜 tsʰai⁵³
庄河	年糕 ȵian²⁴kao³¹	点心 tian²¹ɕin⁰	菜 tsʰai⁵¹
盖州	年糕 ȵian²⁴kau⁴¹²	糕点 kau⁴¹²tian²¹³	菜 tsʰai⁵¹
丹东	年糕 ȵian²⁴kau⁴¹¹	馃子 kuo²¹tsʅ⁰	菜 tsʰai⁵¹
建平	年糕 ȵiẽ³⁵kɔ⁴⁴	馃子 kuə²¹tsʅ⁰	菜 tsʰɛ⁵³
凌源	年糕 ȵien³⁵kau⁵⁵	馃子 kuo²¹tsʅ⁰	菜 tsʰai⁵¹

	0406 干菜统称	**0407 豆腐**	**0408 猪血**当菜的
沈阳	干菜 kan³³tsʰai⁴¹	豆腐 tou⁴¹fu⁰	猪血 tsu³³ɕiɛ²¹
本溪	干菜 kan⁴⁴tsʰai⁵¹	豆腐 tou⁵¹fu⁰	猪血 tsu⁴⁴ɕiɛ²²⁴
辽阳	干菜 kan⁴⁴tsʰai⁵¹	豆腐 tou⁵¹fu⁰	猪血 tsu⁴⁴ɕiɛ²¹³
海城	干菜 kan⁴⁴tsʰai⁵¹	大豆腐 ta⁵³təu⁵¹fu⁰	血块儿 ɕiɛ²¹kʰuɐr⁵¹ 血肠儿 ɕiɛ²¹tʂʰãr³⁵
开原	干菜 kan⁴⁴tsʰai⁵¹	豆腐 tou⁵³fu⁰	猪血 tsu⁴⁴ɕyɛ²¹³
锦州	干菜 kan⁵⁵tsʰai⁵¹	豆腐 tou⁵¹fu⁰	猪血 tsu⁵⁵ɕyɛ²¹³
盘锦	干菜 kan⁵⁵tsʰai⁵¹	豆腐 tou⁵¹fu⁰	猪血 tsu⁵⁵ɕyɛ²¹³
兴城	干菜 kan⁴⁴tsʰai⁵¹	豆腐 tou⁵¹fu⁰	猪血 tsu⁴⁴ɕyɛ²¹³
绥中	干菜 kan⁵⁵tsʰai⁵¹	豆腐 tou⁵¹fu⁰	猪血 tsu⁵⁵ɕyɛ²¹³
义县	干菜 kan⁴⁴tsʰai⁵¹	豆腐 tou⁵¹fu⁰	猪血 tsu⁴⁴ɕyɛ²¹³
北票	干菜 kan⁴⁴tsʰai⁵¹	豆腐 tou⁵¹fu⁰	猪血 tsu⁴⁴ɕyɛ²¹³
阜新	干菜 kan⁵⁵tsʰai⁵¹	豆腐 tou⁵¹fu⁰	猪血 tsu⁵⁵ɕyɛ²¹³
黑山	干菜 kan⁴⁴tsʰai⁵¹	豆腐 tou⁵¹fu⁰	猪血 tsu⁴⁴ɕyɛ²¹³
昌图	干菜 kan³³tsʰai⁰	豆腐 tou⁵¹f⁰	猪血 tsu³³ɕiɛ²¹³
大连	干菜 kã³¹tsʰɛ⁵²	豆腐 təu⁵²fu⁰	猪血 tʃu³¹ɕiɛ²¹³
金州杏树	干菜 kã³¹tsʰɛ⁵²	豆腐 təu⁵²fu⁰	猪血 tɕy³¹ɕiɛ²¹³
长海	干菜 kan³¹tsʰai⁵³	豆腐 təu⁵³fu⁰	猪血 tʃy³¹ɕiɛ²¹⁴
庄河	干菜 kan³¹tsʰai⁵¹	豆腐 təu⁵¹fu⁰	猪血 tɕy³¹ɕiɛ²¹³
盖州	干菜 kan⁴¹²tsʰai⁵¹	豆腐 təu⁵¹fɤ⁰	血块儿 ɕiɛ²¹kʰuɐr⁵¹
丹东	干菜 kan⁴¹¹tsʰai⁵¹	豆腐 tou⁵¹fu⁰	猪血 tsu⁴¹¹ɕiɛ²⁴
建平	干菜 kã⁴⁴tsʰɛ⁵³	豆腐 təu⁵³fu⁰	猪血 tsu⁴⁴ɕiɛ²¹³
凌源	干菜 kan⁵⁵tsʰai⁵¹	豆腐 tou⁵¹fɤ⁰	猪血 tsu⁵⁵ɕiɛ²¹

	0409 猪蹄当菜的	**0410 猪舌头**当菜的，注意婉称	**0411 猪肝**当菜的，注意婉称
沈阳	猪蹄儿 tsu³³tʰiər³⁵	猪舌头 tsu³³sɤ³⁵tʰou⁰	猪肝儿 tsu³³kɐr³³
本溪	猪爪子 tʂu⁴⁴tʂua²¹tʂʅ⁰	口条儿 kʰou²¹tʰiaur³⁵	猪肝儿 tʂu⁴⁴kɐr⁴⁴
辽阳	猪爪 tʂu⁴⁴tʂua²¹³	猪口条儿 tʂu⁴⁴kʰou²¹tʰiaur³⁵	猪肝儿 tʂu⁴⁴kar⁴⁴
海城	猪爪儿 tʂu⁴⁴tʂuar²¹⁴	口条儿 kʰəu²¹tʰiaur³⁵	猪肝儿 tʂu⁴⁴kɐr⁴⁴
开原	猪爪儿 tʂu⁴⁴tʂuar²¹³	口儿条儿 kʰour²¹tʰiaur³⁵	猪肝儿 tʂu⁴⁴kãr⁴⁴
锦州	猪爪儿 tʂu⁵⁵tʂuar²¹³ 猪蹄儿 tʂu⁵⁵tʰiər³⁵	口条儿 kʰou²¹tʰiaur³⁵	肝儿 kɐr⁵⁵
盘锦	猪爪子 tʂu⁵⁵tʂua²¹tsə⁰ 猪蹄子 tʂu⁵⁵tʰi³⁵tsə⁰	口条儿 kʰou²¹tʰiaur³⁵	猪肝儿 tʂu⁵⁵kɐr⁵⁵
兴城	猪蹄儿 tʂu⁴⁴tʰiər³⁵ 猪爪儿 tʂu⁴⁴tʂuar²¹³	口条儿 kʰou²¹tʰiaur³⁵	猪肝儿 tʂu⁴⁴kɐr⁴⁴
绥中	猪爪儿 tʂu⁵⁵tʂuar²¹³	口条儿 kʰou²¹tʰiaor³⁵	猪肝儿 tʂu⁵⁵kɐr⁵⁵
义县	猪蹄儿 tʂu⁴⁴tʰiər³⁵ 猪爪儿 tʂu⁴⁴tʂuar²¹³	猪舌头 tʂu⁴⁴sɤ³⁵tʰou⁰ 猪口条儿 tʂu⁴⁴kʰou²¹tʰiaur³⁵	猪肝儿 tʂu⁴⁴kɐr⁴⁴
北票	猪蹄儿 tʂu⁴⁴tʰiər³⁵ 猪爪儿 tʂu⁴⁴tʂuar²¹³	猪舌头 tʂu⁴⁴sɤ³⁵tʰou⁰ 猪口条儿 tʂu⁴⁴kʰou²¹tʰiaur³⁵	猪肝儿 tʂu⁴⁴kɐr⁴⁴
阜新	猪蹄子 tʂu⁵⁵tʰi³⁵tsa⁰	猪舌头 tʂu⁵⁵sɤ³⁵tʰou⁰ 口条儿 kʰou²¹tʰiaur³⁵	猪肝儿 tʂu⁵⁵kɐr⁵⁵
黑山	猪爪子 tʂu⁴⁴tʂua²¹tʂʅ⁰ 猪手儿 tʂu⁴⁴ʂour²¹³	猪口条儿 tʂu⁴⁴kʰou²¹tʰiaur³⁵	猪肝儿 tʂu⁴⁴kɐr⁴⁴
昌图	猪爪儿 tʂu³³tʂuar²¹³	口条儿 kʰou²¹tʰiaur³⁵	猪肝儿 tʂu³³kɐr³³
大连	猪蹄子 tʃu³¹tʰi³⁴ə⁰	口条儿 kʰəu²¹tʰiɔr³⁴	猪肝 tʃu³⁴kã³¹²
金州 杏树	猪蹄子 tɕy³¹tʰi³⁴ə⁰	猪舌头 tɕy³¹ɕiɛ⁵²tʰou⁰	猪肝 tɕy³⁴kã³¹²
长海	猪蹄子 tʃy³¹tʰi³⁴tsʅ⁰	猪舌头 tʃy³¹ʃiɛ⁵³tʰəu⁰	猪肝 tʃy³³kan³¹
庄河	猪蹄子 tɕy³¹tʰi³⁴ə⁰	猪舌头 tɕy³¹ɕiɛ⁵¹tʰəu⁰	猪肝 tɕy³³kan³¹
盖州	蹄爪儿 tʰi²⁴tsuar²¹³	口条儿 kʰəu²¹tʰiaur²⁴	肝儿 kɐr⁴¹²
丹东	猪蹄儿 tʂu⁴¹¹tʰiər²⁴	猪口条儿 tʂu⁴¹¹kʰou²¹tʰiaur²⁴	猪肝 tʂu⁴⁴kan⁴¹¹
建平	猪爪儿 tʂu⁴⁴tʂuar²¹³	口条儿 kʰəu²¹tʰiɔr³⁵	猪肝货 tʂu⁴⁴kã⁴⁴xuə⁰
凌源	猪蹄子 tʂu⁵⁵tʰi³⁵tsʅ⁰ 猪爪子 tʂu⁵⁵tʂua²¹tsʅ⁰	猪舌头 tʂu⁵⁵sɤ³⁵tʰou⁰ 猪口条儿 tʂu⁵⁵kʰou²¹tʰiaur³⁵	猪肝儿 tʂu⁵⁵kɐr⁵⁵

	0412 下水 猪牛羊的内脏	0413 鸡蛋	0414 松花蛋
沈阳	下水 ɕia⁴¹ʂuei⁰	鸡蛋 tɕi³³tan⁴¹	松花儿蛋 suŋ³³xuar³³tan⁴¹
本溪	下水 ɕia⁵¹ʂuei²²⁴	鸡蛋 tɕi⁴⁴tan⁵¹	变蛋 pian⁵³tan⁵¹
辽阳	下货儿 ɕia⁵¹xuor⁵¹	鸡蛋 tɕi⁴⁴tan⁵¹	松花蛋 suŋ⁴⁴xua⁴⁴tan⁵¹
海城	下货儿 ɕia⁵³xuɤr⁵¹	鸡蛋儿 tɕi⁴⁴tɛr⁵¹	皮儿 pʰi³⁵tɛr⁵¹
开原	下水 ɕia⁵³ʂuei⁰	鸡蛋 tɕi⁴⁴tan⁵¹	松花儿蛋 ʂuŋ⁴⁴xuar⁴⁴tan⁵¹ 皮蛋 pʰi³⁵tan⁵¹
锦州	下货儿 ɕia⁵³xuor⁵¹	鸡子儿 tɕi⁵⁵tsər²¹³	皮蛋 pʰi³⁵tan⁵¹
盘锦	下货儿 ɕia⁵³xuor⁵¹	鸡子儿 tɕi⁵⁵tsər²¹³	皮蛋 pʰi³⁵tan⁵¹
兴城	下水 ɕia⁵¹ʂuei⁰ 下水货 ɕia⁵¹ʂuei⁰xuor⁵¹	鸡蛋 tɕi⁴⁴tan⁵¹	变蛋 pian⁵¹tan⁵¹
绥中	下水 ɕia⁵¹ʂuei⁰	鸡蛋 tɕi⁵⁵tan⁵¹	松花儿蛋 ʂuaŋ⁵⁵xuar⁵⁵tan⁵¹
义县	下水 ɕia⁵¹ʂuei⁰ 下货儿 ɕia⁵³xuor⁵¹	白果儿 pai³⁵kuor²¹³ 鸡子儿 tɕi⁴⁴tsər²¹³	皮蛋 pʰi³⁵tan⁵¹
北票	下水 ɕia⁵¹ʂuei⁰ 下货儿 ɕia⁵³xuor⁵¹	白果儿 pai³⁵kuor²¹³ 鸡子儿 tɕi⁴⁴tsər²¹³	皮蛋 pʰi³⁵tan⁵¹
阜新	下货儿 ɕia⁵³xuor⁵¹	白果儿 pai³⁵kuor²¹³ 鸡子儿 tɕi⁵⁵tsər²¹³	松花蛋 suŋ⁵⁵xua⁵⁵tan⁵¹
黑山	下货儿 ɕia⁵³xuor⁵¹ 下水 ɕia⁵¹ʂuei⁰	鸡子儿 tɕi⁴⁴tsər²¹³	皮蛋 pʰi³⁵tan⁵¹
昌图	红白下水 xuəŋ³⁵pai²¹ɕia⁵¹suei⁰	鸡蛋 tɕi³³tan⁵¹	松花蛋 ʂuaŋ³³xua³³tan⁵¹
大连	下货 ɕia⁵²xuə⁵²	鸡子儿 tɕi³¹tsər²¹³	皮蛋 pʰi³⁴tã⁵²
金州杏树	下货 ɕia⁵²xuə⁵²	鸡蛋 tɕi³¹tã⁵²	松花儿蛋 suŋ³⁴xuar³¹tã⁵²
长海	下水 ɕia⁵³suei⁰	鸡蛋 ɕi³¹tan⁵³	松花儿蛋 suŋ³³xuar³¹tan⁵³
庄河	下水儿 ɕia⁵¹suər²¹³	鸡蛋 tɕi³¹tan⁵¹	松花儿蛋 suŋ³³xuar³¹tan⁵¹
盖州	下货儿 ɕia⁵¹xuɤr⁵¹	鸡蛋 tɕi⁴¹²tan⁵¹	皮蛋 pʰi²⁴tan⁵¹
丹东	下水 ɕia⁵¹ʂuei²¹³	鸡蛋 tɕi⁴¹¹tan⁵¹	变蛋 pian⁵³tan⁵¹
建平	下水 ɕia⁵³ʂuei⁰	鸡蛋 tɕi⁴⁴tã⁵³	松花蛋 suŋ⁴⁴xua⁴⁴tã⁵³
凌源	下水 ɕia⁵¹ʂuei⁰ 下货 ɕia⁵³xuo⁵¹	白果 pai³⁵kuo²¹ 鸡子儿 tɕi⁵⁵tsər²¹	皮蛋 pʰi³⁵tan⁵¹

	0415 猪油	0416 香油	0417 酱油
沈阳	荤油 xuən³³iou³⁵	香油 ɕiaŋ³³iou³⁵	酱油 tɕiaŋ⁴¹iou³⁵
本溪	荤油 xuən⁴⁴iou³⁵	芝麻油 tsʐ⁴⁴mə⁰iou³⁵	酱油 tɕiaŋ⁵¹iou³⁵
辽阳	大油 ta⁵¹iou³⁵	香油 ɕiaŋ⁴⁴iou³⁵	酱油 tɕiaŋ⁵¹iou³⁵
海城	荤油 xuən⁴⁴iəu³⁵	香油 ɕiaŋ⁴⁴iəu³⁵	酱油 tɕiaŋ⁵¹iəu³⁵
开原	荤油 xuən⁴⁴iou³⁵	香油 ɕiaŋ⁴⁴iou³⁵	酱油 tɕiaŋ⁵³iou³⁵
锦州	荤油 xuən⁵⁵iou³⁵	香油 ɕiaŋ⁵⁵iou³⁵	酱油 tɕiaŋ⁵³iou³⁵
盘锦	大油 ta⁵³iou³⁵ 荤油 xuən⁵⁵iou³⁵	芝麻油 tsʐ⁵⁵ma⁰iou³⁵	清酱 tɕʰiəŋ⁵⁵tɕiaŋ⁵¹
兴城	荤油 xuən⁴⁴iou³⁵ 猪油 tʂu⁴⁴iou³⁵	香油 ɕiaŋ⁴⁴iou³⁵	酱油 tɕiaŋ⁵¹iou³⁵
绥中	荤油 xuən⁵⁵iou³⁵	香油 ɕiaŋ⁵⁵iou³⁵	酱油 tɕiaŋ⁵¹iou³⁵
义县	荤油 xuən⁴⁴iou³⁵	香油 ɕiaŋ⁴⁴iou³⁵	酱油 tɕiaŋ⁵³iou³⁵
北票	荤油 xuən⁴⁴iou³⁵	香油 ɕiaŋ⁴⁴iou³⁵	酱油 tɕiaŋ⁵³iou³⁵
阜新	荤油 xuən⁵⁵iou³⁵	香油 ɕiaŋ⁵⁵iou³⁵	酱油 tɕiaŋ⁵³iou³⁵
黑山	荤油 xuən⁴⁴iou³⁵	香油 ɕiaŋ⁴⁴iou³⁵	酱油 tɕiaŋ⁵³iou³⁵
昌图	荤油 xuən³³iou³⁵	香油 ɕiaŋ³³iou³⁵	酱油 tɕiaŋ⁵¹iou³⁵
大连	猪大油 tʃu³¹ta⁵²iəu³⁴	香油 ɕiaŋ³¹iəu³⁴	清酱 tɕʰiŋ³¹tɕiaŋ⁵²
金州杏树	猪油 tɕy³⁴iəu³¹²	香油 ɕiaŋ³⁴iəu³¹²	清酱 tɕʰiŋ³¹tɕiaŋ⁵²
长海	猪大油 tʃy³¹ta⁵³iəu³¹	香油 ɕiaŋ²⁴iəu³¹	清酱 tʃʰəŋ³¹tʃaŋ⁵³
庄河	猪油 tɕy³³iəu³¹	香油 ɕiaŋ³³iəu³¹	酱油 tɕiaŋ⁵¹iəu³¹
盖州	荤油 xuei⁴¹²iəu²⁴	香油 ɕiaŋ⁴¹²iəu²⁴	酱油 tɕiaŋ⁵¹iəu²⁴
丹东	大油 ta⁵¹iou²⁴	香油 ɕiaŋ⁴¹¹iou²⁴	酱油 tɕiaŋ⁵¹iou²⁴
建平	荤油 xuə̃⁴⁴iəu³⁵	香油 ɕiã⁴⁴iəu³⁵	酱油 tɕiã⁵³iəu³⁵
凌源	荤油 xuən⁵⁵iou³⁵	香油 ɕiaŋ⁵⁵iou³⁵	酱油 tɕiaŋ⁵³iou³⁵

	0418 盐 名词	0419 醋 注意婉称	0420 香烟
沈阳	盐 ian³⁵	醋 tsʰu⁴¹	烟卷儿 ian³³tɕyɐr²¹
本溪	盐 ian³⁵	醋 tṣʰu⁵¹	烟 ian⁴⁴
辽阳	咸盐 ɕian³⁵·ian³⁵	醋 tṣʰu⁵¹	烟 ian⁴⁴
海城	咸盐 ɕian³⁵·ian³⁵	醋 tṣʰu⁵¹	烟儿 iɐr⁴⁴
开原	盐 ian³⁵	醋 tṣʰu⁵¹	烟卷儿 ian⁴⁴tɕyɐr²¹³
锦州	咸盐 ɕian⁵⁵·ian³⁵	醋 tṣʰu⁵¹	洋烟 iaŋ³⁵·ian⁵⁵
盘锦	咸盐 ɕian³⁵·ian³⁵	醋 tṣʰu⁵¹	烟卷儿 ian⁵⁵tɕyɐr²¹³
兴城	盐 ian³⁵	醋 tṣʰu⁵¹	烟卷儿 ian⁴⁴tɕyɐr²¹³
绥中	盐 ian³⁵	醋 tṣʰu⁵¹	烟 ian⁵⁵
义县	盐 ian³⁵ 咸盐 ɕian³⁵·ian³⁵	醋 tṣʰu⁵¹	洋烟 iaŋ³⁵·ian⁴⁴ 烟卷儿 ian⁴⁴tɕyɐr²¹³
北票	盐 ian³⁵ 咸盐 ɕian⁴⁴·ian³⁵	醋 tṣʰu⁵¹	烟卷儿 ian⁴⁴tɕyɐr²¹³ 烟 ian⁴⁴
阜新	咸盐 ɕian³⁵·ian³⁵	醋 tṣʰu⁵¹	洋烟 iaŋ³⁵·ian⁵⁵ 烟卷儿 ian⁵⁵tɕyɐr²¹³
黑山	咸盐 ɕian⁴⁴·ian³⁵ 盐 ian³⁵	醋 tṣʰu⁵¹	烟卷儿 ian⁴⁴tɕyɐr²¹³
昌图	盐 ian³⁵	忌讳 tɕi⁵¹xuei⁰	烟 ian³³
大连	咸盐 ɕiẽ³⁴·iẽ³⁴	忌讳 tɕi⁵²xue⁰	烟卷儿 iẽ³¹tɕyɐr²¹³
金州 杏树	咸盐 ɕiẽ³⁴·iẽ³¹²	醋 tṣʰu⁵²	烟卷儿 iẽ³¹tɕyɐr²¹³
长海	咸盐 ɕian³³·ian⁵³	醋 tʰu⁵³	烟卷儿 ian³¹cyɐr²¹⁴
庄河	咸盐 ɕian³³·ian³¹	醋 tṣʰu⁵¹	烟卷儿 ian³¹tɕyɐr²¹³
盖州	咸盐 ɕian²⁴·ian²⁴	醋 tṣʰu⁵¹	烟卷儿 ian⁴¹²tɕyɐr²¹³
丹东	咸盐 ɕian²⁴·ian²⁴	忌讳 tɕi⁵¹xuei⁰	烟卷儿 ian⁴¹¹tɕyɐr²¹³
建平	咸盐 ɕiẽ³⁵·iẽ³⁵	醋 tṣʰu⁵³	烟卷儿 iẽ⁴⁴tɕyɐr²¹³
凌源	盐 iɛn³⁵ 咸盐 ɕiɛn⁵⁵·iɛn³⁵	醋 tṣʰu⁵¹	烟卷 iɛn⁵⁵tɕyɐr²¹

	0421 旱烟	0422 白酒	0423 黄酒
沈阳	旱烟 xan⁴¹ian³³	白酒 pai³⁵tɕiou²¹	黄酒 xuaŋ³⁵tɕiou²¹
本溪	卷烟 tɕyan²¹ian⁴⁴	白酒 pai³⁵tɕiou²²⁴	黄酒 xuaŋ³⁵tɕiou²²⁴
辽阳	烟末儿 ian⁴⁴mɤɻ⁵¹ 烟叶儿 ian⁴⁴ieɻ⁵¹	白的 pai³⁵tɤ⁰	（无）
海城	老旱 lau²¹xan⁵¹	白酒 pai³⁵tɕiəu²¹⁴	黄酒 xuaŋ³⁵tɕiəu²¹⁴
开原	大老旱 ta⁵¹lau²¹xan⁵¹	白酒 pai³⁵tɕiou²¹³	黄酒 xuaŋ³⁵tɕiou²¹³
锦州	蛤蟆癞 xa³⁵ma⁰lai⁵¹	白酒 pai³⁵tɕiou²¹³	黄酒 xuaŋ³⁵tɕiou²¹³
盘锦	老旱 lau²¹xan⁵¹ 蛤蟆癞 xa³⁵mə⁰lai⁵¹	八加一 pa⁵⁵tɕia⁵⁵i⁵⁵（委婉语）	黄酒 xuaŋ³⁵tɕiou²¹³
兴城	卷烟 tʂuan²¹ian⁴⁴ 纸捻儿 tʂʅ³⁵nieɻ²¹³	白酒 pai³⁵tɕiou²¹³	黄酒 xuaŋ³⁵tɕiou²¹³
绥中	旱烟 xan⁵¹ian⁵⁵	酒 tɕiou²¹³	黄酒 xuaŋ³⁵tɕiou²¹³
义县	旱烟 xan⁵³ian⁴⁴	白酒 pai³⁵tɕiou²¹³	黄酒 xuaŋ³⁵tɕiou²¹³
北票	旱烟 xan⁵³ian⁴⁴	白酒 pai³⁵tɕiou²¹³	黄酒 xuaŋ³⁵tɕiou²¹³
阜新	旱烟 xan⁵³ian⁵⁵	白酒 pai³⁵tɕiou²¹³	黄酒 xuaŋ³⁵tɕiou²¹³
黑山	旱烟 xan⁵³ian⁴⁴	白酒 pai³⁵tɕiou²¹³	黄酒 xuaŋ³⁵tɕiou²¹³
昌图	老旱 lau²¹xan⁵¹	散白 san²¹pai³⁵	黄酒 xuaŋ³⁵tɕiou²¹³
大连	旱烟 xã⁵²iɛ̃³¹²	烧酒 ʂɔ³¹tɕiəu²¹³	黄酒 xuaŋ³⁴tɕiəu²¹³
金州杏树	旱烟 xã⁵²iɛ̃³¹²	白酒 pɤ⁵²tɕiəu²¹³	黄酒 xuaŋ⁵²tɕiəu²¹³
长海	黄烟 xuaŋ²⁴ian³¹	酒 tʃəu²¹⁴	黄酒 xuaŋ⁵³tʃəu²¹⁴
庄河	旱烟 xan⁵¹ian³¹	白酒 pai⁵¹tɕiəu²¹³	黄酒 xuaŋ⁵¹tɕiəu²¹³
盖州	烟叶儿 ian⁴¹²ieɻ⁵¹	酒 tɕiəu²¹³ 白酒 pai²⁴tɕiəu²¹³	黄酒 xuaŋ²⁴tɕiəu²¹³
丹东	旱烟 xan⁵¹ian⁴¹¹	烧酒 ʂau⁴¹¹tɕiou²¹³	黄酒 xuaŋ²⁴tɕiou²¹³
建平	旱烟儿 xã⁵³ieɻ⁴⁴	烧酒 ʂɔ⁴⁴tɕiəu²¹³	黄酒 xuɑ̃³⁵tɕiəu²¹³
凌源	旱烟 xan⁵³iɛn⁵⁵	白酒 pai³⁵tɕiou²¹	黄酒 xuaŋ³⁵tɕiou²¹

	0424 江米酒_{酒酿,醪糟}	0425 茶叶	0426 沏~茶
沈阳	江米酒 tɕiaŋ³³mi⁰tɕiou²¹	茶叶 tʂʰa³⁵iɛ⁴¹	沏 tɕʰi³³
本溪	（无）	茶叶 tʂʰa³⁵iɛ⁵¹	泡 pʰau⁵¹
辽阳	（无）	茶叶 tʂʰa³⁵iɛ⁰	泡 pʰau⁵¹
海城	米酒 mi³⁵tɕiəu²¹⁴	茶叶 tʂʰa³⁵iɛ⁰	沏 tɕʰi⁴⁴ 泡 pʰau⁵¹
开原	（无）	茶叶 tʂʰa³⁵iɛ⁵¹	沏 tɕʰi⁴⁴
锦州	（无）	茶 tʂʰa³⁵	沏 tɕʰi⁵⁵
盘锦	米酒 mi³⁵tɕiou⁰	茶叶 tʂʰa³⁵iɛ⁵¹	泡 pʰau⁵¹ 沏 tɕʰi⁵⁵
兴城	（无）	茶叶 tʂʰa³⁵iɛ⁵¹	沏 tɕʰi⁴⁴
绥中	米酒 mi³⁵tɕiou²¹³	茶 tʂʰa³⁵	沏 tɕʰi⁵⁵
义县	江米酒 tɕiaŋ⁴⁴mi³⁵tɕiou²¹³	茶叶 tʂʰa³⁵iɛ⁵¹	沏 tɕʰi⁴⁴
北票	江米酒 tɕiaŋ⁴⁴mi³⁵tɕiou²¹³	茶叶 tʂʰa³⁵iɛ⁵¹	沏 tɕʰi⁴⁴
阜新	（无）	茶叶 tʂʰa³⁵iɛ⁵¹	沏 tɕʰi⁵⁵
黑山	江米酒 tɕiaŋ⁴⁴mi³⁵tɕiou²¹³	茶叶 tʂʰa³⁵iɛ⁵¹	沏 tɕʰi⁴⁴
昌图	江米酒 tɕiaŋ³³mi³⁵tɕiou²¹³	茶叶 tʂʰa³⁵iɛ⁵¹	沏 tɕʰi³³
大连	江米酒 tɕiaŋ³¹mi³⁴tɕiəu²¹³	茶叶 tsʰa³⁴iɛ⁵²	冲 tsʰuŋ³¹² 泡 pʰɔ⁵²
金州杏树	江米酒 tɕiaŋ³¹mi³⁴tɕiəu²¹³	茶叶 tsʰa⁵²iɛ²¹³	沏 tɕʰi²¹³
长海	江米酒 ɕiaŋ³¹mi²⁴tʃəu²¹⁴	茶叶 tsʰa⁵³iɛ²¹⁴	泡 pʰau⁵³
庄河	米酒 mi²⁴tɕiəu²¹³	茶叶 tsʰa⁵³iɛ⁵¹	沏 tɕʰi⁵¹
盖州	米酒 mi²⁴tɕiəu²¹³ 江米酒 tɕiaŋ⁴¹²mi²⁴tɕiəu²¹³	茶 tsʰa²⁴	泡 pʰau⁵¹
丹东	江米酒 tɕiaŋ⁴¹¹mi²⁴tɕiou²¹³	茶叶 tsʰa²⁴iɛ⁵¹	泡 pʰau⁵¹
建平	（无）	茶 tʂʰa³⁵ 茶叶 tʂʰa³⁵iɛ⁰	沏 tɕʰi⁴⁴ 泡 pʰɔ⁵³
凌源	（无）	茶叶 tʂʰa³⁵iɛ⁵¹ 叶子 iɛ⁵¹tsʅ⁰	沏 tɕʰi⁵⁵

	0427 冰棍儿	**0428 做饭**统称	**0429 炒菜**统称，和做饭相对
沈阳	冰棍儿 piŋ³³kuɚr⁴¹	做饭 tsuo⁴¹fan⁴¹	炒菜 tʂʰau²¹tsʰai⁴¹
本溪	冰棍儿 piŋ⁴⁴kuɚr⁵¹	做饭 tsuo⁵³fan⁵¹	炒菜 tʂʰau²¹tsʰai⁵¹
辽阳	冰棍儿 piŋ⁴⁴kuor²¹³	做饭 tsuo⁵¹fan⁵¹	炒菜 tʂʰau²¹tsʰai⁵¹
海城	冰棍儿 piŋ⁴⁴kuɚr⁵¹	做饭儿 tsuɤ⁵³fɐr⁵¹	做菜儿 tsuɤ⁵³tsʰɐr⁵¹
开原	冰串儿 piŋ⁴⁴tʂʰuɐr⁵¹ 冰棍儿 piŋ⁴⁴kuɚr⁵¹	做饭 tsuɤ⁵³fan⁵¹	炒菜 tʂʰau²¹tsʰai⁵¹
锦州	冰棍儿 piŋ⁵⁵kuɚr⁵¹	整饭 tʂəŋ²¹fan⁵¹	整菜 tʂəŋ²¹tsʰai⁵¹
盘锦	冰棍儿 piəŋ⁵⁵kuɚr⁵¹ 冰棒 piəŋ⁵⁵paŋ⁵¹	做饭 tsuo⁵³fan⁵¹	炒菜 tʂʰau²¹tsʰai⁵¹
兴城	冰棍儿 piŋ⁴⁴kuɚr⁵¹ 雪糕 ɕyɛ²¹kau⁴⁴	做饭 tsuo⁵¹fan⁵¹ 整饭 tʂəŋ²¹fan⁵¹	炒菜 tʂʰau²¹tsʰai⁵¹
绥中	雪糕 ɕyɛ²¹kau⁵⁵	做饭 tsuo⁵¹fan⁵¹	炒菜 tʂʰau²¹tsʰai⁵¹
义县	冰棍儿 piŋ⁴⁴kuɚr⁵¹ 冰果儿 piŋ⁴⁴kuor²¹³	做饭 tsuo⁵³fan⁵¹	炒菜 tʂʰau²¹tsʰai⁵¹
北票	冰棍儿 piəŋ⁴⁴kuɚr⁵¹	做饭 tsou⁵³fan⁵¹	炒菜 tʂʰau²¹tsʰai⁵¹
阜新	冰棍儿 piŋ⁵⁵kuɚr⁵¹ 冰块儿 piŋ⁵⁵kʰuɐr⁵¹	做饭 tsou⁵³fan⁵¹ 做饭 tsuo⁵³fan⁵¹	炒菜 tʂʰau²¹tsʰai⁵¹
黑山	冰棍儿 piəŋ⁴⁴kuor²¹³ 冰棍儿 piəŋ⁴⁴kuɚr⁵¹	整饭 tʂəŋ²¹fan⁵¹ 做饭 tsuo⁵³fan⁵¹	炒菜 tʂʰau²¹tsʰai⁵¹
昌图	老冰棍儿 lau²¹³piəŋ³³kuɚr⁵¹	做饭 tsou⁵³fan⁵¹	炒菜 tʂʰau²¹tsʰai⁵¹
大连	冰棍儿 piŋ³¹kuɚr⁵²	做饭 tsəu⁵²fã⁵²	做菜 tsuə⁵²tsʰɛ⁵²
金州杏树	冰棍儿 piŋ³¹kuɚr⁵²	做饭 tsəu⁵²fã⁵²	炒菜 tʂʰɔ²¹tsʰɛ⁵²
长海	冰棍儿 piŋ³¹kuɚr⁵³	做饭 tsəu⁵³fan⁵³	炒菜 tʂʰau²¹tsʰai⁵³
庄河	冰棍儿 piŋ³¹kuɚr⁵¹	做饭 tsəu⁵³fan⁵¹	炒菜 tʂʰao²¹tsʰai⁵¹
盖州	冰棍儿 piŋ⁴¹²kuɤr²¹³	做饭 tsuɤ⁵¹fan⁵¹	做菜 tsuɤ⁵¹tsʰai⁵¹
丹东	冰棍儿 piŋ⁴¹¹kuɚr⁵¹	做饭 tsuo⁵³fan⁵¹	炒菜 tʂʰau²¹tsʰai⁵¹
建平	冰棒 piŋ⁴⁴pã⁵³	做饭 tsəu⁴²fã⁵³	炒菜 tʂʰɔ²¹tsʰɛ⁵³
凌源	冰棍儿 piŋ⁵⁵kuɚr⁵¹	做饭 tsou⁵³fan⁵¹ 做饭 tsuo⁵³fan⁵¹	炒菜 tʂʰau²¹tsʰai⁵¹

	0430 煮~带壳的鸡蛋	0431 煎~鸡蛋	0432 炸~油条
沈阳	煮 tsu²¹	煎 tɕian³³	炸 tṣa³⁵
本溪	煮 tṣu²²⁴	煎 tɕian⁴⁴	炸 tṣa³⁵
辽阳	煮 tsu²¹³	挞 tʰa³⁵	炸 tṣa³⁵
海城	煮 tṣu²¹⁴	煎 tɕian⁴⁴	炸 tṣa³⁵
开原	煮 tṣu²¹³	炒 tṣʰau²¹³ 摊 tʰan⁴⁴ 煎 tɕian⁴⁴	炸 tṣa³⁵
锦州	煮 tṣu²¹³ 烀 xu⁵⁵	煎 tɕian⁵⁵	炸 tṣa³⁵
盘锦	烀 xu⁵⁵ 煮 tṣu²¹³	摊 tʰan⁵⁵ 煎 tɕian⁵⁵	炸 tṣa³⁵
兴城	煮 tṣu²¹³	煎 tɕian⁴⁴	炸 tṣa³⁵
绥中	煮 tṣu²¹³	煎 tɕian⁵⁵	炸 tṣa³⁵
义县	煮 tṣu²¹³	煎 tɕian⁴⁴	炸 tṣa³⁵
北票	煮 tṣu²¹³	煎 tɕian⁴⁴	炸 tṣa³⁵
阜新	煮 tṣu²¹³	煎 tɕian⁵⁵	炸 tṣa³⁵
黑山	煮 tṣu²¹³	摊 tʰan⁴⁴ 煎 tɕian⁴⁴	炸 tṣa³⁵
昌图	煮 tṣu²¹³	煎 tɕian³³	炸 tṣa³⁵
大连	煮 tʃu²¹³	煎 tɕiẽ³¹²	炸 tsa³⁴
金州 杏树	煮 tɕy²¹³	煎 tɕiẽ³¹²	炸 tsa⁵²
长海	烀 xu³¹	烙 luə²¹⁴	炸 tsa⁵³
庄河	煮 tɕy²¹³	煿 pə²¹³	炸 tsa⁵¹
盖州	煮 tṣu²¹³	煎 tɕian⁴¹²	炸 tsa²⁴
丹东	煮 tṣu²¹³	煎 tɕian⁴¹¹	炸 tṣa²⁴
建平	煮 tṣu²¹³	煎 tɕiẽ⁴⁴	炸 tṣa³⁵
凌源	煮 tṣu²¹⁴	煎 tɕiɛn⁵⁵	炸 tṣa³⁵

	0433 蒸~鱼	0434 揉~面做馒头等	0435 擀~面，~皮儿
沈阳	蒸 tsəŋ³³	搋 tsʰuai³³	擀 kan²¹
本溪	蒸 tsəŋ⁴⁴	揉 iou³⁵	擀 kan²²⁴
辽阳	蒸 tsəŋ⁴⁴	和 xuo⁵¹	擀 kan²¹³
海城	蒸 tʂəŋ⁴⁴	和 xuɤ⁵¹	擀 kan²¹⁴
开原	蒸 tsəŋ⁴⁴	搋 tʂʰuai⁴⁴	擀 kʰan²¹³
锦州	蒸 tsəŋ⁵⁵	揉 iou³⁵ 搋 tʂʰuai⁵⁵	擀 kan²¹³
盘锦	蒸 tsəŋ⁵⁵	搋 tsʰuai⁵⁵ 揉 iou³⁵	擀 kan²¹³
兴城	蒸 tsəŋ⁴⁴	揉 iou³⁵ 搋 tʂʰuai⁴⁴	擀 kan²¹³
绥中	蒸 tʂəŋ⁵⁵	揉 ʐou³⁵	擀 kan³⁵
义县	蒸 tsəŋ⁴⁴	揉 ʐou³⁵	擀 kan²¹³
北票	蒸 tsəŋ⁴⁴	揉 ʐou³⁵	擀 kan²¹³
阜新	蒸 tsəŋ⁵⁵	搋 tʂʰuai⁵⁵ 揉 ʐou³⁵	擀 kan²¹³
黑山	蒸 tʂəŋ⁴⁴	揉 ʐou³⁵	擀 kan²¹³
昌图	蒸 tsəŋ³³	揉 iou³⁵	擀 kan²¹³
大连	蒸 tʃəŋ³¹²	揉 iəu³⁴	擀 kã²¹³
金州杏树	蒸 tsəŋ³¹²	揉 iəu³¹²	擀 kã²¹³
长海	烔 tʰəŋ³¹	调 tʰiau⁵³	擀 kan²¹⁴
庄河	蒸 tsəŋ³¹	搋 tsʰai³¹	擀 kan²¹³
盖州	蒸 tsəŋ⁴¹²	和 xuɤ⁵¹	擀 kan²¹³
丹东	蒸 tʂəŋ⁴¹¹	揉 iou²⁴	擀 kan²¹³
建平	蒸 tsəŋ⁴⁴	揉 ʐou³⁵	擀 kã²¹³
凌源	蒸 tʂəŋ⁵⁵	揉 ʐou³⁵	擀 kan²¹⁴

	0436 吃早饭	0437 吃午饭	0438 吃晚饭
沈阳	吃早饭 tʂʰɿ³³tsau²¹fan⁴¹	吃晌午饭 tʂʰɿ³³saŋ²¹u⁰fan⁴¹	吃晚饭 tʂʰɿ³³van²¹fan⁴¹
本溪	吃早饭 tʂʰɿ⁴⁴tsau²¹fan⁵¹	吃晌午饭 tʂʰɿ⁴⁴ʂaŋ³⁵u⁰fan⁵¹	吃晚饭 tʂʰɿ⁴⁴uan²¹fan⁵¹
辽阳	吃早饭 tʂʰɿ⁴⁴tsau²¹fan⁵¹	吃晌饭 tʂʰɿ⁴⁴ʂaŋ²¹fan⁵¹	吃下晚儿饭 tʂʰɿ⁴⁴ɕia⁵¹ər²¹fan⁵¹
海城	吃饭 tʂʰɿ³⁵fan⁵¹	吃晌午饭 tʂʰɿ³⁵ʂaŋ²¹⁴u⁰fan⁵¹	吃下晚儿饭 tʂʰɿ³⁵ɕia⁵¹uɐr²¹fan⁵¹
开原	吃早饭 tʂʰɿ⁴⁴tsau²¹fan⁵¹	吃晌饭 tʂʰɿ⁴⁴ʂaŋ²¹fan⁵¹ 吃晌午饭 tʂʰɿ⁴⁴ʂaŋ²¹xu⁰fan⁵¹	吃下晚儿饭 tʂʰɿ⁴⁴ɕia⁵¹uɐr²¹fan⁵¹
锦州	吃早上饭 tʂʰɿ⁵⁵tsau²¹ʂaŋ⁰fan⁵¹	吃晌午饭 tʂʰɿ⁵⁵ʂaŋ²¹xuo⁰fan⁵¹	吃下黑饭 tʂʰɿ⁵⁵ɕia⁵³xei⁵¹fan⁵¹
盘锦	吃早饭 tʂʰɿ⁵⁵tsau²¹fan⁵¹	吃晌午饭 tʂʰɿ⁵⁵ʂaŋ²¹u⁰fan⁵¹	吃晚饭 tʂʰɿ⁵⁵uan²¹fan⁵¹
兴城	吃早上饭 tʂʰɿ⁴⁴tsau²¹ʂaŋ⁰fan⁵¹	吃晌午饭 tʂʰɿ⁴⁴ʂaŋ²¹u⁰fan⁵¹	吃下黑饭 tʂʰɿ⁴⁴ɕia⁵¹xei⁴⁴fan⁵¹
绥中	吃早晨饭 tʂʰɿ⁵⁵tsau²¹tʂʰən⁰fan⁵¹	吃晌饭 tʂʰɿ⁵⁵ʂaŋ²¹xu⁰fan⁵¹	吃后黑饭 tʂʰɿ⁵⁵xou⁵⁵xei⁵⁵fan⁵¹
义县	吃早晨饭 tʂʰɿ⁴⁴tsau²¹tʂʰən⁰fan⁵¹	吃晌饭 tʂʰɿ⁴⁴ʂaŋ²¹xu⁰fan⁵¹	吃下晚儿饭 tʂʰɿ⁴⁴ɕia⁵³uɐr²¹fan⁵¹
北票	吃早晨饭 tʂʰɿ⁴⁴tsau²¹tʂʰən⁰fan⁵¹	吃晌饭 tʂʰɿ⁴⁴ʂaŋ²¹xuo⁰fan⁵¹	吃晚上饭 tʂʰɿ⁴⁴uan²¹ʂaŋ⁰fan⁵¹
阜新	吃早晨饭 tʂʰɿ⁵⁵tsau²¹tɕʰin⁰fan⁵¹	吃晌饭 tʂʰɿ⁵⁵ʂaŋ²¹xu⁰fan⁵¹	吃晚上饭 tʂʰɿ⁵⁵uan²¹ʂaŋ⁰fan⁵¹ 吃下黑饭 tʂʰɿ⁵⁵ɕia⁵¹xei⁵⁵fan⁵¹
黑山	吃早上饭 tʂʰɿ⁴⁴tsau²¹ʂaŋ⁰fan⁵¹	吃晌饭 tʂʰɿ⁴⁴ʂaŋ²¹xuo⁰fan⁵¹	吃下晚儿饭 tʂʰɿ⁴⁴ɕia⁵³uɐr²¹fan⁵¹
昌图	吃早上饭 tʂʰɿ³³tsau²¹ʂaŋ⁰fan⁵¹	吃晌饭 tʂʰɿ³³ʂaŋ³⁵u²¹³fan⁵¹	吃晚上饭 tʂʰɿ³³uan²¹ʂaŋ⁰fan⁵¹
大连	逮早饭 tɛ³⁴tsɔ²¹fã⁵²	逮晌饭 tɛ³⁴ʃaŋ²¹fã⁵²	逮晚饭 tɛ³⁴uã²¹fã⁵²
金州杏树	逮早饭 tɛ³⁴tsɔ²¹fã⁵²	逮晌饭 tɛ³⁴saŋ²¹fã⁵²	逮晚饭 tɛ³⁴uã²¹fã⁵²
长海	逮清早饭 tai²¹tʃʰəŋ²¹tsau⁵³fan⁵³	逮晌头儿饭 tai²¹ʃaŋ²¹tʰəur⁰fan⁵³	逮下晚儿饭 tai²¹ɕia⁵³uɐr²¹fan⁵³
庄河	逮饭 tai²¹fan⁵¹	逮饭 tai²¹fan⁵¹	逮饭 tai²¹fan⁵¹
盖州	吃饭 tʂʰɿ²¹fan⁵¹	吃晌午饭 tʂʰɿ²⁴ʂaŋ²¹xu⁰fan⁵¹	吃下黑儿饭 tʂʰɿ²¹ɕia⁵¹xɤr²¹fan⁵¹
丹东	吃早饭 tʂʰɿ⁴⁴tsau²¹fan⁵¹	吃午饭 tʂʰɿ⁴⁴u²¹fan⁵¹	吃晚饭 tʂʰɿ⁴⁴uan²¹fan⁵¹
建平	吃早晨饭 tʂʰɿ⁴⁴tsɔ²¹tʂʰɤ̃⁰fã⁵³	吃晌午饭 tʂʰɿ⁴⁴ʂã²¹vu⁰fã⁵³	吃后响饭 tʂʰɿ⁴⁴xuŋ⁵³ʂã⁰fã⁵³
凌源	吃早上饭 tʂʰɿ⁵⁵tsau²¹ʂaŋ⁰fan⁵¹	吃晌午饭 tʂʰɿ⁵⁵ʂaŋ²¹xuo⁰fan⁵¹	吃晚上饭 tʂʰɿ⁵⁵van²¹ʂaŋ⁰fan⁵¹

	0439 吃~饭	0440 喝~酒	0441 喝~茶
沈阳	吃 tʂʰɿ³³	喝 xɤ³³	喝 xɤ³³
本溪	吃 tʂʰɿ⁴⁴	喝 xɤ⁴⁴	喝 xɤ⁴⁴
辽阳	吃 tʂʰɿ⁴⁴	喝 xɤ⁴⁴	喝 xɤ⁴⁴
海城	吃 tʂʰɿ³⁵	喝 xɤ⁴⁴	喝 xɤ⁴⁴
开原	吃 tʂʰɿ⁴⁴	喝 xɤ⁴⁴	喝 xɤ⁴⁴
锦州	吃 tʂʰɿ⁵⁵	喝 xɤ⁵⁵	喝 xɤ⁵⁵
盘锦	吃 tʂʰɿ⁵⁵	喝 xɤ⁵⁵	喝 xɤ⁵⁵
兴城	吃 tʂʰɿ⁴⁴	喝 xɤ⁴⁴	喝 xɤ⁴⁴
绥中	吃 tʂʰɿ⁵⁵	喝 xɤ⁵⁵	喝 xɤ⁵⁵
义县	吃 tʂʰɿ⁴⁴	喝 xɤ⁴⁴	喝 xɤ⁴⁴
北票	吃 tʂʰɿ⁴⁴	喝 xɤ⁴⁴	喝 xɤ⁴⁴
阜新	吃 tʂʰɿ⁵⁵	喝 xɤ⁵⁵	喝 xɤ⁵⁵
黑山	吃 tʂʰɿ⁴⁴	喝 xɤ⁴⁴	喝 xɤ⁴⁴
昌图	吃 tʂʰɿ³³	喝 xɤ³³	喝 xɤ³³
大连	逮⁼ tɛ²¹³	喝 xa²¹³	喝 xɤ³¹²
金州杏树	逮⁼ tɛ²¹³	喝 xa²¹³	喝 xɤ³¹²
长海	逮⁼ tai²¹⁴	喝 xa²¹⁴	喝 xɤ³¹
庄河	逮⁼ tai²¹³	喝 xa²¹³	喝 xə³¹
盖州	吃 tʂʰɿ²¹³	喝 xɤ⁴¹²	喝 xɤ⁴¹²
丹东	吃 tʂʰɿ²¹³	喝 xɤ⁴¹¹	喝 xɤ⁴¹¹
建平	吃 tʂʰɿ⁴⁴	喝 xɤ⁴⁴	喝 xɤ⁴⁴
凌源	吃 tʂʰɿ⁵⁵	喝 xɤ⁵⁵	喝 xɤ⁵⁵

	0442 抽~烟	0443 盛~饭	0444 夹用筷子~菜
沈阳	抽 tsʰou³³	盛 tʂʰəŋ³⁵	夹 tɕia³⁵
本溪	抽 tʂʰou⁴⁴	盛 tʂʰəŋ³⁵	夹 tɕia³⁵
辽阳	抽 tʂʰou⁴⁴	盛 tʂʰəŋ³⁵	夹 tɕia³⁵
海城	抽 tʂʰou⁴⁴	盛 tʂʰəŋ³⁵	夹 tɕia³⁵
开原	抽 tʂʰou⁴⁴	盛 tʂʰəŋ³⁵	夹 tɕia³⁵
锦州	抽 tʂʰou⁵⁵	盛 tʂʰəŋ³⁵	夹 tɕia⁵⁵
盘锦	抽 tʂʰou⁵⁵	盛 tʂʰəŋ³⁵	夹 tɕia⁵⁵ 夹 tɕia³⁵
兴城	抽 tʂʰou⁴⁴	盛 tʂʰəŋ³⁵	夹 tɕia⁴⁴
绥中	抽 tʂʰou⁵⁵	盛 tʂʰəŋ³⁵	夹 tɕia⁵⁵
义县	抽 tʂʰou⁴⁴	盛 tʂʰəŋ³⁵	夹 tɕia⁴⁴
北票	抽 tʂʰou⁴⁴	盛 tʂʰəŋ³⁵	夹 tɕia⁴⁴
阜新	抽 tʂʰou⁵⁵	盛 tʂʰəŋ³⁵	夹 tɕia⁵⁵
黑山	抽 tʂʰou⁴⁴	盛 tʂʰəŋ³⁵	夹 tɕia⁴⁴
昌图	抽 tʂʰou³³	盛 tʂʰəŋ³⁵	夹 tɕia³³
大连	抽 tʃʰəu³¹²	盛 tʃʰəŋ³⁴	叨 tɔ³¹²
金州 杏树	抽 tsʰəu³¹²	盛 tsʰəŋ⁵²	搛 tɕiɛ̃³¹²
长海	逮 tai²¹⁴ 抽 tʃʰəu³¹	盛 tʃʰəŋ⁵³	搛 cʰian³¹
庄河	抽 tsʰəu³¹	盛 tsʰəŋ⁵¹	搛 tɕʰian³¹
盖州	抽 tsʰəu⁴¹²	盛 tsʰəŋ²⁴	夹 tɕia²⁴
丹东	抽 tsʰou⁴¹¹	盛 tsʰəŋ²⁴	夹 tɕia²¹³
建平	抽 tsʰəu⁴⁴	盛 tsʰəŋ³⁵	夹 tɕia⁴⁴
凌源	抽 tsʰou⁵⁵	盛 tsʰəŋ³⁵	夹 tɕia⁵⁵

	0445 斟~酒	0446 渴口~	0447 饿肚子~
沈阳	倒 tau⁴¹	渴 kʰɤ²¹³	饿 ɤ⁴¹
本溪	倒 tau⁵¹	渴 kʰɤ²²⁴	饿 ɤ⁵¹
辽阳	倒 tau⁵¹	渴 kʰɤ²¹³	饿 ɤ⁵¹
海城	倒 tau⁵¹	渴 kʰɤ²¹⁴	饿 ɤ⁵¹
开原	倒 tau⁵¹	渴 kʰɤ²¹³	饿 nɤ⁵¹ 饿 ɤ⁵¹
锦州	倒 tau⁵¹	渴 kʰɤ²¹³	饿 nɤ⁵¹
盘锦	倒 tau⁵¹ 斟 tʂən⁵⁵	渴 kʰɤ²¹³	饿 nɤ⁵¹
兴城	斟 tʂən⁴⁴	渴 kʰɤ²¹³	饿 ɤ⁵¹
绥中	倒 tau⁵¹	渴 kʰɤ²¹³	饿 nɤ⁵¹
义县	倒 tau⁵¹	渴 kʰɤ²¹³	饿 nɤ⁵¹ 饿 ɤ⁵¹
北票	倒 tau⁵¹	渴 kʰɤ²¹³	饿 nɤ⁵¹ 饿 ɤ⁵¹
阜新	倒 tau⁵¹	渴 kʰɤ²¹³	饿 nɤ⁵¹
黑山	倒 tau⁵¹	渴 kʰɤ²¹³	饿 nɤ⁵¹ 饿 ɤ⁵¹
昌图	倒 tau⁵¹	渴 kʰɤ²¹³	饿 nɤ⁵¹
大连	倒 tɔ⁵²	渴 kʰɤ²¹³	饿 ɤ⁵²
金州 杏树	倒 tɔ⁵²	渴 kʰa²¹³	饿 uə⁵²
长海	倒 tau⁵³	渴 kʰa²¹⁴	饿 uə⁵³
庄河	倒 tao⁵¹	渴 kʰə²¹³	饿 uə⁵¹
盖州	倒 tau⁵¹	渴 kʰɤ²¹³	饿 uɤ⁵¹
丹东	倒 tau⁵¹	口干 kʰou²⁴kan⁴¹¹	饿 ɤ⁵¹
建平	倒 tɔ⁵³	渴 kʰɤ²¹³	饿 nɤ⁵³
凌源	倒 tau⁵¹	渴 kʰɤ²¹⁴	饿 nɤ⁵¹ 饿 ɤ⁵¹

	0448 噇吃饭~着了	0449 头人的，统称	0450 头发
沈阳	噇 iɛ³³	脑袋 nau²¹tai⁰	头发 tʰou³⁵fa⁰
本溪	噇 iɛ⁴⁴	脑袋 nau²²⁴tai⁰	头发 tʰou³⁵fa⁰
辽阳	噇 iɛ⁴⁴	脑袋 nau²¹tai⁰	头发 tʰou³⁵fa⁰
海城	噇 iɛ⁴⁴	脑袋 nau²¹⁴tai⁰	头发 tʰəu³⁵fɤ⁰
开原	噇 iɛ⁴⁴	脑袋 nau²¹tai⁰	头发 tʰou³⁵fə⁰
锦州	噇 iɛ⁵⁵	脑袋 nau²¹tai⁰	头发 tʰou³⁵fa⁰
盘锦	噇 iɛ⁵⁵	脑袋 nau²¹tai⁰ 头 tʰou³⁵	头发 tʰou³⁵fa⁰
兴城	噇 iɛ⁴⁴	脑袋 nau²¹tai⁰	头发 tʰou³⁵fa⁰
绥中	噇 iɛ⁵⁵	脑袋 nau²¹tai⁰	头发 tʰou³⁵fa⁵¹
义县	噇 iɛ⁴⁴	脑袋 nau²¹tai⁰	头发 tʰou³⁵fa⁰
北票	噇 iɛ⁴⁴	脑袋 nau²¹tai⁰	头发 tʰou³⁵fa⁰
阜新	噇 iɛ⁵⁵	脑袋 nau²¹tai⁰	头发 tʰou³⁵fa⁰
黑山	噇 iɛ⁴⁴	脑袋 nau²¹tai⁰	头发 tʰou³⁵fa⁰
昌图	噇 iɛ³³	脑袋 nau²¹tai⁰ 脑瓜 nau²¹kua³³	头发 tʰou³⁵fa⁰
大连	噇 iɛ²¹³	脑袋 nɔ²¹tɛ⁰ 脑袋瓜子 nɔ²¹tɛ⁰kua³¹ɚ⁰	头发 tʰəu³⁴fa⁰
金州杏树	噇 iɛ³¹²	脑瓜子 nɔ²¹kua³¹ɚ⁰	头发 tʰəu⁵²fa⁰
长海	噇 iɛ³¹	头 tʰəu⁵³	头发 tʰəu⁵³fa⁰
庄河	噇 iɛ³¹	脑袋 nao²¹tai⁰	头发 tʰəu⁵¹fa⁰
盖州	噇 iɛ²¹³	脑袋 nau²¹³tai⁰	头发 tʰəu²⁴fɤ⁰
丹东	噇 iɛ⁴¹¹	脑袋 nau²¹tai⁰	头发 tʰou²⁴fa⁰
建平	噇 iɛ⁴⁴	脑袋瓜子 nɔ²¹tɛ⁰kua⁴⁴tsʅ⁰	头发 tʰəu³⁵fa⁰
凌源	噇 iɛ⁵⁵	脑袋 nau²¹tai⁰	头发 tʰou³⁵fa⁰

	0451 辫子	0452 旋	0453 额头
沈阳	辫儿 piɚ⁴¹	旋儿 ɕyɚ⁴¹	脑门儿 nau²¹mər³⁵
本溪	辫子 pian⁵¹tsʅ⁰	旋儿 ɕyɚ⁵¹	脑盖子 nau²¹kai⁵¹tsʅ⁰
辽阳	辫子 pian⁵¹tʂʅ⁰	旋儿 ɕyar⁵¹	脑门子 nau²¹mən³⁵tʂʅ⁰ 啵˭儿颅 pər⁴⁴lou⁰
海城	辫儿 piɚ⁵¹	旋儿 ɕyɚ⁵¹	脑门儿 nau²¹mər³⁵
开原	辫儿 piɚ⁵¹ 辫子 pian⁵¹tʂʅ⁰	旋 ɕyɚ⁵¹	脑门儿 nau²¹mər³⁵
锦州	辫子 pian⁵¹tʂə⁰	顶 tiŋ²¹³	啵˭儿颅 pər³⁵lou⁰
盘锦	辫儿 piɚ⁵¹	旋儿 ɕyɚ⁵¹	啵˭儿颅 pər³⁵lə⁰
兴城	辫子 pian⁵¹tʂʅ⁰	顶 tiŋ²¹³ 转儿 tʂuɚ⁵¹	啵˭儿颅 pər³⁵lou⁰
绥中	小辫儿 ɕiau²¹piɚ⁵¹	顶 tiəŋ²¹³	啵˭儿颅头 pər³⁵lou⁰tʰou³⁵
义县	辫子 pian⁵¹tʂʅ⁰	顶 tiŋ²¹³ 旋儿 ɕyər³⁵	啵˭儿颅 pər³⁵lou⁰ 啵˭儿颅头 pər³⁵lou⁰tʰou³⁵
北票	辫子 pian⁵¹tʂʅ⁰	旋儿 ɕyɚ⁵¹	啵˭儿颅 pər³⁵lou⁰ 额楞˭盖儿 iɛ⁴⁴la⁴⁴kɚ⁵¹
阜新	辫子 pian⁵¹tsa⁰	旋儿 ɕyɚ⁵¹	啵˭儿颅 pər³⁵lou⁰
黑山	辫子 pian⁵¹tʂʅ⁰	顶 tiəŋ²¹³	啵˭儿颅 pər³⁵lou⁰ 额楞˭盖儿 iɛ⁴⁴liəŋ⁴⁴kɚ⁵¹
昌图	辫子 pian⁵¹tʂʅ⁰	旋儿 ɕyɚ⁵¹	额头 ɤ³⁵tʰou³⁵
大连	辫子 piẽ⁵²ɐ⁰	旋儿 ɕyɚ⁵²	眼里˭盖 iɛ̃²¹lə⁰kɛ⁵²
金州杏树	辫子 piẽ⁵²ɐ⁰	旋儿 ɕyɚ⁵²	眼里˭盖 iɛ̃²¹le⁰kɛ⁵²
长海	辫子 pian⁵³ən⁰	旋 ʃian⁵³	头脑盖 tʰou⁵³nau²¹kai⁵³
庄河	辫子 pian⁵¹ən⁰	头心 tʰou⁵¹ɕin³¹	眼里˭盖 ian²¹lei⁰kai⁵¹
盖州	辫儿 piɚ⁵¹	旋儿 ɕyɚ⁵¹	脑门儿 nau²¹mər²⁴
丹东	辫子 pian⁵¹tʂʅ⁰	旋儿 ɕyɚ⁵¹	脑门儿 nau²¹mər²⁴
建平	辫子 piẽ⁵³tsʅ⁰	头心˭儿 tʰou³⁵ɕiɚ⁵³	眼里˭盖 ie⁵³lə⁰kɛ⁵³
凌源	辫子 piɛn⁵¹tsʅ⁰	旋儿 ɕyɚ⁵¹	额楞˭盖儿 ie⁵⁵la⁵⁵kɚ⁵¹ 啵˭儿颅 pər³⁵lou⁰

	0454 相貌	0455 脸洗~	0456 眼睛
沈阳	模样 mu³⁵iaŋ⁰	脸 lian²¹³	眼睛 ian²¹tɕiŋ⁰
本溪	长相 tʂaŋ²¹ɕiaŋ⁵¹	脸 lian²²⁴	眼睛 ian²¹tɕiŋ⁰
辽阳	长相儿 tʂaŋ²¹ɕiãr⁵¹	脸 lian²¹³	眼睛 ian²¹tɕiŋ⁰
海城	长的 tʂaŋ²¹⁴ti⁰ 长相儿 tʂaŋ²¹ɕiãr⁵¹	脸 lian²¹⁴	眼睛 ian²¹⁴tɕiŋ⁰
开原	长相儿 tʂaŋ²¹ɕiãr⁰	脸 lian²¹³	眼睛 ian²¹tɕiŋ⁰
锦州	长相 tʂaŋ²¹ɕiaŋ⁵¹	脸 lian²¹³	眼睛 ian²¹tɕiŋ⁰
盘锦	长相 tʂaŋ²¹ɕiaŋ⁰	脸 lian²¹³	眼睛 ian²¹tɕiəŋ⁰
兴城	长相 tʂaŋ²¹ɕiaŋ⁵¹	脸 lian²¹³	眼睛 ian²¹tɕiŋ⁰
绥中	长相儿 tʂaŋ²¹ɕiãr⁰	脸 lian²¹³	眼睛 ian²¹tɕiəŋ⁰
义县	长相儿 tʂaŋ²¹ɕiãr⁵¹	脸 lian²¹³	眼睛 ian²¹tɕiŋ⁰
北票	长相儿 tʂaŋ²¹ɕiãr⁵¹	脸 lian²¹³	眼睛 ian²¹tɕiəŋ⁴⁴
阜新	长相儿 tʂaŋ²¹ɕiãr⁵¹	脸 lian²¹³	眼睛 ian²¹tɕiŋ⁰
黑山	长相 tʂaŋ²¹ɕiaŋ⁵¹	脸 lian²¹³	眼睛 ian²¹tɕiəŋ⁰
昌图	长相 tʂaŋ²¹ɕiaŋ⁵¹	脸 lian²¹³	眼睛 ian²¹tɕiəŋ⁰
大连	长相 tʃaŋ²¹ɕiaŋ⁵²	脸 liɛ̃²¹³	眼睛 iɛ̃²¹tɕiŋ⁰
金州杏树	面貌 miɛ̃⁵²mɔ⁰	脸 liɛ̃²¹³	眼 iɛ̃²¹³
长海	长相 tʃaŋ²¹ʃaŋ⁵³	脸 lian²¹⁴	眼 ian²¹⁴
庄河	模样儿 m⁵¹iãr⁰	脸 lian²¹³	眼珠子 ian²⁴tɕy³¹ə⁰
盖州	长的 tsaŋ²¹³tə⁰ 长相 tsaŋ²¹ɕiaŋ⁵¹	脸 lian²¹³	眼睛 ian²¹tɕiŋ⁴¹²
丹东	长相 tʂaŋ²¹ɕiaŋ⁵¹	脸 lian²¹³	眼睛 ian²¹tɕiŋ⁰
建平	模样 mu³⁵iã⁵³	脸 liɛ̃²¹³	眼珠子 iɛ̃²¹tʂu⁴⁴tsʅ⁰
凌源	长相儿 tʂaŋ²¹ɕiãr⁵¹	脸 liɛn²¹⁴	眼睛 iɛn²¹tɕiŋ⁰

	0457 眼珠统称	0458 眼泪哭的时候流出来的	0459 眉毛
沈阳	眼珠儿 ian²¹tsur³³	眼泪儿 ian²¹lər⁴¹	眉毛 mei³⁵mau⁰
本溪	眼珠子 ian³⁵tʂu³¹tʂʅ⁰	眼泪 ian²¹lei⁵¹	眉毛 mei³⁵mau⁰
辽阳	眼珠子 ian²¹tʂu⁴⁴tʂʅ⁰	眼泪儿 ian²¹lər⁵¹	眉毛 mei³⁵mau⁰
海城	眼珠儿 ian²¹tsur⁴⁴	眼泪儿 ian²¹lər⁵¹	眉毛 mei³⁵mau⁰
开原	眼珠子 ian²¹tʂu⁴⁴tʂə⁰	眼泪 ian²¹lei⁵¹	眉毛 mei³⁵mau⁰
锦州	眼珠子 ian²¹tʂu⁵⁵tʂə⁰	眼泪儿 ian²¹lər⁵¹	眼眉 ian²¹mei³⁵
盘锦	眼珠儿 ian²¹tsur⁵⁵ 眼珠子 ian²¹tʂu⁵⁵tsə⁰	眼泪儿 ian²¹lər⁵¹	眼眉 ian²¹mei³⁵
兴城	眼珠儿 ian²¹tsur⁴⁴	眼泪 ian²¹lei⁵¹	眼眉 ian²¹mei³⁵
绥中	眼珠子 ian²¹tʂu⁵⁵tʂʅ⁰	眼泪 ian²¹lei⁵¹	眉毛 mei³⁵mau⁰
义县	眼珠子 ian²¹tʂu⁴⁴tʂʅ⁰	眼泪 ian²¹lei⁵¹	眼眉 ian²¹mei³⁵
北票	眼珠子 ian²¹tʂu⁴⁴tʂʅ⁰	眼泪 ian²¹lei⁵¹	眼眉 ian²¹mei³⁵
阜新	眼珠子 ian²¹tʂu⁵⁵tsa⁰	眼泪儿 ian²¹lər⁵¹ 眼泪 ian²¹lei⁵¹	眼眉 ian²¹mei³⁵
黑山	眼珠子 ian²¹tʂu⁴⁴tʂʅ⁰	眼泪 ian²¹lei⁵¹	眼眉 ian²¹mei³⁵
昌图	眼珠子 ian²¹tʂu³³tʂə⁰	眼泪 ian²¹lei⁵¹	眼眉 ian²¹mei³⁵
大连	眼珠子 iɛ̃³⁴tʃu³¹ə⁰	眼泪 iɛ̃²¹le⁵²	眼眉 iɛ̃²¹me³⁴
金州杏树	眼珠子 iɛ̃³⁴tɕy³¹ə⁰	眼泪 iɛ̃²¹le⁵²	眼毛儿 iɛ̃³⁴mɔr³¹²
长海	眼珠子 ian²¹tʃy³¹ə⁰	眼泪 ian²¹lei⁵³	眼眉 ian²¹mei⁵³
庄河	眼珠子 ian²⁴tɕy³¹ə⁰	眼泪 ian²¹lei⁵¹	眼眉 ian²¹mei³¹
盖州	眼珠儿 ian²⁴tsur⁴¹²	眼泪 ian²¹lei⁵¹	眉毛 mei²⁴mau⁰
丹东	眼珠儿 ian²⁴tsur⁴¹¹	眼泪 ian²¹lei⁵¹	眼眉 ian²¹mei²⁴
建平	眼仁儿 iɛ̃²¹iər³⁵	眼泪儿 iɛ̃²¹lər⁵³	眼眉 iɛ̃²¹mei³⁵
凌源	眼珠子 iɛn²¹tʂu⁵⁵tʂʅ⁰	眼泪 iɛn²¹lei⁵¹	眼眉 iɛn²¹mei³⁵

	0460 耳朵	0461 鼻子	0462 鼻涕 统称
沈阳	耳朵 ər²¹tʰuo⁰	鼻子 pi³⁵tsʅ⁰	鼻涕 pi³⁵tʰi⁰
本溪	耳朵 ər²²⁴tuo⁰	鼻子 pi³⁵tsʅ⁰	鼻涕 pi³⁵tʰiŋ⁰
辽阳	耳朵 ər²¹⁴tuɤ⁰	鼻子 pi³⁵tsʅ⁰	鼻涕 pi³⁵tʰiŋ⁰
海城	耳朵 ər²¹⁴tuɤ⁰	鼻子 pi³⁵tsʅ⁰	鼻涕 pi³⁵tʰiŋ⁰
开原	耳朵 ər²¹tuɤ⁰	鼻子 pi³⁵tsə⁰	大鼻涕 ta⁵¹pi³⁵tʰiŋ⁰
锦州	耳朵儿 ər²¹taur⁰	鼻子 pi³⁵tsə⁰	脓带 nəŋ³⁵tʰai⁰
盘锦	耳朵 ər²¹tuo⁰	鼻子 pi³⁵tsə⁰	脓带 nəŋ³⁵tʰai⁰
兴城	耳朵 ər²¹tuo⁰	鼻子 pi³⁵tsʅ⁰	脓带 nəŋ³⁵tʰai⁰
绥中	耳朵 ər²¹tuo⁰	鼻子 pi³⁵tsʅ⁰	脓带 nəŋ³⁵nai⁰
义县	耳朵儿 ər²¹taur⁰	鼻子 pi³⁵tsʅ⁰	脓带 nəŋ³⁵tʰai⁰ 鼻涕 pi³⁵tʰiŋ⁰
北票	耳朵 ər²¹tau⁰	鼻子 pi³⁵tsʅ⁰	脓带 nəŋ³⁵tai⁰
阜新	耳朵 ər²¹tuo⁰	鼻子 pi³⁵tsa⁰	脓带 nəŋ³⁵tai⁰
黑山	耳朵 ər²¹tau⁰	鼻子 pi³⁵tsʅ⁰	脓带 nəŋ³⁵tʰai⁰ 鼻涕 pi³⁵tʰiəŋ⁰
昌图	耳朵 ər²¹tuo⁰	鼻子 pi³⁵tsə⁰	鼻涕 pi³⁵tʰi⁰ 脓带 nəŋ³⁵tai⁰
大连	耳朵 ər²¹tuə⁰	鼻子 pi³⁴ə⁰	鼻涕 pi³⁴tʰiŋ⁰
金州 杏树	耳朵 ər²¹təu⁰	鼻子 pi⁵²ə⁰	鼻涕 pi⁵²tʰiŋ⁰
长海	耳朵 ər²⁴tuə⁰	鼻子 pi⁵³tsʅ⁰	鼻涕 pi⁵³cʰi⁰
庄河	耳朵 ər²¹tuə⁰	鼻子 pi⁵¹ə⁰	鼻涕 pi⁵¹tʰiŋ⁰
盖州	耳朵 ər²¹tuɤ⁰	鼻子 pi²⁴tsʅ⁰	鼻涕 pi²⁴tʰiŋ⁰
丹东	耳朵 ər²¹tuo⁰	鼻子 pi²⁴tsʅ⁰	鼻涕 pi²⁴tʰiŋ⁰
建平	耳朵 ər²¹tuə⁰	鼻子 pi³⁵tsʅ⁰	脓带 nəŋ³⁵tɛ⁰
凌源	耳朵 ər²¹tau⁰	鼻子 pi³⁵tsʅ⁰	脓带 nəŋ³⁵tai⁰ 鼻涕 pi³⁵tʰiŋ⁰

	0463 擤~鼻涕	0464 嘴巴 人的，统称	0465 嘴唇
沈阳	擤 ɕiŋ²¹³	嘴 tsuei²¹³	嘴唇儿 tsuei²¹tsʰuər³⁵
本溪	擤 ɕiŋ²²⁴	嘴 tsuei²²⁴	嘴唇 tsuei²¹tʂʰuən³⁵
辽阳	擤 ɕiŋ²¹³	嘴儿 tʂuer²¹³	嘴唇子 tʂuei²¹tʂʰuən³⁵tʂʅ⁰
海城	擤 ɕiŋ²¹⁴	嘴 tʂuei²¹⁴	嘴唇子 tʂuei²¹tɕʰyn³⁵tʂʅ⁰
开原	擤 ɕiŋ²¹³	嘴 tʂuei²¹³	嘴唇儿 tʂuei²¹tʂʰuər³⁵
锦州	擤 ɕiŋ²¹³	嘴巴子 tʂuei²¹pa⁵¹tʂə⁰	嘴唇子 tʂuei²¹tʂʰuən³⁵tʂə⁰
盘锦	擤 ɕiəŋ²¹³	嘴巴子 tsuei²¹pa⁵¹tsə⁰	嘴唇儿 tsuei²¹tʂʰər³⁵
兴城	擤 ɕiŋ²¹³	嘴 tʂuei²¹³	嘴唇儿 tʂuei²¹tʂʰər³⁵
绥中	擤 ɕiəŋ²¹³	嘴 tʂuei²¹³	嘴唇儿 tʂuei²¹tʂʰuər³⁵
义县	擤 ɕiŋ²¹³	嘴巴子 tʂuei²¹pa⁵¹tʂʅ⁰	嘴唇 tʂuei²¹tʂʰuən³⁵
北票	擤 ɕiəŋ²¹³	嘴 tsuei²¹³	嘴唇 tsuei²¹tʂʰuən³⁵
阜新	擤 ɕiŋ²¹³	嘴巴子 tsuei²¹pa⁵¹tsa⁰	嘴唇 tsuei²¹tsʰuən³⁵（大人） 嘴唇儿 tsuei²¹tsʰuər³⁵（小孩儿）
黑山	擤 ɕiəŋ²¹³	嘴巴子 tʂuei²¹pa⁵¹tʂʅ⁰	嘴唇子 tʂuei²¹tʂʰuən³⁵tʂʅ⁰
昌图	擤 ɕiəŋ²¹³	嘴 tsuei²¹³	嘴唇儿 tsuei²¹tʂʰuər³⁵
大连	擤 ɕiŋ²¹³	嘴 tse²¹³	嘴唇儿 tse²¹tsʰuər³⁴
金州杏树	擤 ɕyŋ²¹³	嘴巴子 tse²¹pa⁵²ɐ⁰	嘴唇 tse²¹tsʰuɔ̃⁵²
长海	擤 ʃyŋ²¹⁴	嘴巴 tsei²¹pa³¹	嘴唇 tsei²¹tsʰuən⁵³
庄河	擤 ɕyŋ²¹³	嘴巴 tsei²¹pa⁰	嘴唇 tsei²¹tɕʰyn⁵¹
盖州	擤 ɕiŋ²¹³	嘴 tsuei²¹³	嘴唇儿 tsuei²¹tsʰuər²⁴
丹东	擤 ɕiŋ²¹³	嘴巴 tsuei²¹pa⁰	嘴唇 tsuei²¹tʂʰuən²⁴
建平	擤 ɕiŋ²¹³	嘴巴子 tsuei²¹pa⁵³tʂʅ⁰	嘴唇儿 tsuei²¹tsʰuər³⁵
凌源	擤 ɕiŋ²¹⁴	嘴巴子 tsuei²¹pa⁵¹tʂʅ⁰	嘴唇 tsuei²¹tʂʰuən³⁵

	0466 口水~流出来	0467 舌头	0468 牙齿
沈阳	哈喇子 xa^{33}la^{35}tʂʅ^{0}	舌头 ʂɤ^{35}tʰou^{0}	牙 ia^{35}
本溪	哈喇子 xa^{44}la^{35}tʂʅ^{0}	舌头 ʂɤ^{35}tʰou^{0}	牙 ia^{35}
辽阳	哈喇子 xa^{44}la^{35}tʂʅ^{0}	舌头 ʂɤ^{35}tʰou^{0}	牙 ia^{35}
海城	哈喇子 xa^{44}la^{35}tʂʅ^{0}	舌头 ʂɤ^{35}tʰəu^{0}	牙 ia^{35}
开原	哈喇子 xa^{44}la^{35}tʂʅ^{0}	舌头 ʂɤ^{35}tʰou^{0}	牙 ia^{35}
锦州	颔水 xan^{55}ʂuei^{0} 哈喇子 xa^{55}la^{35}tsə^{0}	舌头 ʂɤ^{35}tʰou^{0}	牙 ia^{35}
盘锦	哈喇子 xa^{55}la^{35}tsə^{0}	舌头 ʂɤ^{35}tʰou^{0}	牙 ia^{35}
兴城	颔水 xan^{44}ʂuei^{0}	舌头 ʂɤ^{35}tʰou^{0}	牙 ia^{35}
绥中	哈喇子 xa^{55}la^{35}tʂʅ^{0}	舌头 ʂɤ^{35}tʰou^{0}	牙 ia^{35}
义县	哈喇子 xa^{44}la^{35}tʂʅ^{0}	舌头 ʂɤ^{35}tʰou^{0}	牙 ia^{35}
北票	哈喇子 xa^{44}la^{35}tʂʅ^{0}	舌头 ʂɤ^{35}tʰou^{0}	牙 ia^{35}
阜新	哈喇子 xa^{55}la^{35}tsa^{0}	舌头 ʂɤ^{35}tʰou^{0}	牙 ia^{35}
黑山	哈喇子 xa^{44}la^{35}tʂʅ^{0} 颔水 xan^{44}ʂuei^{0}	舌头 ʂɤ^{35}tʰou^{0}	牙 ia^{35}
昌图	哈喇子 xa^{33}la^{35}tsə^{0}	舌头 ʂɤ^{35}tʰou^{0}	牙 ia^{35}
大连	吃水 tʃʰʅ^{31}sue^{0}	舌头 ʃɤ^{34}tʰəu^{0}	牙 ia^{34}
金州 杏树	吃水 tɕʰi^{31}sue^{0}	舌头 ɕie^{52}tʰəu^{0}	牙 ia^{312}
长海	吃水 tsʰʅ^{53}suei^{214}	舌头 ʃʅ^{53}tʰəu^{0}	牙 ia^{31}
庄河	口水 kʰəu^{24}suei^{213}	舌头 ɕie^{51}tʰəu^{0}	牙 ia^{31}
盖州	哈喇子 xa^{21}la^{24}tʂʅ^{0}	舌头 ʂɤ^{24}tʰou^{0}	牙 ia^{24}
丹东	吃水 tsʰʅ^{51}ʂuei^{0}	舌头 ʂɤ^{24}tʰou^{0}	牙 ia^{24}
建平	哈喇子 xa^{44}la^{35}tʂʅ^{0}	舌头 ʂɤ^{35}tʰəu^{0}	牙 ia^{35}
凌源	哈喇子 xa^{55}la^{35}tʂʅ^{0}	舌头 ʂɤ^{35}tʰou^{0}	牙 ia^{35}

	0469 下巴	0470 胡子嘴周围的	0471 脖子
沈阳	下巴 ɕia⁴¹pa⁰	胡子 xu³⁵tʂʅ⁰	脖子 puo³⁵tʂʅ⁰
本溪	下巴 ɕia⁵¹pa⁰	胡子 xu³⁵tʂʅ⁰	脖子 pɤ³⁵tʂʅ⁰
辽阳	下巴颏 ɕia⁵¹pa⁰kʰɤ³⁵	胡子 xu³⁵tʂʅ⁰	脖子 pɤ³⁵tʂʅ⁰
海城	下巴 ɕia⁵¹pa⁰	胡子 xu³⁵tʂʅ⁰	脖颈子 pɤ³⁵kəŋ²¹⁴tʂʅ⁰
开原	下巴颏儿 ɕia⁵³pa⁰kʰɤr³⁵	胡子 xu³⁵tʂə⁰	脖子 pɤ³⁵tʂə⁰
锦州	下巴颏子 ɕia⁵¹pa⁰kʰɤ³⁵tʂə⁰	胡子 xu³⁵tʂə⁰	脖子 pɤ³⁵tʂə⁰
盘锦	下巴颏儿 ɕia⁵¹pa⁰kʰɤr³⁵ 下巴子 ɕia⁵³pa⁵¹tsə⁰	胡子 xu³⁵tsə⁰	脖子 pɤ³⁵tsə⁰
兴城	下颏子 ɕia⁵¹kʰɤ³⁵tʂʅ⁰	胡子 xu³⁵tʂʅ⁰	脖子 pɤ³⁵tʂʅ⁰
绥中	下巴颏儿 ɕia⁵¹pa⁰kʰər³⁵	胡子 xu³⁵tʂʅ⁰	脖子 puo³⁵tʂʅ⁰
义县	下巴颏儿 ɕia⁵¹pa⁰kʰɤr³⁵	胡子 xu³⁵tʂʅ⁰	脖子 pɤ³⁵tʂʅ⁰
北票	下巴颏子 ɕia⁵¹pa⁰kʰɤ⁴⁴tʂʅ⁰	胡子 xu³⁵tʂʅ⁰	脖子 pɤ³⁵tʂʅ⁰
阜新	下巴子 ɕia⁵³pa⁵¹tsa⁰ 下巴颏子 ɕia⁵¹pa⁰kʰɤ³⁵tsa⁰	胡子 xu³⁵tsa⁰	脖子 pɤ³⁵tsa⁰
黑山	下巴颏子 ɕia⁵¹pa⁰kʰɤ³⁵tʂʅ⁰ 下牙巴子 ɕia⁵³ia³⁵pa⁵¹tʂʅ⁰	胡子 xu³⁵tʂʅ⁰	脖子 pɤ³⁵tʂʅ⁰
昌图	下巴颏儿 ɕia⁵¹pa⁰kʰɤr³⁵	胡子 xu³⁵ə⁰	脖颈儿子 pə³⁵kə̃r²¹³tʂə⁰
大连	下巴颏子 ɕia⁵²pa⁰kʰɤ³⁴ə⁰	胡子 xu³⁴ə⁰	脖颈子 pɤ³⁴kəŋ²¹ə⁰
金州 杏树	下巴颏儿 ɕia⁵²pa⁰kʰɤr⁵²	胡子 xu⁵²ə⁰	脖颈子 pəŋ⁵²kəŋ²¹ə⁰
长海	嘴巴子 tsei²¹pa³¹ə⁰	胡子 xu⁵³tʂʅ⁰	脖颈子 pɤ⁵³kə̃²¹⁴ə⁰
庄河	嘴巴 tsei²¹pa⁰	胡子 xu⁵¹ə⁰	脖颈子 pəŋ⁵¹kə̃²¹ə⁰
盖州	下巴 ɕia⁵¹pa⁰	胡子 xu²⁴tʂʅ⁰	脖子 pɤ²⁴tʂʅ⁰
丹东	下巴 ɕia⁵¹pa⁰	胡子 xu²⁴tʂʅ⁰	脖颈子 pɤ²⁴kəŋ²¹tʂʅ⁰
建平	下巴颏子 ɕia⁵³pa⁰kʰɤ⁴⁴tʂʅ⁰	胡子 xu³⁵tʂʅ⁰	脖颈子 pɤ³⁵kəŋ²¹tʂʅ⁰
凌源	下巴颏儿 ɕia⁵¹pa⁰kʰɤr⁵⁵ 下巴颏子 ɕia⁵¹pa⁰kʰɤ⁵⁵tʂʅ⁰	胡子 xu³⁵tʂʅ⁰	脖子 pɤ³⁵tʂʅ⁰

	0472 喉咙	0473 肩膀	0474 胳膊
沈阳	嗓子眼儿 saŋ²¹tsɿ⁰iɐr²¹	肩膀儿 tɕian³³pãr²¹	胳膊 kɤ³⁵pə⁰
本溪	嗓子眼儿 saŋ²¹tsɿ⁰iɐr²²⁴	肩膀儿 tɕian⁴⁴pãr²²⁴	胳膊 kɤ³⁵pə⁰
辽阳	嗓子 saŋ²¹tsɿ⁰	肩膀子 tɕian⁴⁴paŋ²¹tsɿ⁰	胳膊 kɤ³⁵pɤ⁰
海城	嗓子 ʂaŋ²¹⁴tsɿ⁰	肩膀子 tɕian⁴⁴paŋ²¹⁴tsɿ⁰	胳膊 kɤ³⁵pɤ⁰
开原	嗓子 ʂaŋ²¹tsə⁰	肩膀子 tɕian⁴⁴paŋ²¹tsə⁰	胳膊 kɤ⁴⁴pə⁰
锦州	嗓子眼儿 ʂaŋ²¹tsə⁰iɐr²¹³	肩膀子 tɕian⁵⁵paŋ²¹tsə⁰	胳膊 kɤ⁵⁵pə⁰
盘锦	嗓子眼儿 ʂaŋ²¹tsɿ⁰iɐr²¹³	肩膀头子 tɕian⁵⁵paŋ⁰tʰou³⁵tsə⁰	胳膊 kɤ⁵⁵pə⁰
兴城	气嗓轴 tɕʰi⁵¹ʂaŋ²¹tʂou³⁵	肩膀儿 tɕian⁴⁴pãr²¹³ 肩头儿 tɕian⁴⁴tʰour³⁵	胳膊 kɤ⁴⁴pə⁰
绥中	嗓子 ʂaŋ²¹tsɿ⁰	肩膀头儿 tɕian⁵⁵paŋ⁰tʰour³⁵	胳膊 kɤ⁵⁵puo⁰
义县	嗓子眼儿 ʂaŋ²¹tsɿ⁰iɐr²¹³	肩膀 tɕian⁴⁴paŋ²¹³	胳膊 kɤ⁴⁴pɤ⁰
北票	嗓子眼儿 ʂaŋ²¹tsɿ⁰iɐr²¹³	肩膀子 tɕian⁴⁴paŋ²¹tsɿ⁰	胳膊 kɤ⁴⁴pɤ⁰
阜新	嗓子眼儿 saŋ²¹tsɿ⁰iɐr²¹³	肩膀头子 tɕian⁵⁵paŋ²¹tʰou³⁵tsa⁰	胳膊 kɤ⁵⁵pə⁰
黑山	嗓子眼儿 ʂaŋ²¹tsɿ⁰iɐr²¹³	肩膀头子 tɕian⁴⁴paŋ²¹tʰou³⁵tsɿ⁰	胳膊 kɤ⁴⁴pɤ⁰
昌图	嗓子 ʂaŋ²¹tsə⁰ 嗓子眼儿 ʂaŋ²¹tsɿ⁰iɐr²¹³	肩膀头儿 tɕian³³pə⁰tʰour³⁵	胳膊 kɤ³⁵pə⁰
大连	嗓子 saŋ²¹ə⁰	膀子 paŋ²¹ə⁰	胳膊 kɤ²¹pe⁰
金州杏树	嗓眼儿 saŋ³⁴iɐr²¹³	肩膀 tɕiẽ³¹paŋ²¹³	胳膊 kɤ²¹pã⁰
长海	嗓头 saŋ²¹tʰəu⁵³	肩膀 cian³¹paŋ²¹⁴	胳膊 kɤ³¹pɤ⁰
庄河	嗓喉咙 saŋ²¹xəu⁵¹ləŋ⁰	肩膀儿 tɕian³¹pãr²¹³	胳膊 kə²¹paŋ⁰
盖州	喉咙 xəu²⁴luŋ⁰	膀子 paŋ²¹tsɿ⁰	胳膊 kɤ²¹pɤ⁰
丹东	嗓子眼儿 saŋ²¹tsɿ⁰iɐr²¹³	肩膀 tɕian⁴¹¹paŋ²¹³	胳臂 kɤ²¹pe⁰
建平	嗓子眼儿 sã²¹tsɿ⁰iɐr²¹³	肩膀儿 tɕiẽ⁴⁴pãr²¹³	胳臂 kɤ⁴⁴pei⁰
凌源	嗓子眼儿 saŋ²¹tsɿ⁰iɐr²¹	肩膀儿 tɕiɛn⁵⁵pãr²¹	胳膊 kɤ⁵⁵pɤ⁰

	0475 手 方言指（打√）：只指手；包括臂；他的～摔断了	0476 左手	0477 右手
沈阳	手 sou²¹³	左手 tsuo²¹sou²¹	右手 iou⁴¹sou²¹
本溪	手 sou²²⁴	左手 tsuo³⁵ʂou²²⁴	右手 iou⁵¹ʂou²²⁴
辽阳	手 sou²¹³	左手 tʂuo³⁵sou²¹³	右手 iou⁵¹sou²¹³
海城	手 ʂəu²¹⁴	左手 tʂuə³⁵ʂəu²¹⁴	右手 iəu⁵¹ʂəu²¹⁴
开原	手 ʂou²¹³（只指手）	左手 tʂuɤ³⁵ʂou²¹³	右手 iou⁵³ʂou²¹³
锦州	手 ʂou²¹³（只指手）	左手 tʂuo³⁵ʂou²¹³	右手 iou⁵³ʂou²¹³
盘锦	手 ʂou²¹³	左手 tsuo³⁵ʂou²¹³	右手 iou⁵¹ʂou²¹³
兴城	手 ʂou²¹³（只指手）	左手 tʂuo³⁵ʂou²¹³	右手 iou⁵¹ʂou²¹³
绥中	手 ʂou²¹³	左手 tʂuo²¹ʂou²¹³	右手 iou⁵¹ʂou²¹³
义县	手 ʂou²¹³（只指手）	左手 tʂuo³⁵ʂou²¹³	右手 iou⁵³ʂou²¹³
北票	手 ʂou²¹³（只指手）	左手 tsuo³⁵ʂou²¹³	右手 iou⁵³ʂou²¹³
阜新	手 ʂou²¹³（只指手）	左手 tsuo⁵³ʂou²¹³	右手 iou⁵³ʂou²¹³
黑山	手 ʂou²¹³（只指手）	左手 tʂuo³⁵ʂou²¹³	右手 iou⁵³ʂou²¹³
昌图	手 ʂou²¹³	左手 tʂuo³⁵ʂou²¹³	右手 iou⁵¹ʂou²¹³
大连	手 ʃəu²¹³	左手 tsuə³⁴ʃəu²¹³	右手 iəu⁵²ʃəu²¹³
金州杏树	手 səu²¹³	左手 tsuə⁵²səu²¹³	右手 iəu⁵²səu²¹³
长海	手 ʃəu²¹⁴	左手 tuə²⁴ʃəu²¹⁴	右手 iəu⁵³ʃəu²¹⁴
庄河	手 səu²¹³	左手 tsuə²⁴səu²¹³	右手 iəu⁵¹səu²¹³
盖州	手 səu²¹³	左手 tsuɤ²¹³səu⁰	右手 iəu⁵¹səu⁰
丹东	手 ʂou²¹³	左手 tsuə²⁴ʂou²¹³	右手 iou⁴¹ʂou²¹³
建平	手 ʂəu²¹³	左手 tsuə³⁵ʂəu²¹³	正手 tʂəŋ⁵³ʂəu²¹³
凌源	手 ʂou²¹⁴（只指手）	左手 tsuo³⁵ʂou²¹	右手 iou⁵³ʂou²¹

	0478 拳头	0479 手指	0480 大拇指
沈阳	拳头 tɕʰyan³⁵tʰou⁰	手指头 sou²¹tʂʅ³⁵tʰou⁰	大手指头 ta⁴¹sou²¹tʂʅ³⁵tʰou⁰
本溪	拳头 tɕʰyan³⁵tʰou⁰	手指 sou³⁵tʂʅ²²⁴	大拇哥 ta⁵¹mu²¹kɤ⁴⁴
辽阳	拳头 tɕʰyan³⁵tʰou⁰	手指头 sou²¹tʂʅ³⁵tʰou⁰	大拇指 ta⁵¹mu³⁵tʂʅ²¹³
海城	拳头儿 tɕʰyan³⁵tʰəur⁰	手指头 ʂəu²¹tʂʅ³⁵tʰəu⁰	大拇指 ta⁵¹mu³⁵tʂʅ²¹⁴
开原	拳头 tɕʰyan³⁵tʰou⁰	手指头 ʂou²¹tʂʅ³⁵tʰou⁰	大拇手指头 ta⁵³mu⁰ʂou²¹tʂʅ³⁵tʰou⁰
锦州	拳头 tʂʰuan³⁵tʰou⁰	手指头 ʂou²¹tʂʅ³⁵tʰou⁰	大手指头 ta⁵³ʂou²¹tʂʅ³⁵tʰou⁰
盘锦	拳头 tɕʰyan³⁵tʰou⁰	手指头 ʂou³⁵tʂʅ²¹tʰou⁰	大拇哥 ta⁵¹mu²¹kɤ⁵⁵
兴城	拳头 tɕʰyan³⁵tʰou⁰	手指头 ʂou²¹tʂʅ³⁵tʰou⁰	大手指头 ta⁵¹ʂou²¹tʂʅ³⁵tʰou⁰
绥中	拳头 tɕʰyan³⁵tʰou⁰	手指头 ʂou²¹tʂʅ³⁵tʰou⁰	大拇哥 ta⁵¹mu²¹kɤ⁵⁵
义县	拳头 tɕʰyan³⁵tʰou⁰	手指头 ʂou²¹tʂʅ³⁵tʰou⁰	大手指头 ta⁵³ʂou²¹tʂʅ³⁵tʰou⁰ 大拇哥 ta⁵³mu²¹kɤ⁴⁴
北票	拳头 tɕʰyan³⁵tʰou⁰	手指头 ʂou³⁵tʂʅ²¹tʰou⁰	大拇哥 ta⁵³mu²¹kɤ⁴⁴
阜新	拳头 tɕʰyan³⁵tʰou⁰	手指头 ʂou²¹tʂʅ³⁵tʰou⁰	大拇哥 ta⁵³mu²¹kɤ⁵⁵
黑山	拳头 tɕʰyan³⁵tʰou⁰	手指头 ʂou²¹tʂʅ³⁵tʰou⁰	大拇哥 ta⁵³mu²¹kɤ⁴⁴ 大手指头 ta⁵³ʂou²¹tʂʅ³⁵tʰou⁰
昌图	拳头 tɕʰyan³⁵tʰou⁰	手指头 ʂou³⁵tʂʅ²¹tʰou⁰	大拇指 ta⁵¹mu³⁵tʂʅ²¹³
大连	拳头 tɕʰyɛ³⁴tʰəu⁰	手指头 ʃəu²¹tʂʅ³⁴tʰəu⁰	大手指头 ta⁵²ʃəu²¹tʂʅ³⁴tʰəu⁰
金州杏树	拳头 tɕʰyã⁵²tʰəu⁰	手指 sɔu³⁴tʂʅ²¹³	大拇指 ta⁵²mɔ̃⁰tʂʅ²¹³
长海	拳头 cʰyan⁵³tʰəu⁰	手指 ʃəu²⁴tʂʅ²¹⁴	大手丫 ta⁵³ʃəu²⁴ia³¹
庄河	拳头 tɕʰyan⁵¹tʰəu⁰	手指 səu²⁴tʂʅ⁵¹	大拇指 ta⁵¹mu²⁴tʂʅ²¹³
盖州	拳头 tɕʰyan²⁴tʰəu⁰	手指头 sɔu²¹tʂʅ²⁴tʰəu⁰	大拇手指头 ta⁵¹mɤ⁰sɔu²¹tʂʅ²⁴tʰəu⁰
丹东	拳头 tɕʰyan²⁴tʰou⁰	手指头 ʂou²¹tʂʅ²⁴tʰou⁰	大拇指 ta⁵¹mu²⁴tʂʅ²¹³
建平	拳头 tɕʰyɛ̃³⁵tʰəu⁰	手指头 ʂəu³⁵tʂʅ²¹tʰəu⁰	大拇哥 ta⁵³mu²¹kɤ⁴⁴
凌源	拳头 tɕʰyan³⁵tʰou⁰	手指头 ʂou³⁵tʂʅ²¹tʰou⁰	大拇哥 ta⁵³mu²¹kɤ⁵⁵

	0481 食指	0482 中指	0483 无名指
沈阳	食指 ʂʅ³⁵tsʅ²¹	中指 tsuŋ³³tsʅ²¹	无名指 u³⁵miŋ³⁵tsʅ²¹
本溪	二拇指头 ər⁵¹mu⁰tsʅ²¹tʰou⁰	中指 tʂuŋ⁴⁴tsʅ²²⁴	无名指 u³⁵miŋ³⁵tsʅ²²⁴
辽阳	食指 ʂʅ³⁵tsʅ²¹³	中指 tʂuŋ⁴⁴tsʅ²¹³	无名指 u³⁵miŋ³⁵tsʅ²¹³
海城	食指 ʂʅ³⁵tsʅ²¹⁴ 二拇指 ər⁵¹mu³⁵tsʅ²¹⁴	中指 tʂuŋ⁴⁴tsʅ²¹⁴	四指 sʅ⁵¹tsʅ²¹⁴
开原	二马猴 ər⁵³ma⁴⁴xou³⁵	中指楼 tʂuŋ⁴⁴tsʅ²¹lou³⁵	田=小乂=tʰian³⁵ɕiau²¹i⁵¹（仅用于歌谣）
锦州	二手指头 ər⁵³ʂou²¹tsʅ³⁵tʰou⁰	中指 tʂuŋ³⁵tsʅ²¹³	（无）
盘锦	二拇指 ər⁵¹mu³⁵tsʅ²¹³	中指 tʂuaŋ⁵⁵tsʅ²¹³	无名指 u³⁵miəŋ³⁵tsʅ²¹³
兴城	二手指头 ər⁵¹ʂou²¹tsʅ³⁵tʰou⁰	三手指头 ʂan⁴⁴ʂou²¹tsʅ³⁵tʰou⁰	无名指 u³⁵miŋ³⁵tsʅ²¹³
绥中	二拇手指头 ər⁵¹mu²¹ʂou²¹tsʅ³⁵tʰou⁰	中指 tʂuaŋ⁵⁵tsʅ²¹³	无名指 u³⁵miəŋ³⁵tsʅ²¹³
义县	二手指头 ər⁵³ʂou²¹tsʅ³⁵tʰou⁰	中指 tʂuŋ⁴⁴tsʅ²¹³	无名指 u³⁵miŋ³⁵tsʅ²¹³
北票	二拇指 ər⁵³mu³⁵tsʅ²¹³	中指 tʂuaŋ⁴⁴tsʅ²¹³	无名指 u³⁵miəŋ³⁵tsʅ²¹³
阜新	二拇娘 ər⁵³mu²¹ɲiaŋ³⁵	中指 tʂuŋ⁵⁵tsʅ²¹³	海洋 xai²¹iaŋ³⁵（仅用于歌谣）
黑山	二手指头 ər⁵³ʂou²¹tsʅ³⁵tʰou⁰	中指 tʂuaŋ⁴⁴tsʅ²¹³	无名指 u³⁵miəŋ³⁵tsʅ²¹³
昌图	二拇哥 ər⁵¹mu²¹kɤ³³	中指楼 tʂuaŋ³³tsʅ²¹lou³⁵	堂=山=贵=tʰaŋ³⁵ʂan³³kuei⁵¹（仅用于歌谣）
大连	食指 ʃʅ³⁴tsʅ²¹³	中指 tsuŋ³¹tsʅ²¹³	无名指 u³¹miŋ³⁴tsʅ²¹³
金州杏树	食指 ɕi⁵²tsʅ²¹³	中指 tsuŋ³¹tsʅ²¹³	无名指 u³⁴miŋ³¹tsʅ²¹³
长海	二手丫 ər⁵³ʃəu²⁴ia³¹	三手丫 san³¹ʃəu²⁴ia³¹	四手丫 sʅ⁵³ʃəu²⁴ia³¹
庄河	二拇指 ər⁵¹mu²⁴tsʅ²¹³	三拇指 san³¹mu²⁴tsʅ²¹³	四指头 sʅ⁵¹tsʅ²¹tʰəu⁰
盖州	二拇手指头 ər⁵¹mɤ⁰ʂəu²¹tsʅ²⁴tʰəu⁰	三拇手指头 san⁴¹²mɤ⁰ʂəu²¹tsʅ²⁴tʰəu⁰	四拇手指头 sʅ⁵¹mɤ⁰ʂəu²¹tsʅ²⁴tʰəu⁰
丹东	二拇指 ər⁵¹mu²¹tsʅ²¹³	中指 tʂuŋ⁴¹¹tsʅ²¹³	无名指 u²⁴miŋ²⁴tsʅ²¹³
建平	二拇娘 ɐr⁵³mu²¹ɲiã³⁵	中指 tʂuŋ⁴⁴tsʅ²¹³	太阳 tʰɛ⁵³iã³⁵
凌源	二拇哥 ər⁵³mu²¹kɤ⁵⁵ 二拇娘 ər⁵³mu²¹ɲiaŋ³⁵（仅用于歌谣）	中指 tʂuŋ⁵⁵tsʅ⁵⁵	无名指 vu³⁵miŋ³⁵tsʅ²¹ 太阳 tʰai⁵³iaŋ³⁵（仅用于歌谣）

	0484 小拇指	0485 指甲	0486 腿
沈阳	小手指头 ɕiau²¹ʂou²¹tʂʅ³⁵tʰou⁰	指甲儿 tʂʅ²¹tɕiar²¹	腿 tʰuei²¹³
本溪	小拇疙瘩 ɕiau³⁵muʰkɤ⁴⁴ta⁰	手指盖儿 ʂou³⁵tʂʅ²¹kɐr⁵¹	腿 tʰuei²²⁴
辽阳	小拇指 ɕiau²¹mu³⁵tʂʅ²¹³	手指盖儿 ʂou²¹tʂʅ³⁵kar⁵¹	腿 tʰuei²¹³
海城	小手指儿 ɕiau³⁵ʂəu³⁵tʂər²¹⁴	手指甲儿 ʂəu²¹tʂʅ³⁵tɕiar²¹⁴	腿 tʰuei²¹⁴
开原	小妞儿妞儿 ɕiau²¹ȵiour⁴⁴ȵiour⁰	手指盖儿 ʂou²¹tʂʅ³⁵kɐr⁵¹	腿 tʰuei²¹³
锦州	小手指头 ɕiau³⁵ʂou²¹tʂʅ³⁵tʰou⁰	手盖儿 ʂou²¹kɐr⁵¹	腿 tʰuei²¹³
盘锦	小指 ɕiau³⁵tʂʅ²¹³	手盖儿 ʂou²¹kɐr⁵¹	腿 tʰuei²¹³
兴城	小手指头 ɕiau³⁵ʂou²¹tʂʅ³⁵tʰou⁰	手指盖儿 ʂou²¹tʂʅ³⁵kɐr⁵¹	腿 tʰuei²¹³
绥中	小手指头 ɕiau³⁵ʂou²¹tʂʅ³⁵tʰou⁰	手犄角 ʂou²¹tɕi⁵⁵tɕiau⁰	腿 tʰuei²¹³
义县	小手指头 ɕiau³⁵ʂou²¹tʂʅ³⁵tʰou⁰ 小拇指 ɕiau³⁵mu³⁵tʂʅ²¹³	手指盖儿 ʂou²¹tʂʅ³⁵kɐr⁵¹	腿 tʰuei²¹³
北票	小拇指 ɕiau²¹mu³⁵tʂʅ²¹³	手指盖儿 ʂou²¹tʂʅ³⁵kɐr⁵¹	腿 tʰuei²¹³
阜新	妞妞儿 ȵiou⁵⁵ȵiour⁰	手指盖儿 ʂou²¹tʂʅ³⁵kɐr⁵¹	腿 tʰuei²¹³
黑山	小手指头 ɕiau³⁵ʂou²¹tʂʅ³⁵tʰou⁰	手指盖儿 ʂou³⁵tʂʅ²¹kɐr⁵¹	腿 tʰuei²¹³
昌图	小妞妞儿 ɕiau²¹ȵiou³³ȵiour⁰	手指盖儿 ʂou³⁵tʂʅ²¹kɐr⁵¹	腿 tʰuei²¹³
大连	小手指头 ɕiɔ³⁴ʃəu²¹tʂʅ³⁴tʰəu⁰	指甲盖儿 tʂʅ³⁴tɕia²¹kɐr⁵²	腿 tʰe²¹³
金州 杏树	小拇指 ɕiɔ³⁴mu⁰tʂʅ²¹³	手指盖儿 ʂəu³⁴tʂʅ²¹kɐr⁵²	腿 tʰe²¹³
长海	拉巴丢儿 la³³pa⁰tiəur³¹	手丫盖儿 ʃəu²⁴ia³¹kɐr⁵³	腿 tʰei²¹⁴
庄河	小指头 ɕiao²⁴tʂʅ²¹tʰəu⁰	手盖儿 ʂəu²¹kɐr⁵¹	腿 tʰei²¹³
盖州	小拇手指头 ɕiau²¹mɤ⁰ʂəu²¹tʂʅ²⁴tʰəu⁰	手指盖儿 ʂəu²¹tʂʅ²⁴kɐr⁵¹	腿 tʰuei²¹³
丹东	小拇指 ɕiau²¹mu²⁴tʂʅ²¹³	手指盖儿 ʂəu²¹tʂʅ²⁴kɐr⁵¹	腿 tʰei²¹³
建平	小妞妞儿 ɕiɔ²¹ȵiəu⁴⁴ȵiəur⁴⁴ 小拇哥 iɔ³⁵mu²¹kɤ⁴⁴	指盖子 tʂʅ²¹ke⁵³tsʅ⁰	腿 tʰuei²¹³
凌源	小拇哥儿 ɕiau³⁵mu²¹kɤr⁵⁵ 小妞儿妞儿 ɕiau²¹ȵiour⁵⁵ȵiour⁰（仅用于歌谣）	手指盖儿 ʂou³⁵tʂʅ²¹kɐr⁵¹	腿 tʰuei²¹

	0487 脚 方言指（打√）：只指脚；包括小腿；包括小腿和大腿；他的～压断了	0488 膝盖 指部位	0489 背 名词
沈阳	脚 tɕiau²¹³	膊㭫盖儿 pɤ³³liŋ⁰kɐr⁴¹	后脊梁 xou⁴¹tɕin³³n̠iaŋ²¹
本溪	脚 tɕiau²²⁴	膊㭫盖儿 pɤ⁴⁴lən⁰kɐr⁵¹	后背 xou⁵³pei⁵¹
辽阳	脚 tɕiau²¹³	膊㭫盖儿 pɤ⁴⁴lən⁰kar⁵¹	后脊梁 xou⁵¹tɕi²¹liaŋ²¹³
海城	脚 tɕiau²¹⁴	膊㭫盖儿 pɤ⁴⁴liŋ⁰kɐr⁵¹	后脊梁 xəu⁵¹tɕi³⁵n̠iaŋ
开原	脚 tɕiau²¹³（只指脚）	膊㭫盖儿 pɤ⁴⁴lə⁰kɐr⁵¹	后脊梁 xou⁵¹tɕi⁴⁴n̠iaŋ²¹³ 后脊骨 xou⁵¹tɕi⁴⁴ku²¹³
锦州	脚 tɕiau²¹³（只指脚）	胳㭫瓣儿 kɤ⁵⁵lə⁰pɐr⁵¹	后脊梁骨 xou⁵³tɕi⁵⁵maˀku²¹³
盘锦	脚 tɕiau²¹³	膊㭫盖儿 pɤ²¹lə⁰kɐr⁵¹	脊骨子 tɕi¹ku²¹tsə⁰ 背 pei⁵¹
兴城	脚 tɕiau²¹³（只指脚）	膊里盖儿 pɤ⁴⁴li⁰kɐr⁵¹	后脊骨 xou⁵¹tɕi⁴⁴ku²¹³
绥中	脚 tɕiau²¹³	膊里盖儿 puo⁵⁵li³⁵kɐr⁵¹	后脊梁骨 xou⁵¹tɕi⁵⁵liaŋ⁰ku²¹³
义县	脚丫子 tɕiau²¹ia⁴⁴tʂʅ⁰（只指脚） 脚 tɕiau²¹³（只指脚）	膊㭫盖儿 pɤ⁴⁴lən⁰kɐr⁵¹	后背 xou⁵³pei⁵¹ 后脊骨子 xou⁵³tɕiŋ⁴⁴ku²¹tʂʅ⁰
北票	脚丫子 tɕiau²¹ia⁴⁴tʂʅ⁰（只指脚） 脚 tɕiau²¹³（只指脚）	膊㭫盖儿 pɤ⁴⁴lɤ⁰kɐr⁵¹	后脊梁骨 xou⁵³tɕi²¹n̠iaŋ⁰ku²¹³
阜新	脚丫子 tɕiau²¹ia⁵⁵tsa⁰（只指脚） 脚 tɕiau²¹³（只指脚）	膊㭫盖儿 pɤ⁵⁵lə⁰kɐr⁵¹	后脊心骨 xou⁵³tɕi²¹ɕinˀku²¹³
黑山	脚丫子 tɕiau²¹ia⁴⁴tʂʅ⁰（只指脚） 脚 tɕiau²¹³（只指脚）	胳㭫瓣儿 kɤ⁴⁴lən⁰pɐr⁵¹	后脊骨儿 xou⁵³tɕiən⁴⁴kur²¹³
昌图	脚 tɕiau²¹³	膊里盖儿 pə³³li⁰kɐr⁵¹	后脊梁骨 xou⁵¹tɕi³³liaŋ⁰ku²¹³
大连	脚 tɕyɛ²¹³	膊㭫盖儿 pɤ³¹lə⁰kɐr⁵²	后背 xəu⁵²pe⁵²
金州杏树	脚 tɕyɛ²¹³	膊里盖儿 pɤ²¹ləu⁰kɐr⁵²	背 pe⁵²
长海	脚 ciau²¹⁴	膊里盖 pɤ³¹li⁰kai⁵³	脊棱杆子 ci³¹liŋˀkan²¹ən⁰
庄河	脚 tɕyɛ²¹³	膊里盖 pə³¹liˀkai⁵¹	后脊棱杆子 xəu⁵¹tɕi²¹lən⁰kan²¹ən⁰
盖州	脚 tɕiau²¹³	膊㭫盖儿 pɤ⁴¹²lən⁰kɐr⁵¹	后脊梁 xəu⁵¹tɕi²⁴n̠iaŋ⁴¹²
丹东	脚 tɕiau²¹³	膊㭫盖儿 pɤ²¹lən⁰kɐr⁵¹	背 pei⁵¹
建平	脚 tɕiɔ²¹³	膊㭫盖儿 pɤ⁴⁴lən⁰kɐr⁵³	后脊肩 xou⁵³tɕĩ²¹tɕiẽ⁰
凌源	脚丫子 tɕiau²¹ia⁵⁵tʂʅ⁰（只指脚） 脚 tɕiau²¹⁴（只指脚）	膊㭫盖儿 pɤ⁵⁵lən⁰kɐr⁵¹	后脊上 xou⁵³tɕin²¹ʂaŋ⁰

	0490 肚子腹部	0491 肚脐	0492 乳房女性的
沈阳	肚子 tu⁴¹tsʅ⁰	肚脐儿 tu⁴¹tɕʰiər³⁵	咂儿 tsar³³
本溪	肚子 tu⁵¹tsʅ⁰	肚脐儿 tu⁵¹tɕʰiər³⁵	奶头 nai²¹tʰou⁰
辽阳	肚子 tu⁵¹tsʅ⁰	肚脐眼儿 tu⁵¹tɕʰi³⁵iar²¹³	奶头 nai²¹tʰou⁰
海城	肚子 tu⁵¹tsʅ⁰	肚脐眼儿 tu⁵¹tɕʰi³⁵iɐr²¹⁴	奶头 nai²¹tʰəu⁰
开原	肚子 tu⁵³tsə⁰	肚脐儿 tu⁵³tɕʰiər³⁵	咂儿咂儿 tʂar⁴⁴tʂar⁰
锦州	肚囊子 tu⁵³naŋ³⁵tʂə⁰	肚脐子 tu⁵³tɕʰi³⁵tʂə⁰	咂儿 tʂar⁵⁵ 妈儿妈儿 mar⁵⁵mar⁰
盘锦	肚子 tu⁵¹tsə⁰	肚脐子 tu⁵³tɕʰi³⁵tsə⁰	咂儿 tʂar⁵⁵ 妈儿妈儿 mar⁵⁵mar⁰
兴城	肚子 tu⁵¹tsʅ⁰ 肚囊子 tu⁵¹naŋ³⁵tsʅ⁰	肚脐子 tu⁵¹tɕʰi³⁵tsʅ⁰	咂儿 tʂar³⁵
绥中	肚子 tu⁵¹tsʅ⁰	肚脐眼儿 tu⁵¹tɕʰi³⁵iɐr²¹³	咂儿 tʂar³⁵
义县	肚子 tu⁵¹tsʅ⁰	肚脐眼儿 tu⁵³tɕʰi³⁵iɐr²¹³	咂儿 tʂar⁴⁴
北票	肚子 tu⁵¹tsʅ⁰	肚脐儿 tu⁵³tɕʰiər³⁵ 肚脐眼儿 tu⁵³tɕʰi³⁵iɐr²¹³	咂儿 tʂar⁴⁴ 妈儿妈儿 mar⁴⁴mar⁰
阜新	肚囊子 tu⁵³naŋ³⁵tsa⁰	肚脐子 tu⁵³tɕʰi³⁵tsa⁰	妈妈 ma⁵⁵ma⁰ 咂儿 tʂar⁵⁵
黑山	肚囊子 tu⁵³naŋ³⁵tsʅ⁰ 肚子 tu⁵¹tsʅ⁰	肚脐眼儿 tu⁵³tɕʰi³⁵iɐr²¹³ 肚脐儿 tu⁵³tɕʰiər³⁵	咂儿 tʂar⁴⁴ 妈儿妈儿 mar⁴⁴mar⁰
昌图	肚子 tu⁵¹tsə⁰	肚脐眼儿 tu⁵¹tɕʰi³⁵iɐr²¹³	咂咂 tʂa³³tʂə⁰
大连	肚子 tu⁵²ə⁰	肚脐眼儿 tu⁵²tɕʰi³⁴iɐr²¹³	奶子 nɛ²¹ɐ⁰
金州杏树	肚子 tu⁵²ə⁰	肚脐眼儿 tu⁵²tɕʰi³⁴iɐr²¹³	奶子 nɛ²¹ɐ⁰
长海	肚子 tu⁵³tsʅ⁰	肚壁眼儿 tu⁵¹pi⁵³iɐr²¹⁴	奶子 nai²¹tsʅ⁰
庄河	肚子 tu⁵¹ə⁰	肚脐子 tu⁵³tɕʰi⁵¹ə⁰	奶子 nai²¹ə⁰
盖州	肚子 tu⁵¹tsʅ⁰	肚脐儿 tu⁵¹tɕʰiər²⁴ 肚脐眼儿 tu⁵¹tɕʰi²⁴iɐr²¹³	咂咂儿 tsa²⁴tsar⁰
丹东	肚子 tu⁵¹tsʅ⁰	肚脐子 tu⁵¹tɕʰi²⁴tsʅ⁰	奶子 nai²¹tsʅ⁰
建平	肚子 tu⁵³tsʅ⁰	肚脐子 tu⁵³tɕʰi³⁵tsʅ⁰	妈妈儿 ma⁴⁴mar⁰
凌源	肚瓜子 tu⁵³kua⁵⁵tsʅ⁰ 肚子 tu⁵¹tsʅ⁰	肚脐眼儿 tu⁵³tɕʰi³⁵iɐr²¹ 肚脐眼子 tu⁵³tɕʰi³⁵iɐn²¹tsʅ⁰	妈儿妈儿 mar⁵⁵mar⁰ 咂儿 tʂar⁵⁵

	0493 屁股	0494 肛门	0495 阴茎成人的
沈阳	屁股 pʰi⁴¹xu⁰	屁眼儿 pʰi⁴¹iɐr²¹	鸡子 tɕi³³tsʅ⁰
本溪	屁股 pʰi⁵¹ku⁰	屁眼儿 pʰi⁵¹iɐr²²⁴	鸡子 tɕi³¹tsʅ⁰
辽阳	屁股 pʰi⁵¹ku⁰	屁眼儿 pʰi⁵¹iar²¹³	大鸡巴 ta⁵¹tɕi⁴⁴pa⁰
海城	屁股 pʰi⁵¹ku⁰	屁眼儿 pʰi⁵¹iɐr²¹⁴	鸡巴 tɕi⁴⁴pa⁰
开原	腚 tiŋ⁵¹ 屁股 pʰi⁵³xu⁰	屁眼儿 pʰi⁵³iɐr²¹³ 屁眼子 pʰi⁵³ian²¹tʂə⁰	屪子 liau³⁵tʂə⁰ 鸡巴 tɕi⁴⁴pa⁰
锦州	屁股 pʰiau⁵¹xu⁰	屁眼子 pʰi⁵³ian²¹tʂə⁰	嘚⁼子 tei⁵⁵tʂə⁰ 鸡巴 tɕi⁵⁵pa⁰ 屪子 liau³⁵tʂə⁰
盘锦	屁股 pʰiau⁵¹xu⁰ 腚 tiəŋ⁵¹	屁眼儿 pʰi⁵¹iɐr²¹³	嘚⁼儿 tər⁵⁵ 鸡巴 tɕi⁵⁵pa⁰
兴城	屁股 pʰiau⁵¹xu⁰	屁眼子 pʰi⁵³ian²¹tsʅ⁰	屪子 liau³⁵tsʅ⁰ 鸡巴 tɕi⁴⁴pa⁰
绥中	屁股 pʰi⁵¹ku⁰	屁眼儿 pʰiɛ⁵¹iɐr²¹³	鸡巴 tɕi⁵⁵pa⁰
义县	屁股 pʰi⁵¹xu⁰	屁眼子 pʰi⁵³ian²¹tsʅ⁰	嘚⁼子 tei⁴⁴tsʅ⁰ 鸡巴 tɕi⁴⁴pa⁰ 屪子 liau³⁵tsʅ⁰
北票	腚 tiəŋ⁵¹ 屁股蛋子 pʰi⁵¹xu⁰tan⁵¹tsʅ⁰	腚眼子 tiəŋ⁵³ian²¹tsʅ⁰ 屁股眼子 pʰi⁵¹xu⁰ian²¹tsʅ⁰	鸡巴 tɕi⁴⁴pa⁰ 嘚⁼儿 tər⁴⁴ 鸡巴屪子 tɕi⁴⁴pa⁰liau³⁵tsʅ⁰
阜新	屁股 pʰi⁵¹ku⁰	屁股子 pʰi⁵³ian²¹tsa⁰	鸡巴 tɕi⁵⁵pa⁰ 嘚⁼儿 tər⁵⁵ 辣椒 la⁵³tɕiau⁵⁵
黑山	屁股 pʰiau⁵¹xuo⁰ 屁股 pʰi⁵¹ku⁰	屁股眼儿 pʰiau⁵¹xuo⁰iɐr²¹³ 屁眼儿 pʰi⁵³iɐr²¹³	嘚⁼儿 tər⁴⁴ 鸡巴 tɕi⁴⁴pa⁰ 屪子 liau³⁵tsʅ⁰
昌图	屁股 pʰi⁵¹xu⁰	屁眼儿 pʰi⁵¹iɐr²¹³	鸡子 tɕi³³pa⁰
大连	腚 tiŋ⁵²	腚眼子 tiŋ⁵²iɛ̃²¹ɐ⁰	屌 tio²¹³
金州杏树	腚 tiŋ⁵²	腚眼子 tiŋ⁵²iɛ̃²¹ɐ⁰	雀子 tɕʰyɛ²¹ɐ⁰
长海	腚 tiŋ⁵³	腚眼子 tiŋ⁵³ian²¹ən⁰	雀子 tʃʰyɛ²¹ə⁰
庄河	腚 tiŋ⁵¹	腚眼子 tiŋ⁵¹ian²¹ən⁰	雀子 tɕʰyɛ²¹ə⁰
盖州	后腚 xəu⁵¹tiŋ⁵¹ 腚 tiŋ⁵¹	腚眼儿 tiŋ⁵¹iɐr²¹³	鸡巴 tɕi⁴¹²pa⁰
丹东	腚 tiŋ⁵¹	腚眼儿 tiŋ⁵¹iɐr²¹³	鸡巴 tɕi⁴¹¹pa⁰
建平	屁股蛋子 pʰi⁵³ku⁰ta⁵³tsʅ⁰	腚眼子 tiŋ⁵³iɛ̃²¹tsʅ⁰	鸡巴 tɕi⁴⁴pa⁰
凌源	腚蛋子 tiŋ⁵³tan⁵¹tsʅ⁰ 屁股 pʰi⁵¹ku⁰	腚眼子 tiŋ⁵³iɛn²¹tsʅ⁰ 屁眼子 pʰi⁵³iɛn²¹tsʅ⁰	嘚⁼儿 tər⁵⁵ 鸡巴 tɕi⁵⁵pa⁰ 屪子 liau³⁵tsʅ⁰

	0496 女阴 成人的	0497 肏 动词	0498 精液
沈阳	屄 pi³³	肏 tsʰau⁴¹	屄腥 ɕyŋ³⁵
本溪	屄 pi³⁵	肏 tsʰau⁴⁴	屄腥 ɕyŋ³⁵
辽阳	屄 pi⁴⁴	肏 tsʰau⁵¹	屄腥 ɕyŋ³⁵
海城	屄 pi⁴⁴	肏 tʂʰau⁵¹	屄腥 ɕiuŋ³⁵
开原	胯=子 kʰua²¹tsɿ⁰ 屄 pi⁴⁴	肏 tsʰau⁵¹	屄腥 ɕyŋ³⁵
锦州	屄 pi⁵⁵	肏 tsʰau⁵¹	屄腥 ɕyŋ³⁵
盘锦	屄 pi⁵⁵	肏 tsʰau⁵¹	屄儿 ɕyə̃r³⁵
兴城	屄 pi⁴⁴	肏 tʂʰau⁵¹	屄腥 ɕyŋ³⁵
绥中	屄 pi⁵⁵	肏 tʂʰau⁵¹	精液 tɕiəŋ⁵⁵ie⁵¹
义县	屄 pi⁴⁴	肏 tʂʰau⁵¹	屄腥 ɕyŋ³⁵
北票	屄 pi⁴⁴	肏 tsʰau⁵¹	屄腥 ɕyəŋ³⁵
阜新	屄 pi⁵⁵	肏 tsʰau⁵¹	屄腥 ɕyŋ³⁵
黑山	屄 pi⁴⁴	肏 tʂʰau⁵¹	屄儿 ɕyə̃r³⁵ 马=子 ma²¹tsɿ⁰
昌图	屄 pi³³	肏 tsʰau⁵¹	精子 tɕiəŋ³³tsɿ²¹³
大连	鸭子 ia²¹ɐ⁰	肏 tsʰɔ⁵²	屄腥 ɕyŋ³⁴
金州 杏树	屄 pi³¹²	肏 tsʰɔ⁵²	屄腥 ɕyŋ³⁴
长海	屄 pi³¹	肏 tsʰau⁵³	屄腥 ɕyŋ⁵³
庄河	屄 pi³¹	肏 tsʰao⁵¹	屄腥 ɕyŋ⁵¹
盖州	屄 pi⁴¹²	肏 tsʰau⁵¹	精子 tɕiŋ⁴¹²tsɿ⁰
丹东	胯=子 kʰua²¹tsɿ⁰	肏 tsʰau⁵¹	屄腥 ɕyŋ²⁴
建平	屄 pi⁴⁴	肏 tsʰɔ⁵³	屄腥 ɕyŋ³⁵
凌源	屄 pi⁵⁵	肏 tsʰau⁵¹	屄汤子 ɕyŋ³⁵tʰaŋ⁵⁵tsɿ⁰

	0499 来月经注意婉称	0500 拉屎	0501 撒尿
沈阳	来事儿 lai³⁵sər⁴¹	拉屎 la³³ʂʅ²¹	撒尿 sa³⁵ȵiau⁴¹
本溪	来例假 lai³⁵li⁵³tɕia⁵¹	拉屎 la⁴⁴ʂʅ²²⁴	撒尿 sa⁴⁴ȵiau⁵¹
辽阳	来事儿 lai³⁵sər⁵¹	拉㞎㞎 la⁴⁴pa²¹pa⁰	撒尿 sa³⁵ȵiau⁵¹
海城	来事儿 lai³⁵sər⁵¹	拉㞎㞎 la⁴⁴pa²¹⁴pa⁰	撒尿 ʂa²¹ȵiau⁵¹
开原	来客了 lai³⁵tɕʰie²¹lə⁰ 来事儿了 lai³⁵sər⁵³lə⁰	拉㞎㞎 la⁴⁴pa²¹pa⁰ 拉屎 la⁴⁴ʂʅ²¹³	尿尿 ȵiau⁵³ȵiau⁵¹ 撒尿 ʂa⁴⁴ȵiau⁵¹
锦州	来事儿 lai³⁵ʂər⁵¹ 来例假 lai³⁵lie⁵³tɕia⁵¹	拉㞎㞎 la⁵⁵pa²¹pa⁰	撒尿 ʂa²¹ȵiau⁵¹ 尿尿 ȵiau⁵³ȵiau⁵¹
盘锦	来事儿了 lai³⁵sər⁵¹lə⁰ 来例假 lai³⁵li⁵³tɕia⁵¹	拉㞎㞎 la⁵⁵pa²¹pa⁰ 拉屎 la⁵⁵ʂʅ²¹³	尿尿 ȵiau⁵³ȵiau⁵¹ 撒尿 sa²¹ȵiau⁵¹
兴城	来事儿了 lai³⁵sər⁵¹lə⁰	拉屎 la⁴⁴ʂʅ²¹³ 拉㞎㞎 la⁴⁴pa²¹pa⁰	撒尿 ʂa²¹ȵiau⁵¹
绥中	来事儿 lai³⁵ʂər⁵¹	拉㞎㞎 la⁵⁵pa²¹pa⁰	撒尿 ʂa⁵⁵ȵiau⁵¹
义县	来例假 lai³⁵li⁵³tɕia⁵¹ 来事儿 lai³⁵sər⁵¹	拉屎 la⁴⁴ʂʅ²¹³ 拉㞎㞎 la⁴⁴pa²¹pa⁰	撒尿 ʂa⁴⁴ȵiau⁵¹
北票	来事儿 lai³⁵sər⁵¹ 来例假 lai³⁵li⁵³tɕia⁵¹	拉㞎儿 la⁴⁴par²¹³ 拉屎 la⁴⁴ʂʅ²¹³	尿尿 ȵiau⁵³ȵiau⁵¹ 撒尿 sa⁴⁴ȵiau⁵¹
阜新	来例假 lai³⁵li⁵³tɕia⁵¹ 来事儿了 lai³⁵sər⁵¹lə⁰	拉㞎㞎 la⁵⁵pa²¹pa⁰	尿尿 ȵiau⁵³ȵiau⁵¹ 撒尿 sa²¹ȵiau⁵¹
黑山	来例假 lai³⁵li⁵³tɕia⁵¹ 来事儿 lai³⁵sər⁵¹	拉㞎㞎 la⁴⁴pa²¹pa⁰ 拉屎 la⁴⁴ʂʅ²¹³	撒尿 ʂa⁴⁴ȵiau⁵¹ 尿尿 ȵiau⁵³ȵiau⁵¹
昌图	来事儿了 lai³⁵sər⁵¹lə⁰	大解 ta⁵¹tɕie²¹³	小解 ɕiau³⁵tɕie²¹³ 尿尿 ȵiau⁵¹ȵiau⁵¹
大连	来例假 lɛ³⁴le⁵²tɕia⁵²	拉㞎㞎 la³¹pa²¹pa⁰	尿尿 ȵiɔ⁵²ȵiɔ⁵²
金州杏树	来月经 lɛ³¹yɛ²¹tɕiŋ³¹²	拉㞎㞎 la³¹pa²¹pa⁰	尿尿 ȵiɔ⁵²ȵiɔ⁵²
长海	来月经 lai³¹yɛ³³ɕiŋ³¹	拉㞎㞎 la³¹pa²¹pa⁰	尿尿 ȵiau⁵³ȵiau⁵³
庄河	来月经 lai⁵¹yɛ²¹tɕiŋ⁰	拉㞎㞎 la⁵¹pa²¹pa⁰	尿尿 ȵiao⁵³ȵiao⁵¹
盖州	来事儿 lai²⁴sər⁵¹	拉㞎㞎 la⁴¹²pa²¹pa⁰	尿尿 ȵiau⁵¹ȵiau⁵¹
丹东	来月经 lai²⁴yɛ⁵¹tɕiŋ⁴¹¹	拉㞎㞎 la⁴¹¹pa²¹pa⁰	尿尿 ȵiau⁵³ȵiau⁵¹
建平	来血脉儿 lɛ³⁵ɕie²¹mər⁰	拉屎 la⁴⁴ʂʅ²¹³	尿尿 ȵiɔ⁴²ȵiɔ⁵³
凌源	来例假 lai³⁵li⁵³tɕia⁵¹ 来事儿 lai³⁵sər⁵¹ 坏事儿 xuai⁵³sər⁵¹	拉屎 la⁵⁵ʂʅ²¹ 拉㞎㞎 la⁵⁵pa²¹pa⁰	尿尿 ȵiau⁵³ȵiau⁵¹

词汇对照

	0502 放屁	0503 相当于"他妈的"的口头禅	0504 病了
沈阳	放屁 faŋ⁴¹pʰi⁴¹	妈的 ma³³ti⁰	病了 piŋ⁴¹lə⁰
本溪	放屁 faŋ⁵³pʰi⁵¹	他妈的 tʰa⁴⁴ma³¹tə⁰	病了 piŋ⁵¹lə⁰
辽阳	放屁 faŋ⁵¹pʰi⁵¹	他妈的 tʰa⁵¹ma⁴⁴tɤ⁰	病了 piŋ⁵¹lɤ⁰
海城	放屁 faŋ⁵¹pʰi⁵¹	妈了个屄的 ma⁴⁴lɤ⁰kɤ⁰pi⁴⁴ti⁰	有病了 iəu²¹piŋ⁵¹lɤ⁰
开原	放屁 faŋ⁵¹pʰi⁵¹	妈了屄的 ma⁴⁴lə⁰pi⁴⁴ti⁰ 肏他妈的 tʂʰau⁵³tʰa⁴⁴ma⁴⁴tə⁰ 我肏 uɤ²¹tʂʰau⁵¹	有病了 iou²¹piŋ⁵¹lə⁰ 来病了 lai³⁵piŋ⁵¹lə⁰
锦州	放屁 faŋ⁵³pʰi⁵¹	妈了个屄的 ma⁵⁵lə⁰kə⁰pi⁵⁵ti⁰	有病咧 iou²¹piŋ⁵¹lie⁰
盘锦	放屁 faŋ⁵³pʰi⁵¹	肏你妈的 tsʰau⁵¹n̩²¹ma⁵⁵tə⁰	不得劲儿 pu⁵¹tɤ²¹tɕiər⁵¹ 不舒儿服 pu⁵¹ʂur⁵⁵fu⁰
兴城	放屁 faŋ⁵¹pʰi⁵¹	妈了个巴子 ma⁴⁴lə⁰kə⁰pa⁴⁴tsʅ⁰	有病了 iou²¹piŋ⁵¹lə⁰
绥中	放屁 faŋ⁵¹pʰi⁵¹	他妈的 tʰa⁵⁵ma⁵⁵ti⁰	有病了 iou²¹piəŋ⁵¹lɤ⁰
义县	放屁 faŋ⁵³pʰi⁵¹	他妈的 tʰa⁴⁴ma⁴⁴ti⁰ 妈了个屄的 ma⁴⁴lɤ⁰kɤ⁰pi⁴⁴ti⁰	病了 piŋ⁵¹lɤ⁰
北票	放屁 faŋ⁵³pʰi⁵¹	妈了个屄的 ma⁴⁴lɤ⁰kɤ⁰pi⁴⁴ti⁰ 肏你个妈的 tsʰau⁵³n̩²¹kɤ⁰ma⁴⁴ti⁰	病了 piəŋ⁵¹lɤ⁰
阜新	放屁 faŋ⁵³pʰi⁵¹	妈了屄的 ma⁵⁵lə⁰pi⁵⁵ti⁰	不在喜 p⁵³tai²¹ɕi⁰
黑山	放屁 faŋ⁵³pʰi⁵¹	肏他妈的 tʂʰau⁵³tʰa⁴⁴ma⁴⁴tɤ⁰	病了 piəŋ⁵¹lɤ⁰
昌图	放屁 faŋ⁵³pʰi⁵¹	他妈了个屄的 tʰa³³ma³³lə⁰kə⁰pi³³tie⁰	生病了 ʂən³³piəŋ⁵¹lə⁰
大连	放屁 faŋ⁵²pʰi⁵²	他奶奶的 tʰa³¹nɛ²¹nɛ⁰ti⁰	病了 piŋ⁵²lə⁰
金州杏树	放屁 faŋ⁵²pʰi⁵²	肏恁妈 tsɔ⁵²nã³⁴ma³¹²	病了 piŋ⁵²lə⁰
长海	放屁 faŋ⁵³pʰi⁵³	驴肏的 ly⁵³tsʰau⁵³ti⁰	病了 piŋ⁵³lə⁰
庄河	放屁 faŋ⁵³pʰi⁵¹	肏你妈 tsʰao⁵¹n̩²¹ma³¹	病了 piŋ⁵¹lə⁰
盖州	放屁 faŋ⁵¹pʰi⁵¹	肏你妈 tsʰau⁵¹n̩²⁴ma⁴¹²	有病了 iəu²¹piŋ⁵¹lɤ⁰
丹东	放屁 faŋ⁵³pʰi⁵¹	妈了个屄 ma⁴¹¹lə⁰kɤ⁰pi⁵¹	病了 piŋ⁵¹lə⁰
建平	放屁 fã⁴²pʰi⁵³	妈了个巴子 ma⁴⁴lə⁰kə⁰pa⁴⁴tsʅ⁰	不熨着 pu⁵³z̩⁴⁴tsuə⁰ 闹包=特儿 nɔ⁵³pɔ⁴⁴tʰər⁰ 嫌乎不好 ɕiɛ̃³⁵xu⁰pu⁰xɔ²¹³ 病了 piŋ⁵³lə⁰ 撞克儿 tʂuã⁵³kʰər⁰
凌源	放屁 faŋ⁵³pʰi⁵¹	他妈的 tʰa⁵⁵ma⁵⁵ti⁰ 妈了个屄的 ma⁵⁵lɤ⁰kɤ⁰pi⁵⁵ti⁰	病了 piŋ⁵¹lɤ⁰

	0505 着凉	0506 咳嗽	0507 发烧
沈阳	冻着 tuŋ⁴¹tsau⁰	咳嗽 kʰɤ³⁵sou⁰	发烧 fa³³sau³³
本溪	着凉 tsau³⁵liaŋ³⁵	咳嗽 kʰɤ³⁵ʂou⁰	发烧 fa⁴⁴ʂau⁴⁴
辽阳	着凉了 tsau³⁵liaŋ³⁵lɤ⁰ 凉着了 liaŋ³⁵tsau⁰lɤ⁰	咳嗽 kʰɤ³⁵ʂou⁰	发烧 fa⁴⁴sau⁴⁴
海城	着凉 tʂau³⁵liaŋ³⁵	咳嗽 kʰɤ³⁵ʂəu⁰	发烧 fa⁴⁴ʂau⁴⁴
开原	着凉儿 tʂau⁴⁴liãr³⁵	咳嗽 kʰɤ³⁵suɤ⁰	发烧 fa⁴⁴ʂau⁴⁴
锦州	冻着咧 tuŋ⁵¹tʂau⁰lie⁰	咳嗽 kʰɤ³⁵ʂuo⁰	发烧 fa⁵⁵ʂau⁵⁵
盘锦	着凉了 tʂau³⁵liaŋ³⁵lə⁰	咳嗽 kʰɤ³⁵sə⁰	发烧 fa⁵⁵ʂau⁵⁵
兴城	着凉 tʂau³⁵liaŋ³⁵	咳嗽 kʰɤ³⁵ʂuo⁰	发烧 fa⁴⁴ʂau⁴⁴
绥中	着凉 tʂau³⁵liaŋ³⁵	咳嗽 kʰɤ³⁵ʂuo⁰	发烧 fa⁵⁵ʂau⁵⁵
义县	凉着了 liaŋ³⁵tʂau⁰lɤ⁰	咳嗽 kʰɤ³⁵ʂou⁰	发烧 fa⁴⁴ʂau⁴⁴
北票	着凉 tʂau³⁵liaŋ³⁵	咳嗽 kʰɤ³⁵sɤ⁰	发烧 fa⁴⁴ʂau⁴⁴
阜新	冷着了 ləŋ²¹tʂau⁵⁵liɛ⁰	咳嗽 kʰɤ³⁵suo⁰	发烧 fa⁵⁵ʂau⁵⁵
黑山	冻着了 tuəŋ⁵³tʂau⁰lɤ⁰	咳嗽 kʰɤ³⁵sɤ⁰	有热 iou²¹ʐɤ⁵¹ 发烧 fa⁴⁴ʂau⁴⁴
昌图	受风寒 ʂou⁵¹fəŋ³³xan³⁵	咳嗽 kʰɤ³⁵ʂou⁰	发烧 fa³³ʂau³³
大连	受凉了 ʃəu⁵²liaŋ³⁴lə⁰	咳嗽 kʰɤ²¹səu⁰	发烧 fa³⁴ʃɔ³¹²
金州 杏树	凉着了 liaŋ³¹tsuə⁰lə⁰	咳嗽 kʰɤ²¹səu³¹²	发烧 fa³⁴sɔ³¹²
长海	冻了 tuŋ⁵³lə⁰	咳嗽 kʰɤ⁵³səu⁰	发热 fa²¹iɛ⁵³
庄河	着凉 tsao⁵³liaŋ⁵¹	咳嗽 kʰə²⁴səu⁰	发烧 fa²⁴sao³¹
盖州	凉着 liaŋ²⁴tsau⁰	咳嗽 kʰɤ²⁴sau⁰	发烧 fa²⁴sau⁴¹²
丹东	冻着了 tuŋ⁵¹tʂɤ⁰lə⁰	咳嗽 kʰɤ²⁴sou⁰	发烧 fa²⁴ʂau⁴¹¹
建平	着凉儿 tʂɔ³⁵liãr³⁵	咳嗽 kʰɤ³⁵səu⁰	发烧 fa⁴⁴ʂɔ⁴⁴
凌源	着凉 tʂau³⁵liaŋ³⁵	咳嗽 kʰɤ³⁵sɤ⁰	发烧 fa⁵⁵ʂau⁵⁵

词汇对照

	0508 发抖	0509 肚子疼	0510 拉肚子
沈阳	哆嗦 tɤ³³sə⁰	肚子疼 tu⁴¹tsʅ⁰tʰəŋ³⁵	跑肚 pʰau²¹tu⁴¹
本溪	哆嗦 tɤ³¹sou⁰	肚子疼 tu⁵¹tsʅ⁰tʰəŋ³⁵	拉稀 la⁴⁴ɕi⁴⁴
辽阳	哆嗦 tɤ⁴⁴ʂɤ⁰	肚子疼 tu⁵¹tsʅ⁰tʰəŋ³⁵	跑肚 pʰau²¹tu⁵¹
海城	嘚瑟 tɤ⁴⁴ʂɤ⁰	肚子疼 tu⁵¹tsʅ⁰tʰəŋ³⁵	拉稀 la³⁵ɕi⁴⁴ 跑肚 pau²¹tu⁵¹
开原	哆嗦 tuɤ⁴⁴ʂuɤ⁰	肚子疼 tu⁵³tsʅ⁰tʰəŋ³⁵	拉肚子 la⁴⁴tu⁵³tʂə⁰ 跑肚拉稀 pʰau²¹tu⁵³la⁴⁴ɕi⁴⁴ 闹肚子 nau⁵³tu⁵¹tʂə⁰
锦州	哆嗦 tuo⁵⁵ʂuo⁰	肚疼 tu⁵³tʰəŋ³⁵	拉肚 la⁵⁵tu⁵¹ 拉稀 la⁵⁵ɕi⁵⁵ 跑肚 pʰau²¹tu⁵¹
盘锦	哆嗦 tɤ⁵⁵sə⁰	肚子疼 tu⁵¹tsʅ⁰tʰəŋ³⁵	跑肚 pʰau²¹tu⁵¹
兴城	哆嗦 tuo⁴⁴ʂuo⁰	肚子疼 tu⁵¹tsʅ⁰tʰəŋ³⁵	拉肚子 la⁴⁴tu⁵¹tʂʅ⁰ 跑肚 pʰau²¹tu⁵¹
绥中	哆嗦 tuo⁵⁵ʂuo⁰	肚子疼 tu⁵¹tsʅ⁰tʰəŋ³⁵	拉稀 la⁵⁵ɕi⁵⁵
义县	哆嗦 tuo⁴⁴ʂuo⁰	肚子疼 tu⁵¹tsʅ⁰tʰəŋ³⁵	拉稀 la⁴⁴ɕi⁴⁴ 跑肚 pʰau²¹tu⁵¹ 蹿稀 tsʰuan⁴⁴ɕi⁴⁴
北票	哆嗦 tuo⁴⁴sɤ⁰	肚子疼 tu⁵¹tsʅ⁰tʰəŋ³⁵	拉稀 la⁴⁴ɕi⁴⁴ 跑肚 pʰau²¹tu⁵¹ 蹿稀 tsʰuan⁴⁴ɕi⁴⁴
阜新	哆嗦 tuo⁵⁵suo⁰	肚子疼 tu⁵¹tsʅ⁰tʰəŋ³⁵	肚闹子 nau⁵³tu⁵¹tsa⁰ 跑肚 pʰau²¹tu⁵¹ 拉稀 la⁵⁵ɕi⁵⁵
黑山	哆嗦 tuo⁴⁴ʂuo⁰	肚子疼 tu⁵¹tsʅ⁰tʰəŋ³⁵	闹肚子 nau⁵³tu⁵³tʂʅ⁰ 拉稀 la⁴⁴ɕi⁴⁴ 蹿稀 tsʰuan⁴⁴ɕi⁴⁴
昌图	哆嗦 tɤ³³sə⁰	肚子疼 tu⁵¹ə⁰tʰəŋ³⁵	拉稀 la³³ɕi³³
大连	打哆嗦 ta³⁴tɤ³¹sə⁰	肚子疼 tu⁵²ə⁰tʰəŋ³⁴	拉稀 la⁴²ɕi³¹²
金州 杏树	发抖 fa³⁴təu²¹³	肚子疼 tu⁵²ə⁰tʰəŋ⁵²	拉肚子 la³¹tu⁵²ə⁰
长海	颤颤 tʃan⁵³tʃan⁰	肚子疼 tu⁵³tsʅ⁰tʰəŋ⁵³	拉屁屎 la³¹pa⁵¹sʅ²¹⁴
庄河	打哆嗦 ta²⁴tuə³¹suə⁰	肚子疼 tu⁵¹ə⁰tʰəŋ²⁴	拉肚子 la²¹tu⁵¹ə⁰
盖州	哆嗦 tuɤ⁴¹²suɤ⁰	肚子疼 tu⁵¹tsʅ⁰tʰəŋ²⁴	跑肚 pʰau²¹tu⁵¹
丹东	哆嗦 tɤ⁵¹sou⁰	肚子疼 tu⁵¹tsʅ⁰tʰəŋ²⁴	跑肚 pʰau²¹tu⁵¹
建平	打滴滴 ta²¹ti⁴⁴ti⁰	肚子疼 tu⁵³tsʅ⁰tʰəŋ³⁵	坏肚子 xue⁴²tu⁵³tsʅ⁰
凌源	哆嗦 tɤ⁵⁵sɤ⁰	肚子疼 tu⁵¹tsʅ⁰tʰəŋ³⁵	拉稀 la⁵⁵ɕi⁵⁵ 跑肚 pʰau²¹tu⁵¹ 蹿稀 tsʰuan⁵⁵ɕi⁵⁵

	0511 患疟疾	0512 中暑	0513 肿
沈阳	发疟子 fa³³iau⁴¹tsʅ⁰	中暑 tsuŋ⁴¹su²¹	肿 tsuŋ²¹³
本溪	打摆子 ta³⁵pai²¹tsʅ⁰	中暑 tʂuŋ⁵¹ʂu²²⁴	肿 tʂuŋ²²⁴
辽阳	得痢疾 tɤ³⁵li⁵¹tɕi⁰	中暑 tʂuŋ⁵¹ʂu²¹³	肿 tʂuŋ²¹³
海城	得疟疾 tɤ²¹ȵyɛ⁵¹tɕi⁰	中暑 tʂuŋ⁵¹ʂu²¹⁴	肿 tʂuŋ²¹⁴
开原	打摆子 ta³⁵pai²¹tʂə⁰	中暑 tʂuŋ⁵³ʂu²¹³	肿 tʂuŋ²¹³
锦州	发疟子 fa⁵⁵iau⁵¹tʂə⁰	中暑 tʂuŋ⁵³ʂu²¹³	肿 tʂuŋ²¹³
盘锦	打摆子 ta²¹pai²¹tsə⁰ 发疟子 fa⁵⁵iau⁵¹tsə⁰	中暑 tsuəŋ⁵¹su⁰	肿 tsuən²¹³
兴城	发疟子 fa⁴⁴iau⁵¹tsʅ⁰	中暑 tʂuŋ⁵¹ʂu²¹³	肿 tʂuŋ²¹³
绥中	发疟子 fa⁵⁵iau⁵¹tsʅ⁰	中暑 tʂuəŋ⁵¹ʂu²¹³	肿 tʂuən²¹³
义县	发疟子 fa⁴⁴iau⁵¹tsʅ⁰	中暑 tʂuŋ⁵³ʂu²¹³	肿 tʂuŋ²¹³
北票	发疟子 fa⁴⁴iau⁵¹tsʅ⁰	中暑 tʂuəŋ⁵³ʂu²¹³	肿 tʂuən²¹³
阜新	发疟子 fa⁵⁵iau⁵¹tsə⁰	中暑 tʂuŋ⁵³ʂu²¹³	肿 tʂuŋ²¹³
黑山	发疟子 fa⁴⁴iau⁵¹tsʅ⁰	中暑 tʂuəŋ⁵³ʂu²¹³	肿 tʂuən²¹³
昌图	发疟子 fa³³iau⁵¹tsʅ⁰	中暑 tʂuəŋ⁵¹ʂu²¹³	肿 tʂuən²¹³
大连	打摆子 ta³⁴pɛ²¹ɐ⁰	中暑 tsuŋ⁵²ʃu²¹³	肿 tsuŋ²¹³
金州杏树	发疟子 fa³⁴yɛ²¹ɐ⁰	中暑 tsuŋ⁵²ɕy²¹³	肿 tsuŋ²¹³
长海	（无）	中暑 tsuŋ⁵³ʃy²¹⁴	肿 tsuŋ²¹⁴
庄河	（无）	中暑 tsuŋ⁵¹ɕy²¹³	肿 tsuŋ²¹³
盖州	拉稀 la²⁴ɕi⁴¹²	中暑 tsuŋ⁵¹su²¹³	肿 tsuŋ²¹³
丹东	患疟疾 xuan⁵¹ȵyɛ⁵¹tɕi⁰	上热了 ʂaŋ⁵³iɛ⁵¹lə⁰	肿 tsuŋ²¹³
建平	（无）	中暑 tʂʰuŋ⁵³ʂu²¹³	胖了 pʰã⁴⁴lə⁰
凌源	发疟子 fa⁵⁵iau⁵¹tsʅ⁰	中暑 tʂuŋ⁵³ʂu²¹	肿 tʂuŋ²¹⁴

	0514 化脓	0515 疤好了的	0516 癣
沈阳	化脓 xua⁴¹nəŋ³⁵	疤瘌 pa³³lə⁰	癣 ɕyan²¹³
本溪	化脓 xua⁵¹nəŋ³⁵	疤瘌 pa³¹la⁰	癣 ɕyan²²⁴
辽阳	化脓 xua⁵¹nəŋ³⁵	疤瘌 pa⁴⁴lɤ⁰	癣 ɕyan²¹³
海城	化脓 xua⁵¹nəŋ³⁵	疤瘌 pa⁴⁴la⁰	癣 ɕyan²¹⁴
开原	闹泼 nau⁼⁴⁴pʰə⁰ 化脓 xua⁵³nəŋ³⁵	疤瘌 pa⁴⁴la⁰	癣 ɕyan²¹³
锦州	闹泼 nau⁼⁵⁵pʰə⁰	疤瘌 pa⁵⁵la⁰	癣 ʂuan²¹³
盘锦	化脓 xua⁵¹nəŋ³⁵ 闹发 nau⁵⁵fa⁰	疤癞 pa⁵⁵lə⁰	癣 ɕyan²¹³
兴城	化脓 xua⁵¹nəŋ³⁵ 闹乎 nau⁴⁴xuo⁰	疤瘌 pa⁴⁴la⁰	癣 ɕyan²¹³
绥中	闹脓 tʰau⁵¹nəŋ³⁵	疤瘌 pa⁵⁵la⁰	癣 ɕyan²¹³
义县	闹乎 nau⁴⁴xu⁰	疤瘌 pa⁴⁴la⁰	癣 ɕyan²¹³
北票	闹发 nau⁴⁴fɤ⁰ 化脓 xua⁵³nəŋ³⁵	疤瘌 pa³⁵la⁰	癣 ɕyan²¹³
阜新	闹泼 nau⁼⁵⁵pʰu⁰	疤瘌 pa⁵⁵la⁰	癣 ɕyan²¹³
黑山	闹泼 nau⁼⁴⁴pʰɤ⁰	疤瘌 pa³⁵la⁰	癣 ɕyan²¹³
昌图	化脓 xua⁵¹nəŋ³⁵	疤瘌 pa³³la⁰	癣 ɕyan²¹³
大连	窝泛 uə²¹fã⁰	结疙儿 tɕiɛ³⁴kɤr³¹²	癣 ɕyɛ̃²¹³
金州杏树	化脓 xua³⁴nəu³¹²	疤 pa³¹²	癣 ɕiɛ̃²¹³
长海	化脓 xua³³nuŋ⁵³	疤 pa³¹	癣 ʃian²¹⁴
庄河	化脓 xua⁵³nuŋ⁵¹	疤 pa³¹	癣 ɕian²¹³
盖州	化脓 xua⁵¹nəŋ²⁴	疤瘌 pa⁴¹²la⁰	癣 ɕyan²¹³
丹东	窝泛 uo²¹fan⁵¹	疤 pa⁴¹¹	癣 ɕyan²¹³
建平	闹发了 nɔ⁴⁴fa⁵³lə⁰	疤瘌 pa⁴⁴la⁰	癣 ɕyɛ̃²¹³
凌源	闹发 nau⁵⁵fu⁰ 化脓 xua⁵³nəŋ³⁵	疤瘌 pa³⁵la⁰	癣 ɕyan²¹⁴

	0517 痣凸起的	0518 疙瘩蚊子咬后形成的	0519 狐臭
沈阳	痣 tsʅ⁴¹	疙瘩 ka³³ta⁰	狐臭 xu³⁵tsʰou⁴¹
本溪	痣 tsʅ⁵¹	疙瘩 ka³¹ta⁰	狐臭 xu³⁵tʂʰou⁵¹
辽阳	痦子 u⁵¹tsʅ⁰	包儿 paur⁴⁴	狐臭 xu³⁵tʂʰou⁵¹
海城	痦痣 u⁵¹tʂʅ⁰	包 pau⁴⁴ 疙瘩 ka⁴⁴ta⁰	臭胳肢窝 tʂʰou⁵¹ka²¹⁴tɕiuɤ⁴⁴
开原	痦子 u⁵³tʂə⁰	疙瘩 ka⁴⁴ta⁰	臭胳肢窝儿 tsʰou⁵³ka²¹tʂʅ⁰uɤr⁴⁴
锦州	痦子 u⁵¹tʂə⁰	包 pau⁵⁵	臭胳肢窝 tsʰou⁵³ka²¹tʂʅ⁵⁵uo⁵⁵
盘锦	痦子 u⁵¹tsə⁰	包 pau⁵⁵	臭胳肢窝 tsʰou⁵¹ka²¹tɕiuo⁵⁵
兴城	痦子 u⁵¹tʂʅ⁰	包 pau⁴⁴ 疙瘩 ka⁴⁴ta⁰	臭膀子 tsʰou⁵¹paŋ²¹tsʅ⁰
绥中	痦子 zu⁵¹tʂɤ⁰	包 pau⁵⁵	臭胳肢窝 tsʰou⁵¹ka²¹tɕiuo⁵⁵
义县	痦子 u⁵¹tʂʅ⁰	疙瘩 ka⁴⁴ta⁰ 包 pau⁴⁴	臭胳肢窝 tsʰou⁵³ka²¹tɕi⁴⁴uo⁴⁴
北票	痦子 u⁵¹tʂʅ⁰	疙瘩 ka⁴⁴ta⁰ 包 pau⁴⁴	臭胳肢窝 tsʰou⁵³ka²¹tʂɤ⁰uo⁴⁴
阜新	痦子 u⁵¹tsa⁰	疙瘩 ka⁵⁵ta⁰ 包 pau⁵⁵	臭胳肢窝 tsʰou⁵¹ka²¹tɕiuo⁵⁵
黑山	痦子 u⁵¹tʂʅ⁰	包 pau⁴⁴ 疙瘩 ka⁴⁴ta⁰	臭胳肢窝 tsʰou⁵³ka²¹tɕi⁴⁴uo⁴⁴
昌图	痦子 u⁵¹tʂə⁰	疙瘩 ka³³tə⁰ 包 pau³³	臭膀子 tsʰou⁵¹paŋ²¹tsə⁰
大连	痣 tɕi⁵²	疙瘩 ka³¹ta⁰	狐臭 xu³⁴tʃʰəu⁵²
金州 杏树	痣 tɕi⁵²	疙瘩 ka³¹tə⁰	狐臭 xu⁵²tsʰəu⁵²
长海	痣 ci⁵³	包 pau³¹	狐骚 xu²⁴sau³¹
庄河	痣 tɕi⁵¹	疙瘩 ka³¹ta⁰	狐臭 xu⁵³tsʰəu⁵¹
盖州	痣 tsʅ⁵¹	疙瘩 ka⁴¹²ta⁰	腋臭 ie⁵¹tsʰəu⁵¹
丹东	痣 tɕi⁵¹	疙瘩 ka⁴¹¹ta⁰	狐臭 xu²⁴tʂʰou⁵¹
建平	瘊子 xəu³⁵tsʅ⁰	疙瘩 ka⁴⁴ta⁰ 包 pɔ⁴⁴	臭胳肢窝 tsʰəu⁵³ka⁴⁴tʂʅ⁰vɤ⁴⁴
凌源	痦子 vu⁵¹tsʅ⁰	疙瘩 ka⁵⁵ta⁰ 包 pau⁵⁵	臭胳拉窝 tsʰou⁵³ka²¹la⁰vɤ⁵⁵

	0520 看病	0521 诊脉	0522 针灸
沈阳	看病 kʰan⁴¹piŋ⁴¹	号脉 xau⁴¹mai⁴¹	针灸 tʂən³³tɕiou³³
本溪	瞧病 tɕʰiau³⁵piŋ⁵¹	号脉 xau⁵³mai⁵¹	针灸 tʂən⁴⁴tɕiou⁴⁴
辽阳	看病 kʰan⁵¹piŋ⁵¹	瞧瞧脉 tɕʰiau³⁵tɕʰiau⁰mai⁵¹	针灸 tʂən⁴⁴tɕiou⁴⁴
海城	瞧病 tɕʰiau³⁵piŋ⁵¹	号脉 xau⁵³mai⁵¹	针灸 tʂən⁴⁴tɕiəu⁴⁴
开原	瞧病 tɕʰiau³⁵piŋ⁵¹ 看病 kʰan⁵³piŋ⁵¹	号脉 xau⁵³mai⁵¹ 把脉 pa²¹mai⁵¹	针灸 tʂən⁴⁴tɕiou⁴⁴
锦州	瞧病 tɕʰiau³⁵piŋ⁵¹	号脉 xau⁵³mai⁵¹	针灸 tʂən⁵⁵tɕiou⁵⁵
盘锦	瞧病 tɕʰiau³⁵piəŋ⁵¹	号脉 xau⁵³mai⁵¹	针灸 tʂən⁵⁵tɕiou⁵⁵
兴城	看病 kʰan⁵¹piŋ⁵¹	摸脉 mɤ⁴⁴mai⁵¹	针灸 tʂən⁴⁴tɕiou⁴⁴
绥中	看病 kʰan⁵¹piəŋ⁵¹	号脉 xau⁵¹mai⁵¹	针灸 tʂən⁵⁵tɕiou⁵⁵
义县	看病 kʰan⁵³piŋ⁵¹	号脉 xau⁵³mai⁵¹ 把脉 pa²¹³mai⁵¹	针灸 tʂən⁴⁴tɕiou²¹³
北票	看病 kʰan⁵³piəŋ⁵¹	摸脉 mɤ⁴⁴mai⁵¹ 号脉 xau⁵³mai⁵¹	针灸 tʂən⁴⁴tɕiou⁴⁴
阜新	看病 kʰan⁵³piŋ⁵¹	摸脉 mɤ⁵⁵mai⁵¹ 号脉 xau⁵³mai⁵¹	针灸 tʂən⁵⁵tɕiou⁵⁵
黑山	瞧病 tɕʰiau³⁵piəŋ⁵¹ 看病 kʰan⁵³piəŋ⁵¹	号脉 xau⁵³mai⁵¹	针灸 tʂən⁴⁴tɕiou⁴⁴
昌图	看病 kʰan⁵³piəŋ⁵¹	把脉 pa²¹mai⁵¹ 摸脉 mɤ³³mai⁵¹	针灸 tʂən³³tɕiou³³
大连	看病 kʰã⁵²piŋ⁵²	把脉 pa²¹mɛ⁵²	扎干针 tsa³¹kã³⁴tʃə³¹²
金州 杏树	看病 kʰã⁵²piŋ⁵²	把脉 pa⁵²mɤ²¹³	下干针 ɕia⁵²kã³⁴tsə³¹²
长海	看病 kʰan⁵³piŋ⁵³	把脉 pa²⁴mɤ³¹	打干针 ta²⁴kan³³tʃən³¹
庄河	看病 kʰan⁵³piŋ⁵¹	把脉 pa²¹mai⁵¹	针灸 tʂən³¹tɕiəu²¹³
盖州	上医院 saŋ⁵¹i⁴¹²yan⁵¹	号脉 xau⁵¹mai⁵¹	针灸 tʂən²⁴tɕiəu⁴¹²
丹东	看病 kʰan⁵³piŋ⁵¹	号脉 xau⁵³mai⁵¹	针灸 tʂən⁴⁴tɕiou⁴¹¹
建平	扎⁼古⁼病 tʂa⁴⁴ku⁰piŋ⁵³	号脉 xɔ⁴²mɛ⁵³	行针 ɕiŋ³⁵tʂə⁴⁴
凌源	看病 kʰan⁵³piŋ⁵¹	摸脉 mɤ⁵⁵mai⁵¹ 号脉 xau⁵³mai⁵¹	行针 ɕiŋ³⁵tʂən⁵⁵

	0523 打针	0524 打吊针	0525 吃药 统称
沈阳	打针 ta²¹tʂən³³	打滴流儿 ta²¹ti³⁵liour³⁵	吃药 tʂʰʅ³³iau⁴¹
本溪	打针 ta²¹tʂən⁴⁴	打滴流儿 ta²¹ti³⁵liour³⁵	吃药 tʂʰʅ⁴⁴iau⁵¹
辽阳	扎针儿 tsa⁴⁴tʂər⁴⁴	扎滴流 tsa⁴⁴ti⁴⁴liou³⁵	吃药 tʂʰʅ⁴⁴iau⁵¹
海城	打针儿 ta³⁵tʂər⁴⁴	挂吊瓶儿 kua⁵³tiau⁵¹pʰiɚr³⁵	吃药儿 tʂʰʅ³⁵iaur⁵¹
开原	打针 ta²¹tʂən⁴⁴	打滴流儿 ta²¹ti³⁵liour³⁵ 挂滴流儿 kua⁵³ti³⁵liour³⁵	吃药 tʂʰʅ⁴⁴iau⁵¹
锦州	扎针 tʂa⁵⁵tʂən⁵⁵	打吊瓶 ta²¹tiau⁵³pʰiŋ³⁵ 打点滴 ta³⁵tian²¹ti⁵⁵ 打滴流儿 ta²¹ti³⁵liour³⁵	喝药 xɤ⁵⁵iau⁵¹
盘锦	扎针儿 tʂa⁵⁵tʂər⁵⁵	打滴流儿 ta²¹ti⁵⁵liour³⁵ 输液 ʂu⁵⁵iɛ⁵¹	吃药 tʂʰʅ⁵⁵iau⁵¹
兴城	打针儿 ta²¹tʂər⁴⁴	打皮针儿 ta²¹pʰi³⁵tʂər⁴⁴ 打吊瓶 ta²¹tiau⁵¹pʰiŋ³⁵	喝药 xɤ⁴⁴iau⁵¹
绥中	打针 ta²¹tʂən⁵⁵	打滴流儿 ta²¹ti³⁵liour³⁵	吃药 tʂʰʅ⁵⁵iau⁵¹
义县	打针 ta²¹tʂən⁴⁴	打滴流儿 ta²¹ti⁴⁴liour³⁵ 输液 ʂu⁴⁴ˑi⁵¹	吃药 tʂʰʅ⁴⁴iau⁵¹
北票	扎针 tʂa⁴⁴tʂən⁴⁴ 打针 ta²¹tʂən⁴⁴	打滴流儿 ta²¹ti⁴⁴liour³⁵ 挂滴流儿 kua⁵³ti⁴⁴liour³⁵ 打点滴 ta³⁵tian²¹ti⁴⁴	吃药 tʂʰʅ⁴⁴iau⁵¹
阜新	打针 ta²¹tʂən⁵⁵	打吊瓶儿 ta²¹tiau⁵¹pʰiɚr³⁵ 打滴流儿 ta²¹ti⁵⁵liour³⁵ 打点滴 ta³⁵tian²¹ti⁵⁵	吃药 tʂʰʅ⁵⁵iau⁵¹
黑山	扎针 tʂa⁴⁴tʂən⁴⁴ 打针 ta²¹tʂən⁴⁴	输液 ʂu⁴⁴ˑi⁵¹ 打滴流儿 ta²¹ti⁴⁴liour³⁵	吃药 tʂʰʅ⁴⁴iau⁵¹
昌图	打针 ta²¹tʂən³³	打吊瓶儿 ta²¹³tiau⁵¹pʰiɚr³⁵ 扎滴流儿 tʂa³³ti³³liour³⁵	吃药 tʂʰʅ³³iau⁵¹
大连	扎针儿 tsa³⁴tʃər³¹²	打吊瓶 ta²¹tiɔ⁵²pʰiŋ³⁴	逮药 tɛ²¹yɛ⁵²
金州杏树	打针 ta³⁴tsə̄³¹²	打吊瓶 ta²¹tiɔ⁵²pʰiŋ⁵²	逮药 tɛ³⁴yɛ²¹³
长海	打针 ta²⁴tʃən³¹	打吊瓶子 ta²⁴tiau⁵³pʰiɚ⁵³˳	逮药 tai²⁴yɛ²¹⁴
庄河	打针儿 ta²⁴tsər³¹	打吊瓶 ta²¹tiao⁵³pʰiŋ⁵¹	逮药 tai²¹yɛ⁵¹
盖州	打针 ta²⁴tsən⁴¹²	打吊瓶 ta²¹tiau⁵¹pʰiŋ²⁴	吃药 tʂʰʅ²⁴iau⁵¹
丹东	打针 ta²⁴tʂən⁴¹¹	打滴流 ta²¹ti²⁴liou²⁴	吃药 tʂʰʅ²¹iau⁵¹
建平	打平针儿 ta²¹pʰiŋ³⁵tʂər⁴⁴	打滴流儿 ta²¹ti⁴⁴liəur³⁵	吃药 tʂʰʅ⁴⁴iɔ⁵³
凌源	打针 ta²¹tʂən⁵⁵	打滴流儿 ta²¹ti⁵⁵liour³⁵	吃药 tʂʰʅ⁵⁵iau⁵¹

	0526 汤药	0527 病轻了	0528 说媒
沈阳	汤药 tʰaŋ³³iau⁴¹	病轻了 piŋ⁴¹tɕʰiŋ³³lə⁰	保媒 pau³⁵mei³⁵
本溪	中药 tʂuŋ⁴⁴iau⁵¹	强了 tɕʰiaŋ³⁵lə⁰	保媒 pau²¹mei³⁵
辽阳	汤药 tʰaŋ⁴⁴iau⁵¹	病强了 piŋ⁵¹tɕʰiaŋ³⁵lɤ⁰	介绍对象 tɕie⁵¹ʂau⁵¹tuei⁵¹ɕiaŋ⁵¹ 保媒 pau²¹mei³⁵
海城	汤药 tʰaŋ⁴⁴iau⁵¹	好点儿了 xau³⁵tier²¹⁴lɤ⁰	介绍对象儿 tɕie⁵¹ʂau⁵¹tuei⁵³ɕiãr⁵¹
开原	汤药 tʰaŋ⁴⁴iau⁵¹ 中药 tʂuŋ⁴⁴iau⁵¹	见好 tɕian⁵³xau²¹³ 见强 tɕian⁵³tɕiaŋ³⁵	保媒 pau²¹mei³⁵
锦州	中药 tʂuŋ⁵⁵iau⁵¹	好多了 xau²¹tuo⁵⁵lə⁰	保媒 pau²¹mei³⁵ 介绍对象儿 tɕie⁵¹ʂau⁰tuei⁵³ɕiãr⁵¹
盘锦	汤药 tʰaŋ⁵⁵iau⁰	见好了 tɕian⁵¹xau²¹lə⁰	保媒 pau²¹mei³⁵ 介绍对象儿 tɕie⁵¹ʂau⁰tuei⁵³ɕiãr⁵¹
兴城	汤药 tʰaŋ⁴⁴iau⁵¹	强了 tɕʰiaŋ³⁵lə⁰ 好多了 xau²¹tuo⁴⁴lə⁰	保媒 pau²¹mei³⁵
绥中	汤药 tʰaŋ⁵⁵iau⁵¹	好点儿了 xau³⁵tier²¹lɤ⁰	介绍 tɕie⁵¹ʂau⁰
义县	汤药 tʰaŋ⁴⁴iau⁵¹	好点儿了 xau³⁵tier²¹lɤ⁰ 强点儿了 tɕʰiaŋ³⁵tier²¹lɤ⁰	保媒 pau²¹mei³⁵
北票	汤药 tʰaŋ⁴⁴iau⁵¹	好点儿了 xau³⁵tier²¹lɤ⁰	保媒 pau²¹mei³⁵ 介绍对象儿 tɕie⁵³ʂau⁰tuei⁵³ɕiãr⁵¹
阜新	汤药 tʰaŋ⁵⁵iau⁵¹	好点儿了 xau³⁵tier²¹lə⁰ 强点儿了 tɕʰiaŋ³⁵tier²¹lə⁰	保媒 pau²¹mei³⁵
黑山	中药 tʂuəŋ⁴⁴iau⁵¹	见好了 tɕian⁵³xau²¹lɤ⁰ 好点儿了 xau³⁵tier²¹lɤ⁰	保媒 pau²¹mei³⁵
昌图	汤药 tʰaŋ³³iau⁵¹	见好了 tɕian⁵¹xau²¹lə⁰ 见轻了 tɕian⁵¹tɕʰiəŋ³³lə⁰	保媒拉线儿 pau²¹mei³⁵la³³tɕʰier⁰ 介绍对象 tɕie⁵³ʂau⁵¹tuei⁵³ɕiaŋ⁵¹
大连	汤药 tʰaŋ³¹yɛ⁰	见强了 tɕiɛ⁵²tɕʰiaŋ³⁴lə⁰	提亲 tʰi³⁴tɕʰĩ³¹²
金州 杏树	汤药 tʰaŋ³¹yɛ²¹³	强了 tɕʰiaŋ⁵²lə⁰	提媒 tʰi³⁴me³¹²
长海	汤药 tʰaŋ³¹yɛ²¹⁴	病轻了 piŋ⁵³tɕʰiŋ³¹lə⁰	拉媒 la³¹mei⁵³
庄河	汤药 tʰaŋ³¹yɛ⁵¹	病轻 piŋ⁵¹tɕʰiŋ³¹	提媒儿 tʰi²¹mər⁵¹
盖州	汤药 tʰaŋ⁴¹²iau⁵¹	轻点儿了 tɕʰiŋ⁴¹²tier²¹lɤ⁰	介绍对象儿 tɕie⁵¹sau⁰tuei⁵¹ɕiãr⁵¹
丹东	汤药 tʰaŋ⁴¹¹iau⁵¹	病强了 piŋ⁵¹tɕʰiaŋ²⁴lə⁰	说媒 ʂuo²¹mei²⁴
建平	汤药 tʰã⁴⁴iɔ⁵³ 中药 tʂʰuŋ⁴⁴iɔ⁵³	病差点儿了 piŋ⁵³tʂʰa⁴⁴tier²¹lə⁰	当媒人 tã⁴⁴mɜ̃³⁵zə̃⁰
凌源	汤药 tʰaŋ⁵⁵iau⁵¹	好点儿了 xau³⁵tier²¹lɤ⁰ 强点儿了 tɕʰiaŋ³⁵tier²¹lɤ⁰	保媒 pau²¹mei³⁵

	0529 媒人	0530 相亲	0531 订婚
沈阳	媒人 mei³⁵in³⁵	相亲 ɕiaŋ³³tɕʰin³³	订婚 tiŋ⁴¹xuən³³
本溪	媒婆儿 mei³⁵pʰuor³⁵	搞对象儿 kau²¹tuei⁵³ɕiãr⁵¹	换盅儿 xuan⁵¹tʂūr⁴⁴
辽阳	媒婆儿 mei³⁵pʰɤr³⁵	看对象 kʰan⁵¹tuei⁵³ɕiãr⁰	订婚 tiŋ⁵¹xuən⁴⁴
海城	介绍人儿 tɕiɛ⁵¹ʂau⁰iər³⁵	看对象儿 kʰan⁵³tuei⁵³ɕiãr⁵¹ 打照面儿 ta²¹tʂau⁵³miɐr⁵¹	过礼 kuɤ⁵¹li²¹⁴
开原	介绍人 tɕiɛ⁵³ʂau⁵³ʐən³⁵	看对象儿 kʰan⁵¹tuei⁵³ɕiãr⁵¹	订婚 tiŋ⁵³xuən⁴⁴
锦州	媒婆儿 mei³⁵pʰɤr³⁵（女性媒人） 来⁰人 lai³⁵in⁰（男性媒人）	相对象儿 ɕiaŋ⁵⁵tuei⁵³ɕiãr⁵¹	串门儿 tʂʰuan⁵³mər³⁵ 相门户儿 ɕiaŋ⁵⁵mən³⁵xur⁰
盘锦	媒婆儿 mei³⁵pʰɤr³⁵ 介绍人 tɕiɛ⁵³ʂau⁵³iən³⁵	看对象儿 kʰan⁵³tuei⁵³ɕiãr⁵¹	串门儿 tʂʰuan⁵³mər³⁵
兴城	媒人 mei³⁵in³⁵	相对象儿 ɕiaŋ⁴⁴tuei⁵¹ɕiãr⁵¹	订婚 tiŋ⁵¹xuən⁴⁴
绥中	介绍人 tɕiɛ⁵¹ʂau⁰ʐən³⁵	相对象儿 ɕiaŋ⁵⁵tuei⁵³ɕiãr⁰	订婚 tiəŋ⁵¹xuən⁵⁵
义县	媒人 mei³⁵ʐən³⁵	相对象儿 ɕiaŋ⁴⁴tuei⁵¹ɕiãr⁵¹	订婚 tiŋ⁵³xuən⁴⁴
北票	媒人 mei³⁵ʐən³⁵ 介绍人 tɕiɛ⁵¹ʂau⁰ʐən³⁵	相对象儿 ɕiaŋ⁴⁴tuei⁵¹ɕiãr⁵¹	相门户儿 ɕiaŋ⁴⁴mən³⁵xur⁵¹
阜新	媒人 mei³⁵ʐən³⁵ 介绍人 tɕiɛ⁵³ʂau⁵¹ʐən³⁵	看对象儿 kʰan⁵³tuei⁵³ɕiãr⁵¹ 相对象儿 ɕiaŋ⁵⁵tuei⁵³ɕiãr⁵¹	订亲 tiŋ⁵³tɕʰin⁵⁵ 会亲家 xuei⁵³tɕʰiŋ⁵¹tɕia⁰ 相门户儿 ɕiaŋ⁵⁵mən³⁵xur⁰
黑山	媒婆儿 mei³⁵pʰɤr³⁵（专指女性） 月下老儿 yɛ⁵³ɕia⁵³laur²¹³（男女均可）	相对象儿 ɕiaŋ⁴⁴tuei⁵³ɕiãr⁵¹	相门户儿 ɕiaŋ⁴⁴mən³⁵xur⁵¹ 串门儿 tʂʰuan⁵³mər³⁵
昌图	介绍人 tɕiɛ⁵³ʂau⁵¹iən³⁵	相门户儿 ɕiaŋ³³mən³⁵xur⁰	过彩礼 kuo⁵¹tsʰai³⁵li²¹³
大连	媒婆儿 me³⁴pʰɤr³⁴	看对象儿 kʰã⁵²te⁵²ɕiãr⁵²	订婚 tiŋ⁵²xuə̃³¹²
金州 杏树	媒人 me³¹ĩ⁰	看对象 kʰã⁵²te⁵²ɕiãr⁵²	订亲 tiŋ⁵²tɕʰĩ³¹²
长海	媒婆儿 mei⁵³pʰɤr⁵³	见见面儿 cian⁵³cian⁵³miɐr⁵³	订婚 tiŋ⁵³xuən³¹
庄河	媒人儿 mei⁵³iər⁵¹	看对象儿 kʰan⁵³tei⁵³ɕiãr⁵¹	订婚 tiŋ⁵¹xuən³¹
盖州	媒婆儿 mei²⁴pɤr²⁴	打对面 ta²¹tuei⁵¹mian⁵¹	换盅儿 xuan⁵¹tʂūr⁴¹² 订婚 tiŋ⁵¹xuən⁴¹²
丹东	老媒婆儿 lau²¹mei²⁴pʰɤr⁰	看对象儿 kʰan⁵¹tuei⁵³ɕiãr⁵¹	订婚 tiŋ⁵¹xuən⁴¹¹
建平	媒人 mɑ̃³⁵ʐə̃⁰	相门户 ɕiɑ̃⁴⁴mɑ̃³⁵xu⁰	换盅儿 xuɑ̃⁵³tʂūr⁴⁴
凌源	媒人 mei³⁵ʐən³⁵ 介绍人 tɕiɛ⁵³ʂau⁵³ʐən³⁵	相对象儿 ɕiaŋ⁵⁵tuei⁵³ɕiãr⁵¹	订亲 tiŋ⁵³tɕʰin⁵⁵

	0532 嫁妆	0533 结婚 统称	0534 娶妻子 男子~，动宾
沈阳	嫁妆 tɕia⁴¹tsuaŋ⁰	结婚 tɕiɛ²¹xuən³³	娶媳妇儿 tɕʰy²¹ɕi³⁵fər⁰
本溪	嫁妆 tɕia⁵¹tʂuaŋ⁰	结婚 tɕiɛ³⁵xuən⁴⁴	娶媳妇儿 tɕʰy²¹ɕi³⁵fər⁰
辽阳	陪送 pʰei³⁵suŋ⁵¹	成家 tsʰəŋ³⁵tɕia⁴⁴	娶媳妇儿 tɕʰy³⁵ɕi²¹fur⁰
海城	陪送 pʰei³⁵ʂuŋ⁰	结婚 tɕiɛ³⁵xuən⁴⁴	娶媳妇儿 tɕʰy²¹ɕi³⁵fər⁰
开原	赔送 pʰei³⁵ʂuŋ⁰	结婚 tɕiɛ³⁵xuən⁴⁴	娶媳妇儿 tɕʰy²¹ɕi³⁵fər⁰
锦州	嫁妆 tɕia⁵¹tsuaŋ⁰	结婚 tɕiɛ³⁵xuən⁵⁵	娶媳妇儿 tɕʰy³⁵ɕi²¹fər⁰
盘锦	陪送 pʰei³⁵suaŋ⁰	结婚 tɕiɛ²¹xuən⁵⁵ 办喜事儿 pan⁵¹ɕi²¹ʂər⁵¹	说媳妇儿 ʂuo⁵⁵ɕi³⁵fər⁰ 娶媳妇儿 tɕʰy³⁵ɕi²¹fər⁰
兴城	陪送 pʰei³⁵ʂuŋ⁰	结婚 tɕiɛ²¹xuən⁴⁴	娶媳妇儿 tɕʰy²¹ɕi³⁵fər⁰
绥中	嫁妆 tɕia⁵¹tʂuaŋ⁵⁵	结婚 tɕiɛ²¹xuən⁵⁵	娶媳妇儿 tɕʰy³⁵ɕi²¹fər⁵¹
义县	嫁妆 tɕia⁵¹tʂuaŋ⁰	结婚 tɕiɛ²¹xuən⁴⁴	娶媳妇儿 tɕʰy³⁵ɕi²¹fər⁰
北票	嫁妆 tɕia⁵¹tʂuaŋ⁰	结婚 tɕiɛ²¹xuən⁴⁴	娶媳妇儿 tɕʰy³⁵ɕi²¹fər⁰
阜新	陪嫁 pʰei³⁵tɕia⁵¹	结婚 tɕiɛ²¹xuən⁵⁵	娶媳妇儿 tɕʰy³⁵ɕi²¹fər⁰
黑山	陪嫁 pʰei³⁵tɕia⁵¹ 嫁妆 tɕia⁵¹tʂuaŋ⁰	成家 tʂʰəŋ³⁵tɕia⁴⁴ 结婚 tɕiɛ²¹xuən⁴⁴	娶媳妇儿 tɕʰy³⁵ɕi²¹fər⁰
昌图	彩礼 tsʰai³⁵li²¹³	结婚 tɕiɛ³⁵xuən³³	娶媳妇儿 tɕʰy²¹ɕi³⁵fər⁰
大连	嫁妆 tɕia⁵²tsuaŋ⁰	成亲 tʃʰəŋ³⁴tɕʰĩ³¹²	娶媳妇儿 tɕʰy³⁴ɕi²¹fər⁰
金州 杏树	嫁妆 tɕia⁵²tsuaŋ⁰	结婚 tɕiɛ²¹xuã³¹²	将媳妇 tɕiaŋ³¹ɕi²¹fu⁰
长海	嫁妆 cia⁵³tuaŋ³¹	结婚 ciɛ²⁴xuən³¹	将媳妇儿 tʃaŋ⁵³ʃi²¹fər⁰
庄河	嫁妆 tɕia⁵¹tsuaŋ³¹	结婚 tɕiɛ²⁴xuən³¹	娶老婆 tɕʰy²⁴lao²¹pʰə⁰
盖州	嫁妆 tɕia⁵¹tsuaŋ⁰	结婚 tɕiɛ²⁴xuən⁴¹²	娶媳妇儿 tɕʰy²⁴ɕi²¹fər⁰
丹东	嫁妆 tɕia⁵¹tʂuaŋ⁰	办喜事儿 pan⁵¹ɕi²¹ʂər⁰	娶老婆 tɕʰy²¹lau²¹pʰɤ⁰
建平	陪送 pʰei³⁵suŋ⁵³ 嫁妆 tɕia⁵³tʂuã⁰	结婚 tɕiɛ²¹xuã⁴⁴	娶媳妇儿 tɕʰy³⁵ɕi²¹fər⁰
凌源	嫁妆 tɕia⁵¹tʂuaŋ⁰ 陪嫁 pʰei³⁵tɕia⁵¹	结婚 tɕiɛ²¹xuən⁵⁵	娶媳妇儿 tɕʰy³⁵ɕi²¹fər⁰

	0535 出嫁女子~	0536 拜堂	0537 新郎
沈阳	出门 tʂʰu³⁵mən³⁵	拜堂 pai⁴¹tʰaŋ³⁵	新姑老爷 ɕin³³ku³³lau²¹ie⁰
本溪	聘姑娘 pʰin⁵¹ku³¹ȵiaŋ⁰	拜堂 pai⁵¹tʰaŋ³⁵	新郎倌儿 ɕin⁴⁴laŋ³⁵kuɐr⁰
辽阳	嫁人 tɕia⁵¹in³⁵	拜堂 pai⁵¹tʰaŋ³⁵	新郎倌儿 ɕin⁴⁴laŋ³⁵kuar⁴⁴
海城	出门 tʂʰu³⁵mən³⁵	拜天地儿 pai⁵¹tʰian⁴⁴tiər⁵¹	新郎儿 ɕin⁴⁴lãr³⁵
开原	出门 tʂʰu⁴⁴mən³⁵	（无）	新郎倌儿 ɕin⁴⁴laŋ³⁵kuɐr⁴⁴
锦州	出门 tʂʰu⁴⁴mən³⁵	（无）	新郎倌儿 ɕin⁴⁴laŋ³⁵kuɐr⁴⁴
盘锦	出门子 tʂʰu⁵⁵mən³⁵tsə⁰ 出阁 tʂʰu⁵⁵kɤ³⁵	拜堂 pai⁵³tʰaŋ³⁵	新郎倌儿 ɕiən⁵⁵laŋ³⁵kuɐr⁵⁵
兴城	给出去 kei²¹tʂʰu⁴⁴tɕy⁰	拜堂 pai⁵¹tʰaŋ³⁵	新郎 ɕin⁴⁴laŋ³⁵
绥中	出阁 tʂʰu⁵⁵kɤ³⁵	举行婚礼 tɕy²¹ɕiəŋ³⁵xuən⁵⁵li²¹³	新郎 ɕin⁵⁵laŋ³⁵
义县	出门 tʂʰu⁴⁴mən³⁵ 出阁 tʂʰu⁴⁴kɤ³⁵	拜堂 pai⁵³tʰaŋ³⁵	新郎倌儿 ɕin⁴⁴laŋ³⁵kuɐr⁴⁴
北票	出阁 tʂʰu⁴⁴kɤ³⁵ 出门子 tʂʰu⁴⁴mən³⁵tsʅ⁰	拜堂 pai⁵³tʰaŋ³⁵ 拜天地 pai⁵³tʰian⁴⁴ti⁵¹	新郎倌儿 ɕiən⁴⁴laŋ³⁵kuɐr⁴⁴
阜新	出门子 tʂʰu⁵⁵mən³⁵tsa⁰ 出阁 tʂʰu⁵⁵kɤ³⁵	拜堂 pai⁵³tʰaŋ³⁵	新郎倌儿 ɕin⁵⁵laŋ³⁵kuɐr⁵⁵
黑山	嫁人 tɕia⁵³iən³⁵	拜堂 pai⁵³tʰaŋ³⁵	新郎倌儿 ɕiən⁴⁴laŋ³⁵kuɐr⁴⁴
昌图	出阁 tʂʰu³³kɤ³⁵	拜堂 pai⁵¹tʰaŋ³⁵	新郎倌儿 ɕin³³laŋ³⁵kuɐr³³
大连	出嫁 tʃʰu²¹tɕia⁵²	拜堂 pɛ⁵²tʰaŋ³⁴	新郎倌儿 ɕĩ³¹laŋ³⁴kuɐr³¹²
金州 杏树	出门 tɕʰy²¹mã³¹²	拜堂 pɛ⁵²tʰaŋ⁵²	新郎 ɕĩ³¹laŋ⁵²
长海	找婆家 tsau²¹pʰɤ⁵³cia⁰	（无）	新女婿儿 ʃiən³¹ny²¹ʃyər⁰
庄河	出嫁 tɕʰy²¹tɕia⁵¹	拜堂 pai⁵³tʰaŋ⁵¹	新女婿儿 ɕin³¹ny²¹ɕyər⁰
盖州	出嫁 tʂʰu²⁴tɕia⁵¹	拜天地儿 pai⁵¹tʰian⁴¹²tiər⁵¹	新郎 ɕin⁴¹²laŋ²⁴
丹东	出门子 tʂʰu²¹mən²⁴tsʅ⁰	拜堂 pai⁵¹tʰaŋ²⁴	新郎 ɕin⁴¹¹laŋ²⁴
建平	出门子 tʂʰu⁴⁴mə̃³⁵tsʰʅ⁰	拜堂 pɛ⁵³tʰã³⁵	新郎倌儿 ɕĩ⁴⁴lã³⁵kuɐr⁴⁴
凌源	出门子 tʂʰu⁵⁵mən³⁵tsʅ⁰ 出阁 tʂʰu⁵⁵kɤ²¹	拜堂 pai⁵³tʰaŋ³⁵	新郎倌儿 ɕin⁵⁵laŋ³⁵kuɐr⁵⁵

	0538 新娘子	0539 孕妇	0540 怀孕
沈阳	新媳妇儿 ɕin³³ɕi²¹fər⁰	孕妇 yn⁴¹fu⁴¹	怀孕 xuai³⁵yn⁴¹
本溪	新媳妇儿 ɕin⁴⁴ɕi³⁵fər⁰	孕妇 yn⁵³fu⁵¹	怀孕 xuai³⁵yn⁵¹
辽阳	新娘子 ɕin⁴⁴n̩iaŋ³⁵tʂʅ⁰	孕妇 yn⁵¹fu⁵¹	怀孕 xuai³⁵yn⁵¹
海城	新娘儿 ɕin⁴⁴n̩iãr³⁵	孕妇 yn⁵³fu⁵¹ 大肚子 ta⁵³tu⁵¹tʂʅ⁰	怀上了 xuai³⁵ʂaŋ⁵¹lɤ⁰ 有了 iəu²¹⁴lɤ⁰
开原	新娘子 ɕin⁴⁴n̩iaŋ³⁵tʂə⁰	孕妇 yn⁵³fu⁵¹	有喜 iou²¹ɕi²¹³
锦州	新媳妇儿 ɕin⁵⁵ɕi²¹fər⁰	孕妇 yn⁵³fu⁵¹ 双身板儿 ʂuaŋ⁵⁵ʂən⁵⁵pɐr²¹³	有了 iou²¹lə⁰ 怀上了 xuai³⁵ʂaŋ⁵¹lə⁰
盘锦	新媳妇儿 ɕiən⁵⁵ɕi²¹fər⁰	双身板儿 suaŋ⁵⁵ʂən⁵⁵pɐr²¹³ 大肚子 ta⁵³tu⁵¹tsə⁰	有喜了 iou³⁵ɕi²¹lə⁰ 有了 iou²¹lə⁰
兴城	新娘子 ɕin⁴⁴n̩iaŋ³⁵tʂʅ⁰	双身板儿 ʂuaŋ⁴⁴ʂən⁰pɐr²¹³ 孕妇 yn⁵¹fu⁵¹	有了 iou²¹lə⁰ 怀孕 xuai³⁵yn⁵¹ 怀孩子 xuai³⁵xai³⁵tʂʅ⁰
绥中	新娘 ɕin⁵⁵n̩iaŋ³⁵	双身板儿人 ʂuaŋ⁵⁵ʂən⁵⁵pɐr²¹zən³⁵	怀孕 xuai³⁵yn⁵¹
义县	新媳妇儿 ɕin⁴⁴ɕi²¹fər⁰	双身板儿 ʂuaŋ⁴⁴ʂən⁴⁴pɐr²¹³ 孕妇 yn⁵³fu⁵¹	有喜了 iou³⁵ɕi²¹lɤ⁰
北票	新媳妇儿 ɕiən⁴⁴ɕi²¹fər⁰	双身板儿 ʂuaŋ⁴⁴ʂən⁴⁴pɐr²¹ 孕妇 yən⁵³fu⁵¹	大肚子 ta⁵³tu⁵¹tʂʅ⁰ 怀孕 xuai³⁵yən⁵¹
阜新	新媳妇儿 ɕin⁵⁵ɕi²¹fər⁰	双身板儿 ʂuaŋ⁵⁵ʂən⁵⁵pɐr²¹³ 四眼人 sʅ⁵³ian²¹zən³⁵	有喜了 iou³⁵ɕi²¹lə⁰
黑山	新媳妇儿 ɕiən⁴⁴ɕi²¹fər⁰	双身板儿 ʂuaŋ⁴⁴ʂən⁴⁴pɐr²¹³ 孕妇 yən⁵³fu⁵¹	有喜 iou³⁵ɕi²¹³
昌图	新媳妇儿 ɕiən³³ɕi²¹fər⁰	大肚子的 ta⁵³tu⁵¹tʂʅ⁰ti⁰	有孩子了 iou²¹³xai³⁵tʂʅ⁰lə⁰
大连	新娘子 ɕĩ³¹n̩ia̯ŋ³⁴ə⁰	孕妇 ỹ⁵²fu⁵²	有喜 iəu³⁴ɕi²¹³
金州 杏树	新娘子 ɕĩ³¹n̩iaŋ⁵²ə⁰	有孩老婆 iəu²¹xɛr⁵²lɔ²¹pʰɤ⁰	带孩子 tɛ⁵²xɛr⁵²ə⁰
长海	新媳妇儿 ʃiən³¹ʃʅ²¹fər⁰	（无）	有孩子 iəu²¹xai⁵³ə⁰
庄河	新娘子 ɕin³¹n̩iaŋ⁵¹tʂʅ⁰	孕妇 yn⁵¹fu⁰	怀孕 xuai⁵³yn⁵¹
盖州	新娘 ɕin⁴¹²n̩iaŋ²⁴	孕妇 yn⁵¹fu⁰	怀孕 xuai²⁴yn⁵¹
丹东	新娘 ɕin⁴¹¹n̩iaŋ²⁴	孕妇 yn⁵³fu⁵¹	怀孕 xuai²⁴yn⁵¹
建平	新媳妇儿 ɕĩ⁴⁴ɕi²¹fər⁰	双身子了 ʂuã⁴⁴ʂə̃⁴⁴tʂʅ⁴⁴lə⁰	身子不利索 ʂə̃⁴⁴tʂʅ⁴⁴pu⁴¹li⁵³suə⁰
凌源	新媳妇儿 ɕin⁵⁵ɕi²¹fər⁰	双身子 ʂuaŋ⁵⁵ʂən⁵⁵tʂʅ⁰ 孕妇 yn⁵³fu⁵⁵	有喜了 iou³⁵ɕi²¹la⁰

	0541 害喜 妊娠反应	0542 分娩	0543 流产
沈阳	害喜 xai⁴¹ɕi²¹	生孩子 səŋ³³xai³⁵tsʅ⁰	流产 liou³⁵tsʰan²¹
本溪	害喜 xai⁵¹ɕi²²⁴	生孩子 səŋ⁴⁴xai³⁵tsʅ⁰	小月子 ɕiau²¹yɛ⁵¹tsʅ⁰
辽阳	反应 fan²¹iŋ⁰	生 səŋ⁴⁴	流产 liou³⁵tʂʰan²¹³
海城	有反应 iəu³⁵fan²¹⁴iŋ⁰	生孩子 şəŋ⁴⁴xai³⁵tsʅ⁰	流 liəu³⁵ 掉 tiau⁵¹
开原	反应 fan²¹iŋ⁰	生孩子 səŋ⁴⁴xai³⁵tsə⁰	做小月子 tʂuɤ⁵¹ɕiau²¹yɛ⁵³tʂə⁰
锦州	（无）	生 şəŋ⁵⁵	小产 ɕiau³⁵tsʰan²¹³
盘锦	害口了 xai⁵¹kʰou²¹lə⁰	生孩子 səŋ³⁵xai³⁵tsə⁰	小产 ɕiau³⁵tsʰan²¹³
兴城	害喜 xai⁵¹ɕi²¹³	生 şəŋ⁴⁴	小产 ɕiau³⁵tsʰan²¹³ 流产 liou⁴⁴tʂʰan²¹³
绥中	害口 xai⁵¹kʰou²¹³	生孩子 səŋ⁵⁵xai³⁵tsʅ⁰	流产 liou³⁵tʂʰan²¹³
义县	觉病儿 tɕiau²¹piə˞⁵¹	生孩子 şəŋ⁴⁴xai³⁵tsʅ⁰	小月 ɕiau²¹yɛ⁵¹ 小产 ɕiau³⁵tsʰan²¹³
北票	闹小病儿 nau⁵³ɕiau²¹piə˞⁵¹	生孩子 şəŋ⁴⁴xai³⁵tsʅ⁰	流产 liou³⁵tʂʰan²¹³ 小产 ɕiau³⁵tsʰan²¹³
阜新	长小病儿 tʂaŋ³⁵ɕiau²¹piə˞⁵¹	生 şəŋ⁵⁵	掉了 tiau⁵¹lə⁰ 小产 ɕiau³⁵tsʰan²¹³
黑山	觉病儿 tɕiau²¹piə˞⁵¹	生孩子 şəŋ⁴⁴xai³⁵tsʅ⁰	小产 ɕiau³⁵tsʰan²¹³
昌图	有反应 iou³⁵fan²¹iəŋ⁰	生孩子 şəŋ³³xai³⁵tsə⁰	小月儿 ɕiau²¹yɚ⁰
大连	害喜 xɛ⁵²ɕi²¹³	生孩子 səŋ³¹xɛ³⁴ɐ⁰	小产 ɕiɔ³⁴tsʰã²¹³
金州杏树	害口 xɛ⁵²kʰəu²¹³	养孩子 iaŋ²¹xɛ⁵²ɐ⁰	孩子掉了 xɛ⁵²ɐ⁰tiɔ⁵²lə⁰
长海	害口 xai⁵³kʰəu²¹⁴	养孩子 iaŋ²¹xai⁵³ə⁰	掉了 tiau⁵³lə⁰
庄河	害喜儿 xai⁵¹ɕiə˞²¹³	养孩子 iaŋ²¹xai⁵¹tsʅ⁰	掉了 tiao⁵¹lə⁰
盖州	有反应 iəu²⁴fan²¹iŋ⁰	生小孩儿 səŋ⁴¹²ɕiau²¹xɚ²⁴ 生孩子 səŋ⁴¹²xai²⁴tsʅ⁰	小产 ɕiau²⁴tsʰan²¹³
丹东	害口 xai⁵¹kʰou²¹³	生孩子 səŋ⁴¹¹xai²⁴tsʅ⁰	流产 liou²⁴tʂʰan²¹³
建平	长小病儿 tʂã³⁵ɕiɔ²¹piə˞⁵³	躺下了 tʰã²¹ɕia⁵³lə⁰	小月了 ɕiɔ²¹yɛ⁰lə⁰
凌源	害小病儿 xai⁵³ɕiau²¹piə˞⁵¹ 觉警儿 tɕiau³⁵tɕiə˞²¹	生孩子 şəŋ⁵⁵xai³⁵tsʅ⁰	流了 liou⁵⁵la⁰ 小产 ɕiau³⁵tsʰan²¹

	0544 双胞胎	0545 坐月子	0546 吃奶
沈阳	一对儿双 i³⁵tuər⁴¹ʂuaŋ⁴¹	坐月子 tsuo⁴¹yɛ⁴¹tsʅ⁰	吃奶 tsʰʅ³³nai²¹
本溪	双胞胎 ʂuaŋ⁴⁴pau⁴⁴tʰai⁴⁴	坐月子 tsuo⁵³yɛ⁵¹tsʅ⁰	吃奶 tsʰʅ⁴⁴nai²²⁴
辽阳	双胞胎 ʂuaŋ⁴⁴pau⁴⁴tʰai⁴⁴	坐月子 tsuo⁵⁰yɛ⁵¹tsʅ⁰	吃奶 tsʰʅ⁴⁴nai²¹³
海城	双胞胎 ʂuaŋ⁴⁴pau⁴⁴tʰai⁴⁴	坐月子 tsuɤ⁵³yɛ⁵¹tsʅ⁰	吃啞儿 tsʰʅ³⁵tsar³⁵
开原	一对双儿 i³⁵tuei⁵¹ʂuãr⁵¹	猫月子 mau⁴⁴yɛ⁵³tsə⁰ 待月子 tai⁴⁴yɛ⁵³tsə⁰	吃啞儿 tsʰʅ⁴⁴tsar⁴⁴
锦州	双棒儿 ʂuaŋ⁵¹pãr⁰	待月子 tai⁵³yɛ⁵¹tsə⁰	吃啞儿 tsʰʅ⁵⁵tsar⁵⁵
盘锦	双棒儿 suaŋ⁵⁵pãr⁵¹	猫月子 mau⁵⁵yɛ⁵¹tsa⁰ 趴炕上 pa⁵⁵kʰaŋ⁵¹ʂaŋ⁰	吃啞儿 tsʰʅ⁵⁵tsar⁵⁵
兴城	龙凤胎 luŋ³⁵fəŋ⁵¹tʰai⁴⁴ 双棒儿郎子 ʂuaŋ⁵¹pãr⁰laŋ²¹tsʅ⁰ 双棒儿 ʂuaŋ⁵¹pãr⁰	坐月子 tʂuo⁵¹yɛ⁵¹tsʅ⁰	吃啞儿 tsʰʅ⁴⁴tsar⁴⁴
绥中	双棒郎儿 ʂuaŋ⁵¹paŋ⁵¹lãr²¹³	坐月子 tʂuo⁵¹yɛ⁵¹tsʅ⁰	吃奶 tsʰʅ⁵⁵nai²¹³
义县	双棒儿 ʂuaŋ⁵¹pãr⁰	猫月子 mau⁴⁴yɛ⁵¹tsʅ⁰	吃啞儿 tsʰʅ⁴⁴tsar⁴⁴
北票	双棒儿 ʂuaŋ⁵¹pãr⁰	猫月子 mau⁴⁴yɛ⁵¹tsʅ⁰	吃啞儿 tsʰʅ⁴⁴tsar⁴⁴ 吃妈儿妈儿 tsʰʅ⁴⁴mar⁴⁴mar⁴⁴
阜新	双棒儿 ʂuaŋ⁵¹pãr⁰ 双棒郎子 ʂuaŋ⁵¹paŋ⁰laŋ²¹tsa⁰	待月子 tai²¹yɛ⁵¹tsa⁰	吃啞儿 tsʰʅ⁵⁵tsar⁵⁵
黑山	双棒儿 ʂuaŋ⁵¹pãr⁰	待月子 tai²¹yɛ⁵¹tsʅ⁰	吃啞儿 tsʰʅ⁴⁴tsar⁴⁴
昌图	双儿傍儿 ʂuãr⁵¹pãr⁰	待月子 tai²¹yɛ⁵¹tsʅ⁰	吃啞 tsʰʅ³³tsa³³
大连	双棒儿 suaŋ³¹pãr⁵²	坐月子 tsuə⁵²yɛ⁵²ɐ⁰	吃奶 tʃʰʅ³⁴nɛ²¹³
金州杏树	一对双儿 i²¹te⁵²suãr⁵²	坐月子 tsuə⁵²yɛ²¹ɐ⁰	啞奶 tsa³⁴nɛ²¹³
长海	双棒儿 suaŋ³¹pãr⁵³	坐月子 tuə⁵³yɛ²¹ə⁰	奶奶 nai⁵³nai²¹⁴
庄河	双胞胎 suaŋ³¹pao³³tʰai³¹	坐月子 tsuə⁵³yɛ⁵¹ə⁰	啞奶 tsa²⁴nai²¹³
盖州	一对儿双儿 i²⁴tuər⁵¹suãr⁵¹	坐月子 tsuɤ⁵¹yɛ⁵¹tsʅ⁰	吃啞儿 tsʰʅ²¹tsɐr²⁴
丹东	双胞胎 ʂuaŋ⁴¹¹pau⁴⁴tʰai⁴¹¹	坐月子 tsuo⁵¹yɛ⁵¹tsʅ⁰	吃奶 tsʰʅ²⁴nai²¹³
建平	双棒儿 ʂuã⁵³pãr⁰	待月子 tɛ²¹yɛ⁵³tsʅ⁰	吃妈妈儿 tsʰʅ⁴⁴ma⁴⁴mar⁴⁴
凌源	双棒儿 ʂuaŋ⁵¹pãr⁰ 双棒儿郎 ʂuaŋ⁵¹pãr⁰laŋ²¹	坐月子 tsuo⁵³yɛ⁵¹tsʅ⁰	吃妈儿妈儿 tsʰʅ⁵⁵mar⁵⁵mar⁵⁵ 吃啞儿 tsʰʅ⁵⁵tsar⁵⁵

	0547 断奶	0548 满月	0549 生日 统称
沈阳	断奶 tuan⁴¹nai²¹	满月 man²¹ye⁴¹	生日 səŋ³³i⁰
本溪	忌奶 tɕi⁵¹nai²²⁴	满月 man²¹ye⁵¹	生日 səŋ⁴⁴ʐ̩⁵¹
辽阳	断奶 tuan⁵¹nai²¹³	满月 man²¹ye⁵¹	生日 səŋ⁴⁴i⁰
海城	掐奶 tɕʰia³⁵nai²¹⁴	满月儿 man²¹yɛr⁵¹	生日 ʂəŋ⁴⁴i⁰
开原	掐奶 tɕʰia³⁵nai²¹³	满月 man²¹ye⁵¹	生日 ʂəŋ⁴⁴ʐ̩⁰
锦州	忌奶 tɕi⁵³nai²¹³	满月 man²¹ye⁵¹	生日 ʂəŋ⁵⁵ʐ̩⁰
盘锦	忌奶 tɕi⁵¹nai²¹³	出月子了 tʂʰu⁵⁵ye⁵¹tsʅ⁰lə⁰	生日 ʂəŋ⁵⁵ʐ̩⁰
兴城	忌奶 tɕi⁵¹nai²¹³	满月 man²¹ye⁵¹	生日 ʂəŋ⁴⁴ʐ̩⁰
绥中	忌奶 tɕi⁵¹nai²¹³	满月 man²¹ye⁵¹	生日 ʂəŋ⁵⁵ʐ̩⁰
义县	掐奶 tɕʰia⁴⁴nai²¹³ 断奶 tuan⁵³nai²¹³	满月 man²¹ye⁵¹	生日 ʂəŋ⁴⁴ʐ̩⁰
北票	忌奶 tɕi⁵³nai²¹³	满月 man²¹ye⁵¹	生日 ʂəŋ⁴⁴ʐ̩⁵¹
阜新	忌奶 tɕi⁵³nai²¹³	满月 man²¹ye⁵¹	生日 ʂəŋ⁵⁵ʐ̩⁰
黑山	忌奶 tɕi⁵³nai²¹³ 掐奶 tɕʰia⁴⁴nai²¹³	满月儿 man²¹yɛr⁵¹	生日 ʂəŋ⁴⁴ʐ̩⁵¹
昌图	掐奶 tɕʰia³⁵nai²¹³	满月 man²¹³yɛ⁵¹	生日 ʂəŋ³³ʐ̩⁵¹
大连	隔奶 kɤ³⁴nɛ²¹³	满月儿 mã²¹yɛr⁵²	生日 səŋ³¹i⁰
金州 杏树	隔奶 kɤ³⁴nɛ²¹³	满月儿 mã³⁴yɛr²¹³	生日 səŋ³¹i⁰
长海	忌奶 ci⁵³nai²¹⁴	起月子 cʰi²⁴ye²¹ə⁰	过生 kuə⁵³sə̃³¹
庄河	忌奶 tɕi⁵¹nai²¹³	满月儿 man²¹yɛr⁵¹	生日 səŋ³¹i⁰
盖州	断奶 tuan⁵¹nai²¹³	满月 man²¹yɛ⁵¹	生日 səŋ⁴¹²i⁰
丹东	断奶 tuan⁵¹nai²¹³	满月 man²¹ye⁵¹	生日 ʂəŋ⁴¹¹i⁰
建平	摘奶 tʂɛ⁴⁴nɛ²¹³	出满月 tʂʰu⁴⁴mã²¹ye⁰	生日 ʂəŋ⁴⁴ʐ̩⁰
凌源	忌奶 tɕi⁵³nai²¹	满月 man²¹ye⁵¹	生日 ʂəŋ⁵⁵ʐ̩⁰

	0550 做寿	0551 死统称	0552 死婉称，最常用的几种，指老人；他~了
沈阳	做寿 tsuo⁴¹sou⁴¹	死 sɿ²¹³	没了 mei³⁵lə⁰
本溪	过生日 kuo⁵¹səŋ⁴⁴zɿ⁵¹	死 sɿ²²⁴	走了 tsou²¹lə⁰
辽阳	过寿 kuo⁵¹sou⁵¹	死 sɿ²¹³	老了 lau²¹lɤ⁰
海城	过生日 kuɤ⁵¹ʂəŋ⁴⁴i⁰	死 sɿ²¹⁴	走 tsəu²¹⁴ 没 mei³⁵
开原	办寿 pan⁵³sou⁵¹	死 sɿ²¹³	没了 mei³⁵lə⁰ 走了 tsou²¹lə⁰ 过世 kuɤ⁵³sɿ⁵¹lə⁰
锦州	办寿 pan⁵³sou⁵¹	死 sɿ²¹³	没了 mei³⁵lə⁰ 老了 lau²¹lə⁰
盘锦	办寿 pan⁵³sou⁵¹	死 sɿ²¹³	老了 lau²¹lə⁰ 走了 tsou²¹lə⁰
兴城	办寿 pan⁵¹sou⁵¹	死 sɿ²¹³	没了 mei³⁵lə⁰ 老了 lau²¹lə⁰
绥中	做寿 tʂuo⁵¹sou⁵¹	死 sɿ²¹³	去世 tɕʰy⁵¹sɿ⁵¹
义县	过寿 kuo⁵³sou⁵¹ 庆寿 tɕʰiŋ⁵³sou⁵¹	死 sɿ²¹³	老 lau²¹³ 走 tsou²¹³ 过世 kuo⁵³sɿ⁵¹
北票	过寿 kuo⁵³ʂou⁵¹	死 sɿ²¹³	老 lau²¹³ 没 mei³⁵ 走 tsou²¹³
阜新	过寿 kuo⁵³ʂou⁵¹	死 sɿ²¹³	老 lau²¹³ 没 mei³⁵ 走 tsou²¹³
黑山	办寿 pan⁵³ʂou⁵¹	死 sɿ²¹³	老 lau²¹³ 过世 kuo⁵³sɿ
昌图	过寿 kuo⁵³sou⁵¹	死 sɿ²¹³	没了 mei³⁵lə⁰ 老了 lau²¹lə⁰ 走了 tsou²¹lə⁰
大连	做寿 tsuə⁵²ʃəu⁵²	死 sɿ²¹³	走 tsəu²¹³ 老 lɔ²¹³
金州 杏树	做寿 tsuə⁵²səu⁵²	死 sɿ²¹³	走了 tsəu²¹lə⁰
长海	（无）	死 sɿ²¹⁴	老了 lau²¹lə⁰ 走了 tsəu²¹lə⁰
庄河	过寿 kuə⁵³səu⁵¹	死 sɿ²¹³	老了 lao²¹lə⁰ 走了 tsəu²¹lə⁰
盖州	过生日 kuɤ⁵¹səŋ⁴¹²i⁰	死 sɿ²¹³	走 tsəu²¹³
丹东	做寿 tsuo⁵³ʂou⁵¹	死 sɿ²¹³	老了 lau²¹lə⁰
建平	过生日 kuə⁵³ʂəŋ⁴⁴zɿ⁰	死了 sɿ²¹lə⁰	走了 tsəu²¹lə⁰ 没了 mei³⁵lə⁰ 老了 lɔ²¹lə⁰
凌源	过寿 kuo⁵³sou⁵¹	死 sɿ²¹⁴	老 lau²¹⁴ 没 mei³⁵

	0553 自杀	0554 咽气	0555 入殓
沈阳	寻短见 ɕyn³⁵tuan²¹tɕian⁴¹	咽气儿 ian⁴¹tɕʰiər⁴¹	入殓 lu⁴¹lian⁴¹
本溪	自杀 tsʐ⁵¹ʂa⁴⁴	咽气 ian⁵³tɕʰi⁵¹	入殓 zu̩⁵³lian⁵¹
辽阳	自杀 tsʐ⁵¹ʂa⁴⁴	咽气 ian⁵¹tɕʰi⁵¹	入殓 zu̩⁵¹lian⁵¹
海城	自杀 tsʐ⁵¹ʂa⁴⁴ 寻死 ɕyn³⁵sʐ²¹⁴	咽气儿 ian⁵³tɕʰiər⁵¹	入殓 y⁵³lian⁵¹
开原	自杀 tsʐ⁵³ʂa⁴⁴	没气儿 mei³⁵tɕʰiər⁵¹	入殓 zu̩⁵³lian⁵¹
锦州	自杀 tsʐ⁵³ʂa⁵⁵	断气儿 tuan⁵³tɕʰiər⁵¹ 没气儿 mei³⁵tɕʰiər⁵¹	入殓 zu̩⁵³lian⁵¹
盘锦	自杀 tsʐ⁵¹ʂa⁵⁵	没气儿 mei³⁵tɕʰiər⁵¹ 断气儿 tuan⁵³tɕʰiər⁵¹	装棺材 tʂuaŋ⁵⁵kuan⁵⁵tsʰai⁰
兴城	自杀 tsʐ⁵¹ʂa⁴⁴	没气儿了 mei³⁵tɕʰiər⁵¹lə⁰	入殓 iou⁵¹lian⁵¹
绥中	自杀 tsʐ⁵¹ʂa⁵⁵	咽气 ian⁵¹tɕʰi⁵¹	入殓 zu̩⁵¹lian⁵¹
义县	自杀 tsʐ⁵³ʂa⁴⁴	咽气 ian⁵³tɕʰi⁵¹	入殓 zu̩⁵³lian⁵¹
北票	自杀 tsʐ⁵³ʂa⁴⁴	咽气 ian⁵³tɕʰi⁵¹	入殓 zu̩⁵³lian⁵¹
阜新	寻死 ɕyn³⁵sʐ²¹³	断气 tuan⁵³tɕʰi⁵¹	装棺材 tʂuaŋ⁵⁵kuan⁵⁵tsʰai⁰
黑山	自杀 tsʐ⁵³ʂa⁴⁴	断气 tuan⁵³tɕʰi⁵¹ 咽气 ian⁵³tɕʰi⁵¹	入殓 zu̩⁵³lian⁵¹
昌图	横死 xəŋ⁵¹sʐ²¹³ 抹脖子 mə²¹pə³⁵tsə⁰	咽气 ian⁵³tɕʰi⁵¹	入殓了 zu̩⁵³lian⁵¹lə⁰
大连	自杀 tsʐ⁵²sa²¹³	断气儿 tã⁵²tɕʰiər⁵²	装棺 tsuaŋ³⁴kuã³¹²
金州杏树	自杀 tsʐ⁵²sa²¹³	咽气儿 iɛ⁵²tɕʰiər⁵²	入殓 y²¹liɛ⁵²
长海	（无）	咽气儿 ian⁵³cʰiər⁰ 断气儿 tan⁵³cʰiər⁰	入殓 y²¹lian⁵³
庄河	自杀 tsʐ⁵¹sa²¹³	咽气儿 ian⁵³tɕʰiər⁵¹	入殓 y²¹lian⁵¹
盖州	自杀 tsʐ⁵¹sa²¹³	咽气儿 ian⁵¹tɕʰiər⁵¹	入殓 y⁵¹lian⁵¹
丹东	寻死 ɕyn²⁴sʐ²¹³	咽气儿 ian⁵³tɕʰiər⁵¹	入殓 y⁵³lian⁵¹
建平	寻短见 ɕỹ³⁵tuə²¹tɕiɛ̃⁰	咽气儿 iɛ⁴²tɕʰiər⁵³	入殓 zu̩⁴²liɛ⁵³
凌源	自杀 tsʐ⁵³ʂa⁵⁵	咽气 iɛn⁵³tɕʰi⁵¹	入殓 zu̩⁵³liɛn⁵¹

	0556 棺材	0557 出殡	0558 灵位
沈阳	棺材 kuan³³tsʰai⁰	出殡 tʂʰu³⁵pin⁴¹	灵位 liŋ³⁵vei⁴¹
本溪	棺材 kuan⁴⁴tsʰai⁰	出殡 tʂʰu⁴⁴pin⁵¹	灵位 liŋ³⁵uei⁵¹
辽阳	棺材 kuan⁴⁴tʂʰai⁰	出灵 tʂʰu⁴⁴liŋ³⁵	牌位 pʰai³⁵uei⁵¹
海城	棺材 kuan⁴⁴tʂʰai⁰	出灵 tʂʰu³⁵liŋ³⁵	灵位 liŋ³⁵uei⁵¹
开原	棺材 kuan⁴⁴tʂʰai⁰	出殡 tʂʰu⁴⁴pin⁵¹	灵位 liŋ³⁵uei⁵¹
锦州	棺材 kuan⁵⁵tʂʰai⁰	出殡 tʂʰu⁵⁵pin⁵¹	牌位 pʰai³⁵uei⁵¹
盘锦	寿材 ʂou⁵³tsʰai³⁵	发送 fa³⁵suəŋ⁰	牌位 pʰai³⁵uei⁵¹
兴城	寿木 ʂou⁵¹mu⁵¹	出殡 tʂʰu⁴⁴pin⁵¹	灵位 liŋ³⁵uei⁵¹
绥中	棺材 kuan⁵⁵tʂʰai⁰	出殡 tʂʰu⁵⁵pin⁵¹	灵位 liəŋ³⁵uei⁵¹
义县	棺材 kuan⁴⁴tʂʰai⁰ 寿材 ʂou⁵¹tʂʰai³⁵	出殡 tʂʰu⁴⁴pin⁵¹ 起灵 tɕʰi²¹liŋ³⁵	牌位 pʰai³⁵uei⁵¹
北票	棺材 kuan⁴⁴tʂʰai⁰ 寿材 ʂou⁵¹tʂʰai⁰	出殡 tʂʰu⁴⁴piən⁵¹	牌位 pʰai³⁵uei⁵¹
阜新	棺材 kuan⁵⁵tsʰai⁰	出殡 tʂʰu⁵⁵pin⁵¹	牌位儿 pʰai³⁵uər⁰
黑山	寿材 ʂou⁵³tʂʰai³⁵ 棺材 kuan⁴⁴tʂʰai⁰	发送 fa³⁵ʂuəŋ⁰ 出殡 tʂʰu⁴⁴piən⁵¹	牌位 pʰai³⁵uei⁵¹
昌图	材 tsʰai³⁵	送葬 ʂuəŋ⁵³tsaŋ⁵¹ 送行 ʂuəŋ⁵¹ɕiəŋ³⁵	灵牌 liəŋ³⁵pʰai³⁵
大连	棺材 kuã³¹tsʰɛ⁰	出殡 tʃʰu²¹pĩ⁵²	牌位儿 pʰɛ³⁴uər⁰
金州 杏树	棺材 kuã³¹tsʰɛ⁰	出殡 tɕʰy²¹pĩ⁵²	灵位 liŋ³¹ue⁵²
长海	棺材 kuan³¹tsʰai⁰	出葬 tʃʰy²¹tsaŋ⁵³ 出殡 tʃʰy²¹piən⁵³	（无）
庄河	棺材 kuan³¹tsʰai⁰	出殡 tɕʰy²¹pin⁵¹	灵位 liŋ⁵³uei⁵¹
盖州	棺材 kuan⁴¹²tsʰai⁰	出殡 tʂʰu²⁴pin⁵¹	灵位 liŋ²⁴uei⁵¹ 牌位 pʰai²⁴uei⁵¹
丹东	棺材 kuan⁴¹¹tsʰai⁰	出殡 tʂʰu²¹pin⁵¹	牌位儿 pʰai²⁴uər⁰
建平	棺材 kuã⁴⁴tsʰɛ⁰	出殡 tʂʰu⁴⁴pĩ⁵³	牌儿牌儿 pʰɐr³⁵pʰɐr⁰
凌源	棺材 kuan⁵⁵tsʰai⁰	出殡 tʂʰu⁵⁵pin⁵¹	牌位 pʰai³⁵vei⁵¹

	0559 坟墓_{单个的，老人的}	0560 上坟	0561 纸钱
沈阳	坟 fən³⁵	上坟 ʂaŋ⁴¹fən³⁵	纸钱儿 tʂʅ²¹tɕʰier³⁵
本溪	坟茔 fən³⁵iŋ⁴⁴	上坟 ʂaŋ⁵¹fən³⁵	纸钱 tʂʅ²¹tɕʰian³⁵
辽阳	坟 fən³⁵	上坟 ʂaŋ⁵¹fən³⁵	纸钱儿 tʂʅ²¹tɕʰiar³⁵
海城	坟 fən³⁵	上坟 ʂaŋ⁵¹fən³⁵	纸钱儿 tʂʅ²¹tɕʰier³⁵
开原	坟 fən³⁵	上坟 ʂaŋ⁵³fən³⁵	纸钱儿 tʂʅ²¹tɕʰier³⁵
锦州	坟 fən³⁵	上坟 ʂaŋ⁵³fən³⁵	纸钱儿 tʂʅ²¹tɕʰier³⁵
盘锦	坟 fən³⁵	上坟 ʂaŋ⁵³fən³⁵	烧纸 ʂau⁵⁵tʂʅ²¹³
兴城	坟 fən³⁵	上坟 ʂaŋ⁵¹fən³⁵	纸钱儿 tʂʅ²¹tɕʰier³⁵
绥中	坟 fən³⁵	上坟 ʂaŋ⁵¹fən³⁵	纸钱 tʂʅ²¹tɕʰian³⁵
义县	坟 fən³⁵	上坟 ʂaŋ⁵³fən³⁵	纸钱儿 tʂʅ²¹tɕʰier³⁵
北票	坟 fən³⁵	上坟 ʂaŋ⁵³fən³⁵	纸钱 tʂʅ²¹tɕʰian³⁵
阜新	坟 fən³⁵ 坟丘子 fən³⁵tɕʰiou⁵⁵tsa⁰	上坟 ʂaŋ⁵³fən³⁵	烧纸料子 ʂau⁵⁵tʂʅ²¹liau⁵¹tsa⁰
黑山	坟 fən³⁵	圆坟 yan³⁵fən³⁵ 上坟 ʂaŋ⁵³fən³⁵	纸钱 tʂʅ²¹tɕʰian³⁵
昌图	坟 fən³⁵	上坟 ʂaŋ⁵¹fən³⁵ 圆坟 yan³⁵fən³⁵	纸钱儿 tʂʅ²¹tɕʰier³⁵
大连	坟墓 fɚ³⁴m⁵²	上坟 ʃaŋ⁵²fɚ³⁴	纸钱儿 tʂʅ²¹tɕʰier³⁴
金州 杏树	茔 iŋ⁵²	上茔 saŋ⁵²iŋ⁵²	纸钱 tʂʅ²¹tɕʰiɛ̃⁵²
长海	茔地 iŋ⁵³ti⁵³	上茔 ʃaŋ⁵³iŋ⁵³	钱 tʃʰian⁵³
庄河	茔地 iŋ⁵³ti⁵¹	上坟 saŋ⁵³fən⁵¹	纸钱 tʂʅ²¹tɕʰian⁵¹
盖州	坟 fən²⁴	上坟 ʂaŋ⁵¹fən²⁴	纸钱儿 tʂʅ²¹tɕʰier²⁴
丹东	坟茔地 fən²⁴iŋ²⁴ti⁵¹	上坟 ʂaŋ⁵¹fən²⁴	烧纸 ʂau⁴¹¹tʂʅ²¹³
建平	坟 fɚ³⁵	上坟 ʂã⁵³fɚ³⁵	烧纸 ʂo⁴⁴tʂʅ²¹³
凌源	坟 fən³⁵	上坟 ʂaŋ⁵³fən³⁵	纸钱儿 tʂʅ²¹tɕʰier³⁵

	0562 老天爷	0563 菩萨统称	0564 观音
沈阳	老天爷 lau²¹tʰian³³iɛ⁰	菩萨 pʰu³⁵sa⁰	观音 kuan³³in³³
本溪	老天爷 lau²¹tʰian⁴⁴iɛ³⁵	菩萨 pʰu³⁵sa⁰	观音 kuan⁴⁴in⁴⁴
辽阳	老天爷 lau²¹tʰian⁴⁴iɛ³⁵	菩萨 pʰu³⁵sa⁰	观音菩萨 kuan⁴⁴in⁴⁴pʰu³⁵sa⁰
海城	老天爷 lau²¹tʰian⁴⁴iɛ³⁵	菩萨 pʰu³⁵sa⁰	观音 kuan⁴⁴in⁴⁴
开原	老天爷 lau²¹tʰian⁴⁴iɛ³⁵ 天 tʰian⁴⁴	菩萨 pʰu³⁵sa⁰	观世音 kuan⁴⁴ʂʅ⁵³in⁴⁴
锦州	老天爷 lau²¹tʰian⁵⁵iɛ³⁵	菩萨 pʰu³⁵sa⁰	观音菩萨 kuan⁵⁵in⁵⁵pʰu³⁵sa⁰
盘锦	天儿老爷 tʰiɐr⁵⁵lau²¹iɛ⁰	菩萨 pʰu³⁵sa⁰	观音娘娘 kuan⁵⁵iən⁵⁵ȵiaŋ³⁵ȵiaŋ⁰ 观音菩萨 kuan⁵⁵iən⁵⁵pʰu³⁵sa⁰
兴城	老天爷 lau²¹tʰian⁴⁴iɛ³⁵	菩萨 pʰu³⁵sa⁰	观音菩萨 kuan⁴⁴in⁴⁴pʰu³⁵sa⁰
绥中	老天爷 lau²¹tʰian⁵⁵iɛ³⁵	菩萨 pʰu³⁵sa⁰	观音菩萨 kuan⁵⁵in⁵⁵pʰu³⁵sa⁰
义县	老天爷 lau²¹tʰian⁴⁴iɛ³⁵	菩萨 pʰu³⁵sa⁰	观音菩萨 kuan⁴⁴in⁴⁴pʰu³⁵sa⁰
北票	老天爷 lau²¹tʰian⁴⁴iɛ³⁵	菩萨 pʰu³⁵sa⁰	观音菩萨 kuan⁴⁴iən⁴⁴pʰu³⁵sa⁰
阜新	老天爷 lau²¹tʰian⁵⁵iɛ³⁵	菩萨 pʰu³⁵sa⁰	观音菩萨 kuan⁵⁵in⁵⁵pʰu³⁵sa⁰ 南海大士 nan³⁵xai⁵¹ta⁵³ʂʅ⁵¹
黑山	老天爷 lau²¹tʰian⁴⁴iɛ³⁵	菩萨 pʰu³⁵sa⁰	观音菩萨 kuan⁴⁴iən⁴⁴pʰu³⁵sa⁰
昌图	天老爷 tʰian³³lau²¹iɛ³⁵	菩萨 pʰu³⁵sa⁰	观音 kuan³³iən³³
大连	老天爷 lɔ³⁴tʰiɛ̃³¹iɛ³⁴	菩萨 pʰu³⁴sa⁰	观音 kuã³⁴ĩ³¹²
金州杏树	天老爷 tʰiɛ̃³¹lɔ³⁴iɛ³¹²	菩萨 pʰu⁵²sa⁰	观音 kuã³⁴ĩ³¹²
长海	老天爷 lau²⁴tʰian³³iɛ³¹	菩萨 pʰu⁵³sa⁰	观音 kuan³³iən³¹
庄河	天老爷 tʰian³¹lao²¹iɛ³¹	菩萨 pʰu⁵¹sa⁰	观音 kuan³³in³¹
盖州	老天爷 lau²⁴tʰian⁴¹²iɛ²⁴	菩萨 pʰu²⁴sa⁰	观音 kuan²⁴in⁴¹²
丹东	老天爷 lau²⁴tʰian⁴¹¹iɛ²⁴	菩萨 pʰu²⁴sa⁰	观音 kuan⁴¹¹in⁰
建平	老天爷 lɔ²¹tʰiɛ̃⁴⁴iɛ³⁵	菩萨 pʰu³⁵sa⁰	观音 kuã⁴⁴ĩ⁴⁴
凌源	老天爷 lau²¹tʰiɐn⁵⁵iɛ³⁵	菩萨 pʰu³⁵sa⁰	观音菩萨 kuan⁵⁵in⁵⁵pʰu³⁵sa⁰

	0565 灶神 口头的叫法，其中如有方言亲属称谓要释义	0566 寺庙	0567 祠堂
沈阳	灶王爷 tsau⁴¹vaŋ⁰iɛ³⁵	庙 miau⁴¹	祠堂 tʂʰɿ³⁵tʰaŋ³⁵
本溪	灶王爷 tsau⁵¹uaŋ⁰iɛ³⁵	庙 miau⁵¹	祠堂 tʂʰɿ³⁵tʰaŋ³⁵
辽阳	灶王爷 tsau⁵¹uaŋ³⁵iɛ³⁵	庙 miau⁵¹	（无）
海城	灶王爷 tʂau⁵¹uaŋ⁰iɛ³⁵	庙 miau⁵¹	祠堂 tʂʰɿ³⁵tʰaŋ³⁵
开原	灶王爷 tʂau⁵³uaŋ⁰iɛ³⁵	庙 miau⁵¹	（无）
锦州	灶王爷 tʂau⁵³uaŋ³⁵iɛ³⁵	庙 miau⁵¹	（无）
盘锦	灶王爷 tʂau⁵³uaŋ³⁵iɛ³⁵	庙 miau⁵¹	祠堂 tʂʰɿ³⁵tʰaŋ³⁵
兴城	灶王爷 tʂau⁵¹uaŋ³⁵iɛ³⁵	庙 miau⁵¹	（无）
绥中	灶王爷 tsau⁵¹vaŋ³⁵iɛ³⁵	庙 miau⁵¹	祠堂 tʂʰɿ³⁵tʰaŋ³⁵
义县	灶王爷 tʂau⁵³uaŋ³⁵iɛ³⁵	庙 miau⁵¹	祠堂 tʂʰɿ³⁵tʰaŋ³⁵
北票	灶王爷儿 tsau⁵³uaŋ³⁵ier³⁵	庙 miau⁵¹	祠堂 tʂʰɿ³⁵tʰaŋ³⁵
阜新	灶王爷 tsau⁵¹uaŋ³⁵iɛ³⁵	庙 miau⁵¹	（无）
黑山	灶王爷 tʂau⁵³uaŋ²¹iɛ³⁵	庙 miau⁵¹	祠堂 tʂʰɿ³⁵tʰaŋ³⁵
昌图	灶王爷 tʂau⁵¹uaŋ⁰iɛ³⁵	庙 miau⁵¹	祖先堂 tsu²¹ɕian³³tʰaŋ³⁵
大连	灶王爷 tsɔ⁵²uaŋ⁰iɛ³⁴	寺庙 sɿʰ⁵²miɔ⁵²	祠堂 tsʰɿʰ³⁴tʰaŋ³⁴
金州 杏树	灶王爷 tsɔ⁵²uaŋ⁰iɛ⁵²	寺庙 sɿʰ⁵²miɔ⁵²	祠堂 tsʰɿʰ⁵²tʰaŋ⁵²
长海	灶里爷儿 tsau⁵³li⁰ier³¹	庙上 miau⁵³ʃaŋ⁰	（无）
庄河	灶里爷 tsao⁵¹li⁰iɛ³¹	寺庙 tsʰɿ⁵³miao⁵¹	祠堂 tsʰɿʰ⁵³tʰaŋ⁵¹
盖州	灶王爷 tsau⁵¹uaŋ²⁴iɛ²⁴	庙 miau⁵¹	祠堂 tsʰɿʰ²⁴tʰaŋ²⁴
丹东	灶王爷 tsau⁵¹uaŋ²⁴iɛ²⁴	寺庙 sɿ⁵³miau⁵¹	祠堂 tsʰɿʰ²⁴tʰaŋ²⁴
建平	灶王爷 tsɔ⁵³vã³⁵iɛ³⁵ 灶王奶奶 tsɔ⁵³vã⁰nɛ²¹ne⁰	大庙 ta⁴²miɔ⁵³	祠堂 tsʰɿ³⁵tʰã³⁵
凌源	灶火爷 tsau⁵¹xuo⁰iɛ³⁵	庙 miau⁵¹	祠堂 tsʰɿʰ³⁵tʰaŋ³⁵

	0568 和尚	0569 尼姑	0570 道士
沈阳	和尚 xɤ³⁵ʂaŋ⁰	尼姑儿 ɲi³⁵kur³³	老道 lau²¹tau⁴¹
本溪	和尚 xɤ³⁵ʂaŋ⁰	姑子 ku³¹tsʅ⁰	老道 lau²¹tau⁵¹
辽阳	和尚 xɤ³⁵ʂaŋ⁰	尼姑 ɲi³⁵ku⁴⁴	老道儿 lau²¹taur⁵¹
海城	和尚 xɤ³⁵ʂaŋ⁰	姑子 ku⁴⁴tsʅ⁰	老道儿 lau²¹taur⁵¹
开原	和尚 xɤ³⁵ʂaŋ⁰	姑子 ku⁴⁴tʂə⁰ 尼姑 ɲi³⁵ku⁴⁴	老道 lau²¹tau⁵¹
锦州	和尚 xɤ³⁵ʂaŋ⁰	姑子 ku⁵⁵tʂə⁰	老道 lau²¹tau⁵¹
盘锦	和尚 xɤ³⁵ʂaŋ⁰	姑子 ku⁵⁵tsə⁰	老道 lau²¹tau⁵¹
兴城	和尚 xɤ³⁵ʂaŋ⁰	尼姑儿 ɲi³⁵kur⁰	老道 lau²¹tau⁵¹
绥中	和尚 xɤ³⁵ʂaŋ⁰	尼姑 ɲi³⁵ku⁵⁵	老道 lau²¹tau⁵¹
义县	和尚 xɤ³⁵ʂaŋ⁰	姑子 ku⁴⁴tsʅ⁰	老道 lau²¹tau⁵¹
北票	和尚 xɤ³⁵ʂaŋ⁰	姑子 ku⁴⁴tsʅ⁰	老道 lau²¹tau⁵¹
阜新	和尚 xɤ³⁵ʂaŋ⁰	姑子 ku⁵⁵tsa⁰	老道 lau²¹tau⁵¹
黑山	和尚 xɤ³⁵ʂaŋ⁰	姑子 ku⁴⁴tsʅ⁰	老道 lau²¹tau⁵¹
昌图	和尚 xɤ³⁵ʂaŋ⁰	尼姑 ɲi³⁵ku³³	老道 lau²¹tau⁵¹
大连	和尚 xɤ³⁴ʃaŋ⁰	姑子 ku³¹ə⁰	道士 tɔ⁵²sʅ⁰
金州杏树	和尚 xɤ⁵²saŋ⁰	姑子 ku³¹ə⁰	道士 tɔ⁵²sʅ⁰
长海	和尚 xɤ⁵³ʃaŋ⁰	姑子 ku³¹tsʅ⁰	道士 tau⁵³saŋ⁰
庄河	和尚 xə⁵¹saŋ⁰	姑子 ku³¹ə⁰	道士 tao⁵¹sʅ⁰
盖州	和尚 xɤ²⁴saŋ⁰	姑子 ku⁴¹²tsʅ⁰	老道 lau²¹tau⁵¹
丹东	和尚 xɤ²⁴saŋ⁰	姑子 ku²¹tsʅ⁰	老道 lau²¹tau⁵¹
建平	和尚 xɤ³⁵ʂã⁰	姑子 ku⁴⁴tsʅ⁰	老道 lɔ²¹tɔ⁵³
凌源	和尚 xɤ³⁵ʂaŋ⁰	姑子 ku⁵⁵tsʅ⁰	老道 lau²¹tau⁵¹

	0571 算命 统称	0572 运气	0573 保佑
沈阳	算命 suan⁴¹miŋ⁴¹	运气 yn⁴¹tɕʰi⁰	保佑 pau²¹iou⁰
本溪	算命 suan⁵³miŋ⁵¹	运气 yn⁵¹tɕʰi⁰	保佑 pau²¹iou⁵¹
辽阳	算算 suan⁵¹ʂuan⁰	点儿 tiɐr²¹³	保佑 pau²¹iou⁵¹
海城	算命儿 ʂuan⁵³miə̃r⁵¹	运气 yn⁵¹tɕʰi⁰	保佑儿 pau²¹iəur⁵¹
开原	算卦 ʂuan⁵³kua⁵¹	运气 yn⁵³tɕʰi⁰	保佑 pau²¹iou⁵¹
锦州	算卦 ʂuan⁵³kua⁵¹	运气 yn⁵¹tɕʰi⁰	保佑 pau²¹iou⁵¹
盘锦	算卦 suan⁵³kua⁵¹	点儿 tiɐr²¹³	保佑 pau²¹iou⁵¹
兴城	算命 ʂuan⁵¹miŋ⁵¹	运气 yn⁵¹tɕʰi⁰	保佑 pau²¹iou⁵¹
绥中	算命 suan⁵¹miəŋ⁵¹	命 miəŋ⁵¹	保佑 pau²¹iou⁵¹
义县	算命 ʂuan⁵³miŋ⁵¹	运气 yn⁵¹tɕʰi⁰	保佑 pau²¹iou⁵¹
北票	算命 suan⁵³miəŋ⁵¹	运气 yən⁵¹tɕʰi⁰	保佑 pau²¹iou⁵¹
阜新	算卦 ʂuan⁵³kua⁵¹	走运 tsou²¹yn⁵¹ 走字儿 tsou²¹tsər⁵¹	保佑 pau²¹iou⁵¹
黑山	算卦 ʂuan⁵³kua⁵¹	运气 yən⁵¹tɕʰi⁰	保佑 pau²¹iou⁵¹
昌图	算卦 suan⁵³kua⁵¹	运气 yən⁵¹tɕʰi⁰	保佑 pau²¹iou⁵¹
大连	算命 sã⁵²miŋ⁵²	运气 ỹ⁵²tɕʰi⁰	保佑 pɔ²¹iəu⁵²
金州杏树	算命 sã⁵²miŋ⁵²	运气 ỹ⁵²tɕʰi⁰	保佑 pɔ²¹iəu⁵²
长海	看命 kʰan⁵³miŋ⁵³	运气 yn⁵³cʰi⁰	保佑 pau²¹iəu⁵³
庄河	算命 suan⁵³miŋ⁵¹	运气 yn⁵¹tɕʰi⁰	保佑 pao²¹iəu⁵¹
盖州	算命 suan⁵¹miŋ⁵¹	运气 yn⁵¹tɕʰi⁰	保佑 pau²¹iəu⁵¹
丹东	算命 suan⁵³miŋ⁵¹	运气 yn⁵¹tɕʰi⁰	保佑 pau²¹iou⁵¹
建平	算卦 suã⁴²kua⁵³	时气 ʂɿ³⁵tɕʰi⁰	保佑 pɔ²¹iəu⁵³
凌源	算命儿 suan⁵³miə̃r⁵¹	运气 yn⁵¹tɕʰi⁰	保佑 pau²¹iou⁵¹

词汇对照

	0574 人 一个~	0575 男人 成年的，统称	0576 女人 三四十岁已婚的，统称
沈阳	人 in³⁵	男的 nan³⁵ti⁰	女的 ȵy²¹ti⁰
本溪	人 in³⁵	男的 nan³⁵tə⁰	女的 ȵy²¹tə⁰
辽阳	人儿 iər³⁵	男人 nan³⁵in³⁵	女人 ȵy²¹in³⁵
海城	人 in³⁵	男的 nan³⁵ti⁰ 老爷们儿 lau²¹iɛ³⁵mər⁰	女的 ȵy²¹⁴ti⁰ 老娘们儿 lau²¹ȵiaŋ³⁵mər⁰
开原	人 in³⁵	老爷们儿 lau²¹iɛ³⁵mər⁰	老娘们儿 lau²¹ȵiaŋ³⁵mər⁰
锦州	人 in³⁵ 人 zə̃n³⁵	爷们儿 iɛ³⁵mər⁰	妇女 fu⁵³ȵy²¹³ 娘们儿 ȵiaŋ³⁵mər⁰
盘锦	人 iən³⁵	老爷们儿 lau²¹iɛ³⁵mər⁰	老娘们儿 lau²¹ȵiaŋ³⁵mər⁰
兴城	人 in³⁵	老爷们儿 lau²¹iɛ³⁵mər⁰ 小子 ɕiau²¹tsɿ⁰	老娘儿们儿 lau²¹ȵiãr³⁵mər⁰
绥中	人 zə̃n³⁵	男的 nan³⁵ti⁰	女的 ȵy²¹ti⁰
义县	人 zə̃n³⁵	老爷们儿 lau²¹iɛ³⁵mər⁰	老娘们儿 lau²¹ȵiaŋ³⁵mər⁰
北票	人 zə̃n³⁵	老爷们儿 lau²¹iɛ³⁵mər⁰	女的 ȵy²¹tɤ⁰ 老娘们儿 lau²¹ȵiaŋ³⁵mər⁰
阜新	人 zə̃n³⁵	老爷们儿 lau²¹iɛ³⁵mər⁰	老娘们儿 lau²¹ȵiaŋ³⁵mər⁰
黑山	人 iən³⁵	老爷们儿 lau²¹iɛ³⁵mər⁰	老娘们儿 lau²¹ȵiaŋ³⁵mər⁰ 女的 nuei²¹tei⁰
昌图	人 iən³⁵	男的 nan³⁵tiɛ⁰	女的 ȵy²¹tei⁰
大连	人 ĩ³⁴	老爷们儿 lɔ²¹iɛ³⁴mər⁰	老娘们儿 lɔ²¹ȵiaŋ³⁴mər⁰
金州 杏树	人 ĩ⁵²	大汉子 ta⁵²xã⁵²ɐ⁰	老娘们儿 lɔ²¹ȵiaŋ⁵²mər⁰
长海	人 iən³¹	男的 nan⁵³tə⁰	女的 ȵy²¹tə⁰
庄河	人 in⁵¹	男人 nan⁵³in⁵¹	女人 ȵy²¹in⁵¹
盖州	人 in²⁴	老爷们儿 lau²¹iɛ²⁴mər⁰	老娘们儿 lau²¹ȵiaŋ²⁴mər⁰
丹东	人 in²⁴	男人 nan²⁴in²⁴	女人 ȵy²¹in²⁴
建平	人 zə̃³⁵	老少爷们 lɔ²¹sɔ⁵³iɛ³⁵mə̃⁰	老娘们 lɔ²¹ȵĩ³⁵mə̃⁰
凌源	人 zə̃n³⁵	爷们儿 iɛ³⁵mər⁰	娘们儿 ȵiaŋ³⁵mər⁰

	0577 单身汉	0578 老姑娘	0579 婴儿
沈阳	光棍儿 kuaŋ³³kuər⁴¹	老姑娘 lau³⁵ku³³ɲiaŋ⁰	小孩儿 ɕiau²¹xɚ³⁵
本溪	光棍儿 kuaŋ⁴⁴kuər⁵¹	老姑娘 lau²¹ku³¹ɲiaŋ⁰	小孩儿 ɕiau²¹xɚ³⁵
辽阳	光棍儿 kuaŋ⁴⁴kuər⁵¹	大姑娘 ta⁵¹ku⁴⁴ɲiaŋ⁰	婴儿 iŋ⁴⁴ər⁰
海城	光棍儿 kuaŋ⁴⁴kuər⁵¹	大姑娘 ta⁵¹ku⁴⁴ɲiaŋ⁰	小孩儿 ɕiau²¹xɚ³⁵
开原	光棍儿 kuaŋ⁴⁴kuər⁵¹	老么幺 lau²¹mə⁰iau⁴⁴	小孩儿 ɕiau²¹xɚ³⁵
锦州	光棍儿 kuaŋ⁵⁵kuər⁵¹	老姑娘 lau²¹ku⁵⁵ɲiaŋ⁰	小孩儿 ɕiau²¹xɚ³⁵
盘锦	老光棍子 lau²¹kuaŋ⁵⁵kuən⁵¹tsə⁰	老姑娘 lau²¹ku⁵⁵ɲiaŋ⁰	小孩儿 ɕiau²¹xɚ³⁵
兴城	单身汉 tan⁴⁴ʂən⁴⁴xan⁵¹ 光棍子 kuaŋ⁴⁴kuən⁵¹tsɿ⁰	老姑娘 lau²¹ku⁴⁴ɲiaŋ⁰	小孩儿 ɕiau²¹xɚ³⁵
绥中	光棍儿 kuaŋ⁵⁵kuər⁵¹	老姑娘 lau²¹ku⁵⁵ɲiaŋ⁰	月嘎⁼儿小孩儿 yɛ⁵¹kʰər⁵⁵ɕiau²¹xɚ³⁵
义县	光棍儿 kuaŋ⁴⁴kuər⁵¹	老姑娘 lau²¹ku⁴⁴ɲiaŋ⁰	宝宝 pau²¹pau⁰
北票	光棍儿 kuaŋ⁴⁴kuər⁵¹ 光棍子 kuaŋ⁴⁴kuən⁵¹tsɿ⁰	老姑娘 lau²¹ku⁴⁴ɲiaŋ⁰	小孩儿 ɕiau²¹xɚ³⁵
阜新	光棍子 kuaŋ⁵⁵kuən⁵¹tsa⁰	老姑娘 lau²¹ku⁵⁵ɲiaŋ⁰	孩儿 ɕiau²¹xɚ³⁵
黑山	光棍儿 kuaŋ⁴⁴kuər⁵¹ 光棍子 kuaŋ⁴⁴kuən⁵¹tsɿ⁰	老姑娘 lau²¹ku⁴⁴ɲiaŋ⁰	小孩儿 ɕiau²¹xɚ³⁵
昌图	光棍儿 kuaŋ³³kuər⁵¹	大姑娘 ta⁵¹ku³³ɲiaŋ⁰	小孩儿 ɕiau²¹xɚ³⁵
大连	光棍儿 kuaŋ³¹kuər⁵²	老闺娘 lɔ³⁴kuɛ³¹ɲiaŋ⁰	婴儿 iŋ³¹ər⁰
金州杏树	光棍儿 kuaŋ³¹kuər⁵²	老闺娘 lɔ³⁴kuã³¹ɲiŋ⁰	月嘎⁼儿 yɛ²¹kar³¹²
长海	光棍儿子 kuaŋ³¹kuər⁵³ə⁰	老姑娘 lau²⁴ku³¹ɲiaŋ⁰	小孩儿 ʃiau²¹xɚ⁵³
庄河	光棍儿 kuaŋ³¹kuər⁵¹	老姑娘 lao²⁴ku³¹ɲiaŋ⁰	月孩儿 yɛ⁵¹xɚ⁰
盖州	光棍儿 kuaŋ⁴¹²kuər⁵¹	老姑娘 lau²⁴ku⁴¹²ɲiaŋ⁰	刚出生的 kaŋ⁴¹²tsʰu²⁴sən⁰tɤ⁰ 婴儿 iŋ⁴¹²ər²⁴
丹东	轱辘杆子 ku²¹lou²¹kan²¹tsɿ⁰	老闺娘 lau²⁴kuei²¹ɲiaŋ⁰	月嘎⁼儿 yɛ⁵¹kar⁴¹¹
建平	王官汉儿 vã³⁵kuã⁰xɚ⁵³	老大姑娘了 lɔ²¹ta⁵³ku⁴⁴ɲiã⁰lə⁰	怀儿抱儿的 xuɚ³⁵pɚ⁵³ti⁰ 月儿嘎 yer⁵³kʰə⁰
凌源	光棍儿 kuaŋ³⁵kuər⁵¹ 光棍子 kuaŋ³⁵kuən⁵¹tsɿ⁰	老姑娘 lau²¹ku⁵⁵ɲiaŋ⁰	小孩儿 ɕiau²¹xɚ³⁵

词汇对照 195

	0580 小孩 三四岁的，统称	0581 男孩 统称：外面有个~在哭	0582 女孩 统称：外面有个~在哭
沈阳	小孩儿 ɕiau²¹xɐr³⁵	小子 ɕiau²¹tsʅ⁰	丫头 ia³³tʰou⁰
本溪	小孩儿 ɕiau²¹xɐr³⁵	小小儿 ɕiau³⁵ɕiaur²²⁴	丫头 ia³¹tʰou⁰
辽阳	小孩儿 ɕiau²¹xar³⁵	小子 ɕiau²¹tsʅ⁰	丫蛋儿 ia⁴⁴tar⁵¹ 丫头儿 ia⁴⁴tʰour⁰
海城	小孩儿 ɕiau²¹⁴xɐr³⁵	小子 ɕiau²¹⁴tsʅ⁰	丫蛋儿 ia⁴⁴tɐr⁵¹
开原	小孩儿 ɕiau²¹xɐr³⁵	小小子 ɕiau³⁵ɕiau²¹tsə⁰	小姑娘 ɕiau²¹³ku⁴⁴ȵiãr⁰ 小丫头儿 ɕiau²¹³ia⁴⁴tʰour⁰
锦州	小孩儿 ɕiau²¹xɐr³⁵	小小子 ɕiau³⁵ɕiau²¹tsə⁰	小丫头儿 ɕiau²¹ia⁵⁵tʰour⁰
盘锦	娃娃 ua³⁵ua⁰	小子 ɕiau²¹tsə⁰	丫头片子 ia⁵⁵tʰouʰpʰian⁵¹tsə⁰
兴城	小孩儿 ɕiau²¹xɐr³⁵	小小子 ɕiau³⁵ɕiau²¹tsʅ⁰ 小臭小子 ɕiau²¹tʂʰou⁵¹ɕiau²¹tsʅ⁰ 小秃驴子 ɕiau²¹tʰu⁴⁴ly³⁵tsʅ⁰	小丫头儿 ɕiau²¹ia⁴⁴tʰour⁰ 小姑娘儿 ɕiau²¹ku⁴⁴ȵiãr⁰
绥中	小孩儿 ɕiau²¹xɐr³⁵	小小子 ɕiau³⁵ɕiau²¹tsɤ⁰	小丫头儿 ɕiau²¹ia⁵⁵tʰour⁰
义县	小孩儿 ɕiau²¹xɐr³⁵	小子 ɕiau²¹tsʅ⁰	丫头 ia⁴⁴tʰou⁰ 小姑娘儿 ɕiau²¹ku⁴⁴ȵiãr⁰
北票	小孩儿 ɕiau²¹xɐr³⁵	小小子 ɕiau³⁵ɕiau²¹tsʅ⁰	小丫头儿 ɕiau²¹ia⁴⁴tʰour⁰ 小姑娘儿 ɕiau²¹ku⁴⁴ȵiãr⁰
阜新	小孩儿 ɕiau²¹xɐr³⁵	小小子 ɕiau³⁵ɕiau²¹tsa⁰	小丫头儿 ɕiau²¹ia⁵⁵tʰour⁰ 小姑娘儿 ɕiau²¹ku⁵⁵ȵiãr⁰
黑山	小孩儿 ɕiau²¹xɐr³⁵	小小子 ɕiau³⁵ɕiau²¹tsʅ⁰	小姑娘儿 ɕiau²¹ku⁴⁴ȵiãr⁰ 小丫头儿 ɕiau²¹ia⁴⁴tʰour⁰
昌图	小孩儿 ɕiau²¹xɐr³⁵	小男孩儿 ɕiau²¹nan³⁵xɐr³⁵ 小子 ɕiau²¹tsə⁰	姑娘 ku³³ȵiaŋ⁰
大连	小孩儿 ɕiɔ²¹xɐr³⁴	小小儿 ɕiɔ³⁴ɕiɔr²¹³	小闺娘儿 ɕiɔ³⁴kue³¹ȵiãr⁰
金州 杏树	孩崽子 xɛ⁵²tsɛ²¹ɐ⁰	小小儿 ɕiɔ⁵²ɕiɔr²¹³	小闺娘儿 ɕiɔ³⁴kuɛ̃³¹ȵiãr⁰
长海	小孩儿 ʃiau²¹xɐr⁵³	小子 ʃiau²¹tsʅ⁰	小闺娘儿 ʃiau²⁴kuei³¹ȵiãr⁰
庄河	小孩儿 ɕiao²¹xɐr⁵¹	小小儿 ɕiao²⁴ɕiaor²¹³	小姑娘 ɕiao²⁴ku³¹ȵiãr⁰
盖州	小孩儿 ɕiau²¹xɐr²⁴	小子 ɕiau²¹tsʅ⁰	丫蛋儿 ia⁴¹²tɐr⁵¹
丹东	小孩儿 ɕiau²¹xɐr²⁴	小小子 ɕiau²⁴ɕiau²¹tsʅ⁰	小闺娘 ɕiau²⁴kuei²¹ȵiaŋ⁰
建平	小孩儿 ɕiɔ²¹xɐr³⁵	小小子儿 ɕiɔ³⁵ɕiɔ²¹tsɐr⁰	小丫蛋儿 ɕiɔ²¹ia⁴⁴tɐr⁵³
凌源	小孩儿 ɕiau²¹xɐr³⁵	小子 ɕiau²¹tsʅ⁰	丫头 ia⁵⁵tʰou⁰ 姑娘 ku⁵⁵ȵiaŋ⁰

	0583 老人 七八十岁的，统称	0584 亲戚 统称	0585 朋友 统称
沈阳	老人 lau²¹in³⁵	亲戚 tɕʰin³³tɕʰi⁰	朋友 pʰəŋ³⁵iou⁰
本溪	老人 lau²¹ʐən³⁵	亲戚 tɕʰin³¹tɕʰin⁰	朋友 pʰəŋ³⁵iou⁰
辽阳	老人 lau²¹in³⁵	亲戚 tɕʰin⁴⁴tɕʰi⁰	朋友 pʰəŋ³⁵iou⁰
海城	老人 lau²¹in³⁵	亲戚 tɕʰin⁴⁴tɕʰin⁰	朋友 pʰəŋ³⁵iəu⁰
开原	老人 lau²¹ʐən³⁵	亲戚 tɕʰin⁴⁴tɕʰin⁰	朋友 pʰəŋ³⁵iou⁰
锦州	老人 lau²¹in³⁵	亲戚 tɕʰin⁵⁵tɕʰin⁰	朋友 pʰəŋ³⁵iou⁰
盘锦	上岁儿数的 saŋ⁵³suər⁵¹ʂu⁰tə⁰	亲戚 tɕʰiən⁵⁵tɕʰiən⁰	朋友 pʰəŋ³⁵iou⁰
兴城	老人 lau²¹ʐən³⁵ 老爷子 lau²¹ie³⁵tʂʅ⁰ 老太婆 lau²¹tʰai⁵¹pʰɤ³⁵	亲戚 tɕʰin⁴⁴tɕʰi⁰	朋友 pʰəŋ³⁵iou⁰
绥中	老人 lau²¹ʐən³⁵	亲戚 tɕʰin⁵⁵tɕʰin⁰	朋友 pʰəŋ³⁵iou⁰
义县	老人 lau²¹ʐən³⁵	亲戚 tɕʰin⁴⁴tɕʰin⁰	朋友 pʰəŋ³⁵iou²¹³
北票	老人 lau²¹ʐən³⁵	亲戚 tɕʰiən⁴⁴tɕʰiən⁰	朋友 pʰəŋ³⁵iou⁰
阜新	岁数大的 suei⁵¹ʂu⁰ta⁵¹ti⁰ 上岁数的 ʂaŋ⁵³suei⁵¹ʂu⁰ti⁰	亲戚 tɕʰin⁵⁵tɕʰin⁰	朋友 pʰəŋ³⁵iou⁰
黑山	到岁数人 tau⁵³ʂuei⁵³ʂu⁰iən³⁵ 老人 lau²¹iən³⁵	亲戚 tɕʰiən⁴⁴tɕʰiən⁰	朋友 pʰəŋ³⁵iou⁰
昌图	老人 lau²¹iən³⁵	亲属 tɕʰiən³³ʂu²¹³	世交儿 ʂʅ⁵¹tɕiaur³³
大连	老人 lɔ²¹ĩ³⁴	亲戚 tɕʰĩ³¹tɕʰi⁰	朋友 pʰəŋ³⁴iəu⁰
金州杏树	寿星 səu⁵²ɕiŋ³¹²	亲戚 tɕʰĩ³¹tɕʰi⁰	朋友 pʰəŋ⁵²iəu⁰
长海	老人 lau²⁴iən³¹	亲戚 tʃʰiən³¹tʃʰi⁰	朋友 pʰəŋ⁵³iəu⁰
庄河	老人 lao²¹in⁵¹	亲戚 tɕʰin³¹tɕʰin⁰	朋友 pʰəŋ²⁴iəu⁰
盖州	老人 lau²¹³in⁰	亲戚 tɕʰin⁴¹²tɕʰin⁰	朋友 pʰəŋ²⁴iəu⁰
丹东	老人 lau²¹in²⁴	亲戚儿 tɕʰin⁴¹¹tɕʰiər⁰	朋友 pʰəŋ²⁴iou⁰
建平	老人 lɔ²¹zə̃³⁵ 到岁数人 tɔ⁵³suei⁵³ʂu⁰zə̃³⁵	亲戚 tɕʰiə̃⁴⁴tɕʰiə̃⁰	朋友 pʰəŋ³⁵iəu⁰
凌源	老人 lau²¹ʐən³⁵	亲戚 tɕʰin⁵⁵tɕʰin⁰	朋友 pʰəŋ³⁵iou⁰

	0586 邻居统称	0587 客人	0588 农民
沈阳	邻居 lin³⁵tɕy⁰	客 tɕʰie²¹³	庄稼人 tsuaŋ³³tɕia⁰in³⁵
本溪	邻居 lin³⁵tɕy⁰	客 tɕʰie²²⁴	农民 nəŋ³⁵min³⁵
辽阳	邻居 lin³⁵tɕy⁰	客 tɕʰie²¹³	农民 nəŋ³⁵min³⁵
海城	邻居儿 lin³⁵tɕyər⁰	客儿 tɕʰier²¹⁴	老农 lau²¹nəŋ³⁵
开原	邻居 lin³⁵tɕy⁰	客 tɕʰie²¹³ 客人 kʰɤ⁵³ʐən³⁵	老庄儿 lau²¹tʂuãr⁴⁴
锦州	隔壁子 tɕie⁵³pi²¹tʂə⁰	客 tɕʰie²¹³	农民 nuŋ³⁵min³⁵
盘锦	隔壁子 tɕie⁵¹pi²¹tsə⁰	客 tɕʰie²¹³	老农 lau²¹nəŋ³⁵
兴城	隔壁子 tɕie⁵¹pi²¹tʂʅ⁰	客 tɕʰie²¹³ 客人 kʰɤ⁵¹ʐən⁰	农民 nuŋ³⁵min³⁵
绥中	隔壁子 tɕʰie⁵¹pi²¹tʂɤ⁰	客 tɕʰie²¹³	农民 nəŋ³⁵min³⁵
义县	隔壁子 tɕie⁵³pi²¹tʂʅ⁰ 隔壁儿 tɕie⁵³piər²¹	客 tɕʰie²¹³	庄稼人 tʂuaŋ⁴⁴tɕia⁰ʐən³⁵ 农民 nuŋ³⁵min³⁵
北票	隔壁儿 tɕie⁵³piər²¹³ 隔壁子 tɕie⁵³pi²¹tʂʅ⁰	客 tɕʰie²¹³	庄稼人儿 tʂuaŋ⁴⁴tɕia⁰zər³⁵ 农民 nəŋ³⁵miən³⁵
阜新	隔壁子 tɕie⁵³pi²¹tsa⁰	客 tɕʰie²¹³	庄稼人 tʂuaŋ⁵⁵tɕia⁰ʐən³⁵
黑山	隔壁子 tɕie⁵³pi²¹tʂʅ⁰	客 tɕʰie²¹³	老农 lau²¹nəŋ³⁵
昌图	老街坊 lau²¹³tɕie³³faŋ⁰ 隔壁邻右儿 tɕie⁵¹pi²¹³liən³⁵iour⁵¹	客 tɕʰie²¹³	老农 lau²¹nuaŋ³⁵ 种地的 tʂuaŋ⁵³ti⁵¹tie⁰
大连	邻居 li̠³⁴tɕy⁰	客人 kʰɤ⁵²i⁰	农民 nu³⁴mi⁰
金州 杏树	邻居 li̠⁵²tɕy⁰	客儿 kʰɤr²¹³	农民 nu⁵²mi⁰
长海	邻居 liən⁵³ɕy⁰	客人 kʰɤ⁵³iən⁰	农民 nu⁵³miən⁰
庄河	邻居 lin⁵¹tɕy⁰	客人 kʰə⁵³in⁵¹	农民 nuŋ⁵¹min²¹³
盖州	邻居 lin²⁴tɕy⁰	客儿 kʰɤr²¹³	种地的 tsuŋ⁵¹ti⁵¹tɤ⁰ 农民 nuŋ²⁴min²⁴
丹东	邻居 lin²⁴tɕy⁰	客人 kʰɤ⁵¹in⁰	农民 nuŋ²⁴min²⁴
建平	邻居 li̠³⁵tɕy⁰	客 tɕʰie²¹³	庄稼人 tsuã⁴⁴tɕia⁰zə̃³⁵
凌源	隔壁儿 tɕie⁵³piər²¹ 隔壁子 tɕie⁵³pi²¹tsʅ⁰	客 tɕʰie²¹⁴	庄稼人 tʂuaŋ⁵⁵tɕia⁰ʐən³⁵ 农民 nəŋ³⁵min³⁵

	0589 商人	0590 手艺人 统称	0591 泥水匠
沈阳	做买卖的 tsuo⁴¹mai²¹mai⁰ti⁰	手艺人 ṣou²¹i⁰in³⁵	瓦匠 va⁴¹tɕiaŋ⁰
本溪	买卖人 mai²¹mai⁵¹zən³⁵	手艺人 ṣou²¹i⁵¹zən³⁵	瓦匠 ua⁵¹tɕiaŋ⁰
辽阳	做买卖的 tsuo⁵¹mai²¹mai⁰tɤ⁰	手艺人儿 ṣou²¹i⁰iər³⁵	泥瓦匠 mi³⁵ua⁵¹tɕiaŋ⁰
海城	做买卖的 tʂuɤ⁵¹mai²¹⁴mai⁰ti⁰	手艺人儿 ʂou²¹i⁰iər³⁵	瓦匠 ua⁵¹tɕiaŋ⁰
开原	倒腾买卖 tau³⁵tuŋ⁰mai²¹mai⁰	手艺人儿 ʂou²¹⁵³iər³⁵	瓦匠 ua⁵³tɕiaŋ⁰
锦州	买卖人儿 mai²¹mai⁰iər³⁵	手艺人 ʂou²¹i⁰in³⁵	泥瓦匠 ȵi³⁵ua⁵¹tɕiaŋ⁰
盘锦	小贩子 ɕiau²¹fan⁵¹tsə⁰	手艺人 ʂou²¹i⁰zən³⁵	瓦匠 ua⁵¹tɕiaŋ⁰
兴城	买卖人 mai²¹mai⁰in³⁵	手艺人 ʂou²¹i⁰in³⁵	瓦匠 ua⁵¹tɕiaŋ⁰
绥中	买卖人 mai²¹mai⁰zən³⁵	手艺人 ʂou²¹i⁰zən³⁵	瓦匠 va⁵¹tɕiaŋ⁰
义县	买卖人 mai²¹mai⁰zən³⁵	手艺人 ʂou²¹⁵³zən³⁵	瓦匠 ua⁵¹tɕiaŋ⁰ 泥瓦匠 ȵi³⁵ua⁵¹tɕiaŋ⁰
北票	买卖人儿 mai²¹mai⁰zər³⁵	手艺人 ʂou²¹i⁰zən³⁵	瓦匠 ua⁵¹tɕiaŋ⁰
阜新	买卖人 mai²¹mai⁰zən³⁵	手艺人 ʂou²¹i⁰zən³⁵	泥瓦匠 ȵi³⁵ua⁵¹tɕiaŋ⁰
黑山	买卖人 mai²¹mai⁰iən³⁵	耍手艺人 ʂua³⁵ʂou²¹⁵³iən³⁵	瓦匠 ua⁵¹tɕiaŋ⁰
昌图	做买卖的 tsuo³⁵mai²¹mai⁰tɤ⁰	有手艺的 iou³⁵ʂou²¹⁵¹tiɛ⁰	瓦匠 ua⁵¹tɕiaŋ⁰
大连	买卖人 mɛ²¹mɛ⁰˞i³⁴	手艺人 ʃəu²¹i˞i³⁴	瓦匠 ua⁵²tɕiaŋ⁰
金州 杏树	买卖人 mɛ²¹mɛ⁰˞i³¹²	手艺人 ʃəu²¹⁰˞i³¹²	瓦匠 ua⁵²tɕiaŋ⁰
长海	买卖儿人 mai²¹mɐr⁵³iən³¹	手艺人 ʃəu²¹i⁰iən³¹	瓦匠 ua⁵³tʃaŋ⁰
庄河	生意人 səŋ³¹⁵³i⁰in⁵¹	手艺人 səu²¹⁵³i⁰in⁵¹	瓦匠 ua²¹tɕiaŋ⁰
盖州	做买儿卖儿的 tsuɤ⁵¹mɐr⁵¹mɐr⁵¹tɤ⁰	耍手艺的 ʂua²⁴ʂəu²¹i⁰tɤ⁰ 手艺人 ʂəu²¹i⁰in²⁴	瓦匠 ua⁵¹tɕiaŋ⁰
丹东	做买卖儿的 tsuo⁵¹mai²¹mɐr⁵¹tɤ⁰	手艺人 ʂou²¹⁵¹i⁰in²⁴	瓦匠 ua⁴¹¹tɕiaŋ⁰
建平	买卖人儿 mɛ²¹mɛ⁰zər³⁵	手艺人儿 ʂəu²¹i⁰zər³⁵	瓦匠 va⁵³tɕiã⁰
凌源	买卖人 mai²¹mai⁰zən³⁵	手艺人 ʂou²¹i⁰zən³⁵	瓦匠 va⁵¹tɕiaŋ⁰

	0592 木匠	0593 裁缝	0594 理发师
沈阳	木匠 mu⁴¹tɕiaŋ⁰	成衣匠儿 tsəŋ³⁵i³³tɕiãr⁴¹	剪头儿的 tɕian²¹tʰour³⁵ti⁰
本溪	木匠 mu⁵¹tɕiaŋ⁰	裁缝 tsʰai³⁵fəŋ⁰	剃头的 tʰi⁵¹tʰou³⁵ti⁰
辽阳	木匠 mu⁵¹tɕiaŋ⁰	裁缝 tsʰai³⁵fəŋ⁰	剃头的 tʰi⁵¹tʰou³⁵tɤ⁰
海城	木匠 mu⁵¹tɕiaŋ⁰	裁缝儿 tʂʰai³⁵fə̃r⁰	剪头的 tɕian²¹tʰəu³⁵ti⁰
开原	木匠 mu⁵³tɕiaŋ⁰	裁缝 tsʰai³⁵fəŋ⁰	剪头的 tɕian²¹tʰou³⁵ti⁰
锦州	木匠 mu⁵¹tɕiaŋ⁰	裁缝 tsʰai³⁵fəŋ⁰	剪头的 tɕian²¹tʰou³⁵ti⁰
盘锦	木匠 m⁵¹tɕiaŋ⁰	做衣服的 tsuo⁵¹i⁵⁵fu⁰ti⁰	剪头儿的 tɕian²¹tʰour³⁵ti⁰ 剃头儿的 tʰi⁵³tʰour³⁵ti⁰
兴城	木匠 mu⁵¹tɕiaŋ⁰	裁缝 tsʰai³⁵fəŋ⁰	理发师 li²¹fa⁵¹ʂʅ⁴⁴
绥中	木匠 mu⁵¹tɕiaŋ⁰	裁缝 tsʰai³⁵fəŋ⁰	剪头的 tɕian²¹tʰou³⁵tiɛ⁰
义县	木匠 mu⁵¹tɕiaŋ⁰	裁缝 tsʰai³⁵fəŋ⁰	剃头匠儿 ti⁵³tʰou³⁵tɕiãr⁵¹
北票	木匠 mu⁵¹tɕiaŋ⁰	裁缝 tsʰai³⁵fəŋ⁰	剃头的 ti⁵³tʰou³⁵ti⁰ 剃头匠子 ti⁵³tʰou³⁵tɕian⁵¹tsʅ⁰
阜新	木匠 mu⁵¹tɕiaŋ⁰	裁缝 tsʰai³⁵fəŋ⁰	剃头匠儿 ti⁵³tʰou³⁵tɕiãr⁵¹ 剪头匠儿 tɕian²¹tʰou³⁵tɕiãr⁵¹
黑山	木匠 mu⁵¹tɕiaŋ⁰	裁缝 tsʰai³⁵fəŋ⁰	剃头的 tʰi⁵³tʰou³⁵ti⁰ 剪头的 tɕian²¹tʰou³⁵ti⁰
昌图	做木匠活儿的 tsuo⁵¹mu⁵³tɕiaŋ⁵¹xuor³⁵tiɛ⁰	做衣服的 tsuo⁵¹i³³fu⁰tiɛ⁰	剃头的 tʰi⁵¹tʰou³⁵tiɛ⁰
大连	木匠 m⁵²tɕiaŋ⁰	裁缝 tsʰɛ³⁴fəŋ⁰	剃头匠 tʰi⁵²tʰəu³⁴tɕiaŋ⁵²
金州 杏树	木匠 mu⁵²tɕiaŋ⁰	裁缝 tsʰɛ⁵²fəŋ⁰	剪头师 tɕiɛ̃²¹tʰəu³⁴ʂʅ³¹²
长海	木匠 mu⁵³tʃaŋ⁰	（无）	（无）
庄河	木匠 mu⁵¹tɕiaŋ⁰	裁缝 tsʰai⁵¹fəŋ⁰	理发师 li²¹fa⁵¹ʂʅ³¹
盖州	木匠 mu⁵¹tɕiaŋ⁰	裁缝 tsʰai²⁴fəŋ⁰	剪头的 tɕian²¹tʰəu²⁴ti⁰
丹东	木匠 mu⁵¹tɕiaŋ⁰	裁缝 tsʰai²⁴fəŋ⁰	剃头儿的 tʰi⁵¹tʰour²⁴ti⁰
建平	木匠 mu⁵³tɕiã⁰	裁缝 tsʰɛ³⁵fəŋ⁰	剪头匠儿 tɕiɛ̃²¹tʰəu³⁵tɕiãr⁵³
凌源	木匠 mu⁵¹tɕiaŋ⁰	裁缝 tsʰai³⁵fəŋ⁰	剃头匠儿 ti⁵³tʰou³⁵tɕiãr⁵¹

	0595 厨师	0596 师傅	0597 徒弟
沈阳	厨子 tsʰu³⁵tsʅ⁰	师傅 sʅ³³fu⁰	徒弟 tʰu³⁵ti⁰
本溪	炒菜师傅 tʂʰau²¹tsʰai⁵¹sʅ⁴⁴fu⁰	师傅 sʅ⁴⁴fu⁰	徒弟 tʰu³⁵ti⁰
辽阳	上灶的 saŋ⁵¹tʂau⁵¹tɤ⁰	师傅 sʅ⁴⁴fu⁰	徒弟 tʰu³⁵ti⁰
海城	厨师 tʂʰu³⁵ʂʅ⁴⁴	师傅 sʅ⁴⁴fu⁰	徒弟 tʰu³⁵ti⁰
开原	厨师 tʂʰu³⁵ʂʅ⁴⁴	师傅 sʅ⁴⁴fu⁰	徒弟 tʰu³⁵ti⁰
锦州	厨子 tʂʰu³⁵tsə⁰	师傅 sʅ⁵⁵fu⁰	徒弟 tʰu³⁵ti⁰
盘锦	厨子 tʂʰu³⁵tsə⁰ 伙夫 xuo²¹fu⁰	师傅 sʅ⁵⁵fu⁰	徒弟 tʰu³⁵ti⁰
兴城	大师傅 ta⁵¹sʅ⁴⁴fu⁰	师傅 sʅ⁴⁴fu⁰	徒弟 tʰu³⁵ti⁰
绥中	大师傅 ta⁵¹sʅ⁵⁵fu⁰	师傅 sʅ⁵⁵fu⁰	徒弟 tʰu³⁵ti⁰
义县	厨子 tʂʰu³⁵tsʅ⁰	师傅 sʅ⁴⁴fu⁰	徒弟 tʰu³⁵ti⁰
北票	厨子 tʂʰu³⁵tsʅ⁰	师傅 sʅ⁴⁴fu⁰	徒弟 tʰu³⁵ti⁰
阜新	厨子 tʂʰu³⁵tsa⁰ 掌勺儿的 tʂaŋ²¹ʂau³⁵ti⁰	师傅 sʅ⁵⁵fu⁰	徒弟 tʰu³⁵ti⁰
黑山	厨子 tʂʰu³⁵tsʅ⁰	师傅 sʅ⁴⁴fu⁰	徒弟 tʰu³⁵ti⁰
昌图	上灶儿的 ʂaŋ⁵³tʂaur⁵¹tie⁰	师傅 sʅ³³fu⁰	徒弟 tʰu³⁵ti⁰
大连	大师傅 ta⁵²sʅ³¹fu⁰	师傅 sʅ³¹fu⁰	徒弟 tʰu³⁴ti⁰
金州杏树	厨师 tɕʰy⁵²sʅ³¹²	师傅 sʅ³¹fu⁰	徒弟 tʰu⁵²ti⁰
长海	大师傅 ta⁵³sʅ³¹fu⁰	师傅 sʅ³¹fu⁰	徒弟 tʰu⁵³ti⁰
庄河	厨师 tsʰu⁵¹sʅ³¹	师傅 sʅ³¹fu⁰	徒弟 tʰu⁵¹ti⁰
盖州	厨子 tsʰu²⁴tsʅ⁰ 大师傅 ta⁵¹sʅ⁴¹²fu⁰	师傅 sʅ⁴¹²fu⁰	徒弟 tʰu²⁴ti⁰
丹东	大师傅 ta⁵¹sʅ⁴¹¹fu⁰	师傅 sʅ⁴¹¹fu⁰	徒弟 tʰu²⁴ti⁰
建平	大师父 ta⁵³sʅ⁴⁴fu⁰	师傅 sʅ⁴⁴fu⁰	徒弟 tʰu³⁵ti⁰
凌源	伙夫 xuo²¹fu⁵⁵ 厨子 tʂʰu³⁵tsʅ⁰	师傅 sʅ⁵⁵fu⁰	徒弟 tʰu³⁵ti⁰

	0598 乞丐 统称，非贬称（无统称则记成年男的）	0599 妓女	0600 流氓
沈阳	要饭儿花子 iau⁴¹feɻ⁴¹xua³³tʂʅ⁰	窑儿姐 iauɻ³⁵tɕie²¹	流氓 liou³⁵maŋ³⁵
本溪	要饭的 iau⁵³fan⁵¹ti⁰	窑儿姐儿 iauɻ³⁵tɕiɛ²²⁴əɻ⁰	流氓 liou³⁵maŋ³⁵
辽阳	要饭的 iau⁵¹fan⁵¹tɤ⁰	婊子 piau²¹tʂʅ⁰	流氓 liou³⁵maŋ³⁵
海城	要饭的 iau⁵³fan⁵¹ti⁰	卖淫的 mai³⁵in³⁵ti⁰	流氓 liou³⁵maŋ³⁵
开原	要饭儿的 iau⁵³feɻ⁵³ti⁰	婊子 piau²¹tʂə⁰ 小姐 ɕiau³⁵tɕie²¹³	流氓 liou³⁵maŋ³⁵
锦州	要饭的 iau⁵³fan⁵¹ti⁰	窑娘们 iau³⁵n̩iaŋ³⁵məɻ⁰ 小姐 ɕiau³⁵tɕie²¹³	流氓 liou³⁵maŋ³⁵
盘锦	要饭儿的 iau⁵³feɻ⁵¹ti⁰	婊子 piau²¹tʂə⁰	流氓 liou³⁵maŋ³⁵
兴城	要饭的 iau⁵¹fan⁵¹ti⁰ 老花子 lau²¹xua⁴⁴tʂʅ⁰	窑子娘们儿 iau³⁵tʂʅn̩iaŋ³⁵məɻ⁰ 小姐 ɕiau³⁵tɕie²¹³	流氓 liou³⁵maŋ³⁵
绥中	要饭花子 iau⁵¹fan⁵¹xua⁵⁵tʂʅ⁰	小姐 ɕiau³⁵tɕie²¹³	二流子 əɻ⁵¹liou⁵⁵tʂʅ⁰
义县	要饭花子 iau⁵³fan⁵³xua⁴⁴tʂʅ⁰	窑子娘们儿 iau³⁵tʂʅn̩iaŋ³⁵məɻ⁰	流氓 liou³⁵maŋ³⁵
北票	要饭的 iau⁵³fan⁵¹ti⁰	窑子姐 iau³⁵tʂʅ⁰tɕiɛ²¹³ 小姐 ɕiau³⁵tɕie²¹³	流氓 liou³⁵maŋ³⁵
阜新	要饭花子 iau⁵³fan⁵¹xua⁵⁵tsa⁰ 花子 xua⁵⁵tsa⁰	窑姐儿 iau³⁵tɕieɻ²¹³ 婊子 piau²¹tsa⁰	流氓 liou³⁵maŋ³⁵
黑山	要饭花子 iau⁵³fan⁵³xua⁴⁴tʂʅ⁰	窑姐儿 iau³⁵tɕieɻ²¹³ 小姐 ɕiau³⁵tɕie²¹³	流氓 liou³⁵maŋ³⁵
昌图	要饭儿的 iau⁵³feɻ⁵¹tiɛ⁰	婊子 piau²¹tʂə⁰	二流子 əɻ⁵¹liou³³tʂə⁰
大连	要饭的 iɔ⁵²fã⁵²tə⁰	妓女 tɕi⁵²n̩y²¹³	流氓 liəu³⁴maŋ²¹³
金州杏树	要饭的 iɔ⁵²fã⁵²ti⁰	窑姐儿 iɔ⁵²tɕieɻ²¹³	流氓 liəu³⁴maŋ²¹³
长海	要饭的 iau⁵³fan⁵³tə⁰	破鞋 pʰɤ⁵³ɕie⁵³	流氓 liəu⁵³maŋ²¹⁴
庄河	要饭的 iao⁵³fan⁵¹ti⁰	妓女 tɕi⁵¹n̩y²¹³	流氓 liəu⁵¹maŋ²¹³
盖州	要饭的 iau⁵¹fan⁵¹tɤ⁰	窑娘们儿 iau²⁴n̩iaŋ²⁴məɻ⁰	流氓 liəu²⁴maŋ²⁴
丹东	要饭的 iau⁵³fan⁵¹ti⁰	窑子 iau²⁴tʂʅ⁰	流氓 liəu²⁴maŋ²¹³
建平	要饭儿的 iɔ⁴²feɻ⁵³ti⁰ 讨老 tʰɔ²¹lɔ⁰	窑子娘们 iɔ³⁵tsʅn̩iã³⁵mə̃⁰	流氓 liəu³⁵mã³⁵
凌源	要饭花子 iau⁵³fan⁵³xua⁵⁵tʂʅ⁰ 要饭的 iau⁵³fan⁵¹ti⁰	窑姐儿 iau³⁵tɕieɻ²¹	流氓 liou³⁵maŋ³⁵

	0601 贼	**0602 瞎子** 统称，非贬称（无统称则记成年男的）	**0603 聋子** 统称，非贬称（无统称则记成年男的）
沈阳	小偷儿 ɕiau²¹tʰour³³	瞎子 ɕia³³tsʐ⁰	聋子 luŋ³⁵tsʐ⁰
本溪	小偷儿 ɕiau³⁵tʰour⁰	瞎子 ɕia³¹tsʐ⁰	聋子 luŋ³⁵tsʐ⁰
辽阳	小偷儿 ɕiau²¹tʰour⁴⁴	瞎子 ɕia⁴⁴tsʐ⁰	聋子 luŋ³⁵tsʐ⁰
海城	小偷儿 ɕiau³⁵tʰəur⁴⁴	瞎子 ɕia⁴⁴tsʐ⁰	聋子 luŋ³⁵tsʐ⁰
开原	小偷儿 ɕiau²¹tʰour⁴⁴	瞎子 ɕia⁴⁴tsʐə⁰	聋子 luŋ³⁵tsʐə⁰
锦州	贼 tsei³⁵	瞎子 ɕia⁵⁵tsʐə⁰	聋子 luŋ³⁵tsʐə⁰
盘锦	小偷儿 ɕiau²¹tʰour⁵⁵	瞎子 ɕia⁵⁵tsə⁰	聋子 luəŋ³⁵tsə⁰
兴城	小偷儿 ɕiau²¹tʰour⁴⁴	瞎子 ɕia⁴⁴tsʐ⁰	聋子 luŋ³⁵tsʐ⁰
绥中	小偷儿 ɕiau²¹tʰour⁵⁵	盲人 maŋ³⁵ʐən³⁵	聋子 luəŋ³⁵tsɤ⁰
义县	贼 tsei³⁵ 小偷儿 ɕiau²¹tʰour⁴⁴	瞎子 ɕia⁴⁴tsʐ⁰	聋子 luŋ³⁵tsʐ⁰
北票	小偷儿 ɕiau²¹tʰour⁴⁴	瞎子 ɕia⁴⁴tsʐ⁰	聋子 luəŋ³⁵tsʐ⁰
阜新	小偷儿 ɕiau²¹tʰour⁵⁵	瞎子 ɕia⁵⁵tsa⁰	聋子 luŋ³⁵tsa⁰
黑山	小偷儿 ɕiau²¹tʰour⁴⁴	没眼先生 mei³⁵ian²¹ɕian⁴⁴ʂəŋ⁰ 瞎子 ɕia⁴⁴tsʐ⁰	聋子 luəŋ³⁵tsʐ⁰
昌图	小偷儿 ɕiau²¹tʰour³³	瞎子 ɕia³³tsʐ⁰	聋子 luəŋ³⁵tsə⁰
大连	小偷儿 ɕiɔ³⁴tʰəur³¹²	瞎子 ɕia²¹ɐ⁰	聋子 luŋ³⁴ə⁰
金州杏树	贼 tse⁵²	瞎子 ɕia²¹ɐ⁰	聋子 luŋ³¹ə⁰
长海	小偷儿 ʃiau²⁴tʰəur³¹	瞎子 ɕia²⁴ə⁰	聋子 lũ³¹ən⁰
庄河	小偷儿 ɕiao²⁴tʰəur³¹	瞎子 ɕia²¹ə⁰	聋子 lũ³¹ə⁰
盖州	小偷儿 ɕiau²⁴tʰəur⁴¹²	瞎子 ɕia²¹³tsʐ⁰	聋子 luŋ²⁴tsʐ⁰
丹东	小偷儿 ɕiau²⁴tʰəur⁴¹¹	瞎子 ɕia²¹tsʐ⁰	聋子 luŋ²⁴tsʐ⁰
建平	贼 tsei³⁵	瞎子 ɕia⁴⁴tsʐ⁰	聋子 luŋ³⁵tsʐ⁰
凌源	小偷儿 ɕiau²¹tʰour⁵⁵	瞎子 ɕia⁵⁵tsʐ⁰	聋子 luŋ³⁵tsʐ⁰

	0604 哑巴 统称，非贬称（无统称则记成年男的）	0605 驼子 统称，非贬称（无统称则记成年男的）	0606 瘸子 统称，非贬称（无统称则记成年男的）
沈阳	哑巴 ia²¹pa⁰	罗锅儿 luo³⁵kuor³³	瘸子 tɕʰyɛ³⁵tʂɿ⁰
本溪	哑巴 ia²²⁴pa⁰	罗锅儿 luo³⁵kuor⁴⁴	瘸子 tɕʰyɛ³⁵tʂɿ⁰
辽阳	哑巴 ia²¹pa⁰	罗锅儿 luo³⁵kuor⁴⁴	瘸子 tɕʰyɛ³⁵tʂɿ⁰
海城	哑巴 ia²¹⁴pa⁰	罗锅儿 luɤ³⁵kuɤr⁴⁴	瘸子 tɕʰyɛ³⁵tʂɿ⁰
开原	哑巴 ia²¹pa⁰	罗锅儿 luɤ³⁵kuɤr⁴⁴	瘸子 tɕʰyɛ³⁵tʂə⁰
锦州	哑巴 ia²¹pa⁰	罗锅子 luo³⁵kuo⁵⁵tʂə⁰	瘸子 tɕʰyɛ³⁵tʂə⁰
盘锦	哑巴 ia²¹pa⁰	罗锅儿 luo³⁵kuor⁵⁵	瘸子 tɕʰyɛ³⁵tsə⁰
兴城	哑巴 ia²¹pa⁰	罗锅子 luo³⁵kuo⁴⁴tʂɿ⁰	瘸子 tɕʰyɛ³⁵tʂɿ⁰
绥中	哑巴 ia²¹pa⁰	罗锅儿 luo³⁵kuər⁵⁵	瘸子 tɕʰyɛ³⁵tʂɿ⁰
义县	哑巴 ia²¹pa⁰	罗锅儿 luo³⁵kuor⁴⁴	瘸子 tɕʰyɛ³⁵tʂɿ⁰
北票	哑巴 ia²¹pa⁰	罗锅子 luo³⁵kuo⁴⁴tʂɿ⁰	瘸子 tɕʰyɛ³⁵tʂɿ⁰
阜新	哑巴 ia²¹pa⁰	罗锅儿 luo³⁵kuor⁵⁵	瘸子 tɕʰyɛ³⁵tsa⁰ 拐子 kuai²¹tsa⁰
黑山	哑巴 ia²¹pa⁰	罗锅儿 luo³⁵kuor⁴⁴	瘸子 tɕʰyɛ³⁵tʂɿ⁰
昌图	哑巴 ia²¹pa⁰	罗儿锅儿 luor³⁵kuor³³ 驼背 tʰuo³⁵pei⁵¹	瘸子 tɕʰyɛ³⁵tʂɿ⁰
大连	哑巴 ia²¹pa⁰	罗锅子 luə³⁴kuə³¹ə⁰	瘸子 tɕʰyɛ³⁴ɚ⁰
金州 杏树	哑巴 ia²¹pa⁰	罗锅子 luə³⁴kuə³¹ə⁰	瘸子 tɕʰyɛ³⁴ɚ⁰
长海	哑巴 ia²¹pa⁰	罗锅子 luə²⁴kuə³¹ə⁰	瘸子 cʰyɛ⁵³ə⁰
庄河	哑巴 ia²¹pa³¹	驼背 tʰuə⁵³pei⁵¹ 罗锅儿 luə²⁴kuər³¹	瘸子 tɕʰyɛ⁵¹ə⁰
盖州	哑巴 ia²¹³pa⁰	罗锅儿 luɤ²⁴kuɤr⁴¹²	跐脚儿 tian²⁴tɕiaur²¹³
丹东	哑巴 ia²¹pa⁰	罗锅儿 luo²⁴kuor⁴¹¹	瘸子 tɕʰyɛ²⁴tʂɿ⁰
建平	哑巴 ia²¹pa⁰	罗锅子 luə³⁵kuə⁴⁴tʂɿ⁰	瘸子 tɕʰyɛ³⁵tʂɿ⁰
凌源	哑巴 ia²¹pa⁰	罗锅儿 luo³⁵kuor⁵⁵	瘸子 tɕʰyɛ³⁵tʂɿ⁰

	0607 疯子 统称，非贬称（无统称则记成年男的）	**0608 傻子** 统称，非贬称（无统称则记成年男的）	**0609 笨蛋**蠢的人
沈阳	疯子 fəŋ³³tsʅ⁰	傻子 sa²¹tsʅ⁰	笨蛋 pən⁴¹tan⁴¹
本溪	疯子 fəŋ³¹tsʅ⁰	彪子 piau³¹tsʅ⁰	笨蛋 pən⁵³tan⁵¹
辽阳	精神病儿 tɕiŋ⁴⁴ʂən³⁵piə̃r⁵¹	缺心眼 tɕʰye⁴⁴ɕin⁴⁴iar²¹³	笨蛋 pən⁵¹tan⁵¹
海城	精神病儿 tɕiŋ⁴⁴ʂən⁰piə̃r⁵¹	傻子 ʂa²¹⁴tsʅ⁰	笨蛋儿 pən⁵³tɚ⁵¹
开原	精神病儿 tɕiŋ⁴⁴sən³⁵piə̃r⁵¹ 疯子 fəŋ⁴⁴tsə⁰	傻子 ʂa²¹tsə⁰	笨蛋 pən⁵³tan⁵¹
锦州	疯子 fəŋ⁵⁵tsə⁰	傻子 ʂa²¹tsə⁰	笨蛋 pən⁵³tan⁵¹
盘锦	疯子 fəŋ⁵⁵tsə⁰	傻子 ʂa²¹tsə⁰	笨蛋 pən⁵³tan⁵¹
兴城	疯子 fəŋ⁴⁴tsʅ⁰	傻子 ʂa²¹tsʅ⁰	笨蛋 pən⁵¹tan⁵¹
绥中	精神病儿 tɕiəŋ⁵⁵sən³⁵piə̃r⁵¹	傻子 ʂa²¹tsɤ⁰	傻子 ʂa²¹tsɤ⁰
义县	疯子 fəŋ⁴⁴tsʅ⁰	傻子 ʂa²¹tsʅ⁰	笨蛋 pən⁵³tan⁵¹
北票	疯子 fəŋ⁴⁴tsʅ⁰	傻子 ʂa²¹tsʅ⁰	笨蛋 pən⁵³tan⁵¹
阜新	疯子 fəŋ⁵⁵tsa⁰	傻子 ʂa²¹tsa⁰	笨蛋 pən⁵³tan⁵¹
黑山	疯子 fəŋ⁴⁴tsʅ⁰	傻子 ʂa²¹tsʅ⁰	笨蛋 pən⁵³tan⁵¹
昌图	疯子 fəŋ³³tsə⁰	傻子 ʂa²¹tsə⁰	缺心眼儿 tɕʰyɛ³³ɕiən³³iɚ²¹³
大连	精神病儿 tɕiŋ³¹ʃə̃⁰piə̃r⁵²	彪子 piɔ³¹ɐ⁰	笨蛋 pə̃⁵²tã⁵²
金州 杏树	疯子 fəŋ³¹ə⁰	彪子 piɔ³¹ɐ⁰	笨蛋 pə̃⁵²tã⁵²
长海	疯子 fə̃³¹ə⁰	彪子 piau³¹ə⁰	彪子 piau³¹ə⁰
庄河	彪子 piao³¹ə⁰	傻子 sa²¹ə⁰	完蛋 uan³¹tan⁵¹
盖州	疯子 fəŋ⁴¹²tsʅ⁰	傻子 sa²¹tsʅ⁰	笨蛋 pən⁵¹tan⁵¹
丹东	大彪子 ta⁵¹piau⁴¹¹tsʅ⁰	傻子 ʂa²¹tsʅ⁰	笨蛋 pən⁵³tan⁵¹
建平	疯子 fəŋ⁴⁴tsʅ⁰	傻子 ʂa²¹tsʅ⁰	笨蛋 pə̃⁴²tã⁵³
凌源	疯子 fəŋ⁵⁵tsʅ⁰	傻子 ʂa²¹tsʅ⁰	笨蛋 pən⁵³tan⁵¹

	0610 爷爷 呼称，最通用的	0611 奶奶 呼称，最通用的	0612 外祖父 叙称
沈阳	爷爷 iɛ³⁵iɛ⁰	奶奶 nai²¹nai⁰	姥爷 lau²¹iɛ⁰
本溪	爷爷 iɛ³⁵iɛ⁰	奶奶 nai²¹nai⁰	姥爷 lau²¹iɛ⁰
辽阳	爷爷 iɛ³⁵iɛ⁰	奶奶 nai²¹nai⁰	姥爷 lau²¹iɛ⁰
海城	爷 iɛ³⁵	奶 nai²¹⁴	姥爷 lau²¹⁴iɛ⁰
开原	爷 iɛ³⁵	奶 nai²¹³	姥爷 lau²¹iɛ⁰
锦州	爷 iɛ³⁵	奶 nai²¹³	姥爷 lau²¹iɛ⁰
盘锦	爷 iɛ³⁵	奶 nai²¹³	姥爷 lau²¹iɛ⁰
兴城	爷 iɛ³⁵	奶 nai²¹³	姥爷 lau²¹iɛ⁰
绥中	爷 iɛ³⁵	奶 nai²¹³	姥爷 lau²¹iɛ⁰
义县	爷 iɛ³⁵	奶奶 nai²¹nai⁰	姥爷 lau²¹iɛ⁰
北票	爷 iɛ³⁵	奶 nai²¹³	姥爷 lau²¹iɛ⁰
阜新	爷 iɛ³⁵ 爷爷 iɛ³⁵iɛ⁰	奶 nai²¹³ 奶奶 nai²¹nai⁰	姥爷 lau²¹iɛ⁰
黑山	爷 iɛ³⁵	奶奶 nai²¹nai⁰	姥爷 lau²¹iɛ⁰
昌图	爷爷 iɛ³⁵iɛ⁰	奶奶 nai²¹nai⁰	姥爷 lau²¹iɛ⁰
大连	爷爷 iɛ³⁴iɛ⁰	奶奶 nɛ²¹nɛ⁰	姥爷 lɔ²¹iɛ⁰
金州杏树	爷爷 iɛ³¹iɛ⁰	奶奶 nɛ³¹nɛ⁰	姥爷 lɔ²¹iɛ⁰
长海	爷爷 iɛ³¹iɛ⁰	奶奶 nai²¹nai⁰	姥爷 lau²¹iɛ⁰
庄河	爷爷 iɛ³¹iɛ⁰	奶奶 nai²¹nai⁰	姥爷 lao²¹iɛ⁰
盖州	爷爷 iɛ²⁴iɛ⁰	奶奶 nai²¹nai⁰	姥爷 lau²¹iɛ⁰
丹东	爷爷 iɛ²⁴iɛ⁰	奶奶 nai²¹nai⁰	姥爷 lau²¹iɛ⁰
建平	爷爷 iɛ³⁵iɛ⁰	奶奶 nɛ²¹nɛ⁰	姥爷 lɔ²¹iɛ⁰
凌源	爷爷 iɛ³⁵iɛ⁰	奶奶 nai²¹nai⁰	姥爷 lau²¹iɛ⁰

	0613 外祖母叙称	0614 父母合称	0615 父亲叙称
沈阳	姥姥儿 lau²¹laur⁰	爹妈 tiɛ³³ma³³	爸 pa⁴¹
本溪	姥娘 lau²¹ȵiaŋ⁰	爹妈 tiɛ⁴⁴ma⁴⁴	爸 pa⁵¹
辽阳	姥姥 lau²¹lau⁰	爸妈 pa⁵¹ma⁴⁴	爸爸 pa⁵¹pa⁰
海城	姥姥儿 lau²¹⁴laur⁰	爸妈 pa⁵¹ma⁴⁴	爸 pa⁵¹
开原	姥儿 laur²¹³	爸妈 pa⁵³ma⁴⁴ 父母 fu⁵³mu²¹³	爸 pa⁵¹
锦州	姥 lau²¹³	爸妈 pa⁵³ma⁵⁵	爸 pa⁵¹
盘锦	姥姥儿 lau²¹laur⁰	爸妈 pa⁵¹ma⁵⁵ 爹妈 tiɛ⁵⁵ma⁵⁵	老爷子 lau²¹iɛ³⁵tsə⁰ 爸 pa⁵¹
兴城	姥姥 lau²¹lau⁰	父母 fu⁵¹mu²¹³ 爹妈 tiɛ⁴⁴ma⁴⁴ 爸妈 pa⁵¹ma⁴⁴	爹 tiɛ⁴⁴ 爸 pa⁵¹
绥中	姥儿 laor²¹³	爸妈 pa⁵¹ma⁵⁵	爸 pa⁵¹
义县	姥儿 laur²¹³	爸妈 pa⁵³ma⁴⁴	爸 pa⁵¹
北票	姥姥 lau²¹lau⁰	爹妈 tiɛ⁴⁴ma⁴⁴ 爸妈 pa⁵³ma⁴⁴	爹 tiɛ⁴⁴ 爸 pa⁵¹
阜新	姥姥 lau²¹lau⁰ 姥儿 laur²¹³	爸妈 pa⁵³ma⁵⁵	爸 pa⁵¹ 爹 tiɛ⁵⁵
黑山	姥姥儿 lau²¹laur⁰ 姥儿 laur²¹³	爸妈 pa⁵³ma⁴⁴	爸 pa⁵¹
昌图	姥姥 lau²¹lau⁰	爸妈 pa⁵¹ma³³	爸 pa⁵¹ 爹 tiɛ³³
大连	姥娘 lɔ²¹ȵiaŋ⁰	爹妈 tiɛ³⁴ma³¹²	爹 tiɛ³¹² 爸 pa⁵²
金州 杏树	姥娘 lɔ²¹ȵiaŋ⁰	爹娘 tiɛ³¹ȵiaŋ⁵²	爹 tiɛ³¹²
长海	姥儿 laur²¹⁴	爹妈 tiɛ³³ma³¹	爹 tiɛ³¹
庄河	姥儿 laor²¹³	爹妈 tiɛ³³ma³¹	爹 tiɛ³¹
盖州	姥儿 laur²¹³	父母 fu⁵¹mu²¹³	爸 pa⁵¹
丹东	姥姥 lau²¹lau⁰	爹妈 tiɛ⁴¹¹ma⁰	爹 tiɛ⁴¹¹
建平	姥姥儿 lɔ²¹lɔr⁰	公母俩 ku⁴⁴mu⁰lia²¹³	爸 pa⁵³
凌源	姥姥 lau²¹lau⁰	爸妈 pa⁵³ma⁵⁵	爸 pa⁵¹

	0616 母亲叙称	**0617 爸爸**呼称，最通用的	**0618 妈妈**呼称，最通用的
沈阳	妈 ma^{33}	爸 pa^{41}	妈 ma^{33}
本溪	妈 ma^{44}	爹 tiɛ^{44}	妈 ma^{44}
辽阳	妈妈 ma^{44}ma^{0}	爸 pa^{51}	妈 ma^{44}
海城	妈 ma^{44}	爸 pa^{51}	妈 ma^{44}
开原	妈 ma^{44}	爸 pa^{51}	妈 ma^{44}
锦州	妈 ma^{55}	爸 pa^{51}	妈 ma^{55}
盘锦	老太太 lau^{21}tʰai^{51}tʰai^{0} 老娘 lau^{21}ɲiaŋ^{35} 妈 ma^{55}	爸 pa^{51}	妈 ma^{55}
兴城	妈 ma^{44}	爸 pa^{51}	妈 ma^{44}
绥中	妈 ma^{55}	爸 pa^{51}	妈 ma^{55}
义县	妈 ma^{44}	爸 pa^{51}	妈 ma^{44}
北票	娘 ɲiaŋ^{35} 妈 ma^{44}	爹 tiɛ^{44} 爸 pa^{51}	娘 ɲiaŋ^{35} 妈 ma^{44}
阜新	妈 ma^{55} 娘 ɲiaŋ^{35}	爸 pa^{51}	妈 ma^{55}
黑山	妈 ma^{44}	爸 pa^{51}	妈 ma^{44}
昌图	妈 ma^{33}	爸 pa^{51}	妈 ma^{33}
大连	妈 ma^{312}	爹 tiɛ^{312} 爸 pa^{52}	妈 ma^{312}
金州 杏树	娘 ɲiaŋ^{52}	爸爸 pa^{52}pa^{52}	妈 ma^{312}
长海	妈 ma^{31}	爹 tiɛ^{31}	妈 ma^{31}
庄河	妈 ma^{31}	爸 pa^{51}	妈妈 ma^{31}ma^{0}
盖州	妈 ma^{412}	爸 pa^{51}	妈 ma^{412}
丹东	妈 ma^{411}	爸爸 pa^{51}pa^{0}	妈妈 ma^{411}ma^{0}
建平	妈 ma^{44}	爸 pa^{53}	妈 ma^{44}
凌源	妈 ma^{55}	爸 pa^{51}	妈 ma^{55}

	0619 继父叙称	**0620 继母**叙称	**0621 岳父**叙称
沈阳	后爸 xou⁴¹pa⁴¹	后妈 xou⁴¹ma³³	老丈人 lau²¹tṣaŋ⁴¹in⁰
本溪	后爹 xou⁵¹tiɛ⁴⁴	后妈 xou⁵¹ma⁴⁴	老丈人 lau²¹tṣaŋ⁵¹in⁰
辽阳	后爹 xou⁵¹tiɛ⁴⁴	后妈 xou⁵¹ma⁴⁴	老丈人儿 lau²¹tṣaŋ⁵¹iər⁰
海城	后爸 xəu⁵³pa⁵¹	后妈 xəu⁵¹ma⁴⁴	老丈人儿 lau²¹tṣaŋ⁵¹iər⁰
开原	后爸 xou⁵³pa⁵¹	后妈 xou⁵³ma⁴⁴	老丈儿人儿 lau²¹³tṣãr⁵³zər⁰
锦州	后爸 xou⁵³pa⁵¹ 后爹 xou⁵³tiɛ⁵⁵	后妈 xou⁵³ma⁵⁵	老丈儿 lau²¹tṣãr⁵¹
盘锦	后爸 xou⁵³pa⁵¹	后妈 xou⁵¹ma⁵⁵	老丈人儿 lau²¹tṣaŋ⁵¹iər⁰
兴城	后爹 xou⁵¹tiɛ⁴⁴ 后爸 xou⁵¹pa⁵¹	后妈 xou⁵¹ma⁴⁴	老丈人 lau²¹tṣaŋ⁵¹in⁰
绥中	后爸 xou⁵¹pa⁵¹	后妈 xou⁵¹ma⁵⁵	老丈儿人 lau²¹tṣãr⁵¹zən⁰
义县	后爸 xou⁵³pa⁵¹	后妈 xou⁵³ma⁴⁴	老丈人 lau²¹tṣaŋ⁵¹zən⁰
北票	后老儿 xou⁵³laur²¹³ 后爹 xou⁵³tiɛ⁴⁴ 后爸 xou⁵³pa⁵¹	后妈 xou⁵³ma⁴⁴	老丈人 lau²¹tṣaŋ⁵¹zən⁰
阜新	后爸 xou⁵³pa⁵¹	后妈 xou⁵³ma⁵⁵	老丈人 lau²¹tṣaŋ⁵¹zən⁰
黑山	后爹 xou⁵³tiɛ⁴⁴ 后爸 xou⁵³pa⁵¹	后妈 xou⁵³ma⁴⁴	老丈人儿 lau²¹tṣaŋ⁵¹zər⁰
昌图	后爹 xou⁵¹tiɛ³³	后妈 xou⁵¹ma³³	老丈人 lau²¹tṣaŋ⁵¹iən⁰
大连	继父 tɕi⁵²fu⁵²	后妈 xəu⁵²ma³¹²	丈爷爹 tʃaŋ⁵²iɛ⁰tiɛ³¹²
金州 杏树	后爹 xəu⁵²tiɛ³¹²	后妈 xəu⁵²ma³¹²	老丈人 lɔ²¹tsaŋ⁵²ĩ⁰
长海	后爹 xəu⁵³tiɛ³¹	后妈 xəu⁵³ma³¹	丈人爹儿 tʃaŋ⁵³iən⁰tiɛr³¹
庄河	后爹 xəu⁵¹tiɛ³¹	后妈 xəu⁵¹ma³¹	老丈 lao²¹tsaŋ⁵¹
盖州	后爸 xəu⁵¹pa⁵¹	后妈 xəu⁵¹ma⁴¹²	老丈儿 lau²¹tsãr⁵¹
丹东	后爹 xou⁵¹tiɛ⁴¹¹	后妈 xou⁵¹ma⁴¹¹	老丈人 lau²¹tṣaŋ⁵¹in⁰
建平	叔 ʂəu⁴⁴	婶儿 ʂər²¹³	老丈人 lɔ²¹tṣɑ̃⁵³zə̃⁰
凌源	后爸 xou⁵³pa⁵¹	后妈 xou⁵³ma⁵⁵	老丈人 lau²¹tṣaŋ⁵¹zən⁰

	0622 岳母叙称	**0623 公公**叙称	**0624 婆婆**叙称
沈阳	丈母娘 tṣaŋ⁴¹mu⁰n̪iaŋ³⁵	老公公 lau²¹kuŋ³³kuŋ⁰	老婆婆 lau²¹pʰuo³⁵pʰuo⁰
本溪	丈母娘 tṣaŋ⁵¹mu⁰n̪iaŋ³⁵	老公公 lau³⁵kuŋ³¹kuŋ⁰	老婆婆 lau²¹pʰuo³⁵pʰuo⁰
辽阳	丈母娘 tṣaŋ⁵¹mu⁰n̪iaŋ³⁵	老公公 lau²¹kuŋ⁴⁴kuŋ⁰	老婆婆 lau²¹pʰɤ³⁵pʰɤ⁰
海城	老丈母娘 lau²¹tṣaŋ⁵¹mu⁰n̪iaŋ³⁵	老公公 lau³⁵kuŋ⁴⁴kuŋ⁰	老婆婆 lau²¹pʰɤ³⁵pʰɤ⁰
开原	老丈母娘 lau²¹³tṣaŋ⁵³mu²¹n̪iaŋ³⁵	老公公 lau²¹³kuŋ⁴⁴kuŋ⁰	老婆婆 lau²¹pʰɤ³⁵pʰə⁰
锦州	丈母娘 tṣaŋ⁵¹mu⁰n̪iaŋ³⁵	老公公 lau²¹kuŋ⁵⁵kuŋ⁰	老婆婆 lau²¹pʰɤ³⁵pʰə⁰
盘锦	老丈母娘 lau²¹tṣaŋ⁵¹mu⁰n̪iaŋ³⁵	老公公 lau²¹kuəŋ⁵⁵kuəŋ⁰ 老公爹 lau²¹kuəŋ⁵⁵tiɛ⁵⁵	老婆婆 lau²¹pʰɤ³⁵pʰə⁰ 老太太 lau²¹tʰai⁵¹tʰai⁰
兴城	丈母娘 tṣaŋ⁵¹mu⁰n̪iaŋ³⁵	公爹 kuŋ⁴⁴tiɛ⁴⁴	婆婆 pʰɤ³⁵pʰə⁰
绥中	老丈母娘 lau²¹tṣaŋ⁵¹mu²¹n̪iaŋ³⁵	老公公 lau²¹kuəŋ⁵⁵kuəŋ⁰	老婆婆 lau²¹pʰuo³⁵pʰuo⁰
义县	丈母娘 tṣaŋ⁵¹mu⁰n̪iaŋ³⁵	老公公 lau²¹kuŋ⁴⁴kuŋ⁰	老婆婆 lau²¹pʰɤ³⁵pʰɤ⁰
北票	老丈母娘 lau²¹tṣaŋ⁵¹mu⁰n̪iaŋ³⁵	老公公 lau²¹kuəŋ⁴⁴kuəŋ⁰	老婆婆 lau²¹pʰɤ³⁵pʰɤ⁰
阜新	丈母娘 tṣaŋ⁵¹mu⁰n̪iaŋ³⁵	老公公 lau²¹kuŋ⁵⁵kuŋ⁰	老婆婆 lau²¹pʰɤ³⁵pʰə⁰
黑山	丈母娘 tṣaŋ⁵¹mu⁰n̪iaŋ³⁵	老爷子 lau²¹iɛ³⁵tṣʅ⁰ 老公公 lau²¹kuəŋ⁴⁴kuəŋ⁰	老婆婆 lau²¹pʰɤ³⁵pʰɤ⁰
昌图	丈母娘 tṣaŋ⁵¹mu⁰n̪iaŋ³⁵	老公公 lau²¹kuəŋ³³kuəŋ⁰	老婆婆 lau²¹pʰə³⁵pʰə⁰
大连	丈母娘 tʃaŋ⁵²m⁰n̪iaŋ³⁴	老公公 lɔ³⁴kuŋ³¹kuŋ⁰	老婆婆 lɔ²¹pʰɤ³⁴pʰə⁰
金州杏树	丈母娘儿 tsaŋ⁵²mu²¹n̪iãr⁵²	老公公 lɔ³⁴kuŋ³¹kuŋ⁰	老婆婆 lɔ²¹pʰɤ⁵²pʰɤ⁰
长海	丈人妈 tʃaŋ⁵³iən⁰ma³¹	公公 kuŋ³¹kuŋ⁰	婆婆 pʰɤ⁵³pʰɤ⁰
庄河	丈母娘 tṣaŋ⁵¹mu²¹n̪iaŋ⁵¹	爹 tiɛ³¹	妈 ma³¹
盖州	老丈母娘儿 lau²¹tṣaŋ⁵¹mu⁰n̪iãr²⁴	老公公 lau²⁴kuŋ⁴¹²kuŋ⁰	老婆婆 lau²¹pʰɤ²⁴pʰɤ⁰
丹东	丈母娘儿 tṣaŋ⁵¹mu⁰n̪iãr²⁴	老公公 lau²¹kuŋ⁴¹¹kuŋ⁰	老婆婆 lau²¹pʰɤ²⁴pʰɤ⁰
建平	丈母娘 tṣã⁵³mu⁰n̪iã³⁵	老公公 lɔ²¹kuŋ³⁵kuŋ⁰	老婆婆 lɔ²¹pʰɤ³⁵pʰə⁰
凌源	丈母娘 tṣaŋ⁵¹mu⁰n̪iaŋ³⁵	老公公 lau²¹kuŋ³⁵kuŋ⁰	老婆婆 lau²¹pʰɤ³⁵pʰɤ⁰

	0625 伯父呼称,统称	0626 伯母呼称,统称	0627 叔父呼称,统称
沈阳	大爷 ta⁴¹iɛ⁰	大娘 ta⁴¹ȵiaŋ⁰	叔 ʂu³⁵
本溪	大爷 ta⁵¹iɛ⁰	大娘 ta⁵¹ȵiaŋ³⁵	叔 ʂu⁴⁴
辽阳	大爷 ta⁵¹iɛ⁰	大娘 ta⁵¹ȵiaŋ⁰	叔 ʂu³⁵
海城	大爷 ta⁵¹iɛ⁰	大娘 ta⁵¹ȵiaŋ³⁵	叔 ʂu³⁵
开原	大爷 ta⁵³iɛ⁰	大妈 ta⁵³ma⁴⁴ 大娘 ta⁵³ȵiaŋ³⁵	叔 ʂu³⁵
锦州	大爷 ta⁵¹iɛ⁰	大妈 ta⁵³ma⁵⁵	叔 ʂou⁵⁵
盘锦	大爷 ta⁵¹iɛ⁰	大娘 ta⁵³ȵiaŋ³⁵ 大妈 ta⁵¹ma⁵⁵	叔 ʂou⁵⁵
兴城	大爷 ta⁵¹iɛ⁰	大妈 ta⁵¹ma⁴⁴	叔 ʂu³⁵
绥中	大爷 ta⁵¹iɛ⁰	大娘 ta⁵¹ȵiaŋ³⁵	叔 ʂu³⁵
义县	大爷 ta⁵¹iɛ⁰	大妈 ta⁵³ma⁴⁴	叔 ʂou⁴⁴ 叔 ʂu³⁵
北票	大爷 ta⁵¹iɛ⁰	大娘 ta⁵³ȵiaŋ³⁵	伯伯 pai²¹pai⁰ 叔 ʂou⁴⁴ 叔 ʂu⁴⁴
阜新	大爷 ta⁵¹iɛ⁰	大娘 ta⁵³ȵiaŋ³⁵ 大妈 ta⁵³ma⁵⁵	叔 ʂou⁵⁵
黑山	大爷 ta⁵¹iɛ⁰	大妈 ta⁵³ma⁴⁴	叔 ʂou⁴⁴ 叔 ʂu³⁵
昌图	大爷 ta⁵¹iɛ⁰	大娘 ta⁵¹ȵiaŋ³⁵	叔叔 ʂu³³ʂu⁰
大连	大爷 ta⁵²iɛ⁰	大娘 ta⁵²ȵiaŋ⁰	叔 ʃu²¹³
金州杏树	大爷 ta⁵²iɛ⁰	大妈 ta⁵²ma³¹²	叔叔 ɕy²¹ɕy⁵²
长海	大大 ta⁵³ta⁵³	大妈 ta⁵³ma³¹	叔 ʃy²¹⁴
庄河	大爷 ta⁵¹iɛ⁰	大妈 ta⁵¹ma³¹	叔叔 ɕy²¹ɕy⁰
盖州	大伯 ta⁵¹pɤ²⁴ 大爷 ta⁵¹iɛ⁰	大妈 ta⁵¹ma⁴¹²	叔 ʂu²¹³
丹东	大爷 ta⁵¹iɛ⁰	大娘 ta⁵¹ȵiaŋ⁰	叔叔 ʂu²¹ʂu⁰
建平	大爷 ta⁵³iɛ⁰	大娘 ta⁵³ȵiã³⁵	叔 ʂəu⁴⁴
凌源	大爷 ta⁵¹iɛ⁰	大娘 ta⁵³ȵiaŋ³⁵	叔 ʂou⁵⁵

	0628 排行最小的叔父呼称,如"幺叔"	0629 叔母呼称,统称	0630 姑呼称,统称（无统称则记分称：比父大，比父小；已婚，未婚）
沈阳	老叔 lau²¹ṣu³⁵	婶儿 ṣər²¹³	姑 ku³³
本溪	老叔 lau²¹ṣu³⁵	婶儿 ṣər²²⁴	姑姑 ku³¹ku⁰
辽阳	老叔 lau²¹ṣu³⁵	婶儿 ṣər²¹³	姑 ku⁴⁴
海城	老叔 lau²¹ṣu³⁵	婶儿 ṣər²¹⁴	姑 ku⁴⁴
开原	老叔 lau²¹ṣu³⁵	婶儿 ṣər²¹³	姑 ku⁴⁴
锦州	老叔 lau²¹ṣou⁵⁵	婶儿 ṣər²¹³	姑 ku³⁵
盘锦	老叔 lau²¹ṣou⁵⁵	婶儿 ṣər²¹³	姑 ku⁵⁵
兴城	老叔 lau²¹ṣu³⁵	婶儿 ṣər²¹³	姑 ku³⁵
绥中	老叔 lau²¹ṣu³⁵	婶儿 ṣər²¹³	姑 ku⁵⁵
义县	老叔 lau²¹ṣou⁴⁴ 老叔 lau²¹ṣu³⁵	婶儿 ṣər²¹³	姑 ku⁴⁴
北票	老伯伯 lau³⁵pai²¹pai⁰ 老叔 lau²¹ṣou⁴⁴	婶儿 ṣər²¹³	姑 ku⁴⁴
阜新	老叔 lau²¹ṣou⁵⁵	婶儿 ṣər²¹³	姑 ku³⁵
黑山	老叔 lau²¹ṣou⁴⁴ 老叔 lau²¹ṣu³⁵	婶儿 ṣər²¹³	姑 ku³⁵
昌图	老叔 lau²¹ṣu³⁵	婶儿 ṣər²¹³	姑 ku³³
大连	小叔 ɕiɔ³⁴ʃu²¹³ 老叔 lɔ³⁴ʃu²¹³	婶儿 ʃɤr²¹³	姑 ku³¹²
金州 杏树	老叔 lɔ³⁴ɕy²¹³	老婶 lɔ³⁴sə̃²¹³	姑 ku³¹²
长海	老叔 lau²⁴ʃy²¹⁴	婶子 ʃən²¹ən⁰	姑 ku³¹
庄河	小叔 ɕiao²⁴ɕy²¹³	婶儿 ṣər²¹³	姑 ku³¹
盖州	老叔 lau²⁴su²¹³	婶儿 ṣər²¹³	姑 ku⁴¹²
丹东	老叔 lau²⁴su²¹³	婶儿 ṣər²¹³	姑 ku⁴¹¹
建平	老叔 lɔ²¹ṣəu⁴⁴	婶儿 ṣər²¹³	姑 ku⁴⁴
凌源	老叔 lau²¹ṣou⁵⁵	婶儿 ṣər²¹⁴	姑 ku⁵⁵

	0631 姑父 呼称, 统称	0632 舅舅 呼称	0633 舅妈 呼称
沈阳	姑父 ku³³fu⁰	舅 tɕiou⁴¹	舅娘 tɕiou⁴¹ȵiaŋ⁰
本溪	姑父 ku⁴⁴fu⁵¹	舅 tɕiou⁵¹	舅妈 tɕiou⁵¹ma⁴⁴
辽阳	姑爷 ku⁴⁴ie⁰	舅 tɕiou⁵¹	舅妈 tɕiou⁵¹mɤ⁰
海城	姑爷儿 ku⁴⁴iɛr⁰	舅 tɕiəu⁵¹	舅妈 tɕiəu⁵¹mɤ⁰
开原	姑爷儿 ku⁴⁴iɛr⁰ 姑父 ku⁴⁴fu⁰	舅 tɕiou⁵¹	舅妈 tɕiou⁵³mən⁰
锦州	姑父 ku³⁵fu⁰	舅 tɕiou⁵¹	舅妈 tɕiou⁵¹ma⁰
盘锦	姑父 ku⁵⁵fu⁰	舅 tɕiou⁵¹	舅妈 tɕiou⁵¹mə⁰
兴城	姑父 ku⁴⁴fu⁰	舅 tɕiəu⁵¹	舅妈 tɕiəu⁵¹ma⁴⁴
绥中	姑父 ku³⁵fu⁰	舅 tɕiou⁵¹	舅母 tɕiou⁵¹mu⁰
义县	姑父 ku³⁵fu⁰	舅 tɕiou⁵¹	舅妈 tɕiou⁵¹mɤ⁰
北票	姑父 ku⁴⁴fu⁰	舅 tɕiou⁵¹	妗子 tɕiən⁵¹tsʅ⁰ 舅妈 tɕiou⁵³ma⁴⁴
阜新	姑父 ku³⁵fu⁰	舅 tɕiou⁵¹	舅妈 tɕiou⁵¹mə⁰
黑山	姑父 ku³⁵fu⁰	舅 tɕiou⁵¹	舅妈 tɕiou⁵¹mɤ⁰
昌图	姑父 ku³⁵fu⁰	舅舅 tɕiou⁵¹tɕiou⁰	舅母 tɕiou⁵¹mu⁰
大连	姑父 ku³¹fu⁰	舅 tɕiəu⁵²	舅母 tɕiəu⁵²m²¹³
金州 杏树	姑父 ku³¹fu⁰	舅舅 tɕiəu⁵²tɕiəu⁵²	舅妈 tɕi⁵²mə̃⁰
长海	姑父 ku³¹fu⁰	舅舅 ɕiəu⁵³ɕiəu⁰	妗母 ɕiən⁵³mu⁰
庄河	姑父 ku³¹fu⁰	舅 tɕiəu⁵¹	舅妈 tɕiəu⁵¹ma³¹
盖州	姑父 ku⁴¹²fu⁰	舅 tɕiəu⁵¹	舅妈 tɕiəu⁵¹mɤ⁰
丹东	姑父 ku⁴¹¹fu⁰	舅 tɕiou⁵¹	舅妈 tɕiou⁵¹ma⁴¹¹
建平	姑父 ku⁴⁴fu⁰	舅舅 tɕiəu⁵³tɕiəu⁰	妗子 tɕĩ⁵³tsʅ⁰
凌源	姑父 ku⁵⁵fu⁰	舅 tɕiou⁵¹	妗儿 tɕiər⁵¹

	0634 姨 呼称，统称（无统称则记分称：比母大，比母小；已婚，未婚）	0635 姨父 呼称，统称	0636 弟兄 合称
沈阳	姨 i³⁵	姨父 i³⁵fu⁰	兄弟 ɕyŋ³³ti⁰
本溪	姨 i³⁵	姨父 i³⁵fu⁰	兄弟 ɕyŋ⁴⁴ti⁵¹
辽阳	姨 i³⁵	姨父 i³⁵fu⁰	哥们儿 kɤ⁴⁴mər⁰
海城	姨 i³⁵	姨父 i³⁵fu⁰	弟兄 ti⁵¹ɕiuŋ⁰ 哥们儿 kɤ⁴⁴mər⁰
开原	姨 i³⁵	姨父 i³⁵fu⁰	哥们儿 kɤ⁴⁴mər⁰
锦州	姨 i³⁵	姨父 i³⁵fu⁰	兄弟 ɕyŋ⁵⁵ti⁰
盘锦	姨 i³⁵	姨父 i³⁵fu⁰	哥们儿 kɤ⁵⁵mər⁰
兴城	姨 i³⁵	姨父 i³⁵fu⁰	兄弟 ɕyŋ⁴⁴ti⁰
绥中	姨 i³⁵	姨父 i³⁵fu⁰	兄弟 ɕyn⁵⁵ti⁰
义县	姨 i³⁵	姨父 i³⁵fu⁰	兄弟 ɕyŋ⁴⁴ti⁰
北票	姨 i³⁵	姨夫 i³⁵fu⁰	兄弟 ɕyəŋ⁴⁴ti⁰
阜新	姨 i³⁵	姨父 i³⁵fu⁰	弟兄 ti⁵¹ɕyŋ⁰
黑山	姨 i³⁵	姨父 i³⁵fu⁰	兄弟 ɕyəŋ⁴⁴ti⁰
昌图	姨 i³⁵	姨父 i³⁵fu⁰	哥兄弟儿 kɤ³³ɕyəŋ³³tiər⁵¹
大连	姨 i³⁴	姨父 i³⁴fu⁰	弟兄 ti⁵²ɕyŋ⁰
金州杏树	姨 i²¹³	姨父 i³¹fu⁰	哥伙儿 kɤ³¹xuər⁰
长海	姨 i²¹⁴	姨父 i⁵³fu⁰	弟兄 ti⁵³ɕyŋ⁰
庄河	姨 i³¹	姨父 i³¹fu⁰	兄弟 ɕyŋ³¹ti⁰
盖州	姨 i²⁴	姨父 i²⁴fu⁰	弟兄 ti⁵¹ɕyŋ⁰
丹东	姨 i²⁴	姨父 i²⁴fu⁰	弟兄 ti⁵¹ɕyŋ⁰
建平	姨 i³⁵	姨父 i³⁵fu⁰	哥们儿 kɤ⁴⁴mər⁰
凌源	姨 i³⁵	姨夫 i³⁵fu⁰	兄弟 ɕyŋ⁵⁵ti⁰

	0637 姊妹合称，注明是否可包括男性	0638 哥哥呼称，统称	0639 嫂子呼称，统称
沈阳	姊妹 tsʅ²¹mei⁴¹	哥 kɤ³³	嫂子 sau²¹tsʅ⁰
本溪	姊妹 tsʅ²¹mei⁵¹	哥 kɤ⁴⁴	嫂子 sau²¹tsʅ⁰
辽阳	姊妹儿 tsʅ²¹mər⁰	哥 kɤ⁴⁴	嫂子 sau²¹tsʅ⁰
海城	姊妹儿 tʂʅ²¹⁴mər⁰	哥 kɤ⁴⁴	嫂子 ʂau²¹⁴tʂʅ⁰
开原	姐妹儿 tɕie²¹mər⁰	哥 kɤ⁴⁴	嫂子 ʂau²¹tʂʅ⁰
锦州	姐妹儿 tɕie²¹mər⁰（不包括男性）	哥 kɤ³⁵	嫂子 ʂau²¹tʂə⁰
盘锦	姊妹儿 tsʅ²¹mər⁰	哥 kɤ⁵⁵	嫂子 ʂau²¹tsə⁰
兴城	姐妹儿 tɕie²¹mər⁰	哥 kɤ³⁵	嫂子 ʂau²¹tʂʅ⁰
绥中	姐妹儿 tɕie²¹mər⁰	哥 kɤ⁵⁵	嫂子 ʂau²¹tʂɤ⁰
义县	姊妹 tsʅ²¹mei⁵¹（不包括男性）	哥 kɤ⁴⁴	嫂子 ʂau²¹tʂʅ⁰
北票	姊妹 tsʅ²¹mei⁵¹（包括男性）	哥 kɤ⁴⁴	嫂子 sau²¹tsʅ⁰
阜新	姊妹 tsʅ²¹mei⁰（包括男性）	哥 kɤ⁵⁵	嫂子 sau²¹tsa⁰
黑山	姐妹儿 tɕie²¹mər⁰（不包括男性）	哥 kɤ⁴⁴	嫂子 ʂau²¹tʂʅ⁰
昌图	姐妹 tɕie²¹mei⁵¹	哥哥 kɤ³³kə⁰ 哥 kɤ³³	嫂子 ʂau²¹tʂə⁰
大连	姊妹 tsʅ²¹me⁰	哥哥 kɤ³¹kə⁰	嫂子 sɔ²¹ɐ⁰
金州杏树	姊妹儿 tsʅ²¹mər⁰	哥 kɤ³¹²	嫂子 sɔ²¹ɐ⁰
长海	姊妹儿 tsʅ²¹mər⁵³	哥哥 kɤ³¹kɤ⁰	嫂子 sau²¹tsʅ⁰
庄河	姊妹儿 tsʅ²¹mər⁰	哥哥 kə³¹kə⁰	嫂子 sao²¹ə⁰
盖州	姊妹儿 tsʅ²¹mər⁵¹	哥 kɤ⁴¹²	嫂子 sau²¹tsʅ⁰
丹东	姊妹儿 tsʅ²¹mər⁵¹	哥哥 kɤ⁴¹¹kɤ⁰	嫂子 sau²¹tsʅ⁰
建平	姐们儿 tɕie²¹mər⁰	哥 kɤ⁴⁴	嫂子 sɔ²¹tsʅ⁰
凌源	姐儿妹儿 tɕier²¹mər⁰（不包括男性）	哥 kɤ⁵⁵	嫂子 sau²¹tsʅ⁰

	0640 弟弟叙称	**0641 弟媳**叙称	**0642 姐姐**呼称, 统称
沈阳	弟弟 ti⁴¹ti⁰	弟妹 ti⁴¹mei⁴¹	姐 tɕiɛ²¹³
本溪	弟弟 ti⁵¹ti⁰	兄弟媳妇儿 ɕyn⁴⁴ti⁵¹ɕi³⁵fər⁰	姐 tɕiɛ²²⁴
辽阳	兄弟 ɕyŋ⁴⁴ti⁰	兄弟媳妇儿 ɕyŋ⁴⁴ti⁰ɕi²¹fur⁰	姐 tɕiɛ²¹³
海城	弟弟 ti⁵¹ti⁰	弟妹 ti⁵³mei⁵¹	姐 tɕiɛ²¹⁴
开原	弟弟 ti⁵³ti⁰	兄弟媳妇儿 ɕyn⁴⁴ti⁰ɕi²¹fər⁰ 弟妹 ti⁵³mei⁵¹	姐 tɕiɛ²¹³
锦州	弟弟 ti⁵¹ti⁰	兄弟媳妇儿 ɕyn⁵⁵ti⁰ɕi²¹fər⁰ 弟妹 ti⁵³mei⁵¹	姐 tɕiɛ²¹³
盘锦	兄弟 ɕyəŋ⁵⁵ti⁰	弟妹 ti⁵³mei⁵¹	姐 tɕiɛ²¹³
兴城	弟弟 ti⁵¹ti⁰	弟媳 ti⁵¹ɕi²¹³	姐 tɕiɛ²¹³
绥中	弟弟 ti⁵¹ti⁰	兄弟媳妇儿 ɕyn⁵⁵ti⁰ɕi²¹fər⁰	姐 tɕiɛ²¹³
义县	兄弟 ɕyŋ⁴⁴ti⁰	兄弟媳妇儿 ɕyŋ⁴⁴ti⁰ɕi²¹fər⁰ 弟妹 ti⁵³mei⁵¹	姐 tɕiɛ²¹³
北票	弟弟 ti⁵¹ti⁰	兄弟媳妇儿 ɕyŋ⁴⁴ti⁰ɕi²¹fər⁰ 弟妹 ti⁵³mei⁵¹	姐 tɕiɛ²¹³
阜新	兄弟 ɕyŋ⁵⁵ti⁰	兄弟媳妇儿 ɕyŋ⁵⁵ti⁰ɕi²¹fər⁰ 弟妹 ti⁵³mei⁵¹	姐 tɕiɛ²¹³
黑山	弟弟 ti⁵¹ti⁰	兄弟媳妇儿 ɕyəŋ⁴⁴ti⁰ɕi²¹fər⁰ 弟妹 ti⁵³mei⁵¹	姐 tɕiɛ²¹³
昌图	弟弟 ti⁵¹ti⁰	兄弟媳妇儿 ɕyəŋ³³ti⁰ɕi²¹fər⁰	姐 tɕiɛ²¹³
大连	弟弟 ti⁵²ti⁰	兄弟媳妇儿 ɕyŋ³¹ti⁰ɕi²¹fər⁰	姐姐 tɕiɛ²¹tɕiɛ⁰
金州杏树	兄弟 ɕyŋ³¹ti⁰	兄媳妇儿 ɕyŋ³¹ɕi²¹fur⁰	姐 tɕiɛ²¹³
长海	弟弟 ti⁵³ti⁰	兄弟媳妇儿 ɕyŋ³¹ti⁵³ʂʅ⁰fər⁰	姐姐 tʃiɛ²⁴tʃiɛ⁰
庄河	弟 ti⁵¹	兄弟媳妇儿 ɕyŋ³¹ti⁰ɕi²¹fər⁰	姐姐 tɕiɛ²¹tɕiɛ⁰
盖州	弟弟 ti⁵¹ti⁰	兄弟媳妇儿 ɕyŋ⁴¹²ti⁰ɕi²¹fər⁰	姐 tɕiɛ²¹³
丹东	弟弟 ti⁵¹ti⁰	兄弟媳妇儿 ɕyŋ⁴¹¹ti⁵¹ɕi²¹fər⁰	姐姐 tɕiɛ²¹tɕiɛ⁰
建平	兄弟 ɕyŋ⁴⁴ti⁰	兄弟媳妇儿 ɕyŋ⁴⁴ti⁰ɕi²¹fər⁰	姐 tɕiɛ²¹³
凌源	弟弟 ti⁵¹ti⁰	弟妹 ti⁵³mei⁵¹ 兄弟媳妇儿 ɕyŋ⁵⁵ti⁰ɕi²¹fər⁰	姐 tɕiɛ²¹⁴

	0643 姐夫呼称	0644 妹妹叙称	0645 妹夫叙称
沈阳	姐夫 tɕie²¹fu⁰	妹妹 mei⁴¹mei⁰	妹夫 mei⁴¹fu⁰
本溪	姐夫 tɕiɛ²²⁴fu⁰	妹妹 mei⁵¹mei⁰	妹夫 mei⁵¹fu⁰
辽阳	姐夫 tɕiɛ²¹fu⁰	妹妹 mei⁵¹mei⁰	妹夫 mei⁵¹fu⁰
海城	姐夫 tɕiɛ²¹⁴fu⁰	妹妹 mei⁵¹mei⁰	妹夫 mei⁵¹fu⁰
开原	姐夫 tɕiɛ²¹fu⁰	妹妹 mei⁵³mei⁰	妹夫儿 mei⁵³fur⁰
锦州	姐夫 tɕiɛ²¹fu⁰	妹子 mei⁵¹tʂə⁰	妹夫 mei⁵¹fu⁰
盘锦	姐夫 tɕiɛ²¹fu⁰	妹儿 mər⁵¹	妹夫 mei⁵¹fu⁰
兴城	姐夫 tɕiɛ²¹fu⁰	妹子 mei⁵¹tʂʅ⁰	妹夫 mei⁵¹fu⁰
绥中	姐夫 tɕiɛ²¹fu⁰	妹妹 mei⁵¹mei⁰	妹夫 mei⁵¹fu⁰
义县	姐夫 tɕiɛ²¹fu⁰	妹子 mei⁵¹tʂʅ⁰	妹夫 mei⁵¹fu⁰
北票	姐夫 tɕiɛ²¹fu⁰	妹子 mei⁵¹tsʅ⁰	妹夫 mei⁵¹fu⁰
阜新	姐夫 tɕiɛ²¹fu⁰	妹子 mei⁵¹tsa⁰	妹夫 mei⁵¹fu⁰
黑山	姐夫 tɕiɛ²¹fu⁰	妹子 mei⁵¹tʂʅ⁰	妹夫 mei⁵¹fu⁰
昌图	姐夫 tɕiɛ²¹fu⁰	妹子 mei⁵¹tsə⁰	妹夫 mei⁵¹fu⁰
大连	姐夫 tɕiɛ²¹fu⁰	妹妹 me⁵²me⁰	妹夫 me⁵²fu⁰
金州杏树	姐夫 tɕiɛ²¹fu⁰	妹子 me⁵²ə⁰	妹夫 me⁵²fu⁰
长海	姐夫 tʃiɛ²¹fu⁰	妹妹 mei⁵³mei⁰	妹夫 mei⁵³fu⁰
庄河	姐夫 tɕiɛ²¹fu⁰	妹 mei⁵¹	妹夫 mei⁵¹fu⁰
盖州	姐夫 tɕiɛ²¹fu⁰	妹妹 mei⁵¹mei⁰	妹夫 mei⁵¹fu⁰
丹东	姐夫 tɕiɛ²¹fu⁰	妹妹 mei⁵¹mei⁰	妹夫 mei⁵¹fu⁰
建平	姐夫 tɕiɛ²¹fu⁰	妹子 mei⁵³tsʅ⁰	妹夫 mei⁵³fu⁰
凌源	姐夫 tɕiɛ²¹fu⁰	妹子 mei⁵¹tsʅ⁰	妹夫 mei⁵¹fu⁰

	0646 堂兄弟 叙称，统称	0647 表兄弟 叙称，统称	0648 妯娌 弟兄妻子的合称
沈阳	叔伯兄弟 su³³pai²¹ɕyŋ³³ti⁰	姑舅兄弟 ku³³tɕiou⁰ɕyŋ³³ti⁰	姊妹儿 tsu³⁵mər⁰
本溪	叔伯兄弟 ʂu³⁵pai⁰ɕyŋ³¹ti⁰	姑舅兄弟 ku⁴⁴tɕiou⁵¹ɕyŋ³¹ti⁰	妯儿娌 tʂour³⁵li⁰
辽阳	叔伯兄弟 ʂu³⁵pai³⁵ɕyŋ⁴⁴ti⁰	姑舅兄弟 ku⁴⁴tɕiou⁰ɕyŋ⁴⁴ti⁰	妯娌 tsou³⁵li⁰
海城	叔伯哥们儿 ʂu³⁵pei⁵¹kɤ⁴⁴mər⁰	姑舅哥们儿 ku⁴⁴tɕiəu⁵¹kɤ⁴⁴mər⁰	妯妹儿 tʂəu³⁵mər⁰
开原	亲叔伯兄弟 tɕʰin⁴⁴ʂu⁴⁴pai⁰ɕyŋ⁴⁴ti⁰	两姨兄弟 liaŋ²¹i⁰ɕyŋ⁴⁴ti⁰ / 姑舅兄弟 ku⁴⁴tɕiou⁰ɕyŋ⁴⁴ti⁰	妯妹儿 tʂou³⁵mər⁰
锦州	堂兄弟儿 tʰaŋ³⁵ɕyŋ⁵⁵tiər⁵¹	表兄弟儿 piau²¹ɕyŋ⁵⁵tiər⁵¹	妯儿娌 tʂour³⁵li⁰
盘锦	亲叔伯兄弟 tɕʰiən⁵⁵ʂu⁵⁵paiɕyəŋ⁵⁵ti⁰	姨表兄弟儿 i³⁵piau²¹ɕyəŋ⁵⁵tiər⁵¹	妯儿娌 tʂour³⁵li⁰
兴城	（无）	（无）	妯娌 tʂou³⁵li⁰ / 大嫂子小婶儿 ta⁵¹sau²¹tʂʅ⁰ɕiau³⁵ʂər²¹³
绥中	叔伯兄弟 ʂu⁵⁵paiɕyəŋ⁵⁵ti⁰	表兄弟儿 piau²¹ɕyŋ⁵⁵tiər⁵¹	妯儿娌 tʂour³⁵li⁰
义县	堂兄弟 tʰaŋ³⁵ɕyŋ⁴⁴ti⁰	表兄弟 piau²¹ɕyŋ⁴⁴ti⁰	妯儿妹儿 tʂour³⁵mər⁰ / 大嫂儿小婶儿 ta⁵³saur²¹³ɕiau³⁵ʂər²¹³
北票	堂兄弟儿 tʰaŋ³⁵ɕyŋ⁴⁴tiər⁵¹	表兄弟儿 piau²¹ɕyəŋ⁴⁴tiər⁵¹	妯娌 tʂou³⁵li⁰
阜新	堂兄弟儿 tʰaŋ³⁵ɕyŋ⁵⁵tiər⁵¹	表兄弟儿 piau²¹ɕyŋ⁵⁵tiər⁵¹	妯娌儿 tʂou³⁵liər⁰
黑山	叔伯兄弟 ʂu⁴⁴paiɕyəŋ⁴⁴ti⁰	表兄弟 piau²¹ɕyəŋ⁴⁴ti⁰	妯儿妹儿 tʂour³⁵mər⁰
昌图	叔伯兄弟 ʂu³³peiɕyəŋ³³ti⁰	表哥表弟 piau²¹kɤ³³piau²¹ti⁵¹	妯妹儿 tʂou³⁵mər⁰
大连	堂兄弟 tʰaŋ³⁴ɕyŋ³¹ti⁵²	表兄弟 piɔ²¹ɕyŋ³¹ti⁵²	妯娌 tʃu³⁴le⁰
金州杏树	叔伯兄弟 ɕy²¹pe⁵²ɕyŋ³¹ti⁰	姑舅兄弟 ku³¹tɕiəu⁰ɕyŋ³¹ti⁰	妯娌 tɕy⁵²le⁰
长海	叔伯姊妹 ʃy²⁴pɤ⁰tsʅ²¹mə⁰	姑舅姊妹 ku³¹ɕiəu⁵³tsʅ²¹mə⁰	妯伙儿 tʃy⁵³xuər⁰
庄河	堂兄弟 tʰaŋ⁵¹ɕyŋ³¹ti⁵¹	表兄弟 piao²⁴ɕyŋ³¹ti⁵¹	妯娌儿 tɕy⁵¹lər⁰
盖州	叔伯哥们儿 su²⁴pai⁰kɤ⁴¹²mər⁰	姑舅哥们儿 ku⁴¹²tɕiəu⁰kɤ⁴¹²mər⁰	妯妹儿 tsu²⁴mər⁰
丹东	哥哥弟弟 kɤ⁴¹¹kɤ⁰ti⁵¹ti⁰	哥哥弟弟 kɤ⁴¹¹kɤ⁰ti⁵¹ti⁰	妯娌 tʂou²⁴li⁰
建平	叔伯兄弟 ʂu⁴⁴pɤ⁰ɕyŋ⁴⁴ti⁰	表兄弟儿 piɔ²¹ɕyŋ⁴⁴tiər⁵³	妯娌 tʂəu³⁵li⁰
凌源	堂兄弟儿 tʰaŋ³⁵ɕyŋ⁵⁵tiər⁵¹	表兄弟儿 piau²¹ɕyŋ⁵⁵tiər⁵¹	妯娌 tʂou³⁵li⁰

	0649 连襟 姊妹丈夫的关系，叙称	0650 儿子 叙称：我的~	0651 儿媳妇 叙称：我的~
沈阳	一担挑儿 i^{35}tan^{41}t^{h}iaur^{33}	儿子 ər^{35}tʂʅ^0	儿媳妇儿 ər^{35}ɕi^{35}fər^0
本溪	连襟 lian^{35}tɕin^0 一担挑儿 i^{35}tan^{51}t^{h}iaur^0	儿子 ər^{35}tʂʅ^0	儿媳妇 ər^{35}ɕi^{35}fu^0
辽阳	连条儿 lian^{35}t^{h}iaur^{35} 连桥儿 lian^{35}tɕ^{h}iaur^{35}	儿子 ər^{35}tʂʅ^0	儿媳妇儿 ər^{35}ɕi^{21}fur^0
海城	连襟儿 lian^{35}tɕiər^{44}	儿子 ər^{35}tʂʅ^0	儿媳妇儿 ər^{35}ɕi^{214}fər^0
开原	一担挑儿 i^{35}tan^{51}t^{h}iaur^{44}	小子 ɕiau^{21}tʂʅ^0 儿子 ər^{35}tʂʅ^0	儿媳妇儿 ər^{35}ɕi^{35}fur^0
锦州	连桥儿 lian^{35}tɕ^{h}iaur^{35}	儿子 ər^{35}tʂə^0	儿媳妇儿 ər^{35}ɕi^{21}fər^0
盘锦	一担挑儿 i^{35}tan^{51}t^{h}iaur^{55} 连桥儿 lian^{35}tɕ^{h}iaur^{35}	小子 ɕiau^{21}tsə^0 少的 ʂau^{51}ti^0	儿媳妇儿 ər^{35}ɕi^{21}fər^0
兴城	连桥儿 lian^{35}tɕ^{h}iaur^{35} 两桥儿 liaŋ^{21}tɕ^{h}iaur^{35}	儿子 ər^{35}tʂʅ^0	儿媳妇儿 ər^{35}ɕi^{21}fər^0
绥中	担挑儿 tan^{51}t^{h}iaor^{55}	儿子 ər^{35}tʂʅ^0	儿媳妇儿 ər^{35}ɕi^{35}fur^0
义县	连桥儿 lian^{35}tɕ^{h}iaur^{35}	小子 ɕiau^{21}tʂʅ^0 儿子 ər^{35}tʂʅ^0	儿媳妇儿 ər^{35}ɕi^{21}fər^0
北票	连桥儿 lian^{35}tɕ^{h}iaur^{35} 连襟 lian^{35}tɕiən^{44} 一担挑儿 i^{35}tan^{53}t^{h}iaur^{44}	小子 ɕiau^{21}tʂʅ^0 儿子 ər^{35}tʂʅ^0	儿媳妇儿 ər^{35}ɕi^{21}fər^0
阜新	连桥儿 lian^{35}tɕ^{h}iaur^{35} 一担挑儿 i^{35}tan^{51}t^{h}iaur^{55}	小子 ɕiau^{21}tsa^0	儿媳妇儿 ər^{35}ɕi^{21}fər^0
黑山	连桥儿 lian^{35}tɕ^{h}iaur^{35} 一担挑儿 i^{35}tan^{53}t^{h}iaur^{44}	小子 ɕiau^{21}tʂʅ^0 儿子 ər^{35}tʂʅ^0	儿媳妇儿 ər^{35}ɕi^{21}fər^0
昌图	连桥儿 lian^{35}tɕ^{h}iaur^{35}	儿子 ər^{35}tʂə^0 小子 ɕiau^{21}tʂə^0	少媳妇儿 ʂau^{51}ɕi^{21}fər^0
大连	连襟 liẽ^{34}tɕĩ^{312}	儿子 ər^{34}ə^0	儿媳妇儿 ər^{34}ɕi^{21}fər^0
金州 杏树	连襟 liẽ^{34}tɕĩ^{312}	儿 ər^{52}	儿媳妇儿 ər^{52}ɕi^{21}fər^0
长海	连襟 lian^{24}ɕiən^0	孩子 xai^{53}tʂʅ^0	儿媳妇儿 ər^{53}ʃʅ^{21}fur^0
庄河	连襟 lian^{24}tɕin^{31}	儿 ər^{51}	儿媳妇 ər^{51}ɕi^{21}fu^0
盖州	连桥儿 lian^{24}tɕ^{h}iaur^{24} 连襟 lian^{24}tɕin^{412}	儿子 ər^{24}tʂʅ^0	儿媳妇儿 ər^{24}ɕi^{21}fər^0
丹东	连襟 lian^{24}tɕin^0	儿子 ər^{24}tʂʅ^0	儿媳妇儿 ər^{24}ɕi^{21}fər^0
建平	连桥儿 liẽ^{35}tɕ^{h}iɔr^{35}	小子 ɕiɔ^{21}tʂʅ^0	儿媳妇儿 ər^{35}ɕi^{35}fər^0
凌源	连桥儿 liɛn^{35}tɕ^{h}iaur^{35}	小子 ɕiau^{21}tʂʅ^0 儿子 ər^{35}tʂʅ^0	儿媳妇儿 ər^{35}ɕi^{21}fər^0

词汇对照

	0652 女儿叙称：我的~	0653 女婿叙称：我的~	0654 孙子儿子之子
沈阳	姑娘 ku³³n̩ian⁰	姑爷儿 ku³³iɛr⁰	孙子 suən³³tsʅ⁰
本溪	姑娘 ku³¹n̩ian⁰	姑爷儿 ku⁴⁴iɛr⁰	孙子 suən⁴⁴tsʅ⁰
辽阳	闺女 kuei⁴⁴n̩y⁰ 姑娘 ku⁴⁴n̩ian⁰	姑爷儿 ku⁴⁴iɛr⁰	孙子 suən⁴⁴tsʅ⁰
海城	闺女 kuei⁴⁴n̩y⁰	姑爷儿 ku⁴⁴iɛr⁰	孙子 ʂuən⁴⁴tʂʅ⁰
开原	姑娘 ku⁴⁴n̩ian⁰ 闺女 kuei⁴⁴n̩y⁰	姑爷儿 ku⁴⁴iɛr⁰	孙子 ʂuən⁴⁴tʂə⁰
锦州	闺女 kuei⁵⁵n̩y⁰	姑爷子 ku⁵⁵iɛ³⁵tsə⁰	孙子 ʂuən⁵⁵tʂə⁰
盘锦	闺女 kuei⁵⁵n̩y⁰	姑爷子 ku⁵⁵iɛ³⁵tsə⁰ 姑爷 ku⁵⁵iɛ⁰	孙子 suən⁵⁵tsə⁰
兴城	闺娘 kuei⁴⁴n̩ian⁰	姑爷子 ku⁴⁴iɛ³⁵tʂʅ⁰	孙子 ʂuən⁴⁴tʂʅ⁰
绥中	姑娘 ku⁵⁵n̩ian⁰	姑爷子 ku⁵⁵iɛ³⁵tʂʅ⁰	孙子 ʂuən⁵⁵tʂʅ⁰
义县	闺女 kuei⁴⁴n̩y⁰ 姑娘儿 ku⁴⁴n̩iãr⁰	姑爷子 ku⁴⁴iɛ³⁵tʂʅ⁰ 姑爷儿 ku⁴⁴iɛr³⁵	孙子 ʂuən⁴⁴tʂʅ⁰
北票	姑娘 ku⁴⁴n̩ian⁰	姑爷儿 ku⁴⁴iɛr⁰ 姑爷子 ku⁴⁴iɛ³⁵tʂʅ⁰	孙子 suən⁴⁴tsʅ⁰
阜新	闺女 kuei⁵⁵n̩y⁰	姑爷子 ku⁵⁵iɛ³⁵tsa⁰	孙子 suən⁵⁵tsa⁰
黑山	闺女 kuei⁴⁴nuei⁰ 姑娘 ku⁴⁴n̩ian⁰	姑爷儿 ku⁴⁴iɛr⁰ 姑爷子 ku⁴⁴iɛ³⁵tʂʅ⁰	孙子 ʂuən⁴⁴tʂɤ⁰
昌图	闺女 kuən³³n̩y⁰	姑爷 ku³³iɛ⁰	孙子 suən³³tsə⁰
大连	闺娘 kue³¹n̩ian⁰	姑爷 ku³¹iɛ⁰	孙子 sə̃³¹ə⁰
金州杏树	闺娘 kuə³¹n̩iŋ⁰	女婿 n̩y²¹ɕy⁵²	孙子 sə̃³¹ə⁰
长海	闺娘 kuən³¹n̩ian⁰	女婿儿 n̩y²¹ʃyər⁰	孙子 sən³¹tsʅ⁰
庄河	姑娘 ku³¹n̩ian⁰	女婿儿 n̩y²¹ɕyər⁰	孙子 sən³¹tsʅ⁰
盖州	闺娘 kuei⁴¹²n̩ian⁰	姑爷儿 ku⁴¹²iɛr⁰	孙子 suən⁴¹²tsʅ⁰
丹东	闺女 kuei⁴¹¹n̩y⁰	闺女女婿 kuei⁴¹¹n̩ian⁰n̩y²¹ɕy⁰	孙子 suən⁴¹¹tsʅ⁰
建平	闺女 kuei⁴⁴n̩y⁰	姑爷 ku⁴⁴iɛ⁰	孙子 sỹ⁴⁴tsʅ⁰
凌源	闺女 kuei⁵⁵n̩y⁰	姑爷子 ku⁵⁵iɛ³⁵tsʅ⁰ 姑爷 ku⁵⁵iɛ⁰	孙子 suən⁵⁵tsʅ⁰

	0655 重孙子 儿子之孙	0656 侄子 弟兄之子	0657 外甥 姐妹之子
沈阳	重孙子 tsʰuŋ³⁵suan³³tsʅ⁰	侄儿 tsər³⁵	外甥 vai⁴¹səŋ⁰
本溪	重孙子 tʂʰuŋ³⁵ʂuan⁴⁴tʂʅ⁰	侄子 tsʅ³⁵tsʅ⁰	外甥 uai⁵¹səŋ⁰
辽阳	重孙子 tʂʰuŋ³⁵ʂuan⁴⁴tʂʅ⁰	侄儿 tsər³⁵	外甥 uai⁵¹səŋ⁰
海城	重孙子 tʂʰuŋ³⁵ʂuan⁴⁴tʂʅ⁰	侄儿 tsər³⁵	外甥 uai⁵¹səŋ⁰
开原	重孙子 tʂʰuŋ³⁵ʂuan⁴⁴tʂə⁰	侄儿 tsər³⁵	外甥 uai⁵³səŋ⁰
锦州	重孙子 tʂʰuŋ³⁵ʂuan⁵⁵tʂə⁰	侄儿 tsər³⁵	外甥 uai⁵¹səŋ⁰
盘锦	重孙子 tsʰuəŋ³⁵suən⁵⁵tsə⁰	侄儿 tsər³⁵	外甥 uai⁵¹səŋ⁰
兴城	重孙子 tʂʰuŋ³⁵ʂuan⁴⁴tʂʅ⁰	侄儿 tsər³⁵	外甥 uai⁵¹səŋ⁰
绥中	重孙子 tʂʰuəŋ³⁵ʂuən⁵⁵tʂʅ⁰	侄儿 tsər³⁵	外甥 vai⁵¹səŋ⁰
义县	重孙子 tʂʰuŋ³⁵ʂuan⁴⁴tʂʅ⁰	侄儿 tsər³⁵	外甥 uai⁵¹səŋ⁰
北票	重孙子 tʂʰuəŋ³⁵ʂuan⁴⁴tʂʅ⁰	侄小子 tʂʅ³⁵ɕiau²¹tʂʅ⁰ 侄儿 tsər³⁵	外甥 uai⁵¹səŋ⁰
阜新	同孙子 tʰuŋ³⁵suən⁵⁵tsa⁰	侄儿 tsər³⁵	外甥 uai⁵¹səŋ⁰
黑山	重孙子 tʂʰuəŋ³⁵ʂuən⁴⁴tʂɤ⁰	侄儿 tsər³⁵	外甥 uai⁵¹səŋ⁰
昌图	重孙子 tʂʰuəŋ³⁵suən³³tsə⁰	侄儿 tsər³⁵	外甥 uai⁵¹səŋ⁰
大连	重孙子 tsʰuŋ³⁴sə̃³¹ə⁰	侄儿 tʃər³⁴	外甥 uɛ⁵²səŋ⁰
金州杏树	重孙子 tsʰuŋ³⁴sə̃³¹ə⁰	侄儿 tsər⁵²	外甥 uɛ⁵²səŋ⁰
长海	重孙子 tʰuŋ²⁴sən³¹tsʅ⁰	侄儿 tʃər⁵³	外甥 uai⁵³səŋ⁰
庄河	重孙 tsʰuŋ⁵¹sən³¹	侄儿 tsər⁵¹	外甥 uai⁵¹səŋ⁰
盖州	重孙子 tsʰuŋ²⁴suən⁴¹²tsʅ⁰	侄儿 tsər²⁴	外甥 uai⁵¹səŋ⁰
丹东	重孙子 tʂʰuŋ²⁴suan⁴¹¹tʂʅ⁰	侄子 tʂʅ²⁴tʂʅ⁰	外甥 uai⁵¹ʂəŋ⁰
建平	重孙子 tʂʰuŋ³⁵sỹ⁴⁴tʂʅ⁰	侄子 tʂʅ³⁵tʂʅ⁰	外甥 vɛ⁵³ʂəŋ⁰
凌源	重孙子 tʂʰuŋ³⁵suan⁵⁵tʂʅ⁰	侄儿 tsər³⁵ 侄子 tʂʅ³⁵tʂʅ⁰	外甥 vai⁵¹ʂəŋ⁰

词汇对照

	0658 外孙 女儿之子	0659 夫妻 合称	0660 丈夫 叙称，最通用的，非贬称：她的～
沈阳	外孙儿 vai⁴¹suər³³	两口子 liaŋ²¹kʰou²¹tsʅ⁰	老头儿 lau²¹tʰour³⁵
本溪	外孙子 uai⁵¹suən⁴⁴tsʅ⁰	两口子 liaŋ³⁵kʰou²¹tsʅ⁰	老爷们儿 lau²¹iɛ³⁵mər⁰
辽阳	外孙儿 uai⁵¹suər⁴⁴	两口子 liaŋ³⁵kʰou²¹tsʅ⁰	老头儿 lau²¹tʰour³⁵
海城	外孙子 uai⁵¹ʂuən⁴⁴tʂʅ⁰	两口子 liaŋ³⁵kʰəu²¹⁴tsʅ⁰	当家的 taŋ³⁵tɕia⁴⁴ti⁰
开原	外孙子 uai⁵¹ʂuən⁴⁴tʂə⁰	两口子 liaŋ³⁵kʰou²¹tʂə⁰	对象儿 tuei⁵³ɕiãr⁵¹
锦州	外孙子 uai⁵³ʂuən⁵⁵tʂə⁰	两口子 liaŋ³⁵kʰou²¹tʂə⁰ 公母俩 kuŋ⁵⁵mu⁰lia²¹³	爷们儿 iɛ³⁵mər⁰
盘锦	外孙子 uai⁵¹suən⁵⁵tsə⁰ 外孙儿 uai⁵¹suər⁵⁵	两口子 liaŋ³⁵kʰou²¹tsə⁰ 老公母俩 lau²¹kuŋ⁵⁵m⁰lia²¹³	老爷们儿 lau²¹iɛ³⁵mər⁰ 当家的 taŋ⁵⁵tɕia⁵⁵ti⁰
兴城	外孙子 uai⁵¹ʂuən⁴⁴tʂʅ⁰	两口子 liaŋ³⁵kʰou²¹tsʅ⁰	老爷们儿 lau²¹iɛ³⁵mər⁰ 老头儿 lau²¹tʰour³⁵ 对象儿 tuei⁵¹ɕiãr⁵¹
绥中	外孙子 vai⁵¹ʂuən⁵⁵tʂɤ⁰	两口子 liaŋ³⁵kʰou²¹tʂɤ⁰	当家的 taŋ⁵⁵tɕia⁵⁵ti⁰
义县	外孙子 uai⁵³ʂuən⁴⁴tʂʅ⁰	公母俩 kuŋ⁴⁴mu⁰lia²¹³ 两口子 liaŋ³⁵kʰou²¹tsʅ⁰	老爷们儿 lau²¹iɛ³⁵mər⁰ 对象儿 tuei⁵³ɕiãr⁵¹
北票	外孙子 uai⁵³ʂuən⁴⁴tsʅ⁰	公母俩 kuaŋ⁴⁴mu⁰lia²¹³ 两口子 liaŋ³⁵kʰou²¹tsʅ⁰	爷们儿 iɛ³⁵mər⁰ 当家的 taŋ⁴⁴tɕia⁴⁴tɤ⁰
阜新	外孙子 uai⁵³suən⁵⁵tsa⁰	两口子 liaŋ³⁵kʰou²¹tsa⁰ 公母俩 ku⁴⁴mu⁰lia²¹³	当家的 taŋ⁵⁵tɕia⁵⁵ti⁰ 老爷们儿 lau²¹iɛ³⁵mər⁰
黑山	外孙子 uai⁵³ʂuən⁴⁴tʂʅ⁰	公母俩 ku⁴⁴mɤ⁰lia²¹³ 两口子 liaŋ³⁵kʰou²¹tsʅ⁰	当家的 taŋ⁴⁴tɕia⁴⁴ti⁰ 老爷们儿 lau²¹iɛ³⁵mər⁰
昌图	外孙子 uai⁵¹ʂuən³³tsa⁰	两口子 liaŋ³⁵kʰou²¹tʂə⁰	那口子 nai⁵¹kʰou²¹tʂə⁰ 当家的 taŋ³³tɕia³³tiɛ⁰
大连	外孙狗儿 uɛ⁵²sə̃³¹kəur²¹³	两口子 liaŋ³⁴kʰəu²¹ə⁰	丈夫 tʂaŋ⁵²fu⁰
金州 杏树	外孙儿 uɛ⁵²sər³¹²	老婆汉子 lɔ²¹pʰə⁰xã⁵²ɐ⁰	男人 nã⁵²ĩ³¹²
长海	外孙 uai⁵³sən⁰	（无）	老头儿 lau²¹tʰəur⁵³
庄河	外孙儿 uai⁵¹suər³¹	两口子 liaŋ²⁴kʰəu²¹ə⁰	男人 nan⁵³in⁵¹
盖州	外孙儿 uai⁵¹suər⁴¹² 外孙子 uai⁵¹suən⁴¹²tʂʅ⁰	两口子 liaŋ²⁴kʰəu²¹tsʅ⁰	当家的 taŋ²⁴tɕia⁴¹²ti⁰
丹东	外孙儿 uai⁵¹suər⁴¹¹	两口子 liaŋ²⁴kʰou²¹tsʅ⁰	当家的 taŋ⁴⁴tɕia⁴¹¹tə⁰
建平	外甥 vɛ⁵³ʂəŋ⁰	两口子 liɑ̃³⁵kʰəu²¹tsʅ⁰	老爷们儿 lɔ²¹iɛ³⁵m̃ər⁰
凌源	外孙子 vai⁵³suən⁵⁵tsʅ⁰	公母俩 kuŋ⁵⁵mu⁰lia²¹ 两口子 liaŋ³⁵kʰou²¹tsʅ⁰	老爷们儿 lau²¹iɛ³⁵mər⁰ 爷们儿 iɛ³⁵mər⁰

221

	0661 妻子 叙称，最通用的，非贬称：他的～	0662 名字	0663 绰号
沈阳	媳妇儿 ɕi³⁵fər⁰	名儿 miə̃r³⁵	外号儿 vai⁴¹xaur⁴¹
本溪	屋儿里的 ur⁴⁴li²¹ti⁰	名儿 miə̃r³⁵	外号儿 uai⁵³xaur⁵¹
辽阳	老太太 lau²¹tʰai⁵¹tʰai⁰	名儿 miə̃r³⁵	外号儿 uai⁵¹xaur⁵¹
海城	媳妇儿 ɕi³⁵fər⁰	名儿 miə̃r³⁵	外号儿 uai⁵³xaur⁵¹
开原	对象儿 tuei⁵³ɕiãr⁵¹	名儿 miə̃r³⁵	外号儿 uai⁵³xaur⁵¹
锦州	媳妇儿 ɕi²¹fər⁰	名儿 miə̃r³⁵	外号儿 uai⁵³xaur⁵¹
盘锦	媳妇儿 ɕi²¹fər⁰ 家里的 tɕia⁵⁵li²¹ti⁰	名儿 miə̃r³⁵	外号儿 uai⁵³xaur⁵¹
兴城	媳妇儿 ɕi²¹fər⁰ 老太太 lau²¹tʰai⁵¹tʰai⁰	名儿 miə̃r³⁵	外号儿 uai⁵¹xaur⁵¹
绥中	媳妇儿 ɕi²¹fər⁰	名儿 miə̃r³⁵	外号儿 vai⁵¹xaor⁵¹
义县	媳妇儿 ɕi²¹fər⁰ 老婆 lau²¹pʰɤ⁰ 对象儿 tuei⁵³ɕiãr⁵¹	名儿 miə̃r³⁵	外号儿 uai⁵³xaur⁵¹
北票	娘们儿 nian³⁵mər⁰ 媳妇儿 ɕi²¹fər⁰	名儿 miə̃r³⁵	外号儿 uai⁵³xaur⁵¹
阜新	媳妇儿 ɕi²¹fər⁰ 老婆 lau²¹pʰə⁰ 老伴儿 lau²¹pɐr⁵¹	名儿 miə̃r³⁵	外号儿 uai⁵³xaur⁵¹
黑山	媳妇儿 ɕi²¹fər⁰ 老婆 lau²¹pʰɤ⁰	名儿 miə̃r³⁵	外号儿 uai⁵³xaur⁵¹
昌图	妻子 tɕʰi³³tsɿ²¹³ 俺家那口子 an²¹³tɕia³³na⁵¹kʰou²¹tsə⁰	名儿 miə̃r³⁵	外号儿 uai⁵³xaur⁵¹
大连	妻子 tɕʰi³¹ə⁰	名字 miŋ³⁴ə⁰	外号 uɛ⁵²xɔr⁵²
金州杏树	老婆 lɔ²¹pʰə⁰	名儿 miə̃r³¹²	外名儿 uɛ⁵²miə̃r³¹²
长海	老婆子 lau²¹pʰɤ⁵³ə⁰	名儿 miə̃r³¹	外号儿 uai⁵³xaur⁵³
庄河	老婆 lao²¹pʰə⁰	名儿 miə̃r⁵¹	外号儿 uai⁵³xaor⁵¹
盖州	老婆 lau²¹pʰɤ⁰ 媳妇儿 ɕi²¹fər⁰	名儿 miə̃r²⁴	外号儿 uai⁵¹xaur⁵¹
丹东	家里的 tɕia⁴¹¹li²¹tə⁰	名字 miŋ²⁴tsɿ⁰	外号儿 uai⁵³xaur⁵¹
建平	老娘们儿 lɔ²¹niã³⁵mər⁰	大号 ta⁴²xɔ⁵³	外号儿 vɛ⁴²xɔr⁵³
凌源	媳妇儿 ɕi²¹fər⁰ 老婆 lau²¹pʰɤ⁰	名儿 miə̃r³⁵	外号儿 vai⁵³xaur⁵¹

	0664 干活儿 统称：在地里~	0665 事情 一件~	0666 插秧
沈阳	干活儿 kan⁴¹xuor³⁵	事儿 sər⁴¹	插秧 tʂʰa²¹iaŋ³³
本溪	干活儿 kan⁵¹xuor³⁵	事儿 ʂər⁵¹	插秧 tʂʰa³⁵iaŋ⁴⁴
辽阳	干活儿 kan⁵¹xuor³⁵	事儿 sər⁵¹	插秧 tʂʰa⁴⁴iaŋ⁴⁴
海城	干活儿 kan⁵¹xuɤr³⁵	事儿 ʂər⁵¹	插秧 tʂʰa³⁵iaŋ⁰
开原	干活儿 kan⁵³xuɤr³⁵	事儿 ʂər⁵¹	插秧儿 tʂʰa²¹iãr⁴⁴
锦州	干活儿 kan⁵³xuor³⁵	事儿 ʂər⁵¹	插秧儿 tʂʰa²¹iãr⁵⁵
盘锦	下地儿 ɕia⁵³tiər⁵¹	事儿 ʂər⁵¹	插秧儿 tʂʰa⁵⁵iãr⁵⁵
兴城	干活儿 kan⁵¹xuor³⁵	事儿 ʂər⁵¹	插秧儿 tʂʰa⁴⁴iãr⁰
绥中	干活儿 kan⁵¹xuər³⁵	事儿 ʂər⁵¹	插秧儿 tʂʰa⁵⁵iãr⁵⁵
义县	干活儿 kan⁵³xuor³⁵	事儿 ʂər⁵¹	插秧 tʂʰa²¹iaŋ⁴⁴
北票	干活儿 kan⁵³xuor³⁵	事儿 ʂər⁵¹	插秧 tʂʰa⁴⁴iaŋ⁴⁴
阜新	干活儿 kan⁵³xuor³⁵	事儿 ʂər⁵¹	插秧 tʂʰa⁵⁵iaŋ⁵⁵
黑山	干活儿 kan⁵³xuor³⁵	事儿 ʂər⁵¹	插秧儿 tʂʰa²¹iãr⁴⁴
昌图	干活儿 kan⁵¹xuor³⁵	事儿 ʂər⁵¹	插秧 tʂʰa³⁵iaŋ³³
大连	干活儿 kã⁵²xuɤr³⁴	事儿 sər⁵²	插秧 tsʰa²¹iaŋ³¹²
金州 杏树	干活儿 kã⁵²xuɤr⁵²	事儿 sər⁵²	栽粳子 tsɛ³⁴tɕiŋ³¹ʅ⁰
长海	干活儿 kan⁵³xuər⁵³	事儿 sər⁵³	（无）
庄河	干活儿 kan⁵³xuər⁵¹	事儿 sər⁵¹	插秧 tsʰa³³iaŋ³¹
盖州	干活儿 kan⁵¹xuɤr²⁴	事儿 sər⁵¹	插秧 tsʰa²⁴iaŋ⁴¹²
丹东	干活儿 kan⁵¹xuor²⁴	事儿 sər⁵¹	栽粳子 tsai⁴⁴tɕiŋ⁴¹¹tsʅ⁰
建平	做活儿 tsəu⁵³xuər³⁵	事儿 ʂər⁵³	插秧 tʂʰa²¹iã⁴⁴
凌源	干活儿 kan⁵³xuor³⁵	事儿 ʂər⁵¹	插秧 tʂʰa²¹iaŋ⁵⁵

	0667 割稻	0668 种菜	0669 犁 名词
沈阳	割稻 kɤ³⁵tau⁴¹	种菜 tsuŋ⁴¹tsʰai⁴¹	犁 li³⁵
本溪	割稻子 kɤ⁴⁴tau⁵¹tsʅ⁰	种菜 tʂuŋ⁵³tʂʰai⁵¹	犁 li³⁵
辽阳	割稻子 ka³⁵tau⁵¹tʂʅ⁰	种菜 tʂuŋ⁵¹tʂʰai⁵¹	犁铧 li³⁵tʂəŋ⁰
海城	割稻子 kɤ²¹tau⁵¹tʂʅ⁰	种菜 tʂuŋ⁵³tʂʰai⁵¹	犁 li³⁵
开原	割稻子 kɤ⁴⁴tau⁵³tʂə⁰	种菜 tʂuŋ⁵³tʂʰai⁵¹	犁杖 li³⁵tʂaŋ⁰
锦州	割稻子 kɤ²¹tau⁵¹tʂə⁰	种菜 tʂuŋ⁵³tʂʰai⁵¹	犁杖 li³⁵tʂaŋ⁰
盘锦	割稻子 ka²¹tau⁵¹tsə⁰ 收稻子 ʂou⁵⁵tau⁵¹tsə⁰	栽菜 tʂai⁵⁵tsʰai⁰	犁杖 li³⁵tʂaŋ⁰
兴城	割稻子 kɤ²¹tau⁵¹tʂʅ⁰	种菜 tʂuŋ⁵¹tʂʰai⁵¹	犁 li³⁵
绥中	割稻子 kɤ⁵⁵tau⁵¹tʂʅ⁰	种菜 tʂuəŋ⁵¹tʂʰai⁵¹	犁 li³⁵
义县	割稻子 ka²¹tau⁵¹tʂʅ⁰	种菜 tʂuŋ⁵³tʂʰai⁵¹	犁杖 li³⁵tʂaŋ⁰
北票	割稻子 ka⁴⁴tau⁵¹tʂʅ⁰ 收稻子 ʂou⁴⁴tau⁵¹tʂʅ⁰	种菜 tʂuəŋ⁵³tʂʰai⁵¹	犁杖 li³⁵tʂaŋ⁰
阜新	割稻子 ka⁵⁵tau⁵¹tsa⁰	种菜 tʂuŋ⁵³tʂʰai⁵¹	犁杖 li³⁵tʂaŋ⁰
黑山	割稻子 kɤ²¹tau⁵¹tʂʅ⁰	种菜 tʂuəŋ⁵³tʂʰai⁵¹	犁杖 li³⁵tʂaŋ⁰
昌图	割稻 kɤ²¹tau⁵¹	种菜 tʂuəŋ⁵³tʂʰai⁵¹	犁杖 li³⁵tʂaŋ⁰
大连	割稻 ka²¹tɔ⁵²	种菜 tsuŋ⁵²tsʰɛ⁵²	犁杖 le³⁴tʃaŋ⁰
金州杏树	割粳子 ka²¹tɕiŋ³¹ə⁰	种菜 tsuŋ⁵²tsʰɛ⁵²	犁杖 le⁵²tsaŋ⁰
长海	割稻 ka²¹tau⁵³	种菜 tuŋ⁵³tsʰai⁵³	犁 li⁵³
庄河	割粳子 ka²⁴tɕiə̃³¹ə⁰	种菜 tsuŋ⁵³tsʰai⁵¹	犁 lei⁵¹
盖州	割稻子 kɤ²¹tau⁵¹tʂʅ⁰	种菜 tʂuŋ⁵¹tʂʰai⁵¹	犁耙 li²⁴pa⁰
丹东	割粳子 ka²⁴tɕiŋ⁴¹¹tʂʅ⁰	种菜 tʂuŋ⁵³tʂʰai⁵¹	犁杖 li²⁴tʂaŋ⁰
建平	割稻子 ka⁴⁴tɔ⁵³tʂʅ⁰	种菜 tʂuŋ⁴²tʂʰɛ⁵³	犁杖 li³⁵tʂɑ̃⁰
凌源	割稻子 ka⁵⁵tau⁵¹tʂʅ⁰	种菜 tʂuŋ⁵³tʂʰai⁵¹	犁杖 li³⁵tʂaŋ⁰

	0670 锄头	0671 镰刀	0672 把儿刀~
沈阳	锄头 tṣʰu³⁵tʰou⁰	镰刀 lian³⁵tau³³	把儿 par⁴¹
本溪	锄头 tṣʰu³⁵tʰou⁰	镰刀 lian³⁵tau⁴⁴	把儿 par⁵¹
辽阳	锄头 tṣʰu³⁵tʰou⁰	镰刀 lian³⁵tau⁴⁴	把儿 par⁵¹
海城	锄头 tṣʰu³⁵tʰəu⁰	镰刀 lian³⁵tau⁴⁴	把儿 par⁵¹
开原	锄头 tṣʰu³⁵tʰou⁰ 锄头 tṣʰu³⁵tʰou⁴⁴	镰刀 lian³⁵tau⁴⁴	把儿 par⁵¹
锦州	锄头 tṣʰu³⁵tʰou⁵⁵	镰刀 lian³⁵tau⁵⁵	把儿 par⁵¹
盘锦	锄头 tṣʰu³⁵tʰou⁰	镰刀 lian³⁵tau⁵⁵	把儿 par⁵¹
兴城	锄头 tṣʰu³⁵tʰou⁰	镰刀 lian³⁵tau⁴⁴	把儿 par⁵¹
绥中	锄 tṣʰu³⁵	镰刀 lian³⁵tau⁵⁵	把儿 par⁵¹
义县	锄头 tṣʰu³⁵tʰou⁰	镰刀 lian³⁵tau⁴⁴	把儿 par⁵¹
北票	锄头 tṣʰu³⁵tʰou⁴⁴	镰刀 lian³⁵tau⁴⁴	把儿 par⁵¹
阜新	锄头 tṣʰu³⁵tʰou⁰	镰刀 lian³⁵tau⁵⁵	把儿 par⁵¹
黑山	八锄子 pa⁴⁴tṣʰu³⁵tṣʅ⁰ 锄头 tṣʰu³⁵tʰou⁴⁴	镰刀 lian³⁵tau⁴⁴	把儿 par⁵¹
昌图	锄头 tṣʰu³⁵tʰou⁰	镰刀 lian³⁵tau³³	把儿 par⁵¹
大连	锄头 tṣʰu³⁴tʰəu⁰	镰刀 liɛ̃³⁴tɔ³¹²	把儿 par⁵²
金州 杏树	锄头 tṣʰu⁵²tʰəu⁰	镰刀 liɛ̃³⁴tɔ³¹²	把儿 par⁵²
长海	锄 tʰu⁵³	镰刀 lian²⁴tau³¹	把儿 par⁵³
庄河	锄头 tṣʰu⁵¹tʰəu⁰	镰刀 lian²⁴tao⁰	把儿 par⁵¹
盖州	锄头 tṣʰu²⁴tʰəu⁰	镰刀 lian²⁴tau⁴¹²	把儿 par⁵¹
丹东	锄头 tṣʰu²⁴tʰou⁰	镰刀 lian²⁴tau⁴¹¹	把儿 par⁵¹
建平	锄 tṣʰu³⁵	镰刀 liɛ̃³⁵tɔ⁴⁴	把儿 par⁵³
凌源	锄头 tṣʰu³⁵tʰou⁰	镰刀 liɛn³⁵tau⁵⁵	把儿 par⁵¹

	0673 扁担	0674 笸筐	0675 筛子 统称
沈阳	扁担 pian²¹tan⁰	笸筐 luo³⁵kʰuaŋ³³	筛子 sai³³tʂʅ⁰
本溪	扁担 pian²¹tan⁵¹	土篮子 tʰu²¹lan³⁵tsʅ⁰	筛子 sai³¹tsʅ⁰
辽阳	扁担 pian²¹tan⁰	筐 kʰuaŋ⁴⁴	筛子 sai⁴⁴tsʅ⁰
海城	扁担 pian²¹⁴tan⁰	土篮子 tʰu²¹lan³⁵tʂʅ⁰	筛子 ʂai⁴⁴tʂʅ⁰
开原	扁担 pian²¹tan⁰	筐 kʰuaŋ⁴⁴	筛子 ʂai⁴⁴tʂʅ⁰
锦州	扁担 pian²¹tan⁵¹	筐 kʰuaŋ⁵⁵	筛子 ʂai⁵⁵tʂə⁰
盘锦	扁担 pian²¹tan⁰	筐 kʰuaŋ⁵⁵	筛子 sai⁵⁵tsə⁰
兴城	扁担 pian²¹tan⁰	筐 kʰuaŋ⁴⁴	筛子 ʂai⁴⁴tʂʅ⁰
绥中	扁担 pian²¹tan⁰	筐 kʰuaŋ⁵⁵	筛子 ʂai⁵⁵tʂɤ⁰
义县	扁担 pian²¹tan⁰	筐 kʰuaŋ⁴⁴	筛子 ʂai⁴⁴tʂʅ⁰
北票	扁担 pian²¹tan⁰	筐 kʰuaŋ⁴⁴	筛子 ʂai⁴⁴tʂʅ⁰
阜新	扁担 pian²¹tan⁰	筐 kʰuaŋ⁵⁵	筛子 ʂai⁵⁵tsa⁰
黑山	扁担 pian²¹tan⁰	筐 kʰuaŋ⁴⁴	筛子 ʂai⁴⁴tʂʅ⁰
昌图	扁担 pian²¹tan⁵¹	筐 kʰuaŋ³³	筛子 sai³³tsʅ⁰
大连	扁担 piɛ̃²¹tã⁰	筐 kʰuaŋ³¹²	筛子 sɛ³¹ɐ⁰
金州杏树	扁担 piɛ̃²¹tã³¹²	条筐 tʰiɔ³⁴kʰuaŋ³¹²	筛子 sɛ³¹ɐ⁰
长海	扁担 pian²¹tan⁰	筐 kʰuaŋ³¹	筛子 sai³¹ə⁰
庄河	扁担 pian²¹tɛ⁰	筐 kʰuaŋ³¹	筛子 sai³¹ə⁰
盖州	扁担 pian²¹tai⁰	筐 kʰuaŋ⁴¹²	筛子 sai⁴¹²tsʅ⁰
丹东	扁担 pian²¹tan⁵¹	笸笥 pʰɤ²¹lə⁰	筛子 ʂai⁴¹¹tsʅ⁰
建平	扁担 piɛ̃²¹tã⁰	笸筐 luə³⁵kʰuã⁴⁴	筛子 ʂɛ²¹tsʅ⁰
凌源	扁担 piɛn²¹tan⁰	筐 kʰuaŋ⁵⁵	筛子 ʂai⁵⁵tsʅ⁰

	0676 簸箕衣具，有梁的	0677 簸箕簸米用	0678 独轮车
沈阳	簸箕 puo⁴¹tɕʰi⁰	簸箕 puo⁴¹tɕʰi⁰	侉车子 kʰua²¹tsʰɤ³³tsɿ⁰
本溪	（无）	簸箕 pɤ⁵¹tɕi⁰	独轮儿车 tu³⁵luər³⁵tʂʰɤ⁴⁴
辽阳	簸箕 pɤ⁵¹tɕʰi⁰	簸箕 pɤ⁵¹tɕʰi⁰	土车子 tʰu²¹tʂʰɤ⁴⁴tʂɿ⁰
海城	（无）	笸箩 pɤ²¹⁴luɤ⁰	小推车儿 ɕiau²¹tʰuei³⁵tʂʰɤr⁴⁴
开原	（无）	簸箕 pɤ⁵³tɕʰi⁰	独轮儿车 tu³⁵luər³⁵tʂʰɤ⁴⁴
锦州	簸箕 pɤ⁵¹tɕi⁰	簸箕 pɤ⁵¹tɕi⁰	手推车儿 ʂou²¹tʰuei⁵⁵tʂʰɤr⁵⁵
盘锦	撮子 tʂʰuo⁵⁵tsə⁰	簸箕 pɤ⁵¹tɕi⁰	土车子 tʰu²¹tʂʰɤ⁵⁵tsə⁰ 侉车子 kʰua²¹tʂʰɤ⁵⁵tsə⁰
兴城	簸箕 pɤ⁵¹tɕʰi⁰	簸箕 pɤ⁵¹tɕʰi⁰	独轮儿车 tu³⁵luər³⁵tʂʰɤ⁴⁴
绥中	簸箕 puo⁵¹tɕʰi⁰	簸箕 puo⁵¹tɕʰi⁰	侉车子 kʰua²¹tʂʰɤ⁵⁵tsɿ⁰
义县	土篮子 tʰu²¹lan³⁵tsɿ⁰ 粪箕子 fən⁵³tɕi⁴⁴tʂɿ⁰	簸箕 pɤ⁵¹tɕʰi⁰	独轮儿车 tu³⁵luər³⁵tʂʰɤ⁴⁴
北票	粪箕子 fən⁵³tɕi⁴⁴tʂɿ⁰	簸箕 pɤ⁵¹tɕʰi⁰	单轮儿车 tan⁴⁴luər³⁵tʂʰɤ⁴⁴
阜新	撮子 tʂʰuo⁵⁵tsa⁰	簸箕 pɤ⁵¹tɕʰi⁰	单轮车 tan⁵⁵luən³⁵tʂʰɤ⁵⁵
黑山	粪箕子 fən⁵³tɕi⁴⁴tʂɿ⁰	簸箕 pɤ⁵¹tɕi⁰	单轮儿车 tan⁴⁴luər³⁵tʂʰɤ⁴⁴
昌图	簸箕 pə⁵¹ɕi⁰	簸箕 pə⁵¹ɕi⁰	单轮儿车 tan³³luər³⁵tʂʰɤ³³
大连	撮子 tsʰuə²¹ə⁰	簸箕 pɤ⁵²tɕʰi⁰	独轮儿车 tu³⁴lər³⁴tʃʰɤ³¹²
金州 杏树	蒲篮子 pʰu²¹lã⁵²e⁰	簸箕 pɤ⁵²tɕʰi⁰	单轮儿车 tã³¹lər³⁴tɕʰiɛ³¹²
长海	挑筐 tʰiau³³kʰuaŋ³¹	簸箕 pɤ⁵³ɕʰi⁰	单轮儿车 tan³³luər²⁴tʃʰɤ³¹
庄河	簸箕 pə⁵¹tɕʰi⁰	簸箕 pə⁵¹tɕʰi⁰	单轮儿车 tan³¹luər³³tsʰə³¹
盖州	（无）	簸箕 pɤ⁵¹tɕʰi⁰	独轮儿车 tu²⁴luər²⁴tʂʰɤ⁴¹²
丹东	土篮儿 tʰu²¹lər²⁴	簸箕 pɤ⁵¹tɕʰi⁰	独轮儿车 tu²⁴luər²⁴tʂʰɤ⁴¹¹
建平	撮子 tsʰuə⁴⁴tsɿ⁰	簸箕 pɤ⁵³tɕʰi⁰	推车子 tʰuei⁴⁴tʂʰɤ⁴⁴tsɿ⁰
凌源	撮子 tsʰuo⁵⁵tsɿ⁰	簸箕 pɤ⁵¹tɕʰi⁰	单轮儿车 tan⁵⁵luər³⁵tʂʰɤ⁵⁵

	0679 轮子 旧式的，如独轮车上的	0680 碓 整体	0681 臼
沈阳	毂辘儿 ku³⁵lur⁰	舂子 tsʰuŋ⁴¹tsʅ⁰	臼 tɕiou³³
本溪	毂辘 ku³⁵lou⁰	（无）	臼 tɕiou⁵¹
辽阳	轮儿 luər³⁵	碓 tuei⁵¹	臼 tɕiou⁵¹
海城	毂辘儿 ku³⁵lur⁰	（无）	臼 tɕiəu⁵¹
开原	毂辘 ku³⁵lu⁰	（无）	（无）
锦州	毂辘儿 ku³⁵lur⁰	碓 tuei⁵¹	缸子 kaŋ⁵⁵tsə⁰
盘锦	毂辘儿 ku³⁵lur⁰	碓 tuei⁵¹	缸子 kaŋ⁵⁵tsə⁰
兴城	车轮儿 tʂʰɤ⁵⁵luər³⁵	杵子 tʂʰu²¹tʂɤ⁰	捣米窑 tau³⁵mi²¹iau³⁵
绥中	毂辘儿 ku³⁵lour⁰	（无）	（无）
义县	毂辘儿 ku³⁵lour⁰	（无）	（无）
北票	毂辘 ku⁴⁴lou⁰	（无）	（无）
阜新	毂辘儿 ku³⁵lur⁰	（无）	缸子 kaŋ⁵⁵tsa⁰
黑山	毂辘 ku³⁵lu⁰	（无）	（无）
昌图	毂儿辘 kur³⁵lu⁰	脚碓 tɕiau²¹tʂuei³³	臼 tɕiou⁵¹
大连	毂辘儿 ku²¹lur⁰	碓 te²¹³	臼 tɕiəu⁵²
金州杏树	毂辘儿 ku²¹ləur⁰	碓具 te⁵²tɕy⁰	臼子 tɕiəu⁵²ə⁰
长海	毂辘儿 ku²⁴lur³¹	碓臼 tei⁵³ɕiəu⁰	臼 ɕiəu²¹⁴
庄河	车毂辘儿 tsʰə³¹ku²¹ləur⁰	（无）	臼 tɕiəu⁵¹
盖州	毂辘儿 ku²⁴ləur⁰	（无）	蒜臼子 suan⁵¹tɕiəu⁵¹tsʅ⁰
丹东	毂辘儿 ku²¹lour⁰	碓 tuei⁴¹¹	臼 tɕiou⁵¹
建平	车毂辘 tʂʰɤ⁴⁴ku⁴⁴lu⁰	（无）	臼 tɕiəu⁵³
凌源	毂辘 ku⁵⁵lu⁰	（无）	（无）

	0682 磨_{名词}	0683 年成	0684 走江湖_{统称}
沈阳	磨 muo⁴¹	年成儿 nian³⁵tsʰɚr³⁵	走江湖 tsou²¹tɕiaŋ³³xu³⁵
本溪	磨 muo⁵¹	年景儿 nian³⁵tɕiɚr²²⁴	走江湖 tsou²¹tɕiaŋ⁴⁴xu³⁵
辽阳	磨 mɤ⁵¹	收成 sou⁴⁴tʂʰəŋ⁰	闯一闯 tsʰuaŋ²¹i⁰tsʰuaŋ²¹³
海城	磨 mɤ⁵¹	收成 ʂou⁴⁴tʂʰəŋ⁰	闯江湖儿 tsʰuaŋ²¹tɕiaŋ⁴⁴xur³⁵
开原	磨 mɤ⁵¹	年头儿 nian³⁵tʰour³⁵	（无）
锦州	磨 mɤ⁵¹	年头儿 nian³⁵tʰour³⁵	（无）
盘锦	磨 mɤ⁵¹	年头儿 nian³⁵tʰour⁰	耍把式 sua³⁵pa²¹ʂʅ⁰
兴城	磨 mɤ⁵¹	年成儿 nian³⁵tʂʰɚr³⁵	（无）
绥中	磨 muo⁵¹	收成 ʂou⁵⁵tʂʰəŋ⁰	走江湖 tsou²¹tɕiaŋ⁵⁵xu³⁵
义县	磨 mɤ⁵¹	年成 nian³⁵tʂʰəŋ⁰	走江湖 tsou²¹tɕiaŋ⁴⁴xu³⁵
北票	磨 mɤ⁵¹	年成儿 nian³⁵tʂʰɚr³⁵	跑江湖 pʰau²¹tɕiaŋ⁴⁴xu³⁵
阜新	磨 mɤ⁵¹	年头儿 nian³⁵tʰour³⁵	打把式卖艺 ta³⁵pa²¹ʂʅ⁰mai⁵³˙i⁵¹
黑山	碾子 nian²¹tsʅ⁰ 磨 mɤ⁵¹	年头儿 nian³⁵tʰour³⁵	跑江湖 pʰau²¹tɕiaŋ⁴⁴xu³⁵
昌图	碾子 nian²¹tsə⁰	年头儿 nian³⁵tʰour⁰	见世面儿 tɕian⁵¹ʂʅ⁵³miɚr⁵¹ 闯一闯 tsʰuaŋ²¹³˙i⁵¹tsʰuaŋ⁰
大连	磨 mɤ⁵²	年成儿 niẽ³⁴tʃʰɚr⁰	跑江湖 pʰɔ²¹tɕiaŋ³¹xu³⁴
金州 杏树	磨 mɤ⁵²	年成儿 niẽ³¹tʂʰɚr	闯江湖 tsʰuaŋ²¹tɕiaŋ³¹xu⁰
长海	磨 mɤ⁵³	年头儿 nian³¹tʰəur⁵³	（无）
庄河	磨 mə⁵¹	年头儿 nian³¹tʰəur⁰	走江湖 tsəu²¹tɕiaŋ³¹xu⁵¹
盖州	磨 mɤ⁵¹	收成 səu⁴¹²tʂʰəŋ⁰	走江湖 tsəu²⁴tɕiaŋ⁴¹²xu²⁴
丹东	磨 mɤ⁵¹	年景 nian²⁴tɕiŋ⁰	卖艺的 mai⁵³˙i⁵¹tə⁰
建平	磨 mɤ⁵³	年成 niẽ³⁵tʂʰəŋ⁰	走江湖 tsəu²¹tɕiã⁴⁴xu³⁵
凌源	磨 mɤ⁵¹	年成儿 niɛn³⁵tʂʰɚr³⁵	跑江湖 pʰau²¹tɕiaŋ⁵⁵xu³⁵

	0685 打工	0686 斧子	0687 钳子
沈阳	打工 ta²¹kuŋ³³	斧子 fu²¹tʂʅ⁰	钳子 tɕʰian³⁵tʂʅ⁰
本溪	打工 ta³⁵kuŋ⁴⁴	斧子 fu²¹tʂʅ⁰	钳子 tɕʰian³⁵tʂʅ⁰
辽阳	打工 ta²¹kuŋ⁴⁴	斧子 fu²¹tʂʅ⁰	铁钳子 tʰie²¹tɕʰian³⁵tʂʅ⁰
海城	打工儿 ta³⁵kũr⁴⁴	斧子 fu²¹⁴tʂʅ⁰	钳子 tɕʰian³⁵tʂʅ⁰
开原	干活儿 kan⁵³xuɤr³⁵	斧子 fu²¹tʂə⁰	钳子 tɕʰian³⁵tʂə⁰
锦州	打工 ta²¹kuŋ⁵⁵ 干活儿 kan⁵³xuor³⁵	斧子 fu²¹tʂə⁰	钳子 tɕʰian³⁵tʂə⁰
盘锦	干零活儿 kan⁵³liəŋ³⁵xuor³⁵	斧头 fu²¹tʰou⁰	克丝钳 kʰɤ⁵¹sʅ⁵⁵tɕʰian³⁵ 钳子 tɕʰian³⁵tsə⁰
兴城	打工 ta²¹kuŋ⁴⁴	斧子 fu²¹tʂʅ⁰	钳子 tɕʰian³⁵tʂʅ⁰
绥中	打工 ta²¹kuəŋ⁵⁵	斧子 fu²¹tʂʅ⁰	钳子 tɕʰian³⁵tʂʅ⁰
义县	打工 ta²¹kuŋ⁴⁴	斧子 fu²¹tʂʅ⁰	钳子 tɕʰian³⁵tʂʅ⁰
北票	打工 ta²¹kuəŋ⁴⁴	斧头 fu²¹tʰou³⁵ 斧子 fu²¹tsʅ⁰	钳子 tɕʰian³⁵tsʅ⁰
阜新	在外边儿干活 tsai²¹uai⁵¹piɐr⁰kan⁵³xuor³⁵	斧子 fu²¹tsa⁰	钳子 tɕʰian³⁵tsa⁰
黑山	打工 ta²¹kuəŋ⁴⁴	斧头 fu²¹tʰou⁰	钳子 tɕʰian³⁵tʂʅ⁰
昌图	卖小工儿 mai⁵¹ɕiau²¹kũr³³ 做活儿 tsuo⁵¹xuor³⁵	斧子 fu²¹tʂə⁰	钳子 tɕʰian³⁵tʂə⁰
大连	打工 ta³⁴kuŋ³¹²	斧头 fu²¹tʰəu³⁴	钳子 tɕʰiɛ̃³⁴ɐ⁰
金州杏树	打工 ta³⁴kuŋ³¹²	斧子 fu²¹ə⁰	钳子 tɕʰiɛ̃⁵²ɐ⁰
长海	打工 ta²⁴kuŋ³¹	斧子 fu²¹ə⁰	钳子 cʰian⁵³tsʅ⁰
庄河	打工 ta²⁴kuŋ³¹	斧头 fu²¹tʰəu⁰	钳子 tɕʰian²¹ən⁰
盖州	打工 ta²⁴kuŋ⁴¹²	斧子 fu²¹tsʅ⁰	钳子 tɕʰian²⁴tsʅ⁰
丹东	打工 ta²⁴kuŋ⁴¹¹	斧子 fu²¹tsʅ⁰	钳子 tɕʰian²⁴tsʅ⁰
建平	打工 ta²¹kuŋ⁴⁴	斧子 fu²¹tsʅ⁰	钳子 tɕʰiɛ̃³⁵tsʅ⁰
凌源	上外干活儿 ʂaŋ⁵³vai⁵³kan⁵³xuor³⁵	斧子 fu²¹tsʅ⁰	钳子 tɕʰiɛn³⁵tsʅ⁰

	0688 螺丝刀	0689 锤子	0690 钉子
沈阳	螺丝刀 luo³⁵sʅ⁰tau³³	锤子 tsʰuei³⁵tsʅ⁰	钉子 tiŋ³³tsʅ⁰
本溪	螺丝刀 luo³⁵sʅ⁰tau⁴⁴	锤子 tsʰuei³⁵tsʅ⁰	钉子 tiŋ³¹tsʅ⁰
辽阳	螺丝刀 luo³⁵sʅ⁴⁴tau⁴⁴	锤子 tsʰuei³⁵sʅ⁰	洋钉子 iaŋ³⁵tiŋ⁴⁴tsʅ⁰
海城	螺丝刀儿 luɤ³⁵sʅ³⁵taur⁴⁴	锤子 tsʰuei³⁵tsʅ⁰	钉子 tiŋ⁴⁴tsʅ⁰
开原	螺丝刀 luɤ³⁵sʅ⁴⁴tau⁴⁴	锤子 tsʰuei³⁵tsə⁰	钉子 tiŋ⁴⁴tsə⁰
锦州	改锥 kai²¹tʂuei⁵⁵ 螺丝刀 luo³⁵sʅ⁵⁵tau⁵⁵	榔头 laŋ³⁵tʰou⁰	洋钉儿 iaŋ³⁵tiə̃r⁵⁵
盘锦	改锥 kai²¹tʂuei⁵⁵ 螺丝刀 luo³⁵sʅ⁵⁵tau⁵⁵	榔头 laŋ³⁵tʰou⁰	洋钉儿 iaŋ³⁵tiə̃r⁵⁵
兴城	螺丝刀子 luo³⁵sʅ⁴⁴tau⁴⁴tsʅ⁰	榔头 laŋ³⁵tʰou⁰	钉子 tiŋ⁴⁴tsʅ⁰
绥中	螺刀子 luo³⁵tau⁵⁵tsʅ⁰	锤子 tsʰuei³⁵tsʅ⁰	钉子 tiəŋ⁵⁵tsʅ⁰
义县	改锥 kai²¹tʂuei⁴⁴ 螺丝刀子 luo³⁵sʅ⁴⁴tau⁴⁴tsʅ⁰	榔头 laŋ³⁵tʰou⁰ 锤子 tsʰuei³⁵tsʅ⁰	洋钉子 iaŋ³⁵tiŋ⁴⁴tsʅ⁰ 钉子 tiŋ⁴⁴tsʅ⁰
北票	改锥 kai²¹tʂuei⁴⁴ 螺丝刀子 luo³⁵sʅ⁴⁴tau⁴⁴tsʅ⁰	榔头 laŋ³⁵tʰou⁰ 锤子 tsʰuei³⁵tsʅ⁰	洋钉子 iaŋ³⁵tiəŋ⁴⁴tsʅ⁰ 钉子 tiəŋ⁴⁴tsʅ⁰
阜新	螺丝刀 luo³⁵sʅ⁵⁵tau⁵⁵	榔头 laŋ³⁵tʰou⁰	钉子 tiŋ⁵⁵tsa⁰
黑山	螺丝刀 luo³⁵sʅ⁴⁴tau⁴⁴	锤子 tsʰuei³⁵tsʅ⁰ 榔头 laŋ³⁵tʰou⁰	洋钉子 iaŋ³⁵tiəŋ⁴⁴tsʅ⁰
昌图	螺丝刀 luo³⁵sʅ³³tau³³	锤子 tsʰuei³⁵tsə⁰	钉子 tiəŋ³³tsə⁰
大连	螺丝刀 luə³⁴sʅ⁰tɔ³¹²	锤子 tsʰue³⁴ə⁰	钉子 tiŋ³¹ə⁰
金州 杏树	螺丝刀 luə³⁴sʅ⁰tɔ³¹²	锤子 tsʰue⁵²ə⁰	钉子 tiŋ³¹ə⁰
长海	螺丝刀 luə⁵³sʅ³³tau³¹	锤子 tʰuei⁵³tsʅ⁰	钉子 tiə̃³¹ən⁰
庄河	螺丝刀 luə⁵³sʅ³¹tao⁵¹	锤子 tsʰuei²⁴ə⁰	洋钉 iaŋ²⁴tiŋ³¹
盖州	螺丝刀 luɤ²⁴sʅ²⁴tau⁴¹²	榔头 laŋ²⁴tʰəu⁰	钉子 tiŋ⁴¹²tsʅ⁰
丹东	螺丝刀 luo²⁴sʅ⁴⁴tau⁴¹¹	锤子 tsʰuei²⁴tsʅ⁰	钉子 tiŋ⁴¹¹tsʅ⁰
建平	改锥 kɛ²¹tʂuei⁴⁴	锤子 tsʰuei³⁵tsʅ⁰	钉子 tiŋ⁴⁴tsʅ⁰
凌源	改锥 kai²¹tʂuei⁵⁵ 螺丝刀 luo³⁵sʅ⁵⁵tau⁵⁵	锤子 tsʰuei³⁵tsʅ⁰ 榔头 laŋ³⁵tʰou⁰	钉子 tiŋ⁵⁵tsʅ⁰

	0691 绳子	0692 棍子	0693 做买卖
沈阳	绳儿 sɤ̃r³⁵	棍儿 kuər⁴¹	做买卖 tsuo⁴¹mai²¹mai⁰
本溪	绳子 ʂəŋ³⁵tsʅ⁰	棍子 kuən⁵¹tsʅ⁰	做买卖 tsuo⁵¹mai²¹mai⁵¹
辽阳	绳 ʂəŋ³⁵	棍儿 kuər⁵¹	做买卖 tsuo⁵¹mai²¹mai⁰
海城	绳子 ʂəŋ³⁵tsʅ⁰	棒子 paŋ⁵¹tsʅ⁰	做买卖 tsuɤ⁵¹mai²¹⁴mai⁰
开原	绳子 ʂəŋ³⁵tsʅ⁰	棍子 kuən⁵³tʂə⁰	倒腾买卖 tau³⁵tuŋ⁰mai²¹mai⁰
锦州	绳子 ʂəŋ³⁵tʂə⁰	棒子 paŋ⁵¹tʂə⁰	倒弄买卖 tau³⁵nuŋ⁰mai²¹mai⁰
盘锦	绳儿 ʂɤ̃r³⁵	棍儿 kuər⁵¹	倒腾买卖 tau³⁵tʰəŋ⁰mai²¹mai⁰
兴城	绳子 ʂəŋ³⁵tsʅ⁰	棍子 kuən⁵¹tsʅ⁰	做买卖 tʂuo⁵¹mai²¹mai⁰
绥中	绳子 ʂəŋ³⁵tsɤ⁰	棍子 kuən⁵¹tsɤ⁰	做买卖 tsuo⁵¹mai²¹mai⁰
义县	绳子 ʂəŋ³⁵tsʅ⁰	棍子 kuən⁵¹tsʅ⁰ 棒子 paŋ⁵¹tsʅ⁰	做买卖 tsuo⁵³mai²¹mai⁰
北票	绳子 ʂəŋ³⁵tsʅ⁰	棒子 paŋ⁵¹tsʅ⁰ 棍子 kuən⁵¹tsʅ⁰	倒腾买卖 tau³⁵təŋ⁰mai²¹mai⁰
阜新	绳子 ʂəŋ³⁵tsa⁰	棍子 kuən⁵¹tsa⁰	倒腾买卖 tau³⁵təŋ⁰mai²¹mai⁰
黑山	绳儿 ʂɤ̃r³⁵	棍子 kuən⁵¹tsʅ⁰ 棒子 paŋ⁵¹tsʅ⁰	倒腾买卖 tau³⁵təŋ⁰mai²¹mai⁰
昌图	绳子 ʂəŋ³⁵tsə⁰	木棒子 mu⁵³paŋ⁵¹tʂə⁰	做生意 tsuo⁵¹ʂəŋ³³·i⁰
大连	绳子 ʃəŋ³⁴ə⁰	棍子 kuɑ̃⁵²ə⁰	干买儿卖儿 kɑ̃⁵²mɐr²¹mɐr⁰
金州 杏树	绳子 səŋ⁵²ə⁰	棍子 kuɑ̃⁵²nə⁰	做买儿卖儿 tsəu⁵²mɐr²¹mɐr⁰
长海	绳儿 ʃɤ̃r⁵³	棍子 kuən⁵³tsʅ⁰	做买儿卖儿 tsuə⁵³mɐr²¹mɐr⁰
庄河	绳子 sɤ̃²⁴ə⁰	棍 kuən⁵¹	做买卖儿 tsuə⁵¹mai²¹mɐr⁰
盖州	绳子 səŋ²⁴tsʅ⁰	棍儿 kuər⁵¹	做买儿卖儿 tsuɤ⁵¹mɐr²¹mɐr⁰ 做生意 tsuɤ⁵¹səŋ⁴¹²·i⁰
丹东	绳子 ʂəŋ²⁴tsʅ⁰	棍子 kuən⁵¹tsʅ⁰	做买儿卖儿 tsuo⁵¹mɐr²¹mɐr⁰
建平	绳子 ʂəŋ³⁵tsʅ⁰	拔棍子 pa³⁵kuɑ̃⁵³tsʅ⁰	做买卖 tsəu⁵³mɛ²¹mɛ⁰
凌源	绳子 ʂəŋ³⁵tsʅ⁰	棍子 kuən⁵¹tsʅ⁰	做买卖 tsou⁵³mai²¹mai⁰

	0694 商店	0695 饭馆	0696 旅馆 旧称
沈阳	商店 ʂaŋ³³tian⁴¹	饭馆儿 fan⁴¹kuɐr²¹	旅店 ly²¹tian⁴¹
本溪	小卖部儿 ɕiau²¹mai⁵³pur⁵¹	饭馆儿 fan⁵¹kuɐr²²⁴	旅店 ly²¹tian⁵¹
辽阳	卖店儿 mai⁵¹tiar⁵¹	饭馆儿 fan⁵¹kuar²¹³	旅店 ly²¹tian⁵¹
海城	商店儿 ʂaŋ⁴⁴tiɐr⁵¹	饭馆 fan⁵³tiɐr⁵¹	旅店儿 ly²¹tiɐr⁵¹
开原	商店 ʂaŋ⁴⁴tian⁵¹	饭馆儿 fan⁵³kuɐr²¹³ 饭店 fan⁵³tian⁵¹	旅店 ly²¹tian⁵¹
锦州	商店 ʂaŋ⁵⁵tian⁵¹	饭 fan⁵¹tian⁵¹	旅店 ly²¹tian⁵¹
盘锦	小铺儿 ɕiau²¹pʰur⁵¹ 小卖部儿 ɕiau²¹mai⁵³pur⁵¹	馆子 kuan²¹tsə⁰	旅店 ly²¹tian⁵¹ 旅社儿 ly²¹ʂɤr⁵¹
兴城	商店 ʂaŋ⁴⁴tian⁵¹	饭 fan⁵¹tian⁵¹	旅店 ly²¹tian⁵¹
绥中	商店 ʂaŋ⁵⁵tian⁵¹	饭 fan⁵¹tian⁵¹	宾馆 piən⁵⁵kuan²¹³
义县	铺子 pʰu⁵¹tsʅ⁰ 商店 ʂaŋ⁴⁴tian⁵¹	馆子 kuan²¹tsʅ⁰	客栈 kʰɤ⁵³tsan⁵¹ 大车店 ta⁵³tʂʰɤ⁴⁴tian⁵¹
北票	小铺儿 ɕiau²¹pʰur⁵¹ 商店 ʂaŋ⁴⁴tian⁵¹	饭馆子 fan⁵³kuan²¹tsʅ⁰ 饭店 fan⁵³tian⁵¹	旅店 ly²¹tian⁵¹ 旅社儿 ly²¹ʂɤr⁵¹ 大车店 ta⁵³tʂʰɤ⁴⁴tian⁵¹
阜新	商店 ʂaŋ⁵⁵tian⁵¹	馆子 kuan²¹tsa⁰	店 tian⁵¹
黑山	小铺儿 ɕiau²¹pʰur⁵¹	饭店 fan⁵³tian⁵¹ 馆子 kuan²¹tsʅ⁰	旅店 luei²¹tian⁵¹ 旅社儿 luei²¹ʂɤr⁵¹
昌图	小卖部 ɕiau²¹mai⁵³pu⁵¹ 小卖点儿 ɕiau²¹mai⁵¹tiɐr²¹³	馆子 kuan²¹tsə⁰	旅店 ly²¹tian⁵¹
大连	商店 ʃaŋ³¹tiẽ⁵²	饭馆儿 fã⁵²kuɐr²¹³	旅店 ly²¹tiẽ⁵²
金州杏树	商店 saŋ³¹tiẽ⁵²	饭馆儿 fã⁵²kuɐr²¹³	旅馆儿 ly³⁴kuɐr²¹³
长海	商店 ʃaŋ³¹tian⁵³	饭馆儿 fan⁵³kuɐr²¹⁴	招待所儿 tʃau³¹tai⁵³suər²¹⁴
庄河	百货 pai²¹xuə⁵¹	饭店 fan⁵³tian⁵¹	旅店 ly²¹tian⁵¹
盖州	商店 saŋ⁴¹²tian⁵¹	饭店 fan⁵¹tian⁵¹	旅店 ly²¹tian⁵¹
丹东	商店 ʂaŋ⁴¹¹tian⁵¹	饭馆儿 fan⁵¹kuɐr²¹³	旅馆 ly²⁴kuan²¹³
建平	商店 ʂã⁴⁴tiẽ⁵³ 卖店儿 mɛ⁴²tiɐr⁵³	馆子 kuã²¹tsʅ⁰	旅店 ly²¹tiẽ⁵³
凌源	小铺儿 ɕiau²¹pʰur⁵¹ 门市 mən³⁵ʂʅ⁵¹	饭店 fan⁵³tiɛn⁵¹	旅店 ly²¹tiɛn⁵¹ 大车店 ta⁵³tʂʰɤ⁵⁵tiɛn⁵¹

	0697 贵	0698 便宜	0699 合算
沈阳	贵 kuei^{41}	贱 tɕian^{41}	划算 xua^{35}suan^{0}
本溪	贵 kuei^{51}	贱 tɕian^{51}	划算 xua^{35}suan^{51}
辽阳	贵 kuei^{51}	贱 tɕian^{51}	合适 xɤ^{35}ʂʅ^{51}
海城	贵 kuei^{51}	贱 tɕian^{51}	合适 xɤ^{35}ʂʅ^{51}
开原	贵 kuei^{51}	贱 tɕian^{51} 便宜 pʰian^{35}·i^{0}	合适 xɤ^{35}ʂʅ^{51}
锦州	贵 kuei^{51}	贱 tɕian^{51}	合适 xɤ^{35}ʂʅ^{51}
盘锦	贵 kuei^{51}	贱 tɕian^{51}	划算 xua^{35}suan^{51}
兴城	贵 kuei^{51}	便宜 pʰian^{35}·i^{0} 贱 tɕian^{51}	合适 xɤ^{35}ʂʅ^{51} 划得来 xua^{35}tə^{0}lai^{35}
绥中	贵 kuei^{51}	贱 tɕian^{51}	划算 xua^{35}suan^{51}
义县	贵 kuei^{51}	贱 tɕian^{51} 便宜 pʰian^{35}·i^{0}	合适 xɤ^{35}ʂʅ^{51}
北票	贵 kuei^{51}	贱 tɕian^{51} 便宜 pʰian^{35}·i^{0}	合适 xɤ^{35}ʂʅ^{51}
阜新	贵 kuei^{51}	贱 tɕian^{51}	合适 xɤ^{35}ʂʅ^{51}
黑山	贵 kuei^{51}	贱 tɕian^{51}	合适 xɤ^{35}ʂʅ^{5}
昌图	贵 kuei^{51}	贱 tɕian^{51}	划算 xua^{35}suan^{51}
大连	贵 kue^{52}	便宜 pʰiẽ^{34}·i^{0}	上算 ʃaŋ^{52}sã^{52}
金州 杏树	贵 kue^{52}	贱 tɕiẽ^{52}	上算 saŋ^{52}sã^{52}
长海	贵 kuei^{53}	贱 tʃan^{53}	上算 ʃaŋ^{53}suan^{53}
庄河	贵 kuei^{51}	贱 tɕian^{51}	合适 xə^{53}ɕi^{51}
盖州	贵 kuei^{51}	贱 tɕian^{51} 便宜 pʰian^{24}·i^{0}	划得来 xua^{24}tɤ^{0}lai^{24} 合适 xɤ^{24}ʂʅ^{51}
丹东	贵 kuei^{51}	贱 tɕian^{51}	合适 xɤ^{24}ʂʅ^{51}
建平	贵 kuei^{53}	贱 tɕiẽ^{53}	合适 xɤ^{35}ʂʅ^{53}
凌源	贵 kuei^{51}	贱 tɕiɛn^{51} 便宜 pʰiɛn^{35}·i^{0}	合算 xɤ^{35}suan^{51}

	0700 折扣	0701 亏本	0702 钱统称
沈阳	折儿 tsɤr³⁵	赔 pʰei³⁵	钱 tɕʰian³⁵
本溪	折扣 tʂɤ³⁵kʰou⁵¹	赔本儿 pʰei³⁵pər²²⁴	钱 tɕʰian³⁵
辽阳	折扣 tsɤ³⁵kʰou⁵¹	赔本儿 pʰei³⁵pər²¹³	钱 tɕʰian³⁵
海城	打折儿 ta²¹tʂɤr³⁵	赔 pʰei³⁵ 亏 kʰuei⁴⁴	钱儿 tɕʰiɐr³⁵
开原	打折儿 ta²¹tʂɤr³⁵	赔钱 pʰei³⁵tɕʰian³⁵ 赔本儿 pʰei³⁵pər²¹³	钱 tɕʰian³⁵
锦州	打折儿 ta²¹tʂɤr³⁵	赔了 pʰei³⁵lə⁰	钱 tɕʰian³⁵
盘锦	折儿 tsɤr³⁵	连本儿上仓 lian³⁵pər²¹ʂaŋ⁵¹tʂʰaŋ⁵⁵	票子 pʰiau⁵¹tsə⁰ 钱儿 tɕʰiɐr³⁵
兴城	打折儿 ta²¹tʂɤr³⁵	赔钱了 pʰei³⁵tɕʰian³⁵lə⁰	钱 tɕʰian³⁵
绥中	打折儿 ta²¹tsər³⁵	赔钱 pʰei³⁵tɕʰian³⁵	钱 tɕʰian³⁵
义县	折 tʂɤ³⁵	赔本儿 pʰei³⁵pər²¹³	钱 tɕʰian³⁵
北票	折儿 tʂɤr³⁵	赔本儿 pʰei³⁵pər²¹³	钱 tɕʰian³⁵
阜新	折儿 tʂɤr³⁵	赔本儿 pʰei³⁵pər²¹³	钱 tɕʰian³⁵
黑山	折儿 tʂɤr³⁵	赔了 pʰei³⁵lɤ⁰	钱 tɕʰian³⁵
昌图	打折儿 ta²¹tʂɤr³⁵ 便宜了 pʰian³⁵i⁵¹lə⁰	赔了 pʰei³⁵lə⁰	钱 tɕʰian³⁵
大连	折扣 tʃɤ³⁴kʰəu⁵²	亏本儿 kʰue³¹pər²¹³	钱 tɕʰiɛ̃³⁴
金州杏树	折扣 tɕiɛ²¹kʰəu⁵²	赔了 pʰe⁵²lə⁰	钱 tɕʰiɛ̃⁵²
长海	（无）	赔账 pʰei⁵³tʃaŋ⁵³	钱 tʃʰian⁵³
庄河	贱 tɕian⁵¹	赔本儿 pʰei⁵¹pər²¹³	钱 tɕʰian⁵¹
盖州	打折儿 ta²¹tsɤr²⁴	赔了 pʰei²⁴lɤ⁰	钱 tɕʰian²⁴
丹东	折扣 tʂɤ²⁴kʰou⁵¹	赔了 pʰei²⁴lə⁰	钱 tɕʰian²⁴
建平	打折儿 ta²¹tʂər³⁵	赔本儿 pʰei³⁵pər²¹³	钱 tɕʰiɛ̃³⁵
凌源	折儿 tsɤr³⁵	赔本儿 pʰei³⁵pər²¹	钱 tɕʰiɛn³⁵

	0703 零钱	0704 硬币	0705 本钱
沈阳	零钱儿 liŋ³⁵tɕʰiɐr³⁵	钢镚儿 kaŋ³³pə̃r⁴¹	本钱 pən²¹tɕʰian³⁵
本溪	零钱 liŋ³⁵tɕʰian³⁵	钢镚儿 kaŋ⁴⁴pə̃r⁵¹	本儿 pər²²⁴
辽阳	零钱儿 liŋ³⁵tɕʰiar³⁵	铜子儿 tʰuŋ³⁵tʂər⁵¹	本儿 pər²¹³
海城	零钱儿 liŋ³⁵tɕʰiɐr³⁵	钢镚儿 kaŋ⁴⁴pə̃r⁵¹	本钱 pən²¹tɕʰian³⁵
开原	零钱 liŋ³⁵tɕʰian³⁵	钢镚儿 kaŋ⁴⁴pə̃r⁵¹	本钱 pən²¹tɕʰian³⁵ 本儿 pər²¹³
锦州	零钱 liŋ³⁵tɕʰian³⁵	钢镚子 kaŋ⁵⁵pəŋ⁵¹tʂə⁰ 镚子 pəŋ⁵¹tʂə⁰	本钱 pən²¹tɕʰian³⁵ 本儿 pər²¹³ 底垫儿 ti²¹tiɐr⁵¹
盘锦	小票儿 ɕiau²¹pʰiaur⁵¹	钢镚儿 kaŋ⁵⁵pə̃r⁵¹ 钢板儿 kaŋ⁵⁵pɐr²¹³	老本儿 lau³⁵pər⁰
兴城	零钱 liŋ³⁵tɕʰian³⁵	钢镚儿 kaŋ⁴⁴pə̃r⁵¹	本儿 pər²¹³
绥中	零钱儿 liəŋ³⁵tɕʰiɐr³⁵	钢镚儿 kaŋ⁵⁵pə̃r⁵¹	本钱 pən²¹tɕʰian³⁵
义县	零钱 liŋ³⁵tɕʰian³⁵	钢镚儿 kaŋ⁴⁴pə̃r⁵¹	本儿 pər²¹³ 底垫儿 ti²¹tiɐr⁵¹
北票	零钱儿 liəŋ³⁵tɕʰiɐr³⁵	钢镚儿 kaŋ⁴⁴pə̃r⁵¹	底垫 ti²¹tian⁵¹ 本儿 pər²¹³
阜新	零钱 liŋ³⁵tɕʰian³⁵	钢镚儿 kaŋ⁵⁵pə̃r⁵¹	本儿 pər²¹³ 底垫儿 ti²¹tiɐr⁵¹
黑山	零钱 liəŋ³⁵tɕʰian³⁵	钢镚儿 kaŋ⁴⁴pə̃r⁵¹	老本儿 lau³⁵pər²¹³ 底垫儿 ti²¹tiɐr⁵¹
昌图	零花钱儿 liəŋ³⁵xua³³tɕʰiɐr³⁵ 小钱儿 ɕiau²¹tɕʰiɐr³⁵	钢镚儿 kaŋ³³pə̃r⁵¹	老本儿 lau³⁵pər²¹³
大连	零钱 liŋ³⁴tɕʰiɛ̃³⁴	钢弹儿 kaŋ³¹tɐr⁵²	本钱 pə̃²¹tɕʰiɛ̃³⁴
金州 杏树	零钱儿 liŋ³¹tɕʰiɐr⁰	钢弹儿 kaŋ³¹tɐr⁵²	本钱 pə̃²¹tɕʰiɛ̃⁵²
长海	零钱儿 liŋ⁵³tʃʰiɐr⁵³	零蛋儿 liŋ⁵³tɐr⁵³	本儿 pər²¹⁴
庄河	零钱 liŋ⁵³tɕʰian⁵¹	钢板儿 kaŋ³¹pɐr²¹³	本钱 pən²¹tɕʰian⁵¹
盖州	零钱 liŋ²⁴tɕʰian²⁴	钢板儿 kaŋ⁴¹²pɐr²¹³ 钢镚儿 kaŋ⁴¹²pə̃r²¹³	本儿 pər²¹³
丹东	零钱 liŋ²⁴tɕʰian²⁴	钢钻儿 kaŋ⁴¹¹tsɐr⁵¹	本钱 pən²¹tɕʰian²⁴
建平	零钱儿 liŋ³⁵tɕʰiɐr³⁵	钢镚儿 kɑ̃⁴⁴pə̃r⁵³	本儿 pər²¹³
凌源	零钱 liŋ³⁵tɕʰiɛn³⁵	钢镚儿 kaŋ⁵⁵pə̃r⁵¹	本儿钱 pər²¹tɕʰiɛn³⁵ 底垫儿钱 ti²¹tiɐr⁵³tɕʰiɛn³⁵

词汇对照

	0706 工钱	0707 路费	0708 花~钱
沈阳	工钱 kuŋ³³tɕʰian³⁵	路费 lu⁴¹fei⁴¹	花 xua³³
本溪	工钱 kuŋ³¹tɕʰian³⁵	路费 lu⁵³fei⁵¹	花 xua⁴⁴
辽阳	饷 ɕiaŋ²¹³	路费 lu⁵¹fei⁵¹	花 xua⁴⁴
海城	工钱 kuŋ⁴⁴tɕʰian³⁵	路费 lu⁵³fei⁵¹	花 xua⁴⁴
开原	工钱儿 kuŋ⁴⁴tɕʰiɐr³⁵	路费 lu⁵³fei⁵¹	花 xua⁴⁴
锦州	工钱 kuŋ⁵⁵tɕʰian⁰	路费 lu⁵³fei⁵¹	花 xua⁵⁵
盘锦	工钱 kuəŋ⁵⁵tɕʰian⁰	盘缠 pʰan³⁵tʂʰan⁰	花 xua⁵⁵
兴城	工钱 kuŋ⁴⁴tɕʰian⁰	路费 lu⁵¹fei⁵¹	花 xua⁴⁴
绥中	工钱 kuəŋ⁵⁵tɕʰian³⁵	路费 lu⁵¹fei⁵¹	花 xua⁵⁵
义县	工钱 kuŋ⁴⁴tɕʰian³⁵	盘缠 pʰan³⁵tʂʰan⁰	花 xua⁴⁴
北票	工钱 kuəŋ⁴⁴tɕʰian⁰	盘缠 pʰan³⁵tʂʰan⁰ 路费 lu⁵³fei⁵¹	花 xua⁴⁴
阜新	工钱 kuŋ⁵⁵tɕʰian³⁵	盘缠 pʰan³⁵tʂʰan⁰	花 xua⁵⁵
黑山	工钱 kuəŋ⁴⁴tɕʰian³⁵	盘缠 pʰan³⁵tʂʰan⁰ 路费 lu⁵³fei⁵¹	花 xua⁴⁴
昌图	工钱 kuəŋ³³tɕʰian³⁵	盘缠 pʰan³⁵tʂʰan⁰	花 xua³³
大连	工钱 kuŋ³¹tɕʰiɛ³⁴	路费 lu⁵²fe⁵²	花 xua³¹²
金州杏树	工钱 kuŋ³¹tɕʰiɛ⁵²	路费 lu⁵²fe⁵²	花 xua³¹²
长海	工钱 kuŋ³¹tʃʰian⁰	路费 lu⁵³fei⁵³	花 xua³¹
庄河	工钱 kuŋ³¹tɕʰian⁵¹	路费 lu⁵³fei⁵¹	花 xua³¹
盖州	工钱 kuŋ⁴¹²tɕʰian²⁴	路费 lu⁵¹fei⁵¹	花 xua⁴¹²
丹东	工钱 kuŋ⁴¹¹tɕʰian²⁴	盘缠 pʰan²⁴tʂʰan⁰	花 xua⁴¹¹
建平	工钱 kuŋ⁴⁴tɕʰiɛ̃⁰	盘缠 pʰã³⁵tʂʰã⁰	花 xua⁴⁴
凌源	工钱 kuŋ⁵⁵tɕʰiɛn³⁵	盘缠 pʰan³⁵tʂʰan⁰ 路费 lu⁵³fei⁵¹	花 xua⁵⁵

	0709 赚 卖一斤能~一毛钱	0710 挣 打工~了一千块钱	0711 欠 ~他十块钱
沈阳	赚 tsuan⁴¹	挣 tṣəŋ⁴¹	该 kai³³
本溪	挣 tṣəŋ⁵¹	挣 tṣəŋ⁵¹	该 kai⁴⁴
辽阳	挣 tṣəŋ⁵¹	挣 tṣəŋ⁵¹	短 tuan²¹³ 该 kai⁴⁴
海城	挣 tṣəŋ⁵¹	挣 tṣəŋ⁵¹	该 kai⁴⁴
开原	挣 tṣəŋ⁵¹	挣 tṣəŋ⁵¹	该 kai⁴⁴
锦州	挣 tṣəŋ⁵¹	挣 tṣəŋ⁵¹	欠 tɕʰian⁵¹ 短 tuan²¹³ 该 kai⁵⁵
盘锦	挣 tṣəŋ⁵¹ 赚 tsuan⁵¹	挣 tṣəŋ⁵¹	该 kai⁵⁵ 少 ṣau²¹³ 欠 tɕʰian⁵¹
兴城	挣 tṣəŋ⁵¹	挣 tṣəŋ⁵¹	该 kai⁴⁴ 欠 tɕʰian⁵¹
绥中	赚 tsuan⁵¹	挣 tṣəŋ⁵¹	欠 tɕʰian⁵¹
义县	挣 tṣəŋ⁵¹	挣 tṣəŋ⁵¹	该 kai⁴⁴ 短 tuan²¹³ 欠 tɕʰian⁵¹
北票	挣 tṣəŋ⁵¹	挣 tṣəŋ⁵¹	该 kai⁴⁴ 欠 tɕʰian⁵¹ 短 tuan²¹³
阜新	赚 tsuan⁵¹ 挣 tṣəŋ⁵¹	挣 tṣəŋ⁵¹	该 kai⁵⁵ 短 tuan²¹³
黑山	挣 tṣəŋ⁵¹	挣 tṣəŋ⁵¹	该 kai⁴⁴ 差 tṣʰa⁵¹
昌图	赚 tsuan⁵¹	挣 tṣəŋ⁵¹	亏 kʰuei³³
大连	赚 tsuã⁵²	挣 tṣəŋ⁵²	该 kɛ³¹²
金州杏树	赚 tsuã⁵²	挣 tṣəŋ⁵²	该 kɛ³¹²
长海	赚 tsuan⁵³	挣 tṣəŋ⁵³	该 kai³¹
庄河	赚 tsuan⁵¹	挣 tṣəŋ⁵¹	该 kai³¹
盖州	挣 tṣəŋ⁵¹	挣 tṣəŋ⁵¹	该 kai⁴¹² 欠 tɕʰian⁵¹
丹东	挣 tṣəŋ⁵¹	挣 tṣəŋ⁵¹	该 kai⁴¹¹
建平	挣 tṣəŋ⁵³	挣 tṣəŋ⁵³	该 kɛ⁴⁴
凌源	赚 tsuan⁵¹	挣 tṣəŋ⁵¹	该 kai⁵⁵ 短 tuan²¹⁴

	0712 算盘	0713 秤统称	0714 称用秤秤~
沈阳	算盘 suan⁴¹pʰan⁰	秤 tsʰəŋ⁴¹	称 tsʰəŋ³³
本溪	算盘儿 suan⁵¹pʰɐr⁰	秤 tsʰəŋ⁵¹	称 tsʰəŋ⁴⁴
辽阳	算盘儿 suan⁵¹pʰar³⁵	秤 tsʰəŋ⁵¹	约 iau⁴⁴
海城	算盘儿 ʂuan⁵¹pʰɐr³⁵	秤 tsʰəŋ⁵¹	约 iau⁴⁴
开原	算盘儿 ʂuan⁵³pʰɐr³⁵	秤 tsʰəŋ⁵¹	约 iau⁴⁴
锦州	算盘儿 ʂuan⁵³pʰɐr³⁵	秤 tsʰəŋ⁵¹	约 iau⁵⁵
盘锦	算盘 suan⁵¹pʰan⁰	秤 tsʰəŋ⁵¹	约 iau⁵⁵
兴城	算盘 ʂuan⁵¹pʰan⁰	秤 tsʰəŋ⁵¹	约 iau⁴⁴
绥中	算盘 ʂuan⁵¹pʰan⁰	秤 tsʰəŋ⁵¹	约 iau⁵⁵
义县	算盘子 ʂuan⁵³pʰan³⁵tsʅ⁰ 算盘儿 ʂuan⁵³pʰɐr³⁵	秤 tsʰəŋ⁵¹	约 iau⁴⁴
北票	算盘儿 ʂuan⁵³pʰɐr³⁵	秤 tsʰəŋ⁵¹	约 iau⁴⁴
阜新	算盘儿 suan⁵¹pʰɐr³⁵	秤 pəŋ⁵¹	约 iau⁵⁵
黑山	算盘子 ʂuan⁵³pʰan³⁵tsʅ⁰	秤 tsʰəŋ⁵¹	约 iau⁴⁴
昌图	算盘子 suan⁵¹pʰan³⁵tsə⁰ 算盘儿 suan⁵¹pʰɐr³⁵	秤 tsʰəŋ⁵¹	称 iau³³
大连	算盘儿 sa⁵²pʰɐr³⁴	秤 tʃʰəŋ⁵²	称 tʃʰəŋ³¹²
金州 杏树	算盘儿 sã⁵²pʰɐr⁵²	秤 tsʰəŋ⁵²	称 tsʰəŋ³¹²
长海	算盘儿 san⁵³pʰɐr⁵³	秤 tʃʰəŋ⁵³	称 tʃʰəŋ³¹
庄河	算盘儿 suan⁵³pʰɐr⁵¹	秤 tsʰəŋ⁵¹	称 tsʰəŋ³¹
盖州	算盘儿 suan⁵¹pʰɐr²⁴	秤 tsʰəŋ⁵¹	称 tsʰəŋ⁴¹²
丹东	算盘儿 suan⁵¹pʰɐr²⁴	秤 tsʰəŋ⁵¹	称 tsʰəŋ⁴¹¹
建平	算盘子 suã⁵³pʰã³⁵tsʅ⁰	秤 tsʰəŋ⁴⁴	约约 iɔ⁴⁴iɔ⁰
凌源	算盘儿 suan⁵³pʰɐr³⁵ 算盘子 suan⁵³pʰan³⁵tsʅ⁰	秤 tsʰəŋ⁵¹	约 iau⁵⁵

	0715 赶集	0716 集市	0717 庙会
沈阳	赶集 kan²¹tɕi³⁵	集 tɕi³⁵	庙会 miau⁴¹xuei⁴¹
本溪	赶集 kan²¹tɕi³⁵	早市儿 tsau²¹ʂər⁵¹	庙会 miau⁵³xuei⁵¹
辽阳	赶集 kan²¹tɕi³⁵	集 tɕi³⁵	庙会 miau⁵¹xuei⁵¹
海城	赶集 kan²¹tɕi³⁵	集市儿 tɕi³⁵ʂər⁵¹	庙会 miau⁵³xuei⁵¹
开原	赶集 kan²¹tɕi³⁵	集 tɕi³⁵	庙会 miau⁵³xuei⁵¹
锦州	上集 ʂaŋ⁵³tɕi³⁵	集 tɕi³⁵	庙会 miau⁵³xuei⁵¹
盘锦	逛集 kuaŋ⁵³tɕi³⁵	大集 ta⁵³tɕi³⁵	庙会 miau⁵³xuei⁵¹
兴城	赶集 kan²¹tɕi³⁵	集 tɕi³⁵	庙会 miau⁵¹xuei⁵¹
绥中	赶集 kan²¹tɕi³⁵	集 tɕi³⁵	庙会 miau⁵¹xuei⁵¹
义县	上集 ʂaŋ⁵³tɕi³⁵ 赶集 kan²¹tɕi³⁵	集 tɕi³⁵	庙会 miau⁵³xuei⁵¹
北票	上集 ʂaŋ⁵³tɕi³⁵ 赶集 kan²¹tɕi³⁵	集 tɕi³⁵	庙会 miau⁵³xuei⁵¹
阜新	上集 ʂaŋ⁵³tɕi³⁵ 赶集 kan²¹tɕi³⁵	集 tɕi³⁵	庙会 miau⁵³xuei⁵¹
黑山	赶集 kan²¹tɕi³⁵	集 tɕi³⁵	庙会 miau⁵³xuei⁵¹
昌图	上街 ʂaŋ⁵¹kai³³ 赶集 kan²¹tɕi³⁵	市场 ʂʅ⁵¹tʂʰaŋ²¹³ 集 tɕi³⁵	堂会 tʰaŋ³⁵xuei⁵¹
大连	赶集 kã²¹tɕi³⁴	集市 tɕi³⁴ʂʅ⁵²	庙会 miɔ⁵²xue⁵²
金州杏树	赶集 kã²¹tɕi⁵²	集市 tɕi³¹ʂʅ⁵²	庙会 miɔ⁵²xue⁵²
长海	（无）	（无）	庙会 miau⁵³xuei⁵³
庄河	上集 saŋ⁵³tɕi⁵¹	集市 tɕi⁵³ʂʅ⁵¹	庙会 miao⁵³xuei⁵¹
盖州	上集 saŋ⁵¹tɕi²⁴	集 tɕi²⁴	庙会 miau⁵¹xuei⁵¹
丹东	赶集 kan²¹tɕi²⁴	集市 tɕi²⁴ʂʅ⁵¹	庙会 miau⁵³xuei⁵¹
建平	上集 ʂɑ̃⁵³tɕi³⁵	集上 tɕi³⁵ʂɑ̃⁵³	庙会 miɔ⁴²xuei⁵³
凌源	上集 ʂaŋ⁵³tɕi³⁵ 赶集 kan²¹tɕi³⁵	集 tɕi³⁵	庙会 miau⁵³xuei⁵¹

	0718 学校	0719 教室	0720 上学
沈阳	学校 ɕiau³⁵ɕiau⁴¹	教室 tɕiau⁴¹ʂʅ³⁵	上学 ʂaŋ⁴¹ɕiau³⁵
本溪	学校 ɕiau³⁵ɕiau⁵¹	教室 tɕiau⁵¹ʂʅ²²⁴	上学 ʂaŋ⁵¹ɕiau³⁵
辽阳	学校 ɕiau³⁵ɕiau⁵¹	教室 tɕiau⁵¹ʂʅ⁵¹	上学 ʂaŋ⁵¹ɕiau³⁵
海城	学校 ɕyɛ³⁵ɕiau⁵¹	教室 tɕiau⁵¹ʂʅ³⁵	上学 ʂaŋ⁵¹ɕiau³⁵
开原	学校 ɕiau³⁵ɕiau⁵¹ 学校 ɕyɛ³⁵ɕiau⁵¹	教室 tɕiau⁵³ʂʅ⁵¹	上学 ʂaŋ⁵³ɕiau³⁵ 上学 ʂaŋ⁵³ɕyɛ³⁵
锦州	学校 ɕyɛ³⁵ɕiau⁵¹ 学校 ɕiau³⁵ɕiau⁵¹	教室 tɕiau⁵³ʂʅ²¹³	上学 ʂaŋ⁵³ɕyɛ³⁵ 上学 ʂaŋ⁵³ɕiau³⁵
盘锦	学校 ɕiau³⁵ɕiau⁵¹ 学校 ɕyɛ³⁵ɕiau⁵¹	教室 tɕiau⁵¹ʂʅ²¹³	上学 ʂaŋ⁵³ɕiau³⁵ 上学 ʂaŋ⁵³ɕyɛ³⁵
兴城	学校 ɕyɛ³⁵ɕiau⁵¹	教室 tɕiau⁵¹ʂʅ⁵¹	上学 ʂaŋ⁵¹ɕyɛ³⁵
绥中	学校 ɕyɛ³⁵ɕiau⁵¹	教室 tɕiau⁵¹tʂʅ⁵¹	上学 ʂaŋ⁵¹ɕiau³⁵
义县	学校 ɕiau³⁵ɕiau⁵¹ 学校 ɕyɛ³⁵ɕiau⁵¹	教室 tɕiau⁵³ʂʅ²¹³ 教室 tɕiau⁵³ʂʅ⁵¹	上学 ʂaŋ⁵³ɕiau³⁵ 上学 ʂaŋ⁵³ɕyɛ³⁵
北票	学校 ɕiau³⁵ɕiau⁵¹ 学校 ɕyɛ³⁵ɕiau⁵¹	教室 tɕiau⁵¹ʂʅ⁰	上学 ʂaŋ⁵³ɕiau³⁵ 上学 ʂaŋ⁵³ɕyɛ³⁵
阜新	学校 ɕiau³⁵ɕiau⁵¹ 学校 ɕyɛ³⁵ɕiau⁵¹	教室 tɕiau⁵³ʂʅ²¹³ 教室 tɕiau⁵³ʂʅ⁵¹	上学 ʂaŋ⁵³ɕiau³⁵ 上学 ʂaŋ⁵³ɕyɛ³⁵
黑山	学校 ɕiau³⁵ɕiau⁵¹ 学校 ɕyɛ³⁵ɕiau⁵¹	教室 tɕiau⁵³ʂʅ²¹³ 教室 tɕiau⁵³ʂʅ⁵¹	上学 ʂaŋ⁵³ɕiau³⁵ 上学 ʂaŋ⁵³ɕyɛ³⁵
昌图	学校 ɕyɛ³⁵ɕiau⁵¹	班级 pan³³tɕi³³	上学 ʂaŋ⁵¹ɕiau³⁵
大连	学校 ɕyɛ³⁴ɕiɔ⁵²	教室 tɕiɔ⁵²ʃʅ⁵²	上学 ʃaŋ⁵²ɕyɛ³⁴
金州杏树	学校 ɕyɛ⁵²ɕiɔ⁵²	教室 tɕiɔ⁵²ɕi⁵²	上学 ʂaŋ⁵²ɕyɛ⁵²
长海	学校 ɕyɛ⁵³ɕiau⁵³	教室 ɕiau⁵³ʃʅ⁵³	上学 ʃaŋ⁵³ɕyɛ⁵³
庄河	学校 ɕyɛ⁵³ɕiao⁵¹	教室 tɕiao⁵³ɕi⁵¹	上学 ʂaŋ⁵³ɕyɛ⁵¹
盖州	学校 ɕyɛ²⁴ɕiau⁵¹	教室 tɕiau⁵¹tʂʅ⁵¹	上学 ʂaŋ⁵¹ɕyɛ²⁴
丹东	学校 ɕyɛ²⁴ɕiau⁵¹	教室 tɕiau⁵³ʂʅ⁵¹	上学 ʂaŋ⁵¹ɕyɛ²⁴
建平	学校 ɕiɔ³⁵ɕiɔ⁵³	学生屋 ɕiɔ³⁵ʂəŋ⁰vu⁴⁴	上学 ʂã⁵³ɕiɔ³⁵
凌源	学校 ɕiau³⁵ɕiau⁵¹ 学校 ɕyɛ³⁵ɕiau⁵¹	教室 tɕiau⁵³ʂʅ²¹ 教室 tɕiau⁵³ʂʅ⁵¹	上学 ʂaŋ⁵³ɕiau³⁵ 上学 ʂaŋ⁵³ɕyɛ³⁵

	0721 放学	0722 考试	0723 书包
沈阳	放学 faŋ⁴¹ɕiau³⁵	考试 kʰau²¹ʂʅ⁴¹	书包儿 ʂu³³paur³³
本溪	放学 faŋ⁵¹ɕiau³⁵	考试 kʰau²¹ʂʅ⁵¹	书包儿 ʂu⁴⁴paur⁴⁴
辽阳	放学 faŋ⁵¹ɕiau³⁵	考试 kʰau²¹ʂʅ⁵¹	书包 ʂu⁴⁴pau⁴⁴
海城	放学 faŋ⁵¹ɕiau³⁵	考试 kʰau²¹ʂʅ⁵¹	书包儿 ʂu³⁵paur⁴⁴
开原	放学 faŋ⁵³ɕiau³⁵ 放学 ɕia⁵³ɕyɛ³⁵	考试 kʰau²¹ʂʅ⁵¹	书包儿 ʂu⁴⁴paur⁴⁴
锦州	放学 faŋ⁵³ɕyɛ³⁵ 下学 ɕia⁵³ɕyɛ³⁵ 放学 faŋ⁵³ɕiau³⁵	考试 kau²¹ʂʅ⁵¹	书包儿 ʂu⁵⁵paur⁵⁵
盘锦	放学 faŋ⁵³ɕiau³⁵ 放学 faŋ⁵³ɕyɛ³⁵	考试 kʰau²¹ʂʅ⁵¹	书兜儿 ʂu⁵⁵tour⁵⁵
兴城	放学 faŋ⁵¹ɕyɛ³⁵ 下学 ɕia⁵³ɕyɛ³⁵	考试 kʰau²¹ʂʅ⁵¹	书包儿 ʂu⁴⁴paur⁴⁴
绥中	放学 faŋ⁵¹ɕiau³⁵	考试 kʰau²¹ʂʅ⁵¹	书包儿 ʂu⁵⁵paor⁵⁵
义县	下学 ɕia⁵³ɕiau³⁵ 放学 faŋ⁵³ɕyɛ³⁵	考试 kʰau²¹ʂʅ⁵¹	书包儿 ʂu⁴⁴paur⁴⁴
北票	下学 ɕia⁵³ɕiau³⁵ 下学 ɕia⁵³ɕyɛ³⁵	考试 kʰau²¹ʂʅ⁵¹	书兜儿 ʂu⁴⁴tour⁴⁴ 书包儿 ʂu⁴⁴paur⁴⁴
阜新	放学 faŋ⁵³ɕiau³⁵ 下学 ɕia⁵³ɕiau³⁵ 放学 faŋ⁵³ɕyɛ³⁵	考试 kau²¹ʂʅ⁵¹	书兜儿 ʂu⁵⁵tour⁵⁵
黑山	放学 faŋ⁵³ɕiau³⁵ 放学 faŋ⁵³ɕyɛ³⁵	考试 kau²¹ʂʅ⁵¹	书兜 ʂu⁴⁴tou⁴⁴ 书包儿 ʂu⁴⁴paur⁴⁴
昌图	放学 faŋ⁵¹ɕiau³⁵	考试 kʰau²¹ʂʅ⁵¹	书包儿 ʂu³³paur³³
大连	下学 ɕia⁵²ɕyɛ³⁴	考试 kʰɔ²¹ʂʅ⁵²	书包儿 ʃu³⁴pɔr³¹²
金州 杏树	放学 faŋ⁵²ɕyɛ⁵²	考试 kʰɔ²¹ʂʅ⁵²	书包儿 ɕy⁵²pɔr³¹²
长海	放学 faŋ⁵³ɕyɛ⁵³	考试 kʰau²¹ʂʅ⁵³	书包儿 ʃy³³paur³¹
庄河	放学 faŋ⁵³ɕyɛ⁵¹	考试 kʰao²¹ʂʅ⁵¹	书包儿 ɕy³³paor³¹
盖州	放学 faŋ⁵¹ɕyɛ²⁴	考试 kʰau²¹ʂʅ⁵¹	书包儿 ʂu²⁴paur⁴¹²
丹东	放学 faŋ⁵¹ɕyɛ²⁴	考试 kʰau²¹ʂʅ⁵¹	书包儿 ʂu⁴⁴paur⁴¹¹
建平	散学 sã⁵³ɕiɔ³⁵ 放学 fɑ̃⁵³ɕiɔ³⁵	考试 kʰɔ²¹ʂʅ⁵³	书兜儿 ʂu⁴⁴tər⁴⁴
凌源	下学 ɕia⁵³ɕiau³⁵ 下学 ɕia⁵³ɕyɛ³⁵	考试 kʰau²¹ʂʅ⁵¹	书兜儿 ʂu⁵⁵tour⁵⁵ 书包儿 ʂu⁵⁵paur⁵⁵

	0724 本子	0725 铅笔	0726 钢笔
沈阳	本儿 pər^{21}	铅笔 tɕian^{33}pi^{21}	钢笔 kaŋ^{33}pi^{21}
本溪	本儿 pər^{224}	铅笔 tɕʰian^{44}pi^{224}	钢笔 kaŋ^{44}pi^{224}
辽阳	本儿 pər^{213}	铅笔 tɕʰian^{44}pi^{213}	钢笔 kaŋ^{44}pi^{213}
海城	本儿 pər^{214}	铅笔 tɕʰian^{44}pi^{214}	钢笔 kaŋ^{44}pi^{214}
开原	本儿 pər^{213}	铅笔 tɕʰian^{44}pi^{213}	钢笔 kaŋ^{44}pi^{213}
锦州	本儿 pər^{213}	铅笔 tɕʰian^{55}pi^{213}	钢笔 kaŋ^{55}pi^{213}
盘锦	本儿 pər^{213}	铅笔 tɕʰian^{55}pi^{213}	钢笔 kaŋ^{55}pi^{213}
兴城	本儿 pər^{213}	铅笔 tɕʰian^{44}pi^{213}	钢笔 kaŋ^{44}pi^{213}
绥中	本儿 pər^{213}	铅笔 tɕʰian^{55}pi^{213}	钢笔 kaŋ^{55}pi^{213}
义县	本儿 pər^{213}	铅笔 tɕʰian^{44}pi^{213}	自来水儿笔 tsʅ^{53}lai^{35}suər^{35}pi^{213} 钢笔 kaŋ^{44}pi^{213}
北票	本儿 pər^{213}	铅笔 tɕʰian^{44}pi^{213}	钢笔 kaŋ^{44}pi^{213}
阜新	本儿 pər^{213}	铅笔 tɕʰian^{55}pi^{213}	钢笔 kaŋ^{55}pi^{213}
黑山	本儿 pər^{213}	铅笔 tɕʰian^{44}pi^{213}	钢笔 kaŋ^{44}pi^{213}
昌图	本儿 pər^{213}	铅笔 tɕʰian^{33}pi^{0}	钢笔 kaŋ^{33}pi^{0}
大连	本儿 pər^{213}	铅笔 tɕʰiɛ^{31}pi^{213}	自来水笔 tsʅ^{21}le^{34}sue^{34}pi^{213}
金州杏树	本儿 pər^{213}	铅笔 tɕʰiɛ^{31}pi^{213}	钢笔 kaŋ^{31}pi^{213}
长海	本儿 pər^{214}	铅笔 cʰian^{31}pi^{214}	钢笔 kaŋ^{31}pi^{214}
庄河	本儿 pər^{213}	铅笔 tɕʰian^{31}pi^{213}	钢笔 kaŋ^{31}pi^{213}
盖州	本儿 pər^{213}	铅笔 tɕʰian^{412}pi^{213}	钢笔 kaŋ^{412}pi^{213}
丹东	本儿 pər^{213}	铅笔 tɕʰian^{411}pi^{213}	钢笔 kaŋ^{411}pi^{213}
建平	本儿 pər^{213}	铅笔 tɕʰiɛ̃^{44}pei^{213}	钢笔 kã^{44}pei^{213}
凌源	本儿 pər^{214}	铅笔 tɕʰiɛn^{55}pi^{21}	钢笔 kaŋ^{55}pi^{21}

	0727 圆珠笔	0728 毛笔	0729 墨
沈阳	圆子笔 yan³⁵tʂʅ⁰pi²¹	毛儿笔 maur³⁵pi²¹	墨 mi⁴¹
本溪	圆珠笔 yan³⁵tʂu⁴⁴pi²²⁴	毛笔 mau³⁵pi²²⁴	墨 mi⁵¹
辽阳	油笔 iou³⁵pi²¹³	毛笔 mau³⁵pi²¹³	墨 mi⁵¹
海城	油儿笔 iəur³⁵pi²¹⁴	毛笔 mau³⁵pi²¹⁴	墨 mɤ⁵¹
开原	油字笔 iou³⁵tʂʅ⁵¹pi²¹³ 油笔 iou³⁵pi²¹³	毛笔 mau³⁵pi²¹³	墨 mi⁵¹ 墨 mɤ⁵¹
锦州	油笔 iou³⁵pi²¹³	毛笔 mau³⁵pi²¹³	墨 mi⁵¹ 墨 mɤ⁵¹
盘锦	油子笔 iou³⁵tʂʅ⁰pi²¹³ 圆珠儿笔 yan³⁵tʂur⁵⁵pi²¹³	水笔 ʂuei³⁵pi²¹³	墨 mi⁵¹ 墨 mɤ⁵¹
兴城	油儿笔 iour³⁵pi²¹³ 圆珠儿笔 yan³⁵tʂur⁴⁴pi²¹³	毛笔 mau³⁵pi²¹³ 墨笔 mi⁵¹pi²¹³	墨 mi⁵¹ 墨 mɤ⁵¹
绥中	油儿笔 iour³⁵pi²¹³	毛笔 mau³⁵pi²¹³	墨 muo⁵¹
义县	油儿笔 iour³⁵pi²¹³ 圆子油儿笔 yan³⁵tʂʅ⁰iour³⁵pi²¹³	水笔 ʂuei³⁵pi²¹³	墨 mi⁵¹
北票	圆子油儿 yan³⁵tʂʅ²¹iour³⁵ 圆珠儿笔 yan³⁵tʂur⁴⁴pi²¹³	毛笔 mau³⁵pi²¹³	墨汁 mɤ⁵³tʂʅ⁴⁴
阜新	圆珠油儿 yan³⁵tʂu⁵⁵iour³⁵ 油儿笔 iour³⁵pi²¹³	水笔 ʂuei³⁵pi²¹³	墨 mi⁵¹
黑山	圆子油儿 yan³⁵tʂʅ⁰iour³⁵	毛笔 mau³⁵pi²¹³	墨汁 mi⁵³tʂʅ⁴⁴
昌图	圆珠儿笔 yan³⁵tʂur³³pi²¹³	毛笔 mau³⁵pi²¹³	墨 mɤ⁵¹
大连	油儿笔 iəur³⁴pi²¹³	毛笔 mɔ³⁴pi²¹³	墨 mɤ⁵²
金州杏树	油儿笔 iəur⁵²pi²¹³	毛笔 mɔ⁵²pi²¹³	墨 mɤ²¹³
长海	油笔 iəu³¹pi²¹⁴	毛笔 mau³¹pi²¹⁴	墨 mɤ²¹⁴
庄河	油儿笔 iəur³¹pi²¹³	毛笔 mao³¹pi²¹³	墨 mə²¹³
盖州	油子笔 iəu²⁴tʂʅ⁰pi²¹³	毛笔 mau²⁴pi²¹³	墨 mɤ⁵¹
丹东	圆珠笔 yan²⁴tʂu⁴¹¹pi²¹³	毛笔 mau²⁴pi²¹³	墨 mɤ⁵¹
建平	圆子油儿 yɛ̃³⁵tʂʅ⁰iəur³⁵	毛笔 mɔ³⁵pei²¹³	墨 mei⁵³
凌源	圆子油儿笔 yan³⁵tʂʅ²¹iour³⁵pi²¹ 油儿笔 iour³⁵pi²¹	毛笔 mau³⁵pi²¹	墨 mi⁵¹

词汇对照

	0730 砚台	0731 信—封~	0732 连环画
沈阳	砚台 ian⁴¹tʰai⁰	信 ɕin⁴¹	连环画儿 lian³⁵xuan³⁵xuar⁴¹
本溪	砚台 ian⁵¹tʰai⁰	信 ɕin⁵¹	小人儿书 ɕiau²¹iər³⁵ʂu⁴⁴
辽阳	砚台 ian⁵¹tʰai⁰	信 ɕin⁵¹	连环画儿 lian³⁵xuan³⁵xuar⁵¹ 小人儿书 ɕiau²¹iər³⁵ʂu⁴⁴
海城	砚台 ian⁵¹tʰai³⁵	信 ɕin⁵¹	小人儿书 ɕiau²¹iər³⁵ʂu⁴⁴
开原	墨盘子 mi⁵³pʰan³⁵tsə⁰	信 ɕin⁵¹	连环画儿 lian³⁵xuan³⁵xuar⁵¹
锦州	砚台 in⁵¹tʰai⁰	信 ɕin⁵¹	连环画儿 lian³⁵xuan³⁵xuar⁵¹
盘锦	墨盒儿 mɤ⁵³xɤr³⁵ 墨台 mi⁵³tʰai³⁵	信 ɕiən⁵¹	小人儿书 ɕiau²¹zər³⁵ʂu⁵⁵
兴城	墨盘子 mi⁵¹pʰan³⁵tʂɿ⁰	信 ɕin⁵¹	画儿册儿 xuar⁵¹tʂʰɤr⁵¹
绥中	砚台 ian⁵¹tʰai³⁵	信 ɕin⁵¹	小人儿书 ɕiau²¹zər³⁵ʂu⁵⁵
义县	砚台 ian⁵¹tʰai⁰	信 ɕin⁵¹	小人儿书 ɕiau²¹zər³⁵ʂu⁴⁴
北票	砚台 ian⁵¹tʰai⁰	信 ɕiən⁵¹	小人儿书 ɕiau²¹zər³⁵ʂu⁴⁴ 画本儿 xua⁵³pər²¹³
阜新	砚台 ian⁵¹tʰai⁰	信 ɕin⁵¹	小人儿书 ɕiau²¹zər³⁵ʂu⁵⁵
黑山	墨盘子 mi⁵³pʰan³⁵tʂɿ⁰	信 ɕiən⁵¹	小人儿书 ɕiau²¹iər³⁵ʂu⁴⁴
昌图	砚台 ian⁵¹tʰai³⁵	信 ɕiən⁵¹	连环画儿 lian³⁵xuan³⁵xuar⁵¹
大连	砚台 iɛ⁵²tʰɛ⁰	信 ɕĩ⁵²	连环画儿 liɛ̃³⁴xuã³¹xuar⁵²
金州杏树	砚台 iɛ⁵²tʰɛ⁰	信 ɕĩ⁵²	连环画儿 liɛ̃³⁴xuã³¹xuar⁵²
长海	砚台 ian⁵³tʰai⁰	信 ʃiən⁵³	连环画儿 lian⁵³xuan³³xuar⁵³
庄河	砚台 ian⁵¹tʰai⁰	信 ɕin⁵¹	连环画儿 lian²⁴xuan³³xuar⁵¹
盖州	砚台 ian⁵¹tʰai²⁴	信 ɕin⁵¹	连环画儿 lian²⁴xuan²⁴xuar⁵¹
丹东	砚台 ian⁵¹tʰai⁰	信 ɕin⁵¹	小人儿书 ɕiau²¹iər²⁴ʂu⁴¹¹
建平	墨盘子 mei⁵³pʰã³⁵tʂɿ⁰	信 ɕĩ⁵³	连环画儿 liɛ̃³⁵xuã³⁵xuar⁵³
凌源	砚台 iɛn³⁵tʰai⁰	信 ɕin⁵¹	小人儿书 ɕiau²¹zər³⁵ʂu⁵⁵

	0733 捉迷藏	0734 跳绳	0735 毽子
沈阳	藏猫猫儿 tsʰaŋ³⁵mau³³maur⁰	跳绳儿 tʰiau⁴¹ʂɚr³⁵	毽儿 tɕʰiɐr⁴¹
本溪	藏猫猫儿 tsʰaŋ³⁵mau⁴⁴maur⁰	跳绳儿 tʰiau⁵¹ʂɚr³⁵	毽儿 tɕiɐr⁵¹
辽阳	藏猫猫儿 tsʰaŋ³⁵mau⁴⁴maur⁰	跳绳 tʰiau⁵¹ʂəŋ³⁵	毽儿 tɕiar⁵¹
海城	藏猫儿猫儿 tʂʰaŋ³⁵maur⁴⁴maur⁰	跳绳儿 tʰiau⁵¹ʂɚr³⁵	毽儿 tɕiɐr⁵¹
开原	藏猫儿乎儿 tʂʰaŋ³⁵maur⁴⁴xur⁴⁴	跳绳儿 tʰiau⁵³ʂɚr³⁵	毽儿 tɕʰiɐr⁵¹
锦州	藏猫儿猫儿 tʂʰaŋ³⁵maur⁵⁵maur⁰	跳绳儿 tʰiau⁵³ʂɚr³⁵	毽儿 tɕʰiɐr⁵¹
盘锦	捉迷藏 tʂuo³⁵mi³⁵tʂʰaŋ³⁵	跳绳儿 tʰiau⁵³ʂɚr³⁵	毽儿 tɕʰiɐr⁵¹
兴城	藏猫儿猫儿 tʂʰaŋ³⁵maur⁴⁴maur⁰	跳绳儿 tʰiau⁵¹ʂɚr³⁵	毽子 tɕian⁵¹tsʅ⁰
绥中	藏猫儿猫儿 tʂʰaŋ³⁵maor⁵⁵maor⁰	跳绳儿 tʰiau⁵¹ʂɚr³⁵	毽儿 tɕʰiɐr⁵¹
义县	藏猫儿猫儿 tʂʰaŋ³⁵maur⁴⁴maur⁰	跳绳儿 tʰiau⁵³ʂɚr³⁵	毽儿 tɕʰiɐr⁵¹
北票	藏猫儿猫儿 tʂʰaŋ³⁵maur⁴⁴maur⁰	跳绳儿 tʰiau⁵³ʂɚr³⁵	毽儿 tɕʰiɐr⁵¹ 毽子 tɕian⁵¹tsʅ⁰
阜新	藏猫儿猫儿 tʂʰaŋ³⁵maur⁵⁵maur⁰	跳绳儿 tʰiau⁵³ʂɚr³⁵	毽儿 tɕʰiɐr⁵¹
黑山	藏猫儿猫儿 tʂʰaŋ³⁵maur⁴⁴maur⁰	跳绳儿 tʰiau⁵³ʂɚr³⁵	毽儿 tɕʰiɐr⁵¹
昌图	藏猫猫儿 tsʰaŋ³⁵mau⁰maur⁰	跳绳儿 tʰiau⁵¹ʂɚr³⁵	毽儿 tɕʰiɐr⁵¹
大连	藏马猴儿 tsʰaŋ³⁴ma³⁴xəur³¹²	跳绳儿 tʰiɔ⁵²ʃɚr³⁴	毽儿 tɕiɐr⁵²
金州 杏树	趴猫儿 pʰa³⁴mar³¹²	跳绳儿 tʰiɔ⁵²ʃɚr⁵²	毽子 tɕiẽ⁵²ʅ⁰
长海	趴猫儿 pʰa³³maur³¹	跳绳 tʰiau⁵³ʃəŋ⁵³	毽儿 ɕiɐr⁵³
庄河	趴猫儿 pʰa³³maor³¹	跳绳儿 tʰiao⁵³ʂɚr⁵¹	毽子 tɕian⁵¹ən⁰
盖州	藏猫儿 tsʰaŋ²⁴maur⁴¹²	跳绳儿 tʰiau⁵¹ʂɚr²⁴	毽儿 tɕiɐr⁵¹
丹东	摸瞎乎儿 mɤ⁴¹¹ɕia²⁴xur⁴¹¹	跳绳儿 tʰiau⁵¹ʂɚr²⁴	毽子 tɕian⁵¹tsʅ⁰
建平	藏猫猫儿 tsʰɑ̃³⁵mɔ⁴⁴mɔr⁰	跳绳儿 tʰiɔ⁵³ʂɚr³⁵	毽儿 tɕʰiɐr⁵³
凌源	藏猫儿猫儿 tsʰaŋ³⁵maur⁵⁵maur⁰	跳绳儿 tʰiau⁵³ʂɚr³⁵	毽儿 tɕʰiɐr⁵¹

词汇对照

	0736 风筝	0737 舞狮	0738 鞭炮 统称
沈阳	风筝儿 fəŋ³³tʂɚr⁰	耍狮子 ʂua²¹ʂɿ³³tsɿ⁰	鞭炮 pian³³pʰau⁴¹
本溪	风筝儿 fəŋ⁴⁴tʂɚr⁴⁴	耍狮子 ʂua²²⁴ʂɿ³¹tsɿ⁰	鞭炮 pian⁴⁴pʰau⁵¹
辽阳	风筝 fəŋ⁴⁴tʂəŋ⁰	（无）	炮仗 pʰau⁵¹tsəŋ⁰
海城	风筝儿 fəŋ⁴⁴tʂɚr⁰	舞狮 u³⁵ʂɿ⁴⁴	小鞭儿 ɕiau³⁵piɚr⁴⁴ 炮仗 pau⁵¹tʂəŋ⁰
开原	风筝儿 fəŋ⁴⁴tʂɚr⁴⁴	耍狮子 ʂua²¹ʂɿ⁴⁴tsɿ⁰	鞭 pian⁴⁴
锦州	风筝 fəŋ⁵⁵tʂəŋ⁰	（无）	炮仗 pʰau⁵¹tʂəŋ⁰
盘锦	风筝 fəŋ⁵⁵tʂəŋ⁰	耍狮子 ʂua²¹ʂɿ⁵⁵tsə⁰	炮仗 pʰau⁵¹tʂəŋ⁰
兴城	风筝 fəŋ⁴⁴tʂəŋ⁰	（无）	鞭炮 pian⁴⁴pʰau⁵¹ 炮仗 pʰau⁵¹tʂəŋ⁰
绥中	风筝儿 fəŋ⁵⁵tʂɚr⁰	耍狮子 ʂua²¹ʂɿ⁵⁵tsɿ⁰	炮仗 pʰau⁵¹tʂəŋ⁰
义县	风筝 fəŋ⁴⁴tʂəŋ⁰	舞狮子 u²¹ʂɿ⁴⁴tsɿ⁰	炮仗 pʰau⁵¹tʂəŋ⁰
北票	风筝儿 fəŋ⁴⁴tʂɚr⁰	舞狮 u²¹ʂɿ⁴⁴tsɿ⁰	炮仗 pʰau⁵¹tʂʰən⁰
阜新	风筝 fəŋ⁵⁵tʂəŋ⁰	（无）	炮仗 pʰau⁵¹tʂəŋ⁰
黑山	风筝 fəŋ⁴⁴tʂəŋ⁰	耍狮子 ʂua²¹ʂɿ⁴⁴tsɿ⁰	炮仗 pʰau⁵¹tʂəŋ⁰
昌图	风筝儿 fəŋ³³tʂɚr⁰	舞狮 u²¹ʂɿ³³	二踢脚 ər⁵¹tʰi³³tɕiau²¹³ 炮仗 pʰau⁵¹tʂʰəŋ⁰
大连	风筝 fəŋ³⁴tsəŋ³¹²	耍狮子 sua³⁴sɿ³¹ə⁰	鞭炮 piɛ̃³¹pʰɔ⁵²
金州杏树	风筝 fəŋ³¹tsəŋ⁰	舞狮子 u²¹sɿ³¹ə⁰	鞭炮 piɛ̃³¹pʰɔ⁵²
长海	老鹞 lau²¹iau⁵³	（无）	爆仗 pau⁵³tsəŋ⁰
庄河	风筝 fəŋ³¹tsəŋ⁰	耍狮子 sua²⁴sɿ³¹ə⁰	鞭 pian³¹
盖州	风筝儿 fəŋ⁴¹²tsɚr⁰	舞狮 u²⁴sɿ⁴¹²	鞭炮 pian⁴¹²pʰau⁵¹
丹东	风筝 fəŋ⁴¹¹tʂəŋ⁰	舞狮 u²⁴ʂɿ⁴¹¹	炮仗 pʰau⁵¹tʂəŋ⁰
建平	风筝 fəŋ⁴⁴tʂəŋ⁰	耍狮子 ʂua²¹ʂɿ⁴⁴tsɿ⁰	炮杖 pʰɔ⁵³tʂɑ̃⁰
凌源	风筝儿 fəŋ⁵⁵ʂɚr⁰	舞狮子 vu²¹ʂɿ⁵⁵tsɿ⁰	炮仗 pʰau⁵¹saŋ⁰

	0739 唱歌	0740 演戏	0741 锣鼓 统称
沈阳	唱歌儿 tsʰaŋ⁴¹kɤr³³	演戏 ian²¹ɕi⁴¹	锣鼓 luo³⁵ku²¹
本溪	唱歌儿 tsʰaŋ⁵¹kɤr⁴⁴	演戏 ian²¹ɕi⁵¹	锣鼓 luo³⁵ku²²⁴
辽阳	唱歌 tsʰaŋ⁵¹kɤ⁴⁴	演戏 ian²¹ɕi⁵¹	锣鼓 luo³⁵ku²¹³
海城	唱歌儿 tsʰaŋ⁵¹kɤr⁴⁴	演戏 ian²¹ɕi⁵¹	锣鼓 luɤ³⁵ku²¹⁴
开原	唱歌儿 tsʰaŋ⁵³kɤr⁴⁴	演戏 ian²¹ɕi⁵¹	锣鼓 luɤ³⁵ku²¹³
锦州	唱歌儿 tsʰaŋ⁵³kɤr⁵⁵	演戏 ian²¹ɕi⁵¹	鼓乐 ku²¹yeº
盘锦	唱 tsʰaŋ⁵¹	唱大戏 tsʰaŋ⁵³ta⁵³ɕi⁵¹ 唱戏 tsʰaŋ⁵³ɕi⁵¹	鼓乐 ku²¹yɛº
兴城	唱歌儿 tsʰaŋ⁵¹kɤr⁴⁴	演戏 ian²¹ɕi⁵¹	锣鼓 luo³⁵ku²¹³
绥中	唱歌儿 tsʰaŋ⁵¹kər⁵⁵	演戏 ian²¹ɕi⁵¹	锣鼓 luo³⁵ku²¹³
义县	唱歌儿 tsʰaŋ⁵³kɤr⁴⁴	演戏 ian²¹ɕi⁵¹	锣鼓 luo³⁵ku²¹³
北票	唱歌儿 tsʰaŋ⁵³kɤr⁴⁴	演戏 ian²¹ɕi⁵¹	锣鼓 luo³⁵ku²¹³
阜新	唱歌儿 tsʰaŋ⁵³kɤr⁵⁵	唱大戏 ian⁵³ta⁵³ɕi⁵¹	（无）
黑山	唱歌儿 tsʰaŋ⁵³kɤr⁴⁴	演戏 ian²¹ɕi⁵¹	锣鼓 luo³⁵ku²¹³
昌图	唱歌儿 tsʰaŋ⁵¹kɤr³³	唱戏 tsʰaŋ⁵³ɕi⁵¹	锣鼓 luo³⁵ku²¹³
大连	唱歌儿 tʃʰaŋ⁵²kɤr³¹²	演戏 iɛ²¹ɕi⁵²	锣鼓 luə³⁴ku²¹³
金州杏树	唱歌儿 tsʰaŋ⁵²kɤr³¹²	演戏 iɛ²¹ɕi⁵²	锣鼓 luə³¹ku²¹³
长海	唱歌儿 tʃʰaŋ⁵³kɤr³¹	演剧 ian²¹cy⁵³	锣鼓 luə⁵³ku²¹⁴
庄河	唱歌儿 tsʰaŋ⁵¹kər³¹	演戏 ian²¹ɕi⁵¹	锣鼓 luə³¹ku²¹³
盖州	唱歌儿 tsʰaŋ⁵¹kɤr⁴¹²	演戏 ian²¹ɕi⁵¹	锣鼓 luɤ²⁴ku²¹³
丹东	唱歌儿 tsʰaŋ⁵¹kɤr⁴¹¹	唱戏 tsʰaŋ⁵³ɕi⁵¹	锣鼓 luo²⁴ku²¹³
建平	唱歌儿 tsʰɑ̃⁵³kər⁴⁴	唱戏 tsʰɑ̃⁴²ɕi⁵³	锣鼓 luə³⁵ku²¹³
凌源	唱歌儿 tsʰaŋ⁵³kɤr⁵⁵	演戏 iɛn²¹ɕi⁵¹	锣鼓 luo³⁵ku²¹

	0742 二胡	0743 笛子	0744 划拳
沈阳	二胡儿 ər⁴¹xur³⁵	笛子 ti³⁵tʂʅ⁰	划拳 xua⁴¹tɕʰyan³⁵
本溪	二胡 ər⁵¹xu³⁵	笛子 ti³⁵tʂʅ⁰	划拳 xua⁵¹tɕʰyan³⁵
辽阳	二胡 ər⁵¹xu³⁵	笛子 ti³⁵tʂʅ⁰	猜拳 tsʰai⁴⁴tɕʰyan³⁵
海城	二胡 ər⁵¹xu³⁵	笛子 ti³⁵tʂʅ⁰	划拳 xua³⁵tɕʰyan³⁵
开原	胡琴儿 xu³⁵tɕʰiər⁰	笛儿 tiər³⁵	划拳 xua⁵³tɕʰyan³⁵
锦州	胡琴儿 xu³⁵tɕʰiər⁰	笛子 ti³⁵tsə⁰	猜拳 tʂʰai⁵⁵tʂʰuan³⁵
盘锦	胡琴儿 xu³⁵tɕʰiər³⁵	笛子 ti³⁵tsə⁰	猜拳 tsʰai⁵⁵tɕʰyan³⁵
兴城	二胡儿 ər⁵¹xur³⁵ 胡琴 xu³⁵tɕʰin⁰	笛子 ti³⁵tʂʅ⁰	划拳 xua³⁵tʂʰuan³⁵
绥中	二胡 ər⁵¹xu³⁵	笛子 ti³⁵tʂʅ⁰	划拳 xua³⁵tɕʰyan³⁵
义县	胡琴儿 xu³⁵tɕʰiər⁰	笛儿 tiər³⁵	划拳 xua⁵³tɕʰyan³⁵ 猜拳 tʂʰai⁴⁴tɕʰyan³⁵
北票	二胡 ər⁵³xu³⁵ 胡琴儿 xu³⁵tɕʰiər⁰（统称）	笛子 ti³⁵tʂʅ⁰	划拳 xua⁵³tɕʰyan³⁵
阜新	胡琴 xu³⁵tɕʰiər⁰	笛子 ti³⁵tsa⁰	划拳 xua⁵³tɕʰyan³⁵
黑山	二胡 ər⁵³xu³⁵	笛子 ti³⁵tʂʅ⁰	猜拳 tʂʰai⁴⁴tɕʰyan³⁵
昌图	胡琴儿 xu³⁵tɕʰiər⁰	笛儿 tiər³⁵	划拳 xua⁵¹tɕʰyan³⁵
大连	二胡儿 ər⁵²xur³⁴	笛子 ti³⁴ə⁰	划拳 xua⁵²tɕʰyɛ̃³⁴
金州杏树	二胡儿 ər⁵²xur³¹²	笛子 ti⁵²ə⁰	划拳 xua⁵²tɕʰyɛ̃⁵²
长海	胡胡儿 xu⁵³xur⁰	笛子 ti⁵³tʂʅ⁰	猜拳 tsʰai³¹ɕʰyan⁵³
庄河	胡胡儿 xu⁵¹xur⁰	笛子 ti⁵¹ə⁰	划拳 xua⁵³tɕʰyan⁵¹
盖州	二胡 ər⁵¹xu²⁴	笛子 ti²⁴tʂʅ⁰	划拳 xua⁵¹tɕʰyan²⁴
丹东	胡琴 xu²⁴tɕʰin⁰	笛子 ti²⁴tʂʅ⁰	猜拳 tsʰai⁴¹¹tɕʰyan²⁴
建平	胡线儿 xu³⁵ɕiər⁵³	笛子 ti³⁵tʂʅ⁰	划拳 xua⁵³tɕʰyɛ̃³⁵
凌源	胡琴儿 xu³⁵tɕʰiər⁰	笛子 ti³⁵tʂʅ⁰	划拳 xua⁵³tɕʰyan³⁵

	0745 下棋	0746 打扑克	0747 打麻将
沈阳	下棋 ɕia⁴¹tɕʰi³⁵	打扑克儿 ta²¹pʰu³⁵kʰɤ⁰	打麻将 ta²¹ma³⁵tɕiaŋ⁴¹
本溪	下棋 ɕia⁵¹tɕʰi³⁵	打扑克儿 ta²¹pʰu³⁵kʰɤr⁰	打麻将 ta²¹ma³⁵tɕiaŋ⁵¹
辽阳	下棋 ɕia⁵¹tɕʰi³⁵	打扑克 ta²¹pʰu³⁵kʰɤr⁰	打麻将 ta²¹ma³⁵tɕiaŋ⁵¹
海城	下棋 ɕia⁵¹tɕʰi³⁵	打扑儿克儿 ta²¹pʰur³⁵kʰɤr⁰	打麻将 ta²¹ma³⁵tɕiaŋ⁵¹
开原	下棋 ɕia⁵³tɕʰi³⁵	打扑克儿 ta²¹pʰu³⁵kʰər⁰	打麻将 ta²¹ma³⁵tɕiaŋ⁵¹
锦州	下棋 ɕia⁵³tɕʰi³⁵	打扑克儿 ta²¹pʰu³⁵kɤr⁰	打麻将 ta²¹ma³⁵tɕiaŋ⁵¹
盘锦	下棋 ɕia⁵³tɕʰi³⁵	打扑克 ta²¹pʰu³⁵kʰə⁰	玩儿麻将 uɐr³⁵ma³⁵tɕiaŋ⁵¹ 打麻将 ta²¹ma³⁵tɕiaŋ⁵¹
兴城	下棋 ɕia⁵¹tɕʰi³⁵	打扑克儿 ta²¹pʰu³⁵kər⁰	玩儿麻将 uar³⁵ma³⁵tɕiaŋ⁵¹
绥中	下棋 ɕia⁵¹tɕʰi³⁵	打扑克儿 ta²¹pʰu³⁵kʰər⁰	打麻将 ta²¹ma³⁵tɕiaŋ⁵¹
义县	下棋 ɕia⁵³tɕʰi³⁵	打扑克儿 ta²¹pʰu³⁵kɤr⁰	打麻将 ta²¹ma³⁵tɕiaŋ⁵¹
北票	下棋 ɕia⁵³tɕʰi³⁵	玩儿扑克儿 uɐr³⁵pʰu³⁵kʰɤr⁰ 打扑克儿 ta²¹pʰu³⁵kʰɤr⁰	搓麻将 tsʰuo⁴⁴ma³⁵tɕiaŋ⁵¹ 打麻将 ta²¹ma³⁵tɕiaŋ⁵¹
阜新	下棋 ɕia⁵¹tɕʰi³⁵	打扑克儿 ta²¹pʰu³⁵kʰər⁰	玩麻将 uɐr³⁵ma³⁵tɕiaŋ⁵¹
黑山	下棋 ɕia⁵³tɕʰi³⁵	玩儿扑克儿 uɐr³⁵pʰu³⁵kʰɤr⁰	打麻将 ta²¹ma³⁵tɕiaŋ⁵¹
昌图	下棋 ɕia⁵¹tɕʰi³⁵	打扑克儿 ta²¹pʰu³⁵kʰɤr⁵¹	打麻将 ta²¹ma³⁵tɕiaŋ⁵¹
大连	下棋 ɕia⁵²tɕʰi³⁴	打扑克儿 ta²¹pʰu³⁴kɤr⁵²	打麻将 ta²¹ma³⁴tɕiaŋ⁵²
金州杏树	下棋 ɕia⁵²tɕʰi⁵²	打扑克儿 ta²¹pʰu³⁴kʰɤr⁰	打麻将 ta³⁴ma³¹tɕiaŋ⁵²
长海	下棋 ɕia⁵³tɕʰi⁵³	打扑克儿 ta²⁴pʰu³¹kʰɤr⁰	打麻将 ta²⁴ma³¹tʃaŋ⁵³
庄河	下棋 ɕia⁵³tɕʰi⁵¹	打扑克儿 ta²¹pʰu⁵¹kʰər⁰	打麻将 ta²¹ma⁵³tɕiaŋ⁵¹
盖州	下棋 ɕia⁵¹tɕʰi²⁴	打扑克儿 ta²¹pʰu²⁴kʰɤr⁰	打麻将 ta²¹ma²⁴tɕiaŋ⁵¹
丹东	下棋 ɕia⁵¹tɕʰi²⁴	打扑克儿 ta²¹pʰu²⁴kʰɤr⁰	打麻将 ta²¹ma²⁴tɕiaŋ⁵¹
建平	下棋 ɕia⁵³tɕʰi³⁵	打扑克儿 ta²¹pʰu⁴⁴kʰər⁵³	打麻将 ta²¹ma³⁵tɕiã⁵³
凌源	下棋 ɕia⁵³tɕʰi³⁵	打扑克儿 ta²¹pʰu³⁵kʰɤr⁰	打麻将 ta²¹ma³⁵tɕiaŋ⁵¹

	0748 变魔术	0749 讲故事	0750 猜谜语
沈阳	变戏法儿 pian⁴¹ɕi⁰far²¹	讲古儿 tɕiaŋ²¹kur¹³	破谜儿 pʰuo⁴¹mər⁴¹
本溪	变戏法儿 pian⁵¹ɕi⁵¹far²²⁴	讲故事 tɕiaŋ²¹ku⁵¹sʅ⁰	破谜儿 pʰuo⁵³mər⁵¹
辽阳	变戏法儿 pian⁵¹ɕi⁵¹far²¹³	讲古 tɕiaŋ³⁵ku²¹³	破谜儿 pʰɤ⁵¹mər⁵¹
海城	变戏法儿 pian⁵³ɕi⁵¹far²¹⁴	讲故事儿 tɕiaŋ²¹ku⁵¹ʂər⁰	猜谜 tʂʰuai⁴⁴mi³⁵ 猜谜儿 tʂʰuai⁴⁴mər⁵¹
开原	变戏法儿 pian⁵³ɕi⁵³far²¹³	讲故事 tɕiaŋ²¹ku⁵¹sʅ⁰	破谜儿 pʰɤ⁵³mər⁵¹
锦州	变戏法儿 pian⁵³ɕi⁵³far²¹³	讲讲究儿 tɕiaŋ³⁵tɕiaŋ²¹tɕiour⁰	破谜儿 pʰɤ⁵³mər⁵¹
盘锦	变戏法儿 pian⁵³ɕi⁵³far²¹³	讲想儿想儿 tɕiaŋ³⁵ɕiãr²¹ɕiãr⁰	猜谜儿 tsʰai⁵³mər⁵¹ 破谜儿 pʰɤ⁵³mər⁵¹
兴城	变戏法儿 pian⁵¹ɕi⁵¹far²¹³	讲故事 tɕiaŋ²¹ku⁵¹sʅ⁰	破谜儿 pʰɤ⁵¹mər⁵¹ 猜灯谜 tʂʰai⁵⁵təŋ⁴⁴mi³⁵
绥中	耍戏法儿 ʂua²¹ɕi⁵¹far²¹³	讲瞎话 tɕiaŋ²¹ɕia⁵⁵xuar⁰	猜谜儿 tʂʰai⁵⁵miər³⁵
义县	变戏法儿 pian⁵³ɕi⁵³far²¹³	讲讲究儿 tɕiaŋ³⁵tɕiaŋ²¹tɕiour⁰	破谜儿 pʰɤ⁵³mər⁵¹ (说谜语) 猜谜儿 tʂʰai⁴⁴mər⁵¹ (说答案)
北票	变戏法儿 pian⁵³ɕi⁵³far²¹³	讲故事 tɕiaŋ²¹ku⁵¹sʅ⁰	破谜儿 pʰɤ⁵³mər⁵¹
阜新	耍戏法儿 ʂua²¹ɕi⁵¹far²¹³	讲瞎话儿 tɕiaŋ³⁵ɕia²¹xuar⁰ 讲讲究儿 tɕiaŋ³⁵tɕiaŋ²¹tɕiour⁰	破谜儿 pʰɤ⁵³mər⁵¹ (说谜语) 猜谜儿 tʂʰai⁵⁵mər⁵¹ (说答案)
黑山	变戏法儿 pian⁵³ɕi⁵³far²¹³	讲讲究儿 tɕiaŋ³⁵tɕiaŋ²¹tɕiour⁰ 讲故事 tɕiaŋ²¹ku⁵¹sʅ⁰	破谜儿 pʰɤ⁵³mər⁵¹
昌图	变戏法儿 pian⁵³ɕi⁵¹far²¹³	讲故事 tɕiaŋ²¹³ku⁵¹sʅ⁰	猜谜儿 tsʰai³³mər⁵¹
大连	变戏法儿 piɛ̃⁵²ɕi⁵²far²¹³	讲故事 tɕiaŋ²¹ku⁵²sʅ⁰	破儿谜儿 pʰɤr⁵²mə̃r⁵²
金州 杏树	变戏法儿 piɛ̃⁵²ɕi⁵²far²¹³	讲瞎话儿 tɕiaŋ³⁴ɕia²¹xuar⁵²	猜谜儿 tsʰɛ³¹mər⁵²
长海	变戏法儿 pian⁵³ɕi⁵³far²¹⁴	讲瞎话儿 ciaŋ²⁴ɕia³¹xuar⁵³	说胡儿 ʃyɛ²¹xur⁵³ 猜谜儿 tsʰai³¹m̃ər⁵³
庄河	变魔术 pian⁵¹mə²¹su⁵¹	讲故事 tɕiaŋ²¹ku⁵¹sʅ⁰	猜谜儿 tsʰai³¹m̃ər⁵³
盖州	变戏法儿 pian⁵¹ɕi⁵¹far²¹³	讲故事 tɕiaŋ²¹ku⁵¹sʅ⁰	猜谜儿 tsʰuai⁴¹²m̃ər⁵¹ 破谜儿 pʰɤ⁵¹m̃ər⁵¹
丹东	变戏法儿 pian⁵¹ɕi⁵¹far²¹³	讲故事 tɕiaŋ²¹ku⁵¹sʅ⁰	猜谜儿 tsʰai⁴¹¹m̃ər⁵¹
建平	变洋戏法儿 piɛ̃⁵³iɑ̃³⁵ɕi⁵³far²¹³	讲故事 tɕiɑ̃²¹ku⁵³sʅ⁰	破谜儿 pʰɤ⁴²mər⁵³
凌源	变戏法儿 pien⁵³ɕi⁵³far²¹	讲故事 tɕiaŋ²¹ku⁵¹sʅ⁰	破谜儿 pʰɤ⁵³mər⁵¹ 猜谜儿 tsʰai⁵⁵mər⁵¹

	0751 玩儿游玩；到城里～	0752 串门儿	0753 走亲戚
沈阳	玩儿 vɐr³⁵	串门儿 tʂʰuan⁴¹mər³⁵	走亲戚 tsou²¹tɕʰin³³tɕʰi⁰
本溪	玩儿 uɐr³⁵	串门儿 tʂʰuan⁵¹mər³⁵	串门儿 tʂʰuan⁵¹mər³⁵
辽阳	玩儿 uar³⁵	串门子 tʂʰuan⁵¹mən³⁵tʂʅ⁰	串门儿 tʂʰuaŋ⁵¹mər³⁵
海城	玩儿 uɐr³⁵	串门儿 tʂʰuan⁵¹mər³⁵	串门儿 tʂʰuan⁵¹mər³⁵
开原	玩儿 uɐr³⁵	串门儿 tʂʰuaŋ⁵³mər³⁵	串门儿 tʂʰuaŋ⁵³mər³⁵
锦州	玩儿 uɐr³⁵	串门子 tʂʰuan⁵³mən³⁵tʂə⁰	串亲戚 tʂʰuan⁵³tɕʰin⁵⁵tɕʰin⁰
盘锦	逛 kuaŋ⁵¹	串门子 tʂʰuan⁵³mən³⁵tsə⁰	串亲戚 tʂʰuaŋ⁵¹tɕʰiən⁵⁵tɕʰiən⁰
兴城	玩儿 uɐr³⁵	串门儿 tʂʰuan⁵¹mər³⁵	串门儿 tʂʰuan⁵¹mər³⁵ 串亲戚 tʂʰuan⁵¹tɕʰin⁴⁴tɕʰi⁰
绥中	玩儿 vɐr³⁵	串门儿 tʂʰuan⁵¹mər³⁵	走亲戚 tsou²¹tɕʰin⁵⁵tɕʰi⁰
义县	玩儿 uɐr³⁵ 溜达 liou⁴⁴ta⁰	串门儿 tʂʰuan⁵³mər³⁵	串门儿 tʂʰuan⁵³mər³⁵
北票	玩儿 uɐr³⁵	串门儿 tʂʰuaŋ⁵³mər³⁵ 串门子 tʂʰuaŋ⁵³mən³⁵tʂʅ⁰	走亲戚 tsou²¹tɕʰiən⁴⁴tɕʰiən⁰
阜新	溜达 liour⁵⁵ta⁰	串门子 tʂʰuaŋ⁵³mən³⁵tsa⁰	串亲亲 tʂʰuaŋ⁵³tɕʰin⁵⁵tɕʰin⁰
黑山	玩儿 uɐr³⁵	走人家 tsou²¹iən³⁵tɕia⁰ 串门儿 tʂʰuan⁵³mər³⁵	走亲戚 tsou²¹tɕʰiən⁴⁴tɕʰiən⁰
昌图	玩儿 uɐr³⁵	串门儿 tʂʰuan⁵¹mər³⁵	走亲属 tsou²¹tɕʰiən³³ʂu²¹³
大连	玩儿 uɐr³⁴	串门儿 tʂʰuã⁵²mər³⁴	走亲戚 tsəu³⁴tɕʰĩ³¹tɕʰi⁰
金州 杏树	玩儿 uɐr³¹²	串门儿 tʂʰuã⁵²mər³¹²	走亲戚儿 tsəu²¹tɕʰĩ³¹tɕʰiər⁰
长海	玩儿 uɐr³¹	串门儿 tʰuan⁵³mər³¹	走亲戚 tsəu²⁴tʃʰiən³¹cʰi⁰
庄河	玩儿 uɐr³¹	串门儿 tʂʰuaŋ⁵¹mər³¹	串亲戚 tʂʰuaŋ⁵¹tɕʰin³¹tɕʰin⁰
盖州	玩儿 uɐr²⁴	串门儿 tʂʰuaŋ⁵¹mər²⁴	串门儿 tʂʰuaŋ⁵¹mər²⁴
丹东	玩儿 uɐr²⁴	串门儿 tʂʰuaŋ⁵¹mər²⁴	串亲戚儿 tʂʰuan⁵¹tɕʰin⁴¹¹tɕʰiər⁰
建平	玩儿 vɐr³⁵	串门子 tʂʰuã⁵³mə̃³⁵tʂʅ⁰	走亲亲 tsəu²¹tɕʰĩ⁴⁴tɕʰĩ⁰
凌源	玩儿 vɐr³⁵ 溜达 liou⁵⁵ta⁰	串门儿 tʂʰuaŋ⁵³mər³⁵ 串门子 tʂʰuaŋ⁵³mən³⁵tʂʅ⁰	走亲戚 tsou²¹tɕʰin⁵⁵tɕʰin⁰

	0754 看~电视	0755 听 用耳朵~	0756 闻 嗅：用鼻子~
沈阳	看 k^han^{41}	听 $t^hiŋ^{33}$	闻 $vən^{35}$
本溪	看 k^han^{51}	听 $t^hiŋ^{51}$	闻 $uən^{35}$
辽阳	看 k^han^{51}	听 $t^hiŋ^{44}$	闻 $uən^{35}$
海城	看 k^han^{51}	听 $t^hiŋ^{44}$	闻 $uən^{35}$
开原	看 k^han^{51}	听 $t^hiŋ^{44}$	闻 $uən^{35}$
锦州	看 k^han^{51}	听 $t^hiŋ^{55}$	闻 $uən^{35}$ 听 $t^hiŋ^{55}$
盘锦	看 k^han^{51}	听 $t^hiəŋ^{55}$	闻 $uən^{35}$
兴城	看 k^han^{51}	听 $t^hiŋ^{44}$	听 $t^hiŋ^{44}$ 闻 $uən^{35}$
绥中	看 k^han^{51}	听 $t^hiəŋ^{55}$	闻 $uən^{35}$
义县	看 k^han^{51}	听 $t^hiŋ^{44}$	闻 $uən^{35}$
北票	看 k^han^{51}	听 $t^hiəŋ^{44}$	闻 $uən^{35}$ 听 $t^hiəŋ^{44}$
阜新	看 k^han^{51}	听 $t^hiŋ^{55}$	听 $t^hiŋ^{55}$ 闻 $uən^{35}$
黑山	看 k^han^{51}	听 $t^hiəŋ^{44}$	闻 $uən^{35}$
昌图	看 k^han^{51}	听 $t^hiəŋ^{33}$	闻 $uən^{35}$
大连	看 $k^hã^{52}$	听 $t^hiŋ^{312}$	闻 $uə̃^{34}$
金州 杏树	看 $k^hã^{52}$	听 $t^hiŋ^{312}$	听 $t^hiŋ^{312}$
长海	看 k^han^{53}	听 $t^hiŋ^{31}$	听 $t^hiŋ^{31}$
庄河	看 k^han^{51}	听 $t^hiŋ^{31}$	听 $t^hiŋ^{31}$
盖州	看 k^han^{51}	听 $t^hiŋ^{412}$	闻 $uən^{24}$
丹东	看 k^han^{51}	听 $t^hiŋ^{411}$	闻 $uən^{24}$
建平	看 $k^hã^{53}$	听 $t^hiŋ^{44}$	闻 $və̃^{35}$
凌源	看 k^han^{51}	听 $t^hiŋ^{55}$	闻 $vən^{35}$

	0757 吸~气	0758 睁~眼	0759 闭~眼
沈阳	吸 ɕi⁴¹	睁 tʂəŋ³³	闭 pi⁴¹
本溪	吸 ɕi⁴⁴	睁 tʂəŋ⁴⁴	闭 pi⁵¹
辽阳	吸 ɕi⁴⁴	睁 tʂəŋ⁴⁴	闭 pi⁵¹
海城	吸 ɕi⁵¹	睁 tʂəŋ⁴⁴	闭 pi⁵¹
开原	吸 ɕi⁴⁴	睁 tʂəŋ⁴⁴	闭 pi⁵¹
锦州	吸 ɕi⁵⁵	睁 tʂəŋ⁵⁵	闭 mi⁵¹
盘锦	吸 ɕi⁵⁵	睁 tʂəŋ⁵⁵	闭 pi⁵¹
兴城	吸 ɕi⁴⁴	睁 tʂəŋ⁴⁴	闭 pi⁵¹ 眯 mi⁵¹
绥中	吸 ɕi⁵⁵	睁 tʂəŋ⁵⁵	闭 pi⁵¹
义县	吸 ɕi⁴⁴	睁 tʂəŋ⁴⁴	闭 mi⁵¹ 闭 pi⁵¹
北票	吸 ɕi⁴⁴	睁 tʂəŋ⁴⁴	闭 pi⁵¹
阜新	吸 ɕi⁵⁵	睁 tʂəŋ⁵⁵	眯 mi⁵¹ 闭 pi⁵¹
黑山	吸 ɕi⁴⁴	睁 tʂəŋ⁴⁴	闭 mi⁵¹
昌图	吸 ɕi³³	睁 tʂəŋ³³	闭 pi⁵¹
大连	吸 ɕi²¹³	睁 tʂəŋ³¹²	合 xɤ³⁴
金州杏树	吸 ɕy²¹³	睁 tʂəŋ³¹²	闭 pi⁵²
长海	喝 xa²¹⁴	睁 tsə̃²¹⁴	闭 pi⁵³
庄河	抽 tsʰəu³¹	睁 tʂəŋ³¹	闭 pi⁵¹
盖州	吸 ɕi⁵¹	睁 tʂəŋ⁴¹²	闭 pi⁵¹
丹东	喘 tʂʰuan²¹³	睁 tʂəŋ⁴¹¹	闭 pi⁵¹
建平	吸 ɕi⁴⁴	睁 tʂəŋ⁴⁴	闭 pi⁵³
凌源	吸 ɕi⁵⁵	睁 tʂəŋ⁵⁵	闭 pi⁵¹

	0760 眨~眼	0761 张~嘴	0762 闭~嘴
沈阳	眨 tsa²¹³	张 tsaŋ³³	闭 pi⁴¹
本溪	眨 tsa²²⁴	张 tsaŋ⁴⁴	闭 pi⁵¹
辽阳	眨 tsa²¹³	张 tʂaŋ⁴⁴	闭 pi⁵¹
海城	眨 tʂa²¹⁴	张 tʂaŋ⁴⁴	闭 pi⁵¹
开原	眨 tʂa²¹⁴	张 tʂaŋ⁴⁴	闭 pi⁵¹
锦州	卡巴 kʰa²¹pa⁰	张 tʂaŋ⁵⁵	闭 pi⁵¹
盘锦	眨 tʂa²¹³	张 tʂaŋ⁵⁵	闭 pi⁵¹
兴城	眨巴 tʂa²¹pa⁰	张 tʂaŋ⁴⁴	闭 pi⁵¹
绥中	眨 tʂa²¹³	张 tʂaŋ⁵⁵	闭 pi⁵¹
义县	眨巴 tʂa²¹pa⁰	张 tʂaŋ⁴⁴	闭 pi⁵¹
北票	眨 tʂa²¹³ 眨么 tʂa²¹ma⁰	张 tʂaŋ⁴⁴	闭 pi⁵¹
阜新	卡巴 kʰa²¹pa⁰	张 tʂaŋ⁵⁵	闭 pi⁵¹
黑山	眨 tʂa²¹³ 眨么 tʂa²¹ma⁰	张 tʂaŋ⁴⁴	闭 pi⁵¹
昌图	眨么 tʂa²¹mə⁰	张 tʂaŋ³³	闭 pi⁵¹
大连	卡巴眼儿 kʰa²¹pa⁰iɐr²¹³	张 tʃaŋ³¹²	闭 pi⁵²
金州杏树	卡巴 kʰa²¹pa⁰	张 tsaŋ³¹²	闭 pi⁵²
长海	卡巴 kʰa²¹pa⁰	张 tʃaŋ³¹	闭 pi⁵³
庄河	眨么 kʰa²¹pa⁰	张 tsaŋ³¹	闭 pi⁵¹
盖州	卡巴 kʰa²¹pa⁰	张 tʂaŋ⁴¹²	闭 pi⁵¹
丹东	卡巴 kʰa²¹pa⁰	张 tʂaŋ⁴¹¹	闭 pi⁵¹
建平	眨么 tʂa²¹ma⁰	张 tʂã⁴⁴	闭 pi⁵³
凌源	眨 tʂa²¹⁴ 眨么 tʂa²¹ma⁰	张 tʂaŋ⁵⁵	闭 pi⁵¹

	0763 咬狗~人	0764 嚼把肉~碎	0765 咽~下去
沈阳	咬 iau²¹³	嚼 tɕiau³⁵	咽 ian⁴¹
本溪	咬 iau²²⁴	嚼 tɕiau³⁵	咽 ian⁵¹
辽阳	咬 iau²¹³	嚼 tɕiau³⁵	咽 ian⁵¹
海城	咬 iau²¹⁴	嚼 tɕiau³⁵	咽 ian⁵¹
开原	咬 iau²¹³	嚼 tɕiau³⁵	咽 ian⁵¹
锦州	咬 iau²¹³	嚼 tɕiau³⁵	咽 ian⁵¹
盘锦	咬 iau²¹³	嚼 tɕiau³⁵	咽 ian⁵¹
兴城	咬 iau²¹³	嚼 tɕiau³⁵	咽 ian⁵¹
绥中	咬 iau²¹³	嚼 tɕiau³⁵	嚼 tɕiau³⁵
义县	咬 iau²¹³	嚼 tɕiau³⁵	咽 ian⁵¹
北票	咬 iau²¹³	嚼 tɕiau³⁵	咽 ian⁵¹
阜新	咬 iau²¹³	嚼 tɕiau³⁵	咽 ian⁵¹
黑山	咬 iau²¹³	嚼 tɕiau³⁵	咽 ian⁵¹
昌图	咬 iau²¹³	嚼 tɕiau³⁵	咽 ian⁵¹
大连	咬 iɔ²¹³	嚼 tɕyɛ³⁴	吞 tʰɝ³¹²
金州杏树	咬 iɔ²¹³	嚼 tɕyɛ⁵²	吞 tʰɝ³¹²
长海	咬 iau²¹⁴	嚼 cyɛ⁵³	吞 tʰən³¹
庄河	咬 iao²¹³	嚼 tɕyɛ⁵¹	吞 tʰən³¹
盖州	咬 iau²¹³	嚼 tɕiau²⁴	咽 ian⁵¹
丹东	咬 iau²¹³	嚼 tɕiau²⁴	咽 ian⁵¹
建平	掏 tʰɔ⁴⁴	嚼 tɕiɔ³⁵	咽 iɛ̃⁵³
凌源	咬 iau²¹⁴	嚼 tɕiau³⁵	咽 iɛn⁵¹

	0766 舔 人用舌头~	0767 含 ~在嘴里	0768 亲嘴
沈阳	舔 tʰian²¹³	含 xan³⁵	亲嘴儿 tɕʰin³³tʂuɚr²¹
本溪	舔 tʰian²²⁴	含 xan³⁵	亲嘴儿 tɕʰin⁴⁴tʂuɚr²²⁴
辽阳	舔 tʰian²¹³	含 xan³⁵	亲嘴儿 tɕʰin⁴⁴tʂuɚr²¹³
海城	舔 tʰian²¹⁴	含 xan³⁵	亲嘴儿 tɕʰin⁴⁴tʂuɚr²¹⁴
开原	舔 tʰian²¹³	含 xan³⁵	嘬嘴儿 tʂuɤ⁵³tʂuɚr²¹³
锦州	舔 tʰian²¹³	含 xan³⁵	嘬嘴儿 tʂuo⁵³tʂuɚr²¹³ 嘬嘴儿 tʂou⁵³tʂuɚr²¹³
盘锦	舔 tʰian²¹³	含 xən³⁵ 含 xan³⁵	斗嘴儿 tou⁵¹tsuɚr²¹³
兴城	舔 tʰian²¹³	含 xan³⁵	嘬嘴儿 tʂuo⁵¹tʂuɚr²¹³
绥中	舔 tʰian²¹³	含 xan³⁵	嘬嘴儿 tʂuo⁵¹tʂuɚr²¹³
义县	舔 tʰian²¹³	含 xən³⁵ 含 xan³⁵	嘬嘴儿 tʂuo⁵³tʂuɚr²¹³
北票	舔 tʰian²¹³	含 xən³⁵ 含 xan³⁵	亲嘴儿 tɕʰiən⁴⁴tʂuɚr²¹³
阜新	舔 tʰian²¹³	含 xən³⁵	斗嘴儿 tou⁵³tsuɚr²¹³
黑山	舔 tʰian²¹³	含 xən³⁵	亲嘴儿 tɕʰiən⁴⁴tʂuɚr²¹³
昌图	舔 tʰian²¹³	含 xən³⁵	斗嘴儿 tou⁵¹tsuɚr²¹³ 亲嘴儿 tɕʰiən³³tsuɚr²¹³
大连	舔 tʰiɛ̃²¹³	含 xã³⁴	亲嘴儿 tɕʰĩ³¹tsɚr²¹³
金州 杏树	舔 tʰiɛ̃²¹³	含 xã⁵²	亲嘴儿 tɕʰĩ³¹tsɚr²¹³
长海	尝尝 tʂʰaŋ⁵³tʂʰaŋ⁰	含 xan⁵³	亲嘴儿 tʂʰiən³¹tsɚr²¹⁴
庄河	舔 tʰian²¹³	含 xan⁵¹	亲嘴儿 tɕʰin³¹tsɚr²¹³
盖州	舔 tʰian²¹³	含 xan²⁴	亲嘴儿 tɕʰin⁴¹²tsuɚr²¹³
丹东	舔 tʰian²¹³	含 xan²⁴	亲嘴儿 tɕʰin⁴¹¹tsuɚr²¹³
建平	舔 tʰiɛ̃²¹³	含 xə̃³⁵	亲嘴儿 tɕʰĩ⁴⁴tsuɚr²¹³
凌源	舔 tʰiɛn²¹⁴	含 xən³⁵ 含 xan³⁵	亲嘴儿 tɕʰin⁵⁵tsuɚr²¹

	0769 吮吸 用嘴唇聚拢吸取液体，如吃奶时	0770 吐 上声，把果核儿~掉	0771 吐 去声，呕吐；喝酒喝~了
沈阳	裹 kuo²¹³	吐 tʰu⁴¹	吐 tʰu⁴¹
本溪	裹 kuo²²⁴	吐 tʰu⁵¹	吐 tʰu⁵¹
辽阳	裹 kuo²¹³	吐 tʰu⁵¹	吐 tʰu⁵¹
海城	裹 kuɤ²¹⁴	吐 tʰu⁵¹	吐 tʰu⁵¹
开原	裹 kuɤ²¹³	吐 tʰu⁵¹	吐 tʰu⁵¹
锦州	裹 kuo²¹³	吐 tʰu⁵¹	吐 tʰu⁵¹
盘锦	裹 kuo²¹³	吐 tʰu⁵¹	吐 tʰu⁵¹
兴城	裹 kuo²¹³	吐 tʰu⁵¹	哕 ye²¹³ 吐 tʰu⁵¹
绥中	裹 kuo²¹³	吐 tʰu²¹³	吐 tʰu⁵¹
义县	裹 kuo²¹³	吐 tʰu⁵¹	吐 tʰu⁵¹
北票	嘬 tsuo⁴⁴	吐 tʰu⁵¹	吐 tʰu⁵¹
阜新	裹 kuo²¹³	吐 tʰu⁵¹	吐 tʰu⁵¹
黑山	裹 kuo²¹³	吐 tʰu⁵¹	吐 tʰu⁵¹
昌图	裹 kuo²¹³	吐 tʰu⁵¹	吐 tʰu⁵¹
大连	咂 tsa²¹³	吐 tʰu²¹³	吐 tʰu²¹³
金州杏树	吸 ɕy²¹³	吐 tʰu²¹³	吐 tʰu²¹³
长海	吸 ɕy²¹⁴	吐 tʰu²¹⁴	呕 əu²¹⁴
庄河	咂 tsa²¹³	吐 tʰu²¹³	呕 əu²¹³
盖州	裹 kuɤ²¹³	吐 tʰu⁵¹	吐 tʰu⁵¹
丹东	咂咂 tsa²¹sa⁰	吐 tʰu⁵¹	吐 tʰu⁵¹
建平	嘬 tsuə²¹³	吐 tʰu²¹³	吐 tʰu⁵³
凌源	嘬 tsuo⁵⁵	吐 tʰu⁵¹	吐 tʰu⁵¹

	0772 打喷嚏	0773 拿 用手把苹果~过来	0774 给 他~我一个苹果
沈阳	打喷嚏 ta²¹pʰən³³tʰi⁰	拿 na³⁵	给 kei²¹³
本溪	打喷嚏 ta³⁵pʰən⁴⁴tʰi⁵¹	拿 na³⁵	给 kei²²⁴
辽阳	打嚏喷 ta²¹tʰi⁵¹fən⁰	拿 na³⁵	给 kei²¹³
海城	打喷嚏 ta³⁵pʰən⁴⁴tʰi⁰	拿 na³⁵	给 kei²¹⁴
开原	打喷嚏 ta²¹³pʰən⁴⁴tʰi⁰	拿 na³⁵	给 kei²¹³
锦州	打嚏哄 ta²¹tʰi⁵¹fəŋ⁰	拿 na³⁵	给 kei²¹³
盘锦	打嚏哄 ta²¹tʰi⁵¹fəŋ⁰	拿 na³⁵	给 kei²¹³
兴城	打嚏哄 ta²¹tʰi⁵¹xuŋ⁰	拿 na³⁵ 取 tɕʰiou²¹³	给 kei²¹³
绥中	打喷嚏 ta²¹pʰən⁵⁵tʰi⁰	拿 na³⁵	给 kei²¹³
义县	打嚏哄 ta²¹tʰi⁵¹fəŋ⁰	拿 na³⁵	给 kei²¹³
北票	打嚏喷 ta²¹tʰi⁵¹pʰən⁰ 打喷嚏 ta²¹pʰən⁴⁴tʰi⁰	拿 na³⁵	给 kei²¹³
阜新	打嚏哄 ta²¹tʰi⁵¹fəŋ⁰	拿 na³⁵	给 kei²¹³
黑山	打嚏哄 ta²¹tʰi⁵¹tʰuəŋ⁰	拿 na³⁵	给 kei²¹³
昌图	打喷嚏 ta²¹pʰən³³tʰi⁵¹	取 tɕʰiou²¹³ 递 ti⁵¹	给 kei²¹³
大连	打喷嚏 ta³⁴pʰɚ³¹tʰi⁰	拿 na³⁴	给 ke²¹³
金州 杏树	打喷嚏 ta³⁴pʰɚ³¹tʰi⁰	拿 na³¹²	给 ke²¹³
长海	打带嚏 ta²⁴tai⁵³tʰi⁰	拿 na³¹	给 kʰei²¹⁴
庄河	打喷嚏 ta²⁴pʰən³¹tʰi⁰	拿 na⁵¹	给 kʰei²¹³
盖州	打喷嚏 ta²⁴pʰən⁴¹²tʰi⁰	拿 na²⁴	给 kei²¹³
丹东	打阿嚏 ta²⁴a⁴¹¹tɕʰi⁰	拿 na²⁴	给 kei²¹³
建平	打嚏喷 ta²¹tʰi⁵³fə⁰	拿 na³⁵	给 kei²¹³
凌源	打嚏喷 ta²¹tʰi⁵¹fən⁰	拿 na³⁵	给 kei²¹⁴

	0775 摸~头	0776 伸~手	0777 挠~痒痒
沈阳	摸 muo³³	伸 ʂən³³	挠 nau³⁵
本溪	摸 muo⁴⁴	伸 ʂən⁴⁴	挠 nau³⁵
辽阳	摸 mɤ⁴⁴	伸 ʂən⁴⁴	挠 nau³⁵
海城	摸 mɤ⁴⁴	伸 ʂən⁴⁴	挠 nau³⁵
开原	摸 mɤ⁴⁴	伸 ʂən⁴⁴	挠 nau³⁵
锦州	摸 mɤ⁵⁵	伸 ʂən⁵⁵	挠 nau³⁵
盘锦	摩挲 ma⁵⁵sɿ⁰	伸 ʂən⁵⁵	挠 nau³⁵
兴城	摸 mɤ⁴⁴	伸 ʂən⁴⁴	挠 nau³⁵
绥中	摸 muo⁵⁵	伸 ʂən⁵⁵	挠 nau³⁵
义县	摸 mɤ⁴⁴ 摩挲 ma³⁵ʂa⁰	伸 ʂən⁴⁴	挠 nau³⁵
北票	摩挲 ma⁴⁴ʂa⁰ 摸 mɤ⁴⁴	伸 ʂən⁴⁴	挠 nau³⁵
阜新	摩挲 ma³⁵ʂa⁰ 摸 mɤ⁵⁵	伸 ʂən⁵⁵	挠 nau³⁵
黑山	摩挲 ma⁴⁴ʂa⁰ 摸 mɤ⁴⁴	伸 ʂən⁴⁴	挠 nau³⁵
昌图	摸 mə³³	伸 ʂəŋ³³	挠 nau³⁵
大连	摸 mɤ³¹²	伸 ʃɑ̃³¹²	抓 kʰuɛ²¹³
金州杏树	摸 mɤ³¹²	伸 sɑ̃³¹²	挠 nɔ³¹²
长海	摸 mɤ³¹	伸 ʃən³¹	抓 kʰuai²¹⁴
庄河	摸 mə³¹	伸 sən³¹	抓 kʰuai²¹³
盖州	摸 mɤ⁴¹²	伸 ʂən⁴¹²	挠 nau²⁴
丹东	摸 mɤ⁴¹¹	伸 ʂən⁴¹¹	挠 nau²⁴
建平	摸 mɤ⁴⁴	伸 ʂɑ̃⁴⁴	挠 nɔ³⁵
凌源	摸 mɤ⁵⁵ 摩挲 ma⁵⁵sa⁰	伸 ʂən⁵⁵	挠 nau³⁵

	0778 掐用拇指和食指的指甲~皮肉	0779 拧~螺丝	0780 拧~毛巾
沈阳	掐 tɕʰia³³	拧 ȵiŋ²¹³	拧 ȵiŋ²¹³
本溪	掐 tɕʰia⁴⁴	拧 ȵiŋ²²⁴	拧 ȵiŋ²²⁴
辽阳	掐 tɕʰia³⁵	拧 ȵiŋ²¹³	拧 ȵiŋ²¹³
海城	掐 tɕʰia⁴⁴	拧 ȵiŋ²¹⁴	拧 ȵiŋ²¹⁴
开原	掐 tɕʰia⁴⁴	拧 ȵiŋ²¹³	拧 ȵiŋ²¹³
锦州	掐 tɕʰia⁵⁵	拧 ȵiŋ²¹³	拧 ȵiŋ²¹³
盘锦	掐 tɕʰia⁵⁵	拧 ȵiəŋ²¹³	拧 ȵiəŋ²¹³
兴城	掐 tɕʰia⁴⁴	拧 ȵiŋ²¹³	拧 ȵiŋ²¹³
绥中	掐 tɕʰia⁵⁵	拧 ȵiəŋ²¹³	拧 ȵiəŋ²¹³
义县	掐 tɕʰia⁴⁴	拧 ȵiŋ²¹³	拧 ȵiŋ²¹³
北票	掐 tɕʰia⁴⁴	拧 ȵiəŋ²¹³	拧 ȵiəŋ²¹³
阜新	掐 tɕʰia⁵⁵	拧 ȵiŋ²¹³	拧 ȵiŋ²¹³
黑山	掐 tɕʰia⁴⁴	拧 ȵiəŋ²¹³	拧 ȵiəŋ²¹³
昌图	掐 tɕʰia³³	拧 ȵiəŋ²¹³	拧 ȵiəŋ²¹³
大连	掐 tɕʰia²¹³	上 ʃaŋ⁵²	扭 ȵiəu²¹³
金州杏树	掐 tɕʰia²¹³	扭 ȵiəu²¹³	扭 ȵiəu²¹³
长海	掐 cʰia²¹⁴	扭 ȵiəu²¹⁴	扭 ȵiəu²¹⁴
庄河	掐 tɕʰia²¹³	扭 ȵiəu²¹³	扭 ȵiəu²¹³
盖州	掐 tɕʰia²¹³	拧 ȵiŋ²¹³	拧 ȵiŋ²¹³
丹东	掐 tɕʰia²¹³	扭 ȵiou²¹³	扭 ȵiou²¹³
建平	掐 tɕʰia⁴⁴	拧 ȵiŋ³⁵	拧 ȵiŋ²¹³
凌源	掐 tɕʰia⁵⁵	拧 ȵiŋ²¹⁴	拧 ȵiŋ²¹⁴

	0781 捻 用拇指和食指来回~碎	0782 掰 把橘子~开，把馒头~开	0783 剥 ~花生
沈阳	捻 ȵian²¹³	掰 pai³³	剥 pau³⁵
本溪	捻 ȵian²²⁴	掰 pai⁴⁴	剥 pau³⁵
辽阳	搓 tsʰuo⁴⁴	掰 pai⁴⁴	剥 pau³⁵
海城	捻 ȵian²¹⁴	掰 pai⁴⁴	剥 pau³⁵
开原	捻 ȵian²¹³	掰 pai⁴⁴	剥 pau⁴⁴
锦州	捻 ȵian²¹³	掰 pai⁵⁵	剥 pau⁵⁵
盘锦	捻 ȵian²¹³	掰 pai⁵⁵	剥 pɤ⁵⁵ 剥 pau⁵⁵
兴城	捻 ȵian²¹³	掰 pai⁴⁴	剥 pau⁴⁴
绥中	捻 ȵian²¹³	掰 pai⁵⁵	剥 pau⁵⁵
义县	捻 ȵian²¹³	掰 pai⁴⁴	剥 pau⁴⁴
北票	捻 ȵian²¹³	掰 pai⁴⁴	剥 pa⁴⁴
阜新	捻 ȵian²¹³	掰 pai⁵⁵	剥 pa⁵⁵
黑山	捻 ȵian²¹³	掰 pai⁴⁴	剥 pau⁴⁴
昌图	捻 ȵian²¹³	掰 pai³³	剥 pa³³
大连	捻 ȵiɛ̃²¹³	掰 pɛ³¹²	剥 pa²¹³
金州杏树	捻 ȵiɛ̃²¹³	掰 pɤ²¹³	剥 pa²¹³
长海	捏 ȵiɛ³¹	掰 pɤ²¹⁴	剥 pa²¹⁴
庄河	捻 ȵian²¹³	掰 pai³¹	剥 pa²¹³
盖州	捻 ȵian²¹³	掰 pai⁴¹²	剥 pa⁴¹² 剥 pɤ²⁴
丹东	捻 ȵian²¹³	掰 pai⁴¹¹	剥 pa²¹³
建平	捻 ȵiɛ̃²¹³	掰 pɛ⁴⁴	剥 pa⁴⁴
凌源	捻 ȵiɛn²¹⁴	掰 pai⁵⁵	剥 pa⁵⁵

词汇对照

	0784 撕把纸~了	0785 折把树枝~断	0786 拔~萝卜
沈阳	撕 sɹ³³	掰 pai³³	拔 pa³⁵
本溪	撕 sɹ⁴⁴	撅 tɕye³⁵	拔 pa³⁵
辽阳	扯 tʂʰɤ²¹³	撅 tɕye²¹³	拔 pa³⁵
海城	撕 sɹ⁴⁴	掰 pai⁴⁴	拔 pa³⁵
开原	撕 sɹ⁴⁴	掰 pai⁴⁴	拔 pa³⁵
锦州	扯 tʂʰɤ²¹³	撅 tɕye²¹³	拔 pa³⁵
盘锦	撕 sɹ⁵⁵	撅 tɕye²¹³ 掰 pai⁵⁵	拔 pa³⁵ 起 tɕʰi²¹³
兴城	扯 tʂʰɤ²¹³	撅 tɕye²¹³	拔 pa³⁵
绥中	撕 sɹ⁵⁵	撅 tɕye²¹³	拔 pa³⁵
义县	撕 sɹ⁴⁴	撅 tɕye²¹³	拔 pa³⁵ 起 tɕʰi²¹³
北票	撕 sɹ⁴⁴	撅 tɕye²¹³	拔 pa³⁵
阜新	撕 sɹ⁵⁵	撅 tɕye²¹³	拔 pa³⁵ 薅 xau⁵⁵
黑山	撕 sɹ⁴⁴	撅 tɕye²¹³	拔 pa³⁵ 薅 xau⁴⁴
昌图	撕 sɹ³³	撅 tɕye²¹³	薅 xau³³
大连	唻 lɛ²¹³	撅 tɕʰye³¹²	拔 pa³⁴
金州 杏树	撕 sɹ³¹²	撅 tɕʰye³¹²	拔 pa⁵²
长海	撕 sɹ³¹	撅 tʃʰye²¹⁴	拔 pa⁵³
庄河	撕 sɹ³¹	撅 tɕʰye³¹	拔 pa⁵¹
盖州	扯 tʂʰɤ²¹³ 撕 sɹ⁴¹²	掰 pai⁴¹²	拔 pa²⁴
丹东	撕 sɹ⁴¹¹	掐 tɕʰia²¹³	拔 pa²⁴
建平	撕 sɹ⁴⁴	撅 tɕye⁴⁴	薅 xɔ⁴⁴
凌源	撕 sɹ⁵⁵	撅 tɕye⁵⁵	拔 pa³⁵ 薅 xau⁵⁵

	0787 摘~花	0788 站 站立：~起来	0789 倚 斜靠：~在墙上
沈阳	摘 tsai³⁵	站 tsan⁴¹	靠 kʰau⁴¹
本溪	摘 tsai³⁵	站 tṣan⁵¹	倚 i²²⁴
辽阳	摘 tṣai⁴⁴	站 tṣan⁵¹	靠 kʰau⁵¹
海城	摘 tṣai³⁵	站 tṣan⁵¹	靠 kʰau⁵¹
开原	摘 tṣai³⁵	站 tṣan⁵¹	靠 kʰau⁵¹
锦州	摘 tṣai³⁵	站 tṣan⁵¹	靠 kʰau⁵¹
盘锦	摘 tsai⁵⁵	站 tṣan⁵¹	靠 kʰau⁵¹
兴城	掐 tɕʰia⁴⁴	站 tṣan⁵¹	靠 kʰau⁵¹
绥中	摘 tṣai⁵⁵	站 tṣan⁵¹	靠 kʰau⁵¹
义县	摘 tṣai⁴⁴	站 tṣan⁵¹	靠 kʰau⁵¹
北票	摘 tṣai⁴⁴	站 tṣan⁵¹	靠 kʰau⁵¹
阜新	摘 tṣai⁵⁵ 摘 tsai⁵⁵	站 tṣan⁵¹	倚 i²¹³ 靠 kʰau⁵¹
黑山	摘 tṣai⁴⁴	站 tṣan⁵¹	靠 kʰau⁵¹
昌图	摘 tṣai³⁵	站着 tṣan⁵¹tṣə⁰	靠着 kʰau⁵¹tṣə⁰
大连	掐 tɕʰia²¹³	站 tsã⁵²	倚 i²¹³
金州 杏树	摘 tsɤ²¹³	站 tsã⁵²	倚 i²¹³
长海	摘 tsɤ²¹⁴	挺 tʰiã²¹⁴ 站 tsan⁵³	倚 i²¹⁴
庄河	摘 tsə²¹³	站 tsan⁵¹	贴 tʰiɛ²¹³
盖州	摘 tsɤ²⁴	站 tsan⁵¹	靠 kʰau⁵¹ 倚 i²¹³
丹东	摘 tṣɤ²⁴	站 tṣan⁵¹	倚 i²¹³
建平	揪 tɕiəu⁴⁴	站 tṣã⁵³	倚 i²¹³
凌源	摘 tṣai⁵⁵	站 tṣan⁵¹	靠 kʰau⁵¹

	0790 蹲~下	0791 坐~下	0792 跳青蛙~起来
沈阳	蹲 tuən³³	坐 tsuo⁴¹	跳 tʰiau⁴¹
本溪	蹲 tuən⁴⁴	坐 tsuo⁵¹	跳 tʰiau⁵¹
辽阳	蹲 tuən⁴⁴	坐 tsuo⁵¹	跳 tʰiau⁵¹
海城	蹲 tuən⁴⁴	坐 tʂuɤ⁵¹	跳 tʰiau⁵¹
开原	蹲 tuən⁴⁴	坐 tʂuɤ⁵¹	跳 tʰiau⁵¹
锦州	蹲 tuən⁵⁵	坐 tsuo⁵¹	蹦 pəŋ⁵¹
盘锦	蹲 tuən⁵⁵	坐 tsuo⁵¹	跳 tʰiau⁵¹ 蹦 pəŋ⁵¹
兴城	蹲 tuən⁴⁴	坐 tsuo⁵¹	跳 tʰiau⁵¹ 蹦 pəŋ⁵¹
绥中	蹲 tuən⁵⁵	坐 tsuo⁵¹	蹦 pəŋ⁵¹
义县	蹲 tuən⁴⁴	坐 tsuo⁵¹	跳 tʰiau⁵¹ 蹦 pəŋ⁵¹
北票	蹲 tuən⁴⁴	坐 tsuo⁵¹	蹦 pəŋ⁵¹ 跳 tʰiau⁵¹
阜新	蹲 tuən⁵⁵	坐 tsuo⁵¹	跳 tʰiau⁵¹ 蹦 pəŋ⁵¹
黑山	蹲 tuən⁴⁴	坐 tʂuo⁵¹	跳 tʰiau⁵¹ 蹦 pəŋ⁵¹
昌图	蹲 tuən³³	坐 tsuo⁵¹	蹦 pəŋ⁵¹
大连	蹲 tə̃³¹²	坐 tsuə⁵²	跳 tʰiɔ⁵²
金州杏树	蹲 tə̃³¹²	坐 tsuə⁵²	跳 tʰiɔ⁵²
长海	蹲 tən³¹	坐 tuə⁵³	跳 tʰiau⁵³
庄河	蹲 tən³¹	坐 tsuə⁵¹	跳 tʰiao⁵¹
盖州	蹲 tuən⁴¹²	坐 tsuɤ⁵¹	跳 tʰiau⁵¹
丹东	蹲 tuən⁴¹¹	坐 tsuo⁵¹	跳 tʰiau⁵¹
建平	蹲 tuə̃⁴⁴	坐 tsuə⁵³	蹦 pəŋ⁵³
凌源	蹲 tuən⁵⁵	坐 tsuo⁵¹	跳 tʰiau⁵¹ 蹦 pəŋ⁵¹

	0793 迈 跨过高物：从门槛上～过去	0794 踩 脚～在牛粪上	0795 翘 ～腿
沈阳	迈 mai⁴¹	踩 tsʰai²¹³	翘 tɕʰiau⁴¹
本溪	迈 mai⁵¹	踩 tsʰai²²⁴	翘 tɕʰiau⁵¹
辽阳	跨 kʰua⁵¹	踩 tsʰai²¹³	翘 tɕʰiau⁵¹
海城	迈 mai⁵¹ 跨 kʰua⁵¹	踩 tʂʰai²¹⁴	翘 tɕʰiau⁵¹
开原	迈 mai⁵¹	踩 tʂʰai²¹³	翘 tɕʰiau⁵¹
锦州	迈 mai⁵¹	踩 tʂʰai²¹³	翘 tɕʰiau⁵¹
盘锦	迈 mai⁵¹ 跨 kʰua⁵¹	踩 tʂʰai²¹³	翘 tɕʰiau⁵¹
兴城	迈 mai⁵¹	踩 tʂʰai²¹³	翘 tɕʰiau⁵¹
绥中	跨 kʰua⁵¹	踩 tsʰai²¹³	翘 tɕʰiau⁵¹
义县	迈 mai⁵¹ 跨 kʰua⁵¹	踩 tʂʰai²¹³	翘 tɕʰiau⁵¹
北票	迈 mai⁵¹	踩 tsʰai²¹³	翘 tɕʰiau⁵¹
阜新	迈 mai⁵¹	踩 tʂʰai²¹³ 踩 tsʰai⁵¹	翘 tɕʰiau⁵¹
黑山	迈 mai⁵¹	踩 tʂʰai²¹³ 抿 miən²¹³	翘 tɕʰiau⁵¹
昌图	迈 mai⁵¹	踩 tʂʰai²¹³	翘 tɕʰiau⁵¹
大连	跨 kʰua⁵²	踩 tsʰɛ²¹³	翘 tɕʰiɔ⁵²
金州 杏树	迈 mã³¹²	踩 tsʰɛ²¹³	翘 tɕʰiɔ⁵²
长海	跨 kʰua⁵³	踩 tsʰai²¹⁴	抬 tʰai⁵³
庄河	迈 mai³¹	踩 tsʰai²¹³	翘 tɕʰiao⁵¹
盖州	迈 mai⁵¹	踩 tsʰai²¹³	翘 tɕʰiau⁵¹
丹东	迈 man⁵¹	踩 tsʰai²¹³	翘 tɕʰiau⁵¹
建平	迈 mɛ⁵³	踩 tsʰɛ²¹³	翘 tɕʰiɔ⁵³
凌源	迈 mai⁵¹	踩 tsʰai²¹⁴	翘 tɕʰiau⁵¹

	0796 弯~腰	0797 挺~胸	0798 趴~着睡
沈阳	弯 van³³	挺 tʰiŋ²¹³	趴 pʰa³³
本溪	弯 uan⁴⁴	挺 tʰiŋ²²⁴	趴 pʰa⁴⁴
辽阳	哈 xa⁴⁴	挺 tʰiŋ²¹³	蛤̆肝̆着 xa³⁵pʰən²¹tʂɤ⁰
海城	弯 uan⁴⁴	挺 tʰiŋ²¹⁴	趴 pʰa⁴⁴
开原	弯 uan⁴⁴	挺 tʰiŋ²¹³	趴 pʰa⁴⁴
锦州	猫 mau³⁵	挺 tʰiŋ²¹³	趴 pʰa⁵⁵
盘锦	猫 mau⁵⁵ 哈 xa⁵⁵	挺 tʰiəŋ²¹³	趴 pʰa⁵⁵
兴城	猫 mau³⁵	挺 tʰiŋ²¹³	趴 pʰa⁴⁴
绥中	猫 mau⁵⁵	挺 tʰiəŋ²¹³	趴 pʰa⁵⁵
义县	猫 mau⁵⁵	挺 tʰiŋ²¹³	趴 pʰa⁴⁴ 佝偻子 kʰou⁵³lou²¹tʂʅ⁰
北票	猫 mau⁴⁴	挺 tʰiəŋ²¹³	趴 pʰa⁴⁴
阜新	猫腰 mau³⁵iau⁵⁵	挺 tʰiŋ²¹³	趴 pʰa⁵⁵
黑山	猫 mau³⁵	挺 tʰiəŋ²¹³	趴 pʰa⁴⁴
昌图	哈 xa³⁵ 猫 mau³³	挺 tʰiəŋ²¹³	趴 pʰa³³
大连	佝佝 kəu³¹kəu⁰	挺 tʰiŋ²¹³	趴 pʰa³¹²
金州 杏树	弯 uã³¹²	挺 tʰiŋ²¹³	趴 pʰa³¹²
长海	哈 xa³¹	挺 tʰiŋ²¹⁴	哈 xa³¹
庄河	弯 uan³¹	挺 tʰiŋ²¹³	趴 pʰa³¹
盖州	哈 xa⁴¹² 弯 uan⁴¹²	挺 tʰiŋ²¹³	哈̆闷̆ xa²⁴mən⁰
丹东	弯 uan⁴¹¹	挺 tʰiŋ²¹³	趴 pʰa⁴¹¹
建平	猫 mɔ⁴⁴	挺 tʰiŋ²¹³	趴 pʰa⁴⁴
凌源	猫 mau⁵⁵	挺 tʰiŋ²¹⁴	趴 pʰa⁵⁵

	0799 爬 小孩在地上~	0800 走 慢慢儿~	0801 跑 慢慢儿走，别~
沈阳	爬 pʰa³⁵	走 tsou²¹³	跑 pʰau²¹³
本溪	爬 pʰa³⁵	走 tsou²²⁴	跑 pʰau²²⁴
辽阳	爬 pʰa³⁵	走 tsou²¹³	跑 pʰau²¹³
海城	爬 pʰa³⁵	走 tʂəu²¹⁴	跑 pʰau²¹⁴
开原	爬 pʰa³⁵	走 tsou²¹³	蹽 liau⁴⁴ 跑 pʰau²¹³
锦州	爬 pʰa³⁵	走 tsou²¹³	跑 pʰau²¹³ 蹽 liau⁵⁵
盘锦	爬 pʰa³⁵	走 tsou²¹³	跑 pʰau²¹³ 蹽 liau⁵⁵
兴城	爬 pʰa³⁵	走 tsou²¹³	跑 pʰau²¹³ 蹽 liau⁴⁴
绥中	爬 pʰa³⁵	走 tsou²¹³	跑 pʰau²¹³
义县	爬 pʰa³⁵	走 tsou²¹³	跑 pʰau²¹³ 蹽 liau⁴⁴
北票	爬 pʰa³⁵	走 tsou²¹³	跑 pʰau²¹³ 蹽 liau⁴⁴
阜新	爬 pʰa³⁵	走 tsou²¹³	跑 pʰau²¹³ 蹽 liau⁵⁵
黑山	爬 pʰa³⁵	走 tʂəu²¹³	跑 pʰau²¹³ 蹽 liau⁴⁴
昌图	爬 pʰa³⁵	走 tsou²¹³	跑 pʰau²¹³
大连	爬 pʰa³⁴	走 tsəu²¹³	跑 pʰɔ²¹³
金州杏树	爬 pʰa⁵²	走 tsəu²¹³	跑 pʰɔ²¹³
长海	爬 pʰa⁵³	走 tsəu²¹⁴	跑 pʰau²¹⁴
庄河	爬 pʰa⁵¹	走 tsəu²¹³	跑 pʰao²¹³
盖州	爬 pʰa²⁴	走 tsou²¹³	跑 pʰau²¹³
丹东	爬 pʰa²⁴	走 tsou²¹³	跑 pʰau²¹³
建平	爬 pʰa³⁵	走 tsəu²¹³	跑 pʰɔ²¹³
凌源	爬 pʰa³⁵	走 tsou²¹⁴	跑 pʰau²¹⁴ 蹽 liau⁵⁵

	0802 逃 逃跑：小偷~走了	0803 追 追赶：~小偷	0804 抓 ~小偷
沈阳	逃 tʰau³⁵	撵 n̠ian²¹³	抓 tsua³³
本溪	逃 tʰau³⁵	追 tʂuei⁴⁴	抓 tʂua⁴⁴
辽阳	跑 pʰau²¹³	撵 n̠ian²¹³	抓 tsua⁴⁴
海城	跑 pʰau²¹⁴	追 tʂuei⁴⁴	抓 tʂua⁴⁴
开原	蹽 liau⁴⁴	撵 n̠ian²¹³	抓 tsua⁴⁴
锦州	跑 pʰau²¹³ 蹽 liau⁵⁵	追 tʂuei⁵⁵ 撵 n̠ian²¹³	抓 tʂua⁵⁵ 撵 n̠ian²¹³
盘锦	跑 pʰau²¹³	追 tsuei⁵⁵ 撵 n̠ian²¹³	逮 tei²¹³ 抓 tsua⁵⁵
兴城	跑 pʰau²¹³	追 tʂuei⁴⁴	抓 tʂua⁴⁴
绥中	跑 pʰau²¹³	撵 n̠ian²¹³	逮 tei²¹³
义县	跑 pʰau²¹³ 溜 liou⁴⁴	撵 n̠ian²¹³ 追 tʂuei⁴⁴	逮 tei²¹³ 抓 tʂua⁴⁴
北票	跑 pʰau²¹³ 蹽 liau⁴⁴	追 tʂuei⁴⁴ 撵 n̠ian²¹³	抓 tʂua⁴⁴
阜新	跑 pʰau²¹³	撵 n̠ian²¹³ 追 tʂuei⁵⁵	逮 tei²¹³
黑山	跑 pʰau²¹³ 蹽 liau⁴⁴	追 tʂuei⁴⁴ 撵 n̠ian²¹³	逮 tei²¹³ 抓 tʂua⁴⁴
昌图	跑了 pʰau²¹lə⁰	追 tsuei³³	逮 tei²¹³ 抓 tʂua³³
大连	逃 tʰɔ³⁴	撵 n̠iɛ̃²¹³	抓 tsua²¹³
金州 杏树	逃 tʰɔ⁵²	撵 n̠iɛ̃²¹³	抓 tsua²¹³
长海	逃 tʰau⁵³	追 tuei³¹	抓 tʃua²¹⁴
庄河	逃 tʰao⁵¹	追 tsuei³¹	抓 tsua²¹³
盖州	逃 tʰau²⁴ 跑 pʰau²¹³	撵 n̠ian²¹³ 追 tsuei⁴¹²	抓 tsua²¹³
丹东	逃 tʰau²⁴	追 tʂuei⁴¹¹	抓 tʂua²¹³
建平	跑 pʰɔ²¹³	撵 n̠iɛ̃²¹³	抓 tʂua⁴⁴
凌源	溜 liou⁵⁵ 跑 pʰau²¹⁴	撵 n̠iɛn²¹⁴ 追 tʂuei⁵⁵	逮 tei⁵⁵ 抓 tʂua⁵⁵

	0805 抱把小孩~在怀里	0806 背~孩子	0807 搀~老人
沈阳	抱 pau⁴¹	背 pei³³	搀 tʂʰan³³
本溪	抱 pau⁵¹	背 pei⁴⁴	搀 tʂʰan⁴⁴
辽阳	抱 pau⁵¹	背 pei⁴⁴	扶 fu³⁵
海城	抱 pau⁵¹	背 pei⁴⁴	扶 fu³⁵
开原	抱 pau⁵¹	背 pei⁴⁴	扶 fu³⁵
锦州	抱 pau⁵¹	背 pei⁵⁵	搀 tʂʰan⁵⁵
盘锦	抱 pau⁵¹	背 pei⁵⁵	搀 tʂʰan⁵⁵ 扶 fu³⁵
兴城	抱 pau⁵¹	背 pei⁴⁴	搀 tʂʰan⁴⁴
绥中	抱 pau⁵	背 pei⁵⁵	搀 tʂʰan⁵⁵
义县	抱 pau⁵¹	背 pei⁴⁴	搀 tʂʰan⁴⁴ 扶 fu³⁵
北票	抱 pau⁵¹	背 pei⁴⁴	扶 fu³⁵ 搀 tʂʰan⁴⁴
阜新	抱 pau⁵¹	背 pei⁵⁵	搀 tʂʰan⁵⁵ 扶 fu³⁵
黑山	抱 pau⁵¹	背 pei⁴⁴	扶 fu³⁵ 搀 tʂʰan⁴⁴
昌图	抱 pau⁵¹	背 pei³³	扶 fu³⁵
大连	抱 pɔ⁵²	背 pe³¹²	搀 tʂʰã³¹²
金州杏树	抱 pɔ⁵²	背 pe³¹²	搀 tʂʰã³¹²
长海	抱 pau⁵³	背 pei³¹	扶 fu⁵³
庄河	抱 pao⁵¹	背 pei³¹	搀 tʂʰan³¹
盖州	抱 pau⁵¹	背 pei⁴¹²	搀 tʂʰan⁴¹²
丹东	抱 pau⁵¹	背 pei⁴¹¹	搀 tʂʰan⁴¹¹
建平	抱 pɔ⁵³	背 pei⁴⁴	搀 tʂʰã⁴⁴
凌源	抱 pau⁵¹	背 pei⁵⁵	搀 tʂʰan⁵⁵ 扶 fu³⁵

词汇对照

	0808 推 几个人一起~汽车	**0809 摔** 跌：小孩~倒了	**0810 撞** 人~到电线杆上
沈阳	推 tʰuei³³	摔 suai³³	撞 tsʰuan⁴¹
本溪	推 tʰuei⁴⁴	摔 suai⁴⁴	撞 tʂʰuaŋ⁵¹
辽阳	推 tʰuei⁴⁴	跌 tie³⁵	撞 tʂʰuaŋ⁵¹
海城	推 tʰuei⁴⁴	摔 ʂuai⁴⁴	撞 tʂʰuaŋ⁵¹
开原	推 tʰuei⁴⁴	摔 tʂuai⁴⁴	撞 tʂʰuaŋ⁵¹
锦州	推 tʰuei⁵⁵	摔 tʂuai⁵⁵	撞 tʂʰuaŋ⁵¹
盘锦	推 tʰuei⁵⁵	磕 kʰa²¹³ 摔 tsuai⁵⁵	撞 tsʰuaŋ⁵¹ 撞 tsuaŋ⁵¹
兴城	推 tʰuei⁴⁴	摔 tʂuai⁴⁴	撞 tʂʰuaŋ⁵¹
绥中	推 tʰuei⁵⁵	摔 ʂuai⁵⁵	撞 tʂʰuaŋ⁵¹
义县	推 tʰuei⁴⁴	摔 tʂuai⁴⁴	撞 tʂʰuaŋ⁵¹
北票	推 tʰuei⁴⁴ 拥 yəŋ⁴⁴	摔 ʂuai⁴⁴	撞 tʂʰuaŋ⁵¹
阜新	推 tʰuei⁵⁵ 拥 yŋ⁵⁵	摔 tʂuai⁵⁵	撞 tʂʰuaŋ⁵¹
黑山	推 tʰuei⁴⁴	摔 tʂuai⁴⁴	撞 tʂʰuaŋ⁵¹
昌图	推 tʰuei³³	摔 suai³³	撞 tʂʰuaŋ⁵¹
大连	推 tʰe³¹²	摔 suɛ³¹²	撞 tsʰuaŋ⁵²
金州 杏树	推 tʰe³¹²	摔 suɛ³¹²	撞 tsʰuaŋ⁵²
长海	推 tʰei³¹	摔 suai³¹	撞 tʃʰuaŋ⁵³
庄河	推 tʰei³¹	跌 tie²¹³	碰 pʰəŋ⁵¹
盖州	推 tʰuei⁴¹²	磕 kʰa²¹³	撞 tsʰuaŋ⁵¹
丹东	推 tʰuei⁴¹¹	摔 ʂuai⁴¹¹	撞 tʂʰuaŋ⁵¹
建平	拥 yŋ⁴⁴	跌 tie⁴⁴	撞 tʂʰuã⁵³
凌源	推 tʰuei⁵⁵ 拥 yŋ⁵⁵	摔 ʂuai⁵⁵	撞 tʂʰuaŋ⁵¹

	0811 挡 你~住我了，我看不见	0812 躲 躲藏：他~在床底下	0813 藏 藏放，收藏：钱~在枕头下面
沈阳	挡 taŋ²¹³	躲 tuo²¹³	藏 tʂʰaŋ³⁵
本溪	挡 taŋ²²⁴	躲 tuo²²⁴	藏 tʂʰaŋ³⁵
辽阳	挡 taŋ²¹³	猫 mau⁴⁴	藏 tʂʰaŋ³⁵
海城	挡 taŋ²¹⁴	猫 mau⁴⁴	藏 tʂʰaŋ³⁵
开原	挡 taŋ²¹³	猫 mau⁴⁴	藏 tʂʰaŋ³⁵
锦州	挡 taŋ²¹³	躲 tuo²¹³ 猫 mau⁵⁵	藏 tʂʰaŋ³⁵
盘锦	挡 taŋ²¹³	猫 mau⁵⁵	藏 tʂʰaŋ³⁵
兴城	挡 taŋ²¹³	猫 mau⁴⁴ 藏 tʂʰaŋ³⁵	藏 tʂʰaŋ³⁵
绥中	挡 taŋ²¹³	猫 mau⁵⁵	藏 tʂʰaŋ³⁵
义县	挡 taŋ²¹³	猫 mau⁴⁴ 藏 tʂʰaŋ³⁵	藏 tʂʰaŋ³⁵
北票	挡 taŋ²¹³	藏 tʂʰaŋ³⁵ 猫 mau⁴⁴ 躲 tuo²¹³	藏 tʂʰaŋ³⁵
阜新	挡 taŋ²¹³	猫 mau⁵⁵ 藏 tʂʰaŋ³⁵ 躲 tuo²¹³	藏 tʂʰaŋ³⁵ 搁 kau⁵⁵
黑山	挡 taŋ²¹³	猫 mau⁴⁴	藏 tʂʰaŋ³⁵
昌图	害 xai⁵¹	躲 tuo²¹³	藏 tʂʰaŋ³⁵
大连	挡 taŋ²¹³	躲 tuə²¹³	掩 iɛ̃⁵²
金州杏树	挡 taŋ²¹³	躲 tuə²¹³	掩 iɛ̃⁵²
长海	挡 taŋ²¹⁴	躲 tuə²¹⁴	藏 tʂʰaŋ⁵³
庄河	挡 taŋ²¹³	藏 tʂʰaŋ⁵¹	搁 kə²¹³
盖州	挡 taŋ²¹³	猫 mau⁴¹² 躲 tuɤ²¹³	藏 tʂʰaŋ²⁴
丹东	挡 taŋ²¹³	躲 tuo²¹³	掩 ian⁵¹
建平	挡 tɑ̃²¹³	躲 tuə²¹³	藏 tʂʰɑ̃³⁵
凌源	挡 taŋ²¹⁴	猫 mau⁵⁵ 藏 tʂʰaŋ³⁵ 躲 tuo²¹⁴	藏 tʂʰaŋ³⁵

	0814 放 把碗~在桌子上	0815 摞 把砖~起来	0816 埋 ~在地下
沈阳	放 faŋ⁴¹	摞 luo⁴¹	埋 mai³⁵
本溪	放 faŋ⁵¹	摞 luo⁵¹	埋 mai³⁵
辽阳	搁 kɤ³⁵	摞 luo⁵¹	埋 mai³⁵
海城	搁 kɤ³⁵	摞 luɤ³⁵	埋 mai³⁵
开原	搁 kɤ⁴⁴	摞 luɤ⁵¹	埋 mai³⁵
锦州	搁 kɤ⁵⁵	摞 luo⁵¹	埋 mai³⁵
盘锦	搁 kɤ⁵⁵ 搁 kau⁵⁵	摞 luo³⁵	埋 mai³⁵
兴城	搁 kɤ⁴⁴	摞 luo³⁵	埋 mai³⁵
绥中	搁 kɤ⁵⁵	摞 luo⁵¹	埋 mai³⁵
义县	搁 kau⁴⁴ 搁 kɤ⁴⁴ 放 faŋ⁵¹	摞 luo⁵¹ 码 ma²¹³	埋 mai³⁵
北票	搁 kau⁴⁴ 搁 kɤ⁴⁴ 放 faŋ⁵¹	垛 tuo⁵¹ 码 ma²¹³	埋 mai³⁵
阜新	搁 kau⁵⁵ 搁 kɤ⁵⁵ 放 faŋ⁵¹	摞 luo³⁵ 垛 tuo⁵¹ 码 ma²¹³	埋 mai³⁵
黑山	搁 kau⁴⁴ 搁 kɤ⁴⁴	摞 luo³⁵ 码 ma²¹³	埋 mai³⁵
昌图	放 faŋ⁵¹	摞 luo⁵¹	埋 mai³⁵
大连	搁 kɤ²¹³	垛 tuə⁵²	埋 mɛ³⁴
金州 杏树	放 faŋ⁵²	摞 luə³¹²	埋 mɛ³¹²
长海	放 faŋ⁵³	垒 lei²¹⁴	埋 mai³¹
庄河	放 faŋ⁵¹	垛 tuə⁵¹	埋 mai³¹
盖州	搁 kɤ²¹³	摞 luɤ²⁴ 垒 lei²¹³ 砌 tɕʰi⁵¹	埋 mai²⁴
丹东	放 faŋ⁵¹	摞 luo²⁴	埋 mai²⁴
建平	搁 kɔ⁴⁴	摞 luə³⁵	埋 mɛ³⁵
凌源	搁 kau⁵⁵ 搁 kɤ⁵⁵ 放 faŋ⁵¹	摞 luo³⁵ 垛 tuo⁵¹ 码 ma²¹⁴	埋 mai³⁵

	0817 盖把茶杯~上	0818 压用石头~住	0819 摁用手指按：~图钉
沈阳	盖 kai⁴¹	压 ia³³	摁 ən⁴¹
本溪	盖 kai⁵¹	压 ia⁵¹	摁 ən⁵¹
辽阳	盖 kai⁵¹	压 ia³⁵	摁 ən⁵¹
海城	盖 kai⁵¹	压 ia⁵¹	摁 ən⁵¹
开原	盖 kai⁵¹	压 ia⁴⁴	摁 ən⁵¹
锦州	盖 kai⁵¹	压 ia⁵⁵	摁 nən⁵¹
盘锦	盖 kai⁵¹ 扣 kʰou⁵¹	压 ia⁵⁵	摁 nən⁵¹ 摁 ən⁵¹
兴城	盖 kai⁵¹	压 ia⁴⁴	摁 nən⁵¹
绥中	盖 kai⁵¹	压 ia⁵⁵	摁 nən⁵¹
义县	盖 kai⁵¹	压 ia⁴⁴	摁 nən⁵¹
北票	盖 kai⁵¹	压 ia⁴⁴	摁 nən⁵¹
阜新	盖 kai⁵¹ 扣 kʰou⁵¹	压 ia⁵⁵	摁 nən⁵¹
黑山	盖 kai⁵¹	压 ia⁴⁴	摁 nən⁵¹ 摁 ən⁵¹
昌图	盖 kai⁵¹	压 ia³³	摁 nən⁵¹
大连	蒙 məŋ³⁴	压 ia⁵²	摁 ə̃⁵²
金州杏树	盖 kɛ⁵²	压 ia⁵²	摁 ã⁵²
长海	盖 kai⁵³	压 ia⁵³	摁 ən⁵³
庄河	盖 kai⁵¹	压 ia⁵¹	摁 ən⁵¹
盖州	盖 kai⁵¹	压 ia⁵¹	摁 ən⁵¹
丹东	盖 kai⁵¹	压 ia⁵¹	摁 ən⁵¹
建平	盖 kɛ⁵³	压 ia⁴⁴	摁 nə̃⁵³
凌源	盖 kai⁵¹	压 ia⁵⁵	摁 nən⁵¹

	0820 捅用棍子~鸟窝	0821 插把香~到香炉里	0822 戳~个洞
沈阳	捅 tʰuŋ²¹³	插 tṣʰa²¹³	戳 tṣʰuo³⁵
本溪	捅 tʰuŋ²²⁴	插 tṣʰa³⁵	捅 tʰuŋ²²⁴
辽阳	捅 tʰuŋ²¹³	插 tṣʰa²¹³	捅 tʰuŋ²¹³
海城	捅 tʰuŋ²¹⁴	插 tṣʰa²¹⁴	捅 tʰuŋ²¹⁴
开原	捅 tʰuŋ²¹³	插 tṣʰa²¹³	捅 tʰuŋ²¹³
锦州	捅 tʰuŋ²¹³	插 tṣʰa²¹³	撑 tuei²¹³ 杵 tṣʰu²¹³
盘锦	捅 tʰuəŋ²¹³	插 tṣʰa²¹³	戳 tṣʰuo²¹³ 捅 tʰuəŋ²¹³
兴城	捅 tʰuŋ²¹³	插 tṣʰa²¹³	戳 tṣʰuo⁴⁴
绥中	捅 tʰuəŋ²¹³	插 tṣʰa²¹³	撑 tuei²¹³
义县	捅 tʰuŋ²¹³	插 tṣʰa²¹³	捅 tʰuŋ²¹³ 撑 tuei²¹³ 戳 tṣʰuo²¹³
北票	捅 tʰuəŋ²¹³	插 tṣʰa²¹³	捅 tʰuəŋ²¹³
阜新	捅 tʰuŋ²¹³ 撑 tuei²¹³	插 tṣʰa²¹³	捅 tʰuŋ²¹³ 撑 tuei²¹³ 戳 tṣʰuo²¹³
黑山	捅 tʰuəŋ²¹³	插 tṣʰa²¹³	捅 tʰuəŋ²¹³ 撑 tuei²¹³
昌图	捅 tʰuəŋ²¹³	插 tṣʰa³³	捅 tʰuəŋ²¹³
大连	捅 tʰuŋ²¹³	插 tṣʰa²¹³	戳 tṣʰuə²¹³
金州杏树	捅 tʰuŋ²¹³	插 tṣʰa²¹³	戳 tṣʰuə²¹³
长海	捅 tʰuŋ²¹⁴	插 tṣʰa²¹⁴	捅 tʰuŋ²¹⁴
庄河	捅 tʰuŋ²¹³	插 tṣʰa²¹³	捅 tʰuŋ²¹³
盖州	捅 tʰuŋ²¹³	插 tṣʰa²¹³	捅 tʰuŋ²¹³ 戳 tṣʰuɤ²¹³
丹东	捅 tʰuŋ²¹³	插 tṣʰa²¹³	戳 tṣʰuo²¹³
建平	捅 tʰuŋ²¹³	插 tṣʰa⁴⁴	戳 tṣʰuə²¹³
凌源	撑 tuei²¹⁴ 捅 tʰuŋ²¹⁴	插 tṣʰa²¹⁴	戳 tṣʰuo²¹⁴ 捅 tʰuŋ²¹⁴ 撑 tuei²¹⁴

	0823 砍~树	0824 剁把肉~碎做馅儿	0825 削~苹果
沈阳	砍 kʰan²¹³	剁 tuo⁴¹	削 ɕyɛ²¹³
本溪	砍 kʰan²²⁴	剁 tuo⁵¹	削 ɕyɛ²²⁴
辽阳	砍 kʰan²¹³	剁 tuo⁵¹	削 ɕyɛ²¹³
海城	砍 kʰan²¹⁴	剁 tuɤ⁵¹	削 ɕyɛ²¹⁴
开原	砍 kʰan²¹³	剁 tuɤ⁵¹	削 ɕyɛ²¹³
锦州	砍 kʰan²¹³	剁 tuo⁵¹	削 ɕyɛ²¹³
盘锦	砍 kʰan²¹³	剁 tuo⁵¹	削 ɕyɛ²¹³
兴城	砍 kʰan²¹³	剁 tuo⁵¹	削 ɕyɛ²¹³
绥中	砍 kʰan²¹³	剁 tuo⁵¹	削 ɕyɛ²¹³
义县	砍 kʰan²¹³	剁 tuo⁵¹	削 ɕyɛ²¹³
北票	砍 kʰan²¹³	剁 tuo⁵¹	削 ɕiau⁴⁴ 削 ɕyɛ²¹³
阜新	砍 kʰan²¹³	剁 tuo⁵¹	削 ɕyɛ²¹³ 打 ta²¹³
黑山	砍 kʰan²¹³	剁 tuo⁵¹	削 ɕyɛ²¹³
昌图	剺 tʂʰuan³⁵ 砍 kʰan²¹³	剁 tuo⁵¹	削 ɕyɛ²¹³
大连	砍 kʰã²¹³	剁 tuə⁵²	削 ɕyɛ²¹³
金州 杏树	砍 kʰã²¹³	剁 tuə⁵²	削 ɕyɛ²¹³
长海	砍 kʰan²¹⁴	剁 tuə⁵³	刻 kʰɤ²¹⁴
庄河	砍 kʰan²¹³	剁 tuə⁵¹	削 ɕyɛ²¹³
盖州	砍 kʰan²¹³	剁 tuɤ⁵¹	削 ɕyɛ²¹³
丹东	砍 kʰan²¹³	剁 tuo⁵¹	削 ɕyɛ²¹³
建平	砍 kʰã²¹³	剁 tuə⁵³	削 ɕyɛ⁴⁴
凌源	砍 kʰan²¹⁴	剁 tuo⁵¹	削 ɕiau⁵⁵

	0826 裂木板~开了	0827 皱皮~起来	0828 腐烂死鱼~了
沈阳	裂 lie^{41}	皱 tsou^{41}	烂 lan^{41}
本溪	裂 lie^{51}	皱 tsou^{51}	臭 tʂʰou^{51}
辽阳	裂 lie^{51}	皱 tsou^{51}	烂 lan^{51}
海城	裂 lie^{51}	皱 tsəu^{51}	烂 lan^{51}
开原	裂 lie^{51}	抽巴 tʂʰou^{44}pa^{0}	烂 lan^{51}
锦州	裂 lie^{51}	抽巴 tʂʰou^{55}pa^{0}	烂 lan^{51}
盘锦	裂 lie^{51}	皱 tsou^{51}	臭 tʂʰou^{51}
兴城	裂 lie^{51}	抽巴 tʂʰou^{44}pa^{0}	烂 lan^{51}
绥中	裂 lie^{51}	皱巴 tsou^{51}pa^{0}	烂 lan^{51}
义县	裂 lie^{51}	皱 tʂou^{51}	烂 lan^{51}
北票	裂 lie^{51}	皱巴 tsou^{51}pa^{0} 抽巴 tʂʰou^{44}pa^{0}	烂 lan^{51}
阜新	裂 lai^{213} 裂 lie^{213}	皱 tsuŋ^{51} 皱 tsou^{51}	臭 tʂʰou^{51}
黑山	裂 lie^{51}	皱 tʂou^{51}	沤 nou^{44} 烂 lan^{51}
昌图	裂 lie^{51}	皱巴 tsou^{51}pa^{0}	烂 lan^{51}
大连	裂 lie^{52}	揪揪 tɕiəu^{31}tɕiəu^{0} 抽抽 tʃʰəu^{31}tʃʰəu^{0}	臭 tʃʰəu^{52}
金州 杏树	裂 lie^{213}	皱 tsəu^{312}	烂 lã^{52}
长海	裂 lie^{214}	曲=曲 cʰy^{24}cʰy^{0}	烂 lan^{53}
庄河	裂 lie^{213}	曲=曲 tɕʰy^{31}tɕʰy^{0}	烂 lan^{51}
盖州	裂 lie^{51}	皱 tsəu^{51}	烂 lan^{51}
丹东	裂 lie^{51}	抽 tʂʰou^{411}	霉烂 mei^{24}lan^{51}
建平	裂 lie^{53}	抽抽儿 tʂʰəu^{44}tʂʰəur^{44}	烂 lã^{53}
凌源	裂 lie^{51}	皱 tʂou^{51}	烂 lan^{51}

	0829 擦 用毛巾~手	0830 倒 把碗里的剩饭~掉	0831 扔 丢弃；这个东西坏了，~了它
沈阳	擦 tsʰa³⁵	倒 tau⁴¹	扔 ləŋ³³
本溪	擦 tṣʰa³⁵	倒 tau⁵¹	撇 pʰiɛ²²⁴
辽阳	擦 tṣʰa³⁵	倒 tau⁵¹	扔 ləŋ⁴⁴
海城	擦 tṣʰa³⁵	倒 tau⁵¹	扔 ləŋ⁴⁴
开原	擦 tṣʰa⁴⁴	倒 tau⁵¹	扔 ləŋ⁴⁴
锦州	擦 tṣʰa⁵⁵	倒 tau⁵¹	扔 ləŋ⁵⁵
盘锦	擦 tṣʰa⁵⁵ 揩 kʰai⁵⁵	扔 ləŋ⁵⁵	扔 ləŋ⁵⁵
兴城	擦 tṣʰa⁴⁴	倒 tau⁵¹	扔 ləŋ⁴⁴
绥中	擦 tṣʰa⁵⁵	倒 tau⁵¹	扔 ləŋ⁵⁵
义县	擦 tṣʰa⁴⁴	扔 ləŋ⁴⁴	扔 ləŋ⁴⁴ 撇 pʰiɛ²¹³
北票	擦 tṣʰa⁴⁴	倒 tau⁵¹	扔 ləŋ⁴⁴
阜新	擦 tṣʰa⁵⁵	扔 ləŋ⁵⁵	扔 ləŋ⁵⁵
黑山	擦 tṣʰa⁴⁴	倒 tau⁵¹	扔 ləŋ⁴⁴ 撇 pʰiɛ²¹³
昌图	擦 tsʰa³³	倒 tau⁵¹	扔 ləŋ³³
大连	擦 tsʰa²¹³	倒 tɔ⁵²	扔 ləŋ³¹²
金州杏树	擦 tsʰa²¹³	倒 tɔ⁵²	扔 xəŋ³¹²
长海	抹 ma²¹⁴	倒 tau⁵³	扔 ləŋ³¹
庄河	擦 tsʰa²¹³	倒 tao⁵¹	扔 ləŋ³¹
盖州	擦 tsʰa²¹³	倒 tau⁵¹	扔 ləŋ⁴¹²
丹东	擦 tsʰa²¹³	倒 tau⁵¹	扔 ləŋ⁴¹¹
建平	擦 tsʰa⁴⁴	倒 tɔ²¹³	扔 ləŋ⁴⁴
凌源	擦 tsʰa⁵⁵	倒 tau⁵¹	扔 ləŋ⁵⁵

词汇对照

	0832 扔 投掷：比一比谁~得远	0833 掉 掉落，坠落：树上~下一个梨	0834 滴 水~下来
沈阳	撇 pʰiɛ²¹³	掉 tiau⁴¹	滴 ti³⁵
本溪	扔 zən⁴⁴	掉 tiau⁵¹	滴 ti³⁵
辽阳	撇 pʰiɛ²¹³	掉 tiau⁵¹	嘀嗒 ti³⁵ta⁰
海城	撇 pʰiɛ²¹⁴	掉 tiau⁵¹	滴 ti³⁵
开原	扔 lən⁴⁴	掉 tiau⁵¹	滴 ti⁴⁴
锦州	撇 pʰiɛ²¹³	掉 tiau⁵¹	滴嗒 ti⁵⁵ta⁰
盘锦	撇 pʰiɛ²¹³ 投 tʰou³⁵	掉 tiau⁵¹	滴 ti⁵⁵
兴城	撇 pʰiɛ²¹³	掉 tiau⁵¹	滴 ti⁴⁴
绥中	撇 pʰiɛ²¹³	掉 tiau⁵¹	滴 ti⁵⁵
义县	扔 lən⁴⁴ 撇 pʰiɛ²¹³	掉 tiau⁵¹	滴嗒 ti⁴⁴ta⁰
北票	撇 pʰiɛ²¹³	掉 tiau⁵¹	滴嗒 ti⁴⁴ta⁰
阜新	撇 pʰiɛ²¹³	掉 tiau⁵¹	滴嗒 ti⁵⁵ta⁰
黑山	撇 pʰiɛ²¹³	掉 tiau⁵¹	滴嗒 ti⁴⁴ta⁰
昌图	撇 pʰiɛ²¹³	掉 tiau⁵¹	滴嗒 ti³³tə⁰
大连	扔 lən³¹²	掉 tiɔ⁵²	滴 ti²¹³
金州杏树	扔 lən³¹²	掉 tiɔ⁵²	滴 ti²¹³
长海	扔 lən³¹	掉 tiau⁵³	滴 ti²¹⁴
庄河	撇 pʰiɛ²¹³	掉 tiao⁵¹	滴 ti²¹³
盖州	扔 lən⁴¹²	掉 tiau⁵¹	滴 ti²⁴
丹东	扔 lən⁴¹¹	掉 tiau⁵¹	滴 ti²¹³
建平	撇 pʰiɛ²¹³ 扔 lən⁴⁴	掉 tiɔ⁵³	滴 ti⁴⁴
凌源	撇 pʰiɛ²¹⁴	掉 tiau⁵¹	滴嗒 ti⁵⁵ta⁰

	0835 丢 丢失：钥匙~了	0836 找 寻找：钥匙~到	0837 捡 ~到十块钱
沈阳	丢 tiou³³	找 tṣau²¹³	捡 tɕian²¹³
本溪	丢 tiou⁴⁴	找 tṣau²²⁴	捡 tɕian²²⁴
辽阳	丢 tiou⁴⁴	找 tṣau²¹³	捡 tɕian²¹³
海城	丢 tiəu⁴⁴	找 tṣau²¹⁴	捡 tɕian²¹⁴
开原	丢 tiou⁴⁴	找 tṣau²¹³	捡 tɕian²¹³
锦州	丢 tiou⁵⁵	找 tṣau²¹³	捡 tɕian²¹³
盘锦	丢 tiou⁵⁵ 没 mei³⁵	找 tṣau²¹³	捡 tɕiɛ̃²¹³
兴城	丢 tiou⁴⁴	找 tṣau²¹³	捡 tɕian²¹³
绥中	丢 tiou⁵⁵	找 tṣau²¹³	捡 tɕian²¹³
义县	丢 tiou⁴⁴	找 tṣau²¹³ 踅摸 ɕyɛ³⁵mɤ⁰	捡 tɕian²¹³
北票	丢 tiou⁴⁴	找 tṣau²¹³ 撒摸 sa³⁵mɤ⁰ 踅摸 ɕyɛ³⁵mɤ⁰	捡 tɕian²¹³
阜新	丢 tiou⁵⁵ 没 mei³⁵	踅摸 ɕyɛ³⁵ma⁰	捡 tɕian²¹³
黑山	丢 tiou⁴⁴	踅摸 ɕyɛ³⁵mɤ⁰ 找 tṣau²¹³	捡 tɕian²¹³
昌图	丢 tiou³³	找 tṣau²¹³	捡 tɕian²¹³
大连	丢 tiəu³¹²	找 tsɔ²¹³	捡 tɕiɛ̃²¹³
金州杏树	丢 tiəu³¹²	找 tsɔ²¹³	捡 tɕiɛ̃²¹³
长海	丢 tiəu³¹	找 tsau²¹⁴	捡 ɕian²¹⁴
庄河	丢 tiəu³¹	找 tsao²¹³	捡 tɕian²¹³
盖州	丢 tiəu⁴¹²	找 tsau²¹³	捡 tɕian²¹³
丹东	丢 tiou⁴¹¹	找 tṣau²¹³	捡 tɕian²¹³
建平	丢 tiəu⁴⁴	找 tṣɔ²¹³	捡 tɕiɛ̃²¹³
凌源	丢 tiou⁵⁵	找 tṣau²¹⁴ 踅摸 ɕyn³⁵mɤ⁰	捡 tɕiɛn²¹⁴

词汇对照 281

	0838 提 用手把篮子~起来	0839 挑 ~担	0840 扛 káng, 把锄头~在肩上
沈阳	拎 lin³³	挑 tʰiau³³	扛 kʰaŋ²¹³
本溪	拎 lin⁴⁴	挑 tʰiau⁴⁴	扛 kʰaŋ³⁵
辽阳	拿 na³⁵	挑 tʰiau⁴⁴	扛 kʰaŋ³⁵
海城	拎 lin⁴⁴	挑 tʰiau⁴⁴	扛 kʰaŋ³⁵
开原	拿 na³⁵ 拎 lin⁴⁴ 提喽 ti⁴⁴ləu⁰	挑 tʰiau⁴⁴	扛 kʰaŋ³⁵
锦州	拎 lin⁵⁵ 提拉 ti⁵⁵la⁰	挑 tʰiau⁵⁵ 担 tan⁵⁵	扛 kʰaŋ²¹³
盘锦	拎 liən⁵⁵ 提拉 ti⁵⁵lə⁰	挑 tʰiau⁵⁵	扛 kʰaŋ³⁵
兴城	提拉 ti⁴⁴lə⁰	挑 tʰiau⁴⁴	扛 kʰaŋ²¹³
绥中	拎 lin⁵⁵	担 tan⁵⁵	扛 kʰaŋ³⁵
义县	拎 lin⁴⁴ 提拉 ti⁴⁴lɤ⁰	挑 tʰiau⁴⁴	扛 kʰaŋ²¹³
北票	提喽 ti⁴⁴lou⁰ 拎 liən⁴⁴	挑 tʰiau⁴⁴	扛 kʰaŋ³⁵
阜新	拎 lin⁵⁵ 提喽 ti⁵⁵lou⁰	挑 tʰiau⁵⁵	扛 kʰaŋ²¹³
黑山	提了 ⁼ti⁴⁴lɤ⁰ 拎 liən⁴⁴	挑 tʰiau⁴⁴	扛 kʰaŋ³⁵ 扛 kʰaŋ²¹³
昌图	拿 na³⁵ 提喽 ti³³liou⁰	挑 tʰiau³³	扛 kʰaŋ³⁵
大连	提喽 ti³¹ləu⁰	挑 tʰiɔ³¹²	扛 kʰaŋ³⁴
金州杏树	提喽 ti³¹ləu⁰	挑 tʰiɔ³¹²	扛 kʰaŋ⁵²
长海	提喽儿 ti³¹liəur⁰	挑 tʰiau³¹	扛 kʰaŋ⁵³
庄河	拿 na⁵¹	挑 tʰiao³¹	扛 kʰaŋ⁵¹
盖州	拎 lin⁴¹²	挑 tʰiau⁴¹²	扛 kʰaŋ²⁴
丹东	提喽儿 ti⁴¹¹liour⁰	挑 tʰiau⁴¹¹	扛 kʰaŋ²⁴
建平	拎 lĩ⁴⁴	挑 tʰiɔ⁴⁴	扛 kʰã³⁵
凌源	提喽儿 ti⁵⁵lour⁰ 拎 lin⁵⁵	挑 tʰiau⁵⁵	扛 kʰaŋ³⁵

	0841 抬~轿	0842 举~旗子	0843 撑~伞
沈阳	抬 tʰai³⁵	举 tɕy²¹³	打 ta²¹³
本溪	抬 tʰai³⁵	举 tɕy²²⁴	打 ta²²⁴
辽阳	抬 tʰai³⁵	举 tɕy²¹³	打 ta²¹³
海城	抬 tʰai³⁵	举 tɕy²¹⁴	打 ta²¹⁴
开原	抬 tʰai³⁵	打 ta²¹³	打 ta²¹³
锦州	抬 tʰai³⁵	打 ta²¹³	打 ta²¹³
盘锦	抬 tʰai³⁵	打 ta²¹³	打 ta²¹³
兴城	抬 tʰai³⁵	举 tɕy²¹³	打 ta²¹³
绥中	抬 tʰai³⁵	举 tɕy²¹³	打 ta²¹³
义县	抬 tʰai³⁵	打 ta²¹³	打 ta²¹³
北票	抬 tʰai³⁵	打 ta²¹³	打 ta²¹³
阜新	抬 tʰai³⁵	打 ta²¹³	打 ta²¹³
黑山	抬 tʰai³⁵	打 ta²¹³ 举 tɕy²¹³	打 ta²¹³
昌图	抬 tʰai³⁵	打 ta²¹³	打 ta²¹³
大连	抬 tʰɛ³⁴	举 tɕy²¹³	打 ta²¹³ 举 tɕy²¹³
金州 杏树	抬 tʰɛ⁵²	举 tɕy²¹³	撑 tsʰəŋ²¹³
长海	抬 tʰai⁵³	举 ɕy²¹⁴	打 ta²¹⁴
庄河	抬 tʰai⁵¹	举 tɕy²¹³	打 ta²¹³
盖州	抬 tʰai²⁴	举 tɕy²¹³	打 ta²¹³
丹东	抬 tʰai²⁴	举 tɕy²¹³	打 ta²¹³
建平	抬 tʰɛ³⁵	举 tɕy²¹³ 扛 kʰã³⁵	打 ta²¹³
凌源	抬 tʰai³⁵	打 ta²¹⁴ 举 tɕy²¹⁴	打 ta²¹⁴

词汇对照

	0844 撬把门～开	0845 挑挑选，选择；你自己～一个	0846 收拾～东西
沈阳	撬 tɕʰiau⁴¹	挑 tʰiau³³	收拾 sou³⁵ʂʅ⁰
本溪	撬 tɕʰiau⁵¹	挑 tʰiau²²⁴	拾掇 ʂʅ³⁵tou⁰
辽阳	撬 tɕʰiau⁵¹	挑 tʰiau⁴⁴	归拢 kuei⁴⁴luŋ⁰
海城	撬 tɕʰiau⁵¹	挑 tʰiau⁴⁴	收拾 ʂəu³⁵ʂʅ⁰
开原	撬 tɕʰiau⁵¹	挑 tʰiau⁴⁴	收拾 sou³⁵ʂʅ⁰
锦州	撬 tɕʰiau⁵¹ 别 piɛ⁵¹	挑 tʰiau⁵⁵	收拾 sou³⁵ʂʅ⁰ 拾掇 ʂʅ³⁵tou⁰
盘锦	别 piɛ⁵¹	挑 tʰiau⁵⁵	收拾 sou⁵⁵ʂʅ⁰ 拾掇 ʂʅ³⁵tou⁰
兴城	别 piɛ⁵¹	挑 tʰiau⁴⁴	拾掇 ʂʅ³⁵tou⁰
绥中	撬 tɕʰiau⁵¹	挑 tʰiau⁵⁵	拾掇 ʂʅ³⁵tou⁰
义县	别 piɛ⁵¹ 撬 tɕʰiau⁵¹	挑 tʰiau⁴⁴	收拾 sou³⁵ʂʅ⁰ 拾掇 ʂʅ³⁵tau⁰
北票	撬 tɕʰiau⁵¹ 别 piɛ⁵¹	挑 tʰiau⁴⁴	收拾 sou⁴⁴ʂʅ⁰ 拾掇 ʂʅ³⁵tau⁰ 归拢 kuei⁴⁴luəŋ⁰
阜新	别 piɛ⁵¹ 撬 tɕʰiau⁵¹	挑 tʰiau⁵⁵ 选 ɕyan²¹³	收拾 sou³⁵ʂʅ⁰ 拾掇 ʂʅ³⁵tou⁰
黑山	撬 tɕʰiau⁵¹ 别 piɛ⁵¹	挑 tʰiau⁴⁴	归拢 kuei⁴⁴luəŋ⁰ 拾掇 ʂʅ³⁵tau⁰
昌图	别 piɛ⁵¹	挑 tʰiau³³ 选 ɕyan²¹³	收拾 sou³³ʂʅ⁰
大连	撬 tɕʰiɔ⁵²	挑 tʰiɔ³¹²	拾掇 ʃʅ³⁴tɔ⁰
金州杏树	撬 tɕʰiɔ⁵²	挑 tʰiɔ³¹²	拾掇 ɕi⁵²təu⁰
长海	启 ɕʰi²¹⁴	挑 tʰiau³¹	收拾 ʃəu³¹ʃʅ⁰
庄河	撬 tɕʰiao⁵¹	挑 tʰiao³¹	拾掇 ɕi⁵¹tao⁰
盖州	撬 tɕʰiau⁵¹	挑 tʰiau⁴¹²	拾掇 ʂʅ²⁴tau⁰
丹东	撬 tɕʰiau⁵¹	挑 tʰiau⁴¹¹	拾掇 ʂʅ²⁴tau⁰
建平	撬 tɕʰiɔ⁵³	挑 tʰiɔ⁴⁴ 捡 tɕiɛ̃²¹³	拾掇 ʂʅ³⁵tuə⁰
凌源	别 piɛ⁵¹ 撬 tɕʰiau⁵¹	挑 tʰiau⁵⁵	收拾 sou⁵⁵ʂʅ⁰ 拾掇 ʂʅ³⁵tau⁰

	0847 挽~袖子	0848 涮把杯子~一下	0849 洗~衣服
沈阳	挽 van²¹³	涮 suan⁴¹	洗 ɕi²¹³
本溪	卷 tɕyan²²⁴	涮 ʂuan⁵¹	洗 ɕi²²⁴
辽阳	挽 uan²¹³	涮 ʂuan⁵¹	洗 ɕi²¹³
海城	挽 uan²¹⁴	涮 ʂua³⁵	洗 ɕi²¹⁴
开原	挽 uan²¹³	涮 ʂuan⁵¹	洗 ɕi²¹³
锦州	卷 tʂuan²¹³	涮 ʂuan⁵¹	洗 ɕi²¹³
盘锦	卷 tɕyan²¹³	涮 suan⁵¹	洗 ɕi²¹³
兴城	挽 uan²¹³	涮 ʂuan⁵¹	洗 ɕi²¹³
绥中	卷 tʂuan²¹³	涮 ɕyan⁵¹	洗 ɕi²¹³
义县	挽 uan²¹³	涮 ʂuan⁵¹	洗 ɕi²¹³
北票	挽 uan²¹³	涮 ʂuan⁵¹	洗 ɕi²¹³
阜新	挽 uan²¹³	涮 ʂuan⁵¹	洗 ɕi²¹³
黑山	挽 uaŋ²¹³ 卷 tɕyan²¹³	涮 ʂuan⁵¹	洗 ɕi²¹³
昌图	挽 uaŋ²¹³	涮 suan⁵¹	洗 ɕi²¹³
大连	挽 uã²¹³	涮 suã⁵²	洗 ɕi²¹³
金州杏树	挽 uã²¹³	刷 sua²¹³	洗 ɕi²¹³
长海	挽 uan²¹⁴	涮 suan⁵³	洗 ʃʅ²¹⁴
庄河	挽 uan²¹³	涮 suan⁵¹	洗 ɕi²¹³
盖州	挽 uan²¹³	涮 suan⁵¹	洗 ɕi²¹³
丹东	撸 lu²¹³	涮 ʂuan⁵¹	洗 ɕi²¹³
建平	挽 vɑ̃²¹³ 挽 vã²¹³	涮 ʂuã⁵³	洗 ɕi²¹³
凌源	挽 vaŋ²¹⁴	涮 ʂuan⁵¹	洗 ɕi²¹⁴

	0850 捞~鱼	0851 拴~牛	0852 捆~起来
沈阳	捞 lau³³	拴 suan³³	捆 kʰuən²¹³
本溪	捞 lau⁴⁴	拴 suan⁴⁴	捆 kʰuən²²⁴
辽阳	捞 lau⁴⁴	拴 suan⁴⁴	捆 kʰuən²¹³
海城	捞 lau⁴⁴	拴 ʂuan⁴⁴	捆 kʰuən²¹⁴
开原	捞 lau⁴⁴	拴 ʂuan⁴⁴	绑 paŋ²¹³
锦州	捞 lau⁵⁵	拴 ʂuan⁵⁵	捆 kʰuən²¹³
盘锦	捞 lau⁵⁵ 抄 tʂʰau⁵⁵	拴 suan⁵⁵	绑 paŋ²¹³
兴城	捞 lau⁴⁴	拴 ʂuan⁴⁴	捆 kʰuən²¹³
绥中	捞 lau⁵⁵	栓 ʂuan⁵⁵	捆 kʰuən²¹³
义县	捞 lau⁴⁴	拴 ʂuan⁴⁴	捆 kʰuən²¹³ 绑 paŋ²¹³
北票	捞 lau⁴⁴	拴 ʂuan⁴⁴	绑 paŋ²¹³ 捆 kʰuən²¹³
阜新	捞 lau⁵⁵	拴 ʂuan⁵⁵	绑 paŋ²¹³
黑山	捞 lau⁴⁴	拴 ʂuan⁴⁴	绑 paŋ²¹³
昌图	钓 tiau⁵¹ 打 ta²¹³	拴 suan³³	捆 kʰuən²¹³
大连	捞 lɔ³¹²	拴 suã³¹²	捆 kʰuə̃²¹³
金州杏树	捞 lɔ³¹²	拴 suã³¹²	捆 kʰuə̃²¹³
长海	捞 lau³¹	拴 ʃuan³¹	捆 kʰuən²¹⁴
庄河	捕 pʰu²¹³	拴 suan³¹	捆 kʰuən²¹³
盖州	捞 lau⁴¹²	拴 suan⁴¹²	捆 kʰuən²¹³
丹东	捞 lau⁴¹¹	拴 suan⁴¹¹	捆 kʰuən²¹³
建平	捞 lɔ³⁵	拴 ʂuã⁴⁴	捆 kʰuə̃²¹³
凌源	捞 lau⁵⁵	拴 ʂuan⁵⁵	扎 tsa⁵⁵ 捆 kʰuən²¹⁴ 绑 paŋ²¹⁴

	0853 解~绳子	0854 挪~桌子	0855 端~碗
沈阳	解 kai²¹³	挪 nuo³⁵	端 tuan³³
本溪	解 tɕiɛ²²⁴	挪 nuo³⁵	端 tuan⁴⁴
辽阳	打开 ta²¹kʰai⁰	挪 nuo³⁵	端 tuan⁴⁴
海城	解 kai²¹⁴	挪 nuɤ³⁵	端 tuan⁴⁴
开原	解 tɕiɛ²¹³	挪 nuɤ³⁵	端 tuan⁴⁴
锦州	解 kai²¹³	挪 nɤ³⁵	端 tuan⁵⁵
盘锦	解 kai²¹³	挪 nɤ³⁵	端 tuan⁵⁵
兴城	解 kai²¹³	挪 nɤ³⁵	端 tuan⁴⁴
绥中	解 kai²¹³	挪 nuo³⁵	端 tuan⁵⁵
义县	解 kai²¹³	挪 nuo³⁵	端 tuan⁴⁴
北票	解 kai²¹³ 解 tɕiɛ²¹³	挪 nuo³⁵	端 tuan⁴⁴
阜新	解 kai²¹³	挪 nuo³⁵	端 tuan⁵⁵
黑山	解 kai²¹³	挪 nɤ³⁵	端 tuan⁴⁴
昌图	解 kai²¹³	挪 nuo³⁵	端 tuan³³
大连	解 tɕiɛ²¹³	挪 nuə³⁴	端 tã³¹²
金州杏树	解 tɕiɛ²¹³	挪 nuə³¹²	端 tã³¹²
长海	解 ɕiɛ²¹⁴	搬 pan³¹	端 tuan³¹
庄河	解 tɕiɛ²¹³	搬 pan³¹	端 tan³¹
盖州	解 kai²¹³	挪 nuɤ²⁴	端 tuan⁴¹²
丹东	解 tɕiɛ²¹³	挪 nuo²⁴	端 tuan⁴¹¹
建平	解 tɕiɛ²¹³	挪 nuə³⁵	端 tuã⁴⁴
凌源	解 tɕiɛ²¹⁴	挪 nuo³⁵	端 tuan⁵⁵

词汇对照

	0856 摔~碗~碎了	0857 掺~水	0858 烧~柴
沈阳	摔 suai³³	掺 tʂʰan³³	烧 sau³³
本溪	摔 suai⁴⁴	掺 tʂʰan⁴⁴	烧 sau⁴⁴
辽阳	摔 suai⁴⁴	掺 tʂʰan⁴⁴	烧 sau⁴⁴
海城	打 ta²¹⁴	兑 tuei⁵¹	烧 ʂau⁴⁴
开原	摔 ʂuai⁴⁴	兑 tuei⁵⁵	烧 ʂau⁴⁴
锦州	摔 tʂuai⁵⁵	掺 tʂʰan⁵⁵	烧 ʂau⁵⁵
盘锦	摔 suai⁵⁵ 打 ta²¹³	兑 tuei⁵¹	烧 ʂau⁵⁵
兴城	摔 ʂuai⁴⁴	掺 tʂʰan⁴⁴	烧 ʂau⁴⁴
绥中	摔 ʂuai⁵⁵	兑 tuei⁵¹	烧 ʂau⁵⁵
义县	打 ta²¹³ 摔 tʂuai⁴⁴	掺 tʂʰan⁴⁴ 兑 tuei⁵¹	烧 ʂau⁴⁴
北票	摔 tʂuai⁴⁴ 打 ta²¹³	掺 tʂʰan⁴⁴ 兑 tuei⁵¹	烧 ʂau⁴⁴
阜新	摔 tʂuai⁵⁵ 打 ta²¹³	掺 tʂʰan⁵⁵ 兑 tuei⁵¹	烧 ʂau⁵⁵
黑山	摔 tʂuai⁴⁴ 摔 ʂuai⁴⁴ 打 ta²¹³	掺 tʂʰan⁴⁴ 兑 tuei⁵¹	烧 ʂau⁴⁴
昌图	摔 suai³³	兑 tuei⁵¹	烧 ʂau³³
大连	摔 suɛ³¹²	掺 tsʰã³¹²	烧 ʃɔ³¹²
金州 杏树	摔 suɛ³¹²	兑 te⁵²	烧 sɔ³¹²
长海	摔 suai³¹	掺 tsʰan³¹	烧 ʃau³¹
庄河	摔 suai³¹	兑 tei⁵¹	烧 sao³¹
盖州	摔 suai⁴¹²	兑 tuei⁵¹	烧 sau⁴¹²
丹东	摔 ʂuai⁴¹¹	掺 tsʰan⁴¹¹	烧 ʂau⁴¹¹
建平	摔 ʂuɛ⁴⁴	掺 tʂʰã⁴⁴	烧 ʂɔ⁴⁴
凌源	打 ta²¹⁴ 摔 tʂuai⁵⁵	搀 tʂʰan⁵⁵ 兑 tuei⁵¹	烧 ʂau⁵⁵

287

	0859 拆~房子	0860 转~圈儿	0861 捶 用拳头~
沈阳	拆 tsʰai³³	转 tsuan⁴¹	捶 tsʰuei³⁵
本溪	拆 tʂʰai⁴⁴	转 tʂuan⁵¹	捶 tʂʰuei³⁵
辽阳	扒 pa⁴⁴	转 tsuan⁵¹	捶 tsʰuei³⁵
海城	扒 pa⁴⁴	转 tsuan⁵¹	捶 tsʰuei³⁵
开原	拆 tʂʰai⁴⁴	转 tʂuan⁵¹	打 ta²¹³
锦州	扒 pa⁵⁵	转 tsuan⁵¹	捶 tsʰuei³⁵
盘锦	扒 pa⁵⁵ 拆 tsʰai⁵⁵	转 tsuan⁵¹	捶 tsʰuei³⁵
兴城	拆 tsʰai⁴⁴ 扒 pa⁴⁴	转 tsuan⁵¹	捶 tsʰuei³⁵
绥中	扒 pa⁵⁵	转 tsuan⁵¹	撑 tuei²¹³
义县	扒 pa⁴⁴ 拆 tsʰai⁴⁴	转 tsuan⁵¹	捶 tsʰuei³⁵
北票	扒 pa⁴⁴ 拆 tsʰai⁴⁴	转 tsuan⁵¹	捶 tsʰuei³⁵
阜新	扒 pa⁵⁵ 拆 tʂʰai⁵⁵	转 tʂuan²¹³	捶 tʂʰuei³⁵
黑山	扒 pa⁴⁴	转 tʂuan⁵¹	捶 tʂʰuei³⁵ 凿 tsau³⁵
昌图	扒 pa³³ 拆 tʂʰai³³	转么么儿 tsuan⁵¹mə³³mər⁰	锤 tʂʰuei³⁵ 敲打 tɕʰiau³³ta⁰
大连	拆 tsʰɤ²¹³	转 tsuã³¹²	捶 tsʰue³⁴
金州 杏树	拆 tsʰɤ²¹³	转 tsuã³¹²	捶 tsʰue⁵²
长海	拆 tsʰɤ²¹⁴	转 tuan⁵³	捶 tʰuei⁵³
庄河	拆 tsʰə²¹³	转 tsuan⁵¹	捶 tsʰuei⁵¹
盖州	拆 tsʰai²⁴	转 tsuan⁵¹	捶 tsʰuei²⁴
丹东	拆 tʂʰɤ²¹³	转 tʂuan⁵¹	捶 tʂʰuei²⁴
建平	拆 tsʰɛ⁴⁴	转 tʂuã⁵³	锤 tʂuei³⁵
凌源	扒 pa⁵⁵ 拆 tʂʰai⁵⁵	转 tʂuan⁵¹	捶 tʂʰuei³⁵

词汇对照

	0862 打 统称：他~了我一下	0863 打架 动手：两个人在~	0864 休息
沈阳	打 ta²¹³	打架 ta²¹tɕia⁴¹	歇 ɕiɛ³³
本溪	打 ta²²⁴	打仗 ta²¹tʂaŋ⁵¹ 干仗 kan⁵³tʂaŋ⁵¹	歇 ɕiɛ⁴⁴
辽阳	打 ta²¹³	干仗 kan⁵¹tʂaŋ⁵¹	歇 ɕiɛ⁴⁴
海城	打 ta²¹⁴	干仗 kan⁵³tʂaŋ⁵¹	歇会儿 ɕiɛ⁴⁴xuər²¹⁴
开原	打 ta²¹³	打架 ta²¹tɕia⁵¹	歇会儿 ɕiɛ⁴⁴xuər²¹³
锦州	打 ta²¹³	打架 ta²¹tɕia⁵¹ 干仗 kan⁵³tʂaŋ⁵¹	休息 ɕiou⁵⁵ɕi²¹³ 歇 ɕiɛ⁵⁵
盘锦	揍 tsou⁵¹	干仗 kan⁵³tʂaŋ⁵¹ 打仗 ta²¹tʂaŋ⁵¹	歇着 ɕiɛ⁵⁵tsə⁰
兴城	打 ta²¹³	打架 ta²¹tɕia⁵¹	歇着 ɕiɛ⁴⁴tsə⁰
绥中	打 ta²¹³	打仗 ta²¹tʂaŋ⁵¹	歇 ɕiɛ⁵⁵
义县	打 ta²¹³	干仗 kan⁵³tʂaŋ⁵¹ 打架 ta²¹tɕia⁵¹	歇着 ɕiɛ⁴⁴tʂɤ⁰ 休息 ɕiou⁴⁴ɕi²¹³
北票	打 ta²¹³	干仗 kan⁵³tʂaŋ⁵¹ 打仗 ta²¹tʂaŋ⁵¹ 打架 ta²¹tɕia⁵¹	歇着 ɕiɛ⁴⁴tʂɤ⁰ 休息 ɕiou⁴⁴ɕi⁰
阜新	打 ta²¹³	干仗 kan⁵³tʂaŋ⁵¹ 打架 ta²¹tɕia⁵¹	歇着 ɕiɛ⁵⁵tʂə⁰
黑山	打 ta²¹³	干仗 kan⁵³tʂaŋ⁵¹ 打仗 ta²¹tʂaŋ⁵¹	歇着 ɕiɛ⁴⁴tʂɤ⁰ 休息 ɕiou⁴⁴ɕi²¹³
昌图	打 ta²¹³	打仗 ta²¹tʂaŋ⁵¹	歇着 ɕiɛ³³tʂə⁰
大连	打 ta²¹³	打仗 ta²¹tʃaŋ⁵²	歇歇 ɕiɛ³¹ɕiɛ⁰
金州杏树	打 ta²¹³	打仗 ta²¹tsaŋ⁵²	歇歇 ɕiɛ³¹ɕiɛ⁰
长海	打 ta²¹⁴	打仗 ta²¹tʃaŋ⁵³	歇歇 ɕiɛ³¹ɕiɛ⁰
庄河	打 ta²¹³	打架 ta²¹tɕia⁵¹	休息 ɕiəu³¹ɕi⁰
盖州	打 ta²¹³	打仗 ta²¹tsaŋ⁵¹	休息 ɕiəu⁴¹²ɕi²¹³
丹东	打 ta²¹³	打仗 ta²¹tsaŋ⁵¹	歇歇 ɕiɛ⁴¹¹ɕiɛ⁰
建平	打 ta²¹³	干仗 kã⁴²tʂɑ̃⁵³	歇着 ɕiɛ⁴⁴tʂɤ⁰
凌源	打 ta²¹⁴	干仗 kan⁵³tʂaŋ⁵¹ 打仗 ta²¹tʂaŋ⁵¹ 打架 ta²¹tɕia⁵¹	歇着 ɕiɛ⁵⁵tʂau⁰ 休息 ɕiou⁵⁵ɕi²¹

	0865 打哈欠	0866 打瞌睡	0867 睡 他已经~了
沈阳	打哈欠 ta²¹xa³³tsʰɿ⁰	打盹儿 ta²¹tuɚ²¹	睡 ʂuei⁴¹
本溪	打哈欠 ta²¹xa³¹tɕʰi⁰	打瞌睡 ta²¹kʰɤ⁴⁴ʂuei⁵¹	睡 ʂuei⁵¹
辽阳	打哈欠 ta²¹xa⁴⁴tɕʰianº	打盹 ta³⁵tuən²¹³	睡 ʂuei⁵¹
海城	打哈欠 ta³⁵xa⁴⁴tɕʰi⁰	打盹儿 ta³⁵tuɚ²¹⁴	睡 ʂuei⁵¹
开原	打哈欠 ta²¹xa⁴⁴tɕʰi⁰	打盹儿 ta³⁵tuɚ²¹³	睡着 ʂuei⁵³tʂau³⁵
锦州	打哈欠 ta²¹xa⁵⁵tɕʰie⁰	打盹儿 ta³⁵tuɚ²¹³	睡 ʂuei⁵¹
盘锦	打哈欠 ta²¹xa⁵⁵tʰi⁰	打盹儿 ta³⁵tər²¹³ 眯一会儿 mi⁵⁵˙i⁵¹xuər²¹³	睡 ʂuei⁵¹
兴城	打哈睡 ta²¹xa⁴⁴ʂuei⁰	打盹儿 ta³⁵tuər²¹³	睡 ʂuei⁵¹
绥中	打哈欠 ta²¹xa⁵⁵tɕʰian⁰	打瞌睡 ta²¹kʰɤ⁵⁵ʂuei⁰	睡 ʂuei⁵¹
义县	打哈欠 ta²¹xa⁴⁴tɕʰi⁰	打盹儿 ta³⁵tuər²¹³	睡 ʂuei⁵¹
北票	打哈欠 ta²¹xa⁴⁴tʂʰʅ⁰	打瞌睡 ta²¹kʰɤ⁴⁴ʂuei⁰ 打盹儿 ta³⁵tuər²¹³	睡 ʂuei⁵¹
阜新	打哈欠 ta²¹xa⁵⁵tɕʰi⁰	打盹儿 ta³⁵tuər²¹³	睡 ʂuei⁵¹
黑山	打哈欠 ta²¹xa⁴⁴ʂʅ⁰	打瞌睡 ta²¹kʰɤ⁴⁴ʂuei⁰ 打盹儿 ta³⁵tuər²¹³	睡 ʂuei⁵¹
昌图	打哈欠 ta²¹xa³³tʂʰʅ⁰	磕头儿 kʰɤ³³tʰour³⁵	睡 ʂuei⁵¹
大连	打哈欠 ta³⁴xa³¹tʃʰʅ⁰	打瞌睡 ta³⁴kʰa²¹sue⁰	睡 sue⁵²
金州 杏树	打哈欠 ta³⁴a³¹tɕʰi⁰	打瞌睡 ta³⁴kʰa²¹sue⁵²	睡 sue⁵²
长海	打哈欠 ta²⁴xa³¹cʰian⁰	打瞌睡 ta²⁴kʰɤ²¹ʃuei⁵³	睡 ʃuei⁵³
庄河	打哈欠 ta²⁴xa³¹tɕʰi⁰	打瞌睡 ta²⁴kʰa²¹suei⁵¹	睡 suei⁵¹
盖州	打哈欠 ta²⁴xa⁴¹²tsʰʅ⁰	打盹儿 ta²⁴tuər²¹³	睡 ʂuei⁵¹
丹东	打哈欠 ta²⁴xa⁴¹¹tɕʰian⁰	打瞌睡 ta²¹kʰa²⁴ʂuei⁰	睡 ʂuei⁵¹
建平	打哈欠 ta²¹xa⁴⁴tʂʰʅ⁰	打盹儿 ta³⁵tuər²¹³	睡 ʂuei⁵³
凌源	打哈欠 ta²¹xa⁵⁵tʂʰʅ⁰	打瞌睡 ta²¹kʰɤ⁵⁵ʂuei⁰ 打盹儿 ta³⁵tuər²¹	睡 ʂuei⁵¹

	0868 打呼噜	0869 做梦	0870 起床
沈阳	打呼噜 ta²¹xu³³lu⁰	做梦 tsuo⁴¹məŋ⁴¹	起床 ɕi³⁵tsʰuaŋ³⁵
本溪	打呼噜 ta²¹xu⁴⁴lu⁰	做梦 tʂuo⁵³məŋ⁵¹	起床 tɕʰi²¹tʂʰuaŋ³⁵
辽阳	打呼噜 ta²¹xu⁴⁴lu⁰	做梦 tsuo⁵¹məŋ⁵¹	起来 tɕʰi²¹lai⁰
海城	打呼噜儿 ta³⁵xu⁴⁴ləur⁰	做梦 tʂɤ⁵³məŋ⁵¹	起来 tɕʰi²¹⁴lai⁰
开原	打呼儿噜儿 ta²¹xur⁴⁴lur⁰	做梦 tʂɤ⁵³məŋ⁵¹	起来 tɕʰi²¹lai⁰
锦州	打呼噜 ta²¹xu⁵⁵lu⁰	做梦 tʂuo⁵³məŋ⁵¹	起来 tɕʰi²¹lai⁰
盘锦	打呼噜 ta²¹xu⁵⁵lu⁰	做梦 tsuo⁵³məŋ⁵¹	起来 tɕʰi²¹lai⁰
兴城	打呼噜 ta²¹xu⁴⁴lou⁰	做梦 tʂuo⁵¹məŋ⁵¹	起来 tɕʰi²¹lai⁰
绥中	打呼噜 ta²¹xu⁵⁵lu⁰	做梦 tʂuo⁵¹məŋ⁵¹	起来 tɕʰiɛ²¹lai⁰
义县	打呼噜 ta²¹xu⁴⁴lu⁰	做梦 tʂuo⁵³məŋ⁵¹	起来 tɕʰi²¹lai⁰
北票	打呼噜 ta²¹xu⁴⁴lu⁰	做梦 tsuo⁵³məŋ⁵¹	起来 tɕʰi²¹lai⁰
阜新	打呼噜 ta²¹xu⁵⁵lu⁰	做梦 tsou⁵³məŋ⁵¹ 做梦 tsuo⁵³məŋ⁵¹	起来 tɕʰi²¹lai⁰
黑山	打呼噜 ta²¹xu⁴⁴lu⁰	做梦 tʂuo⁵³məŋ⁵¹	起来 tɕʰiɛ²¹lai⁰
昌图	睡着了 ʂuei⁵¹tʂau³⁵lə⁰	做梦 tsuo⁵³məŋ⁵¹ 做梦 tsou⁵³məŋ⁵¹	起来 tɕʰiɛ²¹lai⁰
大连	打呼噜 ta³⁴xu³¹lu⁰	做梦 tsəu⁵²məŋ⁵²	起床 tɕʰi²¹tsʰuaŋ³⁴
金州杏树	打呼噜 ta³⁴xu³¹luŋ⁰	做梦 tsəu⁵²məŋ⁵²	起床 tɕʰi²¹tsʰuaŋ⁵²
长海	打呼噜 ta²⁴xu³¹lu⁰	做梦 tuə⁵³məŋ⁵³	起炕 ɕʰi²¹kʰaŋ⁵³
庄河	打呼噜 ta²⁴xu³¹luŋ⁰	做梦 tsəu⁵³məŋ⁵¹	起床 tɕʰi²¹tsʰuaŋ⁵¹
盖州	打呼噜儿 ta²⁴xu⁴¹²ləur⁰ 打呼儿 ta²⁴xur⁴¹²	做梦 tsuɤ⁵¹məŋ⁵¹	起来 tɕʰi²¹lai⁰
丹东	打呼噜 ta²⁴xu⁴¹¹lu⁰	做梦 tsuo⁵³məŋ⁵¹	起床 tɕʰi²¹tsʰuaŋ²⁴
建平	打呼噜 ta²¹xu⁴⁴lu⁰	做梦 tʂəu⁴²məŋ⁵³	起来 tɕʰie²¹lɛ⁰
凌源	打呼噜儿 ta²¹xu⁵⁵lur⁰	做梦 tsou⁵³məŋ⁵¹ 做梦 tsuo⁵³məŋ⁵¹	起来 tɕʰi²¹lai⁰

	0871 刷牙	0872 洗澡	0873 想 思索：让我～一下
沈阳	刷牙 ʂua³³ia³⁵	洗澡儿 ɕi³⁵tʂaur²¹	合计 xɤ³⁵tɕi⁰
本溪	刷牙 ʂua⁴⁴ia³⁵	洗澡儿 ɕi³⁵tʂaur²²⁴	合计 xɤ³⁵tɕi⁰
辽阳	刷牙 ʂua⁴⁴ia³⁵	洗澡 ɕi³⁵tʂau²¹³	合计 xɤ³⁵tɕi⁰
海城	刷牙 ʂua³⁵ia³⁵	洗澡儿 ɕi³⁵tʂaur²¹⁴	寻思 ɕin³⁵sɿ⁰
开原	刷牙 ʂua⁴⁴ia³⁵	洗澡儿 ɕi³⁵tʂaur²¹³	寻思 ɕin³⁵sɿ⁰
锦州	刷牙 ʂua⁵⁵ia³⁵	洗澡儿 ɕi³⁵tʂaur²¹³	寻思 ɕin³⁵sɿ⁰
盘锦	刷牙 ʂua⁵⁵ia³⁵	烫澡 tʰaŋ⁵¹tʂau²¹³ 泡澡 pʰau⁵¹tʂau²¹³	寻思 ɕiən³⁵sɿ⁰
兴城	刷牙 ʂua⁴⁴ia³⁵	洗澡儿 ɕi³⁵tʂaur²¹³	寻思 ɕin³⁵sɿ⁰ 想 ɕiaŋ²¹³
绥中	刷牙 ʂua⁵⁵ia³⁵	洗澡 ɕi³⁵tʂau²¹³	寻思 ɕin³⁵sɿ⁰
义县	刷牙 ʂua⁴⁴ia³⁵	洗澡儿 ɕi³⁵tʂaur²¹³	寻思 ɕin³⁵sɿ⁰ 想 ɕiaŋ²¹³ 思想儿 sɿ⁴⁴ɕiãr⁰
北票	刷牙 ʂua⁴⁴ia³⁵	洗澡儿 ɕi³⁵tʂaur²¹³	寻思 ɕiən³⁵sɿ⁰ 琢磨 tsuo³⁵mɤ⁰ 想 ɕiaŋ²¹³
阜新	刷牙 ʂua⁵⁵ia³⁵	洗澡儿 ɕi³⁵tʂaur²¹³	寻思 ɕin³⁵sɿ⁰ 琢磨 tsuo³⁵mə⁰ 合计 xɤ³⁵tɕi⁰
黑山	刷牙 ʂua⁴⁴ia³⁵	洗澡儿 ɕi³⁵tʂaur²¹³	想 ɕiaŋ²¹³ 寻思 ɕiən³⁵sɿ⁰
昌图	刷牙 ʂua³³ia³⁵	洗澡儿 ɕi³⁵tʂaur²¹³	寻思 ɕiən³⁵sɿ⁰ 琢磨 tsuo³⁵mə⁰
大连	刷牙 ʂua²¹ia³⁴	洗澡 ɕi³⁴tso²¹³	想 ɕiaŋ²¹³
金州杏树	刷牙 ʂua³⁴ia³¹²	洗澡儿 ɕi³⁴tsɔr²¹³	寻思 ɕĩ⁵²sɿ⁰
长海	刷牙 sua²⁴ia³¹	洗澡 ʃĩ²⁴tsau²¹⁴	想 ʃaŋ²¹⁴
庄河	刷牙 ʂua³³ia³¹	洗澡儿 ɕi²⁴tsaur²¹³	想 ɕiaŋ²¹³
盖州	刷牙 ʂua²¹ia²⁴	洗澡儿 ɕi³⁵tʂaur²¹³	想 ɕiaŋ²¹³
丹东	刷牙 ʂua²¹ia²⁴	洗澡儿 ɕi²⁴tsaur²¹³	想 ɕiaŋ²¹³
建平	刷牙 ʂua⁴⁴ia³⁵	洗澡儿 ɕi³⁵tsɔr²¹³	寻思 ɕĩ³⁵sɿ⁰
凌源	刷牙 ʂua⁵⁵ia³⁵	洗澡儿 ɕi³⁵tʂaur²¹	寻思 ɕin³⁵sɿ⁰ 琢磨 tsuo³⁵mɤ⁰ 想 ɕiaŋ²¹⁴

	0874 想 想念：我很～他	0875 打算 我～开个店	0876 记得
沈阳	想 ɕiaŋ²¹³	打算 ta²¹suan⁰	记得 tɕi⁴tə⁰
本溪	想 ɕiaŋ²²⁴	打算 ta²¹suan⁵¹	记得 tɕi⁵¹tɤ⁰
辽阳	想 ɕiaŋ²¹³	合计 xɤ³⁵tɕi⁰	记得 tɕi⁵¹tɤ⁰
海城	想 ɕiaŋ²¹⁴	想 ɕiaŋ²¹⁴	记得儿 tɕi⁵¹tɤr²¹⁴
开原	想 ɕiaŋ²¹³	想 ɕiaŋ²¹³	记得 tɕi⁵³tə⁰
锦州	想 ɕiaŋ²¹³	想 ɕiaŋ²¹³	记着 tɕi⁵¹tʂə⁰
盘锦	想 ɕiaŋ²¹³	打算 ta²¹suan⁰	记得 tɕi⁵¹tə⁰
兴城	想 ɕiaŋ²¹³	想 ɕiaŋ²¹³ 打算 ta²¹ʂuan⁵¹	记得 tɕi⁵¹tə⁰
绥中	想 ɕiaŋ²¹³	打算 ta²¹ʂuan⁵¹	记着 tɕi⁵¹tʂɤ⁰
义县	想 ɕiaŋ²¹³	打算 ta²¹ʂuan⁵¹	记得 tɕi⁵¹tɤ⁰
北票	想 ɕiaŋ²¹³	打算 ta²¹suan⁵¹	记得 tɕi⁵¹tɤ⁰
阜新	想 ɕiaŋ²¹³	打算 ta²¹suan⁰ 准备 tʂuən²¹pei⁵¹	记得 tɕi⁵¹tə⁰
黑山	想 ɕiaŋ²¹³	打算 ta²¹suan⁵¹ 准备 tʂuən²¹pei⁵¹	记得 tɕi⁵¹tɤ⁰
昌图	想 ɕiaŋ²¹³	合计 xɤ³⁵tɕi⁰	记住 tɕi⁵³tʂu⁵¹ 别忘了 piɛ³⁵uaŋ⁵¹lə⁰
大连	想 ɕiaŋ²¹³	想 ɕiaŋ²¹³	记得 tɕi⁵²tə⁰
金州 杏树	想 ɕiaŋ²¹³	打算 ta⁵²sã⁰	记得 tɕi⁵²tə⁰
长海	想 ʃaŋ²¹⁴	打算 ta²¹suan⁵³	记得 ci⁵³tə⁰
庄河	想 ɕiaŋ²¹³	打算 ta²¹suan⁵¹	记得 tɕi⁵¹tə⁰
盖州	惦记 tian⁵¹tɕi⁰ 想 ɕiaŋ²¹³	合计 xɤ²⁴tɕi⁰ 打算 ta²¹suan²¹³	记得 tɕi⁵¹tɤ⁰
丹东	想 ɕiaŋ²¹³	打谱儿 ta²⁴pʰur²¹³	记得 tɕi⁵¹tə⁰
建平	想 ɕiã²¹³	想着 ɕiã²¹tʂə⁰ 盘算 pʰã³⁵suã⁵³	记着 tɕi⁵³tʂə⁰
凌源	想 ɕiaŋ²¹⁴	打算 ta²¹suan⁵¹	记得 tɕi⁵¹tɤ⁰

	0877 忘记	0878 怕害怕：你别~	0879 相信我~你
沈阳	忘了 vaŋ⁴¹lə⁰	怕 pʰa⁴¹	相信 ɕiaŋ³³ɕin⁴¹
本溪	忘 uaŋ⁵¹	怕 pʰa⁵¹	相信 ɕiaŋ⁴⁴ɕin⁵¹
辽阳	忘 uaŋ⁵¹	怕 pʰa⁵¹	相信 ɕiaŋ⁴⁴ɕin⁵¹
海城	忘 uaŋ⁵¹	害怕 xai³⁵pʰa⁵¹	相信 ɕiaŋ⁴⁴ɕin⁵¹
开原	忘 uaŋ⁵¹	怕 pʰa⁵¹	信 ɕin⁵¹ 相信 ɕiaŋ⁴⁴ɕin⁵¹
锦州	忘了 uaŋ⁵¹lə⁰	怕 pʰa⁵¹	信着 ɕin⁵¹tʂau⁰
盘锦	忘了 uaŋ⁵¹lə⁰ 记不住 tɕi⁵³puˀtʂu⁵¹	害怕 xai³⁵pʰa⁵¹	信着 ɕiən⁵³tʂau³⁵
兴城	忘 uaŋ⁵¹	怕 pʰa⁵¹	信着 ɕin⁵¹tʂau⁰
绥中	忘了 vaŋ⁵¹lɤ⁰	怕 pʰa⁵¹	信着 ɕin⁵¹tʂɤ⁰
义县	忘 uaŋ⁵¹	怕 pʰa⁵¹ 害怕 xai³⁵pʰa⁵¹	信得着 ɕin⁵³tɤ⁰tʂau³⁵ 相信 ɕiaŋ⁴⁴ɕin⁵¹
北票	忘 uaŋ⁵¹	害怕 xai⁴⁴pʰa⁵¹ 怕 pʰa⁵¹	信得着 ɕiən⁵¹tɤ⁰tʂau³⁵ 相信 ɕiaŋ⁴⁴ɕiən⁵¹
阜新	忘 uaŋ⁵¹ 记不住 tɕi⁵³puˀtʂu⁵¹	害怕 xai³⁵pʰa⁵¹	信着 ɕin⁵¹tʂau⁰
黑山	忘 uaŋ⁵¹	害怕 xai³⁵pʰa⁵¹ 怕 pʰa⁵¹	信得着 ɕiən⁵¹tɤ⁰tʂau³⁵
昌图	忘了 uaŋ⁵¹lə⁰	怕 pʰa⁵¹	信得过 ɕiən⁵³tə⁰kuo⁵¹
大连	忘了 uaŋ⁵²lə⁰	怕 pʰa⁵²	相信 ɕiaŋ³¹ɕĩ⁵²
金州杏树	忘了 uaŋ⁵²lə⁰	怕 pʰa⁵²	相信 ɕiaŋ³¹ɕĩ⁵²
长海	忘 uaŋ⁵³	怕 pʰa⁵³	相信 ʃaŋ³¹ʃiən⁵³
庄河	忘 uaŋ⁵¹	怕 pʰa⁵¹	相信 ɕiaŋ³¹ɕin⁵¹
盖州	忘 uaŋ⁵¹	怕 pʰa⁵¹	相信 ɕiaŋ⁴¹²ɕin⁵¹
丹东	忘记 uaŋ⁵¹tɕi⁰	怕 pʰa⁵¹	信 ɕin⁵¹
建平	忘了 vã⁵³lə⁰	害怕 xɛ⁴²pʰa⁵³	信着 ɕi⁵³tʂɔ⁰
凌源	忘 vaŋ⁵¹	怕 pʰa⁵¹ 害怕 xai³⁵pʰa⁵¹	信得着 ɕin⁵¹tɤ⁰tʂau³⁵ 相信 ɕiaŋ⁵⁵ɕin⁵¹

	0880 发愁	**0881 小心**过马路要~	**0882 喜欢**~看电视
沈阳	犯愁 fan⁴¹tsʰou³⁵	小心 ɕiau²¹ɕin³³	喜欢 ɕi²¹xuan⁰
本溪	发愁 fa⁴⁴tsʰou³⁵	小心 ɕiau²¹ɕin⁰	喜欢 ɕi²¹xuan⁰
辽阳	愁 tsʰou³⁵	加小心 tɕia⁴⁴ɕiau²¹ɕin⁰	喜欢 ɕi²¹xuan⁰
海城	愁 tʂʰəu³⁵	加点儿小心 tɕia⁴⁴tiɚ³⁵ɕiau²¹⁴ɕin⁰	爱 ai⁵¹
开原	犯愁 fan⁵³tʂʰou³⁵	小心 ɕiau²¹ɕin⁰	喜欢 ɕi²¹xuan⁴⁴
锦州	愁 tʂʰou³⁵	加小心 tɕia⁵⁵ɕiau²¹ɕin⁰	爱 ai⁵¹
盘锦	发愁 fa⁵⁵tʂʰou³⁵ 犯愁 fan⁵³tʂʰou³⁵	加小心 tɕia⁵⁵ɕiau²¹ɕiən⁰	乐意 lɤ⁵³i⁰
兴城	愁 tʂʰou³⁵	加小心 tɕia⁴⁴ɕiau²¹ɕin⁰	喜欢 ɕi²¹xuan⁰ 愿意 yan⁵¹i⁰
绥中	愁 tʂʰou³⁵	加小心 tɕia⁵⁵ɕiau²¹ɕin⁰	稀罕 ɕiɛ⁵⁵xan⁰
义县	犯愁 fan⁵³tʂʰou³⁵	加小心 tɕia⁴⁴ɕiau²¹ɕin⁰	乐意 lɤ⁵³i⁵¹ 爱 ai⁵¹ 好 xau⁵¹
北票	发愁 fa⁴⁴tʂʰou³⁵	加点儿小心 tɕia⁴⁴tiɚ³⁵ɕiau²¹ɕiən⁴⁴	爱 nai⁵¹ 好 xau⁵¹ 乐意 lɤ⁵³i⁵¹
阜新	犯愁 fan⁵³tʂʰou³⁵	加小心 tɕia⁵⁵ɕiau²¹ɕin⁰	乐意 lɤ⁵¹i⁰ 愿意 yan⁵¹i⁰
黑山	犯愁 fan⁵³tʂʰou³⁵	加点儿小心 tɕia⁴⁴tiɚ³⁵ɕiau²¹ɕiən⁰	乐意 lɤ⁵¹i⁰ 好 xau⁵¹
昌图	犯愁 fan⁵¹tʂʰou³⁵	小心 ɕiau²¹ɕiən³³	爱 ai⁵¹
大连	发愁 fa²¹tsʰəu³⁴	小心 ɕiɔ²¹ɕĩ⁰	稀罕 ɕi³¹xã⁰
金州杏树	发愁 fa²¹tsʰəu⁵²	小心 ɕiɔ²¹ɕĩ⁰	稀罕 ɕiɛ³¹xã⁰
长海	发愁 fa³³tsʰəu⁵³	小心 ʃiau²¹ʃiən³¹	喜欢 ɕi²⁴xuan³¹
庄河	发愁 fa²¹tsʰəu⁵¹	小心 ɕiao²¹ɕin⁰	喜欢 ɕi²⁴xuan³¹
盖州	愁 tsʰəu²⁴	加小心 tɕia⁴¹²ɕiau²¹ɕin⁰	乐意 lɤ⁵¹i⁵¹ 爱 ai⁵¹
丹东	着急 tsʰau²¹tɕi⁰	小心 ɕiau²¹ɕin⁰	稀罕 ɕi⁴¹¹xan⁰
建平	犯愁 fã⁵³tʂʰəu³⁵	加小心 tɕia⁴⁴ɕiɔ²¹ɕĩ⁰	喜欢 ɕi²¹xuã⁰
凌源	犯愁 fan⁵³tʂʰou³⁵	加点儿小心 tɕia⁵⁵tiɚ⁰ɕiau²¹ɕin⁰	爱 nai⁵¹ 乐意 lɤ⁵¹i⁰ 愿意 yan⁵¹i⁰

	0883 讨厌~这个人	0884 舒服凉风吹来很~	0885 难受生理的
沈阳	烦 fan^{35}	坦然 t^{h}an^{21}ian^0	难受 nan^{35}ṣou^{41}
本溪	硌硬 kɤ^{51}iŋ^0	好受 xau^{21}ṣou^{51}	难受 nan^{35}ṣou^{51}
辽阳	烦 fan^{35}	舒服 ṣu^{44}fu^0	不得劲儿 pu^{51}tɤ^{35}tɕiər^{51}
海城	烦 fan^{35}	得劲儿 tɤ^{21}tɕiər^{51}	不得劲儿 pu^{51}tɤ^{21}tɕiər^{51}
开原	烦 fan^{35}	得劲儿 tei^{21}tɕiər^{51}	难受 nan^{35}ṣou^{51}
锦州	烦 fan^{35}	舒服 ṣu^{55}fu^0 得劲儿 tei^{21}tɕiər^{51}	难受 nan^{35}ṣou^{51}
盘锦	硌硬 kɤ^{51}iəŋ^0 烦 fan^{35}	得劲儿 tɤ^{21}tɕiər^{51} 熨着 zu̩^{55}tau^0	不得劲儿 pu^{51}tɤ^{21}tɕiər^{51} 不熨着 pu^{51}zu̩^{55}tau^0
兴城	烦弃 fan^{35}tɕ^{h}i^0	舒服 ṣu^{44}fu^0	难受 nan^{35}ṣou^{51}
绥中	烦 fan^{35}	熨着 zu̩^{55}tṣuo^0	难受 nan^{35}ṣou^{51}
义县	烦 fan^{35} 硌硬 kɤ^{51}iŋ^0	得劲儿 tei^{21}tɕiər^{51}	不在喜 pu^{35}tai^{53}ɕi^{51} 不得劲儿 pu^{53}tei^{21}tɕiər^{51}
北票	烦 fan^{35} 硌硬 kɤ^{51}iəŋ^0	舒服 ṣu^{44}fu^0 得劲儿 tei^{21}tɕiər^{51}	难受 nan^{35}ṣou^{51} 不得劲儿 pu^{53}tei^{21}tɕiər^{51}
阜新	烦 fan^{35} 硌硬 kɤ^{51}iŋ^0	得劲儿 tei^{21}tɕiər^{51} 好受 xau^{21}ṣou^{51}	不在喜 pu^{53}tai^{53}ɕi^0 不得劲儿 pu^{53}tei^{21}tɕiər^{51}
黑山	烦 fan^{35} 硌硬 kɤ^{51}iəŋ^0	得劲儿 tei^{21}tɕiər^{51} 好受 xau^{21}ṣou^{51} 舒服 ṣu^{44}fu^0	不得劲儿 pu^{53}tei^{21}tɕiər^{51} 不好受 pu^{53}xau^{21}ṣou^{51} 难受 nan^{35}ṣou^{51}
昌图	烦 fan^{35}	舒坦 ṣu^{33}t^{h}an^0 熨着 zu̩^{33}tṣuo^0	不得劲儿 pu^{51}tɤ^{21}tɕiər^{51}
大连	讨厌 t^{h}ɔ^{21}iɛ̃^{52}	舒服 ʃu^{31}fu^0	难受 nã^{34}ʃəu^{52}
金州 杏树	硌硬 kɤ^{52}iŋ^0	舒擞 ɕy$^-$səu$^-$	难受 nã^{31}səu^{52}
长海	够 kəu^{53}	舒服 ʃy^{31}fu^0	难受 nan^{53}ʃəu^{53}
庄河	讨厌 t^{h}ao^{21}ian^{51}	舒服 ɕy^{31}fu^0	难受 nan^{53}səu^{51}
盖州	烦 fan^{24}	熨 y^{21}tsuɤ^0 舒服 su^{412}fu^0	不熨着 pu^{51}y^{21}tsuɤ^0 难受 nan^{24}səu^{51}
丹东	硌硬 kɤ^{51}iəŋ^0	好受 xau^{21}ṣou^{51}	不好受 pu^{51}xau^{21}ṣou^{51}
建平	嫌乎 ɕiã^{35}xu^0 烦乎 fã^{35}xu^0	熨着 zu̩^{44}tsuə^0	不熨着 pu^{53}zu̩^{44}tsuə^0
凌源	烦 fan^{35} 硌硬 kɤ^{51}iŋ^0	舒服 ṣu^{55}fu^0 好受 xau^{21}ṣou^{51} 得劲儿 tei^{21}tɕiər^{51}	难受 nan^{35}ṣou^{51} 不好受 pu^{53}xau^{21}ṣou^{51} 不得劲儿 pu^{53}tei^{21}tɕiər^{51}

	0886 难过 心理的	0887 高兴	0888 生气
沈阳	难受 nan³⁵sou⁴¹	高兴 kau³³ɕiŋ⁴¹	生气 ʂəŋ³³tɕʰi⁴¹
本溪	难过 nan³⁵kuo⁵¹	高兴 kau⁴⁴ɕiŋ⁵¹	生气 ʂəŋ⁴⁴tɕʰi⁵¹
辽阳	难受 nan³⁵sou⁵¹	高兴 kau⁴⁴ɕiŋ⁵¹	生气 ʂəŋ⁴⁴tɕʰi⁵¹
海城	不好受 pu⁵¹xau²¹ʂəu⁵¹	高兴 kau⁴⁴ɕiŋ⁰	生气 ʂəŋ⁴⁴tɕʰi⁵¹
开原	难过 nan³⁵kuɤ⁵¹	高兴 kau⁴⁴ɕiŋ⁵¹	生气 ʂəŋ⁴⁴tɕʰi⁵¹
锦州	难受 nan³⁵ʂou⁵¹	高兴 kau⁵⁵ɕiŋ⁵¹	生气 ʂəŋ⁵⁵tɕʰi⁵¹
盘锦	不得劲儿 pu⁵¹tɤ²¹tɕiər⁵¹	乐呵儿 lɤ⁵¹xɤr⁰	生气 ʂəŋ⁵⁵tɕʰi⁵¹
兴城	难受 nan³⁵sou⁵¹	高兴 kau⁴⁴ɕiŋ⁵¹	生气 ʂəŋ⁴⁴tɕʰi⁵¹
绥中	难受 nan³⁵sou⁵¹	高兴 kau⁵⁵ɕiəŋ⁵¹	生气 ʂəŋ⁵⁵tɕʰi⁵¹
义县	难受 nan³⁵sou⁵¹ 搅和 tɕiau²¹xuo⁰	高兴 kau⁴⁴ɕiŋ⁵¹	生气 ʂəŋ⁴⁴tɕʰi⁵¹
北票	难受 nan³⁵sou⁵¹ 不得劲儿 pu⁵³tei²¹tɕiər⁵¹	高兴 kau⁴⁴ɕiəŋ⁵¹ 乐呵儿 lɤ⁵¹xɤr⁰	生气 ʂəŋ⁴⁴tɕʰi⁵¹
阜新	心里不是滋味儿 ɕin⁵⁵li²¹pu³⁵ʂʅ⁵⁵tsʅuər⁰	欢气 xuan⁵⁵tɕʰi⁰	生气 ʂəŋ⁵⁵tɕʰi⁵¹
黑山	不得劲儿 pu⁵³tei²¹tɕiər⁵¹ 不好受 pu⁵³xau²¹sou⁵¹ 难受 nan³⁵ʂou⁵¹	乐呵儿 lɤ⁵¹xɤr⁰	生气 ʂəŋ⁴⁴tɕʰi⁵¹
昌图	难受 nan³⁵ʂou⁵¹	乐呵儿 lɤ⁵¹xər⁰	气坏了 tɕʰi⁵³xuai⁵¹lə⁰ 不高兴 pu⁵³kau³³ɕiəŋ⁵¹
大连	难过 nã³⁴kuə⁵²	高兴 kɔ³¹ɕiŋ⁵²	生气 ʂəŋ³¹tɕʰi⁵²
金州杏树	难过 nã³¹kuə⁵²	高兴 kɔ³¹ɕiŋ⁵²	生气 ʂəŋ³¹tɕʰi⁵²
长海	难过 nan⁵³kuə⁵³	高兴 kau³¹ɕiŋ⁵³	生气 ʂəŋ³¹cʰi⁵³
庄河	难过 nan⁵³kuə⁵¹	高兴 kao³¹ɕiŋ⁵¹	生气 ʂəŋ³¹tɕʰi⁵¹
盖州	难过 nan²⁴kuɤ⁵¹	乐呵儿 lɤ⁵¹xɤr⁰	生气 ʂəŋ⁴¹²tɕʰi⁵¹
丹东	辛苦 ɕin⁴¹¹kʰu⁰	高兴 kau⁴¹¹ɕiŋ⁵¹	生气 ʂəŋ⁴¹¹tɕʰi⁵¹
建平	心难受 ɕĩ⁴⁴nã³⁵ʂəu⁵³	乐呵 lɤ⁵³xə⁰	生气 ʂəŋ⁴⁴tɕi⁵³
凌源	难受 nan³⁵sou⁵¹ 不得劲儿 pu⁵³tei²¹tɕiər⁵¹	高兴 kau⁵⁵ɕiŋ⁵¹ 乐呵儿 lɤ⁵¹xɤr⁰	生气 ʂəŋ⁵⁵tɕʰi⁵¹

	0889 责怪	0890 后悔	0891 忌妒
沈阳	埋怨 man^{35}yan^{41}	后悔 xou^{41}xuei^{21}	忌妒 tɕi^{41}tu^{0}
本溪	怪 kuai^{51}	后悔 xou^{51}xuei^{224}	眼气 ian^{21}tɕhi^{51}
辽阳	怪 kuai^{51}	后悔 xou^{51}xuei^{213}	眼气 ian^{21}tɕhi^{0}
海城	埋怨 man^{35}yan^{0}	后悔 xəu^{51}xuei^{214}	妒忌 tu^{51}tɕi^{0}
开原	说 ʂuɤ^{44}	后悔 xou^{53}xuei^{213}	红眼 xuŋ^{35}ian^{213}
锦州	埋怨 man^{35}yan^{0}	后悔 xou^{53}xuei^{213}	气得慌 tɕhi^{51}ti^{0}xuaŋ^{0}
盘锦	埋怨 man^{35}yan^{51} 怪 kuai^{51}	后悔 xou^{51}xuei^{213}	眼气 ian^{21}tɕhi^{51}
兴城	埋怨 man^{35}yan^{51}	后悔 xou^{51}xuei^{213}	气得慌 tɕhi^{51}ti^{0}xəŋ^{0}
绥中	说 ʂuo^{55}	后悔 xou^{51}xuei^{213}	忌妒 tɕi^{51}tu^{0}
义县	怪 kuai^{51} 埋怨 man^{35}yan^{0}	后悔 xou^{53}xuei^{213}	眼气 ian^{21}tɕhi^{51}
北票	怨 yan^{51} 赖 lai^{51} 埋怨 man^{35}yan^{0}	后悔 xou^{53}xuei^{213}	眼气 ian^{21}tɕhi^{51}
阜新	埋怨 man^{35}yan^{0}	后悔 xou^{53}xuei^{213}	眼气 ian^{21}tɕhi^{51} 气巴肚子 tɕhi^{51}pa^{0}tu^{21}tsa^{0}
黑山	埋怨 man^{35}yan^{51} 怨 yan^{51} 怪 kuai^{51}	后悔 xou^{53}xuei^{213}	眼气 ian^{21}tɕhi^{51}
昌图	埋怨 man^{35}yan^{0}	后悔 xou^{51}xuei^{213}	忌妒 tɕi^{51}tu^{0}
大连	责怪 tsɤ^{34}kuɛ^{52}	后悔 xəu^{52}xue^{213}	忌妒 tɕi^{52}tu^{0}
金州杏树	埋怨 mɛ^{31}yɛ̃^{0}	后悔 xəu^{52}xue^{213}	忌妒 tɕi^{52}tu^{0}
长海	怪 kuai^{53}	后悔 xəu^{53}xuei^{214}	眼气 ian^{24}chi^{0}
庄河	怪 kuai^{51}	后悔 xəu^{51}xuei^{213}	眼气 ian^{21}tɕhi^{0}
盖州	埋怨 man^{24}yan^{0}	后悔 xəu^{51}xuei^{213}	忌妒 tɕi^{51}tu^{0}
丹东	数落 ʂuo^{21}luo^{0}	后悔 xou^{51}xuei^{213}	眼气 ian^{21}tɕhi^{0}
建平	埋怨 mã^{35}yɛ̃^{53}	后悔 xəu^{53}xuei^{213}	气得慌 tɕi^{53}tə^{0}xuɑ̃^{0}
凌源	怪 kuai^{51} 埋怨 man^{35}yan^{0}	后悔 xou^{53}xuei^{21}	眼气 iɛn^{21}tɕhi^{51} 眼馋 iɛn^{21}tʂhan^{35}

	0892 害羞	0893 丢脸	0894 欺负
沈阳	害臊 xai³⁵sau⁴¹	丢脸 tiou³⁵lian²¹	欺负 tɕʰi³³fu⁰
本溪	害臊 xai⁵³sau⁵¹	丢脸 tiou⁴⁴lian²²⁴	欺负 tɕʰi³¹fu⁰
辽阳	害臊 xai⁵¹sau⁵¹	丢人 tiou⁴⁴in³⁵	熊 ɕyŋ³⁵
海城	不好意思 pu⁵¹xau²¹i⁵¹sʅ⁰	丢人 tiəu⁴⁴in³⁵	欺负 tɕʰi⁴⁴fu⁰
开原	害臊 xai⁵³ʂau⁵¹	丢人 tiou⁴⁴zən³⁵	欺负 tɕʰi⁴⁴fu⁰
锦州	害臊 xai³⁵ʂau⁵¹	丢脸 tiou⁵⁵lian²¹³	欺负 tɕʰi⁵⁵fu⁰
盘锦	害臊 xai³⁵sau⁵¹	砢碜 kʰɤ⁵⁵tsʰən⁰ 丢砢碜 tiou⁵⁵kʰɤ⁵⁵tʂʰən⁰	熊人 ɕyəŋ³⁵iən³⁵
兴城	臊 ʂau⁵¹	丢人 tiou⁴⁴in³⁵	欺负 tɕʰi⁴⁴fu⁰
绥中	不好意思 pu⁵¹xau²¹i⁵¹sʅ⁰	砢碜 kʰɤ⁵⁵tʂʰən⁰	欺负 tɕʰi⁵⁵fu⁰
义县	害羞 xai³⁵ɕiou⁴⁴ 面矮 mian⁵³ai²¹³	丢人 tiou⁴⁴zən³⁵ 丢脸 tiou⁴⁴lian²¹³	熊 ɕyŋ³⁵
北票	害羞 xai⁵³ɕiou⁴⁴ 不好意思 pu⁵³xau²¹i⁵¹sʅ⁰	丢人 tiou⁴⁴zən³⁵ 丢脸 tiou⁴⁴lian²¹³	熊 ɕyŋ³⁵ 欺负 tɕʰi⁴⁴fu⁰
阜新	害臊 xai⁵³sau⁵¹	丢砢碜 tiou⁵⁵kʰɤ⁵⁵tʂʰən⁰ 丢人 tiou⁵⁵zən³⁵	熊 ɕyŋ³⁵
黑山	害臊 xai³⁵ʂau⁵¹	丢砢碜 tiou⁴⁴kʰɤ⁴⁴tʂʰən⁰ 丢人 tiou⁴⁴iən³⁵	熊 ɕyŋ³⁵
昌图	磨不开 mə⁵¹pu⁰kʰai³³	丢人 tiou³³iən³⁵ 砢碜 kʰɤ³³tʂʰən⁰	熊人 ɕyəŋ³⁵iən³⁵
大连	害臊 xɛ⁵²sɔ⁵²	丢人 tiəu³¹ĩ³⁴	欺负 tɕʰi³¹fu⁰
金州 杏树	害臊 xɛ⁵²sɔ⁵²	丢人 tiəu³⁴ĩ³¹²	欺负 tɕʰi³¹fu⁰
长海	害臊 xai⁵³sau⁵³	丢脸 tiəu³¹lian²¹⁴	欺负 cʰi³¹fu⁰
庄河	害臊 xai⁵³sao⁵¹	丢脸 tiəu³¹lian²¹³	欺负 tɕʰi³¹fu⁰
盖州	害臊 xai⁵¹sau⁵¹	丢人 tiəu⁴¹²in²⁴	欺负 tɕʰi⁴¹²fu⁰
丹东	害臊 xai⁵³sau⁵¹	丢人 tiou⁴¹¹in²⁴	欺负 tɕʰi⁴¹¹fu⁰
建平	害臊 xɛ⁴²sɔ⁵³	丢人 tiəu⁴⁴zə̃³⁵	熊人 ɕyŋ³⁵zə̃³⁵
凌源	害臊 xai³⁵sau⁵¹	丢脸 tiou⁵⁵liɛn²¹ 丢人 tiou⁵⁵zən³⁵	熊 ɕyŋ³⁵ 欺负 tɕʰi⁵⁵fu⁰

	0895 装~病	0896 疼~小孩儿	0897 要我~这个
沈阳	装 tsuaŋ³³	疼 tʰəŋ³⁵	要 iau⁴¹
本溪	装 tʂuaŋ⁴⁴	疼 tʰəŋ³⁵	要 iau⁵¹
辽阳	装 tʂuaŋ⁴⁴	疼 tʰəŋ³⁵	要 iau⁵¹
海城	装 tʂuaŋ⁴⁴	惯 kuan⁵¹	要 iau⁵¹
开原	装 tʂuaŋ⁴⁴	惯 kuan⁵¹	要 iau⁵¹
锦州	装 tʂuaŋ⁵⁵	心疼 ɕin⁵⁵tʰəŋ³⁵	要 iau⁵¹
盘锦	装 tʂuaŋ⁵⁵	惯 kuan⁵¹ 疼 tʰəŋ³⁵	要 iau⁵¹
兴城	装憨儿 tʂuaŋ⁴⁴xɚ⁴⁴	心疼 ɕin⁴⁴tʰəŋ³⁵	要 iau⁵¹
绥中	装 tʂuaŋ⁵⁵	疼 tʰəŋ³⁵	要 iau⁵¹
义县	装 tʂuaŋ⁴⁴	疼 tʰəŋ³⁵	要 iau⁵¹
北票	装 tʂuaŋ⁴⁴	疼 tʰəŋ³⁵	要 iau⁵¹
阜新	装 tʂuaŋ⁵⁵	疼 tʰəŋ³⁵	要 iau⁵¹
黑山	装 tʂuaŋ⁴⁴	疼 tʰəŋ³⁵	要 iau⁵¹
昌图	装 tʂuaŋ³³	心疼 ɕiən³³tʰəŋ³⁵	要 iau⁵¹
大连	装 tsuaŋ³¹²	疼 tʰəŋ³⁴	要 iɔ⁵²
金州杏树	装 tsuaŋ³¹²	疼 tʰəŋ⁵²	要 iɔ⁵²
长海	装 tuaŋ³¹	疼 tʰəŋ⁵³	要 iau⁵³
庄河	装 tsuaŋ³¹	高贵 kao³¹kuei⁰	要 iao⁵¹
盖州	装 tsuaŋ⁴¹²	宠 tsʰuŋ²¹³ 惯 kuan⁵¹	要 iau⁵¹
丹东	装 tʂuaŋ⁴¹¹	疼 tʰəŋ²⁴	要 iau⁵¹
建平	装 tʂuã⁴⁴	疼 tʰəŋ³⁵	要 iɔ⁵³
凌源	装 tʂuaŋ⁵⁵	疼 tʰəŋ³⁵	要 iau⁵¹

词汇对照

	0898 有 我~一个孩子	**0899 没有** 他~孩子	**0900 是** 我~老师
沈阳	有 iou²¹³	没 mei³⁵	是 ʂʅ⁴¹
本溪	有 iou²²⁴	没有 mei³⁵iou²²⁴	是 ʂʅ⁵¹
辽阳	有 iou²¹³	没 mei³⁵	是 ʂʅ⁵¹
海城	有 iəu²¹⁴	没有 mei³⁵iəu²¹⁴	是 ʂʅ⁵¹
开原	有 iou²¹³	没 mei³⁵	是 ʂʅ⁵¹
锦州	有 iou²¹³	没 mei³⁵	是 ʂʅ⁵¹
盘锦	有 iou²¹³	没 mei³⁵	是 ʂʅ⁵¹
兴城	有 iou²¹³	没有 mei³⁵iou²¹³	是 ʂʅ⁵¹
绥中	有 iou²¹³	没有 mei³⁵iou²¹³	是 ʂʅ⁵¹
义县	有 iou²¹³	没 mei³⁵	是 ʂʅ⁵¹
北票	有 iou²¹³	没 mei³⁵	是 ʂʅ⁵¹
阜新	有 iou²¹³	没 mei³⁵	是 ʂʅ⁵¹
黑山	有 iou²¹³	没 mei³⁵	是 ʂʅ⁵¹
昌图	有 iou²¹³	没 mei³⁵ 没有 mei³⁵iou²¹³	是 ʂʅ⁵¹
大连	有 iəu²¹³	没有 me³⁴iəu²¹³	是 ʂʅ⁵²
金州 杏树	有 iəu²¹³	没有 me⁵²iəu²¹³	是 ʂʅ⁵²
长海	有 iəu²¹⁴	没有 mei⁵³iəu²¹⁴	是 ʂʅ⁵³
庄河	有 iəu²¹³	没有 mei²⁴iəu²¹³	是 ʂʅ⁵¹
盖州	有 iəu²¹³	没 mei²⁴	是 ʂʅ⁵¹
丹东	有 iou²¹³	没有 mei²⁴iou²¹³	是 ʂʅ⁵¹
建平	有 iəu²¹³	没 mei³⁵	是 ʂʅ⁵³
凌源	有 iou²¹⁴	没 mei³⁵	是 ʂʅ⁵¹

	0901 不是~他~老师	0902 在~他~家	0903 不在~他~家
沈阳	不是 pu³⁵ʂʅ⁴¹	在 tsai⁴¹ 搁 kɤ³³ 来 lai²¹³	没在 mei³⁵tsai⁴¹ 没搁 mei⁴¹kɤ³³ 没来 mei⁴¹lai²¹
本溪	不是 pu³⁵ʂʅ⁵¹	在 tsai⁵¹ 搁 kɤ³⁵	没在 mei³⁵tsai⁵¹ 没搁 mei⁵¹kɤ³⁵
辽阳	不是 pu³⁵ʂʅ⁵¹	搁 kɤ²¹³	没搁 mei³⁵kɤ²¹³
海城	不是 pu³⁵ʂʅ⁵¹	搁 kɤ³⁵	没搁 mei³⁵kɤ³⁵
开原	不是 pu³⁵ʂʅ⁵¹	搁 kɤ²¹³	没搁 mei³⁵kɤ²¹³
锦州	不是 pu³⁵ʂʅ⁵¹	从 tʂʰuŋ³⁵ 搁 kɤ²¹³	没从 mei³⁵tʂʰuŋ³⁵ 没搁 mei³⁵kɤ²¹³
盘锦	不是 pu³⁵ʂʅ⁵¹	搁 kɤ²¹³ 在 tei²¹³	没搁 mei³⁵kɤ²¹³ 没在 mei³⁵tei²¹³
兴城	不是 pu³⁵ʂʅ⁵¹	搁 kɤ²¹³ 在 tʂai⁵¹	没搁 mei³⁵kɤ⁴⁴ 没在 mei³⁵tʂai⁵¹ 不在 pu³⁵tʂai⁵¹
绥中	不是 pu³⁵ʂʅ⁰	搁 kɤ⁵⁵	不在 pu³⁵tʂai⁵¹
义县	不是 pu³⁵ʂʅ⁵¹	搁 kɤ²¹³ 在 tʂai²¹³	没搁 mei³⁵kɤ²¹³ 没在 mei³⁵tʂai²¹³
北票	不是 pu³⁵ʂʅ⁵¹	搁 kɤ²¹³ 在 tʂai²¹³	没搁 mei³⁵kɤ²¹³ 没在 mei³⁵tʂai²¹³
阜新	不是 pu³⁵ʂʅ⁵¹	搁 kɤ²¹³ 在 tai²¹³	没搁 mei³⁵kɤ²¹³ 没在 mei³⁵tai²¹³
黑山	不是 pu³⁵ʂʅ⁵¹	在 tai²¹³ 搁 kɤ²¹³ 在 tʂai²¹³	没在 mei⁵³tai²¹³ 没搁 mei⁵³kɤ²¹³ 没在 mei⁵³tʂai²¹³
昌图	不是 pu³⁵ʂʅ⁵¹	搁 kɤ²¹³	没搁 mei⁵¹kɤ²¹³
大连	不是 pu²¹ʂʅ⁵²	在 tsɛ⁵²	不在 pu²¹tsɛ⁵²
金州杏树	不是 pu²¹ʂʅ⁵²	在 tɛ⁵² 在 tsɛ⁵²	没在 me⁵²tɛ⁵² 不在 pu²¹tsɛ⁵²
长海	不是 pu²¹ʂʅ⁵³	在 tsai⁵³	不在 pu²¹tsai⁵³
庄河	不是 pu²¹ʂʅ⁵¹	在 tsai⁵¹	不在 pu²¹tsai⁵¹
盖州	不是 pu²⁴ʂʅ⁵¹	搁 kɤ²¹³	不搁 pu⁵¹kɤ²¹³
丹东	不是 pu²¹ʂʅ⁵¹	在 tsai⁵¹	没在 mei²⁴tsai⁵¹
建平	不是 pu³⁵ʂʅ⁵³	在 tɛ²¹³	没在 mei³⁵tɛ²¹³
凌源	不是 pu³⁵ʂʅ⁵¹	搁 kɤ²¹⁴ 在 tai²¹⁴ 在 tsai⁵¹	没搁 mei³⁵kɤ²¹ 没在 mei³⁵tai²¹ 没在 mei³⁵tsai⁵¹

词汇对照

	0904 知道 我~这件事	0905 不知道 我~这件事	0906 懂 我~英语
沈阳	知道 tʂɿ³³tau⁰	不道 pu⁴¹tau⁴¹	懂 tuŋ²¹³
本溪	知道 tʂɿ⁴⁴tau⁰	不知道 pu⁵¹tʂɿ⁴⁴tau⁰	懂 tuŋ²²⁴
辽阳	知道 tʂɿ⁴⁴tau⁰	不知道 pu⁵¹tʂɿ⁴⁴tau⁰	懂 tuŋ²¹³
海城	知道 tʂɿ³⁵tau⁰	不道 pu³⁵tau⁵¹	会 xuei⁵¹
开原	知道 tʂɿ⁴⁴tau⁰	不道 pu³⁵tau⁵¹	会 xuei⁵¹
锦州	知道 tʂɿ³⁵tau⁰	不知道 pu⁵³tʂɿ⁵⁵tau⁵¹	懂 tuŋ²¹³
盘锦	知道 tʂɿ³⁵tau⁰	不道 pu⁵³tau⁵¹	懂 tuəŋ²¹³ 明白 miəŋ³⁵pai⁰
兴城	知道 tʂɿ⁴⁴tau⁰	不知道 pu⁴⁴tʂɿ⁴⁴tau⁵¹ 不道 pu³⁵tau⁵¹	懂 tuŋ²¹³
绥中	知道 tʂɿ³⁵tau⁰	不知道 pu⁵¹tʂɿ³⁵ta⁰	会 xuei⁵¹
义县	知道 tʂɿ⁴⁴tau⁰ 知道 tʂɿ³⁵tau⁰	不知道 pu⁵³tʂɿ⁴⁴tau⁵¹ 不知道 pu⁵³tʂɿ³⁵tau⁵¹	懂 tuŋ²¹³
北票	知道 tʂɿ³⁵tau⁰	不知道 pu⁵³tʂɿ³⁵tau⁰	懂 tuəŋ²¹³
阜新	知道 tʂɿ³⁵tau⁰	不知道儿 pur³⁵taur⁵¹	懂 tuŋ²¹³
黑山	知道 tʂɿ³⁵tau⁰	不知道 pu⁵³tʂɿ⁴⁴tau⁵¹	懂 tuəŋ²¹³
昌图	知道 tʂɿ³⁵tau⁰	不知道 pu⁵³tʂɿ³³tau⁰	会 xuei⁵¹ 懂 tuəŋ²¹³
大连	知道 tʃɿ³¹tɔ⁰	不知道 pu³⁴tʃɿ³¹tɔ⁵²	懂 tuŋ²¹³
金州杏树	知道 tɕi³¹tɔ⁰	不知道 pu³⁴tɕi³¹tɔ⁵²	懂 tuŋ²¹³
长海	知道 tʃɿ³¹tau⁰	不知道 pu²⁴tʃɿ³¹tau⁰	懂 tuŋ²¹⁴
庄河	知道 tɕi³¹tao⁰	不知道 pu²⁴tɕi³³tao⁰	懂 tuŋ²¹³
盖州	知道 tʂɿ⁴¹²tau⁰	不知道 pu⁵¹tʂɿ⁴¹²tau⁵¹	懂 tuŋ²¹³
丹东	知道 tʂɿ⁴¹¹tau⁰	不知道 pu²⁴tʂɿ⁴¹¹tau⁰	懂 tuŋ²¹³
建平	知道 tʂɿ⁴⁴tɔ⁵³	知不道 tʂɿ³⁵pu⁰tɔ⁵³	懂 tuŋ²¹³
凌源	知道 tʂɿ³⁵tau⁰ 知道 tʂɿ⁵⁵tau⁰	不知道 pu⁵³tʂɿ⁵⁵tau⁰	懂 tuŋ²¹⁴

	0907 不懂我~英语	0908 会我~开车	0909 不会我~开车
沈阳	不懂 pu⁴¹tuŋ²¹	会 xuei⁴¹	不会 pu³⁵xuei⁴¹
本溪	不懂 pu⁵¹tuŋ²²⁴	会 xuei⁵¹	不会 pu³⁵xuei⁵¹
辽阳	不懂 pu⁵¹tuŋ²¹	会 xuei⁵¹	不会 pu³⁵xuei⁵¹
海城	不会 pu³⁵xuei⁵¹	会 xuei⁵¹	不会 pu³⁵xuei⁵¹
开原	不会 pu³⁵xuei⁵¹	会 xuei⁵¹	不会 pu³⁵xuei⁵¹
锦州	不懂 pu⁵³tuŋ²¹³	会 xuei⁵¹	不会 pu³⁵xuei⁵¹
盘锦	不懂 pu⁵³tuəŋ²¹³ 不明白 pu⁵³miəŋ³⁵pai⁰	会 xuei⁵¹	不会 pu³⁵xuei⁵¹
兴城	不懂 pu⁴⁴tuŋ²¹³	会 xuei⁵¹	不会 pu³⁵xuei⁵¹
绥中	不会 pu³⁵xuei⁵¹	会 xuei⁵¹	不会 pu³⁵xuei⁵¹
义县	不懂 pu⁵³tuŋ²¹³	会 xuei⁵¹	不会 pu³⁵xuei⁵¹
北票	不懂 pu⁵³tuəŋ²¹³	会 xuei⁵¹	不会 pu³⁵xuei⁵¹
阜新	不明白 pu⁵³miŋ³⁵pai⁰ 不懂 pu⁵³tuŋ²¹³	会 xuei⁵¹	不会 pu³⁵xuei⁵¹
黑山	不懂 pu⁵³tuəŋ²¹³	会 xuei⁵¹	会 xuei⁵¹ 不会 pu³⁵xuei⁵¹
昌图	不懂 pu⁵³tuəŋ²¹³	懂 tuəŋ²¹³	不懂 pu⁵³tuəŋ²¹³
大连	不懂 pu⁵²tuŋ²¹³	会 xue⁵²	不会 pu²¹xue⁵²
金州杏树	不懂 pu⁵²tuŋ²¹³	会 xue⁵²	不会 pu²¹xue⁵²
长海	不懂 pu⁵³tuŋ²¹⁴	会 xuei⁵³	不会 pu²¹xuei⁵³
庄河	不懂 pu⁵¹tuŋ²¹³	会 xuei⁵¹	不会 pu²¹xuei⁵¹
盖州	不懂 pu⁵¹tuŋ²¹³	会 xuei⁵¹	不会 pu²⁴xuei⁵¹
丹东	不懂 pu⁵¹tuŋ²¹³	会 xuei⁵¹	不会 pu²¹xuei⁵¹
建平	不懂 pu⁵³tuŋ²¹³	会 xuei⁵³	不会 pu³⁵xuei⁵³
凌源	不懂 pu⁵³tuŋ²¹ 不明白 pu⁵³miŋ³⁵pai⁰	会 xuei⁵¹	不会 pu³⁵xuei⁵¹

	0910 认识 我~他	0911 不认识 我~他	0912 行 应答语
沈阳	认识 in⁴¹ʂɿ⁰	不认识 pu³⁵in⁴¹ʂɿ⁰	行 ɕiŋ³⁵
本溪	认识 in⁵¹ʂɿ⁰	不认识 pu³⁵in⁵¹ʂɿ⁰	行 ɕiŋ³⁵
辽阳	认识 in⁵¹ʂɿ⁰	不认识 pu³⁵in⁵¹ʂɿ⁰	行 ɕiŋ³⁵
海城	认得 in⁵¹tei⁰	不认得 pu³⁵in⁵¹tei⁰	妥了 tʰuɤ²¹⁴lɤ⁰
开原	认得 zən⁵¹tə⁰	不认得 pu³⁵zən⁵¹tə⁰	行 ɕiŋ³⁵
锦州	认得 in⁵¹ti⁰	不认得 pu³⁵in⁵¹ti⁰	行 ɕiŋ³⁵
盘锦	认得 iən⁵¹ti⁰	不认得 pu³⁵iən⁵¹tə⁰	行 ɕiəŋ³⁵
兴城	认识 in⁵¹ʂɿ⁰	不认识 pu³⁵in⁵¹ʂɿ⁰	行 ɕiŋ³⁵
绥中	认识 zən⁵¹ʂɿ⁰	不认识 pu³⁵zən⁵¹ʂɿ⁰	行 ɕiəŋ³⁵
义县	认得 zən⁵¹ti⁰	不认得 pu³⁵zən⁵¹ti⁰	行 ɕiŋ³⁵ 中 tʂuŋ⁴⁴
北票	认得 zən⁵¹tɤ⁰ 认识 zən⁵¹ʂɿ⁰	不认得 pu³⁵zən⁵¹tɤ⁰ 不认识 pu³⁵zən⁵¹ʂɿ⁰	中 tʂuəŋ³⁵
阜新	认得 zən⁵¹ti⁰	不认得 pu³⁵zən⁵¹ti⁰	行 ɕiŋ³⁵ 中 tʂuŋ⁵⁵
黑山	认得 iən⁵¹tiɛ⁰ 认识 iən⁵¹ʂɿ⁰	不认得 pu³⁵iən⁵¹tiɛ⁰ 不认识 pu³⁵iən⁵¹ʂɿ⁰	行 ɕiəŋ³⁵
昌图	认识 iən⁵¹ʂɿ⁰	不认识 pu³⁵iən⁵¹ʂɿ⁰	行 ɕiəŋ³⁵
大连	认得 ĩ⁵²tɛ⁰	不认得 pu²¹ĩ⁵²tɛ⁰	行 ɕiŋ³⁴
金州 杏树	认得 ĩ⁵²tɛ⁰	不认得 pu²¹ĩ⁵²tɛ⁰	行 ɕiŋ⁵²
长海	认识 iən⁵³ʃɿ⁰	不认识 pu²¹iən⁵³ʃɿ⁰	行 ɕiŋ⁵³
庄河	认识 in⁵¹ɕi⁰	不认识 pu³⁵in⁵¹ɕi⁰	行 ɕiŋ⁵¹
盖州	认得 in⁵¹tai⁰	不认得 pu²⁴in⁵¹tai⁰	行 ɕiŋ²⁴
丹东	认识 in⁵¹ʂɿ⁰	不认识 pu²⁴in⁵¹ʂɿ⁰	行 ɕiŋ²⁴
建平	认得 zə̃⁵³ti⁰	不认得 pu³⁵zə̃⁵³ti⁰	中 tʂuŋ⁴⁴
凌源	认得 zən⁵¹ti⁰ 认识 zən⁵¹ʂɿ⁰	不认得 pu³⁵zən⁵¹ti⁰ 不认识 pu³⁵zən⁵¹ʂɿ⁰	中 tʂuŋ⁵⁵

	0913 不行应答语	**0914 肯**~来	**0915 应该**~去
沈阳	不行 pu⁴¹ɕiŋ³⁵	愿意 yan⁴¹i⁰	应该 iŋ³³kai³³
本溪	不行 pu⁵¹ɕiŋ³⁵	肯 kʰən²²⁴	应该 iŋ⁴⁴kai⁰
辽阳	不行 pu⁵¹ɕiŋ³⁵	能 nəŋ³⁵	应该 iŋ⁴⁴kai⁴⁴
海城	不好使 pu⁵¹xau³⁵ʂʅ²¹⁴	能 nəŋ³⁵	得 tɤ²¹⁴
开原	不行 pu⁵¹ɕiŋ³⁵	能 nəŋ³⁵	应该 iŋ⁴⁴kai⁴⁴ 该 kai⁴⁴
锦州	不行 pu⁵³ɕiŋ³⁵	愿意 yan⁵¹i⁰	应该 iŋ⁵⁵kai⁵⁵
盘锦	不行 pu⁵³ɕiəŋ³⁵	乐意 lɤ⁵¹i⁰	应该 iəŋ⁵⁵kai⁵⁵ 该 kai⁵⁵
兴城	不行 pu⁴⁴ɕiŋ³⁵	愿意 yan⁵¹i⁰	应该 iŋ⁴⁴kai⁴⁴
绥中	不行 pu⁵¹ɕiəŋ³⁵	肯 kʰən²¹³	应该 iəŋ⁵⁵kai⁵⁵
义县	不行 pu⁵³ɕiŋ³⁵ 不中 pu⁵³tʂuŋ⁴⁴	乐意 lɤ⁵¹i⁰	该 kai⁴⁴
北票	不中 pu⁵¹tʂuəŋ⁰	乐意 lɤ⁵¹i⁰ 愿意 yan⁵¹i⁰	应该 iəŋ⁴⁴kai⁴⁴ 该 kai⁴⁴
阜新	不行 pu⁵³ɕiŋ³⁵ 不中 pu⁵³tʂuŋ⁵⁵	愿意 yan⁵¹i⁰	应该 iŋ⁵⁵kai⁵⁵
黑山	不行 pu⁵³ɕiəŋ³⁵	乐意 lɤ⁵¹i⁰ 愿意 yan⁵¹i⁰	乐意 lɤ⁵¹i⁰ 愿意 yan⁵¹i⁰
昌图	不行 pu⁵³ɕiəŋ³⁵	愿意 yan⁵³i⁵¹	该 kai³³
大连	不行 pu²¹ɕiŋ³⁴	能 nəŋ³⁴	应该 iŋ³⁴kɛ³¹²
金州 杏树	不行 pu²¹ɕiŋ⁵²	能 ləŋ⁵²	应该 iŋ²¹kɛ³¹²
长海	不行 pu²¹ɕiŋ⁵³	肯 kʰən²¹⁴	应该 iŋ³³kai³¹
庄河	不行 pu²¹ɕiŋ⁵¹	肯 kʰən²¹³	应该 iŋ³³kai³¹
盖州	不行 pu⁵¹ɕiŋ²⁴	能 nəŋ²⁴	得 tei²¹³
丹东	不行 pu²¹ɕiŋ²⁴	乐意 lɤ⁵¹i⁰	应该 iŋ⁴¹¹kai⁰
建平	不中 pu⁵³tʂuŋ⁴⁴	肯 kʰɔ̃²¹³	应当 iŋ⁴⁴tɑ̃⁴⁴
凌源	不中 pu⁵³tʂuŋ⁵⁵	爱 nai⁵¹ 乐意 lɤ⁵¹i⁰ 愿意 yan⁵¹i⁰	该 kai⁵⁵ 应该 iŋ⁵⁵kai⁵⁵

	0916 可以~去	0917 说~话	0918 话说~
沈阳	可以 kʰɤ³⁵i²¹	说 ʂuo³³	话 xua⁴¹
本溪	可以 kʰɤ³⁵i²²⁴	说 ʂuo⁴⁴	话 xua⁵¹
辽阳	可以 kʰɤ³⁵i²¹³	说 ʂuo⁴⁴	话 xua⁵¹
海城	能 nəŋ³⁵	说 ʂuɤ⁴⁴ 唠 lau⁵¹	话 xua⁵¹ 嗑儿 kʰɤr⁴⁴
开原	可以 kʰɤ³⁵i²¹³	说 ʂuɤ⁴⁴	话 xua⁵¹
锦州	可以 kʰɤ³⁵i²¹³	说 ʂuo⁵⁵	话 xua⁵¹
盘锦	能 nəŋ³⁵ 可以 kʰɤ³⁵i²¹³	说 ʂuo⁵⁵	话 xua⁵¹
兴城	可以 kʰɤ³⁵i²¹³	说 ʂuo⁴⁴	话 xua⁵¹
绥中	能 nəŋ³⁵	说 ʂuo⁵⁵	话 xua⁵¹
义县	可以 kʰɤ³⁵i²¹³	说 ʂuo⁴⁴	话 xua⁵¹
北票	可以 kʰɤ³⁵i²¹³	说 ʂuo⁴⁴	话 xua⁵¹
阜新	可以 kʰɤ³⁵i²¹³	说 ʂuo⁵⁵	话 xua⁵¹ 嗑儿 kʰɤr⁵⁵
黑山	可以 kʰɤ³⁵i²¹³	说 ʂuo⁴⁴	话 xua⁵¹
昌图	能 nəŋ³⁵	唠 lau⁵¹	嗑儿 kʰɤr³³
大连	可以 kʰɤ³⁴i²¹³	说 ʃuə²¹³	话 xua⁵²
金州 杏树	可以 kʰɤ³⁴i⁰	说 ɕyɛ²¹³	话 xua⁵²
长海	可以 kʰɤ²⁴i²¹⁴	说 ʃyɛ²¹⁴	话 xua⁵³
庄河	可以 kʰə²⁴i²¹³	说 ɕyɛ²¹³	话 xua⁵¹
盖州	可以 kʰɤ²⁴i²¹³	说 ʂuɤ²¹³	话 xua⁵¹
丹东	能 nəŋ²⁴	说 ʂuo²¹³	话 xua⁵¹
建平	可以 kʰɤ³⁵i²¹³	说 ʂuə⁴⁴	话 xua⁵³
凌源	可以 kʰɤ³⁵i²¹	说 ʂuo⁵⁵	话 xua⁵¹

	0919 聊天儿	0920 叫~他一声儿	0921 吆喝大声喊
沈阳	唠嗑儿 lau⁴¹kʰɤr³³³	叫 tɕiau⁴¹	吆喝 iau⁴¹xə⁰
本溪	唠嗑儿 lau⁵¹kʰɤr⁰	喊 xan²²⁴	吆喝 iau⁴⁴xɤ⁰
辽阳	唠嗑儿 lau⁵¹kʰɤr⁴⁴	叫 tɕiau⁵¹	喊 xan²¹³
海城	唠嗑儿 lau⁵¹kʰɤr⁴⁴	招唤 tʂau⁴⁴xuan⁰	吆唤 iau⁴⁴xuan⁰
开原	唠嗑儿 lau⁵³kɤr⁴⁴	喊 xan²¹³	招呼 tʂau⁴⁴xu⁰
锦州	打唠儿 ta²¹laur⁵¹ 唠嗑儿 lau⁵³kʰɤr⁵⁵	招呼 tʂau⁵⁵xuŋ⁰	招呼 tʂau⁵⁵xuŋ⁰ 吆喝 iau⁵⁵xə⁰
盘锦	唠嗑儿 lau⁵¹kʰɤr⁵⁵ 打唠儿 ta²¹laur⁵¹	招呼 tʂau⁵⁵xu⁰	吆喝 iau⁵⁵xɤ⁰
兴城	唠嗑儿 lau⁵¹kʰɤr⁴⁴	招呼 tʂau⁴⁴xu⁰	吆唤 iau⁴⁴xuan⁰
绥中	唠嗑儿 lau⁵¹kʰər⁵⁵	喊 xan²¹³	吆喝 iau⁵⁵xuo⁰
义县	唠嗑儿 lau⁵³kʰɤr⁴⁴ 打唠儿 ta²¹laur⁵¹	招呼 tʂau⁴⁴xu⁰ 喊 xan²¹³ 叫 tɕiau⁵¹	吆喝 iau⁴⁴xɤ⁰
北票	唠嗑儿 lau⁵³kʰɤr⁴⁴ 打唠儿 ta²¹laur⁵¹	招呼 tʂau⁴⁴xuo⁰ 喊 xan²¹³	吆喝 iau⁴⁴xɤ⁰ 招喝 tʂau⁴⁴xɤ⁰
阜新	打唠儿 ta²¹laur⁵¹ 唠嗑儿 lau⁵³kʰɤr⁵⁵	招呼 tʂau⁵⁵xu⁰	招哄 tʂau⁵⁵xuŋ⁰
黑山	打唠儿 ta²¹laur⁵¹ 唠嗑儿 lau⁵³kʰɤr⁴⁴	喊 xan²¹³ 招呼 tʂau⁴⁴xu⁰	吆喝 iau⁴⁴xu⁰
昌图	唠嗑儿 lau⁵¹kʰɤr³³	喊 xan²¹³	吆喝 iau³³xə⁰
大连	拉呱儿 la³⁴kuar²¹³ 唠嗑儿 lɔ³⁴kʰɤr³¹²	叫 tɕiɔ⁵²	吆喝 iɔ³¹xə⁰
金州杏树	拉呱儿 la³⁴kuar²¹³	叫 tɕiɔ⁵²	招浑 tsɔ³¹xuẽ⁰
长海	唠嗑儿 lau⁵³kʰɤr³¹	喊 xan²¹⁴ 叫 ɕiau⁵³	喊 xan²¹⁴ 叫 ɕiau⁵³
庄河	唠嗑儿 lao⁵¹kʰər⁰	喊 xan²¹³	招唤 tsao³¹xuan⁰
盖州	唠嗑儿 lau⁵¹kʰɤr⁴¹²	喊 xan²¹³ 叫 tɕiau⁵¹	吆喝 iau⁴¹²xɤ⁰ 喊 xan²¹³
丹东	唠嗑儿 lau⁵¹kʰɤr⁰	叫 tɕiau⁵¹	吆喝 iau⁴¹¹xɤ⁰
建平	唠嗑儿 lɔ⁵³kʰər⁴⁴	招呼 tʂɔ⁴⁴xu⁰	嚷 zɑ̃²¹³ 叫唤 tɕiɔ⁵³xuɑ̃⁰ 招呼 tʂɔ⁴⁴xu⁰
凌源	唠嗑儿 lau⁵³kʰɤr⁵⁵ 打唠儿 ta²¹laur⁵¹	招呼 tʂau⁵⁵xu⁰ 喊 xan²¹⁴	吆喝 iau⁵⁵xuo⁰

	0922 哭小孩~	0923 骂当面~人	0924 吵架动嘴；两个人在~
沈阳	哭 kʰu³³	骂 ma⁴¹	吵吵 tʂʰau³³tʂʰau⁰
本溪	哭 kʰu⁴⁴	骂 ma⁵¹	吵吵 tʂʰau³¹tʂʰau⁰
辽阳	哭 kʰu⁴⁴	骂 ma⁵¹	吵吵 tʂʰau⁴⁴tʂʰau⁰
海城	哭 kʰu³⁵	骂 ma⁵¹	吵吵 tʂʰau⁴⁴tʂʰau⁰
开原	哭 kʰu⁴⁴	骂 ma⁵¹	吵吵 tʂʰau⁴⁴tʂʰau⁰ 呛呛 tɕʰiaŋ⁴⁴tɕʰiaŋ⁰
锦州	哭 kʰu⁵⁵	骂 ma⁵¹	吵吵 tʂʰau⁵⁵tʂʰau⁰
盘锦	嚎 xau³⁵ 哭 kʰu⁵⁵	骂 ma⁵¹	吵吵 tʂʰau⁵⁵tʂʰau⁰
兴城	哭 kʰu⁴⁴	骂 ma⁵¹	吵架 tʂʰau²¹tɕia⁵¹
绥中	哭 kʰu⁵⁵	骂 ma⁵¹	打架 ta²¹tɕia⁵¹
义县	哭 kʰu⁴⁴	骂 ma⁵¹	吵吵 tʂʰau⁴⁴tʂʰau⁰ 拌嘴 pan⁵³tʂuei²¹³ 叽个 ˍtɕi⁵¹kɤ
北票	哭 kʰu⁴⁴	骂 ma⁵¹	吵吵 tʂʰau⁴⁴tʂʰau⁰
阜新	哭 kʰu⁵⁵ 嚎 xau³⁵	骂 ma⁵¹	吵吵 tʂʰau⁵⁵tʂʰau⁰
黑山	哭 kʰu⁴⁴	骂 ma⁵¹	吵吵 tʂʰau⁴⁴tʂʰau⁰ 叽个 ˍtɕi⁵¹kɤ
昌图	哭 kʰu³³	骂 ma⁵¹	吵架 tʂʰau²¹tɕia⁵¹
大连	哭 kʰu²¹³	骂 ma⁵²	吵吵 tsʰɔ³¹tsʰɔ⁰
金州杏树	哭 kʰu²¹³	骂 ma⁵²	打嘴仗 ta³⁴tse²¹tsaŋ⁵²
长海	哭 kʰu²¹⁴	骂 ma⁵³	打仗 ta²¹tʃaŋ⁵³
庄河	哭 kʰu²¹³	骂 ma⁵¹	吵嘴 tsʰao²⁴tsei²¹³
盖州	哭 kʰu²¹³	骂 ma⁵¹	吵吵 tsʰau⁴¹²tsʰau⁰
丹东	哭 kʰu²¹³	骂 ma⁵¹	叽歪 tɕi⁴¹¹uai⁰
建平	哭 kʰu⁴⁴	嘁 tɕye⁴⁴	犟犟 tɕiã⁵³tɕiã⁰
凌源	哭 kʰu⁵⁵ 嚎 xau³⁵	骂 ma⁵¹	吵吵 tʂʰau⁵⁵tʂʰau⁰

	0925 骗~人	0926 哄~小孩	0927 撒谎
沈阳	糊弄 xu⁴¹nəŋ⁰	哄 xuŋ²¹³	撒谎 sa³⁵xuaŋ²¹
本溪	骗 pʰian⁵¹	哄 xuŋ²²⁴	撒谎 sa⁴⁴xuaŋ²²⁴
辽阳	糊弄 xu⁵¹nəŋ⁰	哄 xuŋ²¹³	撒谎 sa⁴⁴xuaŋ²¹³
海城	骗 pʰian⁵¹	哄 xuŋ²¹⁴	撒谎 ṣa⁴⁴xuaŋ²¹⁴
开原	唬 xu²¹³ 蒙 məŋ⁴⁴ 绷⁼ pəŋ⁴⁴	哄 xuŋ²¹³	白话 pai³⁵xuɤ⁰
锦州	唬 xu²¹³ 骗 pʰian⁵¹ 忽悠 xu⁵⁵iou⁰	哄 xuŋ²¹³	白话 pai³⁵xuo⁰
盘锦	骗 pʰian⁵¹ 糊弄 xu⁵¹nəŋ⁰	哄 xuəŋ²¹³	撒谎 sa⁵⁵xuaŋ²¹³
兴城	骗 pʰian⁵¹ 诓 kʰuaŋ⁴⁴	哄 xuŋ²¹³	撒谎 ṣa⁴⁴xuaŋ²¹³ 忽悠 xu⁴⁴iou⁰ 唬 xu²¹³
绥中	骗 pʰian⁵¹	哄 xuəŋ²¹³	撒谎 ṣa⁵⁵xuaŋ²¹³
义县	唬 xu²¹³ 蒙 məŋ⁴⁴ 糊弄 xu⁵¹luŋ⁰	哄 xuŋ²¹³	撒谎 ṣa⁴⁴xuaŋ²¹³
北票	糊弄 xu⁵¹luəŋ⁰ 蒙 məŋ⁴⁴ 唬 xu²¹³	哄 xuəŋ²¹³	编瞎话儿 pian⁴⁴ɕia⁴⁴xuar⁵¹ 撒谎 sa⁴⁴xuaŋ²¹³
阜新	唬 xu²¹³ 蒙 məŋ⁵⁵ 诓 kʰuaŋ⁵⁵	哄 xuŋ²¹³	撒谎 sa⁵⁵xuaŋ²¹³
黑山	糊弄 xu⁵¹ləŋ⁰ 蒙 məŋ⁴⁴ 唬 xu²¹³	哄 xuəŋ²¹³	掏⁼白儿 tʰau⁴⁴pɐr³⁵ 说瞎话 ṣuo⁴⁴ɕia⁴⁴xua⁵¹ 撒谎 ṣa⁴⁴xuaŋ²¹³
昌图	骗 pʰian⁵¹	哄 xuəŋ²¹³	瞎白话 ɕia³³pai³⁵xuo⁰
大连	熊 ɕyŋ³⁴	哄 xuŋ²¹³	说胡儿 ʃuə²¹xur³⁴
金州 杏树	熊 ɕyŋ⁵²	哄 xuŋ²¹³	撒谎 sa³¹xuaŋ²¹³
长海	熊 ɕyŋ⁵³	哄 xuŋ²¹⁴	撒谎 sa³¹xuaŋ²¹⁴
庄河	骗 pʰian⁵¹	哄 xuŋ²¹³	说瞎话 ɕyɛ²⁴ɕia²¹xua⁵¹
盖州	骗 pʰian⁵¹	哄 xuŋ²¹³	撒谎 sa²⁴xuaŋ²¹³
丹东	骗 pʰian⁵¹	哄 xuŋ²¹³	撒谎 sa⁴⁴xuaŋ²¹³
建平	哨⁼ ʂɔ⁵³	哄 xuŋ²¹³	哨⁼人 ʂɔ⁵³zə̃³⁵
凌源	糊弄 xu⁵¹luŋ⁰ 蒙 məŋ⁵⁵ 骗 pʰiɛn⁵¹	哄 xuŋ²¹⁴	说瞎话 ʂuo⁵⁵ɕia⁵⁵xua⁵¹ 撒谎 sa⁵⁵xuaŋ²¹

	0928 吹牛	0929 拍马屁	0930 开玩笑
沈阳	吹牛 tsʰuei³³ȵiou³⁵	拍马屁 pʰai³³ma²¹pʰi⁴¹	开玩笑 kʰai³³van³⁵ɕiau⁴¹
本溪	吹牛 tṣʰuei³¹ȵiou³⁵	拍马屁 pʰai⁴⁴ma²¹pʰi⁵¹	开玩笑 kʰai⁴⁴uan³⁵ɕiau⁵¹
辽阳	说大话 suo⁴⁴ta⁵¹xua⁵¹	须着 ɕy⁴⁴tʂɤ⁰	说笑话 suo⁴⁴ɕiau⁵¹xua⁰
海城	吹 tṣʰuei⁴⁴	打溜须 ta²¹liəu³⁵ɕy⁴⁴	逗闷儿 tou⁵³mər⁵¹
开原	吹牛屄 tṣʰuei⁴⁴ȵiou³⁵pi⁴⁴	拍马屁 pʰai⁴⁴ma²¹pʰi⁵¹ 打溜须 ta²¹³liou⁴⁴ɕy⁴⁴	说笑话儿 ʂuɤ⁴⁴ɕiau⁵³xuar⁰
锦州	吹牛 tṣʰuei⁵⁵ȵiou³⁵	溜须 liou⁵⁵ɕy⁵⁵	逗乐子 tou⁵³lɤ⁵¹tʂɿ⁰
盘锦	白话 pai³⁵xua⁰ 吹牛屄 tṣʰuei⁵⁵ȵiou³⁵pi⁵⁵	打溜须 ta²¹liou³⁵ɕy⁵⁵ 捧臭脚 pʰəŋ²¹tṣʰou⁵¹tɕiau²¹³	闹玩儿 nau⁵³uɐr³⁵
兴城	吹牛 tṣʰuei⁴⁴ȵiou³⁵ 吹 tṣʰuei⁴⁴	拍马屁 pʰai⁴⁴ma²¹pʰi⁵¹ 溜须 liou⁴⁴ɕy⁴⁴	开玩笑 kʰai⁴⁴uan³⁵ɕiau⁵¹ 闹 nau⁵¹ 逗 tou⁵¹
绥中	撒谎 ʂa⁵⁵xuaŋ²¹³	溜须 liou³⁵ɕy⁵⁵	开玩笑 kʰai⁵⁵van³⁵ɕiau⁰
义县	吹牛 tṣʰuei⁴⁴ȵiou³⁵	溜须 liou⁴⁴ɕy⁴⁴	闹玩儿 nau⁵¹uɐr³⁵
北票	吹牛屄 tṣʰuei⁴⁴ȵiou³⁵pi⁴⁴	打溜须 ta²¹liou⁴⁴ɕy⁴⁴	闹着玩儿 nau⁵¹tʂɤ⁰uɐr³⁵ 开玩笑 kʰai⁴⁴uan³⁵ɕiau⁵¹
阜新	吹牛屄 tṣʰuei⁵⁵ȵiou³⁵pi⁵⁵	溜须 liou⁵⁵ɕy⁵⁵	闹玩儿 nau⁵³uɐr³⁵
黑山	吹牛屄 tṣʰuei⁴⁴ȵiou³⁵pi⁴⁴	打溜须 ta²¹liou⁴⁴ɕy⁴⁴	逗乐子 tou⁵³lɤ⁵¹tʂɿ⁰ 闹着玩儿 nau⁵¹tʂɤ⁰uɐr³⁵
昌图	吹 tṣʰuei³³ 白话 pai³⁵xua⁰	溜须 liou³⁵ɕy³³	闹着玩儿 nau⁵¹tʂə⁰uɐr³⁵
大连	吹牛 tsʰue³¹ȵiəu³⁴	舔腚 tʰiẽ²¹tiŋ⁵²	开玩笑 kʰɛ³¹uã³⁴ɕiɔ⁵²
金州杏树	吹牛儿 tsʰue³¹ȵiəur⁵²	溜光 liəu²¹kuaŋ⁰	说笑话儿 ɕyɛ²¹ɕiɔ³¹xuar⁵²
长海	吹牛 tʃʰuei³³ȵiəu³¹	拍马屁 pʰai³³ma²¹pʰi⁵³	开玩儿笑 kʰai³³uɐr²¹ʃiau⁵³
庄河	吹牛 tsʰuei³¹ȵiəu²⁴	拍马屁 pʰai³¹ma²¹pʰi⁵¹	开玩儿笑 kʰai³¹uɐr³³ɕiao⁵¹
盖州	吹 tsʰuei⁴¹²	溜须 liəu²⁴ɕy⁴¹²	开玩笑 kʰai⁴¹²uan²⁴ɕiau⁵¹
丹东	吹牛 tṣʰuei⁴¹¹ȵiou²⁴	舔呗 tʰian²¹pai⁰	闹笑话 nau⁵¹ɕiau⁵³xua⁵¹
建平	吹牛屄 tṣʰuei⁴⁴ȵiəu³⁵pi⁴⁴	溜须 liəu⁴⁴ɕy⁴⁴	闹着玩儿 nɔ⁵³tʂɿ⁰vɐr³⁵
凌源	吹牛屄 tṣʰuei⁵⁵ȵiou³⁵pi⁵⁵	溜须 liou⁵⁵ɕy⁵⁵	闹着玩儿 nau⁵¹tʂɤ⁰vɐr³⁵

	0931 告诉~他	0932 谢谢致谢语	0933 对不起致歉语
沈阳	告 kau⁴¹	谢谢 ɕie⁴¹ɕie⁰	对不起 tuei⁴¹pu⁰tɕʰi²¹
本溪	告诉 kau⁵¹ʂu⁰	谢谢 ɕie⁵¹ɕie⁰	对不起 tuei⁵¹pu⁰tɕʰi²²⁴
辽阳	告诉 kau⁵¹ʂu⁰	谢谢 ɕie⁵¹ɕie⁰	对不起 tuei⁵¹pu⁰tɕʰi²¹³
海城	告诉 kau⁵¹ʂu⁰	谢谢 ɕie⁵¹ɕie⁰	对不起 tuei⁵¹pu⁰tɕʰi²¹⁴
开原	告诉 kau⁵³xu⁰	谢谢 ɕie⁵³ɕie⁰	抱歉 pau⁵³tɕʰian⁵¹ 对不起 tuei⁵³pu⁰tɕʰi²¹³
锦州	告儿 kaur⁵¹ 告诉 kau⁵¹ʂuŋ⁰	谢谢 ɕie⁵¹ɕie⁰	对不起 tuei⁵¹pu⁰tɕʰi²¹³
盘锦	告诉 kau⁵¹suəŋ⁰	谢谢 ɕie⁵¹ɕie⁰	不好意思 pu⁵¹xau²¹·⁵¹i⁰sʅ⁰
兴城	告诉 kau⁵¹ʂu⁰ 告 kau⁵¹	谢谢 ɕie⁵¹ɕie⁰	对不起 tuei⁵¹pu⁰tɕʰi²¹³ 不好意思 pu⁵¹xau²¹·⁵¹i⁰sʅ⁰ 抱歉 pau⁵¹tɕʰian⁵¹
绥中	告诉 kau⁵¹ʂu⁰	谢谢 ɕiɛ⁵¹ɕiɛ⁰	对不起 tuei⁵¹pu⁰tɕʰi²¹³
义县	告诉 kau⁵¹ʂu⁰	谢谢 ɕie⁵¹ɕie⁰	对不起 tuei⁵¹pu⁰tɕʰi²¹³
北票	告诉 kau⁵¹su⁰	谢谢 ɕie⁵¹ɕie⁰	对不起 tuei⁵¹pu⁰tɕʰi²¹³ 不好意思 pu⁵³xau²¹·⁵¹i⁰sʅ⁰
阜新	告诉 kaur⁵¹suŋ⁰	谢谢 ɕie⁵¹ɕie⁰	对不起 tuei⁵¹pu⁰tɕʰi²¹³ 不好意思 pu⁵³xau²¹·⁵¹i⁰sʅ⁰
黑山	告诉 kau⁵¹xuəŋ⁰	谢谢 ɕie⁵¹ɕie⁰	对不起 tuei⁵¹pu⁰tɕʰi²¹³ 不好意思 pu⁵³xau²¹·⁵¹i⁰sʅ⁰
昌图	告诉 kau⁵¹xuəŋ⁰	谢谢 ɕiɛ⁵¹ɕiɛ⁰	不好意思 pu⁵³xau²¹·⁵¹i⁰sʅ⁰
大连	告诉 kɔ⁵²suŋ⁰	谢谢 ɕie⁵²ɕie⁰	对不起 te⁵²pu⁰tɕʰi²¹³
金州 杏树	告诉 kɔ⁵²xuə̃⁵²	谢谢 ɕie⁵²ɕie⁰	对不起 te⁵²pu⁰tɕʰi²¹³
长海	告诉 kau⁵³su⁰	谢谢 ʃiɛ⁵³ʃiɛ⁰	对不起 tei⁵³pu⁰cʰi²¹⁴
庄河	告诉 kao⁵¹su⁰	谢谢 ɕie⁵¹ɕie⁰	对不着 tei⁵¹pu⁰tsao⁰
盖州	告唤 kau⁵¹xuan⁰	谢谢 ɕie⁵¹ɕie⁰	对不起 tuei⁵¹pu⁰tɕʰi²¹³
丹东	告诉 kau⁵¹sou⁰	谢谢 ɕie⁵¹ɕie⁰	对不住 tuei⁵¹pu⁰tʂu⁵¹
建平	告讼 kɔ⁵³suŋ⁰	谢谢 ɕie⁵³ɕie⁰	对不住 tuei⁵³pu³⁵tʂu⁵³
凌源	告诉 kau⁵¹suŋ⁰	谢谢 ɕie⁵¹ɕie⁰	对不起 tuei⁵¹pu⁰tɕʰi²¹ 不好意思 pu⁵³xau²¹·⁵¹i⁰sʅ⁰

	0934 再见告别语	0935 大苹果~	0936 小苹果~
沈阳	再见 tsai⁴¹tɕian⁴¹	大 ta⁴¹	小 ɕiau²¹³
本溪	再见 tsai⁵³tɕian⁵¹	大 ta⁵¹	小 ɕiau²²⁴
辽阳	再见 tsai⁵¹tɕian⁵¹	大 ta⁵¹	小 ɕiau²¹³
海城	再见 tʂai⁵³tɕian⁵¹	大 ta⁵¹	小 ɕiau²¹⁴
开原	再见 tsai⁵³tɕian⁵¹	大 ta⁵¹	小 ɕiau²¹
锦州	再见 tʂai⁵³tɕian⁵¹	大 ta⁵¹	小 ɕiau²¹³
盘锦	再见 tsai⁵³tɕian⁵¹	大 ta⁵¹	小 ɕiau²¹³
兴城	再见 tsai⁵¹tɕian⁵¹	大 ta⁵¹	小 ɕiau²¹³
绥中	再见 tʂai⁵¹tɕian⁵¹	大 ta⁵¹	小 ɕiau²¹³
义县	再见 tʂai⁵³tɕian⁵¹	大 ta⁵¹	小 ɕiau²¹³
北票	再见 tsai⁵³tɕian⁵¹	大 ta⁵¹	小 ɕiau²¹³
阜新	再见 tsai⁵³tɕian⁵¹	大 ta⁵¹	小 ɕiau²¹³
黑山	再见 tʂai⁵³tɕian⁵¹	大 ta⁵¹	小 ɕiau²¹³
昌图	再会 tsai³⁵xuei⁵¹	大 ta⁵¹	小 ɕiau²¹³
大连	再见 tsɛ⁵²tɕiẽ⁵²	大 ta⁵²	小 ɕiɔ²¹³
金州杏树	再见 tsɛ⁵²tɕiẽ⁵²	大 ta⁵²	小 ɕiɔ²¹³
长海	再见 tsai⁵³ɕian⁵³	大 ta⁵³	小 ʃiau²¹⁴
庄河	再来 tsai⁵¹lai³¹	大 ta⁵¹	小 ɕiao²¹³
盖州	再见 tsai⁵¹tɕian⁵¹	大 ta⁵¹	小 ɕiau²¹³
丹东	再见 tsai⁵³tɕian⁵¹	大 ta⁵¹	小 ɕiau²¹³
建平	再见 tsɛ⁵³tɕiẽ⁵³	大 ta⁵³	不大点儿 pu³⁵ta⁰tier²¹³
凌源	再见 tsai⁵³tɕien⁵¹	大 ta⁵¹	小 ɕiau²¹⁴

	0937 粗绳子~	0938 细绳子~	0939 长线~
沈阳	粗 tsʰu³³	细 ɕi⁴¹	长 tsʰaŋ³⁵
本溪	粗 tʂʰu⁴⁴	细 ɕi⁵¹	长 tʂʰaŋ³⁵
辽阳	粗 tʂʰu⁴⁴	细 ɕi⁵¹	长 tʂʰaŋ³⁵
海城	粗 tʂʰu⁴⁴	细 ɕi⁵¹	长 tʂʰaŋ³⁵
开原	粗 tʂʰu⁴⁴	细 ɕi⁵¹	长 tʂʰaŋ³⁵
锦州	粗 tʂʰu⁵⁵	细 ɕi⁵¹	长 tʂʰaŋ³⁵
盘锦	粗 tʂʰu⁵⁵	细 ɕi⁵¹	长 tʂʰaŋ³⁵
兴城	粗 tʂʰu⁴⁴	细 ɕi⁵¹	长 tʂʰaŋ³⁵
绥中	粗 tʂʰu⁵⁵	细 ɕi⁵¹	长 tʂʰaŋ³⁵
义县	粗 tʂʰu⁴⁴	细 ɕi⁵¹	长 tʂʰaŋ³⁵
北票	粗 tʂʰu⁴⁴	细 ɕi⁵¹	长 tʂʰaŋ³⁵
阜新	粗 tʂʰu⁵⁵	细 ɕi⁵¹	长 tʂʰaŋ³⁵
黑山	粗 tʂʰu⁴⁴	细 ɕi⁵¹	长 tʂʰaŋ³⁵
昌图	粗 tsʰu³³	细 ɕi⁵¹	长 tsʰaŋ³⁵
大连	粗 tsʰu³¹²	细 ɕi⁵²	长 tʃʰaŋ³⁴
金州杏树	粗 tsʰu³¹²	细 ɕi⁵²	长 tsʰaŋ⁵²
长海	粗 tʰu³¹	细 ɕi⁵³	长 tʃʰaŋ⁵³
庄河	粗 tsʰu³¹	细 ɕi⁵¹	长 tsʰaŋ⁵¹
盖州	粗 tsʰu⁴¹²	细 ɕi⁵¹	长 tsʰaŋ²⁴
丹东	粗 tsʰu⁴¹¹	细 ɕi⁵¹	长 tsʰaŋ²⁴
建平	粗 tsʰu⁴⁴	细 ɕi⁵³	长 tsʰã³⁵
凌源	粗 tsʰu⁵⁵	细 ɕi⁵¹	长 tʂʰaŋ³⁵

词汇对照

	0940 短线~	0941 长时间~	0942 短时间~
沈阳	短 tuan²¹³	长 tʂʰaŋ³⁵	短 tuan²¹³
本溪	短 tuan²²⁴	长 tʂʰaŋ³⁵	短 tuan²²⁴
辽阳	短 tuan²¹³	长 tʂʰaŋ³⁵	短 tuan²¹³
海城	短 tuan²¹⁴	长 tʂʰaŋ³⁵	短 tuan²¹⁴
开原	短 tuan²¹³	长 tʂʰaŋ³⁵	短 tuan²¹³
锦州	短 tuan²¹³	长 tʂʰaŋ³⁵	短 tuan²¹³
盘锦	短 tuan²¹³	长 tʂʰaŋ³⁵	短 tuan²¹³
兴城	短 tuan²¹³	长 tʂʰaŋ³⁵	短 tuan²¹³
绥中	短 tuan²¹³	长 tʂʰaŋ³⁵	短 tuan²¹³
义县	短 tuan²¹³	长 tʂʰaŋ³⁵	短 tuan²¹³
北票	短 tuan²¹³	长 tʂʰaŋ³⁵	短 tuan²¹³
阜新	短 tuan²¹³	长 tʂʰaŋ³⁵	短 tuan²¹³
黑山	短 tuan²¹³	长 tʂʰaŋ³⁵	短 tuan²¹³
昌图	短 tuan²¹³	长 tʂʰaŋ³⁵	短 tuan²¹³
大连	短 tã²¹³	长 tʃʰaŋ³⁴	短 tã²¹³
金州杏树	短 tã²¹³	长 tsʰaŋ⁵²	短 tã²¹³
长海	短 tuan²¹⁴	长 tʃʰaŋ⁵³	短 tan²¹⁴
庄河	短 tan²¹³	长 tsʰaŋ⁵¹	短 tan²¹³
盖州	短 tuan²¹³	长 tsʰaŋ²⁴	短 tuan²¹³
丹东	短 tuan²¹³	长 tsʰaŋ²⁴	短 tuan²¹³
建平	短 tuã²¹³	长 tsʰã³⁵ 久 tɕiəu²¹³	不大会儿 pu³⁵ta⁰xuər⁵³
凌源	短 tuan²¹⁴	长 tʂʰaŋ³⁵	短 tuan²¹⁴

	0943 宽路~	0944 宽敞房子~	0945 窄路~
沈阳	宽 kʰuan³³	宽敞 kʰuan³³tsʰaŋ⁰	窄 tṣai²¹³
本溪	宽 kʰuan⁴⁴	宽敞 kʰuan⁴⁴tṣʰaŋ⁰	窄 tṣai²²⁴
辽阳	宽 kʰuan⁴⁴	宽绰 kʰuan⁴⁴tṣʰau⁰	窄 tṣai²¹³
海城	宽 kʰuan⁴⁴	宽绰儿 kʰuan⁴⁴tṣʰaur⁰	窄 tṣai²¹⁴
开原	宽 kʰuan⁴⁴	宽绰 kʰuan⁴⁴tṣʰau⁰	窄 tṣai²¹³
锦州	宽 kʰuan⁵⁵	宽绰 kʰuan⁵⁵tṣʰau⁰	窄 tṣai²¹³
盘锦	宽 kʰuan⁵⁵	宽绰 kʰuan⁵⁵tṣʰə⁰	窄巴 tsai²¹pa⁰
兴城	宽 kʰuan⁴⁴	宽敞 kʰuan⁴⁴tṣʰaŋ⁰	窄 tṣai²¹³
绥中	宽 kʰuan⁵⁵	宽绰 kʰuan⁵⁵tṣʰou⁰	窄 tṣai²¹³
义县	宽 kʰuan⁴⁴	宽敞 kʰuan⁴⁴tṣʰau⁰	窄 tṣai²¹³
北票	宽 kʰuan⁴⁴	宽敞 kʰuan⁴⁴tṣʰaŋ⁰	窄 tṣai²¹³
阜新	宽 kʰuan⁵⁵	宽绰 kʰuan⁵⁵tṣʰau⁰	窄巴 tṣai²¹pa⁰
黑山	宽 kʰuan⁴⁴	宽绰 kʰuan⁴⁴tṣʰau⁰	窄 tṣai²¹³
昌图	宽 kʰuan³³	宽敞 kʰuan³³tṣʰau⁰	窄巴 tṣai²¹pa⁰
大连	宽 kʰuã³¹²	宽头 kʰuã³¹tʰəu⁰	窄巴 tsɤ²¹pa⁰
金州杏树	宽 kʰuã³¹²	宽头 kʰuã³¹tʰəu⁰	窄 tsɤ²¹³
长海	宽 kʰuan³¹	宽敞 kʰuan³¹tʃʰaŋ⁰	窄 tsɤ²¹⁴
庄河	宽 kʰuan³¹	宽敞 kʰuan³¹tsʰaŋ⁰	窄 tsə²¹³
盖州	宽绰 kʰuan⁴¹²tsʰau⁰	宽绰 kʰuan⁴¹²tsʰau⁰	窄 tsai²¹³
丹东	宽 kʰuan⁴¹¹	透亮儿 tʰou⁵¹liãr⁰	窄 tṣai²¹³
建平	宽敞 kʰuã⁴⁴tṣʰã⁰	宽绰 kʰuã⁴⁴tṣʰɔ⁰	窄巴 tṣɛ²¹pa⁰
凌源	宽 kʰuan⁵⁵	宽绰 kʰuan⁵⁵tṣʰau⁰	窄巴 tṣai²¹pa⁰

	0946 高飞机飞得~	0947 低鸟飞得~	0948 高他比我~
沈阳	高 kau³³	低 ti³³	高 kau³³
本溪	高 kau⁴⁴	低 ti⁴⁴	高 kau⁴⁴
辽阳	高 kau⁴⁴	低 ti⁴⁴	高 kau⁴⁴
海城	高 kau⁴⁴	低 ti⁴⁴	高 kau⁴⁴
开原	高 kau⁴⁴	矮 ai²¹³	高 kau⁴⁴
锦州	高 kau⁵⁵	低 ti⁵⁵	高 kau⁵⁵
盘锦	高 kau⁵⁵	低 ti⁵⁵	高 kau⁵⁵
兴城	高 kau⁴⁴	低 ti⁴⁴	高 kau⁴⁴
绥中	高 kau⁵⁵	低 ti⁵⁵	高 kau⁵⁵
义县	高 kau⁴⁴	低 ti⁴⁴	高 kau⁴⁴
北票	高 kau⁴⁴	低 ti⁴⁴	高 kau⁴⁴
阜新	高 kau⁵⁵	低 ti⁵⁵	高 kau⁵⁵ 猛 məŋ²¹³
黑山	高 kau⁴⁴	低 ti⁴⁴	高 kau⁴⁴
昌图	高 kau³³	低 ti³³	高 kau³³
大连	高 kɔ³¹²	低 ti³¹²	高 kɔ³¹²
金州杏树	高 kɔ³¹²	低 ti³¹²	高 kɔ³¹²
长海	高 kau³¹	低 ti³¹	高 kau³¹
庄河	高 kao³¹	低 ti³¹	高 kao³¹
盖州	高 kau⁴¹²	低 ti⁴¹²	高 kau⁴¹²
丹东	高 kau⁴¹¹	低 ti⁴¹¹	高 kau⁴¹¹
建平	高 kɔ⁴⁴	矮 nɛ²¹³	尖爽 tɕiɛ⁴⁴ʂuɑ̃⁰
凌源	高 kau⁵⁵	低 ti⁵⁵	高 kau⁵⁵

	0949 矮他比我~	0950 远路~	0951 近路~
沈阳	矮 ai²¹³	远 yan²¹³	近 tɕin⁴¹
本溪	矮 ai²²⁴	远 yan²²⁴	近 tɕin⁵¹
辽阳	矮 ai²¹³	远 yan²¹³	近 tɕin⁵¹
海城	矮 ai²¹⁴	远 yan²¹⁴	近 tɕin⁵¹
开原	矮 ai²¹³	远 yan²¹³	近 tɕin⁵¹
锦州	矮 nai²¹³	远 yan²¹³	近 tɕin⁵¹
盘锦	矮 nai²¹³	远 yan²¹³	不远狭儿 pu⁵¹yan²¹ɕiar³⁵ 近便 tɕiən⁵¹pian⁰
兴城	低 ti⁴⁴	远 yan²¹³	近 tɕin⁵¹
绥中	矮 nai²¹³	远 yan²¹³	近 tɕin⁵¹
义县	矮 ai²¹³	远 yan²¹³	近 tɕin⁵¹
北票	矬 tsʰuo³⁵ 矮 ai²¹³	远 yan²¹³	近 tɕiən⁵¹
阜新	矮 nai²¹³	远 yan²¹³	近 tɕin⁵¹
黑山	矮 nai²¹³ 矬 tʂʰuo³⁵	远 yan²¹³	近 tɕiən⁵¹
昌图	矮 ai²¹³	老远儿 lau³⁵yɐr²¹³	近 tɕiən⁵¹
大连	矮 ɛ²¹³	远 yɛ̃²¹³	近 tɕĩ⁵²
金州杏树	矮 ɛ²¹³	远 yɛ̃²¹³	近 tɕĩ⁵²
长海	矮 ai²¹⁴	远 yan²¹⁴	近 ciən⁵³
庄河	矮 ai²¹³	远 yan²¹³	近 tɕin⁵¹
盖州	矮 ai²¹³	远 yan²¹³	近 tɕin⁵¹
丹东	矮 ai²¹³	远 yan²¹³	近 tɕin⁵¹
建平	矮 nɛ²¹³	大老远儿 ta⁵³lɔ³⁵yɐr²¹³	不远儿 pu⁵³yɐr²¹³
凌源	矬 tsʰuo³⁵ 矮 nai²¹⁴ 矮 ai²¹⁴	远 yan²¹⁴	近 tɕin⁵¹

	0952 深水~	0953 浅水~	0954 清水~
沈阳	深 sən³³	浅 tɕʰian²¹³	清 tɕʰiŋ³³
本溪	深 sən⁴⁴	浅 tɕʰian²²⁴	清 tɕʰiŋ⁴⁴
辽阳	深 sən⁴⁴	浅 tɕʰian²¹³	清 tɕʰiŋ⁴⁴
海城	深 ʂən⁴⁴	浅 tɕʰian²¹⁴	清 tɕʰiŋ⁴⁴
开原	深 sən⁴⁴	浅 tɕʰian²¹³	清 tɕʰiŋ⁴⁴
锦州	深 ʂən⁵⁵	浅 tɕʰian²¹³	清 tɕʰiŋ⁵⁵
盘锦	深 ʂən⁵⁵	浅 tɕʰian²¹³	清 tɕʰiəŋ⁵⁵ 清亮儿 tɕʰiəŋ⁵⁵liãr⁰
兴城	深 ʂən⁴⁴	浅 tɕʰian²¹³	清 tɕʰiŋ⁴⁴
绥中	深 sən⁵⁵	浅 tɕʰian²¹³	清 tɕʰiəŋ⁵⁵
义县	深 ʂən⁴⁴	浅 tɕʰian²¹³	清亮儿 tɕʰiŋ⁴⁴liãr⁰
北票	深 ʂən⁴⁴	浅 tɕʰian²¹³	清亮 tɕʰiəŋ⁴⁴liaŋ⁰
阜新	深 ʂən⁵⁵	浅 tɕʰian²¹³	清亮 tɕʰiŋ³⁵liaŋ⁰
黑山	深 ʂən⁴⁴	浅 tɕʰian²¹³	清 tɕʰiəŋ⁴⁴ 清亮儿 tɕʰiəŋ⁴⁴liãr⁰
昌图	深 sən³³	浅 tɕʰian²¹³	清亮 tɕʰiəŋ³³liaŋ⁰
大连	深 ʃə³¹²	浅 tɕʰiɛ̃²¹³	清 tɕʰiŋ³¹²
金州 杏树	深 sə̃³¹²	浅 tɕʰiɛ̃²¹³	清 tɕʰiŋ³¹²
长海	深 ʃən³¹	浅 tʃʰian²¹⁴	清 tʃʰəŋ³¹
庄河	深 sən³¹	浅 tɕʰian²¹³	清 tɕʰiŋ³¹
盖州	深 sən⁴¹²	浅 tɕʰian²¹³	清 tɕʰiŋ⁴¹²
丹东	深 ʂən⁴¹¹	浅 tɕʰian²¹³	清 tɕʰiŋ⁴¹¹
建平	深 ʂə̃⁴⁴	浅 tɕʰiɛ̃²¹³	清亮 tɕʰiŋ³⁵liã⁰
凌源	深 ʂən⁵⁵	浅 tɕʰiɛn²¹⁴	清亮 tɕʰiŋ⁵⁵liaŋ⁰

	0955 浑水~	0956 圆	0957 扁
沈阳	浑 xuən^{35}	圆 yan^{35}	扁 pian^{213}
本溪	浑 xuən^{35}	圆 yan^{35}	扁 pian^{224}
辽阳	浑 xuən^{35}	圆 yan^{35}	扁 pian^{213}
海城	浑 xuən^{35}	圆 yan^{35}	扁 pian^{214}
开原	浑 xuən^{35}	圆 yan^{35}	扁 pian^{213}
锦州	浑 xuən^{35}	圆 yan^{35}	扁 pian^{213}
盘锦	浑 xuən^{35}	圆乎儿 yan^{35}xur^{0}	扁乎儿 pian^{21}xur^{0}
兴城	浑 xuən^{35}	圆 yan^{35}	扁 pian^{213}
绥中	浑 xuən^{35}	圆 yan^{35}	扁 pian^{213}
义县	浑 xuən^{35}	圆 yan^{35} 圆乎儿 yan^{35}xur^{0}	扁 pian^{213} 扁乎儿 pian^{21}xur^{0}
北票	浑 xuən^{35}	圆 yan^{35}	扁 pian^{213}
阜新	浑 xuən^{35}	圆乎 yan^{35}xu^{0}	扁乎 pian^{21}xu^{0}
黑山	浑 xuən^{35}	圆 yan^{35}	扁 pian^{213}
昌图	浑 xuən^{35}	圆 yan^{35}	扁 pian^{213}
大连	浑 xuə̃^{34}	圆 yɛ̃^{34}	扁 piɛ̃^{213}
金州 杏树	浑 xuə̃^{52}	圆 yɛ̃^{52}	扁 piɛ̃^{213}
长海	浑 xuən^{53}	圆 yan^{53}	扁 pian^{214}
庄河	浑 xuən^{213}	圆 yan^{51}	扁 pian^{213}
盖州	浑 xuən^{24}	圆 yan^{24}	扁 pian^{213}
丹东	浑 xuən^{24}	圆 yan^{24}	扁 pian^{213}
建平	浑 xuə̃^{35} 浑了吧唧 xuə̃^{35}lə^{0}pa^{44}tɕi^{0}	圆 yɛ̃^{35}	扁扁 piɛ̃^{21}piɛ̃^{0}
凌源	浑 xuən^{35}	圆 yan^{35} 圆乎儿 yan^{35}xur^{0}	扁 piɛn^{214} 扁乎儿 piɛn^{21}xur^{0}

	0958 方	0959 尖	0960 平
沈阳	方 faŋ³³	尖 tɕian³³	平 pʰiŋ³⁵
本溪	方 faŋ⁴⁴	尖 tɕian⁴⁴	平 pʰiŋ³⁵
辽阳	方儿 fãr⁴⁴	尖 tɕian⁴⁴	平 pʰiŋ³⁵
海城	方 faŋ⁴⁴	尖 tɕian⁴⁴	平 pʰiŋ³⁵
开原	方 faŋ⁴⁴	尖 tɕian⁴⁴	平 pʰiŋ³⁵
锦州	方 faŋ⁵⁵	尖 tɕian⁵⁵	平 pʰiŋ³⁵
盘锦	四方儿 sʅ⁵¹fãr⁵⁵ 四楞儿 sʅ⁵³lɚr³⁵	尖溜儿 tɕian⁵⁵liour⁰	平整儿 pʰiəŋ³⁵tʂɚr⁰
兴城	方 faŋ⁴⁴	尖 tɕian⁴⁴	平 pʰiŋ³⁵
绥中	方 faŋ⁵⁵	尖 tɕian⁵⁵	平 pʰiəŋ³⁵
义县	方 faŋ⁴⁴	尖 tɕian⁴⁴ 尖溜儿 tɕian⁴⁴liour⁰	平 pʰiŋ³⁵ 平乎儿 pʰiŋ³⁵xur⁰
北票	方 faŋ⁴⁴	尖 tɕian⁴⁴	平 pʰiəŋ³⁵
阜新	四方儿 sʅ⁵³far⁵⁵	尖溜 tɕian⁵⁵liou⁰	平乎 pʰiŋ³⁵xu⁰
黑山	方 faŋ⁴⁴	尖 tɕian⁴⁴	平 pʰiəŋ³⁵ 平整儿 pʰiəŋ³⁵tʂɚr⁰
昌图	方 faŋ³³	尖 tɕian³³	平 pʰiəŋ³⁵
大连	方 faŋ³¹²	尖 tɕiẽ³¹²	平 pʰiŋ³⁴
金州 杏树	方 faŋ³¹²	尖 tɕiẽ³¹²	平 pʰiŋ⁵²
长海	方 faŋ³¹	尖 tʃan³¹	平 pʰiŋ⁵³
庄河	方 faŋ³¹	尖 tɕian³¹	平 pʰiŋ³¹
盖州	方儿 fãr⁴¹²	尖儿 tɕiɐr⁴¹²	平 pʰiŋ²⁴
丹东	方 faŋ⁴¹¹	尖 tɕian⁴¹¹	平 pʰiŋ²⁴
建平	四方 sʅ⁵³fã⁰	溜尖儿 liəu⁴⁴tɕiɐr⁴⁴	溜平儿 liəu⁴⁴pʰiɐr⁴⁴
凌源	方 faŋ⁵⁵	尖 tɕien⁵⁵ 尖溜 tɕien⁵⁵liou⁰	平 pʰiŋ³⁵ 平乎儿 pʰiŋ³⁵xur⁰

	0961 肥~肉	0962 瘦~肉	0963 肥形容猪等动物
沈阳	肥 fei³⁵	瘦 ʂou⁴¹	肥 fei³⁵
本溪	肥 fei³⁵	瘦 ʂou⁵¹	肥 fei³⁵
辽阳	肥 fei³⁵	瘦 ʂou⁵¹	肥 fei³⁵
海城	肥 fei³⁵	瘦 ʂou⁵¹	肥 fei³⁵
开原	肥 fei³⁵	瘦 ʂou⁵¹	肥 fei³⁵
锦州	肥 fei³⁵	瘦 ʂou⁵¹	肥 fei³⁵
盘锦	肥 fei³⁵	瘦 ʂou⁵¹ 精 tɕiəŋ⁵⁵	肥 fei³⁵ 胖 pʰaŋ⁵¹
兴城	肥 fei³⁵	瘦 ʂou⁵¹	肥 fei³⁵
绥中	肥 fei³⁵	瘦 ʂou⁵¹	肥 fei³⁵
义县	肥 fei³⁵	瘦 ʂou⁵¹	肥 fei³⁵
北票	肥 fei³⁵	瘦 ʂou⁵¹	肥 fei³⁵
阜新	肥 fei³⁵	瘦 ʂou⁵¹	肥 fei³⁵ 胖乎 pʰaŋ⁵¹xu⁰
黑山	肥 fei³⁵	瘦 ʂou⁵¹	肥 fei³⁵
昌图	肥 fei³⁵	瘦 ʂou⁵¹	胖 pʰaŋ⁵¹
大连	肥 fe³⁴	瘦 səu⁵²	肥 fe³⁴
金州杏树	肥 fe⁵²	瘦 səu⁵²	肥 fe⁵²
长海	肥 fei⁵³	瘦 səu⁵³	肥 fei⁵³
庄河	肥 fei⁵¹	瘦 səu⁵¹	肥 fei⁵¹
盖州	肥 fei²⁴	瘦 səu⁵¹	肥 fei²⁴
丹东	肥 fei²⁴	瘦 ʂou⁵¹	肥 fei²⁴
建平	胖 pʰã⁵³	瘦 ʂəu⁵³	胖 pʰã⁵³
凌源	肥 fei³⁵	瘦 ʂou⁵¹	肥 fei³⁵

	0964 胖 形容人	0965 瘦 形容人、动物	0966 黑 黑板的颜色
沈阳	胖 pʰaŋ⁴¹	瘦 sou⁴¹	黑 xei³³
本溪	胖 pʰaŋ⁵¹	瘦 sou⁵¹	黑 xei⁴⁴
辽阳	胖 pʰaŋ⁵¹	瘦 sou⁵¹	黑 xei⁴⁴
海城	胖 pʰaŋ⁵¹	瘦 ʂəu⁵¹	黑 xei⁴⁴
开原	胖 pʰaŋ⁵¹	瘦 sou⁵¹	黑 xei⁴⁴
锦州	胖 pʰaŋ⁵¹	瘦 sou⁵¹	黑 xei⁵⁵
盘锦	胖 pʰaŋ⁵¹	瘦 sou⁵¹	黑 xei⁵⁵
兴城	胖 pʰaŋ⁵¹	瘦 sou⁵¹	黑 xei⁴⁴
绥中	胖 pʰaŋ⁵¹	瘦 sou⁵¹	黑 xei⁵⁵
义县	胖 pʰaŋ⁵¹ 胖乎儿 pʰaŋ⁵¹xur⁰	瘦 sou⁵¹	黑 xei⁴⁴
北票	胖 pʰaŋ⁵¹	瘦 sou⁵¹	黑 xei⁴⁴
阜新	胖 pʰaŋ⁵¹ 胖乎 pʰaŋ⁵¹xu⁰	瘦溜 ʂou⁵¹liou⁰	黑 xei⁵⁵
黑山	胖 pʰaŋ⁵¹	瘦 sou⁵¹	黑 xei⁴⁴
昌图	胖 pʰaŋ⁵¹	瘦 sou⁵¹	黑 xei³³
大连	胖 pʰaŋ⁵²	瘦 səu⁵²	黑 xɤ²¹³
金州杏树	胖 pʰaŋ⁵²	瘦 səu⁵²	黑 xɤ²¹³
长海	胖 pʰaŋ⁵³	瘦 səu⁵³	黑 xɤ²¹⁴
庄河	胖 pʰaŋ⁵¹	瘦 səu⁵¹	黑 xə²¹³
盖州	胖 pʰaŋ⁵¹	瘦 səu⁵¹	黑 xei⁴¹²
丹东	胖 pʰaŋ⁵¹	瘦 ʂou⁵¹	黑 xei²¹³
建平	胖 pʰã⁵³	瘦 ʂəu⁵³	黢黑 tɕʰiəu⁴⁴xei⁴⁴
凌源	肥 fei³⁵ 胖 pʰaŋ⁵¹ 胖乎儿 pʰaŋ⁵¹xur⁰	瘦 ʂou⁵¹	黑 xei⁵⁵

	0967 白雪的颜色	0968 红国旗的主颜色，统称	0969 黄国旗上五星的颜色
沈阳	白 pai³⁵	红 xuŋ³⁵	黄 xuaŋ³⁵
本溪	白 pai³⁵	红 xuŋ³⁵	黄 xuaŋ³⁵
辽阳	白 pai³⁵	红 xuŋ³⁵	黄 xuaŋ³⁵
海城	白 pai³⁵	红 xuŋ³⁵	黄 xuaŋ³⁵
开原	白 pai³⁵	红 xuŋ³⁵	黄 xuaŋ³⁵
锦州	白 pai³⁵	红 xuŋ³⁵	黄 xuaŋ³⁵
盘锦	白 pai³⁵	红 xuəŋ³⁵	黄 xuaŋ³⁵
兴城	白 pai³⁵	红 xuŋ³⁵	黄 xuaŋ³⁵
绥中	白 pai³⁵	红 xuəŋ³⁵	黄 xuaŋ³⁵
义县	白 pai³⁵	红 xuŋ³⁵	黄 xuaŋ³⁵
北票	白 pai³⁵	红 xuəŋ³⁵	黄 xuaŋ³⁵
阜新	白 pai³⁵	红 xuŋ³⁵	黄 xuaŋ³⁵
黑山	白 pai³⁵	红 xuəŋ³⁵	黄 xuaŋ³⁵
昌图	白 pai³⁵	红 xuəŋ³⁵	黄 xuaŋ³⁵
大连	白 pɤ³⁴	红 xuŋ³⁴	黄 xuaŋ³⁴
金州杏树	白 pɤ⁵²	红 xuŋ⁵²	黄 xuaŋ⁵²
长海	白 pɤ⁵³	红 xuŋ⁵³	黄 xuaŋ⁵³
庄河	白 pai⁵¹	红 xuŋ⁵¹	黄 xuaŋ⁵¹
盖州	白 pai²⁴	红 xuŋ²⁴	黄 xuaŋ²⁴
丹东	白 pai²⁴	红 xuŋ²⁴	黄 xuaŋ²⁴
建平	黢白 tɕʰye⁴⁴pɛ³⁵	通红 tʰuŋ⁴⁴xuŋ³⁵	焦黄 tɕiɔ⁴⁴xuã³⁵
凌源	白 pai³⁵	红 xuŋ³⁵	黄 xuaŋ³⁵

	0970 蓝蓝天的颜色	**0971 绿**绿叶的颜色	**0972 紫**紫药水的颜色
沈阳	蓝 lan³⁵	绿 ly⁴¹	紫 tsɿ²¹³
本溪	蓝 lan³⁵	绿 ly⁵¹	紫 tsɿ²²⁴
辽阳	蓝 lan³⁵	绿 ly⁵¹	紫 tsɿ²¹³
海城	蓝 lan³⁵	绿 ly⁵¹	紫 tsɿ²¹⁴
开原	蓝 lan³⁵	绿 ly⁵¹	紫 tsɿ²¹³
锦州	蓝 lan³⁵	绿 ly⁵¹	紫 tsɿ²¹³
盘锦	蓝 lan³⁵	绿 ly⁵¹	紫 tsɿ²¹³
兴城	蓝 lan³⁵	绿 ly⁵¹	紫 tsɿ²¹³
绥中	蓝 lan³⁵	绿 ly⁵¹	紫 tsɿ²¹³
义县	蓝 lan³⁵	绿 ly⁵¹	紫 tsɿ²¹³
北票	蓝 lan³⁵	绿 ly⁵¹	紫 tsɿ²¹³
阜新	蓝 lan³⁵	绿 ly⁵¹	紫 tsɿ²¹³
黑山	蓝 lan³⁵	绿 luei⁵¹	紫 tsɿ²¹³
昌图	蓝 lan³⁵	绿 ly⁵¹	紫 tsɿ²¹³
大连	蓝 lã³⁴	绿 ly⁵²	紫 tsɿ²¹³
金州杏树	蓝 lã³¹²	绿 ly²¹³	紫 tsɿ²¹³
长海	蓝 lan³¹	绿 ly²¹⁴	紫 tsɿ²¹⁴
庄河	蓝 lan³¹	绿 ly²¹³	紫 tsɿ²¹³
盖州	蓝 lan²⁴	绿 ly⁵¹	紫 tsɿ²¹³
丹东	蓝 lan²⁴	绿 ly⁵¹	紫 tsɿ²¹³
建平	焦蓝 tʰio³⁵lã³⁵	焦绿 tɕio⁴⁴ly⁵³	焦紫 tɕio⁴⁴tsɿ²¹³ 皴紫 tɕʰy⁴⁴tsɿ²¹³
凌源	蓝 lan³⁵	绿 ly⁵¹	紫 tsɿ²¹⁴

	0973 灰 草木灰的颜色	0974 多 东西~	0975 少 东西~
沈阳	灰 xuei³³	多 tuo³³	少 ʂau²¹³
本溪	灰 xuei⁴⁴	多 tuo⁴⁴	少 ʂau²²⁴
辽阳	灰 xuei⁴⁴	多 tuo⁴⁴	少 ʂau²¹³
海城	灰 xuei⁴⁴	多 tuɤ⁴⁴	少 ʂau²¹⁴
开原	灰 xuei⁴⁴	多 tuɤ⁴⁴	少 ʂau²¹³
锦州	灰 xuei⁵⁵	多 tuo⁵⁵	少 ʂau²¹³
盘锦	灰 xuei⁵⁵	多 tuo⁵⁵	少 ʂau²¹³
兴城	灰 xuei⁴⁴	多 tuo⁴⁴	少 ʂau²¹³
绥中	灰 xuei⁵⁵	多 tuo⁵⁵	少 ʂau²¹³
义县	灰 xuei⁴⁴	多 tuo⁴⁴	少 ʂau²¹³
北票	灰 xuei⁴⁴	多 tuo⁴⁴	少 ʂau²¹³
阜新	灰 xuei⁵⁵	多 tuo⁵⁵	少 ʂau²¹³
黑山	灰 xuei⁴⁴	多 tuo⁴⁴	少 ʂau²¹³
昌图	灰 xuei³³	多 tuo³³	少 ʂau²¹³
大连	灰 xueə³¹²	多 tuə³¹²	少 ʃɔ²¹³
金州杏树	灰 xueə³¹²	多 tuə³¹²	少 sɔ²¹³
长海	灰 xuei³¹	多 tuə³¹	少 ʃau²¹⁴
庄河	灰 xuei³¹	多 tuə³¹	少 sao²¹³
盖州	灰 xuei⁴¹²	多 tuɤ⁴¹²	少 ʂau²¹³
丹东	灰 xuei⁴¹¹	多 tuo⁴¹¹	少 ʂau²¹³
建平	灰不溜丢 xuei⁴⁴pu⁰liəu⁴⁴tiəu⁴⁴	海了浩=了 xɛ²¹la⁴⁴xɔ⁵³lə⁰	不丁点儿 pu⁴⁴tiŋ⁴⁴tiɐr²¹³
凌源	灰 xuei⁵⁵	多 tuo⁵⁵	少 ʂau²¹⁴

	0976 重担子~	0977 轻担子~	0978 直线~
沈阳	重 tʂuŋ⁴¹	轻 tɕʰiŋ³³	直 tʂʅ³⁵
本溪	重 tʂuŋ⁵¹	轻 tɕʰiŋ⁴⁴	直 tʂʅ³⁵
辽阳	沉 tsʰən³⁵	轻 tɕʰiŋ⁴⁴	直 tʂʅ³⁵
海城	沉 tsʰən³⁵	轻 tɕʰiŋ⁴⁴	直 tʂʅ³⁵
开原	沉 tsʰən³⁵	轻 tɕʰiŋ⁴⁴	直 tʂʅ³⁵
锦州	重 tʂuŋ⁵¹	轻 tɕʰiŋ⁵⁵	直 tʂʅ³⁵
盘锦	沉 tsʰən³⁵	轻 tɕʰiəŋ⁵⁵	直 tʂʅ³⁵
兴城	沉 tsʰən³⁵	轻 tɕʰiŋ⁴⁴	直 tʂʅ³⁵
绥中	重 tʂuəŋ⁵¹	轻 tɕʰiəŋ⁵⁵	直 tʂʅ³⁵
义县	沉 tsʰən³⁵	轻 tɕʰiŋ⁴⁴ 轻巧儿 tɕʰiŋ⁴⁴tɕʰiaur⁰	直 tʂʅ³⁵ 直溜儿 tʂʅ³⁵liour⁰
北票	沉 tsʰən³⁵	轻 tɕʰiəŋ⁴⁴ 轻巧儿 tɕʰiəŋ⁴⁴tɕʰiaur⁰	直 tʂʅ³⁵
阜新	沉 tsʰən³⁵	轻 tɕʰiŋ⁵⁵	直溜 tʂʅ³⁵liou⁰
黑山	沉 tsʰən³⁵	轻 tɕʰiəŋ⁴⁴	直 tʂʅ³⁵
昌图	沉 tsʰən³⁵	轻 tɕʰiəŋ³³	直 tʂʅ³⁵
大连	沉 tʃʰɤ³⁴	轻 tɕʰiŋ³¹²	直 tʃʅ³⁴
金州 杏树	重 tsuŋ⁵²	轻 tɕʰiŋ³¹²	直 tɕi⁵²
长海	重 tsuŋ⁵³	轻 cʰiŋ³¹	直 tʃʅ⁵³
庄河	重 tsuŋ⁵¹	轻 tɕʰiŋ³¹	直 tɕi⁵¹
盖州	重 tsuŋ⁵¹ 沉 tsʰən²⁴	轻 tɕʰiŋ⁴¹²	直 tʂʅ²⁴
丹东	重 tʂuŋ⁵¹	轻 tɕʰiŋ⁴¹¹	直 tʂʅ²⁴
建平	沉 tʂʰɤ³⁵	轻 tɕʰiŋ⁴⁴	直溜儿 tʂʅ³⁵liəur⁰
凌源	沉 tʂʰən³⁵	轻 tɕʰiŋ⁵⁵	直 tʂʅ³⁵ 直溜 tʂʅ³⁵liou⁰

	0979 陡坡~，楼梯~	**0980 弯**弯曲：这条路是~的	**0981 歪**帽子戴~了
沈阳	陡 tou²¹³	弯 van³³	歪 vai³³
本溪	陡 tou²²⁴	弯 uan⁴⁴	歪 uai⁴⁴
辽阳	陡 tou²¹³	弯 uan⁴⁴	歪 uai⁴⁴
海城	陡 təu²¹⁴	曲里拐咕 tɕʰy³⁵li⁰kuai²¹⁴ku⁰	歪 uai⁴⁴
开原	陡 tou²¹³	弯 uan⁴⁴	歪 uai⁴⁴
锦州	陡 tou²¹³	弯 uan⁵⁵	歪 uai⁵⁵
盘锦	陡 tou²¹³	叽哩拐弯儿 tɕi³⁵li⁰kuai²¹uɐr⁵⁵	歪 uai⁵⁵
兴城	陡 tou²¹³	弯 uan⁴⁴	歪 uai⁴⁴
绥中	陡 tou²¹³	弯 van⁵⁵	歪 vai⁵⁵
义县	陡 tou²¹³	弯 uan⁴⁴ 叽哩拐弯儿 tɕi⁴⁴li⁰kuai²¹uɐr⁴⁴ 弯曲咧巴 uan⁴⁴tɕʰy⁰liɛ⁵¹pa⁰	歪 uai⁴⁴
北票	陡 tou²¹³	弯 uan⁴⁴ 叽哩拐弯 tɕi³⁵lɤ⁰kuai²¹uan⁴⁴	歪 uai⁴⁴
阜新	陡 tou²¹³	弯曲溜巴 uan⁵⁵tɕʰy⁰liou⁵⁵pa⁰	歪 uai⁵⁵
黑山	陡 tou²¹³	弯 uan⁴⁴ 叽哩拐弯儿 tɕi³⁵li⁰kuai²¹uɐr⁴⁴	歪 uai⁴⁴
昌图	陡 tou²¹³	弯 uan³³	歪 uai³³ 斜 ɕie³⁵
大连	陡 təu²¹³	弯 uã³¹²	歪 uɛ³¹²
金州杏树	陡 təu²¹³	弯 uã³¹²	歪 uɛ³¹²
长海	陡 təu²¹⁴	弯 uan³¹	歪 uai³¹
庄河	陡 tou²¹³	弯 uan³¹	歪 uai³¹
盖州	陡 təu²¹³	弯 uan⁴¹²	歪 uai⁴¹²
丹东	陡 tou²¹³	弯 uan⁴¹¹	歪 uai⁴¹¹
建平	倔 tɕye⁵³	七扭拐弯儿 tɕi⁴⁴ȵiəu³⁵kuɛ²¹vɐr⁴⁴	侧歪 tʂɛ⁴⁴vɛ⁰
凌源	陡 tou²¹⁴	弯 van⁵⁵ 弯弯巴扭 van⁵⁵van⁵⁵pa⁵⁵ȵiou⁵⁵ 叽哩拐弯儿 tɕi⁵⁵lɤ⁰kuai²¹vɐr⁵⁵	歪 vai⁵⁵

	0982 厚木板~	0983 薄木板~	0984 稠稀饭~
沈阳	厚 xou⁴¹	薄 pau³⁵	黏 ȵian³⁵
本溪	厚 xou⁵¹	薄 pau³⁵	干 kan⁴⁴
辽阳	厚 xou⁵¹	薄 pau³⁵	干 kan⁴⁴
海城	厚 xou⁵¹	薄 pau³⁵	干 kan⁴⁴
开原	厚 xou⁵¹	薄 pau³⁵	干 kan⁴⁴
锦州	厚 xou⁵¹	薄 pau³⁵	干 kan⁵⁵
盘锦	厚 xou⁵¹	薄 pau³⁵	干 kan⁵⁵
兴城	厚 xou⁵¹	薄 pau³⁵	干 kan⁴⁴
绥中	厚 xou⁵¹	薄 pau³⁵	薄 pau³⁵
义县	厚 xou⁵¹	薄 pau³⁵	干 kan⁴⁴
北票	厚 xou⁵¹	薄 pau³⁵	干 kan⁴⁴ 糨糊 tɕiaŋ⁵¹xu⁰
阜新	厚 xou⁵¹	薄 pau³⁵	干 kan⁵⁵
黑山	厚 xou⁵¹	薄 pau³⁵	干 kan⁴⁴ 汤小了 tʰaŋ⁴⁴ɕiau²¹lɤ⁰
昌图	厚 xou⁵¹	薄 pə³⁵	黏糊 ȵian³⁵xu⁰ 腻乎 ȵi⁵¹xu⁰
大连	厚 xəu⁵²	削 ɕiɔ³¹²	厚 xəu⁵²
金州杏树	厚 xəu⁵²	削 ɕiɔ³¹²	厚 xəu⁵²
长海	厚 xəu⁵³	薄 pɤ⁵³	厚 xəu⁵³
庄河	厚 xəu⁵¹	薄 pao⁵¹	稠 tsʰəu³¹
盖州	厚 xəu⁵¹	薄 pau²⁴	干 kan⁴¹²
丹东	厚 xəu⁵¹	薄 pau²⁴	厚 xou⁵¹
建平	厚 xəu⁵³	薄 pɔ³⁵	酱 tɕiã⁵³
凌源	厚 xou⁵¹	薄 pau³⁵	干 kan⁵⁵

	0985 稀稀饭~	0986 密菜种得~	0987 稀稀疏；菜种得~
沈阳	稀 ɕi³³	密 mi⁴¹	稀 ɕi³³
本溪	稀 ɕi⁴⁴	密 mi⁵¹	稀 ɕi⁴⁴
辽阳	稀 ɕi⁴⁴	密 mi⁵¹	稀 ɕi⁴⁴
海城	稀溜儿 ɕi⁴⁴liəur⁰	密拉=麻拉 mi⁵¹la⁰ma³⁵la⁰	稀拉=巴棱 ɕi³⁵la⁰pa⁴⁴ləŋ⁴⁴
开原	稀 ɕi⁴⁴	密 mi⁵¹	稀 ɕi⁴⁴
锦州	稀 ɕi⁵⁵	密 mi⁵¹	稀 ɕi⁵⁵
盘锦	稀里咣噹 ɕi⁵⁵li⁰kuaŋ⁵⁵tʰaŋ⁵⁵	密 mi⁵¹	稀 ɕi⁵⁵ 稀了巴腾=ɕi⁵⁵lə⁰pa⁵⁵tʰəŋ⁵⁵
兴城	稀 ɕi⁴⁴	密 mi⁵¹	稀 ɕi⁴⁴
绥中	稀 ɕi⁵⁵	密 mi⁵¹	稀 ɕi⁵⁵
义县	稀 ɕi⁴⁴ 稀里咣噹 ɕi⁴⁴li⁰kuaŋ⁴⁴tʰaŋ⁰	密 mi⁵¹ 密实 mi⁵¹ʂʅ⁰	稀 ɕi⁴⁴
北票	稀 ɕi⁴⁴	密 mi⁵¹ 密实 mi⁵¹ʂʅ⁰	稀 ɕi⁴⁴
阜新	稀了咣叽 ɕi⁵⁵lə⁰kuaŋ=tɕi⁵⁵	密 mi⁵¹	稀 ɕi⁵⁵
黑山	稀 ɕi⁴⁴ 汤大了 tʰaŋ⁴⁴ta⁵¹lɤ⁰ 稀了咣噹 ɕi⁴⁴lɤ⁰kuaŋ⁴⁴tʰaŋ⁰	密 mi⁵¹ 密实 mi⁵¹ʂʅ⁰	稀 ɕi⁴⁴
昌图	稀 ɕi³³	密 mi⁵¹	稀 ɕi³³
大连	稀 ɕi³¹²	密 mi⁵²	稀 ɕi³¹²
金州 杏树	稀 ɕi³¹²	密 mi²¹³	纰 pʰi³¹²
长海	稀 ɕi³¹	密 mi⁵³	稀 ɕi³¹
庄河	稀 ɕi³¹	密 mi⁵¹	稀 ɕi³¹
盖州	稀 ɕi⁴¹²	密 mi⁵¹	稀拉 ɕi⁴¹²la⁰
丹东	稀 ɕi⁴¹¹	密 mi⁵¹	稀 ɕi⁴¹¹
建平	稀 ɕi⁴⁴	密实 mi⁵³ʂʅ⁰	稀 ɕi⁴⁴ 稀不棱登=ɕi⁴⁴pu⁰ləŋ⁴⁴təŋ⁴⁴
凌源	稀 ɕi⁵⁵ 稀了吧唧 ɕi⁵⁵lɤ⁰pa⁵⁵tɕi⁵⁵	密 mi⁵¹	稀 ɕi⁵⁵ 稀了巴扯 ɕi⁵⁵lɤ⁰pa⁵⁵tʂʰɤ²¹

	0988 亮 指光线，明亮	0989 黑 指光线，完全看不见	0990 热 天气
沈阳	亮 liaŋ⁴¹	黑 xei³³	热 ie⁴¹
本溪	亮 liaŋ⁵¹	黑 xei⁴⁴	热 zɤ⁵¹
辽阳	亮 liaŋ⁵¹	黢黑 tɕʰy⁵¹xei⁴⁴	热 ie⁵¹
海城	亮 liaŋ⁵¹	黢麻=黑 tɕʰy⁴⁴mɤ⁰xei⁴⁴	热 ie⁵¹
开原	亮 liaŋ⁵¹	黑 xei⁴⁴	热 zɤ⁵¹
锦州	亮 liaŋ⁵¹	黑 xei⁵⁵	热 zɤ⁵¹
盘锦	亮堂 liaŋ⁵¹tʰaŋ⁰	贼黑 tsei³⁵xei⁵⁵	热 ie⁵¹
兴城	亮 liaŋ⁵¹	黑 xei⁴⁴	热 zɤ⁵¹
绥中	亮 liaŋ⁵¹	黑 xei⁵⁵	热 zɤ⁵¹
义县	亮堂 liaŋ⁵¹tʰaŋ⁰	黑 xei⁴⁴ 黢黑 tɕʰyɛ⁵³xei⁴⁴	热 zɤ⁵¹
北票	亮 liaŋ⁵¹ 亮堂 liaŋ⁵¹tʰaŋ⁰ 豁亮 xɤ⁵¹liaŋ⁰	黑 xei⁴⁴ 漆黑 tɕʰi⁴⁴xei⁴⁴	热 zɤ⁵¹
阜新	亮堂 liaŋ⁵¹tʰaŋ⁰	黢黑 tɕʰyɛ⁵³xei⁵⁵	热 zɤ⁵¹
黑山	亮 liaŋ⁵¹ 亮堂 liaŋ⁵¹tʰaŋ⁰	黑 xei⁴⁴ 黢黑 tɕʰyɛ⁵³xei⁴⁴	热 zɤ⁵¹
昌图	亮堂 liaŋ⁵¹tʰaŋ⁰	黑了吧唧 xei³³lə⁰pa³³tɕi³³ 黑黢黢 xei³³tɕʰy³³tɕʰy³³	热 zɤ⁵¹
大连	亮 liaŋ⁵²	黑 xɤ²¹³	热 iɛ⁵²
金州杏树	亮 liaŋ⁵²	黑 xɤ²¹³	热 iɛ²¹³
长海	亮 liaŋ⁵³	黑 xɤ²¹⁴	热 iɛ²¹⁴
庄河	亮 liaŋ⁵¹	黑 xə²¹³	热 iɛ⁵¹
盖州	亮 liaŋ⁵¹	黑 xei⁴¹²	热 iɛ⁵¹
丹东	亮 liaŋ⁵¹	黑 xei²¹³	热 iɛ⁵¹
建平	亮 liã⁵³	黢黑 tɕʰiəu⁴⁴xei⁴⁴	热乎 zɤ⁵³xu⁰
凌源	亮堂 liaŋ⁵¹tʰaŋ⁰	黑 xei⁵⁵ 黢黑 tɕʰy⁵⁵xei⁵⁵	热 zɤ⁵¹

	0991 暖和天气	0992 凉天气	0993 冷天气
沈阳	暖和 nan²¹xə⁰	凉 liaŋ³⁵	冷 ləŋ²¹³
本溪	暖和 nuan²¹xuo⁰	凉 liaŋ³⁵	冷 ləŋ²²⁴
辽阳	暖和 nan²¹xu⁰	凉 liaŋ³⁵	冷 ləŋ²¹³
海城	暖和 nau²¹⁴xu⁰	凉快儿 liaŋ³⁵kʰuɐr⁰	冷 ləŋ²¹⁴
开原	暖和 nau²¹xuo⁰	凉 liaŋ³⁵	冷 ləŋ²¹³
锦州	暖和 nau²¹xu⁰	凉 liaŋ³⁵	冷 ləŋ²¹³
盘锦	暖和 nuan²¹xu⁰ 暖和 nau²¹xu⁰	凉 liaŋ³⁵	冷 ləŋ²¹³
兴城	暖和 nuan²¹xu⁰	凉 liaŋ³⁵	冷 ləŋ²¹³
绥中	暖和 nau²¹xu⁰	凉 liaŋ³⁵	冷 ləŋ²¹³
义县	暖和 nau²¹xu⁰	凉 liaŋ³⁵	冷 ləŋ²¹³
北票	暖和 nau²¹xuo⁰	凉 liaŋ³⁵	冷 ləŋ²¹³
阜新	暖和 nau²¹xu⁰	凉 liaŋ³⁵	冷 ləŋ²¹³
黑山	暖和 nau²¹xu⁰	凉 liaŋ³⁵	冷 ləŋ²¹³
昌图	暖和 nuan²¹xə⁰	凉快 liaŋ³⁵kʰuai⁰	冷 ləŋ²¹³
大连	暖和 nã²¹xə⁰	凉 liaŋ³⁴	冷 ləŋ²¹³
金州杏树	暖和 nɔ²¹xuə̃⁰	凉 liaŋ³¹²	冷 ləŋ²¹³
长海	暖和 nau²¹xuə⁰	凉 liaŋ⁵³	凉 liaŋ⁵³
庄河	暖和 nao²¹xuən⁰	凉 liaŋ⁵¹	冷 ləŋ²¹³
盖州	暖和 nuan²¹xuən⁰	凉快儿 liaŋ²⁴kʰuɐr⁰	冷 ləŋ²¹³
丹东	暖和 nau²¹xuo⁰	凉 liaŋ²⁴	冷 ləŋ²¹³
建平	暖和 nɔ²¹xuə⁴⁴	凉甚 liã³⁵ʂə̃⁰	冷 ləŋ²¹³
凌源	暖和儿 nau²¹xuor⁰	凉 liaŋ³⁵	冷 ləŋ²¹⁴

	0994 热水	0995 凉水	0996 干 干燥：衣服晒~了
沈阳	热 iɛ⁴¹	凉 liaŋ³⁵	干 kan³³
本溪	热 zʅ⁵¹	凉 liaŋ³⁵	干 kan⁴⁴
辽阳	热 iɛ⁵¹	凉 liaŋ³⁵	干 kan⁴⁴
海城	热 iɛ⁵¹	凉 liaŋ³⁵	干 kan⁴⁴
开原	热 iɛ⁵¹	凉 liaŋ³⁵	干 kan⁴⁴
锦州	热 zʅ⁵¹	凉 liaŋ³⁵	干 kan⁵⁵
盘锦	热 iɛ⁵¹	凉 liaŋ³⁵	干 kan⁵⁵
兴城	热 zʅ⁵¹	凉 liaŋ³⁵	干 kan⁴⁴
绥中	热 zʅ⁵¹	凉 liaŋ³⁵	干 kan⁵⁵
义县	热 zʅ⁵¹	凉 liaŋ³⁵	干 kan⁴⁴
北票	热 zʅ⁵¹	凉 liaŋ³⁵	干 kan⁴⁴
阜新	热 zʅ⁵¹	凉 liaŋ³⁵	干 kan⁵⁵
黑山	热 zʅ⁵¹	凉 liaŋ³⁵	干 kan⁴⁴
昌图	热 zʅ⁵¹	凉 liaŋ³⁵	干 kan³³
大连	热 iɛ⁵²	凉 liaŋ³⁴	干 kã³¹²
金州杏树	热 iɛ²¹³	凉 liaŋ³¹²	干 kã³¹²
长海	热 iɛ²¹⁴	凉 liaŋ⁵³	干 kan³¹
庄河	热 iɛ⁵¹	凉 liaŋ⁵¹	干 kan³¹
盖州	热 iɛ⁵¹	凉 liaŋ²⁴	干 kan⁴¹²
丹东	热 iɛ⁵¹	凉 liaŋ²⁴	干 kan⁴¹¹
建平	热乎 zʅ⁵³xu⁰	凉 liã³⁵	干 kã⁴⁴
凌源	热 zʅ⁵¹	凉 liaŋ³⁵	干 kan⁵⁵

	0997 湿 潮湿：衣服淋~了	0998 干净 衣服~	0999 脏 脏脏，不干净，统称：衣服~
沈阳	湿 ʂʅ³³	干净 kan³³tɕiŋ⁰	埋汰 mai³⁵tʰai⁰
本溪	湿 ʂʅ⁴⁴	干净 kan³¹tɕiŋ⁰	埋汰 mai³⁵tʰai⁰
辽阳	潮 tʂʰau³⁵	干净 kan³⁵tɕiŋ⁰	埋汰 mai³⁵tʰai⁰
海城	湿 ʂʅ⁴⁴	干净 kan³⁵tɕiŋ⁰	埋汰 mai³⁵tʰai⁰
开原	湿 ʂʅ⁴⁴	干净 kan⁴⁴tɕiŋ⁰	埋汰 mai³⁵tʰai⁰
锦州	湿 ʂʅ⁵⁵	干净 kan³⁵tɕiŋ⁰	埋汰 mai³⁵tʰai⁰
盘锦	湿 ʂʅ⁵⁵	干净 kan³⁵tɕiəŋ⁰	埋汰 mai³⁵tʰai⁰
兴城	湿 ʂʅ⁴⁴	干净 kan⁴⁴tɕiŋ⁰	埋汰 mai³⁵tʰai⁰
绥中	湿 ʂʅ⁵⁵	干净 kan⁵⁵tɕiəŋ⁰	埋汰 mai³⁵tʰai⁰
义县	湿 ʂʅ⁴⁴	干净 kan³⁵tɕiŋ⁰	埋汰 mai³⁵tʰai⁰
北票	湿 ʂʅ⁴⁴	干净 kan³⁵tɕiəŋ⁰	埋汰 mai³⁵tʰai⁰
阜新	湿 ʂʅ⁵⁵	干净 kan³⁵tɕiŋ⁰	埋汰 mai³⁵tʰai⁰
黑山	湿 ʂʅ⁴⁴	干净 kan³⁵tɕiəŋ⁰ 透喽儿 tʰou⁵¹lour⁰	埋汰 mai³⁵tʰai⁰
昌图	湿 ʂʅ³³	干净 kan³⁵tɕiəŋ⁰	埋汰 mai³⁵tʰai⁰
大连	湿 ʂʅ²¹³	干净 kã³¹tɕiŋ⁰	脏 tsaŋ³¹²
金州 杏树	湿 ɕi²¹³	干净 kã³¹tɕiŋ⁰	脏 tsaŋ³¹²
长海	湿 ʂʅ²¹⁴	干净 kan³¹ɕiŋ⁰	脏 tsaŋ³¹
庄河	湿 ɕi²¹³	干净 kan³¹tɕiŋ⁰	埋汰 mai⁵¹tʰai⁰
盖州	湿 ʂʅ²¹³	干净 kan⁴¹²tɕiŋ⁰	埋汰 mai²⁴tʰai⁰
丹东	湿 ʂʅ²¹³	干净 kan⁴¹¹tɕiŋ⁰	埋汰 mai²⁴tʰai⁰
建平	湿 ʂʅ⁴⁴	干净 kã⁴⁴tɕiŋ⁰	埋汰 mɛ³⁵tʰɛ⁰
凌源	湿 ʂʅ⁵⁵	干净 kan³⁵tɕiŋ⁰	埋汰 mai³⁵tʰai⁰

	1000 快锋利：刀子~	1001 钝刀~	1002 快坐车比走路~
沈阳	快 kʰuai⁴¹	钝 tuən⁴¹	快 kʰuai⁴¹
本溪	快 kʰuai⁵¹	不快 pu³⁵kʰuai⁵¹	快 kʰuai⁵¹
辽阳	快 kʰuai⁵¹	钝 tuən⁵¹	快 kʰuai⁵¹
海城	快 kʰuai⁵¹	不快 pu³⁵kʰuai⁵¹	快 kʰuai⁵¹
开原	快 kʰuai⁵¹	不快 pu³⁵kʰuai⁵¹	快 kʰuai⁵¹
锦州	快 kʰuai⁵¹	不快 pu³⁵kʰuai⁵¹	快 kʰuai⁵¹
盘锦	快 kʰuai⁵¹	不快 pu³⁵kʰuai⁵¹	快 kʰuai⁵¹
兴城	快 kʰuai⁵¹	不快 pu³⁵kʰuai⁵¹	快 kʰuai⁵¹
绥中	快 kʰuai⁵¹	钝 tuən⁵¹	快 kʰuai⁵¹
义县	快 kʰuai⁵¹	不快 pu³⁵kʰuai⁵¹ 钝 tuən⁵¹	快 kʰuai⁵¹
北票	快 kʰuai⁵¹	钝 tuən⁵¹	快 kʰuai⁵¹
阜新	快 kʰuai⁵¹	不快 pu³⁵kʰuai⁵¹ 钝 tuən⁵¹	快 kʰuai⁵¹
黑山	快 kʰuai⁵¹	钝 tuən⁵¹	快 kʰuai⁵¹
昌图	快 kʰuai⁵¹	钝 tuən⁵¹	快 kʰuai⁵¹
大连	快 kʰuɛ⁵²	钝 tɔ̃⁵²	快 kʰuɛ⁵²
金州 杏树	快 kʰuɛ⁵²	慢 mã⁵²	快 kʰuɛ⁵²
长海	快 kʰuai⁵³	钝 tuən⁵³	快 kʰuai⁵³
庄河	快 kʰuai⁵¹	不快 pu²¹kʰuai⁵¹	快 kʰuai⁵¹
盖州	快 kʰuai⁵¹	不快 pu²⁴kʰuai⁵¹	快 kʰuai⁵¹
丹东	快 kʰuai⁵¹	钝 tuən⁵¹	快 kʰuai⁵¹
建平	快 kʰuɛ⁵³	钝 tuɔ̃⁵³	快 kʰuɛ⁵³
凌源	快 kʰuai⁵¹	不快 pu³⁵kʰuai⁵¹ 钝 tuən⁵¹	快 kʰuai⁵¹

	1003 慢走路比坐车~	1004 早来得~	1005 晚来~了
沈阳	慢 man⁴¹	早 tsau²¹³	晚 van²¹³
本溪	慢 man⁵¹	早 tsau²²⁴	晚 uan²²⁴
辽阳	慢 man⁵¹	早 tsau²¹³	晚 uan²¹³
海城	慢 man⁵¹	早 tṣau²¹⁴	晚 uan²¹⁴
开原	慢 man⁵¹	早 tsau²¹³	晚 uan²¹³
锦州	慢 man⁵¹	早 tṣau²¹³	晚 uan²¹³
盘锦	慢 man⁵¹	早 tsau²¹³	晚 uan²¹³
兴城	慢 man⁵¹	早 tsau²¹³	晚 uan²¹³
绥中	慢 man⁵¹	早 tsau²¹³	晚 van²¹³
义县	慢 man⁵¹	早 tṣau²¹³	晚 uan²¹³
北票	慢 man⁵¹	早 tsau²¹³	晚 uan²¹³
阜新	慢 man⁵¹	早 tsau²¹³	晚 uan²¹³
黑山	慢 man⁵¹	早 tṣau²¹³	晚 uan²¹³
昌图	慢 man⁵¹	早 tṣau²¹³	晚 uan²¹³
大连	慢 mã⁵²	早 tsɔ²¹³	晚 uã²¹³
金州杏树	慢 mã⁵²	早 tsɔ²¹³	晚 uã²¹³
长海	慢 man⁵³	早 tsau²¹⁴	晚 uan²¹⁴
庄河	慢 man⁵¹	早 tsao²¹³	晚 uan²¹³
盖州	慢 man⁵¹	早 tsau²¹³	晚 uan²¹³
丹东	慢 man⁵¹	早 tsau²¹³	晚 uan²¹³
建平	慢 mã⁵³	早 tsɔ²¹³	晚 vã²¹³
凌源	慢 man⁵¹	早 tsau²¹⁴	晚 van²¹⁴

	1006 晚 天色~	1007 松 捆得~	1008 紧 捆得~
沈阳	晚 van²¹³	松 suŋ³³	紧 tɕin²¹³
本溪	黑 xei⁴⁴	松 ʂuŋ⁴⁴	紧 tɕin²²⁴
辽阳	晚 uan²¹³	松 suŋ⁴⁴	紧 tɕin²¹³
海城	晚 uan²¹⁴	松 ʂuŋ⁴⁴	牢实 lau³⁵ʂɿ⁰
开原	不早 pu⁵¹tsau²¹³	松 ʂuŋ⁴⁴	紧 tɕin²¹³
锦州	黑 xei⁵⁵	松 ʂuŋ⁵⁵	紧 tɕin²¹³
盘锦	黑 xei⁵⁵	松 suəŋ⁵⁵	紧 tɕiən²¹³
兴城	黑 xei⁴⁴	松 ʂuŋ⁴⁴	紧 tɕin²¹³
绥中	晚 van²¹³	松 ʂuəŋ⁵⁵	紧 tɕin²¹³
义县	晚 uan²¹³ 黑 xei⁴⁴	松 ʂuŋ⁴⁴	紧 tɕin²¹³
北票	晚 uan²¹³ 黑 xei⁴⁴	松 suəŋ⁴⁴	紧 tɕiən²¹³
阜新	黑 xei⁵⁵	松 suŋ⁵⁵	紧 tɕin²¹³
黑山	晚 uan²¹³ 黑 xei⁴⁴	松 ʂuəŋ⁴⁴	紧 tɕiən²¹³
昌图	晚 uan²¹³	松 ʂuəŋ³³	紧 tɕiən²¹³
大连	晚 uã²¹³	松 suŋ³¹²	紧 tɕĩ²¹³
金州杏树	晚 uã²¹³	松 suŋ³¹²	紧 tɕĩ²¹³
长海	晚 uan²¹⁴	松 suŋ³¹	紧 ciən²¹⁴
庄河	晚 uan²¹³	松 suŋ³¹	紧 tɕin²¹³
盖州	黑 xei⁴¹²	松 suŋ⁴¹²	紧 tɕin²¹³
丹东	黑了 xei²¹lə⁰	松 suŋ⁴¹¹	紧 tɕin²¹³
建平	擦黑儿 tsʰa⁴⁴xər⁴⁴ 眼刺拉儿 iɛ²¹tsɿ⁴⁴lar⁵³	松了吧唧 suŋ⁴⁴lə⁰pa⁴⁴tɕi⁴⁴	紧乎 tɕĩ²¹xu⁰
凌源	晚 van²¹⁴ 黑 xei⁵⁵	松 suŋ⁵⁵	紧 tɕin²¹⁴

	1009 容易 这道题~	1010 难 这道题~	1011 新 衣服~
沈阳	容易 yŋ³⁵·i⁰	难 nan³⁵	新 ɕin³³
本溪	容易 ʐuŋ³⁵·i⁵¹	难 nan³⁵	新 ɕin⁴⁴
辽阳	简单 tɕian²¹tan⁴⁴	难 nan³⁵	新 ɕin⁴⁴
海城	简单 tɕian³⁵tan⁴⁴	难 nan³⁵	新 ɕin⁴⁴
开原	简单 tɕian²¹tan⁴⁴	难 nan³⁵	新 ɕin⁴⁴
锦州	简单 tɕian²¹tan⁵⁵	难 nan³⁵	新 ɕin⁵⁵
盘锦	简单 tɕian²¹tan⁵⁵	不好整 pu⁵³xau³⁵tʂəŋ²¹³	新 ɕiən⁵⁵
兴城	容易 yŋ³⁵·i⁰ 简单 tɕian²¹tan⁴⁴	难 nan³⁵ 费劲 fei⁵¹tɕin⁵¹	新 ɕin⁴⁴
绥中	容易 ʐuəŋ³⁵·i⁰	难 nan³⁵	新 ɕin⁵⁵
义县	简单 tɕian²¹tan⁴⁴ 容易 ʐuŋ³⁵·i⁰	难 nan³⁵	新 ɕin⁴⁴
北票	简单 tɕian²¹tan⁴⁴	难 nan³⁵	新 ɕiən⁴⁴
阜新	不难 pu⁵³nan³⁵ 简单 tɕian²¹tan⁰	不好整 pu⁵³xau³⁵tʂəŋ²¹³	新 ɕin⁵⁵
黑山	简单 tɕian²¹tan⁴⁴	难 nan³⁵	新 ɕiən⁴⁴
昌图	容易 yəŋ³⁵·i⁰	难 nan³⁵	新 ɕiən³³
大连	容易 yŋ³⁴·i⁰	难 nã³⁴	新 ɕĩ³¹²
金州杏树	容易 yŋ³¹·i⁰	难 nã⁵²	新 ɕĩ³¹²
长海	容易 yŋ⁵³·i⁰	难 nan⁵³	新 ʃiən³¹
庄河	容易 yŋ⁵¹·i⁰	难 nan⁵¹	新 ɕin³¹
盖州	简单 tɕian²¹tan⁰	难 nan²⁴	新 ɕin⁴¹²
丹东	容易 yŋ²⁴·i⁰	难 nan²⁴	新 ɕin⁴¹¹
建平	简单 tɕiẽ²¹tã⁴⁴	难 nã³⁵	新 ɕĩ⁴⁴
凌源	简单 tɕiɛn²¹tan⁰ 容易 ʐuŋ³⁵·i⁰ 不难 pu⁵³nan³⁵	难 nan³⁵	新 ɕin⁵⁵

	1012 旧衣服~	1013 老人~	1014 年轻人~
沈阳	旧 tɕiou⁴¹	老 lau²¹³	年轻 n̪ian³⁵tɕʰiŋ³³
本溪	旧 tɕiou⁵¹	老 lau²²⁴	年轻 n̪ian³⁵tɕʰiŋ⁴⁴
辽阳	旧 tɕiou⁵¹	老 lau²¹³	年轻 n̪ian³⁵tɕʰiŋ⁴⁴
海城	旧 tɕiəu⁵¹	老 lau²¹⁴	年轻 n̪ian³⁵tɕʰiŋ⁴⁴
开原	旧 tɕiou⁵¹	老 lau²¹³	年轻 n̪ian³⁵tɕʰiŋ⁴⁴
锦州	旧 tɕiou⁵¹	老 lau²¹³	年轻 n̪ian³⁵tɕʰiŋ⁵⁵
盘锦	旧 tɕiou⁵¹	岁儿数大了 suər⁵¹ʂu⁰tа⁵¹lə⁰	少性 ʂau⁵¹ɕiəŋ⁰
兴城	旧 tɕiou⁵¹	老 lau²¹³	年轻 n̪ian³⁵tɕʰiŋ⁴⁴
绥中	旧 tɕiou⁵¹	老 lau²¹³	年轻 n̪ian³⁵tɕʰiəŋ⁵⁵
义县	旧 tɕiou⁵¹	老 lau²¹³	年轻 n̪ian³⁵tɕʰiŋ⁴⁴
北票	旧 tɕiou⁵¹	老 lau²¹³	年轻 n̪ian³⁵tɕʰiəŋ⁴⁴
阜新	旧 tɕiou⁵¹	老 lau²¹³ 岁数大了 suei⁵¹ʂu⁰ta⁵¹lə⁰	年轻人儿 n̪ian³⁵tɕʰiŋ⁵⁵ʐər³⁵
黑山	旧 tɕiou⁵¹	老 lau²¹³	年轻 n̪ian³⁵tɕʰiəŋ⁴⁴
昌图	破 pʰə⁵¹ 旧 tɕiou⁵¹	岁数儿大 suei⁵³ʂur⁰ta⁵¹	年轻 n̪ian³⁵tɕʰiəŋ³³
大连	旧 tɕiəu⁵²	老 lɔ²¹³	年轻 n̪iɛ̃³⁴tɕʰiŋ³¹²
金州杏树	旧 tɕiəu⁵²	老 lɔ²¹³	年轻 n̪iɛ̃³⁴tɕʰiŋ³¹²
长海	旧 ciəu⁵³	老 lau²¹⁴	年轻 n̪ian²⁴cʰiŋ⁰
庄河	旧 tɕiəu⁵¹	老 lao²¹³	年轻 n̪ian²⁴tɕʰiŋ³¹
盖州	旧 tɕiəu⁵¹	老 lau²¹³	年轻 n̪ian²⁴tɕʰiŋ⁴¹²
丹东	旧 tɕiou⁵¹	老 lau²¹³	年轻 n̪ian²⁴tɕʰiŋ⁰
建平	旧 tɕiəu⁵³	上岁数儿 ʂã⁴²suei⁵³ʂur⁰ 到岁数儿 tɔ⁴²suei⁵³ʂur⁰	年轻 n̪iɛ̃³⁵tɕʰiŋ⁴⁴
凌源	旧 tɕiou⁵¹	老 lau²¹⁴	年轻 n̪iɛn³⁵tɕʰiŋ⁵⁵

	1015 软糖~	1016 硬骨头~	1017 烂肉煮得~
沈阳	软 yan²¹³	硬 iŋ⁴¹	烂 lan⁴¹
本溪	软 yan²²⁴	硬 iŋ⁵¹	烂 lan⁵¹
辽阳	软 yan²¹³	硬 iŋ⁵¹	烂糊 lan⁵¹xu⁰
海城	软 yan²¹⁴	硬 iŋ⁵¹	烂糊儿 lan⁵¹xur⁰
开原	软 yan²¹³	硬 iŋ⁵¹	烂 lan⁵¹
锦州	软和 yan²¹xu⁰	硬 iŋ⁵¹	烂糊 lan⁵¹xu⁰
盘锦	软和 yan²¹xu⁰	硬 iəŋ⁵¹	烂糊儿 lan⁵¹xur⁰
兴城	软和 yan²¹xu⁰	硬 iŋ⁵¹	烂糊 lan⁵¹xu⁰
绥中	软 yan²¹³	硬 iəŋ⁵¹	烂 lan⁵¹
义县	软 zuan²¹³ 软和儿 zuan²¹xur⁰	硬 iŋ⁵¹	烂 lan⁵¹ 烂糊儿 lan⁵¹xur⁰
北票	软 zuan²¹³	硬 iəŋ⁵¹	烂 lan⁵¹
阜新	软和 zuan²¹xu⁰	硬 iŋ⁵¹	烂糊 lan⁵¹xu⁰
黑山	软 yan²¹³	硬 iəŋ⁵¹	烂 lan⁵¹
昌图	软 yan²¹³	硬 iəŋ⁵¹	烂糊儿 lan⁵¹xur⁰
大连	软 yɛ̃²¹³	硬 iŋ⁵²	烂 lã⁵²
金州杏树	软 yɛ̃²¹³	硬 iŋ⁵²	烂 lã⁵²
长海	软 yan²¹⁴	硬 iŋ⁵³	烂 lan⁵³
庄河	软 yan²¹³	硬 iŋ⁵¹	烂 lan⁵¹
盖州	软 yan²¹³	硬 iŋ⁵¹	烂 lan⁵¹
丹东	软 yan²¹³	硬 iŋ⁵¹	烂糊 lan⁵¹xu⁰
建平	软和 zuã²¹xuə⁰	梆硬 pã⁴⁴iŋ⁵³	稀烂 ɕi⁴⁴lã⁵³
凌源	软 zuan²¹⁴ 软和儿 zuan²¹xur⁰	硬 iŋ⁵¹ 硬梆 iŋ⁵¹paŋ⁰	烂 lan⁵¹ 烂糊儿 lan⁵¹xur⁰

	1018 糊饭烧~了	1019 结实家具~	1020 破衣服~
沈阳	糊 xu³⁵	结实 tɕie³³ʂʅ⁰	破 puo⁴¹
本溪	糊 xu³⁵	结实 tɕie⁴⁴ʂʅ⁰	破 pʰuo⁵¹
辽阳	糊巴 xu³⁵pa⁰	结实 tɕie⁴⁴ʂʅ⁰	破 pʰɤ⁵¹
海城	糊巴 xu³⁵pɤ⁰	结实 tɕie⁴⁴ʂʅ⁰	破 pʰɤ⁵¹
开原	糊 xu³⁵	结实 tɕie⁴⁴ʂʅ⁰	破 pɤ⁵¹
锦州	糊 xu³⁵	结实 tɕie⁵⁵ʂʅ⁰	破 pʰɤ⁵¹
盘锦	嘎巴锅 ka⁵⁵pa⁰kuo⁵⁵	结实 tɕie⁵⁵ʂʅ⁰	破 pʰɤ⁵¹
兴城	糊 xu³⁵	结实 tɕie⁴⁴ʂʅ⁰ 柱壮 tʂu⁵¹tʂuaŋ⁰	破 pɤ⁵¹ 坏 xuai⁵¹
绥中	糊 xu³⁵	结实 tɕie⁵⁵ʂʅ⁰	破 pʰuo⁵¹
义县	糊 xu³⁵	结实 tɕie⁴⁴ʂʅ⁰	破 pʰɤ⁵¹
北票	糊 xu³⁵	结实 tɕie⁴⁴ʂʅ⁰	破 pʰɤ⁵¹
阜新	糊 xu³⁵	结实 tɕie⁵⁵ʂʅ⁰	破 pʰɤ⁵¹
黑山	糊 xu³⁵ 串烟 tʂʰuan⁵³ian⁴⁴	结实 tɕie⁴⁴ʂʅ⁰	破 pʰɤ⁵¹
昌图	嘎巴 ka³³pa⁰	牡实 maŋ³³ʂʅ⁰	破 pʰɤ⁵¹
大连	糊 xu³⁴	结实 tɕie³¹ʃʅ⁰	破 pʰɤ⁵²
金州杏树	糊 xu⁵²	结实 tɕie³¹ɕi⁰	破 pʰɤ⁵²
长海	糊 xu⁵³	结实 ɕie³¹ʃʅ⁰	破 pʰɤ⁵³
庄河	糊 xu⁵¹	结实 tɕie⁵¹ɕi⁰	破 pʰə⁵¹
盖州	糊 xu²⁴	结实 tɕie⁴¹²ʂʅ⁰	破 pʰɤ⁵¹
丹东	糊 xu²⁴	结实 tɕie⁴¹¹ʂʅ⁰	破 pʰɤ⁰
建平	糊 xu³⁵	结实 tɕie⁴⁴ʂʅ⁰	破 pʰɤ⁵³
凌源	糊 xu³⁵	结实 tɕie⁵⁵ʂʅ⁰	破 pʰɤ⁵¹

	1021 富他家很~	1022 穷他家很~	1023 忙最近很~
沈阳	有钱 iou²¹tɕʰian³⁵	穷 tɕʰyŋ³⁵	忙 maŋ³⁵
本溪	富 fu⁵¹	穷 tɕʰyŋ³⁵	忙 maŋ³⁵
辽阳	有钱 iou²¹tɕʰian³⁵	穷 tɕʰyŋ³⁵	忙 maŋ³⁵
海城	有钱 iəu²¹tɕʰian³⁵	没钱 mei³⁵tɕʰian³⁵	忙 maŋ³⁵
开原	趁 tʂʰən⁵¹	穷 tɕʰyŋ³⁵	忙 maŋ³⁵
锦州	趁 tʂʰən⁵¹	穷 tɕʰyŋ³⁵	忙 maŋ³⁵
盘锦	趁 tʂʰən⁵¹	困难 kʰuən⁵¹nan⁰	忙 maŋ³⁵
兴城	趁 tʂʰən⁵¹	穷 tɕʰyŋ³⁵	忙 maŋ³⁵
绥中	富 fu⁵¹	困难 kʰuən⁵¹nan⁰	忙 maŋ³⁵
义县	趁 tʂʰən⁵¹	穷 tɕʰyŋ³⁵	忙 maŋ³⁵
北票	趁 tʂʰən⁵¹	穷 tɕʰyəŋ³⁵ 困难 kʰuən⁵¹nan⁰	忙 maŋ³⁵
阜新	趁 tʂʰən⁵¹	穷 tɕʰyŋ³⁵ 困难 kʰuən⁵¹nan⁰	不着闲儿 pu⁵³tʂau⁵⁵ɕiɐr³⁵
黑山	趁 tʂʰən⁵¹	穷 tɕʰyəŋ³⁵	忙 maŋ³⁵
昌图	有 iou²¹³ 趁 tʂʰən⁵¹	困难 kʰuən⁵¹nan⁰	忙 maŋ³⁵
大连	富 fu⁵²	穷 tɕʰyŋ³⁴	忙 maŋ³⁴
金州杏树	富 fu⁵²	穷 tɕʰyŋ⁵²	忙 maŋ³¹²
长海	富 fu⁵³	穷 cʰyŋ⁵³	忙 maŋ³¹
庄河	富 fu⁵¹	穷 tɕʰyŋ⁵¹	忙 maŋ³¹
盖州	有钱 iəu²¹tɕʰian²⁴	穷 tɕʰyŋ²⁴	忙 maŋ²⁴
丹东	富 fu⁵¹	穷 tɕʰyŋ²⁴	忙 maŋ²⁴
建平	趁 tʂʰɔ̃⁵³	困难 kʰuɔ̃⁵³nã⁰	忙乎 mã³⁵xu⁰
凌源	趁 tʂʰən⁵¹	穷 tɕʰyŋ³⁵	忙 maŋ³⁵

	1024 闲 最近比较~	1025 累 走路走得很~	1026 疼 摔~了
沈阳	闲 ɕian³⁵	累 lei⁴¹	疼 tʰəŋ³⁵
本溪	闲 ɕian³⁵	累 lei⁵¹	疼 tʰəŋ³⁵
辽阳	闲 ɕian³⁵	累 lei⁵¹	疼 tʰəŋ³⁵
海城	不忙 pu⁵¹maŋ³⁵	累 lei⁵¹	疼 tʰəŋ³⁵
开原	没事儿 mei³⁵ʂər⁵¹	累 lei⁵¹	疼 tʰəŋ³⁵
锦州	清闲 tɕʰiŋ⁵⁵ɕian³⁵	累 lei⁵¹	疼 tʰəŋ³⁵
盘锦	轻巧儿 tɕʰiəŋ⁵⁵tɕʰiaur⁰	累腾 lei⁵¹tʰəŋ⁰	疼 tʰəŋ³⁵
兴城	呆 tai⁴⁴	累 lei⁵¹	疼 tʰəŋ³⁵
绥中	闲 ɕian³⁵	累 lei⁵¹	疼 tʰəŋ³⁵
义县	闲 ɕian³⁵	累 lei⁵¹ 乏 fa³⁵ 累挺 lei⁵¹tʰiŋ⁰	疼 tʰəŋ³⁵
北票	闲 ɕian³⁵	累 lei⁵¹	疼 tʰəŋ³⁵
阜新	闲 ɕian³⁵	累挺 lei⁵¹tʰiŋ⁰	疼 tʰəŋ³⁵
黑山	闲 ɕian³⁵ 清闲 tɕʰiəŋ⁴⁴ɕian³⁵	累 lei⁵¹ 累挺 lei⁵¹tʰiəŋ⁰ 乏 fa³⁵	疼 tʰəŋ³⁵
昌图	闲 ɕian³⁵	累 lei⁵¹	疼 tʰəŋ³⁵
大连	闲 ɕiɛ̃³⁴	累 le⁵²	疼 tʰəŋ³⁴
金州 杏树	闲 ɕiɛ̃⁵²	累 le⁵²	疼 tʰəŋ⁵²
长海	闲 ɕian⁵³	累 lei⁵³	疼 tʰəŋ⁵³
庄河	闲 ɕian⁵¹	累 lei⁵¹	疼 tʰəŋ⁵¹
盖州	不忙 pu⁵¹maŋ²⁴ 没事儿 mei²⁴sər⁵¹	累 lei⁵¹	疼 tʰəŋ²⁴
丹东	闲 ɕian²⁴	累 lei⁵¹	疼 tʰəŋ²⁴
建平	闲 ɕiɛ̃³⁵ 有空儿 iəu²¹kʰũr⁵³	累得慌 lei⁵³tə⁰xuɑ̃⁰	疼 tʰəŋ³⁵
凌源	闲 ɕiɛn³⁵	累 lei⁵¹ 乏 fa³⁵ 累挺 lei⁵¹tʰiŋ⁰	疼 tʰəŋ³⁵

	1027 痒皮肤~	1028 热闹看戏的地方很~	1029 熟悉这个地方我很~
沈阳	刺挠 tsʰʅ⁴¹nau⁰	热闹 iɛ⁴¹nau⁰	熟 ʂou³⁵
本溪	刺挠 tsʰʅ⁵¹nə⁰	热闹 zɤ⁵¹nə⁰	熟 ʂu³⁵
辽阳	刺挠 tsʰʅ⁵¹nau⁰	热闹 iɛ⁵¹nau⁰	熟 ʂou³⁵
海城	刺挠 tʂʰʅ⁵¹nau⁰	热闹儿 iɛ⁵¹naur⁰	熟 ʂəu³⁵
开原	刺挠 tʂʰʅ⁵³nau⁰	热闹 zɤ⁵³nau⁰	熟 ʂou³⁵
锦州	刺挠 tʂʰʅ⁵¹nau⁰	热闹 zɤ⁵¹nau⁰	熟 ʂou³⁵
盘锦	刺挠 tʂʰʅ⁵¹nau⁰	热闹 iɛ⁵¹nau⁰	熟 ʂou³⁵
兴城	刺挠 tʂʰʅ⁵¹nau⁰	热闹 zɤ⁵¹nau⁰	熟 ʂou³⁵
绥中	刺挠 tʂʰʅ⁰nau⁰	热闹儿 zɤ⁵¹naor⁰	熟 ʂou³⁵
义县	刺挠 tʂʰʅ⁵¹nau⁰	热闹 zɤ⁵¹nau⁰	熟 ʂou³⁵
北票	刺挠 tʂʰʅ⁵¹nau⁰	热闹 zɤ⁵¹nau⁰	熟 ʂou³⁵ 熟悉 ʂu³⁵ɕi⁰
阜新	刺挠 tʂʰʅ⁵¹nau⁰	热闹 zɤ⁵¹nau⁰	熟 ʂou³⁵
黑山	刺挠 tʂʰʅ⁵¹nau⁰	热闹 zɤ⁵¹nau⁰	熟 ʂou³⁵
昌图	刺挠 tʂʰʅ⁵¹nəŋ⁰	热闹 zɤ⁵¹nau⁰	熟悉 ʂou³⁵ɕi⁰
大连	痒 iaŋ²¹³	热闹 iɛ⁵²nɔ⁰	熟悉 ʃu³⁴ɕi⁰
金州杏树	刺挠 tʂʰʅ⁵²nɔ⁰	热闹 iɛ⁵²nɔ⁰	熟悉 su⁵²ɕi⁰
长海	痒 iaŋ²¹⁴	热闹 iɛ⁵³nau⁰	熟悉 su⁵³ɕi⁰
庄河	痒 iaŋ²¹³	热闹 iɛ⁵¹nao⁰	熟悉 su⁵¹ɕi⁰
盖州	刺挠 tsʰʅ⁵¹nau⁰	热闹 iɛ⁵¹nau⁰	熟 səu²⁴
丹东	刺挠 tsʰʅ⁵¹nau⁰	热闹 iɛ⁵¹nau⁰	熟 ʂu²⁴
建平	刺挠 tʂʰʅ⁵³nɔ⁰	热闹 zɤ⁵³nɔ⁰	熟 ʂəu³⁵
凌源	刺挠 tʂʰʅ⁵¹nau⁰	热闹 zɤ⁵¹nau⁰	熟 ʂou³⁵

	1030 陌生这个地方我很~	1031 味道尝尝~	1032 气味闻闻~
沈阳	生 səŋ³³	味儿 vər⁴¹	味儿 vər⁴¹
本溪	生 səŋ⁴⁴	味儿 uər⁵¹	味儿 uər⁵¹
辽阳	不熟 pu⁵¹sou³⁵	味儿 uer⁵¹	味儿 uer⁵¹
海城	不熟 pu⁵¹ʂou³⁵	味儿 uər⁵¹	味儿 uər⁵¹
开原	不熟 pu⁵³sou³⁵	味儿 uər⁵¹	味儿 uər⁵¹
锦州	不熟 pu⁵³sou³⁵	味儿 uər⁵¹	味儿 uər⁵¹
盘锦	不熟 pu⁵³sou³⁵	味儿 uər⁵¹	味儿 uər⁵¹
兴城	不了解 pu⁴⁴liau³⁵tɕie²¹³ 没来过 mei³⁵lai³⁵kuo⁰ 没见过 mei³⁵tɕian⁵¹kuo⁰	味儿 uər⁵¹	味儿 uər⁵¹
绥中	不熟 pu⁵¹sou³⁵	味儿 uər⁵¹	味儿 uər⁵¹
义县	不熟 pu⁵³ʂou³⁵	味儿 uər⁵¹	味儿 uər⁵¹
北票	不熟 pu⁵³ʂou³⁵ 不熟悉 pu⁵³ʂou³⁵ɕi⁰	味儿 uər⁵¹	味儿 uər⁵¹
阜新	不熟 pu⁵³ʂu³⁵	味儿 uər⁵¹	味儿 uər⁵¹
黑山	不熟 pu⁵³ʂou³⁵	味儿 uər⁵¹	味儿 uər⁵¹
昌图	不知道 pu⁵³tʂʅ³³tau⁵¹ 认生 iən⁵¹səŋ³³	味 uei⁵¹	味儿 uər⁵¹
大连	陌生 mɤ⁵²səŋ³¹²	味道 ue⁵²tɔ⁰	气味儿 tɕʰi⁵²uər⁰
金州杏树	不熟悉 pu²¹su⁵²ɕi⁰	味儿 uər⁵²	味儿 uər⁵²
长海	不认识 pu²¹iən⁵³ʂʅ⁰	味儿 uər⁵³	味儿 uər⁵³
庄河	陌生 mə²¹səŋ³¹	味道 uei⁵¹tao⁰	气味儿 tɕʰi⁵¹uər⁰
盖州	不太熟 pu²⁴tʰai⁵¹sou²⁴	味道 uei⁵¹tau⁰	味儿 uər⁵¹
丹东	不认识 pu²⁴in⁵¹ʂʅ⁰	滋味儿 tsʅ⁴¹¹uər⁰	气味儿 tɕʰi⁵¹uər⁰
建平	生 ʂəŋ⁴⁴	味儿 vər⁵³ 滋味儿 tsʅ⁴⁴vər⁵³	味儿 vər⁵³
凌源	不熟 pu⁵³ʂou³⁵	味儿 vər⁵¹	味儿 vər⁵¹

	1033 咸菜~	1034 淡菜~	1035 酸
沈阳	咸 ɕian^{33}	淡 tan^{41}	酸 suan^{33}
本溪	咸 ɕian^{35}	淡 tan^{51}	酸 suan^{44}
辽阳	咸 ɕian^{35}	淡 tan^{51}	酸 suan^{44}
海城	咸 ɕian^{35}	淡 tan^{51}	酸 suan^{44}
开原	咸 ɕian^{35}	淡 tan^{51}	酸 suan^{44}
锦州	咸 ɕian^{35}	淡 tan^{51}	酸 suan^{55}
盘锦	咸 ɕian^{35}	淡 tan^{51}	酸 suan^{55}
兴城	咸 ɕian^{35}	淡 tan^{51}	酸 suan^{44}
绥中	咸 ɕian^{35}	没盐精味儿 mei^{35}ian^{35}tɕiəŋ^{0}uər^{51}	酸 ʂuan^{55}
义县	咸 ɕian^{35}	淡 tan^{51}	酸 ʂuan^{44}
北票	咸 ɕian^{35}	淡 tan^{51}	酸 ʂuan^{44}
阜新	咸 ɕian^{35}	淡 tan^{51}	酸 ʂuan^{55}
黑山	咸 ɕian^{35} 口重 kʰou^{21}tʂuaŋ^{51}	淡 tan^{51} 口轻 kʰou^{21}tɕʰiəŋ^{44}	酸 ʂuan^{44}
昌图	齁 xou^{33}	淡 tan^{51}	酸 suan^{33}
大连	咸 ɕiɛ̃^{34}	淡 tã^{52}	酸 sã^{312}
金州杏树	咸 ɕiɛ̃^{52}	膻 sã^{52}	酸 sã^{312}
长海	咸 ɕian^{53}	膻 ʃan^{53}	酸 suan^{31}
庄河	咸 ɕian^{31}	膻 san^{51}	酸 suan^{31}
盖州	齁咸 xəu^{412}ɕian^{24}	淡 tan^{51}	焦酸 tɕiau^{24}suan^{412}
丹东	咸 ɕian^{24}	淡 tan^{51}	酸 suan^{411}
建平	齁咸 xəu^{44}ɕiɛ̃^{35} 口重 kʰəu^{21}tʂuŋ^{53}	精淡 tɕiŋ^{44}tã^{53} 口轻 kʰəu^{21}tɕʰiŋ^{44}	焦酸 tɕʰiɔ^{35}suã^{44}
凌源	咸 ɕien^{35} 口重 kʰou^{21}tʂuŋ^{51}	淡 tan^{51} 口轻 kʰou^{21}tɕʰin^{55}	酸 suan^{55}

	1036 甜	1037 苦	1038 辣
沈阳	甜 tʰian³³	苦 kʰu²¹³	辣 la⁴¹
本溪	甜 tʰian³⁵	苦 kʰu²²⁴	辣 la⁵¹
辽阳	甜 tʰian³⁵	苦 kʰu²¹³	辣 la⁵¹
海城	甜 tʰian³⁵	苦 kʰu²¹⁴	辣 la⁵¹
开原	甜 tʰian³⁵	苦 kʰu²¹³	辣 la⁵¹
锦州	甜 tʰian³⁵	苦 kʰu²¹³	辣 la⁵¹
盘锦	甜 tʰian³⁵	苦 kʰu²¹³	辣 la⁵¹
兴城	甜 tʰian³⁵	苦 kʰu²¹³	辣 la⁵¹
绥中	甜 tʰian³⁵	苦 kʰu²¹³	辣 la⁵¹
义县	甜 tʰian³⁵	苦 kʰu²¹³	辣 la⁵¹
北票	甜 tʰian³⁵	苦 kʰu²¹³	辣 la⁵¹
阜新	甜 tʰian³⁵	苦 kʰu²¹³	辣 la⁵¹
黑山	甜 tʰian³⁵	苦 kʰu²¹³	辣 la⁵¹
昌图	甜 tʰian³⁵	苦 kʰu²¹³	辣 la⁵¹
大连	甜 tʰiɛ̃³⁴	苦 kʰu²¹³	辣 la⁵²
金州杏树	甜 tʰiɛ̃⁵²	苦 kʰu²¹³	辣 la²¹³
长海	甜 tʰian⁵³	苦 kʰu²¹⁴	辣 la²¹⁴
庄河	甜 tʰian⁵¹	苦 kʰu²¹³	辣 la⁵¹
盖州	稀甜 ɕi⁴¹²tʰian²⁴	烈苦 liɛ⁵¹kʰu²¹³	丝辣 sʅ⁴¹²la⁵¹
丹东	甜 tʰian²⁴	苦 kʰu²¹³	辣 la⁵¹
建平	稀甜 ɕi⁴⁴tʰiɛ̃³⁵	焦苦 tɕiɔ⁴⁴kʰu⁰	齁辣 xəu⁴⁴la⁵³
凌源	甜 tʰiɛn³⁵	苦 kʰu²¹⁴	辣 la⁵¹

	1039 鲜鱼汤~	1040 香	1041 臭
沈阳	鲜亮 ɕian³³liaŋ⁰	香 ɕiaŋ³³	臭 tʂʰou⁴¹
本溪	鲜 ɕian⁴⁴	香 ɕiaŋ⁴⁴	臭 tʂʰou⁵¹
辽阳	鲜亮儿 ɕian⁴⁴liãr⁰	香 ɕiaŋ⁴⁴	臭 tʂʰou⁵¹
海城	鲜亮 ɕian⁴⁴liŋ⁰	香 ɕiaŋ⁴⁴	臭 tʂʰəu⁵¹
开原	鲜亮 ɕian⁴⁴liaŋ⁰	香 ɕiaŋ⁴⁴	臭 tʂʰou⁵¹
锦州	鲜亮 ɕian⁵⁵liaŋ⁰	香 ɕiaŋ⁵⁵	臭 tʂʰou⁵¹
盘锦	鲜亮儿 ɕian⁵⁵liãr⁰ 鲜 ɕian⁵⁵	香 ɕiaŋ⁵⁵	臭 tʂʰou⁵¹
兴城	鲜亮 ɕian⁴⁴liaŋ⁰	香 ɕiaŋ⁴⁴	臭 tʂʰou⁵¹
绥中	鲜 ɕian⁵⁵	香 ɕiaŋ⁵⁵	臭 tʂʰou⁵¹
义县	鲜亮儿 ɕian⁴⁴liãr⁰	香 ɕiaŋ⁴⁴	臭 tʂʰou⁵¹
北票	鲜亮 ɕian⁴⁴liaŋ⁰	香 ɕiaŋ⁴⁴	臭 tʂʰou⁵¹
阜新	鲜亮 ɕian⁵⁵liaŋ⁰	香 ɕiaŋ⁵⁵	臭 tʂʰou⁵¹
黑山	鲜亮儿 ɕian⁴⁴liãr⁰	香 ɕiaŋ⁴⁴	臭 tʂʰou⁵¹
昌图	鲜亮 ɕian³³liaŋ⁰	香 ɕiaŋ³³	臭 tʂʰou⁵¹
大连	鲜 ɕiẽ³¹²	香 ɕiaŋ³¹²	臭 tʃʰəu⁵²
金州 杏树	鲜 ɕiẽ³¹²	香 ɕiaŋ³¹²	臭 tʂʰəu⁵²
长海	鲜 ʃan³¹	香 ɕiaŋ³¹	臭 tʃʰəu⁵³
庄河	鲜 ɕian³¹	香 ɕiaŋ³	臭 tʂʰəu⁵¹
盖州	鲜亮 ɕian⁴¹²liaŋ⁰	喷儿香 pʰər⁵¹ɕiaŋ⁴¹²	臭 tʂʰou⁵¹
丹东	鲜 ɕian⁴¹¹	香 ɕiaŋ⁴¹¹	臭 tʂʰou⁵¹
建平	鲜亮 ɕiẽ⁴⁴liã⁰	喷香 pʰə̃⁵³ɕiã⁴⁴	乔=臭 tɕʰiɔ³⁵tʂʰəu⁵³
凌源	鲜 ɕiɛn⁵⁵	香 ɕiaŋ⁵⁵	臭 tʂʰou⁵¹

	1042 馊饭~	1043 腥鱼~	1044 好人~
沈阳	馊 sou³³	腥 ɕiŋ³³	好 xau²¹³
本溪	酸 suan⁴⁴	腥 ɕiŋ⁴⁴	好 xau²²⁴
辽阳	馊 sou⁴⁴	腥 ɕiŋ⁴⁴	好 xau²¹³
海城	酸 suan⁴⁴	腥 ɕiŋ⁴⁴	好 xau²¹⁴
开原	酸 ʂuan⁴⁴	腥 ɕiŋ⁴⁴	好 xau²¹³
锦州	馊 ʂou⁵⁵	腥 ɕiŋ⁵⁵	好 xau²¹³
盘锦	馊 sou⁵⁵	腥 ɕiəŋ⁵⁵	好 xau²¹³
兴城	馊 sou⁴⁴	腥 ɕiŋ⁴⁴	好 xau²¹³
绥中	馊 sou⁵⁵	腥 ɕiəŋ⁵⁵	好 xau²¹³
义县	馊 ʂou⁴⁴	腥 ɕiŋ⁴⁴	好 xau²¹³
北票	馊 sou⁴⁴	腥 ɕiəŋ⁴⁴	好 xau²¹³
阜新	馊 sou⁵⁵	腥 ɕiŋ⁵⁵	好 xau²¹³
黑山	馊 sou⁴⁴	腥 ɕiəŋ⁴⁴	好 xau²¹³
昌图	馊 ʂou³³	腥得慌 ɕiəŋ³³tə⁰xuaŋ⁰	好 xau²¹³
大连	酸 sã³¹²	腥 ɕiŋ³¹²	好 xɔ²¹³
金州杏树	酸 sã³¹²	腥 ɕiŋ³¹²	好 xɔ²¹³
长海	酸 suan³¹	腥 ʃəŋ³¹	好 xau²¹⁴
庄河	酸 suan³¹	腥 ɕiŋ³¹	好 xao²¹³
盖州	酸 suan⁴¹²	腥蒿˭蒿 ɕiŋ⁴¹²xau²⁴xau⁴¹²	好 xau²¹³
丹东	酸 suan⁴¹¹	腥 ɕiŋ⁴¹¹	好 xau²¹³
建平	馊 səu⁴⁴	腥 ɕiŋ⁴⁴	好 xɔ²¹³
凌源	馊 sou⁵⁵	腥 ɕiŋ⁵⁵	好 xau²¹⁴

	1045 坏 人~	1046 差 东西质量~	1047 对 账算~了
沈阳	坏 xuai⁴¹	次 tsʰɿ⁴¹	对 tuei⁴¹
本溪	坏 xuai⁵¹	次 tsʰɿ⁵¹ 差 tʂha⁵¹	对 tuei⁵¹
辽阳	坏 xuai⁵¹	差 tʂha⁵¹	对 tuei⁵¹
海城	坏 xuai⁵¹	不好 pu⁵¹xau²¹⁴	对 tuei⁵¹
开原	坏 xuai⁵¹	孬 nau⁴⁴ 不好 pu⁴⁴xau²¹³	对 tuei⁵¹
锦州	坏 xuai⁵¹	差 tʂha⁵¹	对 tuei⁵¹
盘锦	坏 xuai⁵¹	次 tsʰɿ⁵¹	对 tuei⁵¹
兴城	坏 xuai⁵¹	不好 pu⁴⁴xau²¹³	对 tuei⁵¹
绥中	坏 xuai⁵¹	不好 pu⁵¹xau²¹	对 tuei⁵¹
义县	坏 xuai⁵¹	次 tsʰɿ⁵¹	对 tuei⁵¹
北票	坏 xuai⁵¹	差 tʂha⁵¹	对 tuei⁵¹
阜新	坏 xuai⁵¹	次 tsʰɿ⁵¹	对 tuei⁵¹
黑山	坏 xuai⁵¹ 固˚动 ku⁵¹tuəŋ⁰	次 tsʰɿ⁵¹	对 tuei⁵¹
昌图	坏 xuai⁵¹	次 tsʰɿ⁵¹ 不好 pu⁵³xau²¹³	对 tuei⁵¹
大连	坏 xuɛ⁵²	差 tsha⁵²	对 te⁵²
金州 杏树	坏 xuɛ⁵²	差 tsha⁵²	对 te⁵²
长海	坏 xuai⁵³	差 tʃha⁵³	对 tuei⁵³
庄河	坏 xuai⁵¹	差 tsha⁵¹	对 tei⁵¹
盖州	不好 pu⁵¹xau²¹³	不好 pu⁵¹xau²¹³	对 tuei⁵¹
丹东	坏 xuai⁵¹	差 tsha⁵¹	对 tuei⁵¹
建平	恶 nɤ⁴⁴	孬 nɔ⁴⁴	对 tuei⁵³
凌源	坏 xuai⁵¹	次 tsʰɿ⁵¹	对 tuei⁵¹

词汇对照

	1048 错 账算～了	1049 漂亮 形容年轻女性的长相：她很～	1050 丑 形容人的长相：猪八戒很～
沈阳	错 tsuo⁴¹	好看 xau²¹kʰan⁴¹	磕碜 kʰɤ³³tsʰən⁰
本溪	错 tʂʰuo⁵¹	好看 xau²¹kʰan⁵¹ 漂亮 pʰiau⁵¹liaŋ⁰	丑 tʂʰou²²⁴ 磕碜 kʰɤ⁴⁴tsʰən⁰
辽阳	错 tʂʰuo⁵¹	好看 xau²¹kʰan⁵¹	磕碜 kʰɤ⁴⁴tsʰən⁰
海城	差 tʂʰa⁵¹	好看 xau²¹kʰan⁵¹	磕碜 kʰɤ⁴⁴tsʰən⁰
开原	错 tʂʰuɤ⁵¹	好看 xau²¹kʰan⁵¹	磕碜 kʰɤ⁴⁴tsʰən⁰
锦州	错 tʂʰuo⁵¹	好看 xau²¹kʰan⁵¹	磕碜 kʰɤ⁵⁵tsʰən⁰
盘锦	差 tʂʰa⁵¹	好看 xau²¹kʰan⁵¹	磕碜 kʰɤ⁵⁵tsʰən⁰
兴城	错 tʂʰuo⁵¹ 差 tʂʰa⁵¹	漂亮 pʰiau⁵¹liaŋ⁰ 美 mei²¹³	磕碜 kʰɤ⁴⁴tsʰən⁰ 丑 tʂʰou²¹³
绥中	错 tʂʰuo⁵¹	俊 tsuən⁵¹	磕碜 kʰɤ⁵⁵tsʰən⁰
义县	差 tʂʰa⁵¹ 错 tʂʰuo⁵¹	俊 tsuən⁵¹ 好看 xau²¹kʰan⁵¹	磕碜 kʰɤ⁴⁴tsʰən⁰
北票	差 tʂʰa⁵¹ 错 tʂʰuo⁵¹	俊 tsuən⁵¹ 好看 xau²¹kʰan⁵¹	磕碜 kʰɤ⁴⁴tsʰən⁰
阜新	差 tʂʰa⁵¹	好看 xau²¹kʰan⁵¹ 俊 tsuən⁵¹	磕碜 kʰɤ⁵⁵tsʰən⁰
黑山	差 tʂʰa⁵¹ 错 tʂʰuo⁵¹	好看 xau²¹kʰan⁵¹ 俊 tsuən⁵¹	磕碜 kʰɤ⁴⁴tsʰən⁰
昌图	差 tʂʰa⁵¹	好看 xau²¹kʰan⁵¹ 俊 tsuən⁵¹	磕碜 kʰɤ³³tsʰən⁰
大连	错 tsʰuə⁵²	俊 tɕỹ⁵²	丑 tʃʰəu²¹³
金州 杏树	错 tsʰuə⁵²	俊 tɕỹ⁵²	丑 tsʰəu²¹³
长海	错 tʰuə⁵³	俊 tʃən⁵³	丑 tʃʰəu²¹⁴
庄河	错 tsʰuə⁵¹	好看 xao²¹kʰan⁵¹	巴丑 pa⁰tsʰəu²¹³
盖州	错 tsʰuɤ⁵¹	俊 tɕyn⁵¹ 好看 xau²¹³kʰan⁵¹	难看 nan²⁴kʰan⁵¹
丹东	错 tsʰuo⁵¹	好看 xau²¹kʰan⁵¹	难看 nan²⁴kʰan⁵¹
建平	差 tʂʰa⁵³	俊 tsuɑ̃⁵³	磕碜 kʰɤ⁴⁴tʂʰɔ̃⁰
凌源	差 tʂʰa⁵¹ 错 tʂʰuo⁵¹	俊 tsuən⁵¹ 好看 xau²¹kʰan⁵¹	磕碜 kʰɤ⁵⁵tsʰən⁰

	1051 勤快	1052 懒	1053 乖
沈阳	勤勤 tɕʰin³⁵tɕʰin⁰	懒 lan²¹³	乖 kuai³³
本溪	勤快 tɕʰin³⁵kʰuai⁰	懒 lan²²⁴	乖 kuai⁴⁴
辽阳	勤快 tɕʰin³⁵kʰuai⁰	懒 lan²¹³	乖 kuai⁴⁴
海城	勤快儿 tɕʰin³⁵kʰuɐr⁰	懒 lan²¹⁴	听话 tʰiŋ⁴⁴xua⁵¹
开原	勤勤 tɕʰin³⁵tɕʰin⁰	懒 lan²¹³	听话 tʰiŋ⁴⁴xua⁵¹
锦州	勤勤 tɕʰin³⁵tɕʰin⁰	懒 lan²¹³	乖 kuai⁵⁵
盘锦	勤勤 tɕʰiən³⁵tɕʰiən⁰	懒 lan²¹³	乖 kuai⁵⁵
兴城	勤勤 tɕʰin³⁵tɕʰin⁰	懒 lan²¹³	乖 kuai⁴⁴
绥中	勤勤 tɕʰin³⁵tɕʰin⁰	懒 lan²¹³	听话 tʰiən⁵⁵xua⁵¹
义县	勤勤 tɕʰin³⁵tɕʰin⁰	懒 lan²¹³	乖 kuai⁴⁴
北票	勤勤 tɕʰiən³⁵tɕʰiən⁰	懒 lan²¹³	听话 tʰiən⁴⁴xua⁵¹ 乖 kuai⁴⁴
阜新	勤勤 tɕʰin³⁵tɕʰin⁰	懒 lan²¹³	乖 kuai⁵⁵
黑山	勤勤 tɕʰiən³⁵tɕʰiən⁰	懒 lan²¹³	听话 tʰiən⁴⁴xua⁵¹
昌图	勤勤 tɕʰiən³⁵tɕʰiən⁰	懒 lan²¹³	听话 tʰiən³³xua⁵¹
大连	勤快 tɕʰĩ³⁴kʰuɛ⁰	懒 lã²¹³	乖 kuɛ³¹²
金州杏树	勤快 tɕʰĩ⁵²kʰuɛ⁰	懒 lã²¹³	乖 kuɛ³¹²
长海	勤快 cʰiən⁵³kʰuai⁰	懒 lan²¹⁴	乖 kuai³¹
庄河	勤快 tɕʰin⁵¹kʰuai⁰	懒 lan²¹³	乖 kuai³¹
盖州	勤快 tɕʰin²⁴kʰuai⁰	懒 lan²¹³	听话 tʰiŋ⁴¹²xua⁵¹
丹东	勤快 tɕʰin²⁴kʰuai⁰	懒 lan²¹³	听话 tʰiŋ²¹xua⁵¹
建平	勤勤 tɕʰĩ³⁵tɕĩ⁶³	懒 lã²¹³	听说 tʰiŋ⁴⁴ʂuə⁴⁴
凌源	勤勤 tɕʰin³⁵tɕʰin⁰ 勤快 tɕʰin³⁵kʰuai⁰	懒 lan²¹⁴	听话 tʰiŋ⁵⁵xua⁵¹ 听说 tʰiŋ⁵⁵ʂuo⁵⁵ 乖 kuai⁵⁵

	1054 顽皮	1055 老实	1056 傻痴呆
沈阳	淘 tʰau³⁵	老实 lau²¹ʂʅ⁰	傻 ʂa²¹³
本溪	淘 tʰau³⁵	老实 lau²¹ʂʅ⁰	傻 ʂa²²⁴
辽阳	嘎咕 ka²¹ku⁰	老实 lau²¹ʂʅ⁰	傻 ʂa²¹³
海城	调皮 tʰiau²¹pʰi³⁵	老实 lau²¹⁴ʂʅ⁰	傻 ʂa²¹⁴
开原	淘 tʰau³⁵	老实 lau²¹ʂʅ⁰	傻乎的 ʂa²¹xu⁰tei⁰
锦州	者 ˵tʂɤ²¹³ 淘 tʰau³⁵	老实 lau²¹ʂʅ⁰	傻 ʂa²¹³
盘锦	调皮捣蛋 tʰiau²¹pʰi³⁵tau²¹tan⁵¹	老实 lau²¹ʂʅ⁰	二乎吧唧 ər⁵¹xu²¹pa⁵⁵tɕi⁵⁵ 傻 ʂa²¹³
兴城	淘 tʰau³⁵ 者 tʂɤ²¹³	老实 lau²¹ʂʅ⁰	傻 ʂa²¹³
绥中	淘 tʰau³⁵	老实 lau²¹ʂʅ⁰	傻 ʂa²¹³
义县	者 ˵tʂɤ²¹³ 淘 tʰau³⁵ 调皮 tʰiau³⁵pʰi³⁵	老实 lau²¹ʂʅ⁰	傻 ʂa²¹³
北票	淘 tʰau³⁵ 调皮 tʰiau²¹pʰi³⁵	老实 lau²¹ʂʅ⁰	傻 ʂa²¹³
阜新	调皮 tʰiau²¹pʰi³⁵ 淘气 tʰau³⁵tɕʰi⁵¹	老实 lau²¹ʂʅ⁰	傻 ʂa²¹³
黑山	淘 tʰau³⁵ 皮 pʰi³⁵	老实 lau²¹ʂʅ⁰	傻 ʂa²¹³
昌图	淘 tʰau³⁵	实在 ʂʅ³⁵tsai⁵¹	傻 ʂa²¹³
大连	调皮 tʰiɔ²¹pʰi³⁴	老实 lɔ²¹ʃʅ⁰	彪 piɔ³¹²
金州 杏树	作 tsuə²¹³	老实 lɔ²¹ɕi⁰	彪 piɔ³¹²
长海	调皮 tʰiau²¹pʰi⁵³	老实 lau²⁴ʃʅ⁰	彪 piau³¹
庄河	调皮 tʰiao²¹pʰi⁵¹	老实 lao²¹ɕi⁰	彪 piao³¹
盖州	调皮 tʰiau²¹pʰi²⁴	老实 lau²¹ʂʅ⁰	傻 ʂa²¹³
丹东	调皮 tʰiau²¹pʰi²⁴	老实 lau²¹ʂʅ⁰	傻乎乎 ʂa²¹xu⁰xu⁰
建平	淘 tʰɔ³⁵	老实 lɔ²¹ʂʅ⁰	傻 ʂa²¹³
凌源	淘 tʰau³⁵ 调皮 tʰiau²¹pʰi³⁵	老实 lau²¹ʂʅ⁰	傻 ʂa²¹⁴

	1057 笨蠢	1058 大方不吝啬	1059 小气吝啬
沈阳	笨 pən⁴¹	大方 ta⁴¹faŋ⁰	抠 kʰou³³
本溪	笨 pən⁵¹	大方 ta⁵¹faŋ⁰	抠 kʰou⁴⁴
辽阳	笨 pən⁵¹	大方 ta⁵¹faŋ⁰	抠门儿 kʰou⁴⁴mər³⁵
海城	笨 pən⁵¹	大方 ta⁵¹faŋ⁰	抠 kʰou⁴⁴
开原	笨 pən⁵¹	大方 ta⁵¹faŋ⁰	抠 kʰou⁴⁴
锦州	笨 pən⁵¹	大方 ta⁵¹faŋ⁰	抠 kʰou⁵⁵
盘锦	笨 pən⁵¹	敞亮 tʂʰaŋ²¹liaŋ⁰ 不抠 pu⁵¹kʰou⁵⁵	小抠儿 ɕiau²¹kʰour⁵⁵
兴城	笨 pən⁵¹	大方 ta⁵¹faŋ⁰	抠 kʰou⁴⁴ 小气 ɕiau²¹tɕʰi⁰
绥中	笨 pən⁵¹	大方 ta⁵¹faŋ⁰	抠 kʰou⁵⁵
义县	笨 pən⁵¹	大方 ta⁵¹faŋ⁰	小气 ɕiau²¹tɕʰi⁵¹ 抠 kʰou⁴⁴
北票	笨 pən⁵¹	大方 ta⁵¹faŋ⁰	抠 kʰou³⁵ 曲 tɕʰy³⁵
阜新	笨 pən⁵¹	不抠嗖 pu⁵³kʰou⁵⁵sou⁰ 不抠 pu⁵³kʰou⁵⁵	小恬儿 ɕiau²¹tiɐr⁵¹ 小抠儿 ɕiau²¹kʰour⁵⁵
黑山	笨 pən⁵¹	大方 ta⁵¹faŋ⁰	抠 kʰou⁴⁴
昌图	笨 pən⁵¹	大方 ta⁵¹faŋ⁰	抠 kʰou³³
大连	笨 pə̃⁵²	大方 ta⁵²faŋ⁰	小气 ɕiɔ²¹tɕʰi⁰
金州 杏树	笨 pə̃⁵²	大方 ta⁵²faŋ⁰	抠 kʰəu³¹²
长海	彪 piau³¹	大方 ta⁵³faŋ⁰	小气 ʃiau²¹ɕʰi⁰
庄河	笨 pən⁵¹	大方 ta⁵¹faŋ⁰	小气 ɕiao²¹tɕʰi⁰
盖州	笨 pən⁵¹	有量 iəu²¹liaŋ⁵¹ 敞亮 tʂʰaŋ²¹liaŋ⁰	一点儿量没有 i⁵¹tiɐr²¹liaŋ⁵¹mei⁵¹iəu²¹³ 没有量 mei⁵¹iəu²¹liaŋ⁵¹ 抠 kʰəu⁴¹²
丹东	笨 pən⁵¹	手散 ʂou²⁴san²¹³	抠 kʰou⁴¹¹
建平	笨 pə̃⁵³	大方 ta⁵³fɑ̃⁰	抠门儿 kʰəu⁴⁴mər³⁵ 舍不得 ʂɤ²¹pu⁰tə⁰
凌源	笨 pən⁵¹	大方 ta⁵¹faŋ⁰ 不抠 pu⁵³kʰou⁵⁵	抠 kʰou³⁵ 曲 tɕʰy³⁵

	1060 直爽 性格~	1061 犟 脾气~	1062 一 ~二三四五……，下同
沈阳	直性 tʂɿ³⁵ɕiŋ⁰	犟 tɕiaŋ⁴¹	一 i³³
本溪	直爽 tʂɿ³⁵ʂuaŋ²²⁴	犟 tɕiaŋ⁵¹	一 i⁴⁴
辽阳	直 tʂɿ³⁵	犟 tɕiaŋ⁵¹	一 i⁴⁴
海城	直 tʂɿ³⁵	犟 tɕiaŋ⁵¹	一 i⁴⁴
开原	直性 tʂɿ³⁵ɕiŋ⁰	倔 tɕye⁵¹	一 i⁴⁴
锦州	直性 tʂɿ³⁵ɕiŋ⁰	犟 tɕiaŋ⁵¹	一 i⁵⁵
盘锦	直 tʂɿ³⁵	倔 tɕye⁵¹	一 i⁵⁵
兴城	直 tʂɿ³⁵	拧 ȵiŋ⁵¹ 犟 tɕiaŋ⁵¹ 倔 tɕye⁵¹	一 i⁴⁴
绥中	直 tʂɿ³⁵	倔 tɕye⁵¹	一 i⁵⁵
义县	直性 tʂɿ³⁵ɕiŋ⁰	倔 tɕye⁵¹ 犟 tɕiaŋ⁵¹ 拧 ȵiŋ⁵¹	一 i⁴⁴
北票	直 tʂɿ³⁵ 直性 tʂɿ³⁵ɕiəŋ⁰	犟 tɕiaŋ⁵¹ 拧 ȵiəŋ⁵¹ 倔 tɕye⁵¹	一 i⁴⁴
阜新	没有弯转心眼子 mei³⁵iou²¹uan⁵⁵tsuan²¹in⁵⁵ian²¹tsa⁰ 直性 tʂɿ³⁵ɕiŋ⁰	犟 tɕiaŋ⁵¹	一 i⁵⁵
黑山	直性 tʂɿ³⁵ɕiəŋ⁰	拧 ȵiəŋ⁵¹ 倔 tɕye⁵¹ 犟 tɕiaŋ⁵¹	一 i⁴⁴
昌图	直性子 tʂɿ³⁵ɕiəŋ⁵¹tsɿ⁰	犟 tɕiaŋ⁵¹ 倔 tɕye⁵¹	一 i³³
大连	直爽 tʃɿ³⁴suaŋ²¹³	犟 tɕiaŋ⁵²	一 i²¹³
金州 杏树	直爽 tɕi⁵²suaŋ⁰	犟 tɕiaŋ⁵²	一 i²¹³
长海	直 tʃɿ⁵³	犟 ɕiaŋ⁵³	一 i²¹⁴
庄河	直 tɕi⁵¹	犟 tɕiaŋ⁵¹	一 i²¹³
盖州	直 tsɿ²⁴	犟 tɕiaŋ⁵¹	一 i²¹³
丹东	爽快 ʂuaŋ²¹kʰuai⁰	犟眼子 tɕiaŋ⁵¹ian²¹tsɿ⁰	一 i²¹³
建平	直性 tʂɿ³⁵ɕiŋ⁰	倔 tɕye⁵³	一 i⁴⁴
凌源	直性 tʂɿ³⁵ɕiŋ⁰ 直 tʂɿ³⁵	倔 tɕye⁵¹ 犟 tɕiaŋ⁵¹ 拧 ȵiŋ⁵¹	一 i⁵⁵

	1063 二	1064 三	1065 四
沈阳	二 ər⁴¹	三 san³³	四 sʅ⁴¹
本溪	二 ər⁵¹	三 san⁴⁴	四 sʅ⁵¹
辽阳	二 ər⁵¹	三 san⁴⁴	四 sʅ⁵¹
海城	二 ər⁵¹	三 ṣan⁴⁴	四 sʅ⁵¹
开原	二 ər⁵¹	三 ṣan⁴⁴	四 sʅ⁵¹
锦州	二 ər⁵¹	三 ṣan⁵⁵	四 sʅ⁵¹
盘锦	二 ər⁵¹	三 san⁵⁵	四 sʅ⁵¹
兴城	二 ər⁵¹	三 ṣan⁴⁴	四 sʅ⁵¹
绥中	二 ər⁵¹	三 ṣan⁵⁵	四 sʅ⁵¹
义县	二 ər⁵¹	三 ṣan⁴⁴	四 sʅ⁵¹
北票	二 ər⁵¹	三 san⁴⁴	四 sʅ⁵¹
阜新	二 ər⁵¹	三 san⁵⁵	四 sʅ⁵¹
黑山	二 ər⁵¹	三 ṣan⁴⁴	四 sʅ⁵¹
昌图	二 ər⁵¹	三 san³³	四 sʅ⁵¹
大连	二 ər⁵²	三 sã³¹²	四 sʅ⁵²
金州杏树	二 ər⁵²	三 sã³¹²	四 sʅ⁵²
长海	二 ər⁵³	三 san³¹	四 sʅ⁵³
庄河	二 ər⁵¹	三 san³¹	四 sʅ⁵¹
盖州	二 ər⁵¹	三 san⁴¹²	四 sʅ⁵¹
丹东	二 ər⁵¹	三 san⁴¹¹	四 sʅ⁵¹
建平	二 ər⁵³ 俩 lia²¹³	三 sã⁴⁴ 仨 sa⁴⁴	四 sʅ⁵³
凌源	二 ər⁵¹	三 san⁵⁵	四 sʅ⁵¹

	1066 五	1067 六	1068 七
沈阳	五 u²¹³	六 liou⁴¹	七 tɕʰi³³
本溪	五 u²²⁴	六 liou⁵¹	七 tɕʰi⁴⁴
辽阳	五 u²¹³	六 liou⁵¹	七 tɕʰi⁴⁴
海城	五 u²¹⁴	六 liəu⁵¹	七 tɕʰi⁴⁴
开原	五 u²¹³	六 liou⁵¹	七 tɕʰi⁴⁴
锦州	五 u²¹³	六 liou⁵¹	七 tɕʰi⁵⁵
盘锦	五 u²¹³	六 liou⁵¹	七 tɕʰi⁵⁵
兴城	五 u²¹³	六 liou⁵¹	七 tɕʰi⁴⁴
绥中	五 u²¹³	六 liou⁵¹	七 tɕʰi⁵⁵
义县	五 u²¹³	六 liou⁵¹	七 tɕʰi⁴⁴
北票	五 u²¹³	六 liou⁵¹	七 tɕʰi⁴⁴
阜新	五 u²¹³	六 liou⁵¹	七 tɕʰi⁵⁵
黑山	五 u²¹³	六 liou⁵¹	七 tɕʰi⁴⁴
昌图	五 u²¹³	六 liou⁵¹	七 tɕʰi³³
大连	五 u²¹³	六 liəu⁵²	七 tɕʰi²¹³
金州杏树	五 u²¹³	六 liəu⁵²	七 tɕʰi²¹³
长海	五 u²¹⁴	六 liəu⁵³	七 tʃʰɿ²¹⁴
庄河	五 u²¹³	六 liou⁵¹	七 tɕʰi²¹³
盖州	五 u²¹³	六 liəu⁵¹	七 tɕʰi²¹³
丹东	五 u²¹³	六 liou⁵¹	七 tɕʰi²¹³
建平	五 vu²¹³	六 liəu⁵³	七 tɕʰi⁴⁴
凌源	五 vu²¹⁴	六 liou⁵¹	七 tɕʰi⁵⁵

	1069 八	1070 九	1071 十
沈阳	八 pa³³	九 tɕiou²¹³	十 ʂʅ³⁵
本溪	八 pa⁴⁴	九 tɕiou²²⁴	十 ʂʅ³⁵
辽阳	八 pa⁴⁴	九 tɕiou²¹³	十 ʂʅ³⁵
海城	八 pa⁴⁴	九 tɕiəu²¹⁴	十 ʂʅ³⁵
开原	八 pa⁴⁴	九 tɕiou²¹³	十 ʂʅ³⁵
锦州	八 pa⁵⁵	九 tɕiou²¹³	十 ʂʅ³⁵
盘锦	八 pa⁵⁵	九 tɕiou²¹³	十 ʂʅ³⁵
兴城	八 pa⁴⁴	九 tɕiou²¹³	十 ʂʅ³⁵
绥中	八 pa⁵⁵	九 tɕiou²¹³	十 ʂʅ³⁵
义县	八 pa⁴⁴	九 tɕiou²¹³	十 ʂʅ³⁵
北票	八 pa⁴⁴	九 tɕiou²¹³	十 ʂʅ³⁵
阜新	八 pa⁵⁵	九 tɕiou²¹³	十 ʂʅ³⁵
黑山	八 pa⁴⁴	九 tɕiou²¹³	十 ʂʅ³⁵
昌图	八 pa³³	九 tɕiou²¹³	十 ʂʅ³⁵
大连	八 pa²¹³	九 tɕiəu²¹³	十 ʃi³⁴
金州 杏树	八 pa²¹³	九 tɕiəu²¹³	十 ɕi⁵²
长海	八 pa²¹⁴	九 ɕiəu²¹⁴	十 ʃi⁵³
庄河	八 pa²¹³	九 tɕiəu²¹³	十 ɕi⁵¹
盖州	八 pa²¹³	九 tɕiəu²¹³	十 ʂʅ²⁴
丹东	八 pa²¹³	九 tɕiou²¹³	十 ʂʅ²⁴
建平	八 pa⁴⁴	九 tɕiəu²¹³	十 ʂʅ³⁵
凌源	八 pa⁵⁵	九 tɕiou²¹⁴	十 ʂʅ³⁵

	1072 二十 有无合音	1073 三十 有无合音	1074 一百
沈阳	二十 ər⁴¹ʂʅ³⁵	三十 san³³ʂʅ³⁵	一百 i⁴¹pai²¹
本溪	二十 ər⁵¹ʂʅ⁰	三十 san³¹ʂʅ⁰	一百 i⁵¹pai²²⁴
辽阳	二十 ər⁵¹ʂʅ³⁵	三十 san⁴⁴ʂʅ³⁵	一百 i⁵¹pai²¹³
海城	二十 ər⁵¹ʂʅ³⁵	三十 ʂan⁴⁴ʂʅ³⁵	一百 i⁵¹pai²¹⁴
开原	二十 ər⁵³ʂʅ³⁵	三十 ʂan⁴⁴ʂʅ³⁵	一百 i⁵³pai²¹³
锦州	二十 ər⁵³ʂʅ³⁵	三十 ʂan⁵⁵ʂʅ³⁵	一百 i⁵³pai²¹³
盘锦	二十 ər²¹ʂʅ³⁵	三十 san⁵⁵ʂʅ³⁵	一百 i⁵¹pai²¹³
兴城	二十 ər⁵¹ʂʅ³⁵	三十 ʂan⁴⁴ʂʅ³⁵	一百 i⁴⁴pai²¹³
绥中	二十 ər⁵¹ʂʅ³⁵	三十 ʂan⁵¹ʂʅ³⁵	一百 i²¹pai²¹³
义县	二十 ər⁵³ʂʅ³⁵	三十 ʂan⁴⁴ʂʅ³⁵	一百 i⁵³pai²¹³
北票	二十 ər⁵³ʂʅ³⁵	三十 san⁴⁴ʂʅ³⁵	一百 i⁵³pai²¹³
阜新	二十 ər⁵³ʂʅ³⁵	三十 san⁵⁵ʂʅ³⁵	一百 i⁵³pai²¹³
黑山	二十 ər⁵³ʂʅ³⁵	三十 ʂan⁴⁴ʂʅ³⁵	一百 i⁵³pai²¹³
昌图	二十 ər⁵¹ʂʅ³⁵	三十 san³³ʂʅ⁰	一百 i⁵³pai²¹³
大连	二十 ər⁵²ʃʅ³⁴	三十 sã³¹ʃʅ³⁴	一百 i³⁴pɛ²¹³
金州杏树	二十 ər⁵²ɕi⁵²	三十 sã³¹ɕi⁵²	一百 i⁵²pɤ²¹³
长海	二十 ər⁵³ʃʅ⁰	三十 san³¹ʃʅ⁰	一百 i⁵³pɤ²¹⁴
庄河	二十 ər⁵¹ɕi⁰	三十 san³¹ɕi⁰	一百 i²⁴pai²¹³
盖州	二十 ər⁵¹ʂʅ²⁴	三十 san⁴¹²ʂʅ²⁴	一百 i⁵¹pai²¹³
丹东	二十 ər⁵¹ʂʅ²⁴	三十 san⁴¹¹ʂʅ²⁴	一百 i⁵¹pai²¹³
建平	二十 ər⁵³ʂʅ³⁵	三十 sã⁴⁴ʂʅ³⁵	一百 i⁵³pɛ²¹³
凌源	二十 ər⁵³ʂʅ³⁵	三十 san⁵⁵ʂʅ³⁵	一百 i⁵³pai²¹

	1075 一千	1076 一万	1077 一百零五
沈阳	一千 i^{41}tɕʰian^{33}	一万 i^{35}van^{41}	一百零五 i^{41}pai^{21}liŋ^{35}u^{21}
本溪	一千 i^{51}tɕʰian^{44}	一万 i^{35}uan^{51}	一百零五 i^{51}pai^{21}liŋ^{35}u^{224}
辽阳	一千 i^{51}tɕʰian^{44}	一万 i^{35}uan^{51}	一百零五 i^{51}pai^{21}liŋ^{35}u^{213}
海城	一千 i^{51}tɕʰian^{44}	一万 i^{35}uan^{51}	一百零五 i^{51}pai^{21}liŋ^{35}u^{214}
开原	一千 i^{53}tɕʰian^{44}	一万 i^{35}uan^{51}	一百零五 i^{53}pai^{21}liŋ^{35}u^{213}
锦州	一千 i^{53}tɕʰian^{55}	一万 i^{35}uan^{51}	一百零五 i^{53}pai^{21}liŋ^{35}u^{213}
盘锦	一千 i^{51}tɕʰian^{55}	一万 i^{35}uan^{51}	一百零五 i^{51}pai^{21}liəŋ^{35}u^{213}
兴城	一千 i^{44}tɕʰian^{44}	一万 i^{35}uan^{51}	一百零五 i^{44}pai^{21}liŋ^{35}u^{213}
绥中	一千 i^{21}tɕʰian^{55}	一万 i^{35}van^{51}	一百零五 i^{21}pai^{21}liəŋ^{35}u^{213}
义县	一千 i^{53}tɕʰian^{44}	一万 i^{35}uan^{51}	一百零五 i^{53}pai^{21}liŋ^{35}u^{213}
北票	一千 i^{53}tɕʰian^{44}	一万 i^{35}uan^{51}	一百零五 i^{53}pai^{21}liəŋ^{35}u^{213}
阜新	一千 i^{53}tɕʰian^{55}	一万 i^{35}uan^{51}	一百零五 i^{53}pai^{21}liŋ^{35}u^{213}
黑山	一千 i^{53}tɕʰian^{44}	一万 i^{35}uan^{51}	一百零五 i^{53}pai^{21}liəŋ^{35}u^{213}
昌图	一千 i^{53}tɕʰian^{33}	一万 i^{35}uan^{51}	一百零五 i^{53}pai^{21}liəŋ^{35}u^{213}
大连	一千 i^{34}tɕiɛ̃^{312}	一万 i^{21}uã^{52}	一百零五 i^{34}pɛ^{21}liŋ^{34}u^{213}
金州杏树	一千 i^{34}tɕʰiɛ̃^{312}	一万 i^{21}uã^{52}	一百零五 i^{34}pɤ^{21}liŋ^{31}u^{213}
长海	一千 i^{53}tʃʰian^{31}	一万 i^{21}uan^{53}	一百零五 i^{53}pɤ^{24}liŋ^{53}u^{214}
庄河	一千 i^{24}tɕʰian^{31}	一万 i^{21}uan^{51}	一百零五 i^{24}pai^{24}liŋ^{51}u^{213}
盖州	一千 i^{51}tɕʰian^{412}	一万 i^{24}uan^{51}	一百零五 i^{51}pai^{24}liŋ^{24}u^{213}
丹东	一千 i^{24}tɕʰian^{411}	一万 i^{21}uan^{51}	一百零五 i^{51}pai^{21}liŋ^{24}u^{213}
建平	一千 i^{53}tɕʰiɛ̃^{44}	一万 i^{35}vã^{53}	一百零五 i^{53}pɛ^{21}liŋ^{35}vu^{213}
凌源	一千 i^{53}tɕʰiɛn^{55}	一万 i^{35}van^{51}	一百零五 i^{53}pai^{21}liŋ^{35}vu^{21}

词汇对照

	1078 一百五十	1079 第一~, 第二	1080 二两 重量
沈阳	一百五 i⁴¹pai²¹u²¹	第一 ti⁴¹i³³	二两 ər⁴¹liaŋ²¹
本溪	一百五 i⁵¹pai³⁵u²²⁴	第一 ti⁵¹i⁴⁴	二两 ər⁵¹liaŋ²²⁴
辽阳	一百五 i⁵¹pai²¹u²¹³	第一 ti⁵¹i⁴⁴	二两 ər⁵¹liaŋ²¹³
海城	一百五 i⁵¹pai³⁵u²¹⁴	第一 ti⁵¹i⁴⁴	二两 ər⁵¹liaŋ²¹⁴
开原	一百五 i⁵³pai³⁵u²¹³	第一 ti⁵³i⁴⁴	二两 ər⁵³liaŋ²¹³
锦州	一百五 i⁵³pai³⁵u²¹³	第一 ti⁵³i⁵⁵	二两 ər⁵³liaŋ²¹³
盘锦	一百五 i⁵³pai³⁵u²¹³	第一 ti⁵¹i⁵⁵	二两 ər⁵¹liaŋ²¹³
兴城	一百五 i⁴⁴pai³⁵u²¹³	第一 ti⁵¹i⁴⁴	二两 ər⁵¹liaŋ²¹³
绥中	一百五 i⁵⁵pai²¹u²¹³	第一 ti⁵¹i⁵⁵	二两 ər⁵¹liaŋ²¹³
义县	一百五 i⁵³pai³⁵u²¹³	第一 ti⁵³i⁴⁴	二两 ər⁵³liaŋ²¹³
北票	一百五 i⁵³pai³⁵u²¹³	第一 ti⁵³i⁴⁴	二两 ər⁵³liaŋ²¹³
阜新	一百五 i⁵³pai³⁵u²¹³	第一 ti⁵¹i⁵⁵	二两 ər⁵¹liaŋ²¹³
黑山	一百五 i⁵³pai³⁵u²¹³	第一 ti⁵³i⁴⁴	二两 ər⁵³liaŋ²¹³
昌图	一百五十 i⁵³pai²¹u²¹ʂʅ³⁵	第一 ti⁵¹i³³	二两 ər⁵¹liaŋ²¹³
大连	一百五 i³⁴pɛ³⁴u²¹³	第一 ti⁵²i²¹³	二两 ər⁵²liaŋ²¹³
金州 杏树	一百五十 i³⁴pɤ³⁴u²¹ɕi⁰	第一 ti⁵²i²¹³	二两 ər⁵²liaŋ²¹³
长海	一百五 i⁵³pɤ²⁴u²¹⁴	第一 ti⁵³i²¹⁴	二两 ər⁵³liaŋ²¹⁴
庄河	一百五十 i²⁴pai²⁴u²¹ɕi⁵¹	第一 ti⁵¹i²¹³	二两 ər⁵¹liaŋ²¹³
盖州	一百五 i⁵¹pai²⁴u²¹³	第一 ti⁵¹i²¹³	二两 ər⁵¹liaŋ²¹³
丹东	一百五十 i⁵¹pai²¹u²¹ʂʅ²⁴	第一 ti⁵¹i²¹³	二两 ər⁵¹liaŋ²¹³
建平	一百五 i⁵³pɛ³⁵vu²¹³	第一 ti⁵³i⁴⁴	二两 ər⁵³liã²¹³
凌源	一百五 i⁵³pai³⁵vu²¹	第一 ti⁵³i⁵⁵	二两 ər⁵³liaŋ²¹

	1081 几个 你有~孩子？	1082 俩 你们~	1083 仨 你们~
沈阳	几个 tɕi²¹kə⁰	俩 lia²¹³	仨 sa³³
本溪	几个 tɕi²¹kɤ⁵¹	俩 lia²²⁴	仨 ʂa⁴⁴
辽阳	几个 tɕi²¹kɤ⁰	俩 lia²¹³	仨 sa⁴⁴
海城	几个 tɕi²¹kɤ⁰	俩 lia²¹⁴	仨 ʂa⁴⁴
开原	几个 tɕi²¹kɤ⁵¹	俩 lia²¹³	仨 ʂa⁴⁴
锦州	几个 tɕi²¹kə⁰	俩 lia²¹³	仨 ʂa⁵⁵
盘锦	几个 tɕi²¹kə⁰	俩 lia²¹³	仨 sa⁵⁵
兴城	几个 tɕi²¹kɤ⁵¹	俩 lia²¹³	仨 ʂa⁴⁴
绥中	几个 tɕi²¹kɤ⁰	俩 lia²¹³	仨 ʂa⁵⁵
义县	几个 tɕi²¹kɤ⁵¹	俩 lia²¹³	仨 ʂa⁴⁴
北票	几个 tɕi²¹kɤ⁵¹	俩 lia²¹³	仨 sa⁴⁴
阜新	几个 tɕi²¹kə⁰	俩 lia²¹³	仨 sa⁵⁵
黑山	几个 tɕi²¹kɤ⁵¹	俩 lia²¹³	仨 ʂa⁴⁴
昌图	几个 tɕi²¹kɤ⁵¹	俩 lia²¹³	仨 sa³³
大连	几个 tɕi²¹kɤ⁵²	俩 lia²¹³	仨 sa³¹²
金州杏树	几个 tɕi²¹kɤ⁵²	俩 lia²¹³	仨 sa³¹²
长海	几个 ɕi²¹kɤ⁵³	俩 lia²¹⁴	仨 sa³¹
庄河	几个 tɕi²¹kə⁵¹	俩 lia²¹³	仨 sa³¹
盖州	几个 tɕi²¹kɤ⁵¹	俩 lia²¹³	仨 ʂa⁴¹²
丹东	几个 tɕi²¹kɤ⁰	俩 lia²¹³	仨 sa⁴¹¹
建平	几个 tɕi²¹kə⁰	俩 lia²¹³	仨 sa⁴⁴
凌源	几个 tɕi²¹kɤ⁵¹	俩 lia²¹⁴	仨 ʂa⁵⁵

	1084 个把	1085 个 一~人	1086 匹 一~马
沈阳	个把儿 kɤ⁴¹par⁰	个 kɤ⁴¹	匹 pʰi³³
本溪	个把儿 kɤ⁵¹par²²⁴	个 kɤ⁵¹	匹 pʰi⁴⁴
辽阳	一个半个 i³⁵kɤ⁰pan⁵¹kɤ⁰	个 kɤ⁵¹	匹 pʰi³⁵
海城	个儿把儿 kɤr⁵¹par⁰	个 kɤ⁵¹	匹 pʰi⁴⁴
开原	个儿把儿 kɤr⁵³par⁴⁴	个 kɤ⁵¹	匹 pʰi⁴⁴
锦州	个儿把儿 kɤr⁵³par⁵⁵	个 kɤ⁵¹	匹 pʰi⁵⁵
盘锦	个儿把儿 kɤr⁵¹par²¹³	个 kɤ⁵¹	匹 pʰi⁵⁵
兴城	个把 kɤ⁵¹pa⁴⁴	个 kɤ⁵¹	匹 pʰi⁴⁴
绥中	个儿把 kər⁵¹pa⁰	个 kɤ⁵¹⁵	匹 pʰi²¹³
义县	个儿把儿 kɤr⁵¹par⁴⁴	个 kɤ⁵¹	匹 pʰi²¹³
北票	个把儿 kɤ⁵³par⁴⁴	个 kɤ⁵¹	匹 pʰi⁴⁴
阜新	个儿把儿 kɤr⁵³par⁵⁵	个 kɤ⁵¹	匹 pʰi⁵⁵
黑山	个儿把儿 kɤr⁵³par⁴⁴	个 kɤ⁵¹	匹 pʰi⁴⁴
昌图	个儿把 kɤr⁵¹pa⁰	个 kɤ⁵¹	匹 pʰi²¹³
大连	个把 kɤ⁵²pa²¹³	个 kɤ⁵²	匹 pʰi³¹²
金州杏树	个儿把 kɤr⁵²pa²¹³	个 kɤ⁵²	匹 pʰi³¹²
长海	个儿把儿 kɤr⁵³par⁰	个 kɤ⁵³	匹 pʰi³¹
庄河	个儿把 kər⁵¹pa⁰	个 kə⁵¹	匹 pʰi³¹
盖州	个儿把儿 kɤr⁵¹par²¹³	个 kɤ⁵¹	匹 pʰi⁴¹²
丹东	个把 kɤ⁵¹pa⁰	个 kɤ⁵¹	匹 pʰi⁴¹¹
建平	个把的 kɤ⁵³pa⁴⁴ti⁰	个 kɤ⁵³	匹 pʰi²¹³
凌源	个儿把儿 kɤr⁵³par⁵⁵	个 kɤ⁵¹	匹 pʰi⁵⁵

	1087 头 —~牛	1088 头 —~猪	1089 只 —~狗
沈阳	头 tʰou³⁵	头 tʰou³⁵	只 tʂʅ³³
本溪	头 tʰou³⁵	头 tʰou³⁵	条 tʰiau³⁵
辽阳	头 tʰou³⁵	头 tʰou³⁵	个 kɤ⁵¹
海城	头 tʰəu³⁵	头 tʰəu³⁵	条 tʰiau³⁵
开原	头 tʰou³⁵	头 tʰou³⁵ 头 kʰou²¹³	只 tʂʅ⁴⁴ 条 tʰiau³⁵
锦州	头 tʰou³⁵	头 tʰou³⁵	条 tʰiau³⁵
盘锦	头 tʰou³⁵	头 tʰou³⁵ 口 kʰou²¹³	条 tʰiau³⁵
兴城	头 tʰou³⁵	头 tʰou³⁵ 口 kʰou²¹³	只 tʂʅ⁴⁴ 条 tʰiau³⁵
绥中	头 tʰou³⁵	头 tʰou³	只 tʂʅ⁵⁵
义县	头 tʰou³⁵	头 tʰou³⁵	条 tʰiau⁴⁴
北票	头 tʰou³⁵	头 tʰou³⁵	条 tʰiau⁴⁴
阜新	头 tʰou³⁵	头 tʰou³⁵	条 tʰiau⁵⁵
黑山	头 tʰou³⁵	头 tʰou³⁵	条 tʰiau⁴⁴
昌图	头 tʰou³⁵	头 tʰou³⁵ 个儿 kɤɻ⁵¹	条 tʰiau³⁵
大连	头 tʰəu³⁴	头 tʰəu³⁴	条 tʰiɔ³⁴
金州杏树	头 tʰəu⁵²	头 tʰəu⁵²	条 tʰiɔ⁵²
长海	头 tʰəu⁵³	个 kɤ⁵³	个 kɤ⁵³
庄河	头 tʰəu⁵¹	头 tʰəu⁵¹	只 tʂʅ³¹
盖州	头 tʰəu²⁴	口 kʰəu²¹³	条 tʰiau²⁴
丹东	头 tʰou²⁴	头 tʰou²⁴	只 tʂʅ⁴¹¹
建平	头 tʰəu³⁵	头 tʰəu³⁵ 口 kʰəu²¹³	条 tʰiɔ³⁵
凌源	头 tʰou³⁵	头 tʰou³⁵	条 tʰiau³⁵

	1090 只 一~鸡	1091 只 一~蚊子	1092 条 一~鱼
沈阳	只 tsʅ³³	个 kɤ⁴¹	条 tʰiau³⁵
本溪	只 tsʅ⁴⁴	个 kɤ⁵¹	条 tʰiau³⁵
辽阳	个 kɤ⁵¹	个 kɤ⁵¹	条 tʰiau³⁵
海城	只 tsʅ⁴⁴	只 tsʅ⁴⁴	条 tʰiau³⁵
开原	只 tsʅ⁴⁴	只 tsʅ⁴⁴	根儿 kər⁴⁴ 条 tʰiau³⁵
锦州	只 tsʅ⁵⁵	个 kɤ⁵¹	条 tʰiau³⁵
盘锦	个 kɤ⁵¹	个 kɤ⁵¹	条 tʰiau³⁵
兴城	只 tsʅ⁴⁴	个 kɤ⁵¹	条 tʰiau³⁵
绥中	只 tsʅ⁵⁵	只 tsʅ⁵⁵	条 tʰiau³⁵
义县	只 tsʅ⁴⁴	个 kɤ⁵¹	条 tʰiau⁴⁴
北票	只 tsʅ⁴⁴	个 kɤ⁵¹	条 tʰiau³⁵
阜新	只 tsʅ⁵⁵	个 kɤ⁵¹	条 tʰiau⁵⁵
黑山	只 tsʅ⁴⁴	个 kɤ⁵¹	条 tʰiau⁴⁴
昌图	只 tsʅ³³	只 tsʅ³³	条 tʰiau³⁵ 根 kən³³
大连	只 tʂʅ³¹²	个 kɤ⁵²	条 tʰiɔ³⁴
金州 杏树	只 tɕi³¹²	只 tɕi³¹²	条 tʰiɔ⁵²
长海	个 kɤ⁵³	个 kɤ⁵³	条 tʰiau⁵³
庄河	只 tsʅ³¹	只 tsʅ³¹	条 tʰiao⁵¹
盖州	只 tsʅ⁴¹²	个 kɤ⁵¹	条 tʰiau²⁴
丹东	只 tsʅ⁴¹¹	只 tsʅ⁴¹¹	条 tʰiau²⁴
建平	只 tsʅ⁴⁴	个 kɤ⁵³	条 tʰiɔ³⁵
凌源	只 tsʅ⁵⁵	个 kɤ⁵¹	条 tʰiau³⁵

	1093 条—~蛇	1094 张—~嘴	1095 张—~桌子
沈阳	条 tʰiau³⁵	张 tsaŋ³³	张 tsaŋ³³
本溪	条 tʰiau³⁵	张 tsaŋ⁴⁴	张 tsaŋ⁴⁴
辽阳	条 tʰiau²⁵	张 tsaŋ⁴⁴	张 tsaŋ⁴⁴
海城	条 tʰiau³⁵	张 tṣaŋ⁴⁴	张 tṣaŋ⁴⁴
开原	条 tʰiau³⁵	张 tṣaŋ⁴⁴	张 tṣaŋ⁴⁴
锦州	条 tʰiau³⁵	张 tṣaŋ⁵⁵	张 tṣaŋ⁵⁵
盘锦	条 tʰiau³⁵	张 tṣaŋ⁵⁵	个 kɤ⁵¹
兴城	条 tʰiau³⁵	张 tṣaŋ⁴⁴	张 tṣaŋ⁴⁴ 个 kɤ⁵¹
绥中	条 tʰiau³⁵	张 tṣaŋ⁵⁵	张 tṣaŋ⁵⁵
义县	条 tʰiau⁴⁴	张 tṣaŋ⁴⁴	张 tṣaŋ⁴⁴
北票	条 tʰiau³⁵	张 tṣaŋ⁴⁴	张 tṣaŋ⁴⁴
阜新	条 tʰiau⁵⁵	张 tṣaŋ⁵⁵	张 tṣaŋ⁵⁵
黑山	条 tʰiau³⁵	张 tṣaŋ⁴⁴	张 tṣaŋ⁴⁴
昌图	条儿 tʰiaur³⁵	张 tṣaŋ³³	张 tṣaŋ³³ 个 kɤ⁵¹
大连	条 tʰiɔ³⁴	张 tʃaŋ³¹²	张 tʃaŋ³¹²
金州杏树	条 tʰiɔ⁵²	张 tsaŋ³¹²	张 tsaŋ³¹²
长海	条 tʰiau⁵³	张 tʃaŋ³¹	张 tʃaŋ³¹
庄河	条 tʰiao⁵¹	张 tsaŋ³¹	张 tsaŋ³¹
盖州	条 tʰiau²⁴	张 tsaŋ⁴¹²	张 tsaŋ⁴¹²
丹东	条 tʰiau²⁴	张 tṣaŋ⁴¹¹	张 tṣaŋ⁴¹¹
建平	条 tʰiɔ³⁵	张 tṣã⁴⁴	个 kɤ⁵³ 张 tṣã⁴⁴
凌源	根儿 kər⁵⁵	张 tṣaŋ⁵⁵	张 tṣaŋ⁵⁵

	1096 床一~被子	1097 领一~席子	1098 双一~鞋
沈阳	床 tʂʰuaŋ³⁵	领 liŋ²¹³	双 ʂuaŋ³³
本溪	床 tʂʰuaŋ³⁵	领 liŋ²²⁴	双 ʂuaŋ⁴⁴
辽阳	床 tʂʰuaŋ³⁵	领 liŋ²¹³	双 ʂuaŋ⁴⁴
海城	床 tʂʰuaŋ³⁵	床 tʂʰuaŋ³⁵	双 ʂuaŋ⁴⁴
开原	床 tʂʰuaŋ³⁵	领 liŋ²¹³	双 ʂuaŋ⁴⁴
锦州	床 tʂʰuaŋ³⁵	领 liŋ²¹³	双 ʂuaŋ⁵⁵
盘锦	双 ʂuaŋ⁵⁵ 个 kɤ⁵¹	领 liəŋ²¹³	双 ʂuaŋ⁵⁵
兴城	双 ʂuaŋ⁴⁴	领 liŋ²¹³	双 ʂuaŋ⁴⁴
绥中	床 tʂʰuaŋ³⁵	张 tʂaŋ⁵⁵	双 ʂuaŋ⁵⁵
义县	床 tʂʰuaŋ³⁵	领 liŋ²¹³	双 ʂuaŋ⁴⁴
北票	床 tʂʰuaŋ³⁵	领 liəŋ²¹³	双 ʂuaŋ⁴⁴
阜新	床 tʂʰuaŋ³⁵	领 liŋ²¹³	双 ʂuaŋ⁵⁵
黑山	双 ʂuaŋ⁴⁴	领 liəŋ²¹³	双 ʂuaŋ⁴⁴
昌图	个 kɤ⁵¹	领 liəŋ²¹³	双 ʂuaŋ³³
大连	床 tʂʰuaŋ³⁴	领 liŋ²¹³	双 ʂuaŋ³¹²
金州杏树	床 tʂʰuaŋ⁵²	领 liŋ²¹³	双 ʂuaŋ³¹²
长海	床 tʰuaŋ⁵³	个 kɤ⁵³	双 ʂuaŋ³¹
庄河	床 tʂʰuaŋ⁵¹	领 liŋ²¹³	双 ʂuaŋ³¹
盖州	床 tʂʰuaŋ²⁴	个 kɤ⁵¹ 领 liŋ²¹³	双 ʂuaŋ⁴¹²
丹东	床 tʂʰuaŋ²⁴	张 tʂaŋ⁴¹¹	双 ʂuaŋ⁴¹¹
建平	床 tʂʰuɑ̃³⁵	领 liŋ²¹³	双 ʂuɑ̃⁴⁴
凌源	床 tʂʰuaŋ⁵⁵	个 kɤ⁵¹	双 ʂuaŋ⁵⁵

	1099 把—~刀	1100 把—~锁	1101 根—~绳子
沈阳	把 pa²¹³	把 pa²¹³	根 kən³³
本溪	把 pa²²⁴	把 pa²²⁴	根 kən⁴⁴
辽阳	把 pa²¹³	把 pa²¹³	根 kən⁴⁴
海城	把 pa²¹⁴	把 pa²¹⁴	条 tʰiau³⁵
开原	把 pa²¹³	把 pa²¹³	根 kən⁴⁴
锦州	把 pa²¹³	把 pa²¹³	根 kən⁴⁴
盘锦	把 pa²¹³	把 pa²¹³	根儿 kər⁵⁵
兴城	把 pa²¹³	把 pa²¹³	根儿 kər⁴⁴
绥中	把 pa²¹³	把 pa²¹³	根 kən⁵⁵
义县	把 pa²¹³	把 pa²¹³	根儿 kər⁴⁴
北票	把 pa²¹³	把 pa²¹³	根儿 kər⁴⁴
阜新	把 pa²¹³	把 pa²¹³	根儿 kər⁵⁵
黑山	把 pa²¹³	把 pa²¹³	根儿 kər⁴⁴
昌图	把 pa²¹³	把 pa²¹³	根 kən³³ 条儿 tʰiaur³⁵
大连	把 pa²¹³	把 pa²¹³	根 kə̃³¹²
金州杏树	把 pa⁵²	把 pa²¹³	根 kə̃³¹²
长海	把 pa²¹⁴	把 pa²¹⁴	根 kən³¹
庄河	把 pa²¹³	把 pa²¹³	根 kən³¹
盖州	把 pa²¹³	把 pa²¹³	根儿 kɤr⁴¹²
丹东	把 pa²¹³	把 pa²¹³	根 kən⁴¹¹
建平	把 pa²¹³	把 pa²¹³	根 kə̃⁴⁴
凌源	把 pa²¹⁴	把 pa²¹⁴	根儿 kər⁵⁵

	1102 支—~毛笔	1103 副—~眼镜	1104 面—~镜子
沈阳	支 tsʅ³³	副 fu⁴¹	面 mian⁴¹
本溪	支 tsʅ⁴⁴	副 fu⁵¹	面 mian⁵¹
辽阳	支 tsʅ⁴⁴	副 fu⁵¹	面 mian⁵¹
海城	支 tsʅ⁴⁴	副 fu⁵¹	面 mian⁵¹
开原	支 tsʅ⁴⁴	副 fu⁵¹	面 mian⁵¹
锦州	个 kɤ⁵¹	副 fu⁵¹	块 kʰuai⁵¹
盘锦	根儿 kər⁵⁵	副 fu⁵¹	面 mian⁵¹
兴城	支 tsʅ⁴⁴	副 fu⁵¹	块儿 kʰuɐr⁵¹
绥中	支 tsʅ⁵⁵	副 fu⁵¹	面 mian⁵¹
义县	管 kuan²¹³	副 fu⁵¹	面 mian⁵¹
北票	支 tsʅ⁴⁴	副 fu⁵¹	面 mian⁵¹
阜新	支 tsʅ⁵⁵	副 fu⁵¹	面 mian⁵¹
黑山	支 tsʅ⁴⁴	副 fu⁵¹	个 kɤ⁵¹
昌图	支 tsʅ³³	个 kɤ⁵¹	个 kɤ⁵¹
大连	支 tsʅ³¹²	副 fu⁵²	面 miɛ̃⁵²
金州杏树	支 tsʅ³¹²	副 fu⁵²	面 miɛ̃⁵²
长海	支 tsʅ³¹	副 fu⁵³	面 mian⁵³
庄河	支 tsʅ³¹	副 fu⁵¹	面 mian⁵¹
盖州	支 tsʅ⁴¹²	副 fu⁵¹	面 mian⁵¹
丹东	管 kuan²¹³	副 fu⁵¹	面 mian⁵¹
建平	支 tsʅ⁴⁴	副 fu⁵³	面 miɛ̃⁵³
凌源	根儿 kər⁵⁵	副 fu⁵¹	面 miɛn⁵¹

	1105 块——~香皂	1106 辆——~车	1107 座——~房子
沈阳	块儿 kʰuɐr⁴¹	辆 liaŋ⁴¹	座 tsuo²¹³
本溪	块儿 kʰuɐr⁵¹	辆 liaŋ⁵¹	座 tsuo⁵¹
辽阳	块儿 kʰuar⁵¹	辆 liaŋ⁵¹	厝 tsʰuo²¹³
海城	块儿 kʰuɐr⁵¹	辆 liaŋ⁵¹	座儿 tsʰuɤr²¹⁴
开原	块儿 kʰuɐr⁵¹	辆 liaŋ⁵¹	座儿 tsuɤr⁵¹
锦州	块 kʰuai⁵¹	辆 liaŋ⁵¹	厝 tsʰuo²¹³
盘锦	块儿 kʰuɐr⁵¹	辆 liaŋ⁵¹	座儿 tsʰuor²¹³
兴城	块 kʰuai⁵¹	辆 liaŋ⁵¹	座儿 tsuor⁵¹
绥中	块 kʰuai⁵¹	辆 liaŋ⁵¹	座 tsuo⁵¹
义县	块 kʰuai⁵¹	辆 liaŋ⁵¹ 台 tʰai³⁵	座 tsʰuo²¹³
北票	块儿 kʰuɐr⁵¹	辆 liaŋ⁵¹ 台 tʰai³⁵	座 tsuo⁵¹
阜新	块 kʰuai⁵¹	辆 liaŋ⁵¹ 台 tʰai³⁵	厝 tsʰuo²¹³ 座 tsuo⁵¹
黑山	块儿 kʰuɐr⁵¹	台 tʰai³⁵	座 tsʰuo²¹³
昌图	块 kʰuai⁵¹	辆 liaŋ⁵¹	间 tɕian³³
大连	块儿 kʰuɐr⁵²	辆 liaŋ⁵²	座 tsuə²¹³
金州杏树	块儿 kʰuɐr⁵²	辆 liaŋ²¹³	座 tsuə²¹³
长海	块 kʰuai⁵³	辆 liaŋ²¹⁴	座 tsuə⁵³
庄河	块 kʰuai⁵¹	辆 liaŋ⁵¹	座 tsuə⁵¹
盖州	块儿 kʰuɐr⁵¹	台 tʰai²⁴	个 kɤ⁵¹
丹东	块儿 kʰuɐr⁵¹	辆 liaŋ⁵¹	座 tsuo⁵¹
建平	块 kʰuɛ⁵³	台 tʰɛ³⁵ 辆 liã⁵³	厝儿 tsʰuər²¹³
凌源	块儿 kʰuɐr⁵¹	辆 liaŋ⁵¹ 台 tʰai³⁵	座儿 tsʰuor²¹⁴

词汇对照

	1108 座—~桥	1109 条—~河	1110 条—~路
沈阳	座 tsuo²¹³	条 tʰiau³⁵	条 tʰiau³⁵
本溪	座 tʂuo⁵¹	条 tʰiau³⁵	条 tʰiau³⁵
辽阳	座 tʂuo⁵¹	条 tʰiau³⁵	条 tʰiau³⁵
海城	座 tʂuɤ⁵¹	条 tʰiau³⁵	条 tʰiau³⁵
开原	座 tʂuɤ⁵¹	条 tʰiau³⁵	条 tʰiau³⁵
锦州	座 tʂuo⁵¹	条 tʰiau³⁵	条 tʰiau³⁵
盘锦	座 tsuo⁵¹	条 tʰiau³⁵	条 tʰiau³⁵
兴城	座 tsuo⁵¹	条 tʰiau⁴⁴	条 tʰiau³⁵
绥中	座 tsuo⁵¹	条 tʰiau³⁵	条 tʰiau³⁵
义县	座 tʂuo⁵¹	条 tʰiau⁴⁴	条 tʰiau⁴⁴
北票	座 tsuo⁵¹	条 tʰiau³⁵	条 tʰiau³⁵
阜新	座 tsuo⁵¹	条 tʰiau³⁵	条 tʰiau³⁵
黑山	座儿 tʂuor⁵¹	条 tʰiau³⁵	条 tʰiau³⁵
昌图	个 kɤ⁵¹	条 tʰiau³⁵	条 tʰiau³⁵
大连	座 tsuə²¹³	条 tʰiɔ³⁴	条 tʰiɔ³⁴
金州杏树	座 tsuə²¹³	条 tʰiɔ⁵²	条 tʰiɔ⁵²
长海	座 tuə⁵³	条 tʰiau⁵³	条 tʰiau⁵³
庄河	座 tsuə⁵¹	条 tʰiao⁵¹	条 tʰiao⁵¹
盖州	座 tsuɤ⁵¹	条 tʰiau²⁴	条 tʰiau²⁴
丹东	座 tsuo⁵¹	条 tʰiau²⁴	条 tʰiau²⁴
建平	座 tsuə⁵³	条 tʰiɔ³⁵	条 tʰiɔ³⁵
凌源	座 tsuo⁵¹	条 tʰiau³⁵	条 tʰiau³⁵

	1111 棵 —～树	1112 朵 —～花	1113 颗 —～珠子
沈阳	棵 kʰɤ³³	朵儿 tʰuor²¹³	颗 kʰɤ³³
本溪	棵 kʰɤ⁴⁴	朵 tuo²²⁴	棵 kʰɤ⁴⁴
辽阳	棵 kʰɤ⁴⁴	朵 tʰuo²¹³	个 kɤ⁵¹
海城	棵 kʰɤ⁴⁴	朵儿 tuɤr²¹⁴	颗 kʰɤ⁴⁴
开原	棵 kʰɤ⁴⁴	朵儿 tuɤr²¹³	颗 kʰɤ⁴⁴
锦州	棵 kʰɤ⁵⁵	朵儿 tuor²¹³	颗 kʰɤ⁵⁵
盘锦	棵 kʰɤ⁵⁵	朵儿 tuor²¹³ 朵儿 tʰuor²¹³	粒儿 liər⁵¹
兴城	棵 kʰɤ⁴⁴	朵儿 tuor²¹³	颗 kʰɤ⁴⁴
绥中	棵 kʰɤ⁵⁵	朵 tuo²¹³	颗 kʰɤ⁵⁵
义县	棵 kʰɤ⁴⁴	朵儿 tuor²¹³	颗 kʰɤ⁴⁴
北票	棵 kʰɤ⁴⁴	朵 tuo²¹³	颗 kʰɤ⁴⁴
阜新	棵 kʰɤ⁵⁵	朵儿 tʰuor²¹³	颗 kʰɤ⁵⁵
黑山	棵 kʰɤ⁴⁴	朵儿 tuor²¹³	颗 kʰɤ⁴⁴
昌图	棵 kʰɤ³³	朵 tuo²¹³	颗 kʰɤ³³
大连	棵 kʰɤ³¹²	朵 tuə²¹³	个 kɤ⁵²
金州杏树	棵 kʰɤ³¹²	朵 tuə²¹³	颗 kʰɤ³¹²
长海	棵 kʰɤ³¹	朵 tuə²¹⁴	颗 kʰɤ³¹
庄河	棵 kʰə³¹	朵儿 tuər²¹³	颗 kʰə³¹
盖州	棵 kʰɤ⁴¹²	朵儿 tuɤr²¹³	颗 kʰɤ⁴¹²
丹东	棵 kʰɤ⁴¹¹	朵 tuo²¹³	颗 kʰɤ⁴¹¹
建平	棵 kʰɤ⁴⁴	朵儿 tʰuər²¹³	个 kɤ⁵³
凌源	棵 kʰɤ⁵⁵	朵儿 tuor²¹⁴	个 kɤ⁵¹

	1114 粒—～米	1115 顿—～饭	1116 剂—～中药
沈阳	粒 li⁴¹	顿 tuən⁴¹	副 fu⁴¹
本溪	粒 li⁵¹	顿 tuən⁵¹	副 fu⁵¹
辽阳	粒儿 liər⁵¹	顿 tuən⁵¹	副 fu⁵¹
海城	粒 li⁵¹	顿 tuən⁵¹	副 fu⁵¹
开原	粒 li⁵¹	顿 tuən⁵¹	副 fu⁵¹
锦州	粒儿 liər⁵¹	顿 tuən⁵¹	副 fu⁵¹
盘锦	粒儿 liər⁵¹	顿 tuən⁵¹	副 fu⁵¹
兴城	粒儿 liər⁵¹	顿 tuən⁵¹	副 fu⁵¹
绥中	粒 li⁵¹	顿 tuən⁵¹	味 uei⁵¹
义县	粒 li⁵¹	顿 tuən⁵¹	副 fu⁵¹
北票	粒 li⁵¹	顿 tuən⁵¹	副 fu⁵¹
阜新	粒儿 liər⁵¹	顿 tuən⁵¹	副 fu⁵¹
黑山	粒儿 liər⁵¹	顿 tuən⁵¹	副 fu⁵¹
昌图	粒 li⁵¹	顿 tuən⁵¹	副 fu⁵¹
大连	粒儿 lər⁵²	顿 tə̃⁵²	副 fu⁵²
金州杏树	粒儿 lər⁵²	顿 tə̃⁵²	剂 tɕi⁵²
长海	粒儿 lər⁵³	顿 tən⁵³	副 fu⁵³
庄河	粒儿 lər⁵¹	顿 tən⁵¹	副 fu⁵¹
盖州	粒儿 liər⁵¹	顿 tuən⁵¹	副 fu⁵¹
丹东	粒 li⁵¹	顿 tuən⁵¹	副 fu⁵¹
建平	粒 li⁵³	顿 tuə̃⁵³	副 fu⁵³
凌源	粒儿 liər⁵¹	顿 tuən⁵¹	副 fu⁵¹

	1117 股—~香味	1118 行—~字	1119 块—~钱
沈阳	股 ku²¹³	行儿 xãr³⁵	块 kʰuai⁴¹
本溪	股 ku²²⁴	行 xaŋ³⁵	块 kʰuai⁵¹
辽阳	股 ku²¹³	行 xaŋ³⁵	块 kʰuai⁵¹
海城	股 ku²¹⁴	行儿 xãr³⁵	块 kʰuai⁵¹
开原	股 ku²¹³	行 xaŋ³⁵	块 kʰuai⁵¹
锦州	股 ku²¹³	趟儿 tʰãr⁵¹	块 kʰuai⁵¹
盘锦	股 ku²¹³	行 xaŋ³⁵	块 kʰuai⁵¹
兴城	股 ku²¹³	行 xaŋ³⁵ 趟 tʰaŋ⁵¹	元 yan³⁵ 块 kʰuai⁵¹
绥中	股 ku²¹³	行 xaŋ³⁵	块 kʰuai⁵¹
义县	股 ku²¹³	行儿 xãr³⁵	块 kʰuai⁵¹
北票	股 ku²¹³	趟 tʰaŋ⁵¹	块 kʰuai⁵¹
阜新	股 ku²¹³	行 xaŋ³⁵	块 kʰuai⁵¹
黑山	股 ku²¹³	行儿 xãr³⁵	块 kʰuai⁵¹
昌图	股 ku²¹³	行 xaŋ³⁵	块儿 kʰuɐr⁵¹
大连	股 ku²¹³	行 xaŋ³⁴	块 kʰuɛ⁵²
金州 杏树	股 ku²¹³	行 xaŋ⁵²	块 kʰuɛ⁵² 元 yɛ̃⁵²
长海	股 ku²¹⁴	行 xaŋ⁵³	块 kʰuai⁵³
庄河	股 ku²¹³	行 xaŋ⁵¹	块 kʰuai⁵¹
盖州	股 ku²¹³	行 xaŋ²⁴	块 kʰuai⁵¹
丹东	股 ku²¹³	行 xaŋ²⁴	块 kʰuai⁵¹
建平	股 ku²¹³	趟 tʰã⁵³ 行 xã³⁵	块 kʰuɛ⁵³ 元 yɛ̃³⁵
凌源	股 ku²¹⁴	行儿 xãr³⁵	块 kʰuai⁵¹

	1120 毛 角：一~钱	1121 件 一~事情	1122 点儿 一~东西
沈阳	毛 mau²¹³	件 tɕian⁴¹	点儿 tier²¹
本溪	毛 mau³⁵	件 tɕian⁵¹	点儿 tier²²⁴
辽阳	毛 mau²¹³	件 tɕian⁵¹	点儿 tiar²¹³
海城	毛 mau²¹⁴	件 tɕian⁵¹	点儿 tier²¹⁴
开原	毛 mau³⁵	件 tɕian⁵¹	点儿 tier²¹³
锦州	毛 mau²¹³	个 kɤ⁵¹	点儿 tier²¹³
盘锦	毛 mau²¹³	个 kɤ⁵¹ 件 tɕian⁵¹	点儿 tier²¹³
兴城	毛 mau²¹³	件 tɕian⁵¹	不点儿 pu⁴⁴tier²¹³
绥中	毛 mau²¹³	件 tɕian⁵¹	点儿 tier²¹³
义县	毛 mau²¹³	个 kɤ⁵¹	点儿 tier²¹³
北票	毛 mau²¹³	件 tɕian⁵¹	点儿 tier²¹³
阜新	毛 mau²¹³	个 kɤ⁵¹	点儿 tier²¹³
黑山	毛 mau²¹³	个 kɤ⁵¹	点儿 tier²¹³
昌图	毛 mau³⁵	个 kɤ⁵¹	点儿 tier²¹³
大连	毛 mɔ²¹³	件儿 tɕier⁵²	点儿 tier²¹³
金州杏树	毛 mɔ²¹³	件儿 tɕier⁵²	点儿 tier²¹³
长海	毛 mau²¹⁴	件 ɕian⁵³	点儿 tier²¹⁴
庄河	毛 mao²¹³	件 tɕian⁵¹	点儿 tier²¹³
盖州	毛 mau²¹³	件 tɕian⁵¹	点儿 tier²¹³
丹东	毛 mau²¹³	件 tɕian⁵¹	点儿 tier²¹³
建平	毛 mɔ³⁵	件 tɕiẽ⁵³	点儿 tier²¹³
凌源	毛 mau²¹⁴	个 kɤ⁵¹	点儿 tier²¹⁴

	1123 些 一~东西	1124 下 打一~，动量，不是时量	1125 会儿 坐了一~
沈阳	些 ɕie³³	下儿 ɕiar⁴¹	会儿 xuər⁴¹
本溪	些 ɕie⁴⁴	下儿 ɕiar⁵¹	会儿 xuər⁵¹
辽阳	些 ɕie⁴⁴	下 ɕia⁵¹	会儿 xuer⁵¹
海城	堆 tuei⁴⁴	下 ɕia⁵¹	会儿 xuər²¹⁴
开原	些 ɕie⁴⁴	下 ɕia⁵¹	会儿 xuər⁵¹
锦州	些 ɕie⁵⁵	下 ɕia⁵¹	会儿 xuər⁵¹
盘锦	点儿 tiɐr²¹³	下 ɕia⁵¹	会儿 xuər²¹³
兴城	些 ɕie⁴⁴	下 ɕia⁵¹	会儿 xuər²¹³
绥中	些 ɕie⁵⁵	下 ɕia⁵¹	会儿 xuər⁵¹
义县	些 ɕie⁴⁴	下 ɕia⁵¹	会儿 xuər²¹³
北票	些 ɕie⁴⁴	下 ɕia⁵¹	会儿 xuər²¹³
阜新	些 ɕie⁵⁵	下 ɕia⁵¹	会儿 xuər²¹³
黑山	些 ɕie⁴⁴	下 ɕia⁵¹	会儿 xuər²¹³
昌图	些 ɕie³³	下 ɕia⁵¹	会儿 xuər⁵¹
大连	些 ɕiɛ³¹²	下 ɕia⁵²	会儿 xuər²¹³
金州杏树	些 ɕiɛ³¹²	下 ɕia⁵²	会儿 xuər²¹³
长海	些 ʃie³¹	下 ɕia⁵³	会儿 xuər⁵³
庄河	些 ɕie³¹	下 ɕia⁵¹	会儿 xuər⁵¹
盖州	些 ɕiɛ⁴¹² 堆 tuei⁴¹²	下 ɕia⁵¹	会儿 xuər⁵¹
丹东	些 ɕiɛ⁴¹¹	下 ɕia⁵¹	会儿 xuər⁵¹
建平	些 ɕie⁴⁴	下 ɕia⁵³	会儿 xuər²¹³
凌源	些 ɕie⁵⁵	下 ɕia⁵¹	会儿 xuər²¹⁴

词汇对照

	1126 顿打一~	1127 阵下了一~雨	1128 趟去了一~
沈阳	顿 tuən⁴¹	阵 tsən⁴¹	趟 tʰaŋ⁴¹
本溪	顿 tuən⁵¹	阵 tsən⁵¹	趟 tʰaŋ⁵¹
辽阳	顿 tuən⁵¹	阵 tsən⁵¹	趟 tʰaŋ⁵¹
海城	顿 tuən⁵¹	阵儿 tʂər⁵¹	趟 tʰaŋ⁵¹
开原	顿 tuən⁵¹	会儿 xuər⁵¹	趟 tʰaŋ⁵¹
锦州	顿 tuən⁵¹	阵儿 tʂər⁵¹	趟 tʰaŋ⁵¹
盘锦	顿 tuən⁵¹	阵儿 tʂər⁵¹	趟 tʰaŋ⁵¹
兴城	顿 tuən⁵¹	阵儿 tʂər⁵¹	趟 tʰaŋ⁵¹
绥中	顿 tuən⁵¹	阵 tsən⁵¹	趟 tʰaŋ⁵¹
义县	顿 tuən⁵¹	阵儿 tʂər⁵¹	趟 tʰaŋ⁵¹
北票	顿 tuən⁵¹	阵儿 tʂər⁵¹	趟 tʰaŋ⁵¹
阜新	顿 tuən⁵¹	阵儿 tʂər⁵¹	趟 tʰaŋ⁵¹
黑山	顿 tuən⁵¹	阵儿 tʂər⁵¹	趟 tʰaŋ⁵¹
昌图	顿 tuən⁵¹	阵儿 tʂər⁵¹	趟 tʰaŋ⁵¹
大连	顿 tə̃⁵²	阵 tʃə̃⁵²	趟 tʰaŋ⁵²
金州杏树	顿 tə̃⁵²	阵 tsə̃⁵²	趟 tʰaŋ⁵²
长海	顿 tuən⁵³	阵 tʃən⁵³	趟 tʰaŋ⁵³
庄河	顿 tuən⁵¹	阵 tsən⁵¹	趟 tʰaŋ⁴¹
盖州	顿 tuən⁵¹	阵儿 tʂər⁵¹	趟 tʰaŋ⁵¹
丹东	顿 tuən⁵¹	阵儿 tʂər⁵¹	趟 tʰaŋ⁵¹
建平	顿 tuə̃⁵³	阵儿 tʂər⁵³	趟 tʰã⁵³
凌源	顿 tuən⁵¹	阵儿 tʂər⁵¹	趟 tʰaŋ⁵¹

	1129 我~姓王	1130 你~也姓王	1131 您 尊称
沈阳	我 uo²¹³	你 ȵi²¹³	您 ȵin²¹³
本溪	我 uo²²⁴	你 ȵi²²⁴	您 ȵin³⁵
辽阳	我 uo²¹³	你 ȵi²¹³	您 ȵin³⁵
海城	我 uɤ²¹⁴	你 ȵi²¹⁴	您 ȵin³⁵
开原	我 uɤ²¹³	你 ȵi²¹³	您 ȵin³⁵
锦州	我 uo²¹³ 我 m²¹³	你 ȵi²¹³	您 ȵin³⁵
盘锦	我 uo²¹³	你 ȵi²¹³	您 ȵiən³⁵
兴城	我 uo²¹³ 我 m²¹³	你 ȵi²¹³ 您 ȵin³⁵	您 ȵin³⁵
绥中	我 uo²¹³	你 ȵi²¹³	您 ȵin³⁵
义县	我 uo²¹³	你 ȵi²¹³	您 ȵin³⁵
北票	我 uo²¹³	你 ȵi²¹³	您 ȵiən³⁵
阜新	我 uo²¹³	你 ȵi²¹³	您 ȵin³⁵
黑山	我 uo²¹³	你 ȵi²¹³	您 ȵiən³⁵
昌图	我 uo²¹³	你 ȵi²¹³	您 ȵiən³⁵
大连	俺 ã²¹³	你 ȵi²¹³	您 ȵĩ³⁴
金州杏树	我 uə²¹³	你 ȵi²¹³	您 ȵĩ³⁴
长海	俺 an²¹⁴ 我 uə²¹⁴	恁 nan²¹⁴ 你 ȵi²¹⁴	（无）
庄河	我 uə²¹³	你 ȵi²¹³	你 ȵi²¹³
盖州	我 uɤ²¹³	你 ȵi²¹³	您 ȵin²⁴
丹东	我 uo²¹³	你 ȵi²¹³	您 ȵin²⁴
建平	我 vɤ²¹³	你 ȵi²¹³	您 ȵĩ³⁵
凌源	我 vɤ²¹⁴	你 ȵi²¹⁴	您 ȵin³⁵

词汇对照

	1132 他~姓张	1133 我们 不包括听话人：你们别去，~去	1134 咱们 包括听话人：他们不去，~去吧
沈阳	他 tʰa³⁵	俺们 an²¹mən⁰	俺们 an²¹mən⁰
本溪	他 tʰa⁴⁴	我们 uo²¹mən⁰	咱们 tsan³⁵mən⁰
辽阳	他 tʰa⁴⁴	咱们 tsan³⁵mən⁰	咱们 tsan³⁵mən⁰
海城	他 tʰa⁴⁴	咱们 tṣan³⁵mən⁰	咱们 tṣan³⁵mən⁰
开原	他 tʰa⁴⁴	俺们 an²¹mən⁰ 我们 uɤ²¹mən⁰	咱们 tsan³⁵mən⁰
锦州	他 tʰa⁵⁵	我们 m²¹mən⁰ 我 m²¹³	咱 tṣan³⁵
盘锦	他 tʰa⁵⁵	我们 m²¹mən⁰	咱们 tṣan³⁵mən⁰
兴城	他 tʰa⁴⁴	我们 m²¹³	咱 tsan³⁵
绥中	他 tʰa⁵⁵	我们 uo²¹mən⁰	咱们 tsan³⁵mən⁰
义县	他 tʰa⁴⁴	我们 uən²¹mən⁰ 我们 uo²¹mən⁰	咱们 tsan³⁵mən⁰
北票	他 tʰa⁴⁴	我们 uaŋ²¹mən⁰	咱们 tsan³⁵mən⁰
阜新	他 tʰa⁵⁵	我们 uan²¹mən⁰	咱们 tsan³⁵mən⁰
黑山	他 tʰa⁴⁴	我们 m²¹mən⁰	咱 tṣan³⁵ 咱们 tṣan³⁵mən⁰
昌图	他 tʰa³³	我们 mu²¹mən⁰	咱们 tsan³⁵mən⁰
大连	他 tʰa³¹²	我们 uə²¹m̃ə̃⁰	咱们 tsã³⁴m̃ə̃⁰
金州 杏树	他 tʰa³¹²	俺们 ã²¹m̃ə̃⁰	咱 tsa⁵²
长海	他 tʰa⁵³	俺们 an²¹mən⁰ 我们 uə²¹mən⁰	咱们 tsan⁵³mən⁰
庄河	他 tʰa³¹	我们 uə²¹mən⁰	咱们 tsa²⁴mən⁰
盖州	他 tʰa⁴¹²	我们 uɤ²¹mən⁰	咱们 tsa²⁴mən⁰
丹东	他 tʰa⁴¹¹	俺们 an²¹mən⁰	咱们 tsan²⁴mən⁰
建平	他 tʰa⁴⁴	我们 vã²¹m̃ə̃⁰	咱们 tsã³⁵m̃ə̃⁰
凌源	他 tʰa⁵⁵	我们 vaŋ²¹mən⁰	咱们 tsan³⁵mən⁰

	1135 你们~去	1136 他们~去	1137 大家~一起干
沈阳	你们 ȵi²¹mən⁰	他们 tʰa³³mən⁰	大家 ta⁴¹tɕia³³
本溪	你们 ȵi²¹mən⁰	他们 tʰa³¹mən⁰	大伙儿 ta⁵¹xuor⁰
辽阳	你们 ȵi²¹mən⁰	恁们 tʰan⁴⁴mən⁰	大伙儿 ta⁵¹xuor²¹³
海城	你们 ȵi²¹⁴mən⁰	恁们 tʰan⁴⁴mən⁰	大伙儿 ta⁵¹xuɤr²¹⁴
开原	你们 ȵi²¹mən⁰	他们 tʰa⁴⁴mən⁰ 恁 tʰan⁴⁴	大伙儿 ta⁵¹xuɤr²¹³
锦州	恁 ȵin²¹³	恁 tʰan⁵⁵ 他们 tʰa⁵⁵mən⁰	大伙儿 ta⁵³xuor²¹³ 大家伙 ta⁵³tɕia⁵⁵xuor²¹³
盘锦	恁们 ȵiən²¹mən⁰	恁们 tʰan⁵⁵mən⁰	大伙儿 ta⁵¹xuor⁰
兴城	恁 ȵin²¹³	他们 tʰa⁴⁴mən⁰	大伙儿 ta⁵¹xuor²¹³
绥中	你们 ȵi²¹mən⁰	他们 tʰa⁵⁵mən⁰	大伙儿 ta⁵¹xuər²¹³
义县	恁 ȵin²¹³ 你们 ȵi²¹mən⁰	恁 tʰan⁴⁴ 他们 tʰa⁴⁴mən⁰	大伙儿 ta⁵³xuor²¹³
北票	你们 ȵi²¹mən⁰	他们 tʰa⁴⁴mən⁰	大伙儿 ta⁵¹xuor⁰
阜新	恁们 ȵin²¹mən⁰	他们 tʰan⁵⁵mən⁰	大伙儿 ta⁵³xuor²¹³
黑山	恁 ȵiən²¹³ 恁们 ȵiən²¹mən⁰	恁tʰan⁴⁴ 他们 tʰan⁴⁴mən⁰	大伙儿ta⁵³xuor²¹³ 大家伙儿 ta⁵³tɕia⁴⁴xuor²¹³
昌图	你们 ȵi²¹mən⁰	他们 tʰa³³mən⁰	大伙儿 ta⁵¹xuor²¹³
大连	恁们 nã²¹mã̃⁰	他们 tʰa³¹mã̃⁰	大伙儿 ta⁵²xuɤr²¹³
金州杏树	你们 ȵi²¹mã̃⁰	他们 tʰa³¹mã̃⁰	大伙儿 ta⁵²xuɤr²¹³
长海	恁们 nan²¹mən⁰ 你们 ȵi²¹mən⁰	他们 tʰa³³mən⁰	大家 ta⁵³tɕia³¹
庄河	恁们 nan²¹mən⁰	他们 tʰa³¹mən⁰	大家伙儿 ta⁵¹tɕia³³xuər²¹³
盖州	恁 nən²¹³ 恁们 nən²¹mən⁰	他们 tʰa⁴¹²mən⁰	大伙儿 ta⁴¹²xuɤr⁰ 大家 ta⁵¹tɕia⁴¹²
丹东	恁们 nan²¹mən⁰	他们 tʰa⁴¹¹mən⁰	大伙儿 ta⁵¹xuor²¹³
建平	你们 ȵi²¹mã̃⁰	恁们 tʰã⁴⁴mã̃⁰	大家伙儿 ta⁵³tɕia⁴⁴xuər²¹³ 大家 ta⁵³tɕia⁴⁴
凌源	你们 ȵi²¹mən⁰	恁们 tʰan⁵⁵mən⁰	大伙儿 ta⁵³xuor²¹

	1138 自己我~做的	**1139 别人**这是~的	**1140 我爸**~今年八十岁
沈阳	自个儿 tsʅ⁴¹kɤr²¹	别人 piɛ³⁵in³⁵	我爸 uo²¹pa⁴¹
本溪	自己 tsʅ⁵¹tɕi⁰	别人 piɛ³⁵zən⁰	我爸 uo²¹pa⁵¹
辽阳	自个儿 tsʅ⁵¹kɤr²¹³	别人儿 piɛ³⁵iər³⁵	我爸 uo²¹pa⁵¹
海城	自个儿 tʂʅ⁵¹kɤr²¹⁴	别人 piɛ³⁵in³⁵	我爸 uɤ²¹pa⁵¹
开原	个人 kɤ³⁵zən⁵¹ 各个儿 kɤ⁵³kɤr²¹³	别人儿 piɛ³⁵iər⁰	我爸 uɤ²¹pa⁵¹
锦州	自个儿 tɕi⁵³kɤr²¹³ 各儿个儿 kɤr⁵³kɤr²¹³	别人 piɛ³⁵in³⁵ 旁人 pʰaŋ³⁵in³⁵	我爸 uo²¹pa⁵¹
盘锦	自个儿 tsʅ⁵¹kɤr²¹³	别人 piɛ³⁵iən³⁵	我爸 uo²¹pa⁵¹
兴城	自个儿 tsʅ⁵¹kɤr²¹³	别人 piɛ³⁵in³⁵	我爸 uo²¹pa⁵¹ 我爹 uo²¹tiɛ⁴⁴
绥中	自己个儿 tɕi⁵¹tɕi²¹kər²¹³	别人儿 piɛ³⁵zər³⁵	我爸 uo²¹pa⁵¹
义县	自个儿 tsʅ⁵³kɤr²¹³	别人儿 piɛ³⁵zər³⁵ 旁人儿 pʰaŋ³⁵zər³⁵	我爸 uo²¹pa⁵¹
北票	自个儿 tɕi⁵³kɤr²¹³ 各个儿 kɤ⁵³kɤr²¹³	别人儿 piɛ³⁵zər³⁵	我爸 uo²¹pa⁵¹
阜新	自个儿 tɕi⁵³kɤr²¹³ 自个儿 tsʅ⁵³kɤr²¹³ 各个儿 kɤ⁵³kɤr²¹³	别人儿 piɛ³⁵zər³⁵ 旁人儿 pʰaŋ³⁵zər³⁵	我爸 uo²¹pa⁵¹
黑山	自个儿 tɕi⁵³kɤr²¹³ 自个儿 tɕiɛ⁵³kɤr²¹³ 各个儿 kɤ⁵³kɤr²¹³	别人儿 piɛ³⁵iər³⁵ 旁人儿 pʰaŋ³⁵iər³⁵	我爸 uo²¹pa⁵¹
昌图	自个儿 tsʅ⁵¹kɤr²¹³	旁人 pʰaŋ³⁵iən³⁵ 别人 piɛ³⁵iən³⁵	我爹 uo²¹tiɛ³³
大连	自个儿 tsʅ⁵²kɤr²¹³	人家 ĩ³⁴tɕia⁰	俺爸 ã²¹pa⁵²
金州杏树	自个儿 tsʅ⁵²kɤr²¹³	别人 piɛ⁵²ĩ³¹²	俺爹 ã²¹tiɛ³¹²
长海	自己 tsʅ⁵³ɕi²¹⁴	别人 piɛ⁵³iən⁰	俺爹 an²¹tiɛ³¹
庄河	自己 tsʅ⁵¹tɕi²¹³	别人 piɛ⁵¹in⁰	俺爸 an²¹pa⁵¹
盖州	自个儿 tsʅ⁵¹kɤr²¹³	别人 piɛ²⁴in²⁴	我爸 uɤ²¹pa⁵¹
丹东	自个儿 tsʅ⁵¹kɤr⁰	别人 piɛ²⁴in²⁴	俺爹 an²⁴tiɛ⁴¹¹
建平	自个儿 tsʅ⁵³kər²¹³ 各个儿 kɤ⁵³kər²¹³	旁人 pʰã³⁵ʐə̃⁵³	我爸 vɤ²¹pa⁵³
凌源	自个儿 tsʅ⁵³kɤr²¹ 各个儿 kɤ⁵³kɤr²¹	别人儿 piɛ³⁵zər³⁵	我爸 vɤ²¹pa⁵¹

	1141 你爸~在家吗?	1142 他爸~去世了	1143 这个 我要~，不要那个
沈阳	你爸 ȵi²¹pa⁴¹	他爸 tʰa³³pa⁴¹	这个 tsei⁴¹kə⁰
本溪	你爸 ȵi²¹pa⁵¹	他爸 tʰa⁴⁴pa⁵¹	这个 tse⁵¹kɤ⁰ 这个 tʂɤ⁵¹kɤ⁰
辽阳	你爸 ȵi²¹pa⁵¹	他爸 tʰa⁴⁴pa⁵¹	这个 tsei⁵¹kɤ⁰
海城	你爸 ȵi²¹pa⁵¹	他爸 tʰa⁴⁴pa⁵¹	这个儿 tʂei⁵¹kɤr⁰
开原	你爸 ȵi²¹pa⁵¹	他爸 tʰa⁴⁴pa⁵¹	这个 tʂei⁵³kə⁰
锦州	你爸 ȵi²¹pa⁵¹	他爸 tʰa⁵⁵pa⁵¹	这个 tʂei⁵¹kə⁰
盘锦	你爸 ȵi²¹pa⁵¹	他爸 tʰa⁵⁵pa⁵¹	这个 tʂei⁵¹kɤ⁰
兴城	你爸 ȵi²¹pa⁵¹ 你爹 ȵi²¹tiɛ⁴⁴	他爸 tʰa⁴⁴pa⁵¹ 他爹 tʰa⁴⁴tiɛ⁴⁴	这个 tʂei⁵¹kə⁰
绥中	你爸 ȵi²¹pa⁵¹	他爸 tʰa⁵⁵pa⁵¹	这个 tʂei⁵¹kɤ⁰
义县	你爸 ȵi²¹pa⁵¹	他爸 tʰa⁴⁴pa⁵¹	这个 tʂei⁵¹kɤ⁰
北票	你爸 ȵi²¹pa⁵¹	他爸 tʰa⁴⁴pa⁵¹	这个 tʂei⁵¹kɤ⁰
阜新	你爸 ȵi²¹pa⁵¹	他爸 tʰa⁵⁵pa⁵¹	这个 tʂei⁵¹kə⁰
黑山	你爸 ȵi²¹pa⁵¹	他爸 tʰa⁴⁴pa⁵¹	这个 tʂei⁵¹kɤ⁰
昌图	你爸 ȵi²¹pa⁵¹	他爹 tʰa³³tiɛ³³	这个 tʂɤ⁵¹kə⁰
大连	恁爸 nã²¹pa⁵²	他爸 tʰa³¹pa⁵²	这个 tɕiɛ⁵²kə⁰
金州 杏树	恁爹 nã²¹tiɛ³¹²	他爹 tʰa³¹tiɛ³¹²	这个 tɕiɛ⁵²kə⁰
长海	恁爹 nan²⁴tiɛ³¹	他爹 tʰa³³tiɛ³¹	这个 tʃɤ⁵³kɤ⁰
庄河	恁爸 nan²¹pa⁵¹	他爸 tʰa³¹pa⁵¹	这个 tsə⁵¹kə⁰
盖州	你爸 ȵi²¹pa⁵¹	他爸 tʰa⁴¹²pa⁵¹	这个 tsei⁵¹kɤ⁰
丹东	恁爸 nan²¹pa⁵¹	他爹 tʰa⁴⁴tiɛ⁴¹¹	这个 tʂei⁵¹kɤ⁰
建平	你爸 ȵi²¹pa⁵³	他爸 tʰa⁴⁴pa⁵³	这个 tʂei⁵³kə⁰
凌源	你爸 ȵi²¹pa⁵¹	他爸 tʰa⁵⁵pa⁵¹	这个 tʂei⁵¹kɤ⁰

	1144 那个 我要这个，不要~	1145 哪个 你要~杯子？	1146 谁 你找~？
沈阳	那个 nei⁴¹kə⁰	哪个 nei²¹kə⁰	谁 sei³⁵
本溪	那个 ne⁵¹kɤ⁰ 那个 na⁵¹kɤ⁰	哪个 ne²¹kɤ⁰ 哪个 na²¹kɤ⁰	谁 se³⁵
辽阳	那个 nai⁵¹kɤ⁰	哪个 nai²¹kɤ⁰	谁 sei³⁵
海城	那个儿 nai⁵¹kɤr⁰	哪个 nai²¹⁴kɤ⁰	谁 ʂei³⁵
开原	那个 nai⁵³kə⁰	哪个 nei²¹kə⁰	谁 ʂei³⁵
锦州	那个 nai⁵¹kə⁰	哪个 nai²¹kə⁰	谁 ʂei³⁵
盘锦	那个 nei⁵¹kɤ⁰	哪个 na²¹kɤ⁰	谁 sei³⁵
兴城	那个 nai⁵¹kə⁰	哪个 nai²¹kə⁰	谁 ʂei³⁵
绥中	那个 nai⁵¹kɤ⁰	哪个 nei²¹kɤ⁰	谁 ʂei³⁵
义县	那个 nai⁵¹kɤ⁰	哪个 nai²¹kɤ⁰	谁 ʂei³⁵
北票	那个 nei⁵¹kɤ⁰	哪个 nei²¹kɤ⁰	谁 ʂei³⁵
阜新	那个 nei⁵¹kə⁰ 那个 nai⁵¹kə⁰	哪个 nei²¹kə⁰ 哪个 nai²¹kə⁰	谁 ʂei³⁵
黑山	那个 nei⁵¹kɤ⁰	哪个 nai²¹kɤ⁰	谁 ʂei³⁵
昌图	那个 na⁵¹kə⁰	哪个 na²¹kə⁰	谁 sei³⁵
大连	那个 ɲiɛ⁵²kə⁰	哪个 na²¹kə⁰	谁 se³⁴
金州 杏树	那个 ɲiɛ⁵²kə⁰	哪个 na²¹kə⁵²	谁 se⁵²
长海	那个 na⁵³kɤ⁰	哪个 na²¹kɤ⁰	谁 ʃyɛ⁵³
庄河	那个 na⁵¹kə⁰	哪个 na²¹kə⁰	谁 sei⁵¹
盖州	那个 nei⁵¹kɤ⁰	哪个 nei²¹kɤ⁰	谁 sei²⁴
丹东	那个 nei⁵¹kɤ⁰	哪个 na²¹kɤ⁰	谁 ʂei²⁴
建平	那个 nei⁵³kə⁰	哪个 nei²¹kə⁰	谁 ʂuei³⁵
凌源	那个 nei⁵¹kɤ⁰	哪个 nei²¹kɤ⁰	谁 ʂei³⁵

	1147 这里在~，不在那里	1148 那里在这里，不在~	1149 哪里你到~去？
沈阳	这儿 tsər⁴¹	那儿 nər⁴¹	哪儿 nər²¹
本溪	这儿 tʂər⁵¹	那儿 nər⁵¹ 那儿 nar⁵¹	哪儿 na²¹ər⁰
辽阳	这儿 tʂər⁵¹	那儿 nar⁵¹	哪儿 nar²¹³
海城	这块儿 tsei⁵¹kʰuɐr²¹⁴	那块儿 nai⁵¹kʰuɐr²¹⁴	哪 na²¹⁴
开原	这儿 tʂɤr⁵¹	那儿 nɤr⁵¹	哪儿 nar²¹³
锦州	这儿 tʂər⁵¹	那儿 nɐr⁵¹	哪儿 nɐr²¹³
盘锦	这儿 tʂər⁵¹	那儿 nər⁵¹	哪儿 nar²¹³
兴城	这里 tsei⁵¹li²¹³ 这块儿 tsei⁵¹kʰuɐr⁵¹	那里 nai⁵¹li²¹³ 那块儿 nai⁵¹kʰuɐr⁵¹	哪儿 nar²¹³
绥中	这儿 tʂər⁵¹	那儿 nar⁵¹	哪儿 nar²¹³
义县	这儿 tʂər⁵¹	那儿 nɐr⁵¹	哪儿 nɐr²¹³
北票	这儿 tʂər⁵¹	那儿 nɐr⁵¹	哪儿 nɐr²¹³
阜新	这里 tsei⁵¹li²¹³	那里 nai⁵¹li²¹³	哪儿 nɐr²¹³
黑山	这儿 tʂər⁵¹	这儿 tʂər⁵¹	哪儿 nɐr²¹³
昌图	这儿 tʂər⁵¹	那 na⁵¹	哪儿 nɐr²¹³
大连	这旮儿 tɕiɛ⁵²kar³¹²	那旮儿 ɲiɛ⁵²kar³¹²	哪儿旮儿 nar²¹kar³¹²
金州 杏树	这儿 tɕier⁵²	那儿 ɲier⁵²	哪儿 na²¹ər⁰
长海	这儿 tʃɤr⁵³	那儿 nar⁵³	哪儿 nar²¹⁴
庄河	这里 tsə⁵¹li⁰	那儿 nar⁵¹	哪儿 nar²¹³
盖州	这儿 tsər⁵¹	那儿 nər⁵¹	哪儿 nər²¹³
丹东	这块儿 tsei⁵³kʰuɐr⁵¹	那块儿 nei⁵³kʰuɐr⁵¹	哪块儿 na²¹kʰuɐr⁵¹
建平	这儿 tʂər⁵³	那儿 nar⁵³	哪儿 nar²¹³
凌源	这儿 tʂər⁵¹	那儿 nɐr⁵¹	哪儿 nɐr²¹⁴

	1150 这样事情是~的，不是那样的	**1151 那样**事情是这样的，不是~的	**1152 怎样**什么样；你要~的？
沈阳	这样儿 tsei⁴¹iãr⁴¹	那样儿 nei⁴¹iãr⁴¹	啥样儿 sa³⁵iãr⁴¹
本溪	这样儿 tʂe⁵¹iãr⁰ 这样儿 tʂɤ⁵¹iãr⁰	那样儿 ne⁵¹iãr⁰ 那样儿 na⁵¹iãr⁰	啥样儿 ʂa³⁵iãr⁰
辽阳	这样儿 tsei⁵¹iãr⁰	那样儿 nai⁵¹iãr⁰	啥样儿 ʂa³⁵iãr⁵¹
海城	这样儿 tʂei⁵¹iãr⁰	那样儿 nai⁵¹iãr⁰	啥样儿 ʂa³⁵iãr⁵¹
开原	这样儿 tʂei⁵³iãr⁵¹	那样儿 nei⁵³iãr⁵¹	哪样儿 nei²¹iãr⁵¹
锦州	这样儿 tʂei⁵³iãr⁵¹	那样儿 nei⁵³iãr⁵¹	咋样 tʂa²¹iaŋ⁵¹
盘锦	这样儿 tʂei⁵³iãr⁵¹	那样儿 nei⁵³iãr⁵¹	啥样儿 ʂa³⁵iãr⁵¹
兴城	这样儿 tʂei⁵¹iãr⁵¹	那样儿 nai⁵¹iãr⁵¹	啥样儿 ʂa³⁵iãr⁵¹ 哪样儿 nai²¹iãr⁵¹
绥中	这的 tʂən⁵¹tiɛ⁰	那的 nən⁵¹tiɛ⁰	咋的 tʂa²¹tiɛ⁰
义县	这样儿 tʂɤ⁵³iãr⁰	那样儿 nei⁵³iãr⁰	啥样儿 ʂa³⁵iãr⁰
北票	这样 tʂɤ⁵¹iaŋ⁰	那样 nei⁵¹iaŋ⁰	哪样儿 nei²¹iãr⁰ 啥样儿 ʂa³⁵iãr⁰
阜新	这样 tʂei⁵¹iaŋ⁰	那样 nai⁵¹iaŋ⁰	咋样儿 tsa²¹iãr⁵¹
黑山	这样儿 tʂei⁵³iãr⁰	那样儿 nei⁵³iãr⁰	哪样儿 nai²¹iãr⁰ 啥样儿 ʂa³⁵iãr⁰
昌图	这样 tʂɤ⁵¹iaŋ⁰	那样儿 na⁵³iãr⁵¹	咋样 tsa²¹iaŋ⁵¹ 干啥 kan⁵¹xa³⁵
大连	这样儿 tɕiɛ⁵²iãr⁵²	那样儿 ȵiɛ⁵²iãr⁵²	怎样儿 tsə̃²¹iãr⁵²
金州 杏树	这样儿 tɕiɛ⁵²iãr⁵²	那样儿 ȵiɛ⁵²iãr⁵²	怎样 tsə̃²¹iaŋ⁵²
长海	这样儿 tʃɤ⁵³iãr⁰	那样儿 na⁵³iãr⁰	咋样儿 tsa²¹iãr⁰
庄河	这样 tsə⁵¹iaŋ⁰	那样 na⁵¹iaŋ⁰	咋样 tsa²¹iaŋ⁰
盖州	这样 tsei⁵¹iaŋ⁰	那样 nei⁵¹iaŋ⁰	什么样 sən²⁴mɤ⁰iaŋ⁵¹
丹东	这样 tʂei⁵¹iaŋ⁰	那样 nei⁵¹iaŋ⁰	横么样儿 xəŋ⁼²⁴mə⁰iãr⁵¹
建平	这样 tʂei⁴²iɑ̃⁵³	那样 nei⁴²iɑ̃⁵³	咋样 tsa²¹iɑ̃⁵³
凌源	这样 tʂɤ⁵¹iaŋ⁰	那样 nai⁵¹iaŋ⁰	哪样儿 nai²¹iãr⁰ 啥样儿 ʂa³⁵iãr⁰

	1153 这么~贵啊	1154 怎么这个字~写？	1155 什么这个是~字？
沈阳	这么 tsən⁴¹mə⁰	咋 tsa²¹³	啥 sa³⁵
本溪	这么 tʂɤ⁵¹mə⁰	咋 tsa²²⁴	啥 sa²²⁴
辽阳	这么 tsei⁵¹mɤ⁰	怎么 tsən²¹mɤ⁰	啥 sa³⁵
海城	这么 tʂən⁵¹mɤ⁰	咋 tʂa²¹⁴	啥 ʂa³⁵
开原	这么 tʂən⁵¹	咋 tʂa²¹³	啥 ʂa³⁵
锦州	这么 tʂən⁵¹	咋 tʂa²¹³	啥 ʂa³⁵
盘锦	这么 tʂən⁵¹	咋 tʂa²¹³	啥 ʂa³⁵
兴城	这 tʂən⁵¹	咋 tʂa²¹³	啥 ʂa³⁵
绥中	这 tʂən⁵¹	咋 tʂa²¹³	啥 ʂa³⁵
义县	这么 tʂən⁵¹	咋 tʂa²¹³	啥 ʂa³⁵
北票	这么 tʂəŋ⁵¹ 这么 tsɤ⁵¹mɤ⁰	咋 tsa²¹³	啥 ʂa³⁵
阜新	这么 tsən⁵¹mə⁰	咋 tsa²¹³	啥 ʂa³⁵ 什么 ʂən³⁵mə⁰
黑山	这么 tʂən⁵¹ 这么 tʂən⁵¹mɤ⁰	咋 tʂa²¹³	啥 ʂa³⁵
昌图	这么 tʂɤ⁵¹mə⁰	咋 tʂa²¹³	啥 ʂa³⁵
大连	这么 tɕiɛ⁵²mə⁰	怎么 tsə̃²¹mə⁰	什么 ʃə̃³⁴mə⁰
金州 杏树	这么 tɕiɛ⁵²mə⁰	怎么 tsə̃²¹ma⁵²	什么 sə̃⁵²mə⁰
长海	这么 tʃɤ⁵³mə⁰	怎么 tsən³¹mə⁰	什么 ʃən³¹mə⁰
庄河	这么 tsən⁵¹mə⁰	怎么 tsən²¹mə⁰	什么 sən⁵¹mə⁰
盖州	这么 tsən⁵¹mɤ⁰	怎么 sən²¹mɤ⁰	什么 sən²⁴mɤ⁰
丹东	这么 tsɤ⁵¹mə⁰	怎么 tsən²¹mə⁰	横么 xəŋ²⁴mə⁰
建平	这么 tsuŋ⁵³mə⁰	咋 tsa²¹³	啥 ʂa³⁵
凌源	这么 tʂəŋ⁵¹ 这么 tsɤ⁵¹mɤ⁰	咋 tsa²¹⁴	啥 ʂa³⁵

	1156 什么 你找~?	1157 为什么 你~不去?	1158 干什么 你在~?
沈阳	啥 ʂa³⁵	为啥 vei³⁵ʂa³⁵	干啥 kan⁴¹ʂa³⁵
本溪	啥 ʂa²²⁴	为啥 uei⁵¹ʂa²²⁴	干啥 kan⁵¹ʂa²²⁴
辽阳	啥 ʂa³⁵	为啥 uei⁵¹ʂa³⁵	干啥 ka⁵¹xa³⁵
海城	啥 ʂa³⁵	为啥 uei⁵¹ʂa³⁵	干啥 kan⁵¹ʂa³⁵
开原	啥 ʂa³⁵	咋 tʂa²¹³	干啥 kan⁵³ʂa³⁵
锦州	啥 ʂa³⁵	因为啥 yn⁵⁵u⁰ʂa³⁵	干啥 kan⁵³xa³⁵
盘锦	啥 ʂa³⁵	拥⁼乎啥 yəŋ⁵⁵xu⁰ʂa³⁵	干啥呢 ka⁵³xa³⁵n̩i⁰
兴城	啥 ʂa³⁵	为啥 uei⁵¹ʂa³⁵	干啥 kan⁵¹ʂa³⁵
绥中	啥 ʂa³⁵	咋 tʂa²¹³	干啥 kan⁵¹ʂa³⁵
义县	啥 ʂa³⁵	为啥 uei⁵³ʂa³⁵ 因为啥 yn⁴⁴uei⁵³ʂa³⁵	干啥 kan⁵³ʂa³⁵ 干啥 ka⁵³xa³⁵
北票	啥 ʂa³⁵	为啥 uei⁵³ʂa³⁵ 知⁼为啥 tʂʅ⁴⁴uei⁵³ʂa³⁵ 因为啥 iən⁴⁴uei⁵³ʂa³⁵	干啥 kan⁵³xa³⁵
阜新	啥 ʂa³⁵	拥⁼乎⁼啥 yŋ⁵⁵u⁰ʂa³⁵ 知⁼为啥 tʂʅ⁵⁵uei⁰ʂa³⁵	干啥呢 ka⁵³xa³⁵n̩ia⁰
黑山	啥 ʂa³⁵	为啥 uei⁵³ʂa³⁵ 因为啥 yəŋ⁴⁴uei⁰ʂa³⁵	干啥 ka⁵³xa³⁵
昌图	啥 ʂa³⁵	为啥 uei⁵¹ʂa³⁵ 干啥 kan⁵¹xa³⁵	干啥 kan⁵¹xa³⁵
大连	什么 ʃə³⁴mə⁰	为什么 ue⁵²ʃə³⁴mə⁰	干什么 kã⁵²ʃə³⁴mə⁰
金州 杏树	什么 sə̃⁵²mə⁰	怎么事儿 tsə̃²¹mə⁰sər⁵²	干什么 kã⁵²sə̃⁵²mə⁰
长海	什么 ʃən³¹mə⁰	为什么 uei⁵³ʃən³¹mə⁰	干什么 kan⁵³ʃən³¹mə⁰
庄河	什么 sən⁵¹mə⁰	为什么 uei⁵¹sən⁵¹mə⁰	干什么 kan⁵¹sən⁵¹mə⁰
盖州	什么 sən²⁴mɤ⁰	为什么 uei⁵¹sən²⁴mɤ⁰	干什么 kan⁵¹sən²⁴mɤ⁰
丹东	横⁼么 xəŋ²⁴mə⁰	为横⁼么 uei⁵¹xəŋ²⁴mə⁰	干横⁼么 kan⁵¹xəŋ²⁴mə⁰
建平	啥 ʂa³⁵	为啥 vei⁵³ʂa³⁵	干啥 kã⁵³ʂa³⁵
凌源	啥 ʂa³⁵	为啥 vei⁵³ʂa³⁵ 知⁼问啥 tʂʅ⁵⁵vən⁰ʂa³⁵	干啥 kan⁵³xa³⁵

	1159 多少这个村有~人？	**1160 很**今天~热	**1161 非常**比上条程度深：今天~热
沈阳	多少 tuo³⁵ʂau²¹	很 xən²¹³	贼 tsei³⁵
本溪	多少 tuo⁴⁴ʂau²²⁴	很 xən²²⁴	非常 fei⁴⁴tʂʰaŋ³⁵
辽阳	多少 tuo³⁵ʂau⁰	太 tʰai⁵¹	太 tʰai⁵¹
海城	多少 tuɤ³⁵ʂau²¹⁴	成 tʂʰəŋ³⁵	成子 tʂʰəŋ³⁵tʂʅ⁰
开原	多少 tuɤ³⁵ʂau⁰	好 xau²¹³ 挺 tʰiŋ²¹³	忒 tʰuei⁴⁴
锦州	多少 tuo³⁵ʂau⁰	挺 tʰiŋ²¹³	死拉=ʂʅ²¹la⁵⁵ 贼拉 tsei³⁵la⁵⁵ 嘎嘎 ka³⁵ka³⁵
盘锦	多少 tuo³⁵ʂau⁰	挺 tʰiəŋ²¹³	贼 tsei³⁵
兴城	多少 tuo⁴⁴ʂau²¹³	很 xən²¹³	忒 tʰei⁴⁴
绥中	多少 tuo³⁵ʂau⁰	挺 tʰiəŋ²¹³	贼 tsei³⁵
义县	多少 tuo³⁵ʂau⁰	挺 tʰiŋ²¹³	太 tʰai⁵¹ 真 tʂən⁴⁴ 贼拉 tsei³⁵la⁴⁴
北票	多少 tuo³⁵ʂau⁰	挺 tʰiəŋ²¹³	忒 tʰei³⁵ 太 tʰai⁵¹ 贼拉 tsei³⁵la⁴⁴
阜新	多少 tuo³⁵ʂau⁰	挺 tʰiŋ²¹³	忒 tʰuei³⁵ 贼拉 tsei³⁵la⁵⁵
黑山	多少 tuo³⁵ʂau⁰	挺 tʰiəŋ²¹³	太 tʰai⁵¹ 忒 tʰei⁴⁴ 贼拉 tsei³⁵la⁴⁴
昌图	多少 tuo³⁵ʂau²¹³	挺 tʰiəŋ²¹³	太 tʰai⁵¹
大连	多少 tuə³¹ʃɔ²¹³	血=ɕiɛ²¹³	血=ɕiɛ²¹³
金州 杏树	多少 tuə³¹sɔ²¹³	真 tsã³¹²	太 tʰɛ⁵²
长海	多少 tuə³¹ʃau⁰	很 xən²¹⁴	非常儿 fei³¹tʂʰãr⁵³
庄河	多少 tuə³¹sao⁰	很 xən²¹³	非常 fei³¹tsʰaŋ⁵¹
盖州	多少 tuɤ⁴¹²sau²¹³	真 tsən⁴¹²	太 tʰai⁵¹
丹东	多少 tuo⁴¹¹ʂau²¹³	真 tʂən⁴¹¹	非常 fei⁴¹¹tʂʰaŋ²⁴
建平	多少 tuə⁴⁴ʂɔ²¹³	挺 tʰiŋ²¹³	特 tʰɤ⁵³ 太 tʰɛ⁵³ 忒 tʰei⁴⁴
凌源	多少 tuo³⁵ʂau⁰	挺 tʰiŋ²¹⁴ 忒 tʰuei³⁵	太 tʰai⁵¹ 贼拉=tsei³⁵la⁰

	1162 更今天比昨天~热	1163 太这个东西~贵，买不起	1164 最弟兄三个中他~高
沈阳	更 kəŋ⁴¹	太 tʰai⁴¹	最 tsuei⁴¹
本溪	更 kəŋ⁵¹	太 tʰai⁵¹	最 tʂuei⁵¹
辽阳	还 xai⁵¹	挺 tʰiŋ²¹³	最 tʂuei⁵¹
海城	还 xai³⁵	成 tʂʰəŋ³⁵	最 tʂuei⁵¹
开原	还 xai³⁵	太 tʰai⁵¹	最 tʂuei⁵¹
锦州	还 xai³⁵ 还 xai⁵¹	忒 tʰuei³⁵	最 tʂuei⁵¹
盘锦	还 xai³⁵	忒 tʰuei⁵⁵	最 tʂuei⁵¹
兴城	还 xai³⁵	太 tʰai⁵¹	最 tʂuei⁵¹
绥中	还 xai³⁵	忒 tʰei⁵⁵	最 tʂuei⁵¹
义县	还 xai³⁵ 还 xai⁵¹	太 tʰai⁵¹	最 tʂuei⁵¹
北票	还 xai³⁵ 更 kəŋ⁵¹	忒 tʰei³⁵ 太 tʰai⁵¹	最 tʂuei⁵¹
阜新	还 xai³⁵ 还 xai⁵¹	忒 tʰuei³⁵	最 tsuei⁵¹
黑山	还 xai³⁵ 还 xai⁵¹	忒 tʰei⁴⁴	最 tʂuei⁵¹
昌图	更 kəŋ⁵¹	忒 tʰei³⁵	最 tsuei⁵¹
大连	更 kəŋ⁵²	血⁼ ɕie²¹³	最 tsuei⁵¹
金州杏树	更 kəŋ⁵²	太 tʰɛ⁵²	最 tsue⁵²
长海	更 kəŋ⁵³	太 tʰai⁵³	最 tsuei⁵³
庄河	更 kəŋ⁵¹	太 tʰai⁵¹	最 tsuei⁵¹
盖州	还 xai⁵¹	太 tʰai⁵¹	最 tsuei⁵¹
丹东	更 kəŋ⁵¹	太 tʰai⁵¹	最 tsuei⁵¹
建平	还 xɛ³⁵	忒 tʰuei⁴⁴	顶数 tiŋ³⁵ʂu²¹³ 最 tsuei⁵³
凌源	还 xai³⁵	忒 tʰuei³⁵ 太 tʰai⁵¹	最 tsuei⁵¹

	1165 都 大家~来了	1166 一共 ~多少钱？	1167 一起 我和你~去
沈阳	都 tou³³	一共 i³⁵kuŋ⁴¹	一起 i⁴¹tɕʰi²¹
本溪	都 tou⁴⁴	一共 i³⁵kuŋ⁵¹	一起 i⁵¹tɕʰi²²⁴
辽阳	都 tou⁴⁴	一共 i³⁵kuŋ⁵¹	一块儿 i³⁵kʰuar⁵¹
海城	都 təu³⁵	总共 tsuŋ²¹kuŋ⁵¹	一块儿 i³⁵kʰuɐr⁵¹
开原	全 tɕʰyan³⁵ 都 tou⁴⁴	总共 tʂuŋ²¹kuŋ⁵¹	一块儿 i³⁵kʰuɐr⁵¹
锦州	都 tou⁵⁵	总共 tʂuŋ²¹kuŋ⁵¹	一块儿 i³⁵kʰuɐr⁵¹ 一块儿堆儿 i³⁵kʰuɐr⁵³tuər⁵⁵
盘锦	都 tou³⁵	统共 tʰuəŋ²¹kuəŋ⁵¹	一块儿 i³⁵kʰuɐr⁵¹
兴城	都 tou⁴⁴	一共 i³⁵kuŋ⁵¹	一块儿 i³⁵kʰuɐr⁵¹ 一起 i⁴⁴tɕʰi²¹³
绥中	都 tou³⁵	拢共 luəŋ²¹kuəŋ⁵¹	一堆儿 i⁵¹tuər²¹³
义县	都 tou⁴⁴ 都 tou³⁵	统共 tʰuŋ²¹kuŋ⁵¹	一块儿 i³⁵kʰuɐr⁵¹ 一块儿堆儿 i³⁵kʰuɐr⁵³tuər⁴⁴
北票	都 tou⁴⁴	拢共 luəŋ²¹kuəŋ⁵¹ 一共 i³⁵kuəŋ⁵¹	一块儿 i³⁵kʰuɐr⁵¹ 一堆儿 i⁵¹tuər⁴⁴ 一块儿堆儿 i³⁵kʰuɐr⁵³tuər⁴⁴
阜新	都 tou³⁵	统共 tʰuŋ²¹kuŋ⁵¹ 总共 tsuŋ²¹kuŋ⁵¹	一块儿 i³⁵kʰuɐr⁵¹ 一块儿堆儿 i³⁵kʰuɐr⁵³tuər⁵⁵
黑山	都 tou⁴⁴ 都 tou³⁵	一共 i³⁵kuəŋ⁵¹ 统共 tʰuəŋ²¹kuəŋ⁵¹	一块儿 i³⁵kʰuɐr⁵¹ 一块儿堆儿 i³⁵kʰuɐr⁵³tuər⁴⁴
昌图	全 tɕʰyan³⁵	统共 tʰuəŋ²¹kuəŋ⁵¹ 总共 tsuəŋ²¹kuəŋ⁵¹	一块儿 i³⁵kʰuɐr⁵¹ 一起 i⁵³tɕʰi²¹³
大连	都 təu³¹²	统共 tʰuŋ²¹kuŋ⁵²	一块儿 i²¹kʰuɐr⁵²
金州杏树	都 təu³¹²	一共 i²¹kuŋ⁵²	一堆儿 i⁵²tər²¹³
长海	都 təu³¹	一共 i²¹kuŋ⁵³	一起 i⁵³cʰi²¹⁴
庄河	都 təu³¹	一共 i²¹kuŋ⁵¹	一起 i⁵¹tɕʰi²¹³
盖州	都 təu⁴¹²	总共 tsuŋ²¹kuŋ⁵¹	一起 i⁵¹tɕʰi²¹³
丹东	都 tou⁴¹¹	一共 i²¹kuŋ⁵¹	一起 i⁵¹tɕʰi²¹³
建平	全 tɕʰyɛ³⁵	统共 tʰuŋ²¹kuŋ⁵³ 一共 i³⁵kuŋ⁵³ 共计 kuŋ⁴²tɕi⁵	一起 i⁴⁴tɕʰi²¹³ 一齐 i⁴⁴tɕʰi³⁵ 一块儿 i³⁵kʰuɐr⁵³
凌源	都 tou⁵⁵	一共 i³⁵kuŋ⁵¹	一块儿 i³⁵kʰuɐr⁵¹ 一块儿堆儿 i³⁵kʰuɐr⁵³tuər⁵⁵

词汇对照

	1168 只 我~去过一趟	1169 刚 这双鞋我穿着~好	1170 刚 我~到
沈阳	就 tɕiou⁴¹	正 tʂəŋ⁴¹	刚 kaŋ³³
本溪	只 tsʅ²²⁴	正 tʂəŋ⁵¹	刚 kaŋ⁴⁴
辽阳	只 tsʅ²¹³	正 tʂəŋ⁵¹	才 tsʰai³⁵
海城	就 tɕiəu⁵¹	正 tʂəŋ⁵¹	刚 kaŋ⁴⁴
开原	就 tɕiou⁵¹	正儿 tʂɚr⁵¹	才 tsʰai³⁵
锦州	就 tɕiou⁵¹	正 tʂəŋ³⁵	才 tsʰai³⁵
盘锦	就 tɕiou⁵¹	正 tʂəŋ²¹³	才 tsʰai³⁵
兴城	就 tɕiou⁵¹	正 tʂəŋ⁵¹	才 tsʰai³⁵
绥中	就 tɕiou⁵¹	正 tʂəŋ⁵¹	才 tsʰai³⁵
义县	就 tɕiou⁵¹	正 tʂəŋ⁵¹	刚 kaŋ⁴⁴ 才 tsʰai³⁵ 才刚儿 tsʰai³⁵kər⁰
北票	就 tɕiou⁵¹	正 tʂəŋ⁵¹	刚 kaŋ⁴⁴
阜新	就 tɕiou⁵¹	正 tʂəŋ⁵¹	才 tsʰai³⁵
黑山	就 tou⁵¹	正 tʂəŋ⁵¹	才 tsʰai³⁵ 刚 kaŋ⁴⁴ 才刚子 tsʰai³⁵kən⁴⁴tsʅ⁰
昌图	就 tɕiou⁵¹	正好儿 tʂəŋ⁵¹xaur²¹³	才 tsʰai³⁵ 刚 kaŋ³³
大连	就 tɕiəu⁵²	正 tʃəŋ⁵²	才 tsʰɛ³⁴
金州杏树	只 tɕi³¹²	正 tsəŋ²¹³	刚 kaŋ³¹²
长海	只 tʃʅ³¹	刚 kaŋ³¹	刚 kaŋ³¹
庄河	只 tsʅ²¹³	刚 kaŋ³¹	刚 kaŋ³¹
盖州	只 tsʅ²¹³ 就 tɕiəu⁵¹	正 tsəŋ⁵¹	刚 kaŋ⁴¹²
丹东	就 tɕiou⁵¹	正 tsəŋ²¹³	刚 kaŋ⁴¹¹
建平	就 tɕiəu⁵³	正 tʂəŋ⁵³	才 tsʰɛ³⁵
凌源	就 tɕiou⁵¹	正 tʂəŋ⁵¹	刚 kaŋ⁵⁵

	1171 才 你怎么~来啊？	1172 就 我吃了饭~去	1173 经常 我~去
沈阳	才 tsʰai³⁵	就 tɕiou⁴¹	经常 tɕiŋ³³tsʰaŋ³⁵
本溪	才 tʂʰai³⁵	就 tɕiou⁵¹	经常 tɕiŋ⁴⁴tʂʰaŋ³⁵
辽阳	才 tʂʰai³⁵	就 tɕiou⁵¹	常 tʂʰaŋ³⁵
海城	才 tʂʰai³⁵	就 tɕiəu⁵¹	老 lau²¹⁴
开原	才 tʂʰai³⁵	就 tɕiou⁵¹	老 lau²¹³
锦州	才 tʂʰai³⁵	就 tɕiou⁵¹	总么儿 tʂuŋ²¹mɚ⁰
盘锦	才 tsʰai³⁵	就 tɕiou⁵¹	丁͇着 tiəŋ⁵⁵tsə⁰
兴城	才 tʂʰai³⁵	就 tɕiou⁵¹	总 tʂuŋ²¹³
绥中	才 tʂʰai³⁵	就 tɕiou⁵¹	总 tʂuaŋ²¹³
义县	才 tʂʰai³⁵	就 tɕiou⁵¹	丁͇ tiɚ
北票	才 tsʰai³⁵	就 tɕiou⁵¹	总 tsuaŋ²¹³ 常 tʂʰaŋ³⁵ 经常 tɕiəŋ⁴⁴tʂʰaŋ³⁵
阜新	就 tɕiou⁵¹	就 tɕiou⁵¹	总丁͇儿 tsuŋ²¹tiɚ⁵⁵
黑山	才 tʂʰai³⁵	就 tou⁵¹	常 tʂʰaŋ³⁵ 总 tʂuaŋ²¹³ 丁͇么 tiəŋ⁴⁴mɤ⁰
昌图	刚 kaŋ³³ 才 tʂʰai³⁵	就 tɕiou⁵¹	常 tʂʰaŋ³⁵
大连	才 tsʰɛ³⁴	就 tɕiəu⁵²	常 tʃʰaŋ³⁴
金州 杏树	才 tsʰɛ²¹³	就 tɕiəu⁵²	经常 tɕiŋ³¹tsʰaŋ⁵²
长海	才 tsʰai²¹⁴	就 ɕiəu⁵³	常 tʃʰaŋ⁵³
庄河	才 tsʰai²¹³	就 tɕiəu⁵¹	经常 tɕiŋ³¹tsʰaŋ⁵¹
盖州	才 tsʰai²⁴	就 tɕiəu⁵¹	老 lau²¹³
丹东	才 tsʰai²⁴	就 tɕiou⁵¹	经常 tɕiŋ⁴¹¹tsʰaŋ²⁴
建平	刚 kã⁴⁴	就 tɕiəu⁵³	常 tʂʰã³⁵
凌源	才 tsʰai³⁵	就 tɕiou⁵¹	经常 tɕiŋ⁵⁵tʂʰaŋ³⁵ 常 tʂʰaŋ³⁵

	1174 又他~来了	1175 还他~没回家	1176 再你明天~来
沈阳	又 iou⁴¹	还 xai³⁵	再 tsai⁴¹
本溪	又 iou⁵¹	还 xai³⁵	再 tsai⁵¹
辽阳	又 iou⁵¹	还 xai⁵¹	再 tsai⁵¹
海城	又 iəu⁵¹	还 xai³⁵	再 tṣai⁵¹
开原	又 iou⁵¹	还 xai⁵¹	再 tṣai⁵¹
锦州	又 iou⁵¹	还 xai⁵¹ 还 xai³⁵	再 tai⁵¹ 再 tṣai⁵¹
盘锦	又 iou⁵¹	还 xai³⁵	再 tsai⁵¹
兴城	又 iou⁵¹	还 xai⁵¹	再 tsai⁵¹
绥中	又 iou⁵¹	还 xai³⁵	再 tsai⁵¹
义县	又 iou⁵¹	还 xai³⁵ 还 xai⁵¹	再 tṣai⁵¹
北票	又 iou⁵¹	还 xai³⁵	再 tai⁵¹ 再 tsai⁵¹
阜新	又 iou⁵¹	还 xai⁵¹	再 tsai⁵¹
黑山	又 iou⁵¹	还 xai³⁵ 还 xai⁵¹	再 tai⁵¹ 再 tṣai⁵¹
昌图	又 iou⁵¹	还 xai³⁵	再 tsai⁵¹
大连	又 iəu⁵²	还 xɛ³⁴	再 tsɛ⁵²
金州杏树	又 iəu⁵²	还 xɛ⁵²	再 tsɛ⁵²
长海	又 iəu⁵³	还 xai⁵³	再 tsai⁵³
庄河	又 iəu⁵¹	还 xai⁵¹	再 tsai⁵¹
盖州	又 iəu⁵¹	还 xai⁵¹	再 tsai⁵¹
丹东	又 iou⁵¹	还 xai²⁴	再 tsai⁵¹
建平	又 iəu⁵³	还 xɛ³⁵	再 tsɛ⁵³
凌源	又 iou⁵¹	还 xai³⁵	再 tsai⁵¹

	1177 也 我~去；我~是老师	1178 反正 不用急，~还来得及	1179 没有 昨天我~去
沈阳	也 iɛ²¹³	反正儿 fan²¹tsɚr⁴¹	没 mei³⁵
本溪	也 iɛ²²⁴	反正 fan²¹tʂəŋ⁵¹	没 mei³⁵
辽阳	也 iɛ²¹³	反正 fan²¹tʂəŋ⁰	没 mei³⁵
海城	也 iɛ²¹⁴	反正 fan²¹tʂəŋ⁵¹	没 mei³⁵
开原	也 iɛ²¹³	反正 fan²¹tʂəŋ⁰	没 mei³⁵
锦州	也 iɛ²¹³	左拉 tʂuo²¹la⁰ 左右儿 tʂuo²¹liour⁰ 左 tʂuo²¹³	没 mei³⁵
盘锦	也 iɛ²¹³	左右儿 tsuo²¹liour⁵¹	没 mei³⁵
兴城	也 iɛ²¹³	反正儿 fan²¹tʂɚr⁵¹	没 mei³⁵
绥中	也 iɛ²¹³	左右儿 tʂuo²¹liour⁵¹	没 mei³⁵
义县	也 iɛ²¹³	左右儿 tʂuo²¹liour⁰	没 mei³⁵
北票	也 iɛ²¹³	左溜 tsuo²¹liou⁵¹ 反正 fan²¹tʂəŋ⁵¹	没 mei³⁵
阜新	也 iɛ²¹³	左右儿 tsuo²¹liour⁵¹	没 mei³⁵
黑山	也 iɛ²¹³	反正 fan²¹tʂəŋ⁵¹ 左右 tʂuo²¹iou⁵¹	没 mei³⁵
昌图	也 iɛ²¹³	反正 fan²¹tʂəŋ⁵¹	没 mei³⁵
大连	也 iɛ²¹³	反正 fã²¹tʃəŋ⁵²	没 me³⁴
金州 杏树	也 iɛ²¹³	反正 fã²¹tsəŋ⁵²	没有 me⁵²iəu²¹³
长海	也 iɛ²¹⁴	反正 fan²¹tʃəŋ⁰	没有 mei⁵³iəu²¹⁴
庄河	也 iɛ²¹³	反正 fan²¹tsəŋ⁵¹	没有 mei²⁴iəu²¹³
盖州	也 iɛ²¹³	反正 fan²¹tsəŋ⁵¹	没 mei²⁴
丹东	也 iɛ²¹³	反正 fan²¹tʂəŋ⁰	没 mei²⁴
建平	也 iɛ²¹³	反是 fã²¹ʂʅ⁵³ 反正 fã²¹tʂəŋ⁵³	没 mei³⁵
凌源	也 iɛ²¹⁴	反正 fan²¹tʂəŋ⁵¹ 左右 tsuo²¹iou⁵¹	没 mei³⁵

词汇对照

	1180 不明天我~去	1181 别你~去	1182 甭不用，不必：你~客气
沈阳	不 pu⁴¹	别 piɛ³⁵	别 piɛ³⁵
本溪	不 pu⁵¹	别 piɛ³⁵	不用 pu³⁵yŋ⁵¹
辽阳	不 pu³⁵	别 piɛ³⁵	别 piɛ³⁵
海城	不 pu⁵¹	别 piɛ³⁵	别 piɛ³⁵
开原	不 pu⁵¹	别 piɛ³⁵	甭 pəŋ³⁵
锦州	不 pu³⁵	别 piɛ³⁵	别 piɛ³⁵
盘锦	不 pu³⁵	别 piɛ⁵¹	别 piɛ³⁵ 甭 pəŋ³⁵
兴城	不 pu⁵¹	别 piɛ³⁵	别 piɛ³⁵
绥中	不 pu³⁵	别 piɛ³⁵	别 piɛ³⁵
义县	不 pu³⁵	别 piɛ³⁵	别 piɛ³⁵
北票	不 pu³⁵	别 pai³⁵	别 pai³⁵
阜新	不 pu³⁵	别 piɛ³⁵	别 piɛ³⁵
黑山	不 pu³⁵	别 piɛ³⁵ 别 piɛ⁵¹	别 piɛ³⁵ 甭 pəŋ³⁵
昌图	不 pu⁵¹	别 piɛ³⁵	别 piɛ³⁵
大连	不 pu²¹³	别 pe³¹²	别 pe³¹²
金州 杏树	不 pu²¹³	别 pe³¹²	不用 pu²¹yŋ⁵²
长海	不 pu²¹⁴	别 pai⁵³	不用 pu²¹yŋ⁵³
庄河	不 pu²¹³	别 pai⁵¹	不用 pu²¹yŋ⁵¹
盖州	不 pu⁵¹	别 piɛ²⁴	别 piɛ²⁴
丹东	不 pu²¹³	别 pai⁵¹	不用 pu²¹yŋ⁵¹
建平	不 pu³⁵	别 piɛ³⁵	别 piɛ³⁵
凌源	不 pu³⁵	别 piɛ³⁵	别 piɛ³⁵ 甭 pəŋ³⁵

	1183 快~天~亮了	1184 差点儿~摔倒了	1185 宁可~买贵的
沈阳	快 kʰuai⁴¹	差点儿 tʂʰa⁴¹tiɚ²¹	宁可 n̠iŋ⁴¹kɤ²¹
本溪	快 kʰuai⁵¹	差点儿 tʂʰa⁵¹tiɚ²²⁴	宁可 n̠iŋ⁵¹kɤ²²⁴
辽阳	快 kʰuai⁵¹	差点儿 tʂʰa⁵¹tiɚ²¹³	宁可 iŋ⁵¹kɤ²¹³
海城	快 kʰuai⁵¹	差不点儿 tʂʰa⁵³pu⁵¹tiɚ²¹⁴	宁可 iŋ⁵¹kɤ²¹⁴
开原	要 iau⁵¹	好悬 xau²¹ɕyan³⁵	宁可 in⁵³kɤ²¹³
锦州	要 iau⁵¹	差不点儿 tʂʰa⁵¹pu⁰tiɚ²¹³ 差点儿 tʂʰa⁵³tiɚ²¹³	豁出来 xɤ⁵⁵tʂʰu⁵⁵lai⁰
盘锦	快 kʰuai⁵¹	差不点儿 tʂʰa⁵¹pu⁰tiɚ²¹³	宁可 iən⁵¹kɤ²¹³
兴城	快 kʰuai⁵¹	差点儿 tʂʰa⁵¹tiɚ²¹³	宁可 n̠iŋ³⁵kɤ²¹³
绥中	眼瞅着 ian³⁵tʂʰou²¹tʂɤ⁰	差不点儿 tʂʰa⁵¹pu⁵¹tiɚ²¹³	宁可 n̠iəŋ⁵¹kɤ²¹³
义县	要 iau⁵¹	差点儿 tʂʰa⁵³tiɚ²¹³ 差不点儿 tʂʰa⁵³pu⁰tiɚ²¹³	豁出来 xɤ⁴⁴tʂʰu⁴⁴lai⁰ 宁可 zən⁵³kɤ²¹³
北票	快 kʰuai⁵¹	差点儿 tʂʰa⁵³tiɚ²¹³ 差不点儿 tʂʰa⁵¹pu⁰tiɚ²¹³	宁可 zən⁵³kɤ²¹³ 宁可 n̠iəŋ⁵³kɤ²¹³
阜新	要 iau⁵¹	差不点儿 tʂʰa⁵¹pu⁰tiɚ²¹³ 差点儿 tʂʰa⁵³tiɚ²¹³	豁出来 xɤ⁵⁵tʂʰu⁵⁵lai⁰
黑山	要 iau⁵¹ 快 kʰuai⁵¹	差点儿 tʂʰa⁵³tiɚ²¹³ 差不点儿 tʂʰa⁵¹pu⁰tiɚ²¹³ 好悬 xau²¹ɕyan³⁵	宁可 n̠iəŋ⁵³kɤ²¹³
昌图	要 iau⁵¹	差点儿 tʂʰa⁵¹tiɚ²¹³ 险些 ɕian²¹ɕiɛ³³	宁可 n̠iəŋ⁵¹kɤ²¹³
大连	快 kʰuɛ⁵²	差不点儿 tʂʰa³¹pu⁰tiɚ²¹³	就 tɕiəu⁵²
金州 杏树	快 kʰuɛ⁵²	差不点儿 tʂʰa⁵²pu⁰tiɚ²¹³	豁上 xuə³¹saŋ⁰
长海	快 kʰuai⁵³	差点儿 tsʰa⁵³tiɚ²¹⁴	宁可 n̠iŋ⁵³kʰɤ²¹⁴
庄河	快 kʰuai⁵¹	差点儿 tsʰa⁵¹tiɚ²¹³	宁可 n̠iŋ⁵¹kʰə²¹³
盖州	快 kʰuai⁵¹	差不点儿 tsʰa⁵¹pu⁵¹tiɚ²¹³	宁可 in⁵¹kʰɤ²¹³
丹东	快 kʰuai⁵¹	差点儿 tsʰa⁵¹tiɚ²¹³	豁上 xuo⁴¹¹ʂaŋ⁰
建平	快 kʰuɛ⁵³	差点儿 tsʰa⁵³tiɚ²¹³	宁可 zə̃⁵³kʰə⁰ 宁可 n̠iŋ⁵³kʰə⁰
凌源	快 kʰuai⁵¹ 要 iau⁵¹	差点儿 tsʰa⁵³tiɚ²¹ 差不点儿 tsʰa⁵¹pu⁰tiɚ²¹	豁出来 xɤ⁵⁵tʂʰu⁵⁵lai⁰ 宁可 n̠iŋ⁵³kɤ²¹

	1186 故意~打破的	**1187 随便**~弄一下	**1188 白**~跑一趟
沈阳	故意 ku⁴¹i⁴¹	随便儿 suei³⁵piɚ⁴¹	白 pai³⁵
本溪	故意 ku⁵³i⁵¹	随便 suei³⁵pian⁵¹	白 pai³⁵
辽阳	尽意儿 tɕin⁵¹iər²¹³	随便 suei³⁵pian⁵¹	白 pai³⁵
海城	尽意儿 tɕin⁵¹iər²¹⁴	随便儿 ʂuei³⁵piɚ⁵¹	白 pai³⁵
开原	尽意儿 tɕin⁵³iər²¹³	随便儿 ʂuei³⁵piɚ⁵¹	白 pai³⁵
锦州	尽意儿 tɕin⁵³iər²¹³	随便儿 ʂuei³⁵piɚ⁵¹	白 pai³⁵
盘锦	尽意儿 tɕiəŋ⁵¹iər²¹³	随便儿 suei³⁵piɚ⁵¹	白 pai³⁵
兴城	尽意儿 tɕiŋ⁵¹yər²¹³	随便儿 suei³⁵piɚ⁵¹	白 pai³⁵
绥中	尽意 tɕiəŋ⁵¹i⁵¹	随便儿 suei³⁵piɚ⁵¹	白 pai³⁵
义县	尽意儿 tɕin⁵³iər²¹³	随便儿 suei³⁵piɚ⁵¹	白 pai³⁵
北票	尽意儿 tɕiən⁵³iər²¹³ 尽心 tɕiən⁵³ɕiən⁴⁴	随便儿 suei³⁵piɚ⁵¹	白 pai³⁵
阜新	尽意儿 tɕin⁵³iər²¹³ 尽心地 tɕiŋ⁵³ɕin⁵⁵ti⁰	随便儿 suei³⁵piɚ⁵¹	白 pai³⁵
黑山	尽意儿 tɕiən⁵³iər²¹³	随便儿 suei³⁵piɚ⁵¹	白 pai³⁵
昌图	尽意儿地 tɕiən⁵¹iər²¹³ti⁰	随便儿 suei³⁵piɚ⁵¹	白 pai³⁵
大连	特意 tʰɤ⁵²i⁵² 特为儿 tʰɤ⁵²uər⁵²	随便 se³⁴piɛ̃⁵²	白 pɛ³⁴
金州杏树	特意 tʰɤ⁵²i⁵²	随便 se³¹piɛ̃⁵²	白 pɛ⁵²
长海	故意 ku⁵³i⁵³	随便 sei⁵³pian⁵³	白 pɤ⁵³
庄河	故意 ku⁵³i⁵¹	随便儿 suei⁵³piɚ⁵¹	白 pai⁵¹
盖州	故意 ku⁵¹i⁵¹	随便 suei²⁴pian⁵¹	白 pai²⁴
丹东	特意 tʰɤ⁵³i⁵¹	随便 suei²⁴pian⁵¹	白 pai²⁴
建平	尽意儿 tɕin⁵³iər²¹³	随便儿 suei³⁵piɚ⁵³	白 pɛ³⁵
凌源	尽意儿 tɕin⁵³iər⁵⁵ 尽心 tɕin⁵³ɕin⁵⁵	随便儿 suei³⁵piɚ⁵¹	白 pai³⁵

	1189 肯定 ~是他干的	1190 可能 ~是他干的	1191 一边 ~走，~说
沈阳	指定 tṣʅ²¹tiŋ⁴¹	可能 kʰɤ²¹nəŋ³⁵	边 pian³³
本溪	指定 tṣʅ²¹tiŋ⁵¹	可能 kʰɤ²¹nəŋ³⁵	边 pian⁴⁴
辽阳	指定 tṣʅ²¹tiŋ⁵¹	可能 kʰɤ²¹nəŋ³⁵	边儿 piar⁴⁴
海城	指定 tṣʅ²¹tiŋ⁵¹	有可能儿 iəu³⁵kʰɤ²¹nə̃r³⁵	一边儿 i⁵¹piɐr⁴⁴
开原	肯定 kʰən²¹tiŋ⁵¹	也许 iɛ³⁵ɕy²¹³	边 pian⁴⁴
锦州	保证 pau²¹tṣəŋ⁵¹ 肯定 kʰən²¹tiŋ⁵¹	备不住 pei⁵³pu³⁵tṣu⁵¹ 有可能 iou³⁵kʰɤ²¹nəŋ³⁵ 兴许 ɕiŋ⁵⁵ɕy²¹³	边 pian⁵⁵
盘锦	指定 tṣʅ²¹tiəŋ⁵¹	没准儿 mei³⁵tsuər²¹³	一边儿 i⁵¹piɐr⁵⁵
兴城	保证 pau²¹tṣəŋ⁵¹	可能 kʰɤ²¹nəŋ³⁵ 兴许 ɕiŋ⁴⁴ɕy²¹³	边儿 piɐr⁴⁴
绥中	指定 tṣʅ²¹tiəŋ⁵¹	兴许 ɕiəŋ⁵⁵ɕy²¹³	一边儿 i²¹piɐr⁵⁵
义县	准保 tṣuən³⁵pau²¹³ 保证 pau²¹tṣəŋ⁵¹ 肯定 kʰən²¹tiŋ⁵¹	兴许 ɕiŋ⁴⁴ɕy²¹³ 兴 ɕiŋ⁴⁴	一边儿 i⁵³piɐr⁴⁴
北票	肯定 kʰən²¹tiəŋ⁵¹ 指定 tṣʅ²¹tiəŋ⁵¹ 准保 tṣuən³⁵pau²¹³	兴许 ɕiəŋ³⁵ɕy²¹³ 可能 kʰɤ²¹nəŋ³⁵ 备不住 pei⁵³pu³⁵tṣu⁵¹	一边儿 i⁵³pɐr⁴⁴
阜新	指定 tṣʅ²¹tiŋ⁵¹ 保证 pau²¹tṣəŋ⁵¹ 准保儿 tṣuən³⁵paur²¹³	兴 ɕiŋ⁵⁵ 兴许 ɕiŋ⁵⁵ɕy²¹³ 备不住 pei⁵³pu³⁵tṣu⁵¹	一边儿 i⁵³piɐr⁵⁵
黑山	指定 tṣʅ²¹tiəŋ⁵¹ 保准儿 pau³⁵tṣuər²¹³	兴 ɕiəŋ⁴⁴ 兴许 ɕiəŋ⁴⁴ɕy²¹³ 备不住 pei⁵³pu³⁵tṣu⁵¹	一边儿 i⁵³piɐr⁴⁴
昌图	指定 tṣʅ²¹tiəŋ⁵¹	备不住 pei⁵¹pu⁵³tṣu⁵¹ 兴许 ɕiəŋ³³ɕy²¹³	一边儿 i⁵¹piɐr³³
大连	指定 tṣʅ²¹tiŋ⁵²	大概 ta⁵²kɛ⁵² 概么 kã²¹mə⁰	一边儿 i²¹piɐr³¹²
金州杏树	指定 tṣʅ²¹tiŋ⁵²	概么 kɔ̃⁵²mə⁰	一边儿 i²¹piɐr³¹²
长海	肯定 kʰən²¹tiŋ⁵³	可能 kʰɤ²¹nəŋ⁵³	一边儿 i²⁴piɐr³¹
庄河	肯定 kʰən²¹tiŋ⁵¹	可能 kʰə²¹nəŋ⁵¹	一边儿 i²¹piɐr³¹
盖州	肯定 kʰən²¹tiŋ⁵¹	可能 kʰɤ²¹nəŋ²⁴	一边儿 i⁵¹piɐr⁴¹²
丹东	指定 tṣʅ²¹tiŋ⁵¹	估计 ku⁴¹¹tɕi⁰	一般儿 i²⁴pɐr⁵¹
建平	准是 tṣuɔ̃²¹ʂʅ⁰ 肯定 kʰɔ̃²¹tiŋ⁵³	兴许 ɕiŋ⁴⁴ɕy²¹³ 有可能 iəu²¹³kʰɤ²¹nəŋ³⁵	边儿 piɐr⁴⁴
凌源	肯定 kʰən²¹tiŋ⁵¹ 指定 tṣʅ²¹tiŋ⁵¹ 准保 tṣuən³⁵pau²¹	兴许 ɕiŋ³⁵ɕy²¹ 备不住 pei⁵³pu³⁵tṣu⁵¹ 可能 kʰɤ²¹nəŋ³⁵	一边儿 i⁵³pɐr⁵⁵

	1192 和 我~他都姓王	1193 和 我昨天~他去城里了	1194 对 他~我很好
沈阳	和 xɤ⁴¹	和 xɤ⁴¹	对 tuei⁴¹
本溪	和 xɤ³⁵	和 xɤ³⁵	对 tuei⁵¹
辽阳	和 xɤ³⁵	跟 kən⁴⁴	对 tuei⁵¹
海城	跟 kən⁴⁴	跟 kən⁴⁴	对 tuei⁵¹
开原	和 xɤ³⁵ 跟 kən⁴⁴	跟 kən⁴⁴	对 tuei⁵¹
锦州	跟 kən⁵⁵	跟 kən⁵⁵	对 tuei⁵¹
盘锦	和 xɤ³⁵	和 xɤ³⁵	对 tuei⁵¹
兴城	跟 kən⁴⁴	跟 kən⁴⁴	对 tuei⁵¹
绥中	和 xɤ³⁵	跟 kən⁵⁵	对 tuei⁵¹
义县	跟 kən⁴⁴ 和 xɤ³⁵	跟 kən⁴⁴	对 tuei⁵¹
北票	和 xɤ³⁵	跟 kən⁴⁴	对 tuei⁵¹
阜新	跟 kən⁵⁵	跟 kən⁵⁵	对 tuei⁵¹
黑山	和 xɤ³⁵ 跟 kən⁴⁴	和 xɤ³⁵ 跟 kən⁴⁴	对 tuei⁵¹
昌图	跟 kən³³	跟 kən³³	对 tuei⁵¹
大连	和 xɤ³⁴	和 xɤ³⁴	对 te⁵²
金州杏树	和 xɤ⁵²	和 xɤ⁵²	对 te⁵²
长海	和 xɤ⁵³	和 xɤ⁵³ 跟 kən³¹	对 tuei⁵³
庄河	和 xə⁵¹	和 xə⁵¹	对 tuei⁵¹
盖州	和 xɤ²⁴ 跟 kən⁴¹²	跟 kən⁴¹²	对 tuei⁵¹
丹东	和 xɤ²⁴	和 xɤ²⁴	对 tuei⁵¹
建平	跟 kə̃⁴⁴	跟 kə̃⁴⁴	对 tuei⁵³
凌源	和 xɤ³⁵	和 xɤ³⁵	对 tuei⁵¹

	1195 往~东走	1196 向~他借一本书	1197 按~他的要求做
沈阳	往 vaŋ²¹³	跟 kən³³	照 tsau⁴¹
本溪	往 uaŋ²²⁴	向 ɕiaŋ⁵¹	按 an⁵¹
辽阳	往 uaŋ²¹³	管 kuan²¹³ 跟 kən⁴⁴	按 an⁵¹
海城	向 ɕiaŋ⁵¹	跟 kən⁴⁴	按 an⁵¹
开原	往 uaŋ²¹³	跟 kən⁴⁴	照 tʂau⁵¹
锦州	往 uaŋ²¹³	管 kuan²¹³	按 nan⁵¹ 照 tʂau⁵¹
盘锦	往 uaŋ⁵¹	跟 kən⁵⁵	按 nan⁵¹
兴城	往 uaŋ²¹³	跟 kən⁴⁴ 管 kuan²¹³	照 tʂau⁵¹
绥中	往 vaŋ²¹³	管 kuan²¹³	按 nan⁵¹
义县	往 uaŋ²¹³	跟 kən⁴⁴	按 an⁵¹
北票	往 ʐaŋ²¹³	管 kuan²¹³ 跟 kən⁴⁴	按 an⁵¹
阜新	往 uaŋ²¹³	跟 kən⁵⁵	按 nan⁵¹
黑山	往 uaŋ²¹³	管 kuan²¹³ 朝 tʂʰau³⁵ 冲 tʂʰuən⁵¹	按 nan⁵¹
昌图	朝 tʂʰau³⁵	管 kuan²¹³ 跟 kən³³	照 tʂau⁵¹
大连	往 uaŋ²¹³	跟 kə̃³¹²	照 tʃɔ⁵²
金州杏树	往 uaŋ²¹³	问 uə̃⁵²	照 tsɔ⁵²
长海	往 uaŋ²¹⁴	跟 kən³¹	按 an³¹
庄河	往 uaŋ²¹³	向 ɕiaŋ⁵¹	按 an³¹
盖州	往 uaŋ²¹³	跟 kən⁴¹²	按 an⁵¹
丹东	朝 tʂʰau²⁴	跟 kən⁴¹¹	照 tsau⁵¹
建平	往 vɑ̃²¹³	跟 kə̃⁴⁴ 朝 tʂʰɔ³⁵	按 nɑ̃⁵³ 照 tʂɔ⁵³
凌源	往 vaŋ²¹⁴	和 xɤ³⁵ 跟 kən⁵⁵	按 nan⁵¹

	1198 替~他写信	1199 如果~忙你就别来了	1200 不管~怎么劝他都不听
沈阳	替 t^hi^{41}	要是 $iau^{41}ʂʅ^{41}$	不管 $pu^{41}kuan^{21}$
本溪	替 t^hi^{51}	要是 $iau^{53}ʂʅ^{51}$	不管 $pu^{51}kuan^{224}$
辽阳	替 t^hi^{51}	要是 $iau^{51}ʂʅ^{51}$	不管 $pu^{51}kuan^{213}$
海城	替 t^hi^{51}	要是 $iau^{51}ʂʅ^{51}$	不管 $pu^{51}kuan^{214}$
开原	替 t^hi^{51}	要是 $iau^{51}ʂʅ^0$	咋 $tʂa^{213}$
锦州	替 t^hi^{51}	要 iau^{51}	管 $kuan^{213}$
盘锦	帮 $paŋ^{55}$ 替 t^hi^{51}	要 iau^{51}	不管 $pu^{51}kuan^{213}$
兴城	替 t^hi^{51}	要是 $iau^{51}ʂʅ^{51}$	不管 $pu^{44}kuan^{213}$
绥中	替 t^hi^{51}	要是 $iau^{51}ʂʅ^{51}$	不管 $pu^{51}kuan^{213}$
义县	替 t^hi^{51}	要是 $iau^{53}ʂʅ^{51}$ 要 iau^{51}	不管 $pu^{53}kuan^{213}$
北票	代 tai^{51} 替 t^hi^{51}	要是 $iau^{53}ʂʅ^{51}$ 要 iau^{51}	不管 $pu^{53}kuan^{213}$
阜新	替 t^hi^{51}	要是 $iau^{53}ʂʅ^{51}$ 要 iau^{51}	不管 $pu^{53}kuan^{213}$
黑山	替 t^hi^{51}	要是 $iau^{53}ʂʅ^{51}$ 要 iau^{51}	不管 $pu^{53}kuan^{213}$
昌图	代 tai^{51}	要是 $iau^{51}ʂʅ^0$	不管 $pu^{51}kuan^{213}$
大连	替 t^hi^{52}	要是 $iɔ^{52}ʂʅ^0$	不管 $pu^{52}kuã^{213}$
金州 杏树	替 t^hi^{52}	要是 $iɔ^{52}ʂʅ^0$	不管 $pu^{52}kuã^{213}$
长海	替 t^hi^{53}	如果 $y^{24}kuə^{214}$	不管 $pu^{53}kuan^{214}$
庄河	替 t^hi^{51}	如果 $y^{51}kuə^{213}$	不管 $pu^{51}kuan^{213}$
盖州	替 t^hi^{51}	要是 $iau^{51}ʂʅ^0$	不管 $pu^{51}kuan^{213}$
丹东	替 t^hi^{51}	要是 $iau^{51}ʂʅ^0$	不论 $pu^{21}luən^{51}$
建平	替 t^hi^{53}	要是 $iɔ^{53}ʂʅ^0$	不管 $pu^{53}kuã^{213}$
凌源	替 t^hi^{51}	要是 $iau^{53}ʂʅ^{51}$ 要 iau^{51}	不管 $pu^{53}kuan^{21}$

参考文献

北京大学中国语言文学系语言学教研室　1989　《汉语方音字汇》(第2版)，文字改革出版社。
曹志耘　2008　《汉语方言地图集》，商务印书馆。
贺　巍　1986　《东北官话的分区》，《方言》第1期。
李　荣　1985　《官话方言的分区》，《方言》第1期。
钱曾怡　2010　《汉语官话方言研究》，齐鲁书社。
唐聿文　2012　《东北方言大词典》，长春出版社。
许宝华、宫田一郎　2020　《汉语方言大词典》(修订本)，中华书局。
许皓光、张大鸣　1988　《简明东北方言词典》，辽宁人民出版社。
尹世超　2010　《东北方言概念词典》，黑龙江大学出版社。
中国民间故事集成全国编集委员会　1994　《中国民间故事集成》(辽宁卷)，中国LSBN中心。
中国社会科学院语言研究所、中国社会科学院民族学与人类学研究所、香港城市大学语言资讯科学研究中心　2012　《中国语言地图集》(第2版)汉语方言卷，商务印书馆。

后　　记

　　自 2016 年至 2019 年，四年间，辽宁语保团队调查了辽宁地域 20 个汉语方言点，为促进中国语言资源保护工程（以下简称"语保工程"）成果的整理、开发和应用，按照教育部语信司要求，我们从 2018 年年底开始着手在前期方言调查基础上编写这本书，历时两年多。

　　两年多来，我们是通过多次反复不断地整理、分析、研讨、修改等一系列工作来推进项目完成的。

　　2018 年 12 月 8 日，根据教育部语信司文件精神，我们拟出了《〈中国语言资源集·辽宁〉实施方案》。随后，2019 年 1 月 5 日，又做出了包括语音卷、词汇卷、语法卷、口头文化卷等各卷和需交文件电子版的具体编写要求，并先行整理了庄河、丹东等方言点的材料，形成样稿，发给其他各点参照。

　　与此同时，我们还拟定了统一格式的示例，制订出包含已经完成调查的 15 个方言点字音、词汇、语法例句对照表。特别是字音部分，根据《方言调查字表》逐一校对了 1000 个单字的古音。此项工作完成于语保中心下发的对照表之前，其后，2019 年 11 月，又为刚刚完成调查的 2019 年立项的 5 个点和 2012 年有声数据库调查的大连、金州杏树两个点制作了适用于这 7 个方言点的对照表。最后，又根据语保中心的对照表，结合本省实际，编制了涵盖全省 22 个方言点的对照表，包括字音对照表（1000 个单字）、词汇对照表（1200 个词）和语法例句对照表（50 个例句）等。其内部排序首先按照方言大区（东北官话—胶辽官话—北京官话）排列，其次把同一大区的方言片按照地位排列，再次把同一方言片中的方言小片按照调查点的音序排列。

　　2019 年 6 月，"中国语言资源集·辽宁"立项获批（项目编号：YB19ZYA014）。

　　2019 年 6 月 25 日，开始进入材料整理程序，2019 年 9 月 1 日，除 2019 年未完成调查的 5 个方言点外，其他方言点的调查团队按时完成了第一阶段的材料整理工作。

　　2020 年 1 月 21 日，在 2019 年 5 个项目终检验收会上，与会的编写人员互相交流了第一阶段材料整理的体会和发现的问题，同时研究确定了下一步工作：1. 把调查材料移至模板表中；2. 草拟各点方言概况和发音人情况；3. 修改完善前期存在的主要问题：（1）音系说明与后面的字词句等注音不完全一致，需认真核查。有些需要在音系说明中阐释（如儿化、小称、变调规律等）；（2）音标和相关符号字体需规范（如同音符号、送气符号等）；（3）方言用字全省要统一；（4）改正由于手误造成的个别字、词等与音标不吻合等问题。

为了统一方言用字，我们从2018年前完成调查的15个方言点材料中提取出了用字不一致的词条。列举了词汇调查条目的所有不同形式，编制了"辽宁资源集方言用字推荐表"。推荐用字的依据主要有四：一是查阅古今汉语工具书；二是查阅相关方言词典；三是从俗，即参考当地用字，通过这些考证本字或寻找同音字替代；四是在项目预验收、验收时逐条征求的王临惠、赵日新、桑宇红三位专家意见。2020年1月底，"辽宁资源集方言用字推荐表"分发给各点负责人，各点开始对词汇、语法、口头文化等部分的方言用字进行校对。

2020年3月10日，2019年结束调查的5个方言点完成了材料整理工作，即全省20个点按照对照表、用字推荐表各自的材料整理工作告一段落。2020年4月10日开始，我们做了第一次全稿通审。4月24日把汇总材料中出现的问题（如各点方言概况和音系介绍的内容和形式问题不统一；格式方面，字体、字号行间距等不一致等）反馈给各点。各点编写人员利用"五一"小长假休息的机会完成了修改，5月6日汇总。

2020年5月7日，教育部语信司下发通知，安排部署项目中期检查工作。按照通知要求，我们根据《中国语言资源集（分省）实施方案（2019年修订）》和《中国语言资源集（分省）编写出版方案（2019年修订）》，对已经完成的书稿进行检查，形成书面意见，并连同书稿语法样章和庄河点材料及中检报告书，在6月初一并报送语保中心。

受疫情的影响，原定3月中下旬在沈阳召开的统稿会无法按计划进行，但根据编写计划安排又不能再拖延，只好择机借助腾讯会议线上进行。中检结束后，2020年7月19日，辽宁资源集第一次线上编写会议召开，主要编写人员和部分协助工作的研究生到会。会议对材料整理过程中出现的问题做了认真梳理，并讨论了解决问题的办法，同时，布置了下一步工作，安排了工作日程。考虑到各点提出的只是自身局部形式问题，面对全局，要对一些共性问题，进行拉网式的全面修改。修改后，外请专家审稿。

2020年8月1日，汇总材料如期提交给两位外审专家：天津师范大学王临惠教授和河北师范大学桑宇红教授。两位教授很快就把修改意见反馈给我们。在审稿期间，他们把随时发现的问题及解决办法传递给我们，比如，审稿之初，发现故事部分由于发音人对故事情节不熟悉等原因，造成同一个故事在人称、时间、地点、层次等方面的前后矛盾，还有啰嗦重复等问题。各点负责人复听故事音频，把有问题的部分标注出来再剪辑，同时根据剪辑修改文本。看到两位专家的修改意见，我们不仅学到了以前很少接触到的知识和方法，更为其研精阐微的治学态度和认真负责的工作精神所感动。时值酷暑，气候炎热，又是疫情期间，两位专家确实很辛苦。

2020年8月13日，辽宁资源集第二次编写会议依然以线上方式举行，到会的是主要编写人员和部分协助编写的研究生。这次会议主要内容是反馈外审专家审阅意见，研讨解决问题办法，并确定修改完成时间。特别是根据两位专家的建议，依照张世方主编的北京卷样例组织各点对各地概况、音系说明等部分进行了全部修改。

2020年9月初，分点修改工作完成，进入全省材料汇总阶段。汇总主要由辽宁师范大学的原新梅、赵建军老师和研究生完成，具体由丁俊组织研究生采取流水作业的形式来完成。汇总是件很麻烦的事情，不仅仅是简单地把分散的各点材料整合在一起，这其中，还有内容的核对、版面体例的统一等，工作量很大。汇总后，原新梅、赵建军对材料进行了拉网式核查，发现了一些单点不容易发现和修改不彻底等问题，在充实完善"辽宁资源集方言用字推荐表"基础上又组织进行了新一轮修改。汇总和汇总后的修改于10月上旬完成。为慎重起见，在交给出版社之前，我们再次请王临惠、桑宇红两位专家为书稿把关。11月初返回修改意见。

2020年11月4日，以线上方式召开辽宁资源集第三次编写会议，反馈了专家审阅后的修改意见。安排了下一步的修改工作：为保证已经整理过的版面不被更改，单字、词汇、语法例句由原新梅负责组织统一修改。具体音系及音系说明、口头文化两部分由各点负责人修改。统一修改和各点修改后，分别由赵建军、安拴军审核。

2020年12月我们把书稿提交给了中国社会科学出版社，2021年7月初收到校对稿，马上把书稿复印了三份，寄给大连、锦州、沈阳的分片负责人。7月19日召开了辽宁资源集书稿校对线上会议，组织分点、分片和全书三个层次的校对工作。即各点负责人具体校对各自调查点，然后由赵建军、安拴军、欧阳国亮分别负责大连片、锦州片和沈阳及周边片的校对，最后由夏中华、原新梅完成全书最后统稿。根据教育部语信司召开的"中国语言资源集（分省）编写出版协调会"（2021年8月9日）要求，我们按照《中国语言资源集（分省）编写出版规范（2021年修订）》对书稿进行结构上的调整，分编为四卷，并对照校对后的书稿重新填写修改了校对表，报送语保中心。

作为中国语言资源有声数据库首批试点的大连、杏树两个方言点调查工作于2012年年底完成，并顺利通过验收。我们考虑，为了更全面地体现全省方言特征，特别是大连地区的典型性、代表性，应该把不在语保工程系列的大连、金州杏树两个方言点的调查材料纳入本书。这一想法得到了语保中心的认可。

本书是对前期为时5年（含2012年结项的大连、杏树两个方言点）的辽宁汉语方言调查的书面总结，也是辽宁语保工程系列基础性成果之一。涉及地域广，进程时间长、参与人员多。既需要各方言点课题组的独自深入调研分析，也需要整个辽宁语保团队的协调配合。在本书的编写过程中，各位同仁顾全大局，通力合作，集聚智慧，交流经验，分忧解难，互相帮助，共享成果，协力完成了任务，也结下了真挚深厚的学术友谊，虽然彼此分散在不同的地域、不同的单位，但却是一个团结友善、奉献能干的整体。

各方言点材料整理和书稿编写分工如下：
安拴军：凌源、北票
曹起：义县、黑山
崔蒙：沈阳
洪飏：盘锦
李薇薇：阜新
马丽娟：绥中
欧阳国亮：辽阳
王虎：海城
夏历：昌图
夏中华：锦州
杨春宇：建平
原新梅：庄河、丹东
张明辉：盖州
赵建军：本溪、长海
朱红：兴城、开原

大连、金州杏树两个有声数据库的调查点，由赵建军、原新梅在尊重原始材料的基础上按照资源集的要求进行了整理。

真诚感谢团队各位同仁的付出。还要特别感谢在材料整理、修改统稿等事务中做出贡献的各位研究生，他们不辞辛苦，协助导师做了大量工作，在语保中经受了历练，收获了成长。

他们是：

辽宁师范大学的丁俊、朱怡霖、黄宇琪、王涛、王诗语、刘欣、康琳、宋美华、赵廷舒、郑雅凤、阎奕霏、李昕升、张乐、苏丽娜、于蕊铭、袁静、宋佳、张雷、徐祖熹、刘畅、宫腾腾、李琳、臧英涵、李萍、杨笑笑、孙聪、刘胜男、王艺颖、范娜、佟瑶、王昕昱、朱红雨、孟璐、王聪、孙宗美、王晓宇、李萌萌、赵欣、张湾、张影、陈阳阳、蔡悦、王明瑶、李松柳、孙梓妍、黄万琪、郑海燕、樊琛琛、薄立娜、张惠宇、边境、宋施洋、刘文静、董庆怡、赵华贤、田秋阳、梁永琪、王丽娜、刘萌、曹豫等。

沈阳师范大学的郝增、王宁、郝建昌、韩沈琳、刘勃、祁慧、陈馨、王翎羽。

渤海大学的李清华、郭鸿宇、孙智博、麻静、谢文婷、蔡一宁、刘爽、曾佳宝、王鹏飞、那琳、孔德会、李肖天、王晓航、何茜、黄娜、韩鸽、周一冰、胡伟华、吕宛清。

中国刑事警察学院的郭曼曼、张岩、吕微、秦伟方、于英杰。

辽宁工程技术大学的牛婧锜、王硕、马福越、杨宇辰。

此外，还有辽宁科技学院王龙，辽宁师范大学李娜、迟文敬，赤峰学院张万有，朝阳广播电视大学校萧辉嵩，渤海大学武海江，辽宁大学高亚楠、刘俊烁，吉林工商学院顾静瑶，大连第二十五中学范凡等几位老师也做了很多工作，这里，一并致谢。

更要感谢在方言调查过程中为我们纠偏指正、提出过宝贵意见的张振兴、沈明、赵日新、王莉宁、张世方、黄晓东、刘晓海、黄拾全、吴继章、莫超、雒鹏、辛永芬等语保专家，特别是王临惠、桑宇红两位专家多年来的悉心指教，辛苦付出。

感谢省语委办宋升勇、侯长余、于玲、刘伟、刘丹等领导和一直具体负责的辛海春，以及各市县语委办，项目的顺利完成，离不开他们多年来的支持帮助。

感谢中国社会科学出版社任明主任认真的编辑加工，为本书增色添彩。

语保工程是一项重大的、系列的语言文化工程，任重道远。在本书即将成稿之时，我们又投入到辽宁方言口头文化语料转写的校对工作。路在脚下，继续前行。

夏中华 原新梅
2021 年 8 月 20 日